Dierk Hoffmann (Hg.)
Die umkämpfte Einheit

Studien zur Geschichte der Treuhandanstalt

Herausgegeben von Dierk Hoffmann,
Hermann Wentker und Andreas Wirsching
im Auftrag des Instituts für Zeitgeschichte München–Berlin

Dierk Hoffmann (Hg.)

Die umkämpfte Einheit

Die Treuhandanstalt und
die deutsche Gesellschaft

Ch.Links VERLAG

Auch als ebook erhältlich

Die Deutsche Nationalbibliothek verzeichnet diese Publikation
in der Deutschen Nationalbibliografie; detaillierte bibliografische Daten
sind im Internet über www.dnb.de abrufbar.

Ch. Links Verlag ist eine Marke der
Aufbau Verlage GmbH & Co. KG

© Aufbau Verlage GmbH & Co. KG, Berlin 2022
Prinzenstraße 85, 10969 Berlin
www.christoph-links-verlag.de
Umschlaggestaltung: zero-media.net, München, unter Verwendung
eines Fotos von Protesten vor der SKET-Schwermaschinenbau GmbH
in Magdeburg, 10. Juli 1992, © picture-alliance/dpa
Lektorat: Dr. Daniel Bussenius, Berlin
Satz: Britta Dieterle, Berlin
Druck und Bindung: Druckerei F. Pustet, Regensburg
Gedruckt auf säurefreiem, alterungsbeständigem Papier

ISBN 978-3-96289-174-9

Inhalt

Vorwort der Herausgeber — 9

Dierk Hoffmann
Treuhandanstalt – Privatisierung – Öffentlichkeit.
Eine Einführung — 13
1. Zwischen friedlicher Revolution 1989 und
   deutscher Einheit 1990: Selbstermächtigung
   und Entstaatlichung — 18
2. Die Treuhandanstalt unter Detlev Karsten
   Rohwedder 1990/91: Expansion, Professionalisierung
   und öffentliches Image — 41
3. Die Treuhandanstalt unter Birgit Breuel (1991–1994):
   Behörde im Umbau, ökonomischer Strukturwandel
   und soziale Konflikte — 75

Christian Rau
Transformation von unten.
Zur Gesellschaftsgeschichte der ostdeutschen
Belegschaftsproteste 1989–1994 — 117
1. Von Helden zur Herausforderung der Demokratie:
   Neue Perspektiven auf die ostdeutsche
   Protestgeschichte — 118
2. Demokratisierung und Realpolitik: Betriebliche Proteste
   im postrevolutionären Übergang — 126
3. Gespaltene Gewerkschaften: Die IG Metall und
   die Treuhandproteste vom Frühjahr 1991 — 135

4. Bündnispolitik von unten: Die radikale Linke und
   die ostdeutsche Betriebsräteinitiative 1992/93 — 148
5. Protest und Demokratieerfahrung: Der Hungerstreik
   von Bischofferode — 160
Der lange Schatten ostdeutscher Arbeitskämpfe –
eine Bilanz — 177

Wolf-Rüdiger Knoll

Deindustrialisierung oder Aufschwung Ost? Der Strukturwandel in Ostdeutschland und die Rolle der Treuhandanstalt am Beispiel des Landes Brandenburg — 183

1. Sozialistische Industrialisierung: Entwicklung
   der Brandenburger Industrie bis 1989 — 188
2. Umbruch, Abbruch, Aufbruch: Treuhandanstalt und
   sozioökonomische Transformation in Brandenburg — 195
3. Landespolitische Wirtschaftsinitiativen und
   wirtschaftliche Entwicklungen bis 2020 — 214
4. Strukturwandel in der Lausitz — 227
Fazit: 50 Jahre Strukturwandel in Brandenburg — 237

Keith R. Allen

Ostdeutsche Sanierungen im westeuropäischen Binnenmarkt. Das multinationale Ringen um Beihilfen für Schiffbau und Stahl — 245

1. Schiffbaubeihilfen und die Dänen: Ein Vorläufer
   des britisch-deutschen Stahlkonflikts — 251
2. Britische Einwände gegen die Umstrukturierung
   der Stahlindustrie — 263
Schlussfolgerungen — 286

Eva Schäffler
Die Privatisierung der anderen.
Privatisierungskonzepte und -wege in
deutsch-tschechischer Perspektive — 289
1. Wechselseitige Wahrnehmung der ostdeutschen
und der tschechischen Privatisierung — 290
2. Ostdeutsche Anteilscheine und
tschechische Kupons — 301
Fazit — 329

Andreas Malycha
»Alte Seilschaften«.
Die Personalpolitik der Treuhandanstalt
im Kreuzfeuer der Kritik — 333
1. Der Auftrag der Vertrauensbevollmächtigten — 334
2. Kontroversen um »alte Seilschaften«
in der Treuhandzentrale — 346
Fazit — 363

Rainer Karlsch
Grauzonen und Wirtschaftskriminalität.
Die Treuhandanstalt: ein Spielball für
»Betrügerpersönlichkeiten«? — 365
1. Wirtschafts- und Vereinigungskriminalität — 370
2. Auseinandersetzungen um die Reprivatisierung — 377
3. Ein letzter große Triumph der »Deutschland AG« — 380
4. Interne Kontrollgremien: Stabsstelle Besondere Aufgaben
und Insiderpanel — 385
5. Interessenkollisionen im Vorstand — 392
6. Kriminalitätsdurchseuchte Niederlassungen? — 402
Resümee — 417

Autorinnen und Autoren — 421

Vorwort der Herausgeber

Noch in der Spätphase der DDR gegründet, entwickelte sich die Treuhandanstalt zur zentralen Behörde der ökonomischen Transformation in Ostdeutschland. Ihre ursprüngliche Aufgabe war die rasche Privatisierung der ostdeutschen volkseigenen Betriebe (VEB). Sehr bald aber wies ihr die Politik zahlreiche weitere Aufgaben zu. Sukzessive sah sich die Treuhandanstalt mit der Lösung der Altschuldenproblematik, der Sanierung der ökologischen Altlasten, der Mitwirkung an der Arbeitsmarktpolitik und schließlich ganz allgemein mit der Durchführung eines Strukturwandels konfrontiert. In ihrer Tätigkeit allein ein behördliches Versagen zu erkennen wäre daher ahistorisch und einseitig, auch wenn die Bilanz der Treuhandanstalt niederschmetternd zu sein scheint. Denn von den etwa vier Millionen Industriearbeitsplätzen blieb nur ein Drittel übrig. Das öffentliche Urteil ist daher ganz überwiegend negativ. Die Kritik setzte schon ein, als die Behörde mit der Privatisierung der ersten VEBs der DDR begann. Bis heute verbinden sich mit der Treuhandanstalt enttäuschte Hoffnungen, überzogene Erwartungen, aber auch Selbsttäuschungen und Mythen. Außerdem ist sie eine Projektionsfläche für politische Interessen und Konflikte, wie die Landtagswahlkämpfe 2019 in Ostdeutschland deutlich gemacht haben. Umso dringender ist es erforderlich, die Tätigkeit der Treuhandanstalt und mit ihr die gesamte (ost-)deutsche Transformationsgeschichte der frühen 1990er-Jahre wissenschaftlich zu betrachten. Dies ist das Ziel der Studien zur Geschichte der Treuhandanstalt, deren Bände die Umbrüche der 1990er-Jahre erstmals auf breiter archivalischer Quellengrundlage beleuchten und analysieren.

Die Privatisierung der ostdeutschen Betriebe brachte für viele Menschen nicht nur Erwerbslosigkeit, sondern auch den Verlust einer sicher geglaubten, betriebszentrierten Arbeits- und Lebenswelt. Insofern ist die Erfahrungsperspektive der Betroffenen weiterhin ernst zu nehmen und in die wissenschaftliche Untersuchung ebenso zu integrieren wie in die gesellschaftspolitischen Konzepte. Der mit der Transformation einhergehende Strukturwandel hatte Folgen für Mentalitäten und politische Einstellungen, die bis in die Gegenwart hineinreichen. Dabei wurden die individuellen und gemeinschaftlichen Erfahrungen und Erinnerungen stets von medial geführten Debatten über die Transformationszeit sowie von politischen Interpretationsversuchen geprägt und überlagert. Diese teilweise miteinander verwobenen Ebenen gilt es bei der wissenschaftlichen Analyse zu berücksichtigen und analytisch zu trennen. Der erfahrungsgeschichtliche Zugang allein kann die Entstehung und Arbeitsweise der Treuhandanstalt sowie die Privatisierung der ostdeutschen Wirtschaft nicht hinreichend erklären. Vielmehr kommt es darauf an, die unterschiedlichen Perspektiven miteinander in Relation zu setzen und analytisch zu verknüpfen, um so ein differenziertes und vielschichtiges Bild der Umbrüche der 1990er-Jahre zu erhalten.

Diese große Aufgabe stellt sich der Zeitgeschichte erst seit Kurzem, denn mit dem Ablauf der 30-Jahre-Sperrfrist, die für staatliches Archivgut in Deutschland grundsätzlich gilt, ergibt sich für die Forschung eine ganz neue Arbeitsgrundlage. Das öffentliche Interesse konzentriert sich auf die sogenannten Treuhandakten, die im Bundesarchiv Berlin allgemein zugänglich sind (Bestand B 412). Sie werden mittlerweile auch von Publizistinnen und Publizisten sowie Journalistinnen und Journalisten intensiv genutzt. An dieser Stelle sei aber daran erinnert, dass schon sehr viel früher Akten anderer Provenienz allgemein und öffentlich zugänglich waren – die schriftliche Überlieferung der ostdeutschen Landesregierungen oder der Gewerkschaften, um nur einige Akteure zu nennen. Darüber hinaus können seit einiger Zeit auch die Akten der Bundesregierung und der westdeutschen Landesverwaltungen eingesehen werden. Die Liste ließe sich fortsetzen.

Bei aller Euphorie über die quantitativ wie qualitativ immer breiter werdende Quellengrundlage (allein zwölf laufende Aktenkilometer Treuhandüberlieferung im Bundesarchiv Berlin) sollte allerdings nicht aus dem Blick geraten, dass Historikerinnen und Historiker die Archivalien einer Quellenkritik unterziehen müssen. Dies gehört grundsätzlich zu ihrem Arbeitsauftrag. Da die Erwartungen der Öffentlichkeit an die Aussagekraft vor allem der Treuhandakten hoch sind, sei dieser Einwand an dieser Stelle ausdrücklich gemacht. So gilt es, einzelne Privatisierungsentscheidungen der Treuhandspitze zu kontextualisieren und mit anderen Überlieferungen abzugleichen. Zur Illustration der Problematik mag ein Beispiel dienen: Treuhandakten der sogenannten Vertrauensbevollmächtigten und der Stabsstelle Recht enthalten Vorwürfe über »SED-Seilschaften« und »Korruption«, die sich auch in der Retrospektive nicht mehr vollständig klären lassen. Die in Teilen der Öffentlichkeit verbreitete Annahme, die Wahrheit komme nun endlich ans Licht, führt daher in die Irre und würde ansonsten nur weitere Enttäuschungen produzieren. Es gibt eben nicht *die* historische Wahrheit. Stattdessen ist es notwendig, Strukturzusammenhänge zu analysieren, unterschiedliche Perspektiven einzunehmen, Widersprüche zu benennen und auch auszuhalten. Dazu kann die Zeitgeschichtsforschung einen wichtigen Beitrag leisten, indem sie mit quellengesättigten und methodisch innovativen Studien den historischen Ort der Treuhandanstalt in der Geschichte des vereinigten Deutschlands bestimmt, gängige Geschichtsbilder hinterfragt und Legenden dekonstruiert.

Im Rahmen seines Forschungsschwerpunktes »Transformationen in der neuesten Zeitgeschichte« zu den rasanten Wandlungsprozessen und soziokulturellen Brüchen der Industriegesellschaften seit den 1970er-Jahren hat das Institut für Zeitgeschichte München–Berlin (IfZ) im Frühjahr 2013 damit begonnen, ein großes, mehrteiliges Projekt zur Geschichte der Treuhandanstalt inhaltlich zu konzipieren und vorzubereiten. Auf der Grundlage der neu zugänglichen Quellen, die erstmals systematisch ausgewertet werden konnten, ging das Projektteam insbesondere folgenden Leitfragen nach: Welche politischen Ziele sollten mit der Treuhandanstalt erreicht werden? Welche Konzepte wurden in einzelnen Branchen und Regionen verfolgt, und was waren die Ergebnisse? Welche gesellschaftlichen Auswirkungen haben sich ergeben? Wie ist die Treuhandanstalt in internationaler Hinsicht zu sehen? Bei der Projektvorbereitung und -durchführung waren Prof. Dr. Richard Schröder und Prof. Dr. Karl-Heinz Paqué unterstützend tätig, denen unser ausdrücklicher Dank gilt. Über Eigenmittel hinaus ist das IfZ-Projekt, das ein international besetzter wissenschaftlicher Beirat kritisch begleitet hat, vom Bundesministerium der Finanzen von 2017 bis 2021 großzügig gefördert worden. Auch dafür möchten wir unseren Dank aussprechen. In enger Verbindung hierzu standen zwei von der Deutschen Forschungsgemeinschaft (DFG) geförderte Einzelprojekte von Andreas Malycha und Florian Peters.

Dierk Hoffmann, Hermann Wentker, Andreas Wirsching

Dierk Hoffmann
Treuhandanstalt – Privatisierung – Öffentlichkeit.
Eine Einführung

Ein Jahr nach dem Mauerfall machte eine Verkäuferin aus Ost-Berlin ihrem Unmut über die neue marktwirtschaftliche Ordnung Luft. In einem Zeitungsleserbrief schrieb sie: »Es ist gerade jetzt, da wir vor einem Jahr im November auf der Mauer saßen und gemeinsam mit den Westberlinern Sekt tranken, sehr bedrückend zu hören und zu lesen, wie ›bei uns‹ die Zahl der Arbeitslosen steigt und ›drüben‹ sinkt. So haben wir uns das damals nicht vorgestellt.«[1] Anschließend schilderte sie ihre konkreten Eindrücke von der Arbeitswelt, die sich innerhalb kürzester Zeit radikal verändert hatte. Empört zeigte sich die Verkäuferin über die Verdrängung ostdeutscher Produkte im Warensortiment, worüber sie aus eigener Erfahrung berichtete: »Wir hofften, daß wir unsere Produkte verbessern können und man uns dabei hilft. Statt dessen hat man sie […] regelrecht aus den Kaufhallen und Geschäften gefegt, ihren weiteren Verbleib als Billigkonkurrenz verhindert.« In ihrer subjektiven Wahrnehmung kamen die bereits einsetzenden Transferzahlungen aus dem Westen bei den Betroffenen nicht an, sondern vergrößerten die soziale Ungleichheit: »Ist es richtig, daß das ganze viele Geld, diese irren Milliarden, die man uns in Bonn besorgt und geborgt hat, nicht schnell genug in die Kassen der Großen zurückfließen können? Und die ›Zinsen‹ müssen wir auch noch tragen.«

Der Leserbrief verdeutlicht erstens die hohen Erwartungshaltungen, die viele Menschen in Ostdeutschland an die Wiedervereinigung knüpf-

---

1 Leserbrief von Regine H., in: Neue Zeit vom 14.11.1990.

ten. Er unterstreicht zweitens die enorme Dynamik der Ereignisse, die schon bei den Zeitgenossen ein Gefühl der Überwältigung auslöste. Mit zunehmendem Abstand zum 3. Oktober 1990 fällt die Bilanz der deutschen Einheit in der Medienöffentlichkeit sogar noch kritischer aus. Zu den vorgetragenen Monita zählen etwa das nach wie vor bestehende Wohlstands- und Lohngefälle zwischen West- und Ostdeutschland, die vergleichsweise niedrigen Renten,[2] aber auch die fehlende Repräsentanz Ostdeutscher in den Funktionseliten.[3] Im Mittelpunkt der Kritik steht nicht nur die Art und Weise, wie die Transformationsprozesse Anfang der 1990er-Jahre abgelaufen sind, sondern auch die Treuhandanstalt (THA) als zentrale Akteurin. Das Urteil über sie ist nahezu einhellig negativ: Die Behörde wurde in jüngster Zeit als »Kolonialbehörde«[4] bzw. als »Symbol der Zerschlagung«[5] bezeichnet. Kritiker haben die Privatisierungspolitik der Behörde etwa als »Fortsetzung des Kalten Krieges mit anderen Mitteln« beschrieben.[6] Sogar der Aufstieg der Alternative für Deutschland (AfD) und die Wahl von Thomas Kemmerich (FDP) mit Stimmen der AfD zum Ministerpräsidenten von Thüringen am 5. Februar 2020 werden mit ihr in Verbindung gebracht.[7] Die Treuhandanstalt ist letztlich eine Projektionsfläche nicht nur für enttäuschte Hoffnungen, sondern auch für politische Interessen. Bei den Landtagswahlkämpfen 2019 in Branden-

---

2 Vgl. Johanna Weinhold: Die betrogene Generation. Der Kampf um die DDR-Zusatzrenten, Berlin 2021.
3 Vgl. Abschlussbericht der Kommission »30 Jahre Friedliche Revolution und Deutsche Einheit« vom 8.12.2020, https://www.bmi.bund.de/SharedDocs/downloads/DE/veroeffentlichungen/2020/abschlussbericht-kommission-30-jahre.pdf (Zugriff am 11.8.2021).
4 Kolonie Ost? Aspekte von »Kolonialisierung« in Ostdeutschland seit 1990, Tagung des Dresdner Instituts für Kulturstudien am 3./4.4.2019, https://www.hsozkult.de/event/id/event-89268 (Zugriff am 5.7.2021).
5 Symbol der Zerschlagung, in: Frankfurter Allgemeine Zeitung vom 22.5.2018.
6 Dietmar Bartsch: Die Treuhandwunde heilen, in: Frankfurter Allgemeine Zeitung vom 5.6.2019.
7 Vgl. Sebastian Bähr: Glatze der Treuhand. Thomas Kemmerich – Erst unbekannt, dann gehasst, in: Neues Deutschland Online vom 7.2.2020, https://www.neues-deutschland.de/artikel/1132566.thomas-kemmerich-glatze-der-treuhand.html (Zugriff am 5.7.2021).

burg, Sachsen und Thüringen wurde sie zum Thema gemacht. Sowohl die Linkspartei als auch die AfD sprachen sich dafür aus, einen parlamentarischen Treuhand-Untersuchungsausschuss in Berlin bzw. in Erfurt einzurichten, obwohl es einen solchen Ausschuss bereits 1993/94 im Deutschen Bundestag gab. Während die beiden Parteien in Ostdeutschland um die Vorherrschaft als Regionalpartei ringen, nutzen auch wirtschaftsliberale Akteure die Erinnerung an die Behörde, um tagespolitische Forderungen zu untermauern. So warnte der CDU-Wirtschaftsrat die Bundesregierung Ende März 2020 vor einer »Treuhandanstalt 2.0«, die durch Staatsbeteiligungen an Unternehmen während der Coronakrise entstehen könne.[8] Die hier skizzierten Debatten zeigen, dass sich die Ende 1994 offiziell aufgelöste Privatisierungsbehörde nach wie vor als Chiffre eignet, um politische Interessen zu artikulieren.

Die negativen Deutungen der Treuhandanstalt sind nicht neu, sondern gehen bis in die 1990er-Jahre zurück, als die Treuhand mit der Privatisierung der volkseigenen Betriebe der ehemaligen DDR beauftragt war. Sie beeinflussen die gegenwärtigen geschichtspolitischen Debatten immer noch stark. Daraus folgt, dass die Zeitgeschichte vor einer vierfachen Herausforderung steht: Erstens geht es darum, die Umbrüche der 1990er-Jahre als Problemerzeugungsgeschichte der Gegenwart (Hans Günter Hockerts) systematisch und differenziert zu untersuchen. Zweitens gilt es, die damit eng verbundenen geschichts- und erinnerungspolitischen Narrative zu dekonstruieren, die wegen der Sogwirkung öffentlicher Debatten auch auf die Wissenschaft einwirken.[9] Drittens muss sie

---

8 Rheinische Post vom 25.3.2020, https://www.presseportal.de/pm/30621/4555958 (Zugriff am 5.7.2021).
9 Zählebige Legenden ranken sich bis heute auch um die Treuhandakten und das Forschungsprojekt des Instituts für Zeitgeschichte München–Berlin (IfZ): Die damalige sächsische Staatsministerin für Gleichstellung und Integration Petra Köpping (SPD) behauptete in einem Interview, das IfZ habe die Treuhandakten erhalten, und beklagte sich darüber, dass die angebliche Aktenübernahme »still« und ohne öffentliche Ausschreibung erfolgt sei. Vgl. Kerstin Decker: Die Seelsorgerin, in: Der Tagesspiegel vom 8.10.2018. Dieselbe Journalistin stellte noch zum 30. Jahrestag der deutschen Einheit die Behauptung auf, die Akten der Treuhandanstalt seien »auch heute nicht frei zugänglich«. Vgl. dies.: In einem verkauften Land, in: Der Tagesspiegel vom

die Vorstellung von 1989 als Zäsur hinterfragen und nach der Prägekraft der Erfahrungen der 1970er- und 1980er-Jahre für jene der 1990er-Jahre fragen.[10] Viertens ist eine Verinselung des Untersuchungsgegenstands auf einen rein deutschen Bezugsrahmen tunlichst zu vermeiden. Denn der Übergang von der Plan- zur Marktwirtschaft traf nicht nur die ehemalige DDR, sondern ganz Osteuropa. Die Transformation ist eine gesamteuropäische Geschichte, mit einer starken globalen Dimension – und ebenso starken nationalen Besonderheiten.

Die Treuhandanstalt stellte für die Marktwirtschaft westdeutscher Prägung ein ordnungspolitisches Novum dar, für das es kein Vorbild gab. Sie entzog sich von Anfang an einer klaren begrifflichen Einordnung, was vor allem mit dem expandierenden Aufgabenprofil und den Enttäuschungen zusammenhing, die viele ostdeutsche Bürgerinnen und Bürger im Transformationsprozess sammelten. Zeitgenossen kennzeichneten die Treuhandanstalt schon früh mit schillernden Begriffen, die Funktion und Arbeitsweise der Sonderbehörde auf den Punkt bringen sollten. So war

---

4.7.2020. Auch manche Historikerin kann sich der Verschwörungstheorie nicht entziehen, die sich um die Treuhandakten gebildet hat. So ließ Kerstin Brückweh in einem Beitrag für die Bundeszentrale für politische Bildung den Eindruck entstehen, das IfZ habe einen privilegierten Zugang zu diesen Akten. Vgl. Kerstin Brückweh: Das vereinte Deutschland als zeithistorischer Forschungsgegenstand, in: Aus Politik und Zeitgeschichte (2020) B 28/29, S. 4–10, hier S. 9. Besonders wirkmächtig ist ein Zeitungsartikel des Bochumer Historikers Constantin Goschler, der insinuierte, das IfZ-Projekt folge »parteipolitischen Intentionen« und sei eine Gefälligkeitsarbeit für den damaligen Bundesfinanzminister Wolfgang Schäuble (CDU). Vgl. Constantin Goschler: Ruinöser Ausverkauf oder alternativloser Umbau?, in: Frankfurter Allgemeine Zeitung vom 24.1.2017. Dieses Narrativ verbreitete auch sein Doktorand Marcus Böick. Vgl. Marcus Böick: Die Treuhand. Idee – Praxis – Erfahrung 1990–1994, Bonn 2018, S. 71. Die Unterstellung fand auch Eingang in die Streitschrift von Petra Köpping. Vgl. dies.: Integriert doch erst mal uns! Eine Streitschrift für den Osten, Berlin 2018, S. 39f. Goschlers FAZ-Artikel war offenbar auch Anstoß für eine Sendung des politischen Kabaretts im ZDF. Vgl. Die Anstalt vom 5.11.2019 (»Die Abwicklung der DDR – 30 Jahre Mauerfall«), https://www.claus-von-wagner.de/tv/anstalt/20191105-30-jahre-mauerfall (Zugriff am 19.10.2021).

10 Aus erfahrungsgeschichtlicher Perspektive: Kerstin Brückweh/Clemens Villinger/Kathrin Zöller (Hg.): Die lange Geschichte der »Wende«. Geschichtswissenschaft im Dialog, Berlin 2020.

etwa von einem »Staat im Staate« die Rede.[11] Altbundeskanzler Helmut Schmidt sah in der Anstalt eine »überaus mächtige, mit großen Kompetenzen und Finanzmitteln ausgestattete Nebenregierung«.[12] Das Negativurteil, das sich in der Öffentlichkeit rasch durchsetzte, schlug sich auch in den Buchtiteln zahlreicher Publikationen nieder, die Anfang der 1990er-Jahre erschienen.[13] Der vorliegende Band bündelt nicht nur wichtige Ergebnisse eines großen Forschungsprojekts des Instituts für Zeitgeschichte München–Berlin,[14] sondern greift weiterführende Fragestellungen auf, die im Mittelpunkt sowohl wissenschaftlicher als auch öffentlicher Debatten stehen. Dabei wird zunächst von der These ausgegangen, dass es sich bei der Treuhandanstalt um eine überforderte Behörde handelte, die vonseiten der Politik zahlreiche Aufgaben zugewiesen bekam und die von Anfang an unter einem beträchtlichen Erwartungsdruck der Öffentlich-

---

11 Irrwege im Niemandsland, in: Der Spiegel vom 4.3.1991.
12 Helmut Schmidt: Handeln für Deutschland. Wege aus der Krise, Berlin 1993, S. 32.
13 Peter Christ/Ralf Neubauer: Kolonie im eigenen Land. Die Treuhand, Bonn und die Wirtschaftskatastrophe der fünf neuen Länder, Berlin 1991; Heinz Suhr: Der Treuhandskandal. Wie Ostdeutschland geschlachtet wurde, Frankfurt am Main 1991; Martin Flug: Treuhand-Poker. Die Mechanismen des Ausverkaufs, Berlin 1992; Rüdiger Liedtke (Hg.): Die Treuhand und die zweite Enteignung der Ostdeutschen, München 1993.
14 Dierk Hoffmann: Im Laboratorium der Marktwirtschaft: Zur Geschichte der Treuhandanstalt 1989/90 bis 1994. Ein neues Forschungsprojekt des Instituts für Zeitgeschichte, in: Vierteljahrshefte für Zeitgeschichte 66 (2018), S. 167–185. In der Zwischenzeit sind bereits andere Studien erschienen, die auf der Auswertung von Treuhandakten basieren. Vgl. Louis Pahlow/André Steiner: Die Carl-Zeiss-Stiftung in Wiedervereinigung und Globalisierung 1989 bis 2004, Göttingen 2017; Norbert F. Pötzl: Der Treuhand-Komplex. Legenden – Fakten – Emotionen, Hamburg 2019. Dagegen führt Marcus Böick im Archivverzeichnis seiner Dissertation (wie Anm. 9) den Treuhandaktenbestand (B 412) zwar auf, ohne aus ihm aber zu zitieren. Der von ihm angegebene Aktenbestand des Treuhand-Untersuchungsausschusses (THAUA, im Parlamentsarchiv des Deutschen Bundestags) wurde erst nach der Drucklegung allgemein öffentlich zugänglich gemacht. Das hat manchen Rezensenten jedoch nicht davon abgehalten, die vermeintliche Auswertung unveröffentlichter Archivalien, insbesondere der Treuhandakten, ausdrücklich hervorzuheben. Vgl. Rezension von Alexander Leipold, in: Neue Politische Literatur (2020), S. 568–570; Rezension von Werner Bührer, in: Francia-Recensio 2020, DOI: 10.11588/frrec.2020.1.71624 (Zugriff am 30.5.2022).

keit stand. Hinzu kamen die enorme zeitliche Dynamik und die rasch auftretenden Folgen der Privatisierungspolitik, die den Handlungsspielraum der Behörde immer wieder neu bestimmten. Daraus ergab sich ein hochgradig komplexes und ein sich dynamisch veränderndes Kräftefeld bzw. Setting, in dem die Treuhandanstalt agierte. Ziel des Bandes ist nicht die enzyklopädische Darstellung aller Tätigkeitsfelder der Treuhandanstalt, sondern eine exemplarische Auswahl einzelner, relevanter Themenfelder, in deren Mittelpunkt das ambivalente und spannungsreiche Wechselverhältnis zwischen Treuhandanstalt und Transformationsgesellschaft steht.[15]

1. Zwischen friedlicher Revolution 1989 und deutscher Einheit 1990: Selbstermächtigung und Entstaatlichung

Selbstermächtigung und Selbstdemokratisierung

Mit dem Mauerfall am 9. November 1989 war für die Zeitgenossen in Ost und West nicht absehbar, dass am 1. Juli 1990 die Einführung der Marktwirtschaft in der noch bestehenden DDR und am 3. Oktober die staatliche Einheit Deutschlands kommen würde. Innerhalb von wenigen Monaten veränderte sich für die Menschen in der DDR nahezu vollständig das politische, wirtschaftliche und soziale Koordinatensystem. Mit

---

15 Der Begriff »Transformationsgesellschaft« tauchte bereits im Untertitel der 2019 publizierten Studie von Steffen Mau über Lütten Klein auf. Vgl. außerdem Michael Schwartz: Transformationsgesellschaft. DDR-Geschichte im vereinigten Deutschland, in: Vierteljahrshefte für Zeitgeschichte 69 (2021), S. 346–360. Dagegen ist der von Thomas Großbölting eingeführte Begriff der Wiedervereinigungsgesellschaft zeitlich sehr viel enger gefasst, zumal er ähnlich verlaufende sozioökonomische Prozesse in Osteuropa beim Übergang von der Plan- zur Marktwirtschaft unberücksichtigt lässt. Vgl. Thomas Großbölting: Wiedervereinigungsgesellschaft. Aufbruch und Entgrenzung in Deutschland seit 1989/90, Bonn 2020.

der friedlichen Revolution im Herbst 1989 setzte zunächst ein Prozess der Selbstermächtigung und Selbstdemokratisierung ein, der immer mehr offene gesellschaftliche Debatten ermöglichte.[16] Das zeigte sich nicht nur bei den Montagsdemonstrationen auf den Straßen vieler ostdeutscher Städte, sondern auch in den volkseigenen Betrieben und Kombinaten. Eine Statistik des DDR-Innenministeriums registrierte zwischen August 1989 und April 1990 landesweit 206 Streiks und zwölf Betriebsbesetzungen.[17] Betriebliche Proteste, die nach dem Mauerfall am 9. November 1989 verstärkt einsetzten,[18] richteten sich anfangs gegen die Versorgungsmängel der Planwirtschaft und schlossen dabei Kritik an Werks- und Betriebsleitern mit ein. Bei den Forderungen ging es auch um Fragen der sozialen Ungleichheit in den Betrieben, so zum Beispiel die bisherige Praxis bei der Vergabe von Ferienplätzen und Kuren sowie der Pkw-Zuteilung.[19] Darüber hinaus stellten immer mehr Beschäftigte die Legitimation der offiziellen Gewerkschaften – Freier Deutscher Gewerkschaftsbund (FDGB) und

---

16 Dabei zeigten sich aber auch schon Verwerfungen innerhalb der ostdeutschen Gesellschaft. Zum Gegensatz zwischen Bürgerrechtsbewegung und Intellektuellen auf der einen und Protestbewegung auf der anderen Seite: Detlef Pollack: Das unzufriedene Volk. Protest und Ressentiment in Ostdeutschland von der friedlichen Revolution bis heute, Bielefeld 2020, S. 100–104.
17 Vgl. Bernd Gehrke: Die »Wende«-Streiks. Eine erste Skizze, in: Bernd Gehrke/Renate Hürtgen (Hg.): Der betriebliche Aufbruch im Herbst 1989: Die unbekannte Seite der DDR-Revolution. Diskussion – Analysen – Dokumente, Berlin 2001, S. 247–270, hier S. 247.
18 Dagegen setzt Detlev Brunner den Beginn der Protestbewegung erst im Vorfeld des Staatsvertrags vom 18. Mai 1990 an. Vgl. Detlev Brunner: Auf dem Weg zur »inneren Einheit«? Transformation und Protest in den 1990er-Jahren, in: Marcus Böick/Constantin Goschler/Ralph Jessen (Hg.): Jahrbuch Deutsche Einheit 2020, Berlin 2020, S. 169–186, hier S. 171. Vgl. zur Protestkultur in Ostdeutschland den Beitrag von Christian Rau im vorliegenden Band.
19 Vgl. Jessica Elsner: Enttäuschte Hoffnung. Soziale Ungleichheit im Automobilwerk Eisenach in der Transformationszeit (1989–91), in: Dierk Hoffmann (Hg.): Transformation einer Volkswirtschaft. Neue Forschungen zur Geschichte der Treuhandanstalt, Berlin 2020, S. 174–187, hier S. 175–177. Allgemein zu den betrieblichen Protesten: Ilko-Sascha Kowalczuk: Revolution ohne Arbeiter? Die Ereignisse 1989/90, in: Peter Hübner (Hg.): Arbeit, Arbeiter und Technik in der DDR 1971 bis 1989. Zwischen Fordismus und digitaler Revolution, Bonn 2014, S. 537–610, hier S. 586–592.

Industriegewerkschaften – infrage und forderten die Gründung unabhängiger Gewerkschaften. Schließlich bildeten sich in einigen Betrieben Initiativgruppen, die unter anderem für das Streikrecht und freie Wahlen eintraten.[20]

Wirtschaftliche Prognosen in Ost und West

Das Produktivitäts- und Wohlstandsgefälle zwischen West- und Ostdeutschland war bereits vor 1989 ein offenes Geheimnis. Die durch den Mauerfall zutage getretenen Wirtschaftsprobleme waren für die ostdeutschen Wirtschaftsexperten nicht völlig überraschend. Um das DDR-Außenhandelsdefizit und das Problem des chronischen Devisenmangels in den Griff zu bekommen, hatte SED-Generalsekretär Erich Honecker 1979 sogar die Erhöhung der Konsumgüterpreise in Erwägung gezogen; Einschnitte im sozial- und konsumpolitischen Bereich schienen kurzzeitig unausweichlich zu sein.[21] Doch Ost-Berlin hielt bekanntlich am Kurs des Konsumsozialismus fest.[22] Ende Oktober 1989 lag der neuen SED-Führung um Egon Krenz eine interne Analyse der Wirtschaftslage vor, die von der Staatlichen Plankommission (SPK) stammte und die Fehler der Planwirtschaft schonungslos benannte. Angesichts der steigenden Westverschuldung wurde eine Wirtschaftsreform gefordert, die jedoch vage blieb und über das in den 1960er-Jahren entwickelte Konzept (Neues Ökono-

---

20 Aufruf der »Initiative zur demokratischen Umgestaltung der Gesellschaft«, Initiativgruppe von Arbeitern aus dem VEB ELGAWA, Plauen o. D. [Anfang Oktober 1989], in: Gehrke/Hürtgen (Hg.): Der betriebliche Aufbruch im Herbst 1989 (wie Anm. 17), S. 337.
21 Vgl. Peter Skyba: Sozialpolitik als Herrschaftssicherung. Entscheidungsprozesse und Folgen in der DDR der siebziger Jahre, in: Clemens Vollnhals/Jürgen Weber (Hg.): Der Schein der Normalität. Alltag und Herrschaft in der SED-Diktatur, München 2002, S. 39–80, hier S. 65 f.
22 Vgl. Andreas Malycha: Die SED in der Ära Honecker. Machtstrukturen, Entscheidungsmechanismen und Konfliktfelder in der Staatspartei 1971 bis 1989, München 2014, S. 6.

misches System der Planung und Leitung) nicht wesentlich hinausging.[23] Um die Zahlungsunfähigkeit und eine damit verbundene Senkung des Lebensstandards um bis zu 30 Prozent zu verhindern, schlug die SPK als Ausweg vor, Verhandlungen mit der Bundesregierung über die Gewährung neuer Kredite aufzunehmen. Im Gegenzug sollte angeboten werden, dass »noch in diesem Jahrhundert solche Bedingungen geschaffen werden könnten, die heute existierende Form der Grenze zwischen beiden deutschen Staaten überflüssig zu machen«.[24] Mit dem Fall der Mauer zehn Tage später war diesem im Konjunktiv formulierten Vorschlag jedoch jede Grundlage entzogen.

Mit dem Mauerfall am 9. November 1989 verschwand das Außenhandels- und Devisenmonopol, das die SED-Führung rund 40 Jahre besessen hatte. Westliche Waren konnten nun nahezu ungehindert in die DDR gelangen, und die westdeutsche D-Mark entwickelte sich von einer heimlichen Währung zu einer faktischen Leitwährung. Mehrere Zeitungen berichteten Anfang 1990 übereinstimmend, dass ein geschäftstüchtiger Erfurter Gemüsehändler Südfrüchte, die er im benachbarten Nordhessen bezog, nur noch gegen harte D-Mark verkaufte, nachdem er vom zuständigen Rat des Bezirkes eine »Genehmigung zur Annahme fremder Währungen« erhalten hatte.[25] Der Verlust der Währungshoheit hatte gravierende Folgen für die wirtschaftlichen Rahmenbedingungen in der noch bestehenden DDR. Westdeutsche Wirtschaftsexperten machten frühzeitig auf die gewaltigen ökonomischen Risiken aufmerksam. So betonte der wissenschaftliche Beirat beim Bundeswirtschaftsministerium in einem Kurzgutachten am 18. November 1989, dass durch die Öffnung

---

23 Vgl. André Steiner: Die DDR-Volkswirtschaft am Ende, in: Klaus-Dietmar Henke (Hg.): Revolution und Vereinigung 1989/90. Als in Deutschland die Realität die Phantasie überholte, München 2009, S. 112–129, hier S. 118.
24 Zit. nach Hans-Hermann Hertle: Die Diskussion der ökonomischen Krisen in der Führungsspitze der SED, in: Theo Pirker/M. Rainer Lepsius/Rainer Weinert/Hans-Hermann Hertle: Der Plan als Befehl und Fiktion. Wirtschaftsführung in der DDR. Gespräche und Analysen, Opladen 1995, S. 309–345, hier S. 344 f.
25 Zit. nach Antje Taffelt: Handel im Wandel, in: Christoph Links/Sybille Nitsche/Antje Taffelt: Das wunderbare Jahr der Anarchie. Von der Kraft des zivilen Ungehorsams 1989/90, Berlin ²2009, S. 127–133, hier S. 130.

der Grenze nach Westen »die latente Wirtschaftskrise dort [in der DDR] sichtbar geworden« sei.[26] Daraus ergebe sich für beide deutsche Staaten ein »hoher Entscheidungsdruck«. Um eine Antwort auf die massenhafte Abwanderung von Ost- nach Westdeutschland zu finden,[27] welche die »Lebensfähigkeit der DDR« bedrohe, komme es auf eine entscheidende Verbesserung »der Gesamtheit der dortigen Lebensbedingungen« an.[28] Dazu sei eine grundlegende Reform des politischen und wirtschaftlichen Systems in der DDR notwendig. Wenige Tage später prognostizierte die Deutsche Bundesbank in einem umfangreichen Positionspapier eine Zuspitzung der wirtschaftlichen Probleme in der DDR durch die Grenzöffnung. Den Frankfurter Währungshütern bereitete vor allem die Instabilität der DDR-Mark große Sorgen, gingen sie doch von einem weiter stark sinkenden Wechselkurs der ostdeutschen Währung und einem knapper werdenden Warenangebot in der DDR aus: »Die im Westen gegen D-Mark umgetauschten DDR-Banknoten strömen illegal in die DDR zurück und werden von Ausländern, Westberlinern, aber auch von DDR-Bürgern benutzt, um in großen Mengen billige DDR-Produkte aufzukaufen.«[29] Gleichzeitig warnte die Bundesbank davor, das westdeutsche Wirtschaftsmodell zu kopieren, denn die Neuausrichtung der ostdeutschen Wirtschaft in Richtung Marktwirtschaft sei ein vielschichtiger Prozess.

---

26 Vorläufiger Entwurf (»Wirtschaftspolitische Herausforderungen der Bundesrepublik im Verhältnis zur DDR«) des wissenschaftlichen Beirats beim Bundesministerium für Wirtschaft, 18.11.1989, S. 1, Archiv Grünes Gedächtnis (künftig: AGG), B.II.1, Nr. 1722, unfol.

27 Die Zahl der Menschen, die der DDR im November 1989 den Rücken kehrten, lag bei insgesamt 73 408. Vgl. Steiner: Die DDR-Volkswirtschaft am Ende (wie Anm. 23), S. 120.

28 Vorläufiger Entwurf (»Wirtschaftspolitische Herausforderungen der Bundesrepublik im Verhältnis zur DDR«) des wissenschaftlichen Beirats beim Bundesministerium für Wirtschaft, 18.11.1989, ebd., S. 2, AGG, B.II.1, Bd. 1722. Die Arbeitsproduktivität der ostdeutschen Betriebe lag nach Einschätzung des Beirats um mehr als die Hälfte unter der der westdeutschen. Vgl. ebd., S. 4.

29 Deutsche Bundesbank, Positionspapier: Ansätze für eine Wirtschaftsreform in der DDR und begleitende Hilfsmaßnahmen der Bundesrepublik, o. D. [Ende November 1989], Bundesarchiv Berlin (künftig: BArch Berlin), B 102/714614, Teil I, Bl. 15–53, hier Bl. 19.

Während sich west- und ostdeutsche Experten in der Diagnose über den wirtschaftlichen Zustand der DDR weitgehend einig waren, ergaben sich schon bald unterschiedliche Lösungsansätze. Auf Einladung der Bürgerbewegung »Neues Forum« trafen sich am 27./28. Januar 1990 etwa 250 Wirtschaftswissenschaftler, Unternehmer und Politiker aus beiden deutschen Staaten, um über eine Wirtschaftsreform in der DDR zu diskutieren.[30] Dabei herrschte zwar Konsens über den immensen Kapitalbedarf, den die volkseigenen Betriebe für dringend benötigte Investitionen hatten und der mit 900 Milliarden DM beziffert wurde. Die ostdeutschen Teilnehmer äußerten jedoch Vorbehalte gegen einen freien Kapitalzufluss von außen, denn sie befürchteten die Einführung von marktwirtschaftlichen Rahmenbedingungen in der DDR und damit eine frühzeitige Festlegung auf das westliche Wirtschaftssystem. Ein dritter Weg zwischen Kapitalismus und Sozialismus schien für sie dann nicht mehr möglich zu sein. Dagegen mussten die Teilnehmer aus der Bundesrepublik in der kontrovers geführten Diskussion erkennen, dass die »soziale Problematik umfassend integriert werden muss«, wie das sehr knapp gehaltene Protokoll ausdrücklich festhielt.[31]

Die letzte SED-Regierung unter Ministerpräsident Hans Modrow verfügte von Anfang an über einen geringen Handlungsspielraum, was nicht nur mit der Hypothek einer gescheiterten Wirtschaftspolitik vor 1989, sondern auch mit der Dynamik der Ereignisse seit dem Mauerfall am 9. November zusammenhing. Die Reformversuche unter Wirtschaftsministerin Christa Luft (SED) sahen zwar eine stufenweise Einführung von marktwirtschaftlichen Elementen vor, die allerdings erst 1993 voll wirksam werden sollten.[32] Schon Anfang 1990 befürchteten die DDR-Wirtschafts-

---

30 Auf dieser Grundlage erarbeitete das Neue Forum (Fachbereich Wirtschaft) am 2. Februar 1990 eine Vorlage zur Wirtschaftspolitik für den zentralen Runden Tisch. Vgl. AGG, A – Werner Schulz, Nr. 99.
31 Ebd. Der zentrale Runde Tisch beschloss daraufhin am 5. März 1990 eine Sozialcharta, die sich an die Bonner Regierung richtete und rechtlich einklagbare soziale Standards enthielt. Vgl. dazu Francesca Weil: Verhandelte Demokratisierung. Die Runden Tische der Bezirke 1989/90 in der DDR, Göttingen 2011, S. 53.
32 Vgl. Steiner: Die DDR-Volkswirtschaft am Ende (wie Anm. 23), S. 125 f.

experten gravierende Veränderungen auf dem ostdeutschen Arbeitsmarkt. Das in der Verfassung garantierte Recht auf Arbeit sei »zunehmend schwieriger [...] zu verwirklichen«.[33] Durch Umbau bzw. Auflösung von Teilen des DDR-Verwaltungsapparats hätten rund 110 000 Beschäftigte ihren Arbeitsplatz verloren, von denen nur etwa 60 000 berufsfremd wieder eingesetzt werden konnten. Ein wesentliches Problem bestehe darin, dass die »Berufsstruktur der bisher freigesetzten Arbeitskräfte [...] nicht mit den Qualifizierungsanforderungen der freien Arbeitsplätze übereinstimmt«. Die Analyse der DDR-Regierung erfasste die Umwälzungen auf dem ostdeutschen Arbeitsmarkt, die schon Monate vor der Währungs-, Wirtschafts- und Sozialunion begannen. Auslöser dafür war ein Rückgang der industriellen Produktion im Januar 1990 um 6,3 Prozent,[34] der auf einen Arbeitskräfterückgang, Arbeitsniederlegungen und einen Steuerungsverlust der nach wie vor geltenden Wirtschaftspläne zurückzuführen war. Die Modrow-Regierung bekam diesen Abwärtstrend nicht mehr in den Griff. Eine Umfrage unter DDR-Bürgern zeigte Ende Januar 1990, dass die Mehrheit der Befragten bessere Lebensbedingungen in der Bundesrepublik und nicht mehr in der DDR erwartete.[35] Gleichzeitig stieg die Zahl der sogenannten Übersiedler wieder leicht an: Im Januar und Februar 1990 verließen 137 000 Menschen die DDR.

Der Westen als Problemlöser

Die Bundesregierung unter Bundeskanzler Helmut Kohl (CDU) hatte seit dem Mauerfall umfassende Wirtschaftshilfen immer von der Bereitschaft Ost-Berlins zu grundlegenden politischen und wirtschaftlichen

---

33 Ministerrat der DDR, Zielstellung, Grundrichtungen, Etappen und unmittelbare Maßnahmen der Wirtschaftsreform in weiterer Verwirklichung der Regierungserklärung vom 17.11.1989, 1.2.1990, BArch Berlin, B 102/714614, Teil 1, Bl. 66–125, hier Bl. 102.
34 Vgl. Dieter Grosser: Das Wagnis der Währungs-, Wirtschafts- und Sozialunion. Politische Zwänge im Konflikt mit ökonomischen Regeln, Stuttgart 1998, S. 128.
35 Vgl. ebd., S. 129.

Reformen abhängig gemacht. An diesem Kurs hielt man grundsätzlich fest, wie Hans Modrow bei seinem Besuch in Bonn am 13. Februar 1990 erneut feststellen musste. Anfang März beschäftigte sich das Bundeswirtschaftsministerium bereits mit der Frage, wie die Wettbewerbsfähigkeit der ostdeutschen Industrie gesichert werden könnte. Es ging davon aus, dass die DDR-Betriebe bei einem noch zu schaffenden einheitlichen Wirtschaftsgebiet »scharfen Wind aus der Bundesrepublik und anderen Ländern zu spüren bekommen« würden.[36] Konkrete Vorschläge betrafen die Ausweitung des Kreditprogramms der Kreditanstalt für Wiederaufbau (KfW) für Existenzgründungen (sechs Milliarden DM), ein Infrastrukturprogramm für Grenzregionen (200 Millionen DM in zwei Jahren) und ein Infrastrukturprogramm (fünf Milliarden DM für fünf Jahre).[37] Obwohl das Bundeswirtschaftsministerium einen massiven Abbau von Arbeitsplätzen in nahezu allen Wirtschaftsbranchen der DDR befürchtete, ging es offenbar davon aus, die Probleme mit dem bestehenden wirtschaftspolitischen Instrumentarium bewältigen zu können. Nachdem sich in Bonn Anfang 1990 immer mehr die Einsicht durchgesetzt hatte, dass aufgrund der ökonomischen Krise in der DDR eine Währungs-, Wirtschafts- und Sozialunion zwischen beiden deutschen Staaten unausweichlich war,[38] bereitete sich neben dem Bundesfinanzministerium auch das Bundeswirtschaftsministerium auf das Szenario vor. Angesichts der schlechten Aussichten für den DDR-Arbeitsmarkt schlugen die Mitarbeiter von Wirtschaftsminister Helmut Haussmann (FDP) vor, »im Haushalt der DDR bzw. des Bundes die notwendigen Mittel in Form eines vorbereite-

---

36 BMWi, Anlage 1: Erleichterungen der Strukturanpassung in der DDR, 7.3.1990, BArch Berlin, B 102/714614, Teil 2, Bl. 455–457, hier Bl. 457.
37 Das Bundeswirtschaftsministerium entwickelte außerdem mit dem Bundesarbeitsministerium Pläne zur Förderung der beruflichen Aus- und Weiterbildung in der DDR und stellte dafür 65 Millionen DM für 1990 bereit. Vgl. MR [Ministerialrat] Dr. Pieper, Vermerk für Abteilungsleiter I, o. D., BArch Berlin, B 102/714614, Teil 2, Bl. 478–482.
38 Dazu detailliert Grosser: Das Wagnis der Währungs-, Wirtschafts- und Sozialunion (wie Anm. 34), S. 151–188.

ten Eventualhaushaltes vorzusehen«.[39] Dabei war sich die im Ministerium zuständige Arbeitsgruppe über die Risiken einer rasch zu bildenden Wirtschaftsgemeinschaft im Unklaren (»ökonomisch verkraftbar?«).[40]

Es deutet vieles darauf hin, dass das weitverbreitete Bild, in Bonn habe Anfang 1990 die Stunde der Exekutive geschlagen, modifiziert werden muss.[41] Im Gegenteil: Die Bundesregierung war vielmehr Getriebene der politischen Ereignisse in der DDR und musste insbesondere auf den anhaltenden Übersiedlerstrom und die medial geführte Debatte über die damit verbundenen Kosten für die westdeutschen Sozialsysteme reagieren. Die rasche Einführung der D-Mark in der DDR erschien den politischen Akteuren als probates Mittel, um Stabilität in West und Ost zu erzeugen. Dagegen trat die ursprüngliche Überlegung, zeitgleich Wirtschaftsreformen in der DDR einzuleiten, um einen stufenweisen Übergang zu einer deutsch-deutschen Wirtschaftsgemeinschaft zu garantieren, immer mehr in den Hintergrund. Eine kontrollierte und über einen längeren Zeitraum gestreckte Angleichung der ostdeutschen Wirtschaft an marktwirtschaftliche Prinzipien, die von den Wirtschaftsexperten gefordert worden war, schien kaum noch realistisch zu sein, zumal der genauso überraschende wie eindeutige Ausgang der freien Volkskammerwahl am 18. März 1990 allgemein als Plebiszit für eine schnelle Vereinigung gewertet wurde. So erklärt sich im Übrigen auch die Entscheidung für die Währungsumstellung am 1. Juli 1990: Löhne, Gehälter und andere Einkommen (Renten) waren mit einem Kurs von 1:1 umzustellen; sonstige Forderungen und Verbindlichkeiten unterlagen in der Regel einem Umrechnungskurs von 2:1. Der politisch gefundene Kompromiss, der den hohen Erwartungen der ostdeutschen Bevölkerung Rechnung trug und als Wertschätzung

---

39 Denkschrift (»Noch zu behandelnde Probleme im Zusammenhang mit der Einführung der Währungsunion und Wirtschafts- und Sozialgemeinschaft in der DDR«), 2.4.1990, BArch Berlin, B 102/714614, Teil 2, Bl. 447–452, hier Bl. 448.
40 Arbeitsgruppe Innerdeutsche Beziehungen, Notiz für das Gespräch beim Bundeskanzler am 5.4.1990, 4.4.1990, BArch Berlin, B 102/714614, Teil 2, Bl. 464–468, hier Bl. 465.
41 So aber Großbölting: Wiedervereinigungsgesellschaft (wie Anm. 15), S. 117.

der Lebensleistung der Ostdeutschen verstanden werden kann,[42] widersprach den ökonomischen Rahmendaten und den Empfehlungen vieler Wirtschaftsexperten.

Nach dem Mauerfall wurden westdeutsche Politiker auch bei ihren Reisen in die DDR mit den akuten wirtschaftlichen und sozialen Problemen vor Ort konfrontiert.[43] Nachdem der baden-württembergische Ministerpräsident Lothar Späth (CDU) von seiner Reise nach Dresden am 10./11. Dezember 1989 zurückgekehrt war, wurde das Sozialministerium in Stuttgart damit beauftragt, ein Sofortprogramm in Höhe von 1,5 Millionen DM vorzubereiten, um dem Gesundheitswesen und der Altenpflege in der Elbmetropole mit dringend benötigten Medikamenten und medizinischen Geräten unter die Arme zu greifen. Die baden-württembergische Landesregierung entwickelte sich ab Anfang 1990 für viele Krankenhäuser und Ärzte in Sachsen zum ersehnten Problemlöser: So wurde das Stuttgarter Sozialministerium darum gebeten, Verbandsmaterial und Medizintechnik zu liefern, aber auch Fachpersonal zur Verfügung zu stellen und bei der Sanierung maroder Kliniken behilflich zu sein. Manche Klinikleitung befürchtete in Sachsen offenbar einen Zusammenbruch der Gesundheitsversorgung. Hilfe erhoffte man sich nicht mehr von der Modrow-Regierung in Ost-Berlin, sondern von einem westdeutschen Bundesland. In Stuttgart wurden rasch Stimmen laut, die vor allzu großen Erwartungen warnten. Aus Sicht eines Ministerialbeamten war die DDR »zunehmend ein Fass ohne Boden«.[44] Und der Präsident

---

42 Dieser Befund taucht in der aktuellen Debatte über eine vermeintlich fehlende Wertschätzung der Lebensleistung der ostdeutschen Bevölkerung nicht auf. Vgl. Wolfgang Engler/Jana Hensel: Wer wir sind. Die Erfahrung, ostdeutsch zu sein, Berlin 2018; Köpping: Integriert doch erst mal uns! (wie Anm. 9); Thomas Oberender: Empowerment Ost. Wie wir zusammen wachsen, Stuttgart 2020; Cerstin Gammelin: Die Unterschätzten. Wie der Osten die deutsche Politik bestimmt, Berlin 2021.
43 Vgl. zum Folgenden Dierk Hoffmann: Übernahme? Die Rolle der alten Bundesländer beim »Aufbau Ost«. Austausch- und Transferprozesse am Beispiel Baden-Württembergs und Sachsens 1989/90, in: Ilko-Sascha Kowalczuk/Frank Ebert/Holger Kulick (Hg.): (Ost)Deutschlands Weg. 45 Studien & Essays zur Lage des Landes. Teil I: 1989 bis heute, Berlin/Bonn 2021, S. 257–266, hier S. 259f.
44 Notiz Dr. Zeller für Ministerin Barbara Schäfer (CDU), 12.4.1990, Hauptstaatsarchiv Stuttgart (künftig: HStA Stuttgart), EA 8/603, Bü 50/24.

des Baden-Württembergischen Handwerkstags wies darauf hin, dass »von Woche zu Woche die Diskrepanz zwischen unseren Hilfsmöglichkeiten und dem Unterstützungsbedarf i[n] Sachsen« zunehme.[45] Auch andere westdeutsche staatliche Akteure erhielten Anfragen aus der DDR. So wandte sich der Bürgermeister der Stadt Kemberg (Bezirk Halle) im Sommer 1990 hilfesuchend an das Bundeswirtschaftsministerium. In der Kleinstadt gab es offenbar weder eine zentrale Trinkwasserversorgung noch ein zentrales Entwässerungssystem. Die Bürger mussten sich – wie beigefügte Fotos belegten – über Handständerpumpen mit Wasser versorgen und die Abwässer flossen teilweise auf die Straßen. Um eine drohende Verseuchung des Trinkwassers zu verhindern, sei die Modernisierung der entsprechenden Anlagen »für die Existenz unserer Stadt und die Gesundheit unserer Bürger« von großer Bedeutung.[46] Adressat war wieder nicht die ostdeutsche Bezirksverwaltung oder die DDR-Regierung in Ost-Berlin, sondern in diesem Fall ein Bonner Ministerium. Die beiden Beispiele zeigen eine Entstaatlichung in der DDR auf zentraler Ebene, die ein politisches Vakuum erzeugte. Denn mit dem Mauerfall stieg vorübergehend die Bedeutung von Kommunalpolitikern, die mit den tagtäglichen Problemen der ostdeutschen Bevölkerung konfrontiert waren und die ihre Nöte an Amtsträger im Westen richteten. Der Entstaatlichungsprozess erklärt letztlich auch die Geschwindigkeit, mit der das westdeutsche Wirtschafts- und Sozialsystem 1990 auf Ostdeutschland übertragen wurde. Mit anderen Worten: Die Entstaatlichung der DDR und der Transfer des westdeutschen Modells sind zwei Seiten einer Medaille. Die Kennzeichnung dieses dynamischen Prozesses mit dem Begriff »Übernahme« kaschiert diesen Zusammenhang und suggeriert einen

---

45 Rudolf Ruf an Ministerin Barbara Schäfer, 28.3.1990, ebd.
46 Rat der Stadt Kemberg an Bundeswirtschaftsminister Helmut Haussmann, 14.8.1990, BArch Berlin, B 102/703596, unfol. Im BMWi reagierte man etwas ratlos: »[F]inanzielle Möglichkeiten des Bundes zur Unterstützung von Gemeinden für derartige Projekte« seien nicht bekannt. Handschriftlicher Vermerk auf dem Brief, ebd.

ausgefeilten Masterplan, den es so nicht gegeben hat.[47] Der zunehmende Kontrollverlust, der für die DDR-Regierung im Osten Deutschlands zu konstatieren war, schien auch den Sozialstaat in der Bundesrepublik zu erfassen: Nach Angaben des Arbeitsministers von Nordrhein-Westfalen, Hermann Heinemann (SPD), hatte die Gewerbeaufsicht des Landes bereits im September 1990 in Dutzenden von Fällen illegale Leiharbeit mit Arbeitern aus der noch bestehenden DDR auf Großbaustellen festgestellt.[48]

Aufgrund der zahlreichen Anfragen aus der DDR zur Verbesserung der Infrastruktur, die ab Ende 1989 auf den Schreibtischen der Ministerien in Bonn bzw. in den westdeutschen Landeshauptstädten landeten, bemühte sich das Bundeswirtschaftsministerium darum, die staatlichen Hilfsmaßnahmen zu koordinieren. Dazu wurde auf ein Instrument zurückgegriffen, das sich im Westen bereits bewährt hatte. Die Rede ist von der Gemeinschaftsaufgabe »Verbesserung der regionalen Wirtschaftsstruktur«, mit der in der zweiten Hälfte der 1980er-Jahre jährlich 300 Millionen DM für ein Fördergebiet mit rund 18 Millionen Einwohnern ausgegeben worden waren. Für die Förderung wirtschaftsnaher Infrastruktur in der DDR rechnete das Ministerium zunächst mit einem jährlichen Finanzbedarf von

---

47 So aber Ilko-Sascha Kowalczuk: Die Übernahme. Wie Ostdeutschland Teil der Bundesrepublik wurde, München 2019; Steffen Mau: Lütten Klein. Leben in der ostdeutschen Transformationsgesellschaft, Berlin 2019, S. 133–137. Das Narrativ der Übernahme durchzieht auch zahlreiche publizistische Veröffentlichungen in der jüngsten Zeit. Vgl. etwa Engler/Hensel: Wer wir sind (wie Anm. 42); Köpping: Integriert doch erst mal uns! (wie Anm. 9); Oberender: Empowerment Ost (wie Anm. 42); Gammelin: Die Unterschätzten (wie Anm. 42).

48 Vgl. Blüm erteilt Bundesanstalt für Arbeit Prüfauftrag. Baugewerkschaft bestätigt Hinweise auf illegale Leiharbeit, in: Handelsblatt vom 26.9.1990. Der Verdienst lag nur bei einem Drittel der Löhne und Gehälter der westdeutschen Beschäftigten. Vgl. DDR-Leiharbeiter als Billigkräfte in der BRD, in: Die Tageszeitung vom 26.9.1990. Die DDR hatte in den 1980er-Jahren gegen harte Devisen Bauarbeiter in den Westen verliehen, die Dumpinglöhne erhielten und für die keine Sozialversicherungsbeiträge eingezahlt werden mussten. Nutznießer dieser Aktion waren nicht die ostdeutschen Leiharbeiter, sondern die DDR-Außenhandelsfirmen. Vgl. Wie Bronneputzer. Gegen harte Devisen verleiht die DDR Bauarbeiter in den Westen, in: Der Spiegel vom 20.11.1983, https://www.spiegel.de/spiegel/print/index-1983-47.html (Zugriff am 19.7.2021).

einer Milliarde DM.[49] Dabei ging man davon aus, dass sich die DDR mit einem ebenso hohen Eigenbetrag an der Durchführung der Maßnahmen beteiligen würde. Da das gewählte Finanzvolumen von Anfang an zu gering erschien, kalkulierten die Ministerialbeamten eine Mittelerhöhung ein, »um die dringenden Engpässe an wirtschaftsnaher Infrastruktur zu beseitigen«. Darüber hinaus sollten in etwa acht ausgewählte Regionen der DDR Expertenteams geschickt werden, um bei der Erarbeitung entsprechender Konzepte vor Ort behilflich zu sein.[50] Bei der Auswahl der Regionen seien »die verschiedenen Problemkategorien, die künftige Länderstruktur und die Signalwirkung« zu berücksichtigen. Nach Einschätzung des Ministeriums reichten die vorgeschlagenen Maßnahmen jedoch nicht aus, um den »Zusammenbruch großer Kombinate« zu verhindern.[51] Falls die DDR das wirtschaftliche Problem allein nicht lösen könnte, müssten sich die Regierungen in Bonn und Ost-Berlin wieder zusammensetzen.

Bereits im Frühjahr 1990 konnte zwischen der Bundesregierung und den Länderchefs Einvernehmen über die Bildung eines Fonds »Deutsche Einheit« erzielt werden, der bei einer Laufzeit von 4,5 Jahren insgesamt 115 Milliarden DM umfassen sollte.[52] Finanziert werden sollte dieses Paket durch Einsparungen im Bundeshaushalt (20 Milliarden) und durch eine Nettokreditaufnahme (95 Milliarden). Dabei äußerten einige Bundes-

---

49 BMWi, Vermerk betr. Infrastrukturprogramm zur Förderung wirtschaftsnaher regionaler Infrastruktur in der DDR, 8.5.1990, BArch Berlin, B 102/703596, unfol.
50 BMWi, Vermerk betr. finanzielle Förderprogramme für die DDR, 11.5.1990, ebd. In einem früheren Konzeptpapier waren sogar neun Regionen genannt worden (Wolgast/Greifswald, Cottbus/Senftenberg/Lauchhammer, Stadt Brandenburg, Halle/Merseburg/Leuna, Böhlau/Espenhain/Rositz, Stadt Pirna, Worbis/Heiligenstadt/Mühlhausen, Suhl/Schleusingen/Ilmenau, Karl-Marx-Stadt/Chemnitz). Vgl. BMWi, Förderung von Projektteams zur Beratung ausgewählter DDR-Regionen beim Aufbau wirtschaftlicher Infrastrukturen auf kommunaler und regionaler Ebene, 18.4.1990, ebd.
51 BMWi, Vermerk betr. Staatsvertrag mit der DDR, 28.5.1990, ebd.
52 Vgl. Ergebnisprotokoll über die Besprechung des Bundeskanzlers mit den Regierungschefs der Länder am 16.5.1990 in Bonn, in: Deutsche Einheit. Sonderedition aus den Akten des Bundeskanzleramtes 1989/90 (Dokumente zur Deutschlandpolitik), bearb. von Hanns Jürgen Küsters und Daniel Hofmann, München 1998, S. 1122–1125, hier S. 1124.

länder jedoch grundsätzliche Bedenken gegen den bestehenden Länderfinanzausgleich, der bereits vor 1989 in der Bonner Republik Anlass für öffentliche Debatten gewesen war. So war ein von Hamburg angestrengtes Normenkontrollverfahren beim Bundesverfassungsgericht immer noch offen. Der Senat der Hansestadt drängte deshalb darauf, in dem Ergebnisprotokoll einen entsprechenden Hinweis mit aufzunehmen. Im Frühjahr 1990 begannen die politischen Verantwortlichen in Bonn damit, erste Infrastrukturprogramme für Ostdeutschland vorzubereiten, die sich in den Bahnen der bestehenden Wirtschaftsförderung bewegten. Weitergehende Programme schienen erst nach der staatlichen Vereinigung möglich zu sein. Die Bundesregierung stellte dafür zwar Finanzmittel zu Verfügung, die aber sehr knapp bemessen waren. Denn sie ging davon aus, dass die ostdeutsche Seite einen eigenen Beitrag zur wirtschaftlichen Konsolidierung des Landes leisten könne.

Der brüchige Privatisierungskonsens

Zwischen Ost- und Westdeutschland herrschte 1990 weitgehend Einvernehmen darüber, dass westdeutsches und westliches Kapital zwingend notwendig war, um die kostenintensiven Herausforderungen der DDR-Wirtschaft meistern zu können – angefangen von dem Investitionsrückstau in der Industrie bis hin zur Umweltsanierung. So bemühte sich auch die Modrow-Regierung darum, westliche Investoren in die DDR zu locken, und ließ dazu im Januar 1990 ein Joint-Venture-Gesetz in der Volkskammer verabschieden, das eine ausländische Kapitalbeteiligung an ostdeutschen Unternehmen mit bis zu 49 Prozent zuließ.[53] Der Wunsch

---

53 Vgl. Keith R. Allen: Internationale Finanzakteure und das Echo des Sozialismus, in: Deutschland Archiv Online vom 11.12.2019, https://www.bpb.de/geschichte/zeitgeschichte/deutschlandarchiv/302083/internationale-finanzakteure-und-das-echo-des-sozialismus (Zugriff am 1.6.2022). Darüber hinaus musste die von der PDS geführte Regierung Anfang 1990 erkennen, dass weder die Bundesrepublik noch das deutschsprachige Ausland (Schweiz, Österreich) bereit waren, neue Kredite und Bürgschaften zu gewähren, solange die politische Zukunft der DDR ungewiss war.

nach ausländischem Kapital war schließlich ein Türöffner für die Privatisierung der ostdeutschen Betriebe. Damit wurde ein Weg beschritten, auf den die von der SED-PDS geführte Regierung in Ost-Berlin mit dem Joint-Venture-Gesetz – wenn auch in Grenzen (49-Prozent-Regelung) – selbst eingeschwenkt war. 1990 herrschte in der DDR ein parteiübergreifender Konsens, bei dem sich der Wunsch nach westlichem Kapitalimport und die Bereitschaft zur Kooperation mit westlichen Unternehmen *(joint venture)* verknüpften. Doch mit der Teilhabe der Investoren und der damit einhergehenden Teilprivatisierung ostdeutscher Betriebe waren von Anfang an unterschiedliche Ziele und Erwartungen verbunden. Der Privatisierungskonsens begann sich im Herbst 1990 aufzulösen, als erste Betriebe schließen mussten, denen eine Zukunftsfähigkeit abgesprochen worden war. Erste Untersuchungen, die die Regierung de Maizière (CDU) in Auftrag gegeben hatte, lieferten ernüchternde Ergebnisse: Nach Bewertung von 2600 Betrieben lag die Rate der als konkursgefährdet eingestuften Betriebe im Juni 1990 bei 39 Prozent.[54] Dieses Szenario veranlasste wiederum das Bundeswirtschaftsministerium, das Privatisierungstempo zu erhöhen, um so schnell verfügbare Erlöse zum Ausgleich für die steigenden Verluste zu erzielen. In den Medien hatte das Privatisierungsnarrativ Ende 1990 aber noch nichts an Anziehungskraft verloren. So wurde Treuhandpräsident Rohwedder beim Verkauf der Treuhandunternehmen ein »Schneckentempo« vorgeworfen, obwohl die ersten Betriebsschließungen bereits öffentliche Proteste hervorgerufen hatten.[55]

Im Mittelpunkt dieser dramatischen Entwicklung stand die Treuhandanstalt, die ursprünglich von DDR-Bürgerrechtlern um Wolfgang Ullmann vorgeschlagen worden war, um das Volkseigentum treuhänderisch zu verwalten. Ihnen ging es darum, dessen übereilte Aufteilung unter sogenannten SED-Seilschaften sowie westlichen Investoren zu verhindern. Mit dem wirtschaftlichen Niedergang der DDR, der während der friedlichen Revolution eingesetzt hatte, drängten aber rasch andere

---

54 Vgl. Marc Kemmler: Die Entstehung der Treuhandanstalt. Von der Wahrung zur Privatisierung des DDR-Volkseigentums, Frankfurt am Main 1994, S. 133.
55 Die Fehler der Treuhand, in: Stuttgarter Nachrichten vom 17.11.1990.

Probleme in den Vordergrund. Die am 1. März 1990 von der Modrow-Regierung gegründete Treuhandanstalt nahm zwar eine wichtige Rolle ein, denn sie wurde Eigentümerin von über 8500 volkseigenen Betrieben und damit verantwortlich für rund vier Millionen Beschäftigte. Da die Behörde Anfang Juli 1990 erst 120 Mitarbeiter hatte, verharrte sie jedoch im »organisatorischen Chaos« und war mit der ihr übertragenen Aufgabe heillos überfordert.[56] Binnen weniger Wochen wandelte sich die Funktion der Treuhandanstalt: von einer Anstalt zur Bewahrung des Volkseigentums hin zu einer Organisation für die Lösung eines gewaltigen ökonomischen Problems.

Der Funktionswandel schlug sich auch im Gesetz zur Privatisierung und Reorganisation des volkeigenen Vermögens (kurz: Treuhandgesetz) nieder, das die frei gewählte Volkskammer am 17. Juni 1990 mit großer Mehrheit verabschiedete und das die zentrale Rechtsgrundlage für die Arbeit der Behörde bis zur ihrer Auflösung Ende 1994 bildete. Das Gesetz,[57] das der Anstalt einen relativ großen Gestaltungsspielraum einräumte, legte allgemein fest: »Das volkseigene Vermögen ist zu privatisieren.«[58] Die Einnahmen sollten vorrangig für die Strukturanpassung der Unternehmen verwendet werden.[59] Nach einer Bestandsaufnahme sei »nach Möglichkeit vorgesehen, dass den Sparern zu einem späteren Zeitpunkt […] ein verbrieftes Anteilsrecht am volkseigenen Vermögen

---

56 Vgl. Andreas Malycha: Vom Hoffnungsträger zum Prügelknaben. Die Treuhandanstalt zwischen wirtschaftlichen Erwartungen und politischen Zwängen 1989–1994, Berlin 2022, S. 100 f.
57 An der Ausarbeitung des Treuhandgesetzes waren westdeutsche Unternehmensberater im Auftrag der DDR-Regierung beteiligt. Vgl. Interview des Autors mit Karl-J. Kraus vom 8.1.2020.
58 Gesetzblatt der DDR 1990, Teil I, Nr. 33, S. 300–303, hier S. 300 (§ 1, Abs. 1). Die jüngste Darstellung des Treuhandgesetzes bei Detlev Brunner bleibt auf einer rein deskriptiv-normativen Ebene stehen und betont einseitig die fehlende demokratische Kontrolle und Partizipation. Dagegen werden die sich radikal verändernden ökonomischen Rahmenbedingungen zur Erklärung des Funktionswandels der Treuhandanstalt weitgehend unberücksichtigt gelassen. Vgl. Detlev Brunner/Günther Heydemann: Die Einheit und die Folgen. Eine Geschichte Deutschlands seit 1990, Bonn 2021, S. 100–104.
59 Vgl. Gesetzblatt der DDR 1990, Teil I, Nr. 33, S. 300–303, hier S. 301 (§ 5, Abs. 1).

eingeräumt werden kann«.[60] Die Gründungsurkunde der Treuhandanstalt wies somit ein Spannungsverhältnis auf zwischen Privatisierung einerseits und Ausgabe von Anteilscheinen am Volksvermögen andererseits. Forderungen nach einer grundlegenden Überarbeitung des Treuhandgesetzes, die in der Folgezeit von der Opposition im Deutschen Bundestag immer wieder erhoben wurden, waren jedoch nicht mehrheitsfähig und konnten sich nicht durchsetzen.

Illusionen und Fehleinschätzungen

Die Währungsumstellung am 1. Juli 1990 verschlechterte die Wettbewerbsbedingungen der ostdeutschen Betriebe, die von einem Tag auf den anderen nicht nur Löhne und Gehälter in D-Mark zahlen, sondern auch ihre Produkte in Osteuropa in der neuen Währung verkaufen mussten. Insofern bildet dieses Datum einen tiefen und irreversiblen Einschnitt für die ostdeutsche Wirtschaft. Vielen Treuhandunternehmen, die über keine tragfähige Kapitaldecke verfügten, drohte die Zahlungsunfähigkeit. Aus dem Liquiditätsproblem entwickelte sich zudem noch ein Rentabilitätsproblem, da die Preise der für den Verkauf angebotenen Waren nicht mehr kostendeckend waren. Betriebsschließungen und Arbeitslosigkeit waren nun an der Tagesordnung. So teilte eine Keramikwerkstatt in Erfurt dem zuständigen Arbeitsamtsdirektor am 30. Juni den Arbeitsausfall aufgrund akuter Absatzschwierigkeiten mit; ein halbes Jahr später musste der Betrieb schließen.[61] Erste Meldungen über steigende Arbeitslosenzahlen in der DDR gab es im Frühsommer 1990. Anfang Juli teilte die Zentrale Arbeitsverwaltung der DDR mit, dass die Zahl der Erwerbslosen

---

60 Ebd. (§ 5, Abs. 2).
61 Anzeige über Arbeitsausfall der Keramikwerkstatt F. U. Schmidt, Erfurt, an den Direktor des Arbeitsamtes Erfurt vom 30.6.1990, Thüringisches Hauptstaatsarchiv (künftig: ThHStA), 6-71-0001, Agentur für Arbeit Erfurt, Nr. 2055, Bl. 1 f. Vgl. F. U. Schmidt an Arbeitsamt Erfurt, 19.12.1990, ebd., Bl. 27.

um 47 289 auf 142 096 gestiegen sei.[62] Mitte Juli lag die Arbeitslosenzahl schon bei 224 000; rund eine halbe Million Beschäftigte befanden sich in Kurzarbeit.[63] Damit tauchte in der ostdeutschen Öffentlichkeit ein Phänomen auf, das es in den zurückliegenden vier Jahrzehnten unter dem SED-Regime offiziell nicht gegeben hatte: Arbeitslosigkeit. Während westdeutsche Journalisten frühzeitig vor den Folgen der Währungsumstellung für die ostdeutschen Betriebe warnten, verbreiteten manche Wirtschafts- und Arbeitsmarktexperten in der Öffentlichkeit erstaunlich optimistische Prognosen. So war der Präsident der Nürnberger Bundesanstalt für Arbeit Heinrich Franke von der Robustheit des westdeutschen Arbeitsmarkts derart überzeugt, dass er die negativen Folgen der D-Mark-Einführung in Ostdeutschland völlig unterschätzte. Auf die Frage eines Journalisten, ob ihm die in Kraft getretene Währungsunion Sorgen bereite, antwortete Franke: »Nein, überhaupt nicht. Sie [die Währungsunion] macht uns allenfalls zusätzlich Arbeit. Ich gehe sehr optimistisch an die Bewältigung der Probleme heran.«[64] Darüber hinaus behauptete er, die Wanderungsbewegung aus der DDR in Richtung Westen werde sich mit der Zeit umkehren und die Beitragszahler müssten im Zuge einer vorübergehend erhöhten Arbeitslosigkeit »nicht tiefer in die Tasche greifen«. Auch der Leiter der Abteilung Inland beim Bundespresseamt, Wolfgang Bergsdorf, glaubte zu wissen, dass die ostdeutschen Bundesländer »in drei bis vier Jahren«[65] das ökonomische Niveau des Westens erreichen würden. Das bedeute zwar Arbeitslosigkeit, »die aber nicht unbedingt sehr viel höher ist als bei uns«. Und der Präsident des Bundesverbandes deutscher Banken, Wolfgang Röller, der gleichzeitig Vorstandssprecher der Dresdner Bank war, glaubte das Licht

---

62 Vgl. Arbeitslosigkeit weiter gesunken, in: Frankfurter Allgemeine Zeitung vom 5.7.1990. Die Überschrift des Artikels bezog sich nur auf die Arbeitsmarktentwicklung in Westdeutschland.
63 Lagebericht Nr. 2 vom Vorstand der Treuhandanstalt für den Verwaltungsrat, 30.7.1990, BArch Berlin, B 412/8834, Bl. 76–87, hier Bl. 78.
64 Arbeitslose '90 – im Schnitt unter zwei Millionen, in: Welt am Sonntag vom 8.7.1990.
65 Arbeitslose in der DDR werden positive Überraschung erleben, in: Katholische Nachrichten Agentur (KNA) vom 21.9.1990.

am Ende des Tunnels erkennen zu können: »Die Talsohle wird [1991] zu Ende gehen und von einer Aufwärtsentwicklung abgelöst.«[66] In diesen Chor stimmte selbst das in Ost-Berlin ansässige Institut für angewandte Wirtschaftsforschung (IAW) ein, in dem Wirtschaftsexperten der aufgelösten Staatlichen Plankommission den Systemwechsel überstanden hatten. Sie waren nun Zuarbeiter für den Sachverständigenrat zur Begutachtung der gesamtwirtschaftlichen Entwicklung. Der Direktor, Konrad Wetzker, prognostizierte einen wirtschaftlichen Aufschwung, der Mitte 1991 einsetzen werde. Die getroffenen Infrastrukturmaßnahmen würden gemeinsam mit der »Sogwirkung der DM-Kaufkraft wie ein Schneeballeffekt« wirken.[67] Als sich der rasante Niedergang der ostdeutschen Wirtschaft schon längst abzeichnete, überwog nicht nur bei einem Großteil der westdeutschen Funktionseliten das kommunikative Beschweigen der ökonomischen Folgelasten der deutschen Einheit.

Die Privatisierung der ostdeutschen Betriebe war die Stunde der Unternehmensberater und Wirtschaftsprüfer,[68] deren betriebswirtschaftlicher Sachverstand benötigt wurde, nicht aber der Volkswirtschaftler, deren makroökonomische Expertise angesichts der Dynamik der Ereignisse unbrauchbar erschien. Obwohl sich die Treuhandanstalt schon Ende 1990 bzw. Anfang 1991 mit arbeitsmarkt- und sozialpolitischen Fragen beschäftigte, um eine Antwort auf die drohende Massenarbeitslosigkeit zu finden, sahen sich zahlreiche Wirtschaftsweise in erster Linie als Gralshüter der reinen Marktlehre. Angesichts des sich immer deutlicher abzeichnenden Zusammenbruchs der ostdeutschen Wirtschaft

---

66 Verbandschef Röller: Wir Banken helfen Treuhand bei Privatisierung. Die Mitgliederversammlung in Bonn sieht keinen Grund für Schwarzmalerei im Osten, in: Die Welt vom 16.11.1990.
67 Kritische Lage, in: Wirtschaftswoche vom 28.9.1990.
68 Vgl. Marcus Böick: Entdeckung, Expansion, Ernüchterung. Die KPMG/DTG und die deutsche Wiedervereinigung, in: Dieter Ziegler/Jörg Lesczenski/Johannes Bähr (Hg.): Vertrauensbildung als Auftrag. Von der Deutsch-Amerikanischen Treuhand-Gesellschaft zur KPMG AG, München/Berlin 2015, S. 215–249; ders.: Berater in »blühenden Landschaften«. Wirtschaftsprüfer und Unternehmensberater bei der Treuhandanstalt, in: Hoffmann (Hg.): Transformation einer Volkswirtschaft (wie Anm. 19), S. 41–55.

warnten sie gebetsmühlenartig vor einer Dauersubventionierung maroder Betriebe und blendeten in ihren Expertisen die sozialen Folgen des Wirtschaftsumbaus in Ostdeutschland weitgehend aus. Rüdiger Pohl, Lehrstuhlinhaber für Volkswirtschaftslehre an der Fernuniversität Hagen, riet der Politik, »den Abbau unrentabler Arbeitsplätze nicht unnötig zu verzögern«.[69] Der Präsident des Instituts für Weltwirtschaft, Horst Siebert, gleichzeitig Mitglied des Sachverständigenrats zur Begutachtung der gesamtwirtschaftlichen Entwicklung, beschwor das Mantra des westdeutschen Wirtschaftswunders in den 1950er-Jahren und sprach sich in Anlehnung an Joseph Schumpeter für »Anpassungsprozesse der schöpferischen Zerstörung für die alten Betriebe« als Voraussetzung für einen wirtschaftlichen Neuanfang aus.[70]

Auch die Regierungszentrale in Bonn blickte anfangs sehr zuversichtlich in die Zukunft. Dabei versuchte man explizit den wirkmächtigen Mythos um den ersten Bundeswirtschaftsminister Ludwig Erhard und das sogenannte Wirtschaftswunder der 1950er-Jahre zu nutzen, um Deutungshoheit in der Öffentlichkeit zu gewinnen und Zweckoptimismus zu verbreiten. So fand ein Beitrag Erhards aus dem Jahr 1953 Eingang in interne Papiere zur Vorbereitung der Währungsunion zwischen beiden deutschen Staaten.[71] Eine wichtige Vorbildfunktion hatte in dem Kontext die Währungsreform 1948 in Westdeutschland, die als eigentlicher Gründungstag der Bundesrepublik im kollektiven Gedächtnis verankert war.[72] Deshalb stellte das Bundeskanzleramt bei der Beantwortung der wirtschaftspolitischen Fragen, die sich aus der immer näher rückenden Wiedervereinigung ergaben, den historischen Bezug ausdrücklich her und

---

69 Die Politik sollte den Abbau unrentabler Arbeitsplätze nicht unnötig verzögern, in: Handelsblatt vom 25.1.1991.
70 Aufschwung nur bei klaren Eigentumsrechten, in: Handelsblatt vom 6.3.1991.
71 Vgl. Vorlage des Regierungsdirektors Mertes an Bundeskanzler Kohl vom 2.2.1990, in: Deutsche Einheit (wie Anm. 52), S. 749f.
72 Vgl. dazu Werner Abelshauser: Der »Wirtschaftshistorikerstreik« und die Vereinigung Deutschlands, in: Arnd Bauerkämper/Martin Sabrow/Bernd Stöver (Hg.): Doppelte Zeitgeschichte. Deutsch-deutsche Beziehungen 1945–1990, Bonn 1998, S. 404–416, hier S. 408f.

weckte so die Hoffnung auf ein zweites, ostdeutsches Wirtschaftswunder, an die sich übrigens auch Verwaltungsratsmitglieder der Treuhandanstalt klammerten.[73] Auch damals – so ein Mitarbeiter des Bundeskanzleramtes – habe Erhard zunächst mit einer Währungs- und Wirtschaftsreform (Aufhebung der Bewirtschaftung) begonnen.[74] So sei dann der Weg »von der Hoffnungslosigkeit zum späteren ›Wirtschaftswunder‹« gelungen. Aus diesem Geschichtsverständnis speiste sich bekanntlich das Versprechen von den blühenden Landschaften, das Helmut Kohl anlässlich des Inkrafttretens der Währungs-, Wirtschafts- und Sozialunion am 1. Juli 1990 öffentlich gab. Dennoch ist es abwegig, den Beitrag Erhards von 1953 zu einer Blaupause für die Einführung der Marktwirtschaft in Ostdeutschland zu stilisieren.[75] Hier ist doch zwischen den Ebenen der allgemeinen ordnungspolitischen Symbolpolitik und den konkreten wirtschaftspolitischen Leitbildern zu unterscheiden.

Im Herbst 1990 verbreiteten aber auch andere CDU-Politiker ungebremsten Optimismus. So erwartete der baden-württembergische Ministerpräsident Lothar Späth den wirtschaftlichen Wendepunkt Mitte 1991: »Danach werde es dort [in Ostdeutschland] Zuwachsraten geben, die wir

---

73 DDR – ein attraktiver industrieller Standort. Jens Odewald, Verwaltungsratsvorsitzender der Ostberliner Treuhandanstalt, ist betont optimistisch, wenn es um die mitteldeutsche Wirtschaft geht, in: Welt am Sonntag vom 30.9.1990.
74 Vgl. Vermerk des Regierungsdirektors Nehring vom 6.2.1990, in: Deutsche Einheit (wie Anm. 52), S. 761.
75 Diese These vertrat erstmals: Abelshauser: Der »Wirtschaftshistorikerstreit« und die Vereinigung Deutschlands (wie Anm. 7), S. 409. Dem schlossen sich bis heute andere Historiker kritiklos an, u. a.: Böick: Die Treuhand (wie Anm. 9), S. 726; Constantin Goschler: Transformation reloaded? Die Rolle der Sozialwissenschaften, Zeitgeschichte und Wirtschaftsgeschichte bei der Erforschung des deutschen Einigungsprozesses, in: Ingo Köhler/Eva-Maria Roelevink (Hg.): Transformative Moderne: Struktur, Prozess und Handeln in der Wirtschaft. Festschrift für Dieter Ziegler, Dortmund/Münster 2021, S. 27–41, hier S. 30; Großbölting: Wiedervereinigungsgesellschaft (wie Anm. 15), S. 408. Diese Interpretation überschätzt die Handlungsspielräume der politischen Akteure und unterschätzt die politischen und ökonomischen Zwangslagen. Außerdem blendet sie die wirtschaftspolitischen Leitbilder der anderen Akteure innerhalb der Bundesregierung völlig aus. Ihr liegt zudem die in der Geschichtswissenschaft längst überholte Sichtweise zugrunde, nach der alte (verstorbene) Männer Geschichte machen.

einmal in den 50er und 60er Jahren gewohnt waren«.[76] Der frisch gewählte sächsische Ministerpräsident Kurt Biedenkopf erklärte in seiner ersten Regierungserklärung, es werde bereits in wenigen Jahren möglich sein, »den Anschluss an die Entwicklung des Westens« zu finden.[77] Biedenkopf, der die wirtschaftspolitischen Kompetenzen Kohls immer wieder in Zweifel zog und frühzeitig Steuererhöhungen zur Finanzierung des Wirtschaftsaufbaus in Ostdeutschland forderte,[78] rechnete mit einer Durststrecke von maximal zwei Jahren.[79] In seinen 2015 publizierten Tagebüchern musste er der Entwicklung Tribut zollen, ohne das Scheitern der eigenen Prognosen einzugestehen. In nahezu dialektischer Weise plädierte er dafür, »die Kohl'sche Formel« nicht statisch, sondern dynamisch zu verstehen: »Es beginnt zu blühen.«[80] Mit ihren Aussagen weckten westdeutsche Politiker und Wirtschaftsexperten Erwartungen in Ostdeutschland, die spätestens ab Anfang 1991 zusehends enttäuscht wurden, als Betriebsschließungen und Entlassungen immer mehr zur Regel wurden.

76 Harte Kritik an der Treuhand. »Schleppende Arbeitsweise und mangelnde Entscheidungsfreude«, in: Stuttgarter Zeitung vom 5.11.1990.
77 Regierungserklärung Biedenkopfs vom 8.11.1990, in: Sächsischer Landtag, 1. Wahlperiode, 2. Sitzung, S. 52–65, hier S. 65, https://edas.landtag.sachsen.de/viewer.aspx?dok_nr=2&dok_art=PlPr&leg_per=1&pos_dok=1&dok_id (Zugriff am 20.7.2021).
78 Das lehnte Kohl 1990 vor allem aus wahltaktischen Gründen kategorisch ab. Vgl. Hans-Peter Schwarz: Helmut Kohl. Eine politische Biographie, München 2012, S. 594. Kohl sah sich durch ein von der Bundesregierung in Auftrag gegebenes Gutachten des Kölner Instituts der deutschen Wirtschaft bestärkt, das zu dem Schluss gekommen war, dass sich die deutsche Einheit selbst finanzieren werde und Steuererhöhungen überflüssig seien. Vgl. Kohl ruft zu »großer gemeinsamer Anstrengung« auf. Gutachten: Einheit finanziert sich weitgehend selbst, in: Süddeutsche Zeitung vom 9.10.1990. Ähnlich argumentierte auch einer der fünf Wirtschaftsweisen, Rüdiger Pohl. Vgl. »In Sachsen droht der Zusammenbruch«. Massen-Abwanderung wegen niedriger Gehälter beklagt, in: Süddeutsche Zeitung vom 3.1.1991.
79 Der Münchener Unternehmensberater Roland Berger ging davon aus, dass die ostdeutsche Industrie und der Dienstleistungssektor innerhalb von sechs Jahren auf westdeutschem Niveau sein würden. Vgl. Im Nachtrag, in: Neues Deutschland vom 29.9.1990. Der Präsident der Bundesvereinigung der Deutschen Arbeitgeberverbände (BDA), Klaus Murmann, wagte die Prognose, dass die Angleichung der Produktivität zwischen Ost und West in zwei bis drei Jahren erfolgen werde. Vgl. Sachsens Unternehmer wollen Altschulden-Erlass, in: Frankfurter Rundschau vom 27.2.1991.
80 Kurt Biedenkopf: Ringen um die innere Einheit. Aus meinem Tagebuch August 1992 bis September 1994, München 2015, S. 402 f. (Eintrag zum 19.3.1994).

Die zeitgenössisch geborene Illusion von den bald schon »blühenden Landschaften« dient nach wie vor als Bewertungsmaßstab bei der öffentlichen Debatte über die Bilanz der Treuhandanstalt. Ihr lag zudem eine Fehleinschätzung des am 1. April 1991 ermordeten Präsidenten der Treuhandanstalt, Detlev Karsten Rohwedder, zugrunde. Mit Blick auf die DDR-Wirtschaft hatte er bei einem Pressetermin in Wien im Oktober 1990 etwas schnoddrig angegeben, »der ganze Salat« sei etwa »600 Milliarden DM wert«.[81] Diese Zahl beruhte auf ersten Schätzungen der Modrow-Regierung. Deshalb war das Bonner Wirtschaftsministerium im Mai 1990 davon ausgegangen, dass bei einer raschen Privatisierung mit hohen Verwertungserlösen zu rechnen sei.[82] Dabei waren allerdings nicht die Altschulden der DDR-Betriebe berücksichtigt, die in der Planwirtschaft keine Rolle gespielt hatten und nach der Währungsumstellung am 1. Juli 1990 mit etwa 120 Milliarden DM voll zu Buche schlugen. Darüber hinaus standen die D-Mark-Eröffnungsbilanzen aus, die von den Treuhandunternehmen noch zu erstellen waren und die den Blick auf den Zustand der ostdeutschen Betriebe teilweise erheblich eintrübten. Aus den anfangs erhofften Verkaufserlösen waren nun Verluste geworden, die erklären, warum mancher Käufer von Treuhandbetrieben nur noch den symbolischen Preis von einer DM zahlte. Hinter der magischen Zahl, die Rohwedder im Herbst 1990 eher widerwillig genannt hatte, stand aber noch etwas anderes: Die westdeutsche Einschätzung der DDR-Wirtschaftskraft wurde mit beeinflusst von einer Legende, die Erich Honecker in die Welt gesetzt hatte. Im *Neuen Deutschland* hatte er 1967 die Behauptung aufgestellt, die DDR gehöre zu den zehn größten Industrieländern der Erde, und konnte sich dabei sogar auf das Statistische

---

81 Der Richtige, in: Tribüne vom 23.10.1990. Vgl. dazu auch Pötzl: Der Treuhand-Komplex (wie Anm. 14), S. 70f. Der stellvertretende Verwaltungsratsvorsitzende der Treuhandanstalt, Otto Gellert, stellte die Zahlenangabe von Rohwedder in Zweifel und betonte vielmehr, wenn man auf plus/minus null herauskomme, sei das schon ein Erfolg. Vgl. Hamburger Abendblatt vom 26.10.1990.
82 Ausführlicher dazu Katja Fuder: Schnelle Privatisierung für schnelle Erlöse. Wie die Transformation der DDR-Wirtschaft finanziert werden sollte, in: Hoffmann (Hg.): Transformation einer Volkswirtschaft (wie Anm. 19), S. 70–83, hier S. 73.

Jahrbuch der UNO von 1964 berufen.[83] Obwohl DDR-Statistiker intern erhebliche Zweifel geäußert hatten und »eine krasse Überbewertung der Industrieproduktion der DDR«[84] befürchteten, entwickelte dieser Mythos eine Strahlkraft, die mit dem Ende der DDR nicht verloren ging.[85]

2. Die Treuhandanstalt unter Detlev Karsten Rohwedder 1990/91: Expansion, Professionalisierung und öffentliches Image

Behördenausbau

Bis zum Sommer 1990 erfolgten die Weichenstellungen bei den ersten großen Privatisierungsfällen (zum Beispiel Banken- und Versicherungsbranche[86] sowie Zeitungsverlagswesen[87]), ohne dass die Treuhandanstalt

---

83 Dort stand die DDR sogar auf dem siebten Platz. Vgl. André Steiner: Wie die DDR unter die zehn führenden Industrieländer der Welt geriet? Eine Spurensuche, in: Gerbergasse 18. Thüringer Vierteljahrsschrift für Zeitgeschichte und Politik 84/2017, S. 3–7, hier S. 5.
84 Zit. nach ebd., S. 6.
85 Vgl. »Größte Vernichtung von Produktivvermögen«, in: Der Tagesspiegel vom 1.3.2019, https://www.tagesspiegel.de/wirtschaft/geburtstag-der-treuhandanstalt-groesste-vernichtung-von-produktivvermoegen/24057242.html (Zugriff am 1.6.2022); Christa Luft: Die Treuhand – die größte Vernichtung von Produktivvermögen in Friedenszeiten, in: Schicksal Treuhand – Treuhand-Schicksale. Begleitbuch zur Ausstellung, hg. von der Rosa-Luxemburg-Stiftung, Berlin 2019, S. 16–20.
86 Westdeutsche Versicherungen und Banken nutzten die chaotische Umbruchphase im ersten Halbjahr 1990, um für sich neue Märkte in der DDR zu erschließen. Dazu steht eine kritische Analyse noch aus. Als Erfolgsgeschichte und aus der Perspektive einer großen Privatversicherung: Barbara Eggenkämper/Gerd Modert/Stefan Pretzlik: Die staatliche Versicherung der DDR. Von der Gründung bis zur Integration in die Allianz, München 2010. Aus der Sicht einer westdeutschen Großbank ähnlich unkritisch: Catherine R. Schenk: Globalisierung und Krise 1989–2020, in: Werner Plumpe/Alexander Nützenadel/Catherine R. Schenk: Deutsche Bank. Die globale Hausbank 1870–2020, Berlin 2020, S. 530–798, hier S. 657–662.
87 Vgl. Mandy Tröger: Die Treuhand und die Privatisierung der DDR-Presse, in: Aus Politik und Zeitgeschichte (2019) B 35–37, S. 34–39.

daran beteiligt war. Seit ihrer Gründung am 1. März 1990 war sie nur ein zahnloser Papiertiger gewesen. Erst in der Amtszeit von Detlev Karsten Rohwedder als Treuhandpräsident ab Ende August 1990 entwickelte sie sich zu einer funktionsfähigen Organisation, die dem gesetzlichen Auftrag nachkommen konnte. Binnen weniger Wochen stieg der Personalbestand der Behörde im vierten Quartal 1990 rasant an, von 379 (Stand: 30. September 1990) auf 1140 (Stand: 31. Dezember 1990).[88] Am 31. März 1991 – ein Tag vor Rohwedders Ermordung – gab es bereits 2141 Beschäftigte.

In der Treuhandanstalt arbeiteten mehrheitlich Personen, die aus der DDR stammten und die teilweise in verschiedenen Bereichen des DDR-Verwaltungsapparats tätig gewesen waren. Ende 1990 standen 1032 Ost-Mitarbeiter 108 Westkollegen gegenüber; drei Monate später betrug das Verhältnis 1781 zu 360. Anfang 1992 kam jeder dritte Treuhandmitarbeiter aus den sogenannten alten Bundesländern; der prozentuale Anteil erreichte seinen höchsten Wert Ende 1993 (32,6 Prozent).[89]

Rohwedder veranlasste nicht nur den massiven personellen Ausbau, sondern auch den strukturellen Umbau der Treuhandanstalt, um die Arbeitsabläufe effizienter zu gestalten. Ende 1990 wies die Anstalt fünf Unternehmensbereiche sowie vier weitere Vorstandsbereiche auf, die entweder Querschnittsbereiche (für Personal und Finanzen) umfassten oder für die Niederlassungen zuständig waren.[90] Während die Gesamtbelegschaft der Treuhandanstalt mehrheitlich ostdeutsch geprägt war, traf dies für die Leitungspositionen im Vorstand und in den einzelnen Direktoraten nicht zu. Dies war auf Rohwedder zurückzuführen, der seine in der alten Bundesrepublik geknüpften Netzwerke nutzte, um Spitzen-

---

88 Vgl. Übersicht der Treuhandanstalt über die Entwicklung des Personalstandes Ost-West-Mitarbeiter vom 24.7.1992, in: Treuhandanstalt (Hg.): Dokumentation 1990–1994, Bd. 11, Berlin 1994, S. 155.
89 Vgl. Personalbericht der Treuhandanstalt für Dezember 1993, in: ebd., S. 196.
90 Vgl. zu den Strukturveränderungen 1990 Malycha: Vom Hoffnungsträger zum Prügelknaben (wie Anm. 56), S. 211–233; Wolfgang Seibel: Verwaltete Illusionen. Die Privatisierung der DDR-Wirtschaft durch die Treuhandanstalt und ihre Nachfolger 1990–2000, Frankfurt am Main/New York 2005, S. 140–153. Die Organisationsgeschichte der Treuhandanstalt ist eine Geschichte des rasanten Ausbaus, permanenten Umbaus und (ab 1992/93) Abbaus.

manager für die Privatisierungsagentur zu gewinnen. Dafür holte er sich die Unterstützung von dem einschlägig bekannten Headhunter Dieter Rickert, der sich nach einer Karriere bei Thyssen und dem Bundesverband der Deutschen Industrie (BDI) selbstständig gemacht hatte und nun Führungskräfte für die Treuhandanstalt suchen sollte. Rohwedder und Rickert hatten sich Mitte der 1980er-Jahre kennengelernt, als Rohwedder auf der Suche nach einem Vorstandsmitglied für den von ihm geführten Stahlkonzern Hoesch gewesen war.[91]

Für den Vorstand der Treuhandanstalt konnten als Erste Karl Schirner und Klaus Peter Wild gewonnen werden. Sie leiteten den Unternehmensbereich 1 (Privatisierung und Investors Relations)[92] bzw. 2 (Sanierung/Abwicklung).[93] Schirner kam vom Automobilkonzern Daimler-Benz, wo er leitender Manager und für die Unternehmenskäufe des Konzerns verantwortlich gewesen war.[94] Der Jurist Klaus Peter Wild hatte in den 1960er-Jahren eine Beamtenlaufbahn im bayerischen Wirtschaftsministerium eingeschlagen und war im Ministerium zuständig für das erste Konkursverfahren des Stahlwerks Maxhütte in der Oberpfalz, an dem der Freistaat Bayern eine Beteiligung hielt. Kurz nach ihnen wurde Birgit Breuel als einzige Frau in den Vorstand berufen, die die Zuständigkeit für die 15 Niederlassungen erhielt. Die CDU-Politikerin, die nach außen stets einen marktliberalen Kurs vertrat, war 1978 Ministerin für Wirtschaft und Verkehr in Niedersachsen unter dem Ministerpräsidenten Ernst Albrecht (CDU) geworden, der sie 1986 dann zur Finanzministerin ernannt hatte. Darüber hinaus wies sie aber auch langjährige Erfahrungen in der Wirtschaft auf, denn sie saß zwölf Jahre im Aufsichtsrat der Volkswagen AG,

---

91 Vgl. Böick: Die Treuhand (wie Anm. 9), S. 288.
92 Neben der Funktionsverantwortung gab es noch zusätzlich eine Geschäftsverantwortung. Schirner trug die Geschäftsverantwortung für: Schwermaschinen- und Anlagenbau, Werkzeugmaschinenbau, Spezialmaschinen, Dienstleistungen, Flughäfen/Luftfahrt. Vgl. Malycha: Vom Hoffnungsträger zum Prügelknaben (wie Anm. 56), S. 203.
93 Wild hatte die Geschäftsverantwortung für: Optik/Keramik/Feinmechanik, Fahrzeugbau, Küstenindustrie, Verkehr. Vgl. ebd.
94 Vgl. Telefongespräche mit Karl Schirner am 25.3. und 20.5.2019.

der Deutsche Messe AG und bei der Norddeutschen Landesbank AG.[95]
Am 1. Oktober 1990 übernahm Alexander Koch das Vorstandsressort Personal (mit der Geschäftsverantwortung für Arbeitsmarkt und Soziales), das im Zuge der Betriebsschließungen und Massenentlassungen immer wichtiger wurde. Nach einer kaufmännischen Lehre beim US-amerikanischen Reifenhersteller Dunlop AG und einem Soziologiestudium in Frankfurt am Main hatte er 1965 die Personal- und Ausbildungsleitung bei Dunlop übernommen; anschließend war er Vorstandsmitglied für Personal- und Sozialwesen der Braun AG in Kronberg (1974) und der Grundig AG (1981) gewesen.[96]
Einen Monat später schlossen sich dem Vorstand noch zwei weitere erfahrene Industriemanager an: Wolf R. Klinz und Hans Krämer. Klinz, der zunächst einen Abschluss als Diplom-Kaufmann erzielt hatte und anschließend mit einer Arbeit über Fragen des Kapitalexports in »Entwicklungsländern« promoviert wurde, wies eine internationale Berufskarriere vor:[97] In den 1960er-Jahren war er in der britischen und US-amerikanischen Automobilindustrie tätig gewesen. 1970 wurde er Projektleiter und dann Partner bei der Unternehmensberatung McKinsey, bevor er 1981 Geschäftsführer der Vereinigten Glaswerke GmbH in Aachen wurde. Von dort wechselte er 1984 zum Messinstrumente-Hersteller (Stromzähler) Landis & Gyr AG in die Schweiz (Zug), wo er Mitglied der Konzernleitung wurde. In der Treuhandanstalt übernahm Klinz den Unternehmensbereich 4 (Beteiligungsverwaltung und -controlling) mit der Geschäftsverantwortung für einige Wirtschaftszweige.[98] Der studierte Betriebswirt Krämer, der mit einer Arbeit über die »Finanzpolitik westdeutscher Industriekonzerne« promoviert worden war, hatte von 1966 bis 1971 in der Hauptverwaltung des Bertelsmann Verlags gearbeitet – zum Schluss als Mitglied der Konzerngeschäftsleitung.[99] Er wechselte 1972 zum Essener

---

95 Tabellarischer Lebenslauf von Birgit Breuel, o. D., BArch Berlin, B 412/8837, Bl. 15.
96 Tabellarischer Lebenslauf von Alexander Koch, o. D., ebd., Bl. 14.
97 Tabellarischer Lebenslauf von Wolf R. Klinz, o. D., BArch Berlin, B 412/8839, Bl. 6.
98 Im Einzelnen: Chemie, Elektrotechnik/Elektronik, Holz/Papier, Textil/Bekleidung/Leder.
99 Curriculum Vitae von Hans Krämer, o. D., BArch Berlin, B 412/8840, Bl. 85 f.

Energiekonzern STEAG, an dessen Spitze er fünf Jahre später als Vorstandsvorsitzender saß. In der Treuhandanstalt erhielt er den Unternehmensbereich 5 (Immobilienverwaltung und -verwertung).[100]

Den Vorstand komplettierten zwei Ostdeutsche: Gunter Halm und Wolfram Krause, die dem Unternehmensbereich 3[101] bzw. dem Querschnittsbereich Finanzen vorstanden. Der Diplom-Physiker Halm war 1984 zum stellvertretenden DDR-Minister für Glas- und Keramikindustrie ernannt worden. Zwischen November 1989 und März 1990 leitete er das Ministerium für Leichtindustrie; danach amtierte er als Staatssekretär im Ministerium für Wirtschaft.[102] Der Ökonom Krause war von 1968 bis 1974 Stellvertreter des Vorsitzenden der Staatlichen Plankommission gewesen. Wegen Kritik am Wirtschaftskurs Ost-Berlins fiel er in Ungnade und wurde in den Parteiapparat der SED-Bezirksleitung Berlin versetzt, wo er bis 1989 blieb. In der Regierungszeit von Ministerpräsident Modrow wurde er zum Staatssekretär ernannt und war zuständig für die Planung einer Wirtschaftsreform; seit dem 1. März 1990 gehörte Krause dem Direktorium der neu gegründeten Treuhandanstalt an.[103]

Die westdeutschen Vorstandsmitglieder standen stellvertretend für die sogenannte Deutschland AG, die sich in der alten Bundesrepublik herausgebildet hatte und die eine enge Verflechtung zwischen den großen Aktiengesellschaften der Industrie, der Banken und der Versicherungen durch gegenseitige Kapitalbeteiligungen und wechselseitige Repräsentanz in Aufsichtsräten aufwies.[104] Sie vereinte die Tatsache, dass sie entweder

---

100 Mit der Geschäftsverantwortung für: Eisen-/Stahlerzeugung, Metallurgie, Bauindustrie, Hotels und Ferienhäuser, Finanzvermögen, THA-Liegenschaften.
101 Mit der Geschäftsverantwortung für: Land- und Forstwirtschaft, Bergbau/Steine/Erden, Nahrungs- und Genussmittel, Sondervermögen.
102 Helmut Müller-Enbergs/Jan Wielgohs/Dieter Hoffmann (Hg.): Wer war wer in der DDR? Ein biographisches Lexikon, Berlin 2000, S. 308.
103 Artikel zu Wolfram Krause, in: Biographische Datenbanken der Bundesstiftung Aufarbeitung, https://www.bundesstiftung-aufarbeitung.de/de/recherche/kataloge-datenbanken/biographische-datenbanken/wolfram-krause (Zugriff am 23.7.2021).
104 Einschlägig dazu: Ralf Ahrens/Boris Gehlen/Alfred Reckendrees (Hg.): Die »Deutschland AG«. Historische Annäherung an den bundesdeutschen Kapitalismus, Essen 2013.

über Sanierungs- und Privatisierungserfahrungen verfügten, aufgrund ihrer Tätigkeit in Aufsichtsräten Einblicke in die Leitung eines Unternehmens gewonnen hatten oder im politischen System der Bonner Republik gut vernetzt waren. Alle drei Funktionen erfüllte wie kaum ein anderer der seit Ende August 1990 amtierende Präsident der Treuhandanstalt: Detlev Karsten Rohwedder. Der promovierte Jurist war in den 1960er-Jahren Leiter der Rechts- und Steuerabteilung und schließlich Mitinhaber einer Wirtschaftsprüfungsgesellschaft in Düsseldorf gewesen.[105] Bundeswirtschaftsminister Karl Schiller (SPD) hatte ihn nach dem Regierungswechsel 1969 als beamteten Staatssekretär nach Bonn geholt. Dieses Amt übte er auch unter den nachfolgenden Ministern Helmut Schmidt (SPD), Hans Friderichs (FDP) und Otto Graf Lambsdorff (FDP) bis 1978 aus. Rohwedder, seit 1971 SPD-Mitglied, wechselte 1979 in die Wirtschaft und trat in den Vorstand der Hoesch AG ein, dessen Vorsitzender er ein Jahr später wurde. Als erfolgreicher Sanierer des krisengeschüttelten Konzerns machte er sich bundesweit einen Namen und wurde 1983 von einem Wirtschaftsmagazin zum Manager des Jahres gewählt. Diese Auszeichnung erhielt er erneut Ende 1990, und zwar in seiner Funktion als Präsident der Treuhandanstalt.

Die wirtschaftspolitischen Leitbilder der Vorstandsmitglieder der Treuhandanstalt wurden also entscheidend geprägt durch die beruflichen Erfahrungen, die diese als Unternehmer, Manager oder Politiker insbesondere in den 1980er-Jahren gewonnen hatten. Sie bildeten eine Matrix, auf deren Grundlage sich die Vorstellungen über die Privatisierung der ostdeutschen Betriebe nach 1990 entwickelten.[106] Angesichts der ersten großen Betriebsschließungen Ende 1990 gerieten diese Leitbilder jedoch auf den Prüfstand, sodass von einem Lernprozess gesprochen werden kann, der langsam begann und der sich bis weit ins Jahr 1991 hinzog. So sprach

---

105 Vgl. zu den biografischen Angaben Rohwedders: Treuhandanstalt (Hg.): Dokumentation 1990–1994, Bd. 1, Berlin 1994, A24; Kemmler: Die Entstehung der Treuhandanstalt (wie Anm. 54), S. 188 f.; Seibel: Verwaltete Illusionen (wie Anm. 90), S. 126.
106 Bei den Diskussionen in diesem Leitungsgremium spielte übrigens Ludwig Erhards Beitrag von 1953 keine Rolle.

sich Arbeitgeberpräsident Klaus Murmann in einem Interview dafür aus, »ein paar Säulenheilige« zu kippen, um den ohnehin mühsamen Aufholprozess in Ostdeutschland zu beschleunigen.[107] In dieser schwierigen Lage helfe nur noch unkonventionelles Denken und Handeln. Dieser Lernprozess, der nicht nur die Treuhandspitze und die politischen Akteure auf Bundes- und Landesebene, sondern auch Verbandsfunktionäre und Wirtschaftsvertreter erfasste, schlug sich auch im letzten Rundschreiben nieder, das Rohwedder kurz vor seiner Ermordung an die Mitarbeiterinnen und Mitarbeiter der Behörde verschicken ließ. Der von ihm formulierte Auftrag der Treuhandanstalt lautete nun: »Schnelle Privatisierung – entschlossene Sanierung – behutsame Stilllegung«.[108]

Der sogenannte Osterbrief wurde schon zeitgenössisch als Vermächtnis Rohwedders verstanden und prägt das öffentliche und mediale Bild von ihm bis heute. Da die Zahl der Unternehmensprivatisierungen erst in der Amtszeit von Birgit Breuel sprunghaft anstieg, verfestigte sich so im Laufe der Zeit das Bild, Rohwedder habe die Unternehmen erst sanieren und dann verkaufen wollen.[109] Dagegen habe seine Nachfolgerin so schnell wie möglich privatisieren und »die Sache dem Markt« überlassen wollen. Dieser dichotome Gegensatz zwischen Sanierung und Privatisierung bzw. zwischen Sanierer (Rohwedder) und Privatisiererin (Breuel) überzeugt je-

---

107 »Säulenheilige kippen«. Der Arbeitgeberpräsident fordert zum Umdenken auf: Aus der Sozialen soll die Begleitete Marktwirtschaft werden, in: Wirtschaftswoche vom 22.3.1991. In dem Interview stellte er die die suggestive Frage: »Sollen wir denn die Menschen den Prinzipien opfern?«
108 Abgedruckt in: Treuhandanstalt (Hg.): Dokumentation 1990–1994, Bd. 1 (wie Anm. 105), A72–A75.
109 So etwa bei Stefan Locke: Im Maschinenraum der Transformation, in: Frankfurter Allgemeine Zeitung vom 23.7.2019, https://www.faz.net/aktuell/feuilleton/medien/der-film-d-mark-einheit-vaterland-bei-arte-und-in-der-ard-16297314.html (Zugriff am 26.7.2021). Als Kronzeugin diente Birgit Breuel, die dem MDR für eine Dokumentation ein Interview gab, nachdem sie sich jahrelang nicht mehr in der Öffentlichkeit geäußert hatte. Vgl. die MDR/ARTE-Produktion »D-Mark, Einheit, Vaterland – Das schwierige Erbe der Treuhand« von 2019. Vgl. außerdem Ingo Schulze: »Wann sag ich wieder mein und meine alle«. Ansichten eines Ostdeutschen über die Umbrüche von 1989/1990 und deren Folgen, in: Kiran Klaus Patel/Ingo Schulze: Doppelt verbunden, halb vereint. Der Beitritt der DDR zur BRD und zur Europäischen Gemeinschaft, Hamburg 2022, S. 61–106, hier S. 85.

doch nicht, denn in der Verwaltungspraxis ließen sich die beiden Aufgaben oft gar nicht voneinander trennen.[110] Die teilweise enge Verzahnung entsprach im Übrigen auch dem Selbstverständnis der Treuhandanstalt. So betonte der Verwaltungsratsvorsitzende der Behörde, Jens Odewald, im Frühjahr 1992: »Aus der täglichen Arbeit wird deutlich, dass beides organisch ineinander greift.«[111] Innerhalb des Vorstands der Treuhandanstalt kristallisierte sich vielmehr eine ganz andere Trennlinie heraus, die sich an der Beantwortung der Frage entzündete, wie groß der staatliche Einfluss auf die Privatisierungsentscheidungen sein durfte.[112] Es ging also um das in der deutschen Geschichte des 20. Jahrhunderts spannungsreiche Verhältnis zwischen Staat und Wirtschaft, das durch die Herausforderungen der sozioökonomischen Transformation Ostdeutschlands neu austariert wurde.

Wirtschaftspolitische Leitbilder in Bonn

Die Treuhandanstalt war eine nachgeordnete Behörde, die formal der Dienst- und Fachaufsicht des Bundesfinanzministeriums und des Bundeswirtschaftsministeriums unterstand. Beide Ministerien reklamierten zunächst die alleinige Zuständigkeit bei der Privatisierung der ostdeutschen Industrie für sich. Obwohl der Kompetenzkonflikt mit dem Inkrafttreten des Einigungsvertrags am 3. Oktober 1990 zugunsten des Finanzministeriums entschieden worden war, plädierte das Wirtschaftsministerium für einen Wechsel der Fachaufsicht. Jürgen Möllemann

---

110 So hatte die Treuhandanstalt bereits im Sommer 1990 66 Unternehmen mit insgesamt 260 000 Beschäftigten ausgewählt, denen eine Sanierungsfähigkeit attestiert wurde. Vgl. Lagebericht Nr. 2 vom Vorstand der Treuhandanstalt für den Verwaltungsrat, 30.7.1990, BArch Berlin, B 412/8834, Bl. 76–87, hier Bl. 82–84. In der aktuellen Forschung wird die zeitgenössische öffentliche Debatte immer noch nicht kritisch hinterfragt. Vgl. Brunner/Heydemann: Die Einheit und die Folgen (wie Anm. 58), S. 109 f.
111 Protokoll der 25. Verwaltungsratssitzung vom 28.4.1992, BArch Berlin, B 412/9035, Bl. 239–266, hier Bl. 243.
112 Das bestätigt etwa Karl Schirner in einem Schreiben vom 6.8.2019 an den Verfasser.

(FDP), seit Januar 1991 Bundeswirtschaftsminister, sah die Zuständigkeit seines Ressorts bei der Industrie-, Struktur- und Regionalpolitik durch die Erweiterung des Aufgabenprofils der Treuhandanstalt tangiert.[113] Um eine offene Konfrontation innerhalb der schwarz-gelben Regierungskoalition zu vermeiden, verzichtete er jedoch im Juli 1991 auf eine nachträgliche Änderung der ministeriellen Zuständigkeiten. Der Konflikt zeigt die Einbettung der Behörde in das politische Kräftefeld der Bundesrepublik. Entscheidende Akteure, die Einfluss auf die Arbeit der Treuhandanstalt nehmen konnten, waren vor allem das Bundeskanzleramt und die beiden genannten Ministerien.

Die wirtschaftspolitischen Leitbilder der Bundesregierung unterschieden sich teilweise von denen der Treuhandanstalt. Langfristige Bedeutung hatten zweifellos die ordnungspolitischen Debatten der 1980er-Jahre in der Bonner Republik, die stark vom neoliberalen Zeitgeist geprägt waren. Die Koalition von CDU/CSU und FDP unter Bundeskanzler Helmut Kohl hatte bereits kurz nach dem Regierungswechsel 1982 als eines ihrer zentralen Ziele formuliert, die Wirtschaft zu modernisieren und deren Leistungsfähigkeit zu steigern. Deshalb standen Deregulierung, Entstaatlichung[114] und Privatisierung ganz oben auf der politischen Agenda. Darüber hinaus ging es darum, die Durchführung öffentlicher Aufgaben und die Zuständigkeit für öffentliche Güter an den Markt zu delegieren (Vermarktlichung[115]). Gleichwohl setzte sich Kohl im CDU-Bundesvorstand mehrmals dezidiert vom neoliberalen Wirtschaftskurs des US-Prä-

---

113 Ausführlicher dazu Andreas Malycha: Politische Kontrolle? Die Bundesregierung und die Treuhandanstalt, in: Hoffmann (Hg.): Transformation einer Volkswirtschaft (wie Anm. 19), S. 27–40.
114 Vgl. Thomas Handschuhmacher: Eine »neoliberale« Verheißung. Das politische Projekt der »Entstaatlichung« in der Bundesrepublik der 1970er und 1980er Jahre, in: Frank Bösch/Thomas Hertfelder/Gabriele Metzler (Hg.): Grenzen des Neoliberalismus. Der Wandel des Liberalismus im späten 20. Jahrhundert, Stuttgart 2018, S. 149–176.
115 Vgl. Ralf Ahrens: Macht und Märkte. Vermarktlichung als historische Forschungsperspektive, in: Rüdiger Graf (Hg.): Ökonomisierung. Debatten und Praktiken in der Zeitgeschichte, Göttingen 2019, S. 73–93.

sidenten Ronald Reagan und der britischen Premierministerin Margaret Thatcher ab.[116]

Dennoch gab es in Bonn 1990/91 keine einheitliche Vorstellung darüber, wie der Übergang von der Plan- zur Marktwirtschaft in Ostdeutschland im Einzelnen erfolgen sollte. In den 1950er- und 1960er-Jahren hatten zwar einige Denkschriften auf den Schreibtischen der Amtsstuben gelegen, die als ordnungspolitische Anleitung für die Durchführung der Wiedervereinigung dienen sollten,[117] die aber nur eine kurze Halbwertzeit besaßen. Im Zuge der Entspannungspolitik waren sie in den Schubladen verschwunden. Seitdem hatte sich in der Bonner Republik ein Expertenkreis herausgebildet, der das DDR-Wirtschafts- und -Sozialsystem mit staatlicher Finanzierung wissenschaftlich untersuchte. Diese Expertise wurde von der Bundesregierung Anfang der 1990er-Jahre aber nicht weiter abgerufen; stattdessen wurden Institute geschlossen und abgewickelt.[118] Es ist bereits darauf hingewiesen worden, dass die Bundesregierung offiziell versuchte, an den Mythos von Ludwig Erhard anzuknüpfen und ihn für ihre Öffentlichkeitsarbeit zu instrumentalisieren. Insbesondere im Bundeskanzleramt diente die Rolle des ersten Bundeswirtschaftsministers bei der Währungsreform von 1948 immer wieder als Referenzgröße. Dagegen dürfte die Arbeit des Beamtenapparats im Bundesfinanz- und Bundeswirtschaftsministerium sehr viel stärker von

---

116 Vgl. Berichte zur Lage, 13./14. Oktober 1985, in: Helmut Kohl, Berichte zur Lage 1982–1989. Der Kanzler und Parteivorsitzende im Bundesvorstand der CDU Deutschlands, bearb. von Günter Buchstab und Hans-Otto Kleinmann, Düsseldorf 2014, S. 341–364, hier S. 343; Berichte zur Lage, 26./27. Januar 1986, in: ebd., S. 378–398, hier S. 383; Berichte zur Lage, 3./4. September 1992, in: Helmut Kohl, Berichte zur Lage 1989–1998. Der Kanzler und Parteivorsitzende im Bundesvorstand der CDU Deutschlands, bearb. von Günter Buchstab und Hans-Otto Kleinmann, Düsseldorf 2012, S. 381–387, hier S. 381. So auch Peter Beule: Auf dem Weg zur neoliberalen Wende? Die Marktdiskurse der deutschen Christdemokratie und der britischen Konservativen in den 1970er Jahren, Düsseldorf 2019, S. 495 f.
117 Vgl. Böick: Die Treuhand (wie Anm. 9), S. 105–115.
118 Maria Haendcke-Hoppe-Arndt, Abwicklung der wissenschaftlichen Fachkompetenz zur DDR-Wirtschaft, o. D., BArch Berlin, B 102/714614, Teil 2, Bl. 601–603; vgl. Berliner Forschungsstelle vor der Auflösung. Nach vierzig Jahren Forschung zur Wiedervereinigung, in: Frankfurter Allgemeine Zeitung vom 20.11.1992.

der langjährigen Verwaltung des industriellen Bundesvermögens (zum Beispiel VEBA, VIAG, Volkswagen) geprägt worden sein.[119] Die ordnungs- und marktwirtschaftlichen Gewissheiten, die das Handeln der Bundesregierung und die öffentliche Meinung in Westdeutschland über Jahrzehnte hinweg begleitet hatten, gerieten zum Jahreswechsel 1990/91 ins Wanken. Am 13. März 1991 trafen sich Vertreter des CDU-Wirtschaftsflügels unter der Leitung von Matthias Wissmann, um über die wirtschaftliche Lage in Ostdeutschland zu diskutieren. Der eingeladene parlamentarische Staatssekretär im Bundeswirtschaftsministerium, Erich Riedl (CSU), kritisierte die Arbeit der Treuhandanstalt scharf und forderte, die Marktwirtschaft müsse wieder »Oberhand« gewinnen.[120] Der Staat habe schon zu viel investiert und laufe »insofern Gefahr, wie Belgien und Großbritannien mit [seiner] Industriepolitik zu scheitern«. Der Deutschlandchef von McKinsey & Co., Herbert Henzler, zeichnete auf dem Treffen dagegen ein ganz anderes Szenario: Da die »Selbstheilungskräfte des Markts« in Ostdeutschland versagt hätten, sei »in dieser Extremsituation [...] eine staatliche Investitionspolitik« erforderlich. Henzler, der freilich die Chance auf einen neuen riesigen Markt für die Unternehmensberatung erkannt hatte, sprach sich für ein umfassendes »Beschäftigungskonzept« für die Wirtschaft in den ostdeutschen Bundesländern aus. Ein namentlich nicht genannter Teilnehmer zeigte sich danach sichtlich deprimiert und wollte »BMF [Bundesfinanzministerium], BMWi [Bundeswirtschaftsministerium] und ›Juristen‹ (d. h. McKinsey-Berater) in einem Raum eingeschlossen sehen, bis ein wirkliches Konzept für die Probleme vorliege«.

---

119 Vgl. Katja Fuder: Der Staat als Unternehmer. Das industrielle Bundesvermögen seit 1945, in: Frank Schorkopf/Mathias Schmoeckel/Günther Schulz/Albrecht Ritschl (Hg.): Gestaltung der Freiheit. Regulierung von Wirtschaft zwischen historischer Prägung und Normierung, Tübingen 2013, S. 175–196.
120 Die folgenden Zitate nach Dierk Hoffmann: Im Hochgeschwindigkeitszug durch den Strukturwandel. Deindustrialisierung in Ostdeutschland, in: Abschied von der Kohle. Struktur- und Kulturwandel im Ruhrgebiet und in der Lausitz (Bundeszentrale für politische Bildung, APuZ-Edition), Bonn 2021, S. 46–57, hier S. 52.

Neue Herausforderungen, Professionalisierung der Arbeitsabläufe und Kompetenzkonflikte

Aufgrund der Altschulden und fehlender Kapitalreserven stieg bei den ostdeutschen Betrieben der Bedarf an Liquiditätskrediten sprunghaft an, den die Treuhandanstalt anfangs aber kaum decken konnte. Allein für den Juli 1990 beantragten die Treuhandunternehmen Kredite in Höhe von 24,4 Milliarden DM.[121] Da der Kreditrahmen bei 10 Milliarden DM festgelegt war, konnte die Treuhandanstalt nur 41 Prozent der vorliegenden Anträge bewilligen. Eine weitere Herausforderung stellte die Klärung der Eigentumsverhältnisse dar, weil das sogenannte volkseigene Vermögen teilweise auf Enteignungen zu drei unterschiedlichen Zeitpunkten beruhte (vor 1945, zwischen 1945 und 1949, ab 1949). Die damit verbundenen offenen Rechts- und Eigentumsfragen mussten von der Treuhandanstalt bzw. den im Aufbau befindlichen Landesämtern zur Regelung offener Vermögensfragen in jedem Einzelfall geklärt werden. Der Ansturm auf die Vermögensämter war Ende 1991 noch so groß, dass sich das Dresdener Amt angeblich nicht anders zu helfen wusste, als außen die Türklinken abzumontieren.[122] Nach Angaben des sächsischen Ministerpräsidenten Kurt Biedenkopf (CDU) waren dort zeitweise nur 13 Mitarbeiter mit der Bearbeitung von insgesamt 40 000 Anträgen beschäftigt gewesen, von denen bis Anfang November 1991 erst 320 bearbeitet werden konnten. Die Entscheidungsprozesse der Vermögensämter erschienen vielen Betroffenen nicht nur langwierig und intransparent, sondern schreckten oft potenzielle Investoren ab.

Die angespannte Lage vieler Betriebe wurde zusätzlich noch verschärft durch das Einbrechen der Binnennachfrage nach ostdeutschen

---

121 W. Krause, THA-Finanzvorstand, Information zum Stand der Ausreichung und Inanspruchnahme von Liquiditätskrediten durch die Unternehmen im III. Quartal 1990, 15.9.1990, BArch Berlin, B 412/8837, Bl. 80–82.
122 Vgl. Eine Revolution der Verhältnisse wird verlangt. Sachsens Ministerpräsident Kurt Biedenkopf im SZ-Interview, in: Süddeutsche Zeitung vom 8.11.1991.

Konsumgütern.[123] Mit der Einführung der D-Mark hatte sich nämlich die Nachfrage nach westdeutschen Produkten erhöht, die zuvor nur wenigen Ostdeutschen zugänglich gewesen waren. Dieser Nachfragerückgang, der auch über ein Absenken der Preise nicht aufzuhalten war, bedeutete das endgültige Aus für viele Treuhandunternehmen in der Konsumgüterindustrie. Die einbrechende Binnennachfrage einerseits und die Eroberung des ostdeutschen Marktes durch westdeutsche bzw. westliche Unternehmen andererseits bedingten somit einander. Als im Laufe des Jahres 1991 die Nachfrage nach ostdeutschen Produkten langsam wieder anstieg, hatten viele Firmen in den sogenannten neuen Ländern bereits Insolvenz anmelden müssen. Noch etwas schwerer wog der Zusammenbruch des Osthandels, der mit der Einführung der D-Mark als alleiniges Zahlungsmittel begann und durch die Auflösung der Sowjetunion Ende 1991 weiter beschleunigt wurde. Das IAW rechnete für 1991 mit einem Rückgang der Exporte ostdeutscher Firmen nach Osteuropa um bis zu 60 Prozent,[124] was durch Bartergeschäfte und die Ausdehnung von Hermes-Bürgschaften des Bundes nicht zu kompensieren war.

Das Konsumverhalten der Ostdeutschen war aus westlicher Sicht von Anfang an unberechenbar, denn die westdeutsche Konsumkultur wurde nicht ohne Weiteres übernommen. Nachdem etwa der Tabakkonzern Reemtsma die Zigarettenfabrik Nortak im thüringischen Nordhausen übernommen hatte, reduzierten die Neubesitzer aus Hamburg den Schadstoffgehalt der einstigen DDR-Spitzenmarke *Cabinet*. Da der Verkauf zurückging und die ostdeutschen Raucher das veränderte Produkt offenbar nicht annahmen, machte Reemtsma die Zigarette »wieder so stark und ungesund wie zuvor«.[125] Die westliche Werbebranche reagierte

---

123 Vgl. André Steiner: Abschied von der Industrie? Wirtschaftlicher Strukturwandel in West- und Ostdeutschland seit den 1960er Jahren, in: Werner Plumpe/André Steiner (Hg.): Der Mythos von der postindustriellen Welt. Wirtschaftlicher Strukturwandel in Deutschland 1960–1990, Göttingen 2016, S. 15–54, hier S. 48.
124 Vgl. Der Zusammenbruch des Osthandels hat eine höhere Arbeitslosigkeit zur Folge, in: Handelsblatt vom 13.11.1990.
125 Zarter Silberstreif. Trotz des wirtschaftlichen Niedergangs in der ehemaligen DDR beginnen Unternehmen, dort zu fertigen, in: Wirtschaftswoche vom 22.2.1991.

als Erste auf die scheinbar eigensinnige Mentalität der ostdeutschen Bevölkerung: »Test the West« hatte ein großer Tabakkonzern 1990 den Ostdeutschen auf Plakaten zugerufen. Doch dieses Konzept war nicht so ganz aufgegangen. Drei Jahre später warb eine westdeutsche Werbeagentur für eine ostdeutsche Zigarettenmarke mit dem Slogan: »Ich rauche Juwel, weil ich den Westen schon getestet habe.«[126]

Auf die neuen Herausforderungen reagierte die Legislative teilweise mit weiteren Gesetzen, die nicht nur die Privatisierungsarbeit erleichtern sollten, sondern de facto das Aufgabenprofil der Treuhandanstalt vergrößerten.[127] Darüber hinaus richtete das Bundesfinanzministerium einen Leitungsausschuss ein, der unabhängig sein sollte und deshalb nicht in die Behördenstruktur der Treuhandanstalt integriert wurde. In dem Gremium saßen Wirtschaftsprüfer,[128] Unternehmensberater[129] und Juristen. Seine Aufgabe bestand darin, die von den Treuhandunternehmen eingereichten Unternehmenskonzepte zu prüfen und die Sanierungsaussichten auf einer Skala zwischen eins und sechs zu benoten. Auf dieser Grundlage traf der Vorstand der Treuhandanstalt seine Privatisierungsentscheidungen, bei denen er sich an den Empfehlungen des Leitungsausschusses

---

126 Aus dem Osten, daher gut. Das Beispiel Leipzig: Über Werbeagenturen, Gartenzwerge und die Verweigerung der westlichen Konsumkultur, in: Frankfurter Allgemeine Zeitung vom 15.5.1993. Erstmals zit. bei: Dierk Hoffmann: Von der Erfahrung zur Historisierung. Die Treuhandanstalt (1990–1994), in: Andreas H. Apelt/Lars Lüdicke (Hg.): Die Treuhandanstalt. Pragmatismus, Erfolgskonzept oder Ausverkauf?, Halle (Saale) 2021, S. 109–122, hier S. 113.
127 Z. B. D-Markbilanzgesetz vom 22.9.1990; Gesetz zur Beseitigung von Hemmnissen bei der Privatisierung von Unternehmen und zur Förderung von Investitionen vom 22.3.1991; Gesetz über die Spaltung der von der Treuhandanstalt verwalteten Unternehmen vom 5.4.1991; Treuhand-Kreditaufnahmegesetz vom 3.7.1992; 2. Vermögensrechtsänderungsgesetz vom 14.7.1992; Investitionsvorranggesetz vom 14.7.1992. Abgedruckt in: Treuhandanstalt (Hg.): Dokumentation 1990–1994, Bd. 1 (wie Anm. 105).
128 Vgl. Bericht über die Tätigkeit der Wirtschaftsprüfer für die Verwaltungsratssitzung am 9.8.1990, 3.8.1990, BArch Berlin, B 412/8835, Bl. 114f.
129 Vgl. Schreiben Dannenbergs, BMF, Außenstelle Berlin, an Roland Berger & Partner GmbH, z. Hd. Herrn Kraus, betr. Beratung der Treuhandanstalt, 20.11.1990, BArch Berlin, B 126/320866, Bl. 123–125.

weitgehend orientierte. Gleichzeitig begann der Vorstand der Treuhandanstalt damit, die internen Arbeitsabläufe zu professionalisieren.

Es entsprach dem Selbstverständnis der Bundesregierung und der Treuhandanstalt, dass die Privatisierung der ostdeutschen Betriebe gesetzes- und rechtskonform gestaltet werden sollte. Dazu dienten das bereits erwähnte Treuhandgesetz und die nachfolgenden Gesetzesvorschriften, die in der frei gewählten Volkskammer bzw. im gesamtdeutschen Bundestag mehrheitlich verabschiedet wurden. Diesem Ziel dienten auch einige Vorstandsbeschlüsse, die konkrete Anweisungen für die Unternehmensbereiche und Direktorate zu einem geordneten und damit nachvollziehbaren Arbeitsablauf enthielten. Dieser Prozess der Professionalisierung ist bereits in der Amtszeit Rohwedders zu beobachten: Ende 1990 beschloss der Vorstand erstens eine Regelung, mit der die Zuständigkeitsbereiche zwischen der Treuhandzentrale und den Treuhandniederlassungen abgegrenzt wurden; Letztere erhielten demnach die Verantwortung für die Betreuung von Unternehmen mit bis zu 1500 Beschäftigten.[130] Anfang 1991 erschien zweitens ein Organisationshandbuch für den internen Gebrauch, »aus dem alles Wissenswerte über die Treuhandanstalt – z. B. Regelwerke, Organisation, interne Abwicklungsverfahren, Regelungen und Richtlinien hervorgehen soll«.[131] Rohwedder hatte drittens eine Haftungsfreistellung für die Vorstands- und Verwaltungsratsmitglieder bei Ministerpräsident de Maizière beantragt, um Entscheidungen beschleunigen zu können.[132] Allem Anschein nach erhoffte er sich von dieser Maßnahme auch eine Signalwirkung für westdeutsche Manager, bei der Treuhandanstalt be-

---

130 Die Regelung sah allerdings einige Ausnahmen vor, z. B. für Flughäfen, Außenhandelsunternehmen, Geld- und Kreditinstitute, Centrum-Warenhäuser, Druckereien und Verlage, Reisebüros und Hotelketten, Zirkusse, Gesellschaften der ehemaligen DEFA, wissenschaftliche Institute. Vgl. THA-Vorstandsbereich Niederlassungen, B. Breuel, Kriterien der Zuordnung der THA-Unternehmen zu den Niederlassungen, o. D., BArch Berlin, B 412/8842, Bl. 14. Die Obergrenze von 1500 Beschäftigten orientierte sich am Mitbestimmungsgesetz von 1976. Vgl. Karriere in Deutschland, in: Die Presse vom 15.3.1991.
131 Einführung zum Organisationshandbuch (OHB) der Treuhandanstalt, BArch Berlin, B 412/26241, Bl. 4.
132 Rohwedder an de Maizière, o. D. [August 1990], BArch Berlin, B 412/8834, Bl. 93 f.

ruflich einzusteigen. Diese hatten wohl auf entsprechende Anfragen mit Zurückhaltung reagiert, befürchteten doch viele, mit einer Zusage ein unkalkulierbares persönliches Risiko einzugehen. Die Haftungsfreistellung war bereits zeitgenössisch heftig umstritten, denn sie schien das negative Image zu bestätigen, das die Treuhandanstalt bereits Anfang 1991 in weiten Teilen der deutschen Öffentlichkeit besaß. Der Verwaltungsrat fasste viertens einen Beschluss zum Umgang mit Interessenkonflikten.[133] Da der Führungsspitze der Treuhandanstalt mehrheitlich westdeutsche Unternehmer angehörten, die zusätzlich noch in Aufsichtsräten und Beiräten anderer Firmen saßen, sollte ein Verhaltenskodex entwickelt werden. Die Vorschläge zielten konkret auf eine freiwillige Offenlegung der Ämter und Mandate, aus denen sich Interessenkonflikte ergeben könnten. In der Folgezeit praktizierte der Verwaltungsrat der Treuhandanstalt das sogenannte Stimmverbot, das heißt, das betreffende Mitglied wurde im begründeten Verdachtsfall eines Interessenkonflikts von der Willensbildung ausgeschlossen. Der Verwaltungsrat hielt an diesem Beschluss in der Folgezeit fest.[134]

Die Treuhandspitze erkannte im Spätsommer 1990, dass der eingeschlagene Privatisierungskurs Betriebsschließungen und Massenentlassungen nach sich ziehen würde, und suchte eine Antwort auf die wirtschaftliche Talfahrt in Ostdeutschland. Ende September diskutierte der Vorstand darüber, inwieweit »sozial- und arbeitsmarktpolitisch flankierte Konkursverfahren« zu mehr Akzeptanz bei den Betroffenen führen und bei potenziellen Investoren größeres Interesse wecken würden.[135] Die Diskussion drehte sich schnell um die Aufstellung und Finanzierung von

---

133 Vorlage Dr. Lorenz, Sekretär des Verwaltungsrats, für die Sitzung des Verwaltungsrates am 6.11.1990, BArch Berlin, B 412/8840, Bl. 79–84.
134 Der Vorsitzende des Verwaltungsrats, Manfred Lennings, legte etwa sein Mandat als Vorsitzender des Aufsichtsrats der Hamburger Stahlwerke nieder, da diese ein Kaufangebot für das Eisenhüttenkombinat Ost (EKO) abgegeben hatten. Protokoll der 41. Sitzung des Verwaltungsrats am 15.10.1993, BArch Berlin, B 412/9036, Bl. 108–139, hier Bl. 110.
135 Peter Gemählich an Präsident Rohwedder und die Vorstandsmitglieder Wild, Koch, Plaschna, 24.9.1990, BArch Berlin, B 412/2545, Bl. 27 f., hier Bl. 27. Plaschna stand dem Leitungsausschuss vor.

Sozialplänen sowie die Durchführung von Arbeitsbeschaffungsmaßnahmen (ABM) bei Kombinaten und Großbetrieben, die sich in Auflösung befanden. Nach einem Pilotprojekt für den bekannten und damals bereits in Liquidation befindlichen Fotokamerahersteller Pentacon (Dresden) sollten 10 bis 15 weitere Projekte an »Brennpunkten« in Ostdeutschland eingerichtet werden. Bei Pentacon ging es um rund 6000 Beschäftigte und ihre Arbeitsplätze. Drei Viertel von ihnen sollten im Rahmen des Modellvorhabens weiterqualifiziert oder umgeschult werden. Die Fortbildungsmaßnahmen sollten im Betrieb durchgeführt werden, um den Leuten das Gefühl zu vermitteln, sie seien nicht entlassen worden.

Daraufhin fasste der Vorstand der Treuhandanstalt am 26. Februar 1991 einen Grundsatzbeschluss mit weitreichender Bedeutung und erweiterte so das Aufgabenfeld der Behörde erheblich.[136] Seit diesem Zeitpunkt beteiligte sich die Behörde in Ostdeutschland an der beruflichen Fortbildung und Umschulung, den ABM, Beschäftigungsgesellschaften und Existenzgründungen (Management-Buy-out) durch Mitarbeiter der Treuhandunternehmen. Doch für diese sozial-, arbeitsmarkt- und mittelstandspolitischen Maßnahmen mussten zuvor noch rechtliche und fiskalische Fragen geklärt werden, denn die neuen Aufgaben entsprachen teilweise nicht dem ursprünglichen Privatisierungsauftrag. Dazu waren Verhandlungen mit dem Bundesfinanzministerium und den ostdeutschen Landesregierungen erforderlich. Darüber hinaus mussten die Tarifparteien eingebunden werden, denn nur so ließen sich Sozialpläne aufstellen.

Durch die Ausweitung des Aufgabenprofils und die damit notwendig gewordenen Absprachen vergrößerte sich der Kreis der Akteure, die an der Privatisierung der ehemals volkseigenen Betriebe (VEB) beteiligt waren. Das schlug sich auch in der Zusammensetzung des Verwaltungsrates nieder, in dem die ostdeutschen Ministerpräsidenten, aber auch Unternehmer und Gewerkschaften (DGB, DAG, IG Metall, IG Chemie-

---

136 Ergebnisprotokoll der Vorstandssitzung am 26.2.1991, BArch Berlin, B 412/2564, Bl. 8–24, hier Bl. 9–11.

Papier-Keramik) Sitz und Stimme erhielten.[137] Das korporatistische Wirtschaftsmodell, das sich in der alten Bundesrepublik bewährt hatte und das wichtige Interessengruppen berücksichtigte, diente als Vorbild. Obwohl die letzte Entscheidung beim Vorstand und dem ihm zuarbeitenden Leitungsausschuss lag, hatte der Verwaltungsrat ein Mitspracherecht. Die Treuhandspitze hatte im Übrigen ein eigenes Interesse daran, die ostdeutschen Ministerpräsidenten bei Privatisierungsentscheidungen einzubeziehen, da die Ländervertreter medialen Druck erzeugen und den Länderinteressen Gehör verschaffen konnten.

In der Amtszeit Rohwedders hatte sich die Treuhandanstalt nicht nur zu einer schlagkräftigen Behörde entwickelt. Es offenbarten sich bereits die zentralen politischen Konfliktlinien, die bis Ende 1994 wirkmächtig bleiben sollten. Denn die Ausweitung des Aufgabenkatalogs warf von Anfang an grundlegende staats- und verfassungsrechtliche Fragen auf, tangierte die Treuhandanstalt doch das fein austarierte Zusammenspiel zwischen Bund und Ländern. In diesem Punkt reagierten die westdeutschen Bundesländer besonders empfindlich. So bat der Vorsitzende der Wirtschaftsministerkonferenz, August R. Lang (CSU) seinen Parteifreund Bundesfinanzminister Theo Waigel als »fach- und rechtsaufsichtlich« zuständigen Minister, die Treuhandanstalt »schnellstmöglich auf deren ureigenste Aufgabe zurückzuführen« und die unternehmerische Tätigkeit der Behörde »so rasch und so weit wie möglich zu begrenzen«.[138] Dahinter steckte die Sorge, die Treuhandanstalt würde regionale und sektorale Strukturpolitik sowie eine unmittelbare Wirtschaftsförderung zulasten der Länder betreiben. Die Privatisierungsbehörde war deshalb ein Fremdkörper in der föderativen Ordnung der Bundesrepublik, die aus dem Gleichgewicht zu geraten drohte. Das erklärt auch, warum zahlreiche

---

137 Eine komplette Aufstellung der Mitglieder des THA-Verwaltungsrats zwischen 1990 und 1994 bei Malycha: Vom Hoffnungsträger zum Prügelknaben (wie Anm. 56), S. 207–209.
138 Schreiben August R. Lang an Theo Waigel, 4.10.1990, S. 5, BArch Berlin, B 412/3696, unfol.

politische Akteure in Ost und West ein gesteigertes Interesse an einer raschen Beendigung der Privatisierungsarbeit und an einer zeitnahen Schließung der Behörde hatten.

Unter den ostdeutschen Ministerpräsidenten war es vor allem Biedenkopf, der den Kompetenzkonflikt mit der Treuhandanstalt in der Öffentlichkeit austrug. In seiner ersten Regierungserklärung vor dem frisch gewählten sächsischen Landtag Anfang November 1990 erhob er schwere Vorwürfe gegen die Behörde: »Es gibt kaum einen Gegenstand, zu dem sich die Beschwerden mehr häufen als zur Arbeit der Treuhandanstalt.«[139] Nach der Gründung der ostdeutschen Länder könne auf eine zentrale Verwaltung des ehemals volkseigenen Vermögens verzichtet werden. Die Aufgabe der Reprivatisierung und Neuordnung der Wirtschaft müsse daher auf die Länderebene verlegt werden.[140] Er gehe davon aus, dass die Außenstellen der Treuhandanstalt in Sachsen mit Stellen der Landesregierung zu »einer Art Treuhandkabinett« zusammengefasst würden, um den Privatisierungsprozess in Übereinstimmung mit den wirtschaftspolitischen Ziele des von ihm geleiteten Kabinetts voranzutreiben. Doch dazu kam es nicht, weil dem Land die personellen und finanziellen Ressourcen fehlten. Das tatsächlich eingerichtete Treuhandkabinett diente in erster Linie zur Verbesserung der Kommunikation zwischen der Treuhandanstalt und dem Land. Die Privatisierungsentscheidungen wurden aber weiterhin in der Berliner Behörde bzw. in ihren Außenstellen getroffen. Nachdem Biedenkopf in den Verwaltungsrat der Treuhand eingezogen war, antwortete er in einem Zeitungsinterview auf die Feststellung, er habe doch unlängst Frieden gemacht mit der Treuhandanstalt und ihrem Präsidenten: »Sagen wir Waffenstillstand.« Dabei vermittelte er den un-

---

139 Regierungserklärung Biedenkopfs vom 8.11.1990, in: Sächsischer Landtag, 1. Wahlperiode, 2. Sitzung, S. 52–65, hier S. 60, https://edas.landtag.sachsen.de/viewer.aspx?dok_nr=2&dok_art=PlPr&leg_per=1&pos_dok=1&dok_id (Zugriff am 4.8.2021).
140 Dieser Forderung schlossen sich die FDP-Fraktionsvorsitzenden in den ostdeutschen Landtagen an. In einer gemeinsamen Erklärung bezeichneten sie die Treuhandanstalt als »das letzte große Kombinat der Ex-DDR«. Vgl. FDP-Vorsitzende für Auflösung der Treuhand, in: Handelsblatt vom 6.3.1991.

zutreffenden Eindruck, der Verwaltungsrat sei »der eigentliche Ort der Entscheidung«.[141]

Mit seinem konfrontativen Kurs verfolgte Biedenkopf zwei Ziele.[142] Es ging ihm erstens darum, in Sachsen Zuversicht zu verbreiten und Vertrauen zu den neu gegründeten Institutionen des Landes zu schaffen. Dazu grenzte er sich von der Treuhandanstalt in Berlin dezidiert ab und nutzte sie als Blitzableiter für den angestauten Unmut in Ostdeutschland. Es ging ihm zweitens darum, die Stellung Sachsens gegenüber dem Bund zu stärken. Er positionierte sich für die anstehende Auseinandersetzung um die Stellung der Treuhandanstalt innerhalb des bundesdeutschen Föderalismus. Daneben gab es auch noch einen finanziellen Aspekt, denn es ging um die Verteilung der Lasten der deutschen Einheit zwischen dem Bund und den Ländern. Da die ostdeutschen Länder zunächst über keine großen Steuereinnahmen verfügten, hingen sie am Tropf des Bundes. Diese Diskussion hatte bereits im Herbst 1990 begonnen und war im Frühjahr 1991 noch nicht abgeschlossen.

Westdeutsche Aufbauhelfer und »SED-Seilschaften«

Nach Angaben des Bundesinnenministeriums haben Bund, Länder und Kommunen bis 1995 annähernd 35 000 Mitarbeiter kurzfristig oder auf Dauer als sogenannte Aufbauhelfer in die ostdeutschen Bundesländer

---

141 »Wir können Deutschland nicht wieder teilen«, in: Neue Zeit vom 31.1.1991. Bereits zwei Wochen zuvor hatte die Tageszeitung *Die Welt* gemeldet, Biedenkopf und Rohwedder hätten ihren Streit über die Zuständigkeiten bei der Privatisierung von Treuhandunternehmen beigelegt. Vgl. Biedenkopf und Rohwedder einigen sich, in: Die Welt vom 14.1.1991.
142 Zum Folgenden: Dierk Hoffmann: Der selbst ernannte Musterschüler. Massenarbeitslosigkeit und Kommunikationsstrategie der sächsischen Landesregierung, in: ders. (Hg.): Transformation einer Volkswirtschaft (wie Anm. 19), S. 188–200, hier S. 195f.

geschickt.[143] Doch diese Zahl sagt wenig aus über den Transfer von Verwaltungswissen. Deshalb lohnt es sich, den Blick auf die Region und auf die Anfangszeit zu richten. Im Folgenden soll kurz die Zusammenarbeit zwischen Baden-Württemberg und den drei südlichen DDR-Bezirken, aus denen sich im Herbst 1990 der Freistaat Sachsen bildete, beim Verwaltungsaufbau skizziert werden. Entsprechende Kontakte hatten sich zum Jahreswechsel 1989/90 angebahnt, wobei die ostdeutsche Initiative ausschlaggebend war. Vertreter des baden-württembergischen Gemeindetages, die Mitte Januar 1990 eine Besuchsreise nach Dresden unternommen hatten, berichteten, dass sich ihre Gesprächspartner vom Rat des Bezirks »soweit wie möglich nach Baden-Württemberg und nicht in [sic] ein anderes Bundesland orientieren« würden.[144] Die Aufbauhilfe Baden-Württembergs, die sich Ende 1989 zunächst auf Sachhilfen beispielsweise für medizinische Einrichtungen konzentrierte, erstreckte sich ab Spätsommer 1990 auch auf personelle Unterstützung. So wollte die Stuttgarter Landesregierung anfangs 150 Kommunalbeamte, 30 Beamte aus den Stuttgarter Landesministerien und 21 Richter nach Sachsen entsenden. An eine Übernahme der sächsischen Verwaltung durch westdeutsche »Leihbeamte« war ausdrücklich nicht gedacht. Es gab nämlich erhebliche Bedenken, baden-württembergische Beamte »voll in die Hierarchie mit entsprechender Weisungsbefugnis [...] einzubinden, insbesondere im

---

143 Vgl. Deutscher Bundestag, 13. Wahlperiode, Materialien zur Deutschen Einheit und zum Aufbau in den neuen Bundesländern. Drucksache 13/2280 vom 8.9.1995, S. 65. Zit. nach Ilko-Sascha Kowalczuk: Woanders ist auch Scheiße! Die Auswirkungen der Transformation nach 1990 auf die Gesellschaft in Ostdeutschland. Ein Überblick, in: Kowalczuk/Ebert/Kulick (Hg.): (Ost)Deutschlands Weg. Teil I (wie Anm. 43), S. 29–57, hier S. 42.
144 Aktenvermerk Dr. Steger über eine Reise nach Dresden, 23.1.1990, S. 7, Hauptstaatsarchiv Stuttgart, EA 8/603, Bü 50/6. Erstmals zit. bei Hoffmann: Übernahme? (wie Anm. 43), S. 261. Zur Zusammenarbeit zwischen Nordrhein-Westfalen und Brandenburg Wolf-Rüdiger Knoll: Die Treuhandanstalt in Brandenburg. Regionale Privatisierungspraxis 1990–2000, Berlin 2022; Peter Ulrich Weiß/Jutta Braun: Im Riss zweier Epochen. Potsdam in den 1980er und frühen 1990er Jahren, Berlin 2017, S. 377–388; Christoph Lorke: Von »Besserwessis« und »Jammerossis«. Administration im Übergang, kommunale »Verwaltungshilfe« und westdeutsche »Aufbauhelfer«, in: Jahrbuch Deutsche Einheit 2020 (wie Anm. 18), S. 206–229.

Hinblick auf evtl. anstehende Personalentscheidungen, die von baden-württembergischen Beamten aufgrund der fehlenden DDR-spezifischen Kenntnisse nicht sachgerecht getroffen werden könnten«.[145]

Angesichts der aufkommenden Arbeitslosigkeit kam dem zügigen Aufbau einer Arbeitsverwaltung bereits im Sommer 1990 eine entscheidende Rolle zu. Dazu wurden westdeutsche Expertise und Manpower benötigt. Der frühere Bundesminister für Arbeit und Sozialordnung Herbert Ehrenberg (SPD) war für kurze Zeit Berater der Zentralen Arbeitsvermittlung in Ost-Berlin gewesen,[146] und die zehn westdeutschen Landesarbeitsämter hatten die Patenschaft für einige ostdeutsche Arbeitsamtsbezirke übernommen. Der Präsident des Landesarbeitsamts Südbayern Günther Spiegl berichtete, dass aus seinem Bezirk ungefähr 60 Mitarbeiter nach Leipzig, Altenburg und Oschatz abgestellt wurden.[147] Die entsandten Mitarbeiter hätten sich freiwillig gemeldet und würden in einem Sechs-Wochen-Rhythmus zwischen ihrem alten und neuen Arbeitsplatz pendeln. Bereits im Sommer 1990 hatte die Bundesanstalt für Arbeit (BA) rund 600 Mitarbeiter in die 38 Arbeitsämter der DDR geschickt.[148] Hinzu kamen Lehrgänge für Arbeitsamtsdirektoren und Abteilungsleiter sowie Schulungskurse für die angehenden Mitarbeiterinnen und Mitarbeiter, die von der Nürnberger Behörde durchgeführt wurden.

Die BA plante für 1991 mit einem »gespaltenen Haushalt«: Während der Verwaltungsrat davon ausging, dass für das Gebiet der Bundesrepublik Einnahmen und Ausgaben ausgeglichen sein würden, wurde für die noch bestehende DDR mit einer »Lücke von mindestens 25 Milliarden Mark«

---

145 Vermerk (Kretzer) über eine Reise unter Leitung von Herrn Dr. Zeller am 24./25.7.1990 nach Dresden und Chemnitz, o. D., S. 4, Hauptstaatsarchiv Stuttgart, EA 8/502, Bü 10/3. Erstmals zit. bei Hoffmann: Übernahme? (wie Anm. 43), S. 263.
146 Vgl. »Sozialstaatsgebot missachtet«. Ehrenberg rügt schwere Versäumnisse bei der deutschen Einheit, in: Frankfurter Rundschau vom 25.10.1990.
147 Vgl. Amtshilfe für die Ost-Kollegen. Arbeitsämter helfen mit Beratern und mit Geld, in: Süddeutsche Zeitung vom 30.10.1990.
148 Vgl. Arbeitsverwaltung sucht DDR-Pioniere. Öffentliche Arbeitsvermittlung für Fach- und Führungskräfte in der DDR kommt langsam in Schwung, in: Handelsblatt vom 31.8.1990.

gerechnet.[149] Dringend benötigt wurden vor allem Spezialisten für das Arbeitsförderungsgesetz. Da die Bundesanstalt nicht alle Aufgaben personell alleine stemmen konnte, bot sich hier ein Einfallstor für private Anbieter. So entwickelte eine Münchener Beratungsfirma für ostdeutsche Betriebe »umfassende Sanierungskonzepte mit einem sozial verträglichen Charakter«. Das Konzept, das sich wohlklingend »Überführungsgesellschaft« nannte, sah zunächst einmal den Verbleib der Mitarbeiter im Betriebsverbund vor. Entsprechende Pilotprojekte – etwa beim Leiterplatten-Hersteller Elektrophysikalische Werke in Neuruppin – begannen zwar hoffnungsvoll, scheiterten aber schon Monate später.

Die rasche Übernahme von Leitungspositionen in der ostdeutschen Arbeitsverwaltung durch westdeutsche Experten erklärt sich auch durch die öffentliche Debatte über vermeintliche Stasiseilschaften. In den Monaten Oktober und November 1990 wurden fast 40 Arbeitsverhältnisse von leitenden Mitarbeitern – darunter der Direktoren der Arbeitsämter Rostock und Pirna – wegen ihrer Tätigkeit für das Ministerium für Staatssicherheit bzw. das Amt für nationale Sicherheit aufgelöst.[150] Bundesarbeitsminister Norbert Blüm (CDU) hatte kurz zuvor angekündigt, diese »Seilschaften« zu zerschlagen.[151] Deshalb seien die Leiter der Arbeitsämter in Gotha, Jena, Plauen und Schwerin entlassen worden. Die Stasivorwürfe erhielten dadurch noch zusätzliche Nahrung, dass manches Amt in einem ehemaligen Stasigebäude residierte, wie etwa die Zentrale Arbeitsvermittlung in Ost-Berlin. Die Ablehnung, die große Teile der ostdeutschen Bevölkerung gegenüber der Staatspartei SED und dem Staatssicherheitsapparat in der friedlichen Revolution offen artikuliert hatten, beeinflusste

---

149 Streit bei der Bundesanstalt über Haushalt '91, in: Frankfurter Rundschau vom 28.9.1990.
150 Nürnberg entlässt ehemalige Stasi-Mitarbeiter. Die Direktoren der Arbeitsämter Rostock und Pirna müssen gehen, in: Frankfurter Allgemeine Zeitung vom 30.11.1990.
151 Die Job-Vermittler können sich vor Arbeit kaum retten. Alte »Seilschaften« von SED und Stasi in den Ämtern werden entfernt, in: Nürnberger Nachrichten vom 8.11.1990.

die öffentlichen Debatten über das Erbe der DDR in den folgenden Jahren und war ein Katalysator für den Elitenwechsel in Ostdeutschland.

Die öffentlich entbrannte Debatte über SED- bzw. Stasiseilschaften machte auch vor der Treuhandanstalt nicht halt, wobei die Trennungslinie zwischen beiden Sachverhalten gelegentlich verschwamm. Erste Gerüchte über die Stasivergangenheit von Verwaltungsratsmitgliedern kursierten schon vor dem 3. Oktober 1990 in der Presse.[152] Einzelne Mitglieder der Bonner Regierungsfraktionen griffen die Bedenken der ostdeutschen Bürgerrechtsbewegung und mancher Belegschaften gegenüber Werksleitungen bereitwillig auf und zogen teilweise gewagte Vergleiche: »Die alten Seilschaften der SED haben sich in den Betrieben und in der Treuhand fest eingenistet. Ihre Netzwerke lassen sich nur mit denen der Mafia in Süditalien vergleichen.«[153] Dabei geriet sogar der anvisierte Aufbau eines ostdeutschen Mittelstandes in Misskredit: Alte Seilschaften würden sich angeblich bei der Treuhandanstalt für einen Management-Buy-out empfehlen, warnte ein Lehrstuhlinhaber für Wirtschaftsprüfung an der Universität Hamburg.[154] Dagegen verglich der Personalvorstand der Treuhandanstalt, Alexander Koch, die Situation mit der von 1948: Auch damals seien nicht alle »Nazis« in den Unternehmen gefeuert worden.[155] Die Treuhandanstalt habe keine andere Wahl und müsse die alten Vorstände zunächst einmal in ihrer Funktion belassen, denn das Personal der zweiten oder dritten Reihe stelle keinen adäquaten Ersatz dar.

In der Diskussion wurden rasch Stimmen laut, die eine Differenzierung anmahnten: So wies ein ehemaliger Ministerialdirektor im Bundesjustizministerium darauf hin, dass der Aufbau einer Marktwirtschaft in Ostdeutschland ohne die alte Funktionselite nicht zu schaffen sei. Die alleinige Zugehörigkeit zur SED reiche nicht aus, »um alte und jetzt noch im

---

152 Stasi-Mann im Verwaltungsrat der Treuhand, in: Stuttgarter Zeitung vom 1.10.1990.
153 »Die verdienen daran, dass alles kaputtgeht«. Treuhandanstalt von den alten Seilschaften durchsetzt, in: Bonner Rundschau vom 23.10.1990.
154 Vgl. »Volksvermögen« per Buy-out an alte SED-Seilschaften?, in: Die Welt vom 20.11.1990.
155 »Damals konnten auch nicht alle Nazis gefeuert werden«. Treuhand-Manager Koch braucht frühere Betriebsleiter, in: Die Welt vom 20.11.1990.

Amt befindliche Führungsleute zu diskreditieren und aus ihren Ämtern zu entfernen«.[156] Außerdem gebe es unter den früheren Betriebsleitern viele, denen außer ihrer SED-Mitgliedschaft nichts vorzuwerfen sei, und die über Managerqualitäten verfügen würden. Aus Sicht der Treuhandanstalt stellten Netzwerke zwischen früheren SED-Funktionären und Geschäftsleuten aus dem Westen die weitaus größere Bedrohung dar. Diesen Ost-West-Seilschaften ginge es meistens nicht um die Sanierung der Betriebe, sondern darum, »eine schnelle Mark zu machen«, so Rohwedder in einem Zeitungsinterview.[157] Um den zahlreichen Beschwerden und Hinweisen über belastetes Leitungspersonal in der Treuhandanstalt und den Treuhandunternehmen nachgehen zu können, setzte die Berliner Behörde schon im Herbst 1990 sogenannte Vertrauensbevollmächtigte in der Zentrale und den Niederlassungen ein. Dabei handelte es sich um zwei Vertreter des Bundesjustizministeriums und 15 pensionierte Richter, die keinerlei Weisungen unterlagen und nur Empfehlungen aussprechen konnten. Die Einsatzdauer wurde zunächst auf sechs Monate begrenzt. Mit dieser Maßnahme erhoffte sich die Treuhandanstalt eine »vertrauensfördernde Wirkung«.[158]

Die Bedeutung der »alten Seilschaften« wurde von manchem Politiker freilich überschätzt. So kritisierte Biedenkopf in seiner ersten Regierungserklärung, dass ehemalige Partei- und Gewerkschaftsfunktionäre »ihresgleichen neu beschäftigen und zugleich Arbeiter entlassen, die auf der Straße mit so großem Erfolg für ihre Befreiung vom vormundschaftlichen Staat gekämpft haben«.[159] Die Arbeiter hätten aber ein Recht darauf, in ihren Betrieben von Menschen geführt zu werden, denen sie vertrauen können. Nach einer Rundreise durch Sachsen schrieb er in sein Tagebuch:

---

156 Ebd.
157 Wenn aus Bonzen Manager werden, in: Süddeutsche Zeitung vom 19.11.1990.
158 Protokoll über die 8. Sitzung des Verwaltungsrates am 6.11.1990, BArch Berlin, B 412/9034, Bl. 372–382, hier Bl. 378. Vgl. zu den Vertrauensbevollmächtigten auch den Beitrag von Andreas Malycha im vorliegenden Band.
159 Regierungserklärung Biedenkopfs vom 8.11.1990, in: Sächsischer Landtag, 1. Wahlperiode, 2. Sitzung, S. 52–65, hier S. 63, https://edas.landtag.sachsen.de/viewer.aspx?dok_nr=2&dok_art=PlPr&leg_per=1&pos_dok=1&dok_id (Zugriff am 16.8.2021).

»Die Menschen haben zunehmend Angst, um die Früchte ihrer friedlichen Revolution betrogen zu werden. Allerorten melden sich die alten Seilschaften wieder zu Wort.«[160] In die Sorge um den eigenen Arbeitsplatz mischte sich demzufolge die Befürchtung, Vertreter der alten Ordnung würden erneut über wirtschaftliche Macht und Einfluss verfügen. Diese Argumentationslinie hatte auch eine entlastende Funktion, denn sie sollte ein Stück weit die ökonomische Talfahrt in Ostdeutschland erklären.

Der Tätigkeitsbericht, den die Vertrauensbevollmächtigten dem Verwaltungsrat im Sommer 1991 vorlegten, fiel gemischt aus. Auf der einen Seite bestätigte er das anhaltend große Interesse der Öffentlichkeit an der Aufklärung der eingereichten Beschwerden und Hinweise. Im neunmonatigen Berichtszeitraum entfielen allein auf Berlin insgesamt 1554 Eingaben.[161] Unterm Strich blieb das Ergebnis jedoch überschaubar und entsprach nicht den hochgesteckten Erwartungen: Nur in zwei bis vier Prozent der relevanten Fälle wurden Empfehlungen zur Auflösung des Arbeitsvertrags ausgesprochen.[162] Die Vertrauensbevollmächtigten orientierten sich bei der Überprüfung von Treuhandmitarbeitern am Tatbestand der »objektiven Kompromittierung«, den der SPD-»Kronjurist« Adolf Arndt im Hinblick auf die NS-Zeit 35 Jahre zuvor geprägt hatte.[163] Die westdeutschen Richter betonten auf der anderen Seite aber auch die Schwierigkeit der übertragenen Aufgabe, die einer Gratwanderung gleiche. Ihre Aufgabe bestehe nicht darin, »Hexenjagden zu veranstalten« oder »Schuldvorwürfe zu erheben«. Dabei drohe nämlich die Gefahr,

---

160 Kurt Biedenkopf: Von Bonn nach Dresden. Aus meinem Tagebuch Juni 1989 bis November 1990, München 2015, S. 377 (Eintrag zum 14.10.1990).
161 Bericht der Vertrauensbevollmächtigten vor dem Verwaltungsrat der Treuhandanstalt am 26.7.1991, BArch Berlin, B 412/9034, Bl. 171–174, hier Bl. 171.
162 Erich Bülow, Vertrauensbevollmächtigter beim THA-Vorstand, Bericht über die Tätigkeit der Vertrauensbevollmächtigten zur Sitzung des Verwaltungsrates der Treuhandanstalt am 26.7.1991, 7.8.1991, ebd., Bl. 175–183, hier Bl. 182. Auf Grundlage dieser Empfehlungen sprach die Treuhandanstalt rund 400 Entlassungen aus politischen Gründen aus; innerhalb der Treuhandanstalt waren 35 Personen betroffen. Vgl. Birgit Breuel an Kurt Biedenkopf, 31.7.1991, BArch Berlin, B 412/3180, Bl. 75 f.
163 Bericht der Vertrauensbevollmächtigten vor dem Verwaltungsrat der Treuhandanstalt am 26.7.1991, BArch Berlin, B 412/9034, Bl. 171–174, hier Bl. 172.

»Opfer schlichter Denunziation zu werden«. Damit hatte der Bericht die inhaltlichen Probleme knapp umrissen, die mit der Überprüfung der Eingaben verbunden waren. Der Bericht unterstrich nicht nur die Bedeutung der Vertrauensbevollmächtigten als »Kummerkasten für enttäuschte Bürger«,[164] sondern auch die begrenzte Aussagekraft seiner Empfehlungen. Für die Treuhandanstalt erfüllte sich die Hoffnung nicht, mithilfe der Vertrauensbevollmächtigten sozialen Frieden in den Betrieben herzustellen.

Massenarbeitslosigkeit und Öffentlichkeit

Im Spätsommer 1990 entwickelte sich der Arbeitsmarkt in West- und Ostdeutschland gegenläufig: Während die Erwerbslosenzahlen im Westen sanken, stiegen sie im Osten. In der Presse war daraufhin vom »West-Ost-Gefälle«,[165] »Geteilte[n] Arbeitsmarkt«[166] und »Gespaltene[n] Arbeitsmarkt«[167] die Rede. In der *Berliner Morgenpost* schrieb ein Kommentator, die innerdeutsche Grenze sei auf dem Arbeitsmarkt »noch trennscharf«.[168] Er führte diesen Befund auf die bislang verdeckte Arbeitslosigkeit in den ostdeutschen Bundesländern zurück, die nun offen zutage trete. Insgesamt würden die »alten unrentablen Arbeitsplätze« schneller wegfallen, als neue entstehen könnten. Während das politische Bonn noch Optimismus ausstrahlte, schätzten Journalisten die wirtschaftliche Lage Ostdeutschlands sehr viel nüchterner ein. Bei der Berichterstattung über die ökonomischen Probleme in den ostdeutschen Bundesländern tauchte frühzeitig die Analogie zu Süditalien auf, die als Erster der Staatssekretär im Ost-Berliner Wirtschaftsministerium, Martin Dube (partei-

---

164 Erich Bülow, Bericht über die Tätigkeit der Vertrauensbevollmächtigten zur Sitzung des Verwaltungsrates der Treuhandanstalt am 26.7.1991, 7.8.1991, ebd., Bl. 175–183, hier Bl. 183.
165 Talsohle wird länger. West-Ost-Gefälle auf dem Arbeitsmarkt, in: Westfälische Rundschau vom 7.11.1990.
166 Geteilter Arbeitsmarkt, in: Berliner Morgenpost vom 7.11.1990.
167 Gespaltener Arbeitsmarkt, in: Süddeutsche Zeitung vom 6.12.1990.
168 Geteilter Arbeitsmarkt, in: Berliner Morgenpost vom 7.11.1990.

los), in einem Interview gezogen hatte.[169] Doch erst nachdem sich Anfang 1991 die Betriebsschließungen immer mehr gehäuft hatten und die dabei entstandene Massenarbeitslosigkeit durch die Instrumente der Vorruhestandsregelung und Kurzarbeit nicht hatte gestoppt werden können, setzte sich in den Medien das Bild von abgehängten Regionen in Ostdeutschland durch, die offenbar Parallelen zum verarmten Süden Italiens aufwiesen.[170] Teile Ostdeutschlands drohten sich zum deutschen Mezzogiorno zu entwickeln,[171] während urbane Zentren (z. B. Leipzig, Dresden, Jena) zu prosperieren anfingen.

Das Bild vom Armenhaus der Berliner Republik verdeutlicht, dass von Anfang an Trennungslinien auch innerhalb Ostdeutschlands verliefen. Anfang Mai 1991 besuchte eine Gruppe von SPD-Bundestagsabgeordneten Sachsen. Nach einem Zwischenstopp in Dresden, bei dem sich die Parlamentarier von Ministerpräsident Kurt Biedenkopf (CDU) über Erfolgsgeschichten beim wirtschaftlichen Aufbau des Bundeslandes berichten ließen, ging die Reise weiter nach Ostsachsen. Hier trafen sie auf Kommunalpolitiker, die ihrem Ärger Luft machten. Ein Kirchenvertreter, der gleichzeitig Mitglied des Stadtparlaments in Zittau war, erklärte, »Christus kam bis Eboli – und Biedenkopf nur bis Dresden«.[172] Die literarische Anleihe kennzeichnete die desolate Stimmungslage im Dreiländereck östlich von Dresden. Verzweiflung und Resignation schienen sich wie Mehltau auf die Gemüter der einheimischen Bevölkerung zu legen. In der Selbstwahrnehmung der Lokalpolitiker hatte sich das Gebiet an der Grenze zu Polen und der Tschechoslowakei zu einer Region entwickelt, die mit der wirtschaftlichen Aufwärtsentwicklung in der Landeshauptstadt an der Elbe schon längst nicht mehr Schritt halten konnte.

---

169 Vgl. Dann wäre hier Süditalien, in: Der Spiegel vom 24.9.1990.
170 Der Kunde ist noch lange nicht König. Erfahrungen über erste Gehversuche der DDR-Bürger in der Marktwirtschaft, in: Süddeutsche Zeitung vom 2.10.1990.
171 Mezzogiorno im Osten. Ein zweites deutsches Wirtschaftswunder wie nach dem Zweiten Weltkrieg kann es in der Ex-DDR nicht geben, in: Wirtschaftswoche vom 5.4.1991.
172 Christus kam bis Eboli – und Biedenkopf nur bis Dresden, in: Frankfurter Rundschau vom 7.5.1991.

Die ostdeutsche Bevölkerung schätzte die eigene wirtschaftliche Lage im Herbst 1990 durchaus kritischer ein als mancher westdeutsche Spitzenpolitiker oder Wirtschaftsvertreter. Das ständige Wiederholen der Zukunftsverheißungen (»Blühende Landschaften«) erzeugte Erwartungen, die von Anfang an im Widerspruch zu den individuellen Transformationserfahrungen standen. Das verdeutlichte eine repräsentative Umfrage des Instituts für Demoskopie Allensbach, die das Bundeswirtschaftsministerium in Auftrag gegeben hatte.[173] Demzufolge waren nur 45 Prozent davon überzeugt, dass ihr Betrieb den Übergang in die Marktwirtschaft überleben werde; jeder fünfte Arbeitnehmer rechnete fest mit der Schließung seines Betriebs. Die überwiegend skeptische Einschätzung galt auch für Arbeitnehmer in Betrieben, die bereits Kontakte zu westlichen Unternehmen geknüpft hatten. Außerdem war eine Mehrheit (85 Prozent) davon überzeugt, dass es noch über einen längeren Zeitraum ein Lohngefälle zwischen Ost- und Westdeutschland geben werde. Nur ein Drittel der Befragten plädierte dafür, das Lohnniveau so rasch wie möglich anzugleichen. Die Sorge um die Zukunft des eigenen Betriebs hielt die Mehrheit jedoch nicht davon ab, an der raschen Einführung des westdeutschen Wirtschaftssystems in Ostdeutschland festzuhalten: Nur fünf Prozent beurteilten die Einführung der sozialen Marktwirtschaft kritisch. Dieses Ergebnis bestätigte auch eine von Ost-Berliner Wissenschaftlern durchgeführte Langzeitstudie.[174]

Bereits vor dem 3. Oktober 1990 zählten Frauen und Ausländer zu den Verlierern auf dem ostdeutschen Arbeitsmarkt.[175] Die Gleichstellungsbeauftragte der DDR-Regierung, Marina Beyer, monierte, dass der Anteil arbeitsloser Frauen im August 1990 bei 53 Prozent liege und im Vergleich zum Vormonat gestiegen sei.[176] Die Vorsitzende der Arbeitsge-

---

173 Vgl. Veraltete Produktionsanlagen, planwirtschaftliche Erblast. Viele Arbeitnehmer in der DDR sind skeptisch, in: Frankfurter Allgemeine Zeitung vom 19.9.1990.
174 Vgl. Zwei Drittel überzeugt von Marktwirtschaft, in: Neue Zeit vom 2.5.1991.
175 Vgl. Frauenarbeitslosigkeit steigt überproportional, in: Handelsblatt vom 19.9.1990; 85.000 Ausländer müssen DDR verlassen, in: Süddeutsche Zeitung vom 21.9.1990.
176 Vgl. Frauenarbeitslosigkeit steigt überproportional, in: Handelsblatt vom 19.9.1990.

meinschaft sozialdemokratischer Frauen (AsF), Inge Wettig-Danielmeier, sprach von einer besorgniserregenden Entwicklung: In einigen Arbeitsamtsbezirken seien ca. 60 Prozent der Erwerbslosen Frauen, so in Erfurt, Suhl und Chemnitz.[177] Doch es ging nicht nur um den offiziell gemeldeten Verlust von Arbeitsplätzen. Wettig-Danielmeier stellte außerdem fest, dass Frauen in vier Wirtschaftssektoren (Land- und Forstwirtschaft, Elektrotechnik, Textil- und Bekleidungsindustrie, chemische Industrie) die Mehrzahl der Kurzarbeiter stellen würden. Dies seien »die Schwerpunkte der Arbeitslosigkeit von morgen«. Schließlich würden Frauen auch noch bei der Besetzung offener Stellen benachteiligt, da viele Betriebsleiter Männer »rigoros« vorziehen würden.

Auf die dramatische Erschütterung des Arbeitsmarkts reagierte die Regierung von Lothar de Maizière unter anderem mit einem »Rückkehrprogramm« für die rund 85 000 sogenannten Vertragsarbeiter, das die vorzeitige Heimkehr der Beschäftigten aus den Ländern Mosambik, Angola und Vietnam mit einer Abfindung vorsah.[178] Die Betroffenen erhielten bei einer dreimonatigen Kündigungsfrist 70 Prozent des letzten Gehalts, ein einmaliges »Eingliederungsgeld« von 3000 DM sowie den Rückflug bezahlt. Nach Angaben der Hilfsorganisation Cap Anamur kehrten innerhalb weniger Monate etwa 20 000 vietnamesische Facharbeiter in ihre Heimat zurück.[179] In dem Zusammenhang berichtete die Ausländerbeauftragte der Regierung in Ost-Berlin, Almuth Berger, dass in den Betrieben »den als ›Fidschis‹, ›Mossis‹ und ›Briketts‹ geschmähten Afrikanern und Vietnamesen mittlerweile offener Hass« entgegenschlage.[180] Belegschaften würden sogar mit Streik drohen, sollten die »Fremdarbeiter« nicht entlassen werden. Bereits Anfang Oktober gab es in der

---

177 Vgl. Frauen tragen die Last der Einheit. AsF weist auf steigende Arbeitslosenzahlen in Ex-DDR hin, in: Frankfurter Rundschau vom 15.10.1990.
178 Vgl. 85.000 Ausländer müssen DDR verlassen, in: Süddeutsche Zeitung vom 21.9.1990.
179 Vgl. 20.000 Vietnamesen verließen die Ex-DDR, in: Süddeutsche Zeitung vom 23.10.1990.
180 Erst gefeiert, jetzt gefeuert. Ausländer in der Ex-DDR sind Opfer der Einheit, in: Augsburger Allgemeine vom 26.10.1990.

Presse verstärkt Hinweise auf »Ausländerhass« und »Angst unter den Gastarbeitern«.[181]

Parallel zum Aufkommen der Massenarbeitslosigkeit ist aber auch eine Selbstermächtigung der Betroffenen zu konstatieren, die sich in der Gründung von Arbeitsloseninitiativen manifestierte. Diese bildeten sich ab März 1990 zunächst auf lokaler und regionaler Ebene, später dann auf Landesebene, und arbeiteten in der Regel auf ehrenamtlicher Basis.[182] In Thüringen wurde die Gründung des Landesarbeitslosenverbands vom Deutschen Gewerkschaftsbund (DGB)[183] und in Sachsen von der Gewerkschaft Erziehung und Wissenschaft (GEW)[184] unterstützt. Zu den selbst gesteckten Zielen gehörten die Beratung von Arbeitslosen, die Vermittlung bei Umschulungen und Arbeitsbeschaffungsmaßnahmen sowie die organisatorische Unterstützung von Selbsthilfegruppen. Inwiefern es sich dabei nicht nur um eine Übernahme, sondern auch um eine Aneignung und Neuprägung westdeutscher Vorbilder handelte, müsste noch sehr viel eingehender untersucht werden. Vereinzelt organisierten sich auch Frauen, die arbeitslos geworden waren, und suchten Unterstützung in Westdeutschland. Auf dem gemeinsamen 2. Frauenkongress Mecklenburg-Vorpommerns und Schleswig-Holsteins wurde etwa ein Selbsthilfeprojekt von Bremer Architektinnen vorgestellt. Wegen ungeklärter Eigentumsverhältnisse und fehlender Finanzausstattung schien dieser Weg in Ostdeutschland nicht sonderlich vielversprechend zu sein. Ostdeutsche Kongressteilnehmerinnen wurden gleichzeitig mit dem trotzigen Aus-

---

181 Die politische Freiheit gibt auch dem Ausländerhass Raum. In der ehemaligen DDR geht die Angst unter den Gastarbeitern um, in: Stuttgarter Zeitung vom 10.10.1990. Das Nachrichtenmagazin *Der Spiegel* hatte bereits am 2. April 1990 auf den Ausbruch von Rassismus und Ausländerfeindlichkeit in der DDR hingewiesen. Vgl. Ulrich Herbert: Geschichte Deutschlands im 20. Jahrhundert, München 2014, S. 1173.
182 Vgl. Von Arbeitslosen für Arbeitslose. Fragen an Peter Bauer, Vorsitzender der Arbeitsloseninitiative Thüringen e.V., in: Tribüne vom 19.11.1990.
183 Vgl. »Schnupper-Kurse« für Arbeitslose. Was will die Arbeitsloseninitiative Thüringen?, in: Thüringer Allgemeine vom 8.10.1990.
184 Interview mit Rüdiger Mikeska am 8.11.2018. Mikeska war Vorsitzender des Landesarbeitslosenverbandes Sachsen und später stellvertretender Bundesvorsitzender. Koordinator des Arbeitslosenverbandes der DDR und späterer Präsident war Klaus Grehn.

spruch zitiert: »Selbsthilfe ist dringend angesagt. Auf Hilfe ›von oben‹ zu warten, ist sträflich.«[185]

Die Privatisierungspolitik der Treuhandanstalt löste in Ostdeutschland rasch eine Protestwelle aus.[186] Eine durch die Medien geisternde »Sterbeliste«, auf der Treuhandunternehmen standen, deren Schließung angeblich beschlossene Sache war, brachte Anfang 1991 das Fass zum Überlaufen. Dementis der Treuhandanstalt konnten die Wogen nicht mehr glätten.[187] Beschäftigte nutzten den öffentlichen Raum, um mit teilweise spektakulären Aktionen auf den drohenden Verlust ihrer Arbeitsplätze aufmerksam zu machen. Damit verlor die Kommunikationsstrategie der politischen Akteure auf Bundes- und Landesebene, die bis dahin ganz stark von Zukunftsversprechungen geprägt gewesen war, endgültig an Überzeugungskraft. Nachdem die Treuhandanstalt angekündigt hatte, die Produktion des Wartburg im traditionsreichen Automobilwerk Eisenach (AWE) einzustellen, blockierten am 25. Januar 1991 etwa 1000 Fahrzeuge die Autobahn A4 bei Eisenach.[188] Die Blockade zeigte begrenzte Wirkung, denn das Ende der Automobilproduktion konnte zumindest um einige Wochen verschoben werden. Nahezu zeitgleich fanden in allen ostdeutschen Bundesländern Protestaktionen statt, bei denen sich auch Kirchenvertreter beteiligten. Unter den Demonstrationsteilnehmern überwogen Frustration, Enttäuschung und Wut immer mehr; die öffentliche Stimmung drohte zu kippen. Der 1. Vorsitzende

---

185 Zur Selbsthilfe greifen, in: Ostsee-Zeitung vom 22.11.1990.
186 Vgl. dazu auch Marcus Böick: »Aufstand im Osten«? Sozialer und betrieblicher Protest gegen die Treuhandanstalt und Wirtschaftsumbau in den frühen 1990er Jahren, in: Dieter Bingen/Maria Jarosz/Peter Oliver Loew (Hg.): Legitimation und Protest. Gesellschaftliche Unruhe in Polen, Ostdeutschland und anderen Transformationsländern nach 1989, Wiesbaden 2012, S. 167–185, hier S. 172–175.
187 »Mehr ostdeutsche Betriebe lebensfähig als erwartet«. Diskussion um Arbeit der Treuhandanstalt hält an, in: Süddeutsche Zeitung vom 26.11.1990. Über die Existenz einer »Sterbeliste« bei der Treuhandanstalt wurde bereits in der Regierungszeit von Lothar de Maizière berichtet. Vgl. Bei der Treuhand gibt es keine »Sterbeliste«, in: Thüringer Allgemeine vom 20.9.1990.
188 Vgl. Elsner: Enttäuschte Hoffnung (wie Anm. 19), S. 183.

der IG Metall, Franz Steinkühler, goss auch noch Öl ins Feuer, als er der Treuhandanstalt vorwarf, sie verstehe sich offenbar als »Verkaufsagentur und Schlachthof«.[189]

In der Folgezeit nahmen die Gewerkschaften eine wichtige Rolle ein, denn sie übernahmen oftmals die Organisation der Protestveranstaltungen. Nach einem Aufruf der IG Metall gingen in Mecklenburg-Vorpommern schätzungsweise 35 000 Menschen auf die Straße, um für den Erhalt der Arbeitsplätze in der Werftindustrie zu demonstrieren.[190] Mancher Betriebsrat verfolgte diese Entwicklung aber auch mit Sorge: Bei einer Schließung der Werft drohe »eine neue Revolution, dann sind die Menschen nicht mehr von der Straße wegzukriegen«.[191] Einige Betriebsleitungen befürchteten daraufhin, dass die Proteste in Ausschreitungen ausarten könnten. Als ein Demonstrationszug in Neuruppin von den Elektrophysikalischen Werken durch die Stadt zog, ließ die Geschäftsleitung des Feuerlöschgeräte-Werks die Tore verrammeln und sperrte so die eigene Belegschaft aus.[192] Dagegen wollten Leipziger Gewerkschaftsfunktionäre die Montagsdemonstrationen der friedlichen Revolution neu auflegen und Demonstranten »wieder über den Ring ziehen« lassen.[193] Eine Konferenz der IG Metall in Leipzig, an der Vertreter von 280 Treuhandbetrieben teilnahmen, verabschiedete eine Erklärung, die von der Treuhandanstalt eine aktive Sanierungspolitik mit beschäftigungsfördernden Maßnahmen verlangte.[194] Im Frühsommer kam es dann vermehrt zu Betriebsbesetzungen,

---

189 Wörtlich, in: Neue Ruhr Zeitung (Essen) vom 15.3.1991.
190 Vgl. Proteste der Metaller im Osten. »Milliarden für den Krieg, für uns nur einen Fußtritt?«, in: Frankfurter Rundschau vom 21.2.1991.
191 »Hier fliegt bald der Deckel hoch«. Kommunen und Betriebe, Gesundheitswesen und Landwirtschaft – kaum ein Bereich in der ehemaligen DDR, der nicht vor dem Ruin steht, in: Stern vom 28.2.1991.
192 Vgl. ebd.
193 Montagsproteste geplant. IG Metall kritisiert Privatisierungspolitik der Treuhand und alten Filz, in: Leipziger Tageblatt vom 27.2.1991.
194 Vgl. ebd.

so etwa bei den Sachsenring Automobilwerken in Zwickau[195] oder beim Kühlschrankhersteller dkk Scharfenstein im Erzgebirgskreis Zschopau.[196] Anfang 1991 begann sich im politischen Bonn allmählich die Erkenntnis durchzusetzen, dass die bisher ergriffenen Maßnahmen nicht ausreichen würden, um den wirtschaftlichen Niedergang in Ostdeutschland aufzuhalten. Einzelne Mitglieder der Bundesregierung mussten in der Öffentlichkeit einräumen, sich mit ihren optimistischen Prognosen geirrt zu haben. Zähneknirschend erklärte Bundeswirtschaftsminister Möllemann, dass der saarländische Ministerpräsident und SPD-Kanzlerkandidat von 1990, Oskar Lafontaine, bei der Bewertung der Entwicklung in Ostdeutschland »möglicherweise in einigen Details näher dran gelegen« habe.[197] Gegenüber dem Wochenmagazin *Der Spiegel* gab er zu: »Wir haben uns verschätzt.«[198] Die Bundesregierung musste sich vor allem der Finanzierungsfrage stellen, der sie 1990 mit Blick auf die erste gesamtdeutsche Bundestagswahl am 2. Dezember beharrlich ausgewichen war. Steuererhöhungen waren nun kein Tabu mehr. Drei Monate nach der gewonnenen Wahl einigte sich die neue und alte Regierungskoalition auf eine Anhebung der Mineralölsteuer um 25 Pfennige je Liter, einen Zuschlag zur Lohn- und Einkommenssteuer (Solidaritätszuschlag) sowie eine Erhöhung der Versicherungssteuer. In Anspielung auf das Wahlversprechen Kohls, für die Finanzierung der deutschen Einheit die Steuern nicht zu erhöhen, war am 27. Februar 1991 auf der Titelseite der *Bild*-Zeitung zu lesen: »Der Umfaller – Die Steuerlüge«.

---

195 Vgl. Sachsenring-Besetzung zieht Kreise. Belegschaftsaktionen in weiteren Betrieben, in: Der Tagesspiegel vom 19.6.1991.
196 Vgl. Besetzung nun im dkk-Werk. Belegschaft fordert Erhalt des Standortes Scharfenstein, in: Neue Zeit vom 19.6.1991. Vgl. dazu Sylvia Wölfel: Zwischen ökologischer Verantwortung und ökonomischem Zwang. Vom VEB dkk Scharfenstein zur FORON Hausgeräte GmbH, in: Zeitschrift für Unternehmensgeschichte 54 (2009), S. 179–201.
197 Aufbau im Osten schwieriger und teurer als erwartet. Möllemann gibt Lafontaine teilweise recht, in: Rheinische Post vom 13.2.1991.
198 Das verklärte Wunder, in: Der Spiegel vom 18.2.1991.

3. Die Treuhandanstalt unter Birgit Breuel (1991–1994): Behörde im Umbau, ökonomischer Strukturwandel und soziale Konflikte

Organisation und Verwaltungsarbeit

Im Frühjahr 1991 erschütterte ein Ereignis die Öffentlichkeit in Deutschland: Nach einem Brandanschlag auf die Berliner Treuhandniederlassung in der Nacht auf Karfreitag fiel Detlev Karsten Rohwedder in der Nacht auf Ostermontag einem Mordanschlag zum Opfer, der einem Kommando der Roten Armee Fraktion (RAF) zugeschrieben wurde. In der Folgezeit flauten die ostdeutschen Massenproteste etwas ab. Obwohl die Kritik an der Treuhandanstalt nicht abriss, war doch der bis dahin anschwellenden Protestbewegung vorerst der Schwung genommen.[199] Bereits am 13. April ernannte der Verwaltungsrat Birgit Breuel zur neuen Präsidentin der Treuhandanstalt,[200] die von Anfang an die Kontinuität zu ihrem Amtsvorgänger betonte. Die Personalexpansion setzte sich weiter fort: Die Treuhandanstalt zählte Mitte 1991 insgesamt 2722 Beschäftigte und am Jahresende 3604. Den Zenit erreichte die Behörde am 30. Juni 1992, als die Personalstärke bei 3941 lag.[201] Danach war die Entwicklung des Personalbestands rückläufig. Genauso schnell wie der Aufbau erfolgte der Abbau der Mitarbeiterzahl, zunächst in den Niederlassungen und danach in der Berliner Zentrale.

---

199 Vgl. Marcus Böick: Beziehungsgeschichten von Treuhandanstalt und Gewerkschaften in der ostdeutschen Transformationslandschaft. Konflikte, Kooperationen, Alltagspraxis, in: Detlev Brunner/Michaela Kuhnhenne/Hartmut Simon (Hg.): Gewerkschaften im deutschen Einheitsprozess. Möglichkeiten und Grenzen in Zeiten der Transformation, Bielefeld 2018, S. 109–129, hier S. 114.
200 Beschluss der 14. Verwaltungsratssitzung am 13.4.1991, BArch Berlin, B 412/8846, Bl. 12.
201 Vgl. Übersicht der Treuhandanstalt über die Entwicklung des Personalstandes Ost-West-Mitarbeiter vom 24.7.1992, in: Treuhandanstalt (Hg.): Dokumentation 1990–1994, Bd. 11 (wie Anm. 88), S. 155.

Dem Wechsel im Präsidentenamt folgte eine Umbildung des Vorstandes im Mai/Juni 1991.[202] Nachdem Karl Schirner sowie die beiden verbliebenen Ostdeutschen im Vorstand, Gunter Halm und Wolfram Krause, ausgeschieden waren, mussten drei Vorstandsbereiche neu besetzt werden. Den Unternehmensbereich 1 übernahm Hero Brahms, der gleichzeitig das neu geschaffene Amt des Vizepräsidenten erhielt. Der studierte Betriebswirt war seit 1982 Vorstandsmitglied der Hoesch AG und damit ein unmittelbarer Kollege Rohwedders gewesen. An der Spitze des von Halm geleiteten Unternehmensbereichs 3 stand künftig Günter Rexrodt, der in den 1980er-Jahren in der Berliner Senatsverwaltung Staatssekretär (für Wirtschaft) bzw. Senator (für Finanzen) und 1990/91 Vorstandsvorsitzender der Citibank AG in Frankfurt am Main gewesen war. Die dritte Personalie betraf Klaus Schucht, der einen neu geschaffenen Unternehmensbereich 6 (Kommunalvermögen/Wasserwirtschaft, Energiewirtschaft, Chemie, Textil/Bekleidung/Leder)[203] übernahm. Der promovierte Bergbauingenieur hatte seit 1976 als Vorstandssprecher der Bergbau AG Westfalen (Ruhrkohle) amtiert. Damit saßen zwei erfahrene Ruhrgebiets-Manager im Vorstand der Treuhandanstalt, die über industrielle Erfahrungen in einer Krisen- und Sanierungsregion verfügten.[204] Der Querschnittsbereich »Niederlassungen und Länderfragen«, den bislang Birgit Breuel geleitet hatte, wurde aufgelöst und zum Teil auf den Unternehmensbereich 4 von Klinz übertragen.[205]

Nachdem die ostdeutschen Ministerpräsidenten – insbesondere Kurt Biedenkopf – mit Nachdruck darauf gedrängt hatten, die Länderinteressen bei der Privatisierung stärker zu berücksichtigen, mussten die Bundesregierung und die Treuhandanstalt reagieren. Bereits am 18. Dezember 1990 war die Wirtschaftsministerkonferenz zusammengekommen, um eine Arbeitsgruppe unter Vorsitz von Sachsen einzusetzen, die

---

202 Vgl. Seibel: Verwaltete Illusionen (wie Anm. 90), S. 169.
203 Organigramm der Vorstandsbereiche der Treuhandanstalt vom 2.5.1991, BArch Berlin, B 412/8847, Bl. 31–40, hier Bl. 31.
204 Vgl. Seibel: Verwaltete Illusionen (wie Anm. 90), S. 169.
205 Vgl. Malycha: Vom Hoffnungsträger zum Prügelknaben (wie Anm. 56), S. 202 f. und 224.

entsprechende Forderungen bündeln sollte.[206] Am 14. März 1991 einigten sich der Bundeskanzler und die ostdeutschen Regierungschefs darauf, Treuhand-Wirtschaftskabinette zu bilden, die »mit präziser politischer Verantwortung« ausgestattet sein sollten,[207] wobei jedoch die Zuständigkeiten und Kompetenzen der neu zu bildenden Gremien lange Zeit unklar blieben. Im Kern ging es darum, das Verhältnis zwischen den Ländern und der Privatisierungsbehörde auszutarieren. Dadurch veränderten sich Struktur und Arbeitsweise der Treuhandanstalt, die das Direktorat Länderfragen personell ausbauen musste und für jedes Bundesland ein eigenes Referat einrichtete. Die Grundsatzentscheidung vom 14. März schloss Reibungspunkte zwischen beiden Seiten nicht aus. So beklagte sich die Treuhandanstalt unter Verweis auf eine Studie des arbeitgebernahen Instituts der deutschen Wirtschaft (IW) darüber, dass »die Investitionstätigkeit der Kommunen und damit der Wirtschaftsaufschwung durch das Fehlen zahlreicher Landesgesetze und Verwaltungsvorschriften gehemmt wird«.[208]

In den folgenden Monaten entwickelte die Treuhandanstalt ein Privatisierungsmodell mit Länderbeteiligung, das die ostdeutschen Bundesländer stärker ins Boot holte und etwa eine Minderheitsbeteiligung über die jeweilige Landesbank vorsah.[209] Demzufolge sollten die Länder und private Investoren sanierungsfähige Unternehmen gemeinsam von der Treuhandanstalt erwerben und bis zum Abschluss der Sanierung betreuen. Diese auf maximal sieben Jahre angelegte Zusammenarbeit schloss auch strukturpolitische Maßnahmen für das jeweilige Unternehmen mit ein. Das Modell stieß aber bei den ostdeutschen Bundesländern auf große

---

206 Das geht aus dem Bericht der Arbeitsgruppe Treuhandanstalt der Wirtschaftsministerkonferenz vom 18.3.1991 hervor. Vgl. BArch Berlin, B 412/3697, unfol.
207 Birgit Breuel an die Wirtschaftsminister von Sachsen (Kajo Schommer) und Sachsen-Anhalt (Horst Rehberger), 26.3.1991, BArch Berlin, B 412/3697, unfol.
208 Dr. Dorenberg an Birgit Breuel, betr. Behinderung der Treuhandanstalt durch fehlende Gesetze der Länder, 16.10.1991, BArch Berlin, B 412/9426, Bl. 234–236, hier Bl. 234.
209 Verwaltungsratsvorlage (»Privatisierung mit Länderbeteiligung«) vom 4.2.1992, BArch Berlin, B 412/8857, Bl. 13–17.

Skepsis, denn diese wiesen insbesondere auf ihren stark eingeschränkten Finanzierungsspielraum hin. Schärfster Kritiker war das sächsische Ministerium für Wirtschaft und Arbeit, das beanstandete, die angestrebten Staatsbeteiligungen würden zu einer »Erpressbarkeit des Freistaates« führen. Die Treuhandanstalt setze das Land mit diesem Modell »einer von Sachsen nicht gewünschten Diskussion über Staatsbeteiligungen aus«.[210] Der Treuhandanstalt gelang es nicht, die Kritik mit dem Hinweis zu entkräften, die Beteiligung sei zeitlich fristet.

Aus Sicht der Vorstandsmitglieder erleichterte die Bildung der Treuhand-Wirtschaftskabinette die Zusammenarbeit mit den ostdeutschen Bundesländern offenbar nicht. So schrieb Klaus Schucht in sein Tagebuch: »Endlose Debatte im Vorfeld ausgelöst durch den Bericht des Vorstandes über das Verhältnis Bund/Länder.«[211] Dabei ging es nicht nur um die Finanzierung der Altlastensanierung, sondern auch um vertraglich fixierte Subventionszahlungen der Länder. Daneben gab es noch weitere Gesprächszirkel, die dazu führten, dass das Kommunikationsnetz noch engmaschiger wurde.[212] Dazu zählten vor allem die regelmäßigen Treffen der Chefs der ostdeutschen Staatskanzleien im Bundeskanzleramt (»Bohl-Runde«[213]). Zur Klärung von Fachfragen trafen sich monatlich Vertreter der Treuhandanstalt mit Vertretern einzelner Länderministerien (»Monatsgespräche«). Darüber hinaus fanden bei größeren Privatisierungsfällen sogenannte Branchengespräche statt. Schließlich traf die Treuhandanstalt mit einzelnen Ländern gesonderte Absprachen: So gab es mit Sachsen und Mecklenburg-Vorpommern Vereinbarungen »zur Begleitung von regional bedeutsamen und sanierungsfähigen Unternehmen«.

---

210 Ergebnisvermerk der THA-Länderkoordination (P L2) über eine Besprechung im SMWA [Sächsisches Staatsministerium für Wirtschaft und Arbeit] am 14.1.1992, BArch Berlin, B 412/9426, Bl. 166–168, hier Bl. 167.
211 Tagebuch Klaus Schucht, Eintrag zum 24.7.1992, Bundesarchiv Koblenz (künftig: BArch Koblenz), N 1585, Bd. 17, Bl. 731.
212 Überblick über die Koordination zwischen Treuhandanstalt und neuen Ländern, o. D. [Dezember 1993], BArch Berlin, B 412/3215, Teil 1, Bl. 307–310. Der Überblick wurde für den Treuhand-Untersuchungsausschuss des Deutschen Bundestages zusammengestellt.
213 Friedrich Bohl (CDU) war von 1991 bis 1998 Chef des Bundeskanzleramts.

Die Treuhandanstalt reagierte auf die Zunahme des Privatisierungstempos und die damit verbundene öffentliche Kritik, indem sie das interne Regelwerk verschärfte und zusätzliche Kontrollinstanzen schuf. So wurde ein Mustervertrag für Beratertätigkeit verbindlich festgelegt, der in der Direktion Recht erarbeitet worden war.[214] Dieser enthielt unter anderem eine Deckelung der Honorarsätze auf maximal 2000 DM pro Tag und eine Begrenzung der maximalen Laufzeit auf drei Monate. Die Registrierung aller Beraterverträge sollte ausschließlich im Personalressort erfolgen. Darüber hinaus ließ der Vorstand Handlungsanweisungen für die Privatisierung und Abwicklung von Treuhandunternehmen ausarbeiten, die für die Behördenmitarbeiter verbindlich waren.[215] Schließlich entwickelte das Direktorat Umweltschutz/Altlasten ein Fachhandbuch, das den Umgang mit umweltbelastenden Rückständen in ostdeutschen Industrieanlagen regeln sollte.[216]

Seit dem Frühjahr 1991 gab es drei interne Kontrollinstanzen, die weiter ausgebaut wurden: die Abteilungen Controlling und Revision sowie die Stabsstelle für besondere Aufgaben. Die Stabsstelle für besondere Aufgaben hatte unter der Leitung eines beurlaubten Staatsanwalts strafrechtlich relevante Vorgänge in der Treuhandanstalt zu untersuchen.[217] Bis zum Spätsommer 1991 gab es in 257 Fällen Recherchen wegen des Verdachts der Untreue, des Betrugs und der Bestechlichkeit. Die Fälle betrafen den früheren DDR-Außenhandelsbereich Kommerzielle Koordinierung, Manipulationen bei der Abrechnung von Außenhandelsgeschäften in Transferrubel, das Vermögen der Parteien und Massenorganisationen der ehemaligen DDR sowie Straftatbestände beim Verkauf von

---

214 THA-Vorstandsbereich Personal, Richtlinie zum Abschluss von Beraterverträgen (gültig ab 1.6.1991), BArch Berlin, B 412/9426, Bl. 257 f.
215 Abwicklungshandbuch (Stand: Januar 1992), BArch Berlin, B 412/23908; Handbuch Privatisierung vom 28.4.1992, BArch Berlin, B 412/23939.
216 Fachhandbuch Altlasten des Direktorats Umweltschutz/Altlasten (Teilbereich Altlasten) vom 9.6.1992, BArch Berlin, B 412/23732.
217 Protokoll über die 18. Sitzung des Verwaltungsrats am 13.9.1991, BArch Berlin, B 412/9034, Bl. 88–111, hier Bl. 89 f. Vgl. dazu auch den Beitrag von Rainer Karlsch im vorliegenden Band.

Unternehmen und Immobilien. Sofern die Prüfung eine strafrechtliche Relevanz ergab, sollte die personell unzureichend ausgestattete Stabsstelle die Vorgänge an die zuständigen Staatsanwaltschaften abgeben. Das war zunächst jedoch nicht möglich, da die ostdeutschen Bundesländer in der Anfangszeit noch nicht über funktionsfähige Staatsanwaltschaften verfügten, die die Ermittlungen hätten übernehmen können. Die Einrichtung der Stabsstelle entfaltete eine Wirkung sowohl nach außen als auch nach innen: Zum einen signalisierte sie der Öffentlichkeit, dass die Treuhandanstalt auf Missstände und Fehlverhalten reagierte. Zum anderen hatte sie eine disziplinierende Wirkung auf die Mitarbeiter der Treuhandanstalt und der Treuhandunternehmen. Die Einrichtung der Stabsstelle geschah allerdings auch auf öffentlichen Druck, denn im Frühjahr 1991 kursierten in der Presse erste Vorwürfe über angeblich korrupte Mitarbeiter.[218] Zwei Jahre später geriet die Treuhandniederlassung Halle ins Fadenkreuz der Medienöffentlichkeit und der Justiz. Einzelne Manager der bereits Ende September 1992 geschlossenen Niederlassung sahen sich mit Korruptionsvorwürfen konfrontiert, die das öffentliche Bild der Treuhandanstalt weiter ramponierten.[219] Vieles deutet darauf hin, dass es sich bei diesen Verfehlungen um Einzelfälle handelte.[220] Bis zum Herbst 1993 bearbeitete die Stabsstelle insgesamt 1351 Fälle, von denen 1204 abgeschlossen werden konnten.[221] Nach Angaben der Treuhandanstalt war es bei rund 47 000 Privatisierungsverträgen angeblich nur zu einer Verurteilung gekommen. Angesichts der großen Menge der Privatisierungsfälle waren die internen Ermittler mit ihrer Aufgabe letztlich überfordert.

---

218 Betrugsskandal bei der Berliner Treuhand?, in: Berliner Morgenpost vom 11.4.1991. Die Ermittlungen hatte in diesem Fall das Dezernat Wirtschaftskriminalität bei der Berliner Kriminalpolizei übernommen, das den entstandenen Schaden auf mindestens 500 Millionen DM schätzte.
219 Vgl. Böick: Die Treuhand (wie Anm. 9), S. 458f.
220 Vgl. dazu auch den Beitrag von Rainer Karlsch im vorliegenden Band.
221 Protokoll der 41. Sitzung des Verwaltungsrates am 15.10.1993, BArch Berlin, B 412/9036, Bl. 108–139, hier Bl. 132.

Als die Treuhandanstalt ihren Zenit – gemessen an der Personalstärke und der Zahl der monatlich abgeschlossenen Privatisierungsfälle – erreicht hatte, liefen bereits die Gespräche zwischen Bundesfinanzministerium und Vorstand über den Rückbau der Behörde. Mitte 1993 lag dem Verwaltungsrat eine Beschlussvorlage vor, die eine Übertragung der noch bestehenden Aufgabenbereiche »auf neue Träger« vorsah.[222] In dem Konzept nahmen privatrechtliche Akteure eine zentrale Rolle ein.[223] Konkret war die Bildung von mehreren rechtlich selbstständigen Organisationseinheiten als Gesellschaften mit beschränkter Haftung (GmbH) vorgesehen, die an die Stelle der Treuhandanstalt treten sollten. In der Aussprache äußerten vor allem die Gewerkschafts- und Ländervertreter grundsätzliche Bedenken: Die Beschlussvorlage »determiniere auf organisatorischer Ebene die Aufgabe staatlicher Verantwortung für deren [der Treuhandunternehmen] Sanierung und Erhaltung [und] greife parlamentarischen Abstimmungsvorgängen und solchen zwischen Bund und Ländern vor«. Der Vorsitzende der IG Chemie-Papier-Keramik Hermann Rappe beantragte eine Vertagung, da er erst den entsprechenden Gesetzentwurf einsehen wollte. DGB-Chef Heinz-Werner Meyer sprach sich ebenfalls gegen eine Entscheidung aus, solange nicht geklärt sei, »wer nach dem Ende der Treuhandanstalt die unternehmerische Verantwortung für [...] langfristig nicht privatisierbare Unternehmen« trage.[224] Der sächsische Ministerpräsident Biedenkopf kritisierte die Übertragung der »Sanierungsverantwortung auf privatrechtliche Service-Gesellschaften« und forderte den Bund auf, »seine Verantwortung für die über 1994 hinaus bestehenden Sanierungsaufgaben als öffentliche Hand uneingeschränkt« wahrzunehmen.[225] Da ein Referentenentwurf des Finanzministeriums für

---

222 So Birgit Breuel auf der 39. Sitzung des Verwaltungsrates am 16.7.1993, in: BArch Berlin, B 412/8875, Bl. 19–46, hier Bl. 35.
223 Vgl. Seibel: Verwaltete Illusionen (wie Anm. 90), S. 323.
224 Protokoll der Sitzung des Verwaltungsrates am 16.7.1993, BArch Berlin, B 412/8875, Bl. 19–46, hier Bl. 37.
225 Ebd., Bl. 39.

ein Treuhandstrukturgesetz im September 1993 vorgelegt werden sollte, war jedoch Eile geboten. Darüber hinaus galt es, den Beschäftigten der Treuhandanstalt eine Perspektive zu geben. Nach kontroverser Diskussion stimmte der Verwaltungsrat einer überarbeiteten Beschlussvorlage zu, die den vorgebrachten Einwänden teilweise Rechnung trug.

Doch das Gesetzgebungsverfahren zog sich unerwartet in die Länge: Nachdem der Bundesrechnungshof harsche Kritik an der geplanten privatrechtlichen Auslagerung von Aufgaben der Treuhandanstalt geübt hatte, lehnte auch der Haushaltsausschuss des Deutschen Bundestages den vorgelegten Entwurf ab.[226] In der Folgezeit kristallisierte sich schließlich eine andere Lösung heraus, die sich als geschickter Schachzug erweisen sollte – die Gründung der Bundesanstalt für vereinigungsbedingte Sonderaufgaben (BvS) als Nachfolgeeinrichtung der Treuhandanstalt. Am Ende ging es dann schnell: Vor laufenden Kameras schraubte die Präsidentin der Treuhandanstalt Birgit Breuel am 30. Dezember 1994 das Behördenschild im Eingangsbereich ihres 1992 in Detlev-Rohwedder-Haus umbenannten Amtssitzes ab. Die symbolträchtige Aktion suggerierte die Auflösung der öffentlich umstrittenen Anstalt, deren Aufgabe von der bis heute existierenden, mittlerweile jedoch in Liquidation befindlichen BvS übernommen wurde. Während die Treuhandanstalt zutreffend als »erinnerungskulturelle ›Bad Bank‹ des Ostens« bezeichnet wird,[227] kann mit der BvS kaum jemand in der Öffentlichkeit etwas anfangen.

---

226 Vgl. Seibel: Verwaltete Illusionen (wie Anm. 90), S. 338 u. 341. Wie aufgeladen die Diskussion über die Zukunft der Treuhandanstalt war, zeigt die Reaktion von Birgit Breuel, die im Verwaltungsrat die Kritik des Bundesrechnungshofs an den Organisationsvorschlägen »als ehrenrührig« zurückwies. Protokoll der 46. Verwaltungsratssitzung am 18.3.1994, BArch Berlin, B 412/9037, Bl. 355–379, hier Bl. 368.

227 Constantin Goschler/Marcus Böick: Wahrnehmung und Bewertung der Arbeit der Treuhandanstalt (Studie im Auftrag des Bundesministeriums für Wirtschaft und Energie), Bochum 2017, S. 10. https://www.bmwi.de/Redaktion/DE/Publikationen/Studien/wahrnehmung-bewertung-der-arbeit-der-treuhandanstalt-lang.html (Zugriff am 17.8.2021).

Privatisierung und die Suche nach Alternativen

Unter Birgit Breuel beschleunigten sich die Privatisierungsabschlüsse der Treuhandanstalt. Lag die Anzahl der Privatisierungsentscheidungen im ersten Quartal 1991 noch bei etwa 800, erhöhte sie sich innerhalb eines halben Jahres sprunghaft auf etwa 1500 (drittes Quartal 1991).[228] Kritische Kommentatoren waren sich schon zu Beginn der Amtszeit Breuels sicher, die Treuhandpräsidentin habe die Privatisierung schon immer geliebt.[229] In der medialen Wahrnehmung, aber auch in der Forschung überwiegt der Eindruck, nach der Ermordung Rohwedders habe die Zeit der »Hochgeschwindigkeitsprivatisierungen«[230] begonnen, in der nur noch betriebswirtschaftliche Aspekte im Zentrum gestanden hätten. Der Versuch der Treuhandspitze, die Privatisierungsentscheidungen zu standardisieren und einem Regelwerk zu unterwerfen, erscheint so als eine »mathematisch strenge Ordnungssystematik«.[231] Andere betonen wiederum, dass die Privatisierungspolitik dem wirtschaftspolitischen Kurs der britischen Premierministerin Margaret Thatcher (»There is no alternative«) nur wenig nachgestanden habe.[232] Das hohe Privatisierungstempo habe letztlich zu einem Überangebot an Betrieben und einem Preisverfall geführt, sodass Staatsbetriebe »verschleudert« worden seien.[233] Hinter diesen Bewertungen steht die durchaus berechtigte Frage, welche anderen Möglichkeiten es zum Verkauf der ostdeutschen Betriebe gegeben hätte. Im Fol-

---

228 Vgl. Seibel: Verwaltete Illusionen (wie Anm. 90), S. 186 (Abb. II. 10).
229 Vgl. Die Privatisierung liebte Birgit Breuel schon immer, in: Die Tageszeitung vom 13.4.1991.
230 Böick: Die Treuhand (wie Anm. 9), S. 390.
231 Ebd., S. 414.
232 Frank Bösch: Zeitenwende 1979. Als die Welt von heute begann, München 2019, S. 293.
233 Philipp Ther: Die neue Ordnung auf dem alten Kontinent. Eine Geschichte des neoliberalen Europa, Berlin 2016, S. 105. Diese Kritik äußerte schon Hans-Werner Sinn Anfang 1991. Vgl. ders.: Verteilen statt verkaufen. Bei der Privatisierung sollte die Zuteilung von Vermögenswerten und Startpositionen Vorrang haben, in: Wirtschaftswoche vom 25.1.1991.

genden soll zunächst der Ablauf der Privatisierung an drei ausgewählten Fallbeispielen kurz skizziert und anschließend die Frage nach den Alternativen untersucht werden.

Ein kohärentes Gesamtkonzept zur Privatisierung der ostdeutschen Betriebe hat es weder bei der Bundesregierung noch bei der Treuhandanstalt jemals gegeben. Die Privatisierung verlief im Einzelfall höchst unterschiedlich und war von verschiedenen Faktoren abhängig. Bei der Analyse müssen beispielsweise die Betriebsgröße, der Zeitpunkt der Privatisierung, die Markt- und Ertragslage und das Produktsortiment des Unternehmens, die potenziellen Kaufinteressenten, aber auch der politische Handlungsrahmen vor Ort Berücksichtigung finden. Neue Forschungsergebnisse zeigen zudem, dass es nicht ausreicht, den Blick nur auf die Erstprivatisierung eines Unternehmens zu werfen. Der Untersuchungszeitraum muss teilweise auf die ganzen 1990er-Jahre, mitunter auch darüber hinaus erweitert werden. Generell gilt, dass die Entscheidungen der Treuhandanstalt in der Frühphase unter einem Mangel an Zeit und fachlicher Expertise litten.

Im Fall der ostdeutschen Pharmaindustrie setzte die Treuhandanstalt bis zum Frühjahr 1991 auf den schnellstmöglichen Verkauf an große westdeutsche Unternehmen.[234] Zu diesem Zeitpunkt verfügte die Behörde noch nicht über das nötige Personal, um wettbewerbskonforme Ausschreibungen durchzuführen. Für die Privatisierungsentscheidung war weniger der Verkaufserlös entscheidend als vielmehr die rasche Integration der ostdeutschen Standorte in die Strukturen der westdeutschen Unternehmen. Der Treuhandanstalt gelang es dann ab Sommer 1991, die Ausschreibungs- und Verkaufspraxis zu verbessern. In keinem anderen Bereich der chemischen Industrie wurden letztendlich ähnlich hohe Erlöse erzielt wie im Pharmabereich. Der Zeitpunkt der Privatisierung war grundsätzlich mitentscheidend für den langfristigen Erfolg. Während es

---

234 Ausführlicher dazu Rainer Karlsch: Einheitsgewinner. Die Privatisierung der ostdeutschen Pharmaindustrie, in: Hoffmann (Hg.): Transformation einer Volkswirtschaft (wie Anm. 19), S. 112–129.

in der Frühphase zur Abwicklung der Pharma Neubrandenburg GmbH kam, was in erster Linie mit den hohen Entschuldungs- und Modernisierungskosten zusammenhing, kann der Verkauf der drei großen ostdeutschen Pharmahersteller (Arzneimittelwerk Dresden, Jenapharm, Berlin-Chemie) als Erfolg gewertet werden.

Im zweiten Beispiel geht es um die Stahlwerke in Hennigsdorf und Brandenburg an der Havel. Hier stieß die Privatisierungsentscheidung der Treuhandanstalt zunächst auf Kritik der unterlegenen inländischen Bewerber und der betroffenen Belegschaften, denn der Zuschlag ging an die italienische Riva-Gruppe.[235] Die Beschäftigten besetzten Ende 1991 sogar das Hennigsdorfer Stahlwerk. Daraufhin solidarisierten sich Vertreter der westdeutschen Stahlunternehmen mit der ostdeutschen Belegschaft, um Einfluss auf die Entscheidung der Treuhandanstalt zu nehmen. Diese musste sich von den Gewerkschaften und der brandenburgischen Landesregierung vorwerfen lassen, das Votum für einen ausländischen Investor sei ihr wichtiger als das Wohl der Stahlwerker. Die Behörde ließ sich bei ihrer Entscheidung nicht nur von den Arbeitsplatz- und Investitionszusagen der Anbieter leiten. Sie wollte mit ihrer Entscheidung auch dem Vorwurf begegnen, bei der Privatisierung der ostdeutschen Betriebe hätten ausländische Kaufinteressenten keine Chance. Hinzu kam die Tatsache, dass die Treuhandanstalt den westdeutschen Stahlriesen misstraute, die sich etwa bei der Übernahme des Kaltwalzwerks in Oranienburg nicht an die Vertragsbestimmungen gehalten hatten. Am Ende musste sich die Treuhandanstalt aber auch Kritik gefallen lassen, da sie die Verkaufsgespräche durch die nachträgliche Präzisierung der Ausschreibungskriterien erschwert hatte.

Im Mittelpunkt des letzten Fallbeispiels steht der Automobilzulieferer Umformtechnik Erfurt (UTE). Diese Privatisierung, bei der mehrere Kaufinteressenten eine Rolle spielten, gestaltete sich äußerst schwierig

---

235 Vgl. hierzu Wolf-Rüdiger Knoll: Zwischen Abbruch und Aufbruch. Die Treuhandanstalt und der Verkauf der Stahlwerke Hennigsdorf und Brandenburg im Kontext der europäischen Stahlkrise, in: Hoffmann (Hg.): Transformation einer Volkswirtschaft (wie Anm. 19), S. 143–160.

und zog sich über viele Jahre hin.[236] Da der Pressenbauer Anfang der 1990er-Jahre mit erheblichen Absatzschwierigkeiten zu kämpfen hatte, versuchte die Treuhandanstalt zunächst, Investoren vornehmlich aus dem Ausland zu gewinnen. Nachdem die ersten Verkaufsgespräche ergebnislos abgebrochen werden mussten, blieb der tschechische Großkonzern Škoda Plzeň Anfang 1994 als einziger Investor übrig. Ein erster Übernahmeversuch wurde rasch abgeschlossen, obwohl Finanzierungszusagen der beteiligten Banken aufgrund unkalkulierbarer Risiken noch nicht vorlagen. Die Verhandlungen über das Finanzierungskonzept gefährdeten den Vertragsabschluss und setzten die Treuhandanstalt unter Zugzwang, denn diese wollte die Privatisierung bis Ende 1994 abschließen. Da Škoda jedoch die vertraglichen Zusagen nicht einhalten konnte und in der Folgezeit selber in eine finanzielle Schieflage geriet, wurde die Privatisierung in der Öffentlichkeit durchweg als Misserfolg gewertet. Erst durch die Übernahme der UTE durch einen westdeutschen bzw. österreichischen Kaufinteressenten in den 2000er-Jahren konnte die Zukunft des Unternehmens gesichert werden.

Einen Sonderfall stellten die sogenannten industriellen Kerne dar, denn hier garantierte der Staat den Privatisierungserfolg mit umfangreichen finanziellen Mitteln. Dabei handelte es sich um Unternehmen des produzierenden Gewerbes, die aus den ehemaligen Kombinaten der DDR hervorgegangen waren und mehr als 1000 Beschäftigte hatten. Um eine dauerhafte wirtschaftliche Rückständigkeit, soziale Verwerfungen und eine weitere Abwanderung von gut qualifizierten, jungen Fachkräften zu verhindern, wollten Bundes- und Landespolitiker solche Großunternehmen im Kern erhalten.[237] Davon erhofften sie sich eine Signalwirkung für die betreffenden Regionen. Obwohl das Konzept der industriellen Kerne

---

236 Einschlägig Eva Schäffler: Ein Privatisierungsmarathon à la Treuhand. Die Übernahme der Umformtechnik Erfurt durch Škoda Plzeň, in: Hoffmann (Hg.): Transformation einer Volkswirtschaft (wie Anm. 19), S. 96–111.
237 Rainer Karlsch: Industrielle Kerne in Ostdeutschland. Entstehung, Erhalt und Wandel, in: Stefan Grüner/Sabine Mecking (Hg.): Wirtschaftsräume und Lebenschancen. Wahrnehmung und Steuerung von sozialökonomischem Wandel in Deutschland 1945–2000, Berlin/Boston 2017, S. 149–167, hier S. 149.

erst 1992 offizieller Bestandteil der Wirtschaftspolitik der Bundesregierung in Ostdeutschland wurde, reichen seine Ursprünge bis zum Kanzlerversprechen für den Erhalt des Chemiestandorts in Sachsen-Anhalt vom Frühjahr 1991 zurück.[238] Nach diesem Vorbild sollten weitere Industriestandorte langfristig gerettet werden,[239] so etwa die Warnowwerft in Mecklenburg-Vorpommern,[240] das Eisenhüttenkombinat Ost (EKO) in Brandenburg,[241] die Jenoptik GmbH in Thüringen sowie das Zentrum für Mikroelektronik Dresden (ZMD).

Das Konzept zum Erhalt der industriellen Kerne, an das sich die Bundesregierung und die Treuhandanstalt seit 1991/92 verzweifelt klammerten, verstellte jedoch den Blick auf die Schwierigkeit, im Umfeld der auserkorenen Großstandorte tragfähige mittelständische Strukturen aufzubauen. Die Treuhandanstalt richtete den Fokus auf den einstmals intakten ostdeutschen Mittelstand, der vom SED-Regime in mehreren Anläufen – zuletzt 1972 – verstaatlicht worden war. Bereits die Modrow-Regierung hatte die Reprivatisierung eingeleitet. Damit verband sich die Hoffnung, die enteigneten Unternehmer, von denen viele schon in den 1950er-Jahren in die Bundesrepublik geflohen waren, würden nun zurückkehren und ihre Betriebe wieder übernehmen. An dieser Illusion hielt auch die Bundesregierung lange Zeit fest. Erschwerend kam hinzu, dass viele Firmen 1990 in ihrer ursprünglichen Form nicht mehr existierten oder aber in einem wirtschaftlich desolaten Zustand waren. Die eigentliche Hürde stellte jedoch die komplizierte Eigentumsfrage dar. Sie erwies sich als schwere Hypothek auf dem Weg zur Revitalisierung des

---

238 Vgl. Rainer Karlsch: Die Leuna-Minol-Privatisierung. Skandalfall oder Erfolgsgeschichte?, in: Deutschland Archiv Online vom 26.5.2020, https://www.bpb.de/geschichte/zeitgeschichte/deutschlandarchiv/310467/die-leuna-minol-privatisierung-skandalfall-oder-erfolgsgeschichte (Zugriff am 19.8.2021).
239 Vgl. Antwort der Bundesregierung vom 4.5.1994 auf die Große Anfrage des Abgeordneten Dr. Fritz Schumann und der Gruppe der PDS/Linke Liste: Erneuerung industrieller Kerne, in: Treuhandanstalt (Hg.): Dokumentation 1990-1994, Bd. 11 (wie Anm. 88), S. 739–800, hier S. 746 u. 762.
240 Vgl. dazu demnächst die Einzelstudie von Eva Lütkemeyer im Rahmen des IfZ-Treuhandprojekts.
241 Vgl. dazu Knoll: Die Treuhandanstalt in Brandenburg (wie Anm. 144).

industriellen Mittelstands in Ostdeutschland, denn die Restitution zog sich in vielen Fällen über mehrere Jahre hin und schreckte Investoren ab.[242] Diese Bürde erklärt unter anderem auch den ausgebliebenen Erfolg der Mittelstandspolitik der Treuhandanstalt: Unterm Strich konnten ostdeutsche Bürger nicht in dem Maße wie erhofft als aktive Teilnehmer der sozialen Marktwirtschaft gewonnen werden.

Die Tätigkeit der Treuhandanstalt wurde stets von öffentlichen Debatten begleitet, in denen sich Politiker, Gewerkschafts- und Wirtschaftsvertreter mit Alternativvorschlägen zu Wort meldeten. Dabei entstand häufig der Eindruck eines vielstimmigen Chors: Die einzelnen Vorschläge hatten oft nur eine tagespolitische Bedeutung, waren in der Regel nicht aufeinander abgestimmt und daher nicht mehrheitsfähig. So forderten sächsische Landtagsabgeordnete und Unternehmer »die Streichung aller Altschulden ostdeutscher Unternehmen«[243] bzw. einen »Schuldenerlass für privatisierte Betriebe«.[244] Obwohl Arbeitgeberpräsident Murmann und Sachsens Wirtschaftsminister Kajo Schommer (CDU) die Forderung unterstützten,[245] versandete der öffentliche Vorstoß, da die Befürworter die Frage nach der Gegenfinanzierung unbeantwortet ließen. Darüber hinaus schien Murmann der Kampf gegen die Kurzarbeitergeld-Sonderregelung, die Sozialplanregelungen in Ostdeutschland (nach § 613 BGB) und die Tarifpolitik der Gewerkschaften wichtiger zu sein, die er als arbeitsmarktfeindlich geißelte. Dagegen setzten sich die fünf regionalen Wirtschafts- und Unternehmerverbände in den ostdeutschen Bundesländern dafür ein, die Substanz der Industrie in Ostdeutschland zu er-

---

242 Vgl. Max Trecker: Die Wiedervereinigung als »Stunde Null« des ostdeutschen Mittelstands? Über verpasste Chancen, in: Hoffmann (Hg.): Transformation einer Volkswirtschaft (wie Anm. 19), S. 84–95, hier S. 92. Vgl. außerdem ders.: Neue Unternehmer braucht das Land. Die Genese des ostdeutschen Mittelstands nach der Wiedervereinigung, Berlin 2022.
243 Plädoyer für einheimische Produkte. Im Landtag notiert, in: Neue Zeit vom 25.2.1991.
244 Sachsens Unternehmer wollen Altschulden-Erlass, in: Frankfurter Rundschau vom 27.2.1991.
245 Eindringliches Plädoyer für eine Streichung der Altschulden ostdeutscher Unternehmen, in: Handelsblatt vom 27.2.1991.

halten. Als Alternative schlugen sie ein treuhänderisches Modell vor, bei dem Banken oder Kapitalbeteiligungsgesellschaften innerhalb von zwei Jahren ein Unternehmen »nach abgestimmtem Sanierungskonzept zur Selbständigkeit führen«.[246] Ein entsprechender Vorstoß scheiterte allerdings in Sachsen im Sommer 1992, nachdem die Banken das Prestigeprojekt Biedenkopfs (»Sachsenfonds«) platzen ließen.[247] Ganz andere Sorgen hatten ostdeutsche Betriebsräte aus zehn Großbetrieben, die auf Einladung der Partei des Demokratischen Sozialismus (PDS) Ende Februar 1991 nach Bonn gereist waren. Dort warfen sie der Treuhandanstalt vor, sie orientiere sich »ausschließlich an kurzfristiger Rentabilität«.[248] Überlebensfähige Betriebe bräuchten aber drei bis fünf Jahre, um sich »umzustrukturieren und schwarze Zahlen zu schreiben«. Einzelne Gewerkschaftsvertreter beklagten sich bitter darüber, dass in Westdeutschland »ganze Wirtschaftszweige und Betriebe jahrelang unterstützt werden, während in Ostdeutschland auch Erfolg versprechende Sanierungskonzepte« verworfen würden. Von dieser Seite wurde die Forderung nach langfristiger Sanierung der ostdeutschen Betriebe und umfangreichen Subventionszahlungen immer lauter öffentlich vorgetragen.

Im Frühjahr 1991 nahm der medial geführte Streit über den wirtschaftspolitischen Kurs in Ostdeutschland an Schärfe zu, denn Betriebsschließungen und Massenentlassungen beherrschten immer mehr den Alltag der ostdeutschen Bevölkerung. Dabei tauchten auch erstmals Forderungen nach Staatsbeteiligungen auf, wobei das Volkswagenwerk (VW) manchem Kommentator als Referenzgröße diente: Wäre der Wolfsburger Automobilbauer »nicht rechtzeitig in Staatsregie übergegangen, gäbe es den prächtig verdienenden Betrieb heute nicht mehr«.[249] Und weiter: Wartburg, Zeiss und andere stünden nun »vor genau diesem Schicksal«.

---

246 Treuhand-Politik lässt keinen Spielraum zu. Ost-Unternehmensverbände schlagen neues Sanierungsmodell vor, in: Der Morgen vom 1.3.1991.
247 Vgl. dazu Hoffmann: Der selbst ernannte Musterschüler (wie Anm. 142), S. 196.
248 Eine faire Chance wird nicht gewährt. Ostdeutsche Betriebsräte klagen Treuhand an, in: Die Tageszeitung vom 28.2.1991.
249 Sven Bernitt: Schlag nach bei Erhard, in: Der Morgen vom 2.3.1991.

Die wirtschaftspolitische Kehrtwende der Bundesregierung, die in dem Konzept der industriellen Kerne ein Jahr später seinen Niederschlag fand, stieß anfangs in der Öffentlichkeit auf ein eher geringes Interesse. Der vom ökonomischen Niedergang geprägte Diskurs sollte in den folgenden Jahren dadurch noch Auftrieb erhalten, dass die geretteten Standorte nur etwa ein Drittel der Arbeitsplätze langfristig sichern konnten. Insofern überrascht es nicht weiter, dass sich die politischen Akteure in der Öffentlichkeit mit alternativen Gesamtkonzepten zurückhielten. Stattdessen überwogen punktuelle Lösungsvorschläge, die mit den wirtschaftspolitischen Vorstellungen der Initiatoren weitgehend korrelierten. So schlug Bundesaußenminister Hans-Dietrich Genscher für die FDP – wenig überraschend – »großzügige Abschreibungsregelungen für Investitionen« und ein »Niedrigsteuergebiet« für Ostdeutschland vor.[250]

Bei den Liberalen wurden zeitgleich West-Ost-Bruchlinien erkennbar: Im Gegensatz zur westdeutsch dominierten Bundespartei hielten die FDP-Fraktionsvorsitzenden in den ostdeutschen Landtagen die Privatisierungspolitik der Treuhandanstalt für »falsch, weil die schnelle Privatisierung anstelle einer möglichen Sanierung im Vordergrund stehe«.[251] Eine ähnliche Position vertraten ehemalige DDR-Bürgerrechtler wie Wolfgang Ullmann,[252] die sich Anfang Februar 1990 in der Partei Bündnis 90 zusammengeschlossen hatten. Der Partei war bei der Bundestagswahl am 2. Dezember 1990 aufgrund der Sonderregelung im Wahlgesetz (Wahlgebiet Ost) der Sprung über die Fünfprozenthürde gelungen, an der die Grünen im Wahlgebiet West gescheitert waren. Im Frühsommer 1991 forderte Werner Schulz, der die Funktion des Sprechers der Bundestagsgruppe übernahm, einen klaren gesetzlichen Auftrag zur Sanierung der

---

250 Hans-Dietrich Genscher: Die Treuhand muss neu organisiert und personell verstärkt werden, in: Welt am Sonntag vom 3.3.1991.
251 Frankfurter Allgemeine Zeitung vom 6.3.1991.
252 Vgl. Heftige Kritik an der Treuhand. Bündnis 90 will Radikalreform, in: Süddeutsche Zeitung vom 5.3.1991.

Treuhandunternehmen und zum Arbeitsplatzerhalt.[253] Obwohl sich der von ihm eingereichte Entwurf für ein neues Treuhandgesetz explizit an ostdeutsche Abgeordnete in allen Fraktionen richtete, die in ihren Wahlkreisen aufgrund der wirtschaftlichen Talfahrt mächtig unter Druck standen, fand sich dafür im Deutschen Bundestag keine Mehrheit.

Im Herbst 1991 versetzte Franz Steinkühler den Vorstand der Treuhandanstalt mit einem öffentlich inszenierten Vorstoß in helle Aufregung.[254] Der Vorsitzende der IG Metall, der nicht im Verwaltungsrat saß, präsentierte auf einer eilig anberaumten Pressekonferenz am 22. Oktober »ein neues Modell zur Finanzierung der ostdeutschen Wirtschaft«.[255] Das Modell sah vor, einen Treuhand-Vermögensfonds (THV) zu bilden, der alle sanierungsfähigen Treuhandunternehmen verwalten sollte. Dabei knüpfte Steinkühler teilweise an Überlegungen des Runden Tisches Anfang 1990 an, denn er sprach sich dafür aus, kostenlose Anteilscheine an die ostdeutsche Bevölkerung zu vergeben – allerdings nur zu 50 Prozent des Fondsvolumens. Die andere Hälfte sollten abhängig Beschäftigte freiwillig erwerben können bzw. besserverdienende Selbstständige über eine Zwangsabgabe finanzieren. Das Vermögen des Fonds sollte nach den Vorstellungen des IG-Metall-Chefs in einem komplizierten, dreistufigen System geschaffen und von einer Treuhand-Industrieholding AG betreut werden. Steinkühler verfolgte mit dieser überraschenden Initiative drei Ziele: Erstens wandte er sich damit gegen die laufende Debatte über die Einführung eines Investivlohnes,[256] der von anderen Gewerkschaften ge-

---

253 Presseinformation von Bündnis 90/Die Grünen Nr. 146/91 vom 13.6.1991, AGG, B.II.2, Nr. 317; Parlamentarisches Koordinierungsbüro Bündnis 90/Die Grünen im Deutschen Bundestag, Projekt-Vorschläge [u.a. zum Treuhandgesetz], 30.8.1991, AGG, A – Werner Schulz, Nr. 73.
254 Tagebuch Klaus Schucht, Eintrag zum 22.10.1991, BArch Koblenz, N 1585, Bd. 14, Bl. 331.
255 Metall Pressedienst vom 22.10.1991, BArch Berlin, B 412/2607, Bl. 305–307, hier Bl. 305.
256 Rede Franz Steinkühlers auf der Pressekonferenz am 22.10.1991, ebd., Bl. 308–324, hier Bl. 314. Der Investivlohn ist ein Teil des Arbeitsentgelts, das nicht als Geld an den Arbeitnehmer, sondern in Form einer Unternehmensbeteiligung ausgezahlt wird.

fordert wurde.[257] Zweitens verband er den Vorschlag mit der Forderung nach tariflichen Einkommensverbesserungen, um Arbeiter und Angestellte in die Lage versetzen zu können, Fondsanteile zu kaufen. Damit versuchte er den Kritikern seiner Tarifpolitik den Wind aus den Segeln zu nehmen. Drittens griff er die Kritik der Oppositionsparteien im Deutschen Bundestag an der Treuhandanstalt auf, die in der Medienöffentlichkeit kurzzeitig sehr populär schien. Die Treuhandspitze befürchtete, in den Strudel der politischen Auseinandersetzung über die Zukunft der Anstalt hineingezogen zu werden, und zwar mit unabsehbaren Folgen für die laufende Privatisierungspolitik. In einem internen Papier wiesen leitende Mitarbeiter aus dem Direktorat Arbeit und Sozialpolitik darauf hin, dass das Modell der IG Metall »ohne massiven Einsatz von Steuermitteln funktionsunfähig« sei.[258] Steinkühler unterschätzte offenbar den Finanzierungsbedarf für den von ihm vorgeschlagenen THV, denn er ging implizit von einem viel zu geringen Verlustausgleich aus. Da die Bundesregierung keinerlei Anstalten machte, auf den Vorschlag auch nur ansatzweise einzugehen, versandete der Vorstoß Steinkühlers, der damit bei den anderen Gewerkschaften übrigens keine Sympathiepunkte sammeln konnte.

Die Privatisierungspolitik der Treuhandanstalt führte zu Wettbewerbsverzerrungen, nicht nur zwischen west- und ostdeutschen Firmen, sondern auch innerhalb Ostdeutschlands. Diese waren zwar nicht intendiert, stellten aber die marktwirtschaftlichen Vorstellungen insbesondere zur zentralen Funktion des Wettbewerbs grundsätzlich infrage. Im Herbst 1992 berichtete die *Frankfurter Allgemeine Zeitung* (FAZ) über westdeutsche Unternehmen sowie Fach- und Spitzenverbände, die sich besorgt zeigten über »drohende Kampfpreise ostdeutscher Betriebe mit Subventionen durch die Treuhandanstalt«.[259] Einzelne Unternehmen

---

257 Vgl. zur Rolle der Gewerkschaften in der Transformationszeit Anfang der 1990er-Jahre Christian Rau: Die verhandelte »Wende«. Die Gewerkschaften, die Treuhand und der Beginn der Berliner Republik, Berlin 2022.
258 Allgemeine Einschätzung von Werner Bayreuther, o. D., BArch Berlin, B 412/2607, Bl. 325.
259 Viele Branchen haben Angst vor Ost-Dumping. Aufregung über Kampfpreise mit Treuhand-Subventionen, in: Frankfurter Allgemeine Zeitung vom 16.10.1992.

wandten sich auch direkt an das Bundeswirtschaftsministerium: So kritisierte eine Firma aus West-Berlin, die sich auf den Import von geschliffenen Spiralbohrern aus der Sowjetunion bzw. deren Nachfolgestaaten spezialisiert hatte, dass die Preisentwicklung inzwischen ein Niveau erreicht habe, das »unter unseren Einkaufspreisen liegt und ein weiteres Geschäft unmöglich macht«.[260] Für den Rückgang der Verkaufszahlen wurde eine thüringische Werkzeugfabrik verantwortlich gemacht, die mit »subventionierten Kampfpreisen« den Markt aufmische. Das Ministerium zeigte zwar Verständnis für die Nöte der Firma, stellte sich aber vor die zuständige Treuhandniederlassung (Gera) und verteidigte die kritisierte Preisbildung: Unter der früheren Geschäftsleitung habe die Werkzeugfabrik bis Mitte 1991 hohe Lagerbestände geschaffen, die sich aufgrund des Wegfalls des Osthandels angehäuft hätten. Um den drohenden Konkurs des Unternehmens abzuwenden, müssten diese Bestände rasch auf dem westlichen Markt abgesetzt werden.[261] Über Wettbewerbsverzerrungen im Werkzeugmaschinenbau beklagte sich auch ein Unternehmen aus dem Großraum Stuttgart. Der Vorstandsvorsitzende machte dafür die Treuhandanstalt verantwortlich: »In unserer Branche ist es sehr schwer gegen die Konkurrenz aus Fernost [...] bestehen zu können. Eine noch härtere Konkurrenz sind aber neuerdings die Wettbewerber aus den neuen Bundesländern, die unsere schon ausgereizten Preise noch einmal zweistellig unterbieten; nach dem Motto: die Treuhand gleiche es ja aus«.[262] Inwieweit die Vorwürfe zutrafen oder nur vorgeschoben waren, lässt sich an dieser Stelle nicht abschließend klären. Entscheidend ist jedoch die Tatsache, dass die Treuhandanstalt von den Wirtschaftsakteuren nun auch als Fremdkörper in der marktwirtschaftlichen Ordnung wahrgenommen wurde. Damit befand sich die Privati-

---

260 Wilhelm Tatje KG Berlin an Staatssekretär von Würzen, 20.2.1992, BArch Berlin, B 102/700745, unfol.
261 Staatssekretär von Würzen an Wilhelm Tatje KG Berlin, 26.11.1992, ebd.
262 Hubert Heller, Vorstandsvorsitzender der Heller AG, Nürtingen, an Bundeswirtschaftsminister Dr. Möllemann [sic], 23.11.1992, BArch Berlin, B 102/700747, unfol.

sierungsbehörde in einer neuen, ungewohnten Frontstellung gegenüber Unternehmen und Verbänden.[263]

Der Druck auf die Treuhandanstalt nahm weiter zu, denn Wirtschaftsverbände schlossen sich der Kritik an: Die Behörde würde »bisher unverkäufliche Betriebe [...] künstlich am Leben« halten und die »Dumping-Preispolitik« fortsetzen, die bereits zu DDR-Zeiten betrieben worden sei.[264] Zu den vorgetragenen Bedenken gegenüber den Subventionspraktiken kam auch noch die Warnung vor einem Arbeitsplatzabbau im Westen hinzu.[265] Dennoch verteidigte das Bundeswirtschaftsministerium die Treuhandanstalt gegen die gehäuft vorgetragene Kritik und verwies auf den zeitlich befristeten Charakter der Subventionspolitik in Ostdeutschland: Das »vorübergehende Arbeiten mit Niedrigpreisangeboten [sei] nicht notwendigerweise ein unzulässiges Dumping [...], sondern eine durchaus zulässige Marktstrategie«.[266]

Bei dieser ordnungspolitisch höchst strittigen Frage zeigte sich aber auch eine Kluft zwischen den Treuhandunternehmen, die bereits privatisiert worden waren, und denen, die sich noch in der Obhut der Behörde befanden. Beispielhaft lässt sich das Problem an der thüringischen Textilregion Mühlhausen verdeutlichen. Hier waren viele Betriebe bis Ende 1992 privatisiert worden. Die einzige Ausnahme bildete das Unternehmen

---

263 Diese Problematik wird von manchen Ökonomen übersehen, die behaupten, die Treuhandanstalt hätte ihre Arbeit einfach fortsetzen müssen, um den Konvergenzprozess nicht ins Stocken geraten zu lassen. Es sei ein »Hauptfehler« der Bundesregierung gewesen, die Behörde 1994 aufzulösen. Vgl. Dalia Marin: 30 Jahre Politikversagen: Deutschland mit zwei Seelen, in: Wirtschaftsdienst. Zeitschrift für Wirtschaftspolitik 99 (2019), S. 670 f., https://www.wirtschaftsdienst.eu/inhalt/jahr/2019/heft/10/beitrag/30-jahre-politikversagen-deutschland-mit-zwei-seelen.html (Zugriff am 23.9.2021); dies.: Warum sich Ostdeutsche so oft für rechte Parteien entscheiden, Spiegel-Online vom 5.6.2021, https://www.spiegel.de/wirtschaft/sachsen-anhalt-warum-sich-ostdeutsche-so-oft-fuer-rechte-parteien-entscheiden-a-45f4ccb3-d167-4a24-bfbf-22da32c459df (Zugriff am 23.9.2021).
264 Thomas Pfeiffer, Hauptverband der Papier, Pappe und Kunststoff verarbeitenden Industrie, an Herrn Rempe, BMWi, 23.10.1992, BArch Berlin, B 102/700746, unfol.
265 W. Baaden, Verband Deutscher Keramik- und Feinsteinzeug-Fabriken, an Reg.Dir. [Regierungsdirektor] Jürgen Kraetsch, 26.10.1992, ebd.
266 Notiz Plessing, BMWi, betr. Schreiben des Gesamtverbandes der Deutschen Maschen-Industrie vom 18.1.1993, 28.1.1993, BArch Berlin, B 102/700747, unfol.

Mülana, für das die Treuhandanstalt offenbar einen Neubau errichten wollte. Dagegen protestierten die umliegenden ehemaligen Treuhandunternehmen,[267] die sich dadurch in ihrer Marktposition benachteiligt sahen. Für ihr Anliegen konnten sie die zuständige Industrie- und Handelskammer sowie den Gesamtverband der Deutschen Maschen-Industrie mit Sitz in Stuttgart gewinnen. Deren Hauptgeschäftsführer war empört über die Vorgehensweise der Behörde: »Besonders pervers erscheint es mir, wenn die Treuhand [...] billigend in Kauf nimmt, dass nicht nur etablierte Anbieter, sondern insbesondere erst vor kurzem privatisierte bzw. reprivatisierte Treuhandunternehmen in ihrer Existenz« gefährdet werden.[268] Darüber hinaus beklagten sich, wie es in dem Zitat aufscheint, auch reprivatisierte Unternehmen, die sich gegenüber Treuhandbetrieben im Nachteil sahen, über Wettbewerbsverzerrungen.[269]

Internationale Aspekte der Privatisierungspolitik

Obwohl die Treuhandanstalt nur sechs Prozent der Unternehmen an ausländische Investoren verkaufte, war die Privatisierungspolitik von internationalen Rahmenbedingungen und Verflechtungen in einem weitaus größeren Maße beeinflusst, als bisher angenommen.[270] Anfang der 1990er-Jahre zeichneten sich die Grenzen nationaler Wirtschaftspolitiken immer mehr ab, denn die zunehmende Europäisierung und Globalisierung prägten die nunmehr gesamtdeutsche Wirtschaft. Dabei erhielt die Europäische Gemeinschaft (EG) bzw. ab 1993 die Europäische Union (EU)

---

267 Vgl. Helmut Petersein, geschäftsführender Gesellschafter der noble mode Strickwaren GmbH Mühlhausen, an Herrn Schröder, THA, 9.12.1992, ebd.
268 Peter F. Giernoth, Hauptgeschäftsführer des Gesamtverbandes der Deutschen Maschen-Industrie, an Konrad Neundörfer, Hauptgeschäftsführer des Gesamtverbandes der Textilindustrie, 23.11.1992, ebd.
269 Peter Hamann, Sport- und Freizeitbekleidung Meerane, an Bundeskanzler Helmut Kohl, 1.2.1993, BArch Berlin, B 102/700750, unfol.
270 Vgl. dazu demnächst die Einzelstudie von Keith R. Allen im Rahmen des IfZ-Treuhandprojekts.

eine zentrale Aufgabe, etwa bei der Festlegung von Absatzkontingenten und bei der Kontrolle und Genehmigung von Beihilfen oder Subventionszahlungen. Das wirkte sich vor allem auf die Privatisierung der Werften- und Stahlindustrie, aber auch der chemischen Industrie in Ostdeutschland aus. Außerdem spielten internationale Akteure eine wichtige Rolle bei der Privatisierung ostdeutscher Betriebe, etwa als Berater, Kapitalgeber und Investoren.

Für einzelne ostdeutsche Regionen und Branchen konnten Beihilfezahlungen in Brüssel beantragt werden.[271] Die Finanzierung erfolgte vor allem aus dem Europäischen Fonds für regionale Entwicklung (EFRE).[272] Die finanzielle Größenordnung war auch für die Zeit nach dem offiziellen Ende der Treuhandanstalt beachtlich: Das Bundesfinanzministerium ging davon aus, dass aus dem EU-Strukturfonds in der zweiten Hälfte der 1990er-Jahre nochmals 18,6 Milliarden ECU (European Currency Unit) nach Deutschland fließen würden.[273] Dabei hatte sich aber rasch abgezeichnet, dass die von der Bundesregierung in Brüssel beantragten Mittel den Herausforderungen nicht ganz gerecht wurden, vor denen die ostdeutschen Länderchefs standen. Das betraf auch die Zweckbindung der EFRE-Mittel an die Bund-Länder-Gemeinschaftsaufgabe. Deshalb hatte der sächsische Ministerpräsident Biedenkopf versucht, EU-Mittel nachträglich über Landesprogramme abzuwickeln. Er wollte auf diese Weise »dringende Maßnahmen« zur Erneuerung der regionalen Infrastruktur sowie zum Strukturwandel finanzieren, die bislang nicht »förderfähig« waren.[274] Dem Vorstoß Biedenkopfs wurden im Bundesfinanzministerium jedoch kaum Chancen auf Erfolg eingeräumt.

---

271 Vgl. dazu den Beitrag von Keith R. Allen im vorliegenden Band.
272 Im Gegenzug hatte die Europäische Kommission Bonn dazu gedrängt, die Zonenrandförderung Ende 1994 zu beenden. Vgl. Astrid M. Eckert: Zonenrandgebiet. Westdeutschland und der Eiserne Vorhang, Berlin 2022, S. 111.
273 Dr. Funkschmidt, BMWi, Vermerk vom 17.1.1994, BArch Berlin, B 102/702766, unfol.
274 Biedenkopf an Bruce Millan, EU-Kommissar für Regionalpolitik und Kohäsion, 21.12.1993, ebd.

Die Bundesregierung unterschätzte die Folgen ihrer vollmundigen Ankündigung, in den ostdeutschen Bundesländern würden rasch blühende Landschaften entstehen, nicht nur im Inland, sondern auch im Ausland. Die gewagte Prognose erwies sich sogar als Bumerang für Verhandlungen in Brüssel. Wettbewerbskommissar Karel Van Miert lehnte eine Verlängerung der Ende 1995 auslaufenden Sonderregelungen für Ostdeutschland ab und verwies auf die optimistische Gesamteinschätzung der Bonner Regierung Anfang der 1990er-Jahre. Damals sei die Kommission bereit gewesen, einen größeren Spielraum zu gewähren. Doch aus Bonn habe man stets »von den erfolgreichen Fortschritten des Wiederaufbaus« gehört.[275] Daher habe die Kommission den Eindruck gewonnen, dass die »unnormale Situation nach 1989 nun einer Normalität, wie sie auch in anderen Mitgliedstaaten bestehe, gewichen sei«. Er zeigte sich zwar erschrocken über die Wirtschaftsdaten, die ihm der BvS-Sonderbeauftragte Klaus von Dohnanyi vorgelegt hatte, und zog die Förderbedürftigkeit ostdeutscher Industrieunternehmen grundsätzlich nicht in Zweifel. Die beschriebene Lage stehe aber – so Van Miert – »im krassen Widerspruch zu dem öffentlichen Eindruck, der über die wirtschaftliche Entwicklung Ostdeutschlands [...] auch in die Hauptstädte der Mitgliedstaaten vermittelt werde«. Seiner Einschätzung nach würden sich insbesondere die südeuropäischen Mitgliedstaaten dem deutschen Begehren widersetzen. Der Gesprächsvermerk macht deutlich: Die Bundesregierung war Gefangene ihrer eigenen Kommunikationspolitik geworden!

Der ökonomische Umbruch in Ostdeutschland war von einer »doppelten Transformation«[276] geprägt, in der sich einigungsbedingte Probleme und globale Veränderungen des Wirtschafts- und Finanzsystems überla-

---

275 Dr. Klaus von Dohnanyi, BvS-Sonderbeauftragter Markt & Staat, Vermerk über ein Gespräch mit den EU-Kommissaren Karel Van Miert und Martin Bangemann sowie Botschafter Dietrich von Kyaw in Brüssel am 12.9.1995, o. D., BArch Berlin, B 102/724226, unfol.
276 Heinrich Best/Everhard Holtmann: Die langen Wege der deutschen Einigung. Aufbruch mit vielen Unbekannten, in: dies. (Hg.): Aufbruch der entsicherten Gesellschaft. Deutschland nach der Wiedervereinigung, Frankfurt am Main/New York 2012, S. 9–39, hier S. 11.

gerten und gegenseitig verschärften. Die Einführung der Marktwirtschaft erfolgte in Ostdeutschland nicht nur nach westdeutschem Vorbild, sondern auch unter den Bedingungen einer weltweit immer stärker vernetzten Wirtschaft, die ihrerseits den Westen unter Reformdruck setzte. Die Vorstellung einer nachholenden Modernisierung in den ostdeutschen Bundesländern nach 1990 greift insofern zu kurz, als sich die Bundesrepublik als Zielgröße in dieser Zeit selbst veränderte. Die zunehmende Finanzierung über internationale Finanz- und Kapitalmärkte und der Einstieg ausländischer Investoren bedeuteten langfristig das Ende der »Deutschland AG«.[277] Die vielfältigen Verflechtungen zwischen großen Aktiengesellschaften der Industrie, Banken und Versicherungen, die die Wirtschaftsstrukturen in Westdeutschland jahrzehntelang geprägt und feindliche Übernahmen verhindert hatten, begannen sich langsam aufzulösen.[278]

Der Übergang von der Plan- zur Marktwirtschaft erfolgte nach dem Ende der kommunistischen Herrschaft nicht nur in Ostdeutschland, sondern in ganz Osteuropa.[279] Dabei sind unterschiedliche Entwicklungspfade und Geschwindigkeiten zu beobachten. Eine vergleichende Perspektive kann den Blick schärfen, um sowohl Unterschiede als auch Gemeinsamkeiten herauszuarbeiten.[280] In der Forschung kursiert die These, dass die

---

277 Hartmut Berghoff betont die Kontinuität der westdeutschen Spielart des koordinierten Kapitalismus und die Angleichung an das angelsächsische Modell. Vgl. Hartmut Berghoff: Die 1990er Jahre als Epochenschwelle? Der Umbau der Deutschland AG zwischen Traditionsbruch und Kontinuitätswahrung, in: Historische Zeitschrift 308 (2019), S. 364–400, hier S. 398.
278 Im Energiesektor und bei der Braunkohle war das Bundeswirtschaftsministerium offenbar gegen eine Beteiligung ausländischer Investoren und verfolgte »das Konzept des closed shop«. Tagebuch Klaus Schucht, Eintrag zum 11.6.1991, BArch Koblenz, N 1585, Bd. 11, Bl. 97f. Mit diesem protektionistischen Kurs konnte sich das Ministerium aber nicht gegen Bundeskanzler Kohl durchsetzen.
279 Einflussreich in der Bewertung: Ivan Krastev/Stephen Holmes: Das Licht, das erlosch. Eine Abrechnung, Berlin 2019.
280 Vgl. dazu demnächst die Studie von Eva Schäffler zur Tschechoslowakei bzw. Tschechischen Republik im Rahmen des IfZ-Treuhandprojekts. Vgl. zu Polen Florian Peters: Vom »Polenmarkt« zum Millionär? Der Markt als Erfahrungsraum und Ordnungsmodell der Transformationszeit in Polen, in: Dierk Hoffmann/Ulf Brunnbauer (Hg.): Transformation als soziale Praxis. Mitteleuropa seit den 1970er Jahren, Berlin 2020, S. 108–124.

DDR-Wirtschaft der »radikalsten Schocktherapie im postkommunistischen Europa unterzogen« worden sei.[281] Vieles deutet aber darauf hin, dass es sich bei den ostdeutschen Bundesländern um einen Sonderfall handelte. Die sozioökonomische Transformation fand nur in einem Teil des wiedervereinigten Deutschland statt, und zwar unter Bedingungen offener Grenzen. Deshalb waren einige Maßnahmen ausgeschlossen, die anderen ostmitteleuropäischen Staaten zur Verfügung standen, um den wirtschaftlichen Niedergang aufzuhalten: die Abwertung der Landeswährung und handelspolitischer Protektionismus. Die finanziellen und sozialen Kosten der wirtschaftlichen Neuordnung in Ostdeutschland konnten zu einem beträchtlichen Teil vom westdeutschen Wohlfahrtsstaat aufgefangen werden, was bis heute als Transferzahlungen verbucht wird. Insgesamt überwogen in den ostdeutschen Bundesländern die Vorteile einer stabilen, sofort verfügbaren Rechtsordnung, einer sich schnell verbessernden Infrastruktur[282] und von finanziell vergleichsweise umfangreichen Fördermöglichkeiten.

Strukturwandel und Verlusterfahrungen in Ostdeutschland

Die eigentliche Herkulesaufgabe, vor der die Treuhandanstalt 1990 stand, war nicht so sehr die Privatisierung der ehemaligen volkseigenen Betriebe, sondern vielmehr der damit einhergehende Strukturwandel in Ostdeutschland. Auf die strukturpolitische Bedeutung der sogenannten industriellen Kerne für die wirtschaftliche Entwicklung in den ostdeutschen Bundesländern in den 1990er-Jahren ist bereits hingewiesen worden. Da für die SED-Führung die Garantie der Vollbeschäftigung stets oberste Priorität genossen hatte (»Recht auf Arbeit«), war eine Anpassung der DDR-Wirtschaft an den weltweiten Strukturwandel in der Ära Honecker kaum erfolgt. Das zeigte sich nicht nur im Hochtechnologie-

---

281 Ther: Die neue Ordnung auf dem Kontinent (wie Anm. 233), S. 94.
282 Vgl. Andreas Wirsching: Der Preis der Freiheit. Geschichte Europas in unserer Zeit, München 2012, S. 71.

sektor, etwa bei der Massenherstellung von Mikrochips. Außerdem war die Planwirtschaft immer planloser geworden: So hatte Ost-Berlin Ende der 1970er-Jahre eine Energiewende mit langfristig fatalen ökonomischen und ökologischen Folgen vollzogen (Rückkehr zur Braunkohle), um über den Export von Mineralölprodukten (aus sowjetischem Erdöl) dringend benötigte Devisen zu bekommen und dadurch die Außenhandelsbilanz ausgleichen zu können. Ende der 1980er-Jahre hatte die DDR-Wirtschaft gegenüber der Bundesrepublik einen Modernisierungsrückstand von ungefähr zehn Jahren.[283] Der verschlafene Strukturwandel[284] lastete wiederum als schwere Hypothek auf den ostdeutschen Betrieben, wie sich nach dem Mauerfall 1989 zeigte. Denn nun musste der Preis dafür gezahlt werden, dass sich die Staats- und Parteiführung der DDR in den 1970er- und 1980er-Jahren standhaft geweigert hatte, auf den Veränderungsdruck zu reagieren, der vom globalen Strukturwandel ausging. Da einige Vorstandsmitglieder und Manager der Treuhandanstalt über Privatisierungs- und Sanierungserfahrungen aus den 1970er- und 1980er-Jahren verfügten, überrascht es nicht, dass der Strukturwandel in Ostdeutschland nach westdeutschem Vorbild erfolgte.[285]

Die nach dem Mauerfall einsetzende und durch die Öffnung zu den Weltmärkten ausgelöste ökonomische Transformation Ostdeutschlands vollzog sich in nur wenigen Jahren.[286] Nur zum Vergleich: Der Strukturwandel im westdeutschen Ruhrgebiet setzte mit der Talfahrt der Kohle Ende der 1950er-Jahre ein und fand erst Ende 2018 seinen vorläufigen

---

[283] Vgl. Ralf Ahrens/André Steiner: Wirtschaftskrisen, Strukturwandel und internationale Verflechtung, in: Frank Bösch (Hg.): Geteilte Geschichte. Ost- und Westdeutschland 1970–2000, Bonn 2015, S. 79–115, hier S. 92.
[284] André Steiner kennzeichnet die 1980er-Jahre treffend als eine Periode, die in der DDR von wirtschaftlichem und politischem »Strukturkonservativismus« geprägt gewesen sei. Vgl. Steiner: Abschied von der Industrie? (wie Anm. 123), S. 43.
[285] Vgl. Veit Damm: »Keine Wende«? Finanzhilfen für ostdeutsche Betriebe und Kontinuitäten der Subventions- und Strukturpolitik in der »Ära Kohl« nach 1989, in: Jahrbuch für Wirtschaftsgeschichte 58 (2017) 2, S. 513–536, hier S. 515.
[286] Vgl. zum Folgenden Hoffmann: Im Hochgeschwindigkeitszug durch den Strukturwandel (wie Anm. 120), S. 52f.

Abschluss. Damit fallen zunächst einmal die sehr unterschiedlichen Geschwindigkeiten der Veränderungsprozesse in Ost und West ins Auge, sodass sich für die ostdeutschen Bundesländer eher Nordengland und nicht Westdeutschland als Vergleichsregion anbietet.[287] Ein Resultat des Strukturwandels in Ostdeutschlands war die Veränderung der Beschäftigtenzahlen in den einzelnen Wirtschaftsbranchen, die teilweise dramatisch einbrachen. In der Land- und Forstwirtschaft lag der Beschäftigungsgrad Ende 1994 nur noch bei 27 Prozent des Niveaus von Ende 1989. Im Bergbau- und Energiesektor war er auf 36 Prozent gesunken, in der Metall- und Elektroindustrie sowie im verarbeitenden Gewerbe auf 49 bzw. 55 Prozent. Deutliche Zuwachsraten verzeichneten dagegen die Bauwirtschaft (115 Prozent) sowie Banken und Versicherungen (266 Prozent).[288]

Die offizielle Arbeitslosenstatistik wies für Ostdeutschland 1991 im Jahresdurchschnitt eine Quote von 10,2 Prozent auf, die deutlich über dem Wert in den westlichen Bundesländern lag (6,2 Prozent) und in den folgenden Jahren weiter ansteigen sollte (1994: 15,7 Prozent).[289] In dem Zusammenhang fallen drei Besonderheiten auf: Erstens lag die Unterbeschäftigung durch Kurzarbeit, Vorruhestand, Arbeitsbeschaffungsmaßnahmen und Umschulung de facto sehr viel höher, teilweise um zehn Prozent über der offiziellen Arbeitslosenquote. Zweitens waren Frauen sehr viel stärker von Arbeitslosigkeit betroffen als Männer. Das galt insbesondere für die Textilindustrie, wo der Anteil weiblicher Beschäftigung traditionell sehr hoch war. Drittens zeigten sich deutliche regionale Unterschiede, wie etwa in Sachsen: Während im Arbeitsamtsbezirk Dresden die

---

287 Vgl. Lutz Raphael: Jenseits von Kohle und Stahl. Eine Gesellschaftsgeschichte Westeuropas nach dem Boom, Berlin 2019, S. 327 f. u. 425.
288 Zu den Zahlen Günther Schmid/Frank Oschmiansky: Arbeitsmarktpolitik und Arbeitslosenversicherung, in: Gerhard A. Ritter (Hg.): Geschichte der Sozialpolitik in Deutschland seit 1945, Bd. 11: Bundesrepublik Deutschland 1989–1994. Sozialpolitik im Zeichen der Vereinigung, Baden-Baden 2007, S. 435–489, hier S. 451.
289 Vgl. Dietmar Hobler/Svenja Pfahl/Lisa Schubert: Arbeitslosenquoten 1991–2019 (WSI-Genderdatenportal 2020), S. 5, https://docplayer.org/202445652-Wsi-gender datenportal-bearbeitung-dietmar-hobler-svenja-pfahl-lisa-schubert.html (Zugriff am 19.6.2022).

Erwerbslosenrate 1991 im Jahresdurchschnitt bei 7,9 Prozent lag, betrug sie im Arbeitsamtsbezirk Oschatz 11,0 Prozent.[290]

Die Erfahrung von Massenarbeitslosigkeit, die viele Ostdeutsche nach 1990 machen mussten, erzeugte nicht nur neue soziale Ungleichheiten, sondern prägte auch nachhaltig die politischen und kulturellen Einstellungen vieler Menschen in den ostdeutschen Bundesländern. Mit den Betriebsschließungen gingen nicht nur sicher geglaubte Arbeitsplätze verloren. Es verschwand auch die betriebszentrierte sozialistische Arbeitswelt, die für die Bevölkerung bis zum Mauerfall 1989 eine Rundumversorgung mit Polikliniken, Kitas und Ferienheimen bis hin zu Feierabendheimen und Kulturhäusern bereitgehalten hatte. Damit veränderten sich einerseits die Arbeitswelten[291] und die daran gekoppelten tradierten Familien- und Frauenbilder. Andererseits zeigte sich bereits Anfang der 1990er-Jahre, dass die durch das SED-Regime garantierte sozialistische Arbeitswelt die Erwartungshaltungen großer Teile der ostdeutschen Bevölkerung langfristig geprägt hatte. So wurde das in der DDR-Verfassung garantierte Recht auf Arbeit auch von Bürgerrechtlern aufgegriffen und gelangte Anfang März 1990 in die Sozialcharta des Runden Tisches. Allem Anschein nach favorisierten viele Ostdeutsche einen starken, das heißt fürsorgenden Staat, der die Ausgestaltung der sozialen Lebenswirklichkeit eben nicht den Tarifparteien oder den Marktkräften überließ. Die wirtschaftliche Talfahrt in den ostdeutschen Bundesländern und die anhaltende Massenarbeitslosigkeit in den 1990er-Jahren haben diese Grundhaltung noch einmal verfestigt. In der alten Bundesrepublik war diese Forderung jedoch nicht mehrheitsfähig, auch wenn sie bei den Verhandlungen zum Staatsvertrag über die deutsche Einheit von Teilen der politischen Linke übernommen worden war.[292]

---

290 Vgl. Landesarbeitsamt Sachsen, Jahreszahlen 1991 (Statistische Mitteilungen), S. 20.
291 Vgl. dazu Wolfgang Engler: Von der arbeiterlichen Gesellschaft zur Marktwirtschaft. Der Umbruch der Arbeitswelt im Osten, in: Martin Sabrow/Alexander Koch (Hg.): Experiment Einheit. Zeithistorische Essays, Göttingen 2015, S. 75–93.
292 Vgl. Stellungnahme des Parteirats der SPD vom 26.6.1990 zum Zweiten Staatsvertrag, in: Ilse Fischer (Hg.): Die Einheit sozial gestalten. Dokumente aus den Akten der SPD-Führung 1989/90, Bonn 2009, S. 358f., hier S. 359.

Neben dem Verlust des Arbeitsplatzes und dem Verschwinden der sozialistischen Arbeitswelt gab es für viele Ostdeutsche aber noch eine weitere Verlusterfahrung, die im Vergleich insbesondere zur westdeutschen Kohle- und Stahlindustrie deutlich zutage tritt: Im Ruhrgebiet hatte sich nämlich über Jahrzehnte eine Kommunikationsstrategie herausbilden können, die offenbar für viele Betroffene glaubhaft und authentisch war. Als am 21. Dezember 2018 offiziell die letzte Zeche in Bottrop geschlossen wurde, waren unter anderen Bundespräsident Frank-Walter Steinmeier und der nordrhein-westfälische Ministerpräsident Armin Laschet (CDU) anwesend. In seiner Ansprache erklärte Laschet nicht nur, dass das Bundesland dem »schwarzen Gold« viel zu verdanken habe, er betonte auch, dass das Zeitalter der Kohle eine »Erfolgsgeschichte« gewesen sei.[293] Am Vorabend hatte noch ein ökumenischer Gottesdienst im Essener Dom stattgefunden. Die dabei medial ausgestrahlten Bilder, die eine kulturell eingeübte Praxis des Abschiednehmens von einer Industriebranche dokumentierten, sucht man in Ostdeutschland nach 1990 vergebens. Das hängt nicht nur mit dem rasanten Tempo des Strukturwandels östlich der Elbe zusammen, sondern auch mit der Gleichzeitigkeit der politischen Umwälzungen. Die Legitimation der politischen Akteure der alten Ordnung – insbesondere der SED, der Blockparteien und der Massenorganisationen – war in der friedlichen Revolution mehrheitlich infrage gestellt worden. Diese hätten den sozioökonomischen Strukturwandel nicht mehr glaubhaft begleiten können. Und die Institutionen der neuen Ordnung befanden sich im Aufbau und verfügten noch nicht über den dafür nötigen Vertrauensvorschuss. Die Lage wurde zusätzlich noch verschärft durch die über vier Jahrzehnte weit fortgeschrittene Entkirchlichung und das gleichzeitige Fehlen fester zivilgesellschaftlicher Strukturen. Das alles könnte eine Erklärung dafür sein, dass wir es im Zusammenhang mit dem Strukturwandel in Ostdeutschland auch mit einem Verlust kultureller Identität zu tun haben, der sich in den

---

293 Ende einer Ära: Schlussakt für den Steinkohlebergbau in Deutschland, in: Zeit-Online vom 21.12.2018, www.zeit.de/news/2018-12/21/schlussakt-fuer-den-steinkohlebergbau-in-deutschland-181220-99-304792 (Zugriff am 24.9.2021).

öffentlichen Debatten zu den Jahrestagen der deutschen Einheit und mit zunehmendem zeitlichen Abstand zu den Umbrüchen der 1990er-Jahre immer stärker bemerkbar macht.

Soziale Proteste und Kommunikationsstrategien

Der Protest, der sich in Ostdeutschland gegen die Privatisierungspolitik der Treuhandanstalt Ende 1990 zu formieren begann, nahm im Frühjahr 1991 an Stärke und Intensität weiter zu. Vor den Werktoren vieler Betriebe, deren Zukunft ungewiss war, demonstrierten Beschäftigte für den Erhalt ihrer Arbeitsplätze. Die Protestbewegung, die von Gewerkschaftsfunktionären und Betriebsräten unterstützt wurde, folgte zwar ähnlichen Mustern, war aber dezentral und im lokalen Raum organisiert. Zu den materiellen Sorgen der Menschen stellte sich auch noch ein Zustand kollektiver Desillusionierung ein. So erklärte der Leipziger Superintendent Friedrich Magirius: Nachdem die »erste Begeisterung, am westlichen Wohlstand teilhaben zu können«, verflogen sei, kehre nun »eine schlimme Ernüchterung« ein.[294] Die brandenburgische Arbeitsministerin Regine Hildebrandt (SPD) brachte die toxische Stimmungslage in der Bevölkerung prägnant auf den Punkt: »Wenn das so weitergeht, fliegt hier bald der Deckel hoch.« Pressemeldungen über eine gestiegene Selbstmordrate in der Stadt und im Kreis Potsdam bzw. eine wachsende Anzahl von Anrufen bei der Telefonseelsorge in Berlin unterstrichen die Ausweglosigkeit, in der sich offenbar einige Ostdeutsche befanden.[295]

Neben spontanen Arbeitsniederlegungen und Betriebsbesetzungen bildeten sich im Sommer 1992 sogenannte Komitees für Gerechtigkeit, zunächst in Dresden und Berlin. Während in der Elbmetropole angeb-

---

294 »Hier fliegt bald der Deckel hoch«. Kommunen und Betriebe, Gesundheitswesen und Landwirtschaft – kaum ein Bereich der ehemaligen DDR, der nicht vor dem Ruin steht, in: Stern vom 28.2.1991.
295 Ebd.

lich 400 Menschen an der Gründungsversammlung des ersten lokalen Komitees teilnahmen, trafen sich im Ost-Berliner Bezirk Marzahn etwa 60 Teilnehmer, die sich mit einem Aufruf an die Bevölkerung des Bezirks wandten.[296] Zu den Initiatoren gehörten Vertreter von PDS und Bündnis 90, aber auch der CDU. Ziel sei die Schaffung einer »breiten Bürgerbewegung«, die sich über öffentliche Veranstaltungen »ein Mandat in der Kommunalpolitik verschaffen« sollte. Beide Komitees verstanden sich ausdrücklich als parteiunabhängige Bürgerbewegungen. Presseberichten zufolge hatten auch Geistliche und Vertreter von Bürgerinitiativen an den Auftaktveranstaltungen teilgenommen. Nach Angaben der Initiatoren war das öffentliche Echo enorm: Aus mehreren ost- und westdeutschen Städten und Gemeinden seien Anfragen gekommen; Einzelpersonen, Arbeitslosenverbände und Bürgerinitiativen hätten ihre Unterstützung zugesagt. Daraufhin zog Peter-Michael Diestel (CDU), der zu den Gründungsvätern der Komitees zählte, sogar die Bildung einer eigenständigen Partei in Erwägung.[297] Die Komitees boten offenbar einen Raum zur Artikulation ganz unterschiedlicher politischer Interessen, die insbesondere die PDS nutzen konnte, um sich als ostdeutsche Protest- und Interessenpartei zu profilieren.[298] Dennoch waren die Ziele der SED-Nachfolgepartei mit denen der locker organisierten Komitees keineswegs deckungsgleich:

---

296 Vgl. Erste Komitees in Dresden und Berlin. Ost-Sammlungsbewegung kommt ins Laufen, in: Neues Deutschland vom 20.7.1992. In anderen Zeitungsberichten wird die Teilnehmerzahl der Dresdner Veranstaltung nur mit 200 angegeben. Vgl. Frust lag in der Luft. Gerechtigkeitskomitee in Dresden konstituiert, in: Neue Zeit vom 20.7.1992.
297 Vgl. Erste Komitees in Dresden und Berlin. Ost-Sammlungsbewegung kommt ins laufen, in: Neues Deutschland vom 20.7.1992. Andere ostdeutsche CDU-Mandatsträger gingen dagegen auf Distanz zu den Komitees, so z.B. der Fraktionsvorsitzende im sächsischen Landtag, Karl-Heinz Binus, und der Präsident des sächsischen Landtags, Erich Iltgen. Vgl. Der Landtag – Denkfabrik oder nur Abstimmungsmaschine?, in: Sächsische Zeitung vom 16.7.1992. Auf ihrem Bundesparteitag im Oktober 1992 beschloss die CDU schließlich, dass die Mitarbeit in den »Komitees für Gerechtigkeit« unvereinbar mit der Mitgliedschaft in der Partei sei. Vgl. Thorsten Holzhauser: Die »Nachfolgepartei«. Die Integration der PDS in das politische System der Bundesrepublik Deutschland, Berlin/Boston 2019, S. 103.
298 Vgl. Holzhauser: Die »Nachfolgepartei« (wie Anm. 297), S. 101–105. Holzhauser betont allerdings einseitig die Instrumentalisierung der Protestbewegung durch die PDS und unterschätzt die Heterogenität und relative Eigenständigkeit der Komitees.

Im Mittelpunkt von deren Forderungen standen zwar Fragen der sozialen Gerechtigkeit (Arbeitslosigkeit, Löhne, Renten und Mieten). Darüber hinaus wurden aber auch Vorschläge zur inneren Sicherheit artikuliert. Es sei ein Fehler gewesen, so wurde ein Teilnehmer der konstituierenden Sitzung in Dresden zitiert, die »Stasi-IMs zu enttarnen, [...], hätte man die gelassen, gebe es jetzt fünfzig Prozent weniger Kriminalität«. Teile der Komitees zeigten sich tendenziell ausländerfeindlich (»Probleme der Ausländer«)[299] und skeptisch gegenüber der repräsentativen Demokratie (»Man könne sich selbst regieren«). Die Gründung der Komitees löste im Vorstand der Treuhandanstalt, aber auch in den westdeutschen CDU-Verbänden »große Unsicherheit und Erregung« aus.[300]

Die Tätigkeit der Treuhandanstalt wurde von Anfang an von einer unglücklich erscheinenden Kommunikationspolitik begleitet, die angesichts der Größe der Privatisierungsaufgabe und der Vielzahl der Arbeitsfelder einer Sisyphusarbeit glich. Das begann zweifellos im Herbst 1990, als Präsident Rohwedder in der Öffentlichkeit etwas vorschnell die Bilanzsumme des volkseigenen Vermögens präsentierte. Mit dem Stimmungswechsel in der ostdeutschen Öffentlichkeit Anfang 1991 stand die Behörde immer öfter mit dem Rücken zur Wand. Der Alltag der Menschen entsprach nicht den Versprechen der politischen Akteure (»blühende Landschaften«). Im Kreuzfeuer der Kritik stand schnell die Treuhandanstalt, die als Blitzableiter für die Politik diente. Das machte es nahezu unmöglich, eine für die Öffentlichkeit überzeugende Sprachregelung für die Dynamik und Folgen des Transformationsprozesses zu finden. Dennoch blieb es nicht aus, dass

---

299 Die hier zu beobachtende Xenophobie, die aber schon im Sommer 1990 in Ostdeutschland latent vorhanden war, entlud sich erstmals im September 1991 in Hoyerswerda. Vgl. Christoph Wowtscherk: Was wird, wenn die Zeitbombe hochgeht? Eine sozialgeschichtliche Analyse der fremdenfeindlichen Ausschreitungen in Hoyerswerda im September 1991, Göttingen 2014. Es folgten weitere fremdenfeindliche Ausschreitungen in Rostock-Lichtenhagen im August 1992, aber auch in den westdeutschen Bundesländern (Mordanschläge in Mölln und Solingen im November 1992 bzw. Mai 1993).
300 Tagebuch Klaus Schucht, Eintrag zum 14.7.1992, BArch Koblenz, N 1585, Bd. 17, Bl. 710. Nach Angaben von Schucht sah Birgit Breuel nun keine Möglichkeit mehr, Liquidationen oder Stilllegungen »in größerem Stil« durchzusetzen.

leitende Mitarbeiter darüber hinaus in das ein oder andere Fettnäpfchen tappten. So erklärte der Treuhand-Verwaltungsdirektor den Umzug der Behördenzentrale vom Alexanderplatz in das einstige Reichsluftfahrtministerium mit den Worten: »Mich stört das Dritte Reich in diesem Zusammenhang überhaupt nicht.«[301] Hermann Görings früheres Ministerium, so schwärmte er, »eigne sich ganz hervorragend für die Zwecke der Treuhand«. Zu der mangelnden Sensibilität gegenüber der nationalsozialistischen Geschichte des Gebäudes kam auch noch die Unkenntnis der DDR-Geschichte hinzu, denn der Vorplatz des neuen Standorts war ein zentraler Ort des Volksaufstandes am 17. Juni 1953 gewesen. Das für Bergbau zuständige Vorstandsmitglied Klaus Schucht hatte wiederum keine Bedenken, sich den Braunkohletagebau bei Senftenberg nur von oben aus einem Hubschrauber zeigen zu lassen, um damit die Vorurteile über die Abgehobenheit mancher Treuhandmanager ungewollt zu bestätigen.[302] Doch auch westdeutsche Politiker zeigten kein Fingerspitzengefühl beim Umgang mit ostdeutschen Befindlichkeiten. Der Staatssekretär im Bundesfinanzministerium Horst Köhler (CDU), der im Verwaltungsrat der Treuhandanstalt saß, kommentierte die Stilllegung unrentabler Betriebe wenig feinfühlig: »Es muss gestorben werden.«[303]

Während es der Treuhandspitze nicht gelang, eine überzeugende und kohärente Kommunikationsstrategie nach außen hin zu entwickeln, versuchte sie frühzeitig, ihre Mitarbeiterinnen und Mitarbeiter auf die Schwierigkeiten und Risiken der Privatisierungspolitik einzustimmen. In einem internen Rundbrief räumte Birgit Breuel unumwunden ein:

---

301 Große und kleine Geschäfte in froher Stimmung. Wegen Platzmangels zieht die Treuhand ins einstige Reichsluftfahrt-Ministerium um, in: Frankfurter Rundschau vom 18.2.1991.
302 Tagebuch Klaus Schucht, Eintrag zum 17.6.1991, BArch Koblenz, N 1585, Bd. 12, Bl. 114.
303 Peter Christ: Zum Sündenbock gestempelt. Detlev Karsten Rohwedder und die Treuhand – eine Bilanz, in: Die Zeit vom 5.4.1991.

»Wir können gar nicht alles richtig machen, wir können nur versuchen, unseren Weg schrittweise zu finden.«[304] Sie appellierte an die Treuhandmitarbeiter, jeden Einzelfall »so sorgfältig wie möglich zu prüfen – in menschlichen, sozialen und in wirtschaftlichen Belangen«. Darüber hinaus entwickelte der Personalvorstand eine Sprachregelung für die Zusammenarbeit mit Bundesbehörden, Landesregierungen, Bildungsträgern und Treuhandunternehmen. Die Behörde werde Fortbildungs- und Umschulungsmaßnahmen in Gang setzen und unterstützen, könne aber die dazu getroffenen Maßnahmen »nicht selbst tragen oder finanzieren«.[305] Die Treuhandanstalt konnte dennoch nicht verhindern, dass sie in beschäftigungs- und sozialpolitischen Fragen in einem sehr viel stärkeren Maße Verantwortung zugewiesen bekam, als ihr lieb war. Die Umsetzung der Sozialpläne und ABM-Maßnahmen war letztlich ein Aushandlungsprozess mit anderen politischen und gesellschaftlichen Akteuren auf Landes-, Kreis- und Kommunalebene.

Falls es jemals eine stringente Krisenbewältigungsstrategie gegeben haben sollte, so schien sie mit der Schließung des Kalibergwerks in Bischofferode, das zu DDR-Zeiten nach der Leitfigur des frühneuzeitlichen Bauernkrieges Thomas Müntzer benannt worden war, und dem dortigen Hungerstreik der Kalikumpel 1993 endgültig gescheitert zu sein.[306] Die Auseinandersetzung um das Ende der Kaligewinnung in Bischofferode gilt als Höhe- und Wendepunkt der Protestwelle in Ostdeutschland,[307] die danach an öffentlicher Aufmerksamkeit rasch verlor. Alle an der Privatisierung der Kaligrube beteiligten Akteure – von der Treuhandanstalt und der Bundesregierung bis hin zur thüringischen Landesregierung und

---

304 Anlage zum Rundbrief von Birgit Breuel vom 8.8.1991 an alle Treuhandmitarbeiter (»Machen wir wirklich alles richtig?«), BArch Berlin, B 412/9383, unfol.
305 Sprachregelung des THA-Personalvorstands vom 27.5.1991, BArch Berlin, B 412/9384, unfol.
306 Zu den bereits bekannten öffentlichen Debatten Böick: Die Treuhand (wie Anm. 9), S. 459–462; Großbölting: Wiedervereinigungsgesellschaft (wie Anm. 15), S. 403–407.
307 Vgl. dazu Detlev Brunner: Mitbestimmung und Protest. Ostdeutschland in der Transformationsphase der 1990er Jahre, in: Hoffmann/Brunnbauer (Hg.): Transformation als soziale Praxis (wie Anm. 280), S. 93–107, hier S. 101–103.

den Gewerkschaften – waren von der Wucht der öffentlichen Proteste und dem großen medialen Interesse komplett überrascht. Auf ein solches Szenario hatte sich niemand zuvor eingestellt. In der Bundes- und in der thüringischen Landeshauptstadt setzte hektisches Treiben ein, das der Öffentlichkeit nicht verborgen blieb. Die Treuhandanstalt sah sich an den Pranger gestellt, was auch auf die intransparente Verhandlungsführung des zuständigen Vorstandsmitglieds Schucht zurückzuführen war. Dieser strebte eine länderübergreifende Fusionslösung für den Kalibergbau (in Sachsen-Anhalt, Thüringen, Niedersachsen und Hessen) an, der sich zu diesem Zeitpunkt aufgrund weltweiter Überkapazitäten in einer schweren Krise befand. Nachdem die betroffenen Bergleute angekündigt hatten, die von der Schließung betroffene Grube zu besetzen, rechnete Schucht damit, dass sich die Landesregierung mit den Kumpeln solidarisieren würde.[308] Ministerpräsident Bernhard Vogel (CDU), der eine einseitige Belastung Thüringens beim Arbeitsplatzabbau befürchtete, konnte sich im Verwaltungsrat der Treuhand mit seinem Vorschlag nicht durchsetzen, die Privatisierungsentscheidung vorerst zu vertagen. Als Einziger stimmte er im Verwaltungsrat gegen die eingereichte Beschlussvorlage, die das Ende für den Kaliabbau in Bischofferode bedeutete.[309]

An dieser Stelle können nicht alle Ebenen dieses umstrittenen und komplizierten Privatisierungsfalls durchleuchtet werden.[310] Festzuhalten bleibt: Bischofferode stellt bis heute nicht nur einen hochgradig kontaminierten Erinnerungsort des ostdeutschen Strukturwandels dar, sondern zeigt auch die selektive Wahrnehmung sozioökonomischer Prozesse in der Medienöffentlichkeit. Das öffentlich skandierte Verdikt »Bischofferode ist überall« scheint bis heute zutreffend und überzeugend zu sein, denn das Werk steht stellvertretend für die Schließung von etwa 4000 Treuhand-

---

308 Tagebuch Klaus Schucht, Eintrag zum 15.12.1992, BArch Koblenz, N 1585, Bd. 18, Bl. 846.
309 Protokoll der 36. Sitzung des Verwaltungsrats am 23.4.1993, BArch Berlin, B 412/9036, Bl. 335–351, hier Bl. 341. Zum Ablauf der Sitzung Tagebuch Klaus Schucht, Eintrag zum 23.4.1993, BArch Koblenz, N 1585, Bd. 19, Bl. 913f.
310 Dazu bereitet Christian Rau im Rahmen des IfZ-Treuhandprojekts eine quellengesättigte Studie vor.

unternehmen. Doch bei näherer Betrachtung fallen einige Unterschiede auf. Um die hochexplosive Stimmung in der thüringischen Kaliregion zu beruhigen, waren die politischen Akteure in Bonn, Berlin und Erfurt bereit, Zugeständnisse bei den Sozialplänen und bei der Regionalförderung zur Ansiedlung neuer Arbeitsplätze zu machen. Darüber hinaus erhielten andere Treuhandunternehmen wie etwa in der Textilindustrie sehr viel weniger Aufmerksamkeit. Diese gerieten erst in jüngster Zeit wieder etwas stärker in den Fokus des öffentlichen Interesses.[311]

Die Kritik an der Treuhandanstalt riss 1993 nicht ab. Kurz vor dem Hungerstreik in Bischofferode hatten staatsanwaltschaftliche Ermittlungen, die sich gegen einzelne Mitarbeiter der Ende September 1992 geschlossenen Treuhandniederlassung in Halle richteten, den Verdacht der Korruption erhärtet und damit einen weiteren Skandal ausgelöst. Daraufhin drängte die SPD-Bundestagsfraktion im Juni 1993 auf die Einsetzung eines parlamentarischen Untersuchungsausschusses, der die Privatisierungspolitik der Treuhandanstalt kritisch unter die Lupe nehmen sollte. Mit den Stimmen der sozialdemokratischen Opposition wurde im Bundestag am 30. September der Treuhand-Untersuchungsausschuss eingesetzt, der einen Monat später seine Arbeit aufnahm. Eile war geboten, denn die Legislaturperiode endete bereits ein Jahr später. Während der Ausschuss Akteneinsicht in einzelne Privatisierungsfälle erhielt, lehnten Vertreter der Treuhandanstalt und der Bundesregierung die Forderung des Ausschussvorsitzenden Otto Schily (SPD) ab, die Protokolle des Verwaltungsrats bereitzustellen. Sie erklärten, dass die Protokolle der Geheimhaltung unterlägen und Teil des »Kernbereich[s] exekutiver Verantwortung« seien.[312] Der Vorsitzende des Verwaltungsrats, Manfred Lennings, argumentierte wiederum, dass »die Vertreter der Gewerkschaften und die Vertreter der Unternehmensseite, die diesen komplizierten

---

311 Vgl. das umfangreiche Datenprojekt des MDR, das jedoch nicht alle Treuhandbetriebe erfasst: Warum die Treuhand das Land spaltet, https://www.treuhand-mythos.de (Zugriff am 29.9.2021).
312 Protokoll der 44. Verwaltungsratssitzung am 21.1.1994, BArch Berlin, B 412/9037, Bl. 466–491, hier Bl. 481f.

Meinungsbildungsprozess [im Verwaltungsrat] im Wesentlichen gestaltet haben, ein Anrecht darauf haben, geschützt zu werden«.[313] Ein von der Bundesregierung dazu in Auftrag gegebenes Rechtsgutachten warf die Frage auf, ob es möglicherweise eine »Versöhnung durch Geheimhaltung« geben könne.[314] Dahinter stand die Idee, zwischen den beiden konträren Positionen doch noch vermitteln zu können: Die Mitglieder des Untersuchungsausschusses – so der Vorschlag – sollten Einblick in die Verwaltungsratsprotokolle nehmen können und sich gleichzeitig zur Verschwiegenheit in der Öffentlichkeit verpflichten. Das Gutachten verwarf allerdings diese Überlegung, da der Kompromissvorschlag aus Sicht des Gutachters einer juristischen Prüfung nicht standhielt. In der als Frage formulierten These verdichtete sich letztlich die Kommunikationsstrategie der Bundesregierung und der Treuhandanstalt: Denn dahinter stand die Hoffnung, einer Spaltung der Gesellschaft vorzubeugen, indem das Thema unterhalb des Radarschirms der Öffentlichkeit gehalten wurde. Diese Rechnung ging bekanntlich nicht auf.

Zum Aufbau des Bandes

Vor dem Hintergrund aktueller Debatten über unbewältigte ostdeutsche Transformationserfahrungen, die für die Erfolge der AfD verantwortlich gemacht werden, widmet sich der Beitrag von *Christian Rau* den betrieblichen Protesten Anfang der 1990er-Jahre, die bislang vorwiegend als frühe ostdeutsche Reaktionen auf die Privatisierungspolitik der Treuhandanstalt wahrgenommen werden. Jenseits von nachträglichen Erfolgs- oder Verlustnarrativen stellt Rau die Protestaktivitäten ostdeutscher Belegschaften in den Kontext einer verschränkten und offen Protest- und

---

313 Beratungsprotokoll zur 24. Sitzung des 2. Untersuchungsausschusses »Treuhandanstalt« am 3.3.1994, Parlamentarchiv des Deutschen Bundestags, Bestand 3328, UA 12/2, Bl. 15.
314 Prof. Dr. G. F. Schuppert, Die Rechtsstellung der Treuhandanstalt im Verfahren parlamentarischer Untersuchungsausschüsse. Rechts- und verwaltungswissenschaftliches Gutachten, 24.1.1994, BArch Berlin, B 412/3215, Teil 1, Bl. 225–234, hier Bl. 231f.

Transformationsgeschichte Deutschlands. Die Proteste werden dabei als Mittel der politischen Kommunikation und Kontaktzonen sowie Projektionsflächen der durch die Wiedervereinigung zutiefst verunsicherten gesamtdeutschen Transformationsgesellschaft in den Blick genommen. Dabei wird deutlich, wie offen sich ostdeutsche Betriebsräte auch für Bündnisse mit radikalen Gruppen zeigten, wie fragil sich ost-westdeutsche Bündnisse aber letztlich gestalteten und an welchen internen Konflikten die Bündnisse scheiterten. Deutlich wird außerdem die besondere Rolle der durch das Ende des real existierenden Sozialismus verunsicherten politischen Linken für die Dynamik der Proteste, aber auch für die behördeninterne Lesart, in der Aktivitäten rechtsextremer Gruppen im Umfeld der Proteste marginalisiert wurden – mit langfristig fatalen Folgen.

Der Treuhandanstalt wurde wiederholt vorgeworfen, dass sie mit ihrer Privatisierungspolitik eine weitreichende Deindustrialisierung Ostdeutschlands verursacht habe. Darüber hinaus wird das immer noch bestehende ökonomische Gefälle zwischen den ost- und westdeutschen Bundesländern mit der Tätigkeit der Behörde in Verbindung gebracht. Dabei gerät die Bundesanstalt für vereinigungsbedingte Sonderaufgaben (BvS) – die Nachfolgerin der Ende 1994 aufgelösten Treuhandanstalt – oft aus dem Blick. Die Besonderheiten der ostdeutschen Wirtschaftsstruktur vor 1989 werden in dem Zusammenhang ebenso wenig berücksichtigt wie die dramatischen Folgen der Währungsunion und der Globalisierungsdruck, der von den internationalen Märkten ausging. *Wolf-Rüdiger Knoll* untersucht den Strukturwandel und die industrielle Entwicklung in Brandenburg zwischen 1970 und 2020. Auf diese Weise können Voraussetzungen, Rahmenbedingungen sowie Folgen der Privatisierungspolitik der Treuhandanstalt am Beispiel eines ostdeutschen Bundeslandes dargestellt und kontextualisiert werden. Der Beitrag geht auch auf die Versuche der Landesregierung ein, eine eigenständige Struktur- und Wirtschaftspolitik als Reaktion auf die wirtschaftlichen Umbrüche zu betreiben. Darüber hinaus wird anhand einzelner Fallbeispiele die Nachhaltigkeit der Privatisierungsentscheidungen bis in die jüngste Zeit diskutiert.

Keith R. Allen analysiert in seinem Beitrag die konkreten Bestrebungen der politischen Akteure in Deutschland, die ostdeutsche Schiffbau- und Stahlindustrie mithilfe von massiv subventionierten Betriebsverkäufen neu zu strukturieren. Dabei wird der vielschichtige Prozess zur Reorganisation einiger weniger Unternehmen, die zu den größten Industriebetrieben Ostdeutschlands gehörten, in eine westeuropäische Perspektive eingebettet. In der staatlichen Subventionierung ostdeutscher Unternehmen lassen sich wie in einem Brennglas die Ziele und Interessen nicht nur der Bundesregierung und Landesregierungen erkennen, sondern auch der Mitgliedstaaten der Europäischen Gemeinschaft bzw. ab 1993 der Europäischen Union. Die notwendige grenzüberschreitende Aushandlung der industriellen Zukunft Ostdeutschlands hatte zur Folge, dass die getroffenen Entscheidungen über Unternehmen an der damaligen Ostgrenze der EG den im Entstehen begriffenen europäischen Binnenmarkt direkt betrafen.

Im Mittelpunkt des Beitrags von *Eva Schäffler* stehen Privatisierungskonzepte und -wege aus einer deutsch-tschechischen Perspektive. Dabei liegt der Fokus erstens auf der Wahrnehmung der *anderen* Privatisierung. Es wird folglich danach gefragt, wie viel Aufmerksamkeit dem Privatisierungsprozess im jeweiligen Nachbarland geschenkt wurde – sowohl auf politischer, wissenschaftlicher als auch auf medialer Ebene. Anschließend geht es um die Frage, ob und inwieweit (west- und ost-)deutsche Beobachter und Entscheidungsträger den tschechischen Fall als positives oder negatives Beispiel herangezogen haben und vice versa. Der Beitrag stellt zweitens die in Ostdeutschland nicht realisierte Ausgabe von Anteilscheinen der in Tschechien verwirklichten Kuponprivatisierung gegenüber. Dabei geraten nicht nur die unterschiedlichen Privatisierungskonzepte in den Blick, sondern auch die diskursiven Verhandlungen über die in beiden Ländern eingeschlagenen Wege. Mit Blick auf die Tschechische Republik werden außerdem die Ergebnisse der Kuponprivatisierung und die dabei aufgetretenen Schwierigkeiten erläutert.

Andreas Malycha untersucht umstrittene Personalentscheidungen in der Treuhandanstalt, für die sich insbesondere Detlev Rohwedder und Birgit Breuel öffentlich rechtfertigen mussten. Dies betraf vor allem Personen, die bis 1989 Leitungspositionen in der DDR-Zentralverwaltungswirtschaft oder in SED-Führungsgremien eingenommen hatten und die von der Treuhandanstalt übernommen wurden. In der Öffentlichkeit kursierte rasch der Vorwurf, die Behörde sei in personeller Hinsicht von ehemaligen SED-Kadern unterwandert. Hinzu kam der Verdacht, in den Treuhandunternehmen seien »alte Seilschaften« aus Ostdeutschland eine unheilige Allianz mit »neuen Seilschaften« aus Westdeutschland eingegangen. Die Untersuchung derartiger Vorwürfe lag im ureigenen Interesse der Treuhandspitze und band personelle Ressourcen, die dem eigentlich notwendigen Controlling der Privatisierungspraxis in den Unternehmensbereichen bzw. der Revision entzogen wurden. Zu Entlassungen von ehemaligen Leitungskadern aus DDR-Ministerien ist es in einem größeren Umfang nicht gekommen. Einzelne Mitarbeiter, die als politisch belastet eingestuft wurden, schieden jedoch bis spätestens Ende 1992 aus der Treuhandanstalt aus oder wechselten in ausgegliederte Tochtergesellschaften. Obwohl interne Ermittlungen einen signifikanten ökonomischen Schaden nicht feststellen konnten, prägten diesbezügliche Vorwürfe noch lange Zeit das Image der Treuhandanstalt.

Abschließend thematisiert *Rainer Karlsch* die juristischen Grenzen der Privatisierungspolitik und geht der Frage nach, wo für die Zeitgenossen legales Handeln endete. Mit seinem Beitrag betritt er wissenschaftliches Neuland, denn die Zeit- und Wirtschaftshistoriker haben sich bisher kaum mit dem Phänomen der Wirtschaftskriminalität beschäftigt.[315] In der öffentlichen Erinnerung an die Transformation Ostdeutschlands Anfang der 1990er-Jahre spielt dieses Thema aber eine herausragende Rolle. Schon frühzeitig verfestigte sich nämlich der Eindruck, bei vielen Einzelprivatisierungen sei nicht alles mit rechten Dingen zugegangen. Die Vorwürfe reichten von Unterwertverkäufen, Bilanzmanipulationen, Immobilienspekulationen über Begünstigung von dubiosen Investoren, überhöhte Honorare für Liquidatoren bis hin zu Preisabsprachen. Darüber hinaus thematisiert der Beitrag die sogenannte Vereinigungskriminalität, unter die insbesondere die Aktivitäten einzelner DDR-Außenhandels-

---

315 Eine Ausnahme bildet der Sammelband: Hartmut Berghoff/Cornelia Rauh/Thomas Welskopp (Hg.): Tatort Unternehmen. Zur Geschichte der Wirtschaftskriminalität im 20. und 21. Jahrhundert, Berlin 2016.

betriebe sowie der Betrug mit Transferrubel fielen. Die Treuhandanstalt reagierte auf den öffentlichen Druck und richtete ein internes Kontrollgremium (Stabsstelle Besondere Aufgaben) ein, das mit der Aufgabe aber überfordert war. Obwohl nur einzelne Treuhandmitarbeiter wegen Vorteilsnahme oder Bestechlichkeit verurteilt wurden und die nachweisbaren Schäden geringer waren als vielfach vermutet, hatte das öffentliche Ansehen der Treuhandanstalt rasch Schaden genommen. Darüber hinaus vergrößerte sich langfristig die in Ostdeutschland weitverbreitete Skepsis gegenüber dem Rechtsstaat und den staatlichen Institutionen.

Christian Rau
Transformation von unten. Zur Gesellschaftsgeschichte der ostdeutschen Belegschaftsproteste 1989–1994

2019 fanden in Brandenburg, Sachsen und Thüringen Landtagswahlen statt, deren Ergebnisse republikweit für Entsetzen sorgten. Besonders die hohen Zustimmungswerte für die rechtskonservative bis rechtsextreme Alternative für Deutschland (AfD) hinterließen ihre tiefblauen Spuren auf den statistischen Wahlkarten und ließen einmal mehr die Frage aufkommen, warum der »Osten« anders als der »Westen« tickt. Auch das Thüringer Eichsfeld, als katholische Enklave bislang stets eine Bastion der Christlich Demokratischen Union (CDU), konnte sich diesem Trend nicht mehr entziehen. Das gilt selbst für die 2000-Seelen-Gemeinde Bischofferode, in der neben der CDU auch die Linkspartei lange Zeit stark verankert war. Diese Eichsfelder Sonderentwicklung geht zurück auf den Hungerstreik der Kalikumpel von 1993, der einst massiv durch die Partei des Demokratischen Sozialismus (PDS) als Vorgängerin der Linkspartei unterstützt worden war. In Bischofferode nahm auch die Karriere des seit 2014 amtierenden linken Thüringer Ministerpräsidenten Bodo Ramelow einen ihrer Ausgänge. Noch heute halten die Protestakteure von 1993 der Linkspartei und Bodo Ramelow eisern die Stange.[1] Dennoch verhinderte

---

1 Vgl. Armin Coerper/Michael Haselrieder/Anne Herzlieb: Nach der Wahl in Thüringen – Kampf um die Deutungshoheit, ZDF, Frontal 21 vom 29.10.2019; Thüringer Politiker Werner Henning. Dieser CDU-Landrat liebäugelt mit der Linken, in: Spiegel online vom 31.10.2019, https://www.spiegel.de/politik/deutschland/thueringen-cdu-landrat-werner-henning-fuer-koalition-mit-linken-a-1294238.html (Zugriff am 5.7.2021).

dies nicht, dass die AfD auch in Bischofferode erfolgreich Fuß gefasst hat und dass selbst zahlreiche Anhänger Ramelows ihr Kreuz bei der AfD gemacht haben. Dabei legten lokale AfD-Politiker gezielt den Finger in die noch immer nicht geheilte Wunde ostdeutscher Transformationserfahrungen, um auf die noch gewaltigeren Bedrohungen hinzudeuten, die den Ostdeutschen durch den Druck der Globalisierung noch bevorstünden. Durch den Erfolg der AfD erfuhr auch der Hungerstreik von 1993 eine erinnerungskulturelle Umdeutung in der Medienöffentlichkeit: Er erschien nun zuweilen gar als »Vorläufer« der gegenwärtigen »Wut auf den ostdeutschen Straßen«.[2]

1. Von Helden zur Herausforderung der Demokratie: Neue Perspektiven auf die ostdeutsche Protestgeschichte

Bereits seit einigen Jahren instrumentalisieren rechte Gruppen ostdeutsche Transformationserfahrungen für ihre politischen Zwecke und mobilisieren damit zum Protest – mit einigem Erfolg. 2014 versammelten sich Tausende Ostdeutsche erneut hinter dem Protestslogan »Wir sind das Volk«, mit dem DDR-Oppositionelle und Bürgerbewegte im Herbst 1989 einst den Anfang vom Ende der Diktatur der Sozialistischen Einheitspartei Deutschlands (SED) eingeläutet hatten. Angeführt wurden die Proteste nun jedoch vom rechten Bündnis Pegida (»Patriotische Europäer gegen die Islamisierung des Abendlandes«), das sich in Reaktion auf die »Flüchtlingskrise« in Dresden gebildet hatte. Seine Träger knüpften dabei selbst an eine lange Tradition rechter bzw. rechtsextremer Vereinnahmungen der Leipziger Montagsdemonstrationen an, die sich bis ins ostdeutsche

---

2 Henry Bernhard: »Wutbürger« im Osten Deutschlands. Vom Verdruss an der Demokratie, in: Deutschlandfunk online vom 2.1.2019, https://www.deutschlandfunk.de/wutbuerger-im-osten-deutschlands-vom-verdruss-an-der.724.de.html?dram:article_id=437277 (Zugriff am 5.7.2021).

Umbruchjahr 1990 zurückverfolgen lässt,[3] ersetzten die einst martialischen Aufmärsche gewaltbereiter Schläger jedoch durch friedliche Stadtspaziergänge. Unverkennbar zeigt sich darin der Einfluss (westdeutscher) neurechter Protestkonzepte, die auf eine Mischung aus militantem und bürgerlich-biederem Auftreten setzen, das auch wohlsituierte Mittelständler[4] sowie »einfache« Angestellte und Produktionsarbeiter anzieht. Letztere verbindet, dass sie sich als Teil der »mittleren Mitte« der Gesellschaft verstehen, sich aber zunehmend von der prosperierenden Mehrheitsgesellschaft abgehängt fühlen und ihnen die Gefahr des sozialen Abstiegs (unabhängig von der jeweils konkreten ökonomischen Lage) immer allgegenwärtiger erscheint.[5]

Es scheint naheliegend, dass die AfD, nachdem sie bereits mit ihrem Rechtsschwenk 2017 an die erinnerungskulturelle Vorfeldarbeit von Pegida und deren Narrativ vom »nachgeholten Widerstand« angeschlossen und bald schon die Treuhand als weitere Projektionsfläche für ihre politischen Vorstellungen entdeckt hatte,[6] auch aus den heute vielfach vergessenen und gleichsam mit dem Label der Ausgrenzung versehenen

---

3   Vgl. Sabine Volk: »Wir sind das Volk«. Representative Claim-Making and Populist Style in the PEGIDA Movement's Discourse, in: German Politics 29 (2020), S. 599–616, hier S. 607 f.; Dieter Rink: Die Montagsdemonstration als Protestparadigma. Ihre Entwicklung von 1991 bis 2016 untersucht am Beispiel der Leipziger Protestzyklen, in: Priska Daphi/Nicole Deitelhoff/Dieter Rucht/Simon Teune (Hg.): Protest in Bewegung? Zum Wandel von Bedingungen, Formen und Effekten politischen Protests (= Leviathan, Sonderband 33 [2017]), Baden-Baden 2017, S. 282–305.
4   Vgl. Philip Becher/Christian Bergass/Josef Kraft: Der Aufstand des Abendlandes. AfD, PEGIDA & Co.: Vom Salon auf die Straße, Köln 2015, S. 71.
5   Vgl. Klaus Dörre: Marsch durch die Betriebe? Rechtspopulistische Orientierungen in der Arbeitswelt, in: INDES 2018 (4), S. 124–135.
6   Vgl. Jan Sternberg: AfD nennt Treuhand die »Wurzel allen Übels« in Ostdeutschland, in: Märkische Allgemeine Zeitung vom 1.5.2019, https://www.maz-online.de/Nachrichten/Politik/AfD-nennt-Treuhand-die-Wurzel-allen-Uebels-in-Ostdeutschland (Zugriff am 10.1.2020); Die DDR-Wende und die AfD. Wem gehört die Friedliche Revolution?, in: Deutschlandfunk vom 6.11.2019, https://www.deutschlandfunk.de/die-ddr-wende-und-die-afd-wem-gehoert-die-friedliche.691.de.html?dram:article_id=462754 (Zugriff am 21.12.2020).

ostdeutschen Belegschaftsprotesten der Treuhandjahre[7] Mobilisierungspotenzial zieht. Schließlich drückte sich bereits hier der bis heute nicht eingelöst erscheinende »Anspruch« der Ostdeutschen aus, »nicht als Deutsche ›zweiter Klasse‹ behandelt zu werden«.[8] In diesem Sinne dienen die Belegschaftsproteste der frühen 1990er-Jahre auch in der zeithistorischen Forschung vor allem als Gegenbeleg zum Erfolgsnarrativ der Wiedervereinigung. So schreibt der ostdeutsche Wirtschaftshistoriker Jörg Roesler schon seit Jahren gegen dieses Narrativ an und verweist dabei auf die zahllosen betrieblichen Proteste in Ostdeutschland. In diesen sieht er ein heroisches Scheitern des basisdemokratischen Widerstands gegen die »neoliberale« und parlamentarisch unzureichend kontrollierte Treuhand und sieht hierin auch eine Erklärung für den gegenwärtigen Erfolg der AfD in Ostdeutschland. Einen weiteren Faktor hierfür sieht Roesler in der »Ein- und Unterordnung der ostdeutschen unter die westdeutschen Gewerkschaften«.[9]

Das starre Täter-Opfer- bzw. West-Ost-Bild ist zwar durch jüngere Arbeiten von Detlef Pollack sowie erste lokalhistorische Tiefenbohrun-

---

7 Erste, auf Zeitungsanalysen beruhende Schätzungen gehen davon aus, dass es in den Jahren der Treuhand mindestens einmal wöchentlich zu einer Protestaktion ostdeutscher Belegschaften kam. Vgl. Dietmar Dathe: Streiks und soziale Proteste in Ostdeutschland 1990–1994. Eine Zeitungsrecherche, Berlin 2018.
8 Detlev Brunner: Auf dem Weg zur »inneren Einheit«? Transformation und Protest in den 1990er-Jahren, in: Marcus Böick/Constantin Goschler/Ralph Jessen (Hg.): Jahrbuch Deutsche Einheit 2020, Berlin 2020, S. 169–186, hier S. 170.
9 Jörg Roesler: Die Treuhand und die bundesdeutsche Demokratie. Defizite an demokratischer Kontrolle und Mitbestimmung im ostdeutschen Privatisierungsprozess, in: Ulla Plener (Hg.): Die Treuhand – der Widerstand in Betrieben der DDR – die Gewerkschaften (1990–1994). Tagung vom 2. April 2011 in Berlin. Beiträge und Dokumente, Berlin 2011, S. 31–39; Jörg Roesler: Mit oder gegen den Willen der Betriebsbelegschaften? Die Privatisierung in Polen und den neuen Bundesländern 1990 bis 1995 im Vergleich, in: Jahrbuch für Forschungen zur Geschichte der Arbeiterbewegung (2015) 2, S. 44–66; ders.: Vom ökonomischen zum politischen Schock. Was die Privatisierung der DDR-Wirtschaft mit den Wahlerfolgen der Rechtspopulisten zu tun hat, in: Neues Deutschland vom 15.1.2018, https://www.neues-deutschland.de/artikel/1076148.afd-in-ostdeutschland-vom-oekonomischen-zum-politischen-schock.html (Zugriff am 17.1.2020).

gen relativiert worden.[10] Dennoch kommen Studien, die sich mit den ostdeutschen Belegschaftsprotesten aus zeithistorischer Perspektive befassen, noch immer kaum über einen gewissen Treuhandzentrismus hinaus.[11] Andererseits haben die betrieblichen Proteste im Osten in Gesamtdarstellungen zur Protestgeschichte Deutschland bislang überhaupt keine Berücksichtigung gefunden. Die Gründe dafür lassen sich beispielhaft an einer jüngeren Gesamtdarstellung der Geschichte des Protests in Deutschland nach 1945 von Philipp Gassert aufzeigen. So ist die Studie noch immer in älteren zeitgeschichtlichen Erzählmustern verhaftet, wonach Westdeutschland als Normalfall einer »offenen Gesellschaft« erscheint, zu der »Straßenprotest als Kollektivphänomen« dazugehört, während Protest im SED-Staat einzig mit Widerstand gegen das SED-Regime assoziiert wird und die Untersuchung sich damit auf 1953 und 1989 konzentriert. Aus der Vielzahl der ostdeutschen Protestaktivitäten der 1990er-Jahre werden dagegen nur die rechtsradikalen Ausschreitungen als Teil einer gesamtdeutschen »Protestgeschichte der Gegenwart« wahrgenommen.[12] Die auf der Skala der Protestinhalte auf Platz zwei hinter den rechtsradikalen Ausschreitungen rangierenden arbeitsweltlichen Proteste (22 Prozent)[13] fallen aus diesem Rahmen heraus, zumal sich die westdeut-

---

10 Vgl. Detlef Pollack: Das unzufriedene Volk. Protest und Ressentiment in Ostdeutschland von der friedlichen Revolution bis heute, Bielefeld 2020; Till Goßmann: Proteste gegen die Treuhandanstalt am Beispiel der Aktivitäten zum Erhalt der Ilmenauer Glaswerke 1993–1994, in: Arbeit – Bewegung – Geschichte 19 (2020) 1, S. 26–41.
11 Vgl. Brunner: Auf dem Weg zur »inneren Einheit«? (wie Anm. 8); Marcus Böick: »Aufstand im Osten«? Sozialer und betrieblicher Protest gegen die Treuhandanstalt und Wirtschaftsumbau in den frühen 1990er-Jahren, in: Dieter Bingen/Piotr Antoniewicz (Hg.): Legitimation und Protest. Gesellschaftliche Unruhe in Polen, Ostdeutschland und anderen Transformationsländern nach 1989, Wiesbaden 2012, S. 167–185.
12 Philipp Gassert: Bewegte Gesellschaft. Deutsche Protestgeschichte seit 1945, Stuttgart 2018, S. 27.
13 Diese Erhebung gilt für die Jahre 1990 bis 1994, vgl. Susann Burchardt: Protestverhalten in Ost- und Westdeutschland im Vergleich, 1990 bis 1994, in: Dieter Rucht (Hg.): Protest in der Bundesrepublik. Strukturen und Entwicklungen, Frankfurt am Main 2001, S. 241–273, hier S. 260.

sche und westeuropäische Arbeitswelt der 1990er-Jahre geradezu durch eine »relative Ereignislosigkeit« auszeichnete.[14] Die häufig spontanen, lokal und zeitlich begrenzten Arbeitskämpfe im Osten erscheinen demgegenüber als vorübergehende Begleitphänomene der wirtschaftlichen Transformation.

Dieser Beitrag unternimmt den Versuch, die ostdeutschen Belegschaftsproteste in eine längerfristige und verschränkte Transformationsgeschichte Ost- und Westdeutschlands einzuordnen, die weit über den wirtschaftsgeschichtlichen Kontext hinausweist, indem sie besonders die gesellschaftlichen Wahrnehmungen und Nachwirkungen der Proteste in die Untersuchung einbezieht. Protest wird dabei als Form der politischen Einflussnahme betrachtet, bei der mittels Sprache, Praktiken und Symboliken auch gesellschaftliche Ordnungen verhandelt werden. Somit bedarf es zum einen eines Blicks »von unten«, und zwar in einem breiteren Sinne über die öffentlich artikulierten Einzelmotive der Protestakteure hinaus hin zu ihren Protestpraktiken und den ihnen zugrunde liegenden Demokratievorstellungen.[15] Eine solche Betrachtung kann aber nicht erst beim Mauerfall ansetzen. Sie muss vielmehr auch die Nachwirkungen und Transformationen betrieblicher Partizipationskulturen in der DDR und der Revolution von 1989 berücksichtigen, die den Ostdeutschen einen demokratischen Heldenstatus verlieh, den jene auch selbstbewusst mit eigenen Ansprüchen an die neue Demokratie verknüpften. Die Untersuchung dieser Prozesse muss zum anderen durch Blicke »von oben«

---

14 Lutz Raphael: Jenseits von Kohle und Stahl. Eine Gesellschaftsgeschichte Westeuropas nach dem Boom, Berlin 2019, S. 195.
15 Als Pionierarbeiten seien genannt Eric Hobsbawm: The Machine Breakers, in: Past & Present 1 (1952), S. 57–70; Edward P. Thompson: The Moral Economy of the English Crowd in the Eighteenth Century, in: Past & Present 50 (1971), S. 76–136. Als neuere Anwendungen dieser Forschungen auf die deutsche Geschichte nach 1945 inspirierend Thomas Lindenberger: »Gerechte Gewalt?« Der 17. Juni 1953 – ein weißer Fleck in der historischen Protestforschung, in: Henrik Bispinck/Jürgen Danyel/Hans-Hermann Hertle/Hermann Wentker (Hg.): Aufstände im Ostblock. Zur Krisengeschichte des realen Sozialismus, Berlin 2004, S. 113–128; Arne Hordt: Kumpel, Kohle und Krawall. Miners' Strike und Rheinhausen als Aufruhr in der Montanregion, Göttingen 2018.

erweitert werden. Denn die Protestierenden bewegten sich mit ihrer Protestkultur seit 1990 in einem demokratischen Handlungs- und Diskursraum, in den andere Vorstellungen von einer »gerechten« Ordnung und legitimem Widerstand eingeschrieben waren, um die in Parteien, Zivilgesellschaft, Verbänden und Medien jedoch auch trefflich gestritten wurde. Gerade die Massivität des Strukturbruchs im Osten beförderte auch im Westen Krisendiskurse und bewog insbesondere Akteure aus dem breiten und heterogenen Feld der politischen Linken dazu, die ostdeutschen Belegschaftsproteste als gedeutete Fortsetzungsgeschichte von 1989, als Reservoir der Enttäuschten und lebendiges Laboratorium der deutsch-deutschen Transformationsgesellschaft politisch zu nutzen. Eine zentrale Rolle spielten dabei vor allem westdeutsche radikale Linke und lokale Gewerkschaftsfunktionäre, die über langjährige (zum Teil gemeinsame, zum Teil voneinander abgegrenzte) Protesterfahrungen und entsprechende Infrastrukturen verfügten, denen eine dauerhafte Mobilisierung ostdeutscher Belegschaften aber letztlich nicht gelang. Dagegen konnte die PDS langfristig politisches Kapital aus den Protesten ziehen, indem sie sich Protestkulturen der westdeutschen Linken und der ostdeutschen Revolution von 1989 aneignete und sich zugleich als Hüterin ostdeutscher Besitzstände sowie plebiszitäres Korrektiv im System der repräsentativen Demokratie präsentierte. In diesem diskursiven Setting wandelte sich auch das Bild von den »Ostdeutschen« als Protestakteure. Aus demokratischen Helden wurden demokratische Herausforderungen.

Die Proteste lediglich als Reaktionen auf die eruptiven Umbrüche und Ausdruck des erfolglosen Ringens der Ostdeutschen um Anerkennung zu verstehen, greift damit zu kurz und vernachlässigt die Heterogenität und Dynamiken der Protest-Communities sowie die vielfältigen Diskurse und Erwartungen, die sich an die Proteste anlagerten. Selbstverständlich spielte die Treuhand als Akteur wie Referenzfläche eine wichtige mobilisierende Rolle. Allein ihre Existenz stand symbolhaft für die von vielen Zeitgenossen geteilte Ansicht, dass der Osten »krank« sei und einer »Heilung« bedurfte, was Debatten der Ostdeutschen über eine ungleichwertige Behandlung ihrer Erfahrungen, Wünsche und Interessen auflud und Protest evozierte. Zugleich standen die Proteste aber auch im Lichte eines längerfristigen Paradigmenwechsels: des (freilich keineswegs linearen) Durchbruchs der »neoliberalen Dienstleistungsgesellschaft« mit neuen »post-materiellen« Werthaltungen und einem sich verändernden Begriff von Staatlichkeit, weg von staatlichen Interventionen, hin zu mehr individuellem Engagement (inklusive aller damit verbundenen neuen sozialen Ungleichheiten).[16] Damit einher ging eine Abwertung linker Demokratiediskurse, welche die sozial-liberale Reformära der 1970er-Jahre geprägt hatten. Die seit 1982 amtierende konservativ-liberale Bundesregierung unter Helmut Kohl (CDU), wenngleich sie in der Praxis keinen grundlegenden Politikwechsel vollzog, hatte für die Demokratieexperimente der sozial-liberalen Ära dagegen wenig übrig und stellte stattdessen (wie bereits in den 1970er-Jahren) den Begriff der individuellen Freiheit ins Zentrum ihrer Demokratievorstellungen.[17] Dadurch aber gerieten die politischen Linken und ihre Demokratievorstellungen in die politische Defensive, die Neuorientierungen notwendig machte. Der Zusammenbruch des Sozialismus im Osten 1989 markierte schließlich den Verlust einer zentralen linken Referenzfläche.[18]

16 Vgl. Raphael: Jenseits von Kohle und Stahl (wie Anm. 14); Andreas Reckwitz: Das hybride Subjekt. Eine Theorie der Subjektkulturen von der bürgerlichen Moderne zur Postmoderne, Berlin 2006. Zeitdiagnostisch zum »Wertewandel« besonders Ronald Inglehart: Kultureller Umbruch. Wertewandel in der westlichen Welt, Frankfurt am Main/New York 1989. Aus zeithistorisch-kritischer Perspektive vgl. Bernhard Dietz/Christoph Neumaier/Andreas Rödder (Hg.): Gab es den Wertewandel? Neue Forschungen zum gesellschaftlich-kulturellen Wandel seit den 1960er Jahren, München 2014.
17 Vgl. Andreas Wirsching: Abschied vom Provisorium 1982–1990, München 2006; Dietmar Süß: En Route to a Post-Industrial Society? Western German Contemporary History Writing on the 1970s and 1980s, in: Contemporary European History 18 (2009), S. 521–529; Meik Woyke (Hg.): Wandel des Politischen. Die Bundesrepublik während der 1980er Jahre, Bonn 2013. Mit Blick auf Westeuropa ferner Knud Andresen/Stefan Müller (Hg.): Contesting Deregulation. Debates, Practices and Developments in the West since the 1970s, New York/Oxford 2017; Frank Bösch/Thomas Hertfelder/Gabriele Metzler (Hg.): Grenzen des Neoliberalismus. Der Wandel des Liberalismus im späten 20. Jahrhundert, Stuttgart 2018.
18 Vgl. William Outhwaite: What is Left after 1989?, in: George Lawson/Chris Armbruster/Michael Cox (Hg.): The Global 1989. Continuity and Change in World Politics, Cambridge 2010, S. 76–93.

Die These von »1989« als Höhepunkt einer längeren Sinnkrise der Linken wird bislang jedoch vorwiegend als westliche Diskursgeschichte betrachtet.[19] Dadurch aber geraten die Eigenlogiken und Rückkopplungseffekte der ostdeutschen und osteuropäischen Transformationen auf das politische Koordinatensystem des »Westens« aus dem Blickfeld, auf deren Relevanz Philipp Ther zuletzt aufmerksam gemacht hat.[20] So sahen besonders gewerkschaftliche, radikale und ehemalige SED-Linke die ostdeutschen Belegschaftsproteste als Fortsetzungsgeschichte der Revolution von 1989, die sich nun gegen einen enthemmten Kapitalismus zu richten schien und damit auch eine Chance auf einen linken Neubeginn verhieß. Ihren mit hohen Erwartungen gespickten Versuchen, über die betrieblichen Proteste neue Solidaritätsbeziehungen zu knüpfen, standen jedoch der Eigensinn der Betriebsräte, die sich zwar als politische Akteure, jedoch nicht als linke Aktivisten einer demokratischen Neuordnung begriffen, aber auch eigene Organisationsziele entgegen, die mal mehr, mal weniger mit jenem Eigensinn kompatibel waren. Zudem reagierten die staatlichen Behörden recht flexibel mit kurzfristigen politischen Zugeständnissen, die den Protesten oft die Dynamik entzogen und von Protestierenden durchaus als Erfolg ihres Protestes aufgefasst wurden. Die Reaktionen der Behörden verknüpften sich dabei auch mit einer weitverbreiteten Angst vor linkem Terrorismus, die mit einem historisch tiefsitzenden administrativen Antikommunismus einherging,[21] durch den zugleich parallele lokale Verankerungsversuche rechtsextremer Gruppen aus dem Blick gerieten, die heute eine noch viel größere Herausforderung für die liberale Demokratie sind.

19 Vgl. z.B. Sebastian Nawrat: Agenda 2010 – ein Überraschungscoup? Kontinuität und Wandel in den wirtschafts- und sozialpolitischen Programmdebatten der SPD seit 1982, Bonn 2012; Martin J. Bull: The Radical Left since 1989. Decline, Transformation, and Arrival, in: Eleni Braat/Pepijn Corduwener (Hg.): 1989 and the West. Western Europe since the End of the Cold War, London/New York 2020, S. 247–265.
20 Vgl. Philipp Ther: Die neue Ordnung auf dem alten Kontinent. Eine Geschichte des neoliberalen Europa, Berlin 2014.
21 Vgl. Stefan Creuzberger/Dierk Hoffmann (Hg.): »Geistige Gefahr« und »Immunisierung der Gesellschaft«. Antikommunismus und politische Kultur in der frühen Bundesrepublik, München 2014.

2. Demokratisierung und Realpolitik: Betriebliche Proteste im postrevolutionären Übergang

Zu den Ereignissen in der DDR zwischen Herbst 1989 und Herbst 1990 tobt noch immer ein Kampf um Begriffe und Deutungen, der heute – 30 Jahre später – noch einmal an Schärfe gewinnt. Zum bisherigen, kaum noch zu überblickenden Begriffskarussell von »Zerfall«, »Revolution« (mit verschiedenen vorangesetzten Adjektiven), »Refolution«, »Wende« und »Anschluss«[22] hat sich jüngst der Begriff »Übernahme« gesellt. Zuletzt beschrieb Ilko-Sascha Kowalczuk mit diesem Begriff eine kollektive ostdeutsche Erfahrung, die sich auf die gesamten 1990er-Jahre erstrecke und sich bis heute im weitverbreiteten Gefühl, »Bürger zweiter Klasse« zu sein, fortsetze.[23] Zu den Trägern dieser Erfahrungen zählt Kowalczuk besonders die »Arbeiter«, mit deren »Verschwinden« im Transformationsprozess er sich bereits in einem früheren Aufsatz beschäftigt hat. Dabei hielt er aber nicht nur westdeutschen Akteuren, sondern auch den ostdeutschen Oppositionsgruppen vor, bereits während der »Revolution« wesentlich zur »historischen Konturlosigkeit ›des‹ Arbeiters« beigetragen zu haben.[24]

Diese These mag zunächst einleuchten, gilt die ostdeutsche Revolution doch nicht gerade als Gemeinschaftswerk von Bürgerrechtlern und Bürgerrechtlerinnen und »Arbeiterklasse«.[25] Diese Perspektive übersieht

---

22 Zu diesen Begriffskämpfen vgl. Sigrid Koch-Baumgarten/Katharina Gajudukowa/Eckart Conze: »1989« – Systemkrise, Machtverfall des SED-Staates und das Aufbegehren der Zivilgesellschaft als demokratische Revolution, in: dies. (Hg.): Die demokratische Revolution 1989 in der DDR, Köln/Weimar/Wien 2009, S. 7–24; Konrad Jarausch: Kollaps des Kommunismus oder Aufbruch der Zivilgesellschaft? Zur Einordnung der friedlichen Revolution von 1989, in: ebd., S. 25–45.
23 Ilko-Sascha Kowalczuk: Die Übernahme. Wie Ostdeutschland Teil der Bundesrepublik wurde, München 2019.
24 Ders.: Revolution ohne Arbeiter? Die Ereignisse 1989/90, in: Peter Hübner (Hg.): Arbeit, Arbeiter und Technik in der DDR 1971 bis 1989. Zwischen Fordismus und digitaler Revolution, Bonn 2014, S. 539–610, hier S. 610.
25 Vgl. hierzu auch Charles S. Maier: Essay: Die ostdeutsche Revolution, in: Klaus-Dietmar Henke (Hg.): Revolution und Vereinigung 1989/90. Als in Deutschland die Realität die Phantasie überholte, München 2009, S. 552–575.

jedoch die vielfältigen betrieblichen Proteste, mit denen die Revolution nicht nur Einzug in den betrieblichen Alltag hielt und in deren Verlauf etliche SED-Funktionäre, Kampfgruppen und als korrupt bezichtigte Kombinatsdirektoren aus ihren bisherigen Wirkungsstätten getrieben wurden.[26] Zugleich richteten sich die Proteste an die Kräfte des Übergangs. Dabei verstanden die Belegschaften die Proteste auch als Mittel zur Kommunikation einer Industriepolitik gemäß ihren Interessen und Ordnungsvorstellungen. Mitte Dezember 1989 interviewte der *Spiegel* drei protestierende Brigademitglieder der Rostocker Neptunwerft, die dem Nachrichtenmagazin ihre Forderungen verdeutlichten:[27] Der auf den Konten der SED vermutete »Volkswohlstand« sollte gerecht verteilt werden, eine »echte« Leistungsgesellschaft sollte entstehen und »ausländisches Kapital« in die Betriebe strömen. Angst vor dem Kapitalismus hatten die Interviewten nicht. Vielmehr blickten sie sehnsüchtig auf die überlegene westdeutsche Technik, die sie als den ganzen Stolz der »Arbeiterklasse« wahrnahmen. Deren Übernahme, so die Überzeugung der Interviewten, ermögliche funktionierende betriebliche Abläufe, die nicht nur der ostdeutschen Wirtschaft zu einer neuen Blüte verhelfen, sondern auch den Belegschaften ihren »Arbeiterstolz«, ja ihren »Nationalstolz« zurückgeben würden.

Aus der rückschauenden Kenntnis des Verlaufs der ostdeutschen Transformation irritieren solche Vorstellungen, die viele ostdeutsche Arbeiter und Arbeiterinnen teilten[28] – ja sie wirken geradezu naiv. In der offenen Situation der Transformation aber bildeten sie einen von mehreren Modi der Kontingenzbewältigung. Gleichwohl verursachten die Worte der Rostocker auch aus damaliger westdeutscher Perspektive bereits Stirnrunzeln. Nicht nur sahen westdeutsche Arbeitnehmer und Arbeit-

---

26 Vgl. Bernd Gehrke: Die »Wende«-Streiks. Eine erste Skizze, in: ders./Renate Hürtgen (Hg.): Der betriebliche Aufbruch im Herbst 1989. Die unbekannte Seite der DDR-Revolution. Diskussion – Analysen – Dokumente, Berlin 2001, S. 247–270.
27 Die nachfolgenden Zitate in diesem Abschnitt beziehen sich auf »Der Klassenfeind kann kommen«, in: Rostocker Werftarbeiter über die DDR, den Westen und die Wiedervereinigung, in: Der Spiegel 51/1989 vom 18.12.1989.
28 Vgl. hierzu Gehrke: Die »Wende«-Streiks (wie Anm. 26), S. 269.

nehmerinnen und ihre Gewerkschaften dem technologischen Fortschritt schon lange nicht mehr so enthusiastisch entgegen wie ihre ostdeutschen Kolleginnen und Kollegen,[29] die noch immer dem (auch von der SED vertretenen) klassischen Fortschrittsnarrativ von technischer Innovation und Wohlstand aller »Werktätigen« anhingen. Mehr noch irritierte den Interviewer der überschwängliche »Nationalstolz« der Arbeiter. Als sich einer der Befragten zu dem Satz verstieg: »Ich bin stolz darauf, Deutscher zu sein«, was einerseits als Bejahung der Wiedervereinigung gemeint war, andererseits die Erwartung ausdrückte, dass die von Deutschen erwirtschafteten Werte in erster Linie auch Deutschen zukommen sollten, wies der Interviewer diesen mit der Bemerkung zurecht, dass man solche Aussagen in Westdeutschland eher von »Neonazis« gewohnt sei. Schon hier deuten sich Diskurskonflikte zwischen Ost- und Westdeutschland an, die vielfach bis heute nachwirken.

Die Vorstellung der Rostocker Brigademitglieder von einer sozialmoralischen Ordnung, in der der »Arbeiter« (und zwar vor allem der deutsche[30]) stolz auf seine Leistungen sein konnte, sollte in ihren Augen in erster Linie mithilfe des früheren »Klassenfeindes« gleicher Nation, jedoch nicht durch Protest realisiert werden. Im Streik der polnischen Gewerkschaft Solidarność 1980, der seinen Ausgang ebenso auf einer Werft genommen hatte, sahen die Rostocker dagegen kein leuchtendes Vorbild. Vielmehr sei es in Polen, so ihre Ansicht, um die Wirtschaft trotz Protest noch schlechter bestellt. »Arbeiter«, so die Interviewten, »sind eigentlich dazu da, Leistung zu bringen«, jedoch nicht, um zu streiken. Als letztes Mittel aber sollte ein Streik immer möglich sein. Streik war damit in den Augen der Rostocker lediglich eines von vielen politischen Kommunikationsmitteln zur Wiederherstellung einer imaginierten, von

---

29 Vgl. hierzu jüngst Gina Fuhrich: Humanisierung oder Rationalisierung? Arbeiter als Akteure im Bundesprogramm »Humanisierung des Arbeitslebens« bei der VW AG, Stuttgart 2020.
30 Vgl. z. B. Ulrich van der Heyden: Das gescheiterte Experiment. Vertragsarbeiter aus Mosambik in der DDR-Wirtschaft (1979–1990), Leipzig 2019; Birgit Neumann-Becker/Hans-Joachim Döring (Hg.): Für Respekt und Anerkennung. Die mosambikanischen Vertragsarbeiter und das schwierige Erbe aus der DDR, Halle (Saale) 2020.

der SED betrogenen Arbeitergesellschaft, die auf Leistung, selbst erwirtschaftetem Wohlstand und nationaler Solidarität gründete, nicht aber ein Medium, in dem sich die »Arbeiterklasse« als gesellschaftlich gestaltende Kraft konstituierte.

Die Ordnungs- und Protestvorstellungen der ostdeutschen Arbeiter und Arbeiterinnen bewegten sich ganz im Erfahrungsraum der »verbetrieblichten Gesellschaft« der DDR, in der die »Arbeiterklasse« den Maßstab allen politischen Handelns der hegemonial herrschenden SED dargestellt hatte.[31] Dabei konnte die Partei zu keiner Zeit im Namen der »Arbeiterklasse« durchregieren, ohne die Interessen der von ihr legitimatorisch überhöhten »Klasse« zu berücksichtigen. Das wurde ihr spätestens durch die Erfahrungen des blutig niedergeschlagenen Aufstands vom 17. Juni 1953 bewusst – ein Ereignis, das sich wie ein traumatischer Schleier über die Politik der SED legte. Seither gehörte die Angst vor einer Wiederholung von »1953« zum Kanon ihrer politischen Risikoabschätzung. Vor allem in der »Ära Honecker« (1971–1989) erlangten die Konsumbedürfnisse der »Arbeiter«, die sich zunehmend am wahrgenommenen westlichen Standard orientierten,[32] eine handlungsleitende Relevanz, weshalb die 1970er- und 1980er-Jahre in der Forschung in Anknüpfung an Konrad Jarausch häufig als »Fürsorgediktatur« bezeichnet werden. Dennoch stellte das Verhältnis von Wirtschafts- und Konsumpolitik bzw. Arbeitsnormen und -bedingungen auch im Realsozialismus weiterhin ein

---

31 Die nachfolgenden Aussagen in diesem Abschnitt beziehen sich, sofern nicht anderweitig nachgewiesen, auf Peter Hübner: Konsens, Konflikt und Kompromiß. Soziale Arbeiterinteressen und Sozialpolitik in der SBZ/DDR 1945–1970, Berlin 1995; Dorothee Wierling: Work, Workers and Politics in the German Democratic Republic, in: International Labor and Working-Class-History 50 (1996), S. 44–63; Jeffrey Kopstein: Chipping away at the State. Workers' Resistance and the Demise of East Germany, in: World Politics 48 (1996), S. 391–423; Sandrine Kott: Le communisme au quotidien. Les entreprises d'Etat dans la société est-allemande, Paris 2001; Christoph Kleßmann: Arbeiter im »Arbeiterstaat« DDR. Deutsche Traditionen, sowjetisches Modell, westdeutsches Magnetfeld (1945 bis 1971), Bonn 2007.
32 Vgl. Katherine Pence: Antipathy and Attraction to the West and Western Consumerism in the German Democratic Republic, in: Riccardo Bavaj/Martina Steber (Hg.): Germany and ›The West‹. The History of a Modern Concept, New York/Oxford 2015, S. 277–292.

stetiges betriebliches Konflikt- und Verhandlungsfeld dar, was Fach- und Produktionsarbeiterinnen und -arbeitern einen beträchtlichen Einfluss auf die realsozialistische Praxis sicherte. Dazu gehörten auch Drohungen mit Arbeitsniederlegung, die allerdings nach 1953 nur noch in wenigen Einzelfällen in die Realität umgesetzt wurden. Gleichwohl kam es in den Betrieben immer wieder zu »hidden labour conflicts«, in denen Arbeiter und Arbeiterinnen durch Arbeitsniederlegung oder Nichterscheinen den empfindlichen Planablauf zu stören und so Arbeitsnormen und Löhne in ihrem Sinne auszuhandeln vermochten. Dass sie es verstanden, der Wirtschaftspolitik der SED »von unten« Grenzen aufzuerlegen, trug freilich zum Untergang jenes Regimes bei, das ihnen Einfluss im Lokalen ermöglicht hatte.

Wer aber sollte die Interessen der Arbeiter und Arbeiterinnen künftig vertreten? Die SED/PDS wurde von weiten Teilen der ostdeutschen Belegschaften mit »Chaos« assoziiert, die ehemaligen »Blockparteien« sowie die aus den Bürgerrechtsbewegungen hervorgegangenen Parteien standen dagegen im Verdacht, einen industriefeindlichen Kurs einzuschlagen.[33] Und Letztere standen zudem den Forderungen vieler Belegschaften nach einer baldigen Wiedervereinigung ablehnend gegenüber. Lediglich im Herbst 1989 hatten sich zwischen Bürgerrechtlern, Friedens- wie Umweltbewegten und Belegschaftsvertretern partielle Bündnisse gebildet, die dem gemeinsamen Ziel verpflichtet waren, die Macht der alten Eliten zu brechen. Als dieses Ziel in den Betrieben erreicht war und konkrete Transformationsprobleme in den Fokus rückten, brachen diese Bündnisse häufig auseinander. Die Rostocker Brigademitglieder legten all ihre Hoffnungen dagegen in die Hände einer »starke[n] Gewerkschaft«, »weil die schließlich der einzige Interessenvertreter sein wird«. Diese Gewerkschaft musste freilich »'ne andere [...] als bisher« sein.[34]

---

33 Aktennotiz über ein Gespräch mit zwei Kollegen aus der DDR am 5. Januar 1990 im Bezirk Niedersachsen, o. D., Archiv für soziale Bewegungen, Bochum (AfsB), IG CPK, 257, unfol.

34 »Der Klassenfeind kann kommen«, in: Rostocker Werftarbeiter über die DDR, den Westen und die Wiedervereinigung, in: Der Spiegel 51/1989 vom 18.12.1989.

Der bis dahin als Transmissionsriemen der SED bis hinein in die Betriebe fungierende Freie Deutsche Gewerkschaftsbund (FDGB) musste sich, wollte er weiterbestehen, als Reformkraft präsentieren und zugleich gründlich mit seiner SED-Vergangenheit aufräumen. Ersteres gelang schnell, Letzteres misslang gründlich. Bereits zur ersten Sitzung des Runden Tisches am 7. Dezember 1989 gelang dem FDGB die Aufnahme in den Kreis der um eine reformierte DDR streitenden Gruppen. Dabei stellten die betrieblichen Proteste und die mancherorts sogar aufflammenden Diskussionen über einen Generalstreik, wie er Ende November 1989 in der ČSSR stattgefunden hatte, einen wichtigen Bezugspunkt dar. Denn die Oppositionsgruppen befürchteten, dass die »Arbeiter nicht nur die bisher bestehende Regierungsseite kaputt [stürmen], sondern [...] auch uns kaputt [machen]« würden.[35] Der FDGB sollte damit als Scharnier zwischen den Betrieben und dem Runden Tisch agieren, während er in den Betrieben zugleich massiv an Macht verlor. Dort bildeten sich vielerorts Betriebsräte in Abgrenzung zum FDGB heraus, die vom Runden Tisch allerdings nicht als politische Kräfte wahrgenommen wurden. Sie stützten sich dagegen auf den bundesrepublikanischen Deutschen Gewerkschaftsbund (DGB) und seine Gewerkschaften, die damit schon früh in die Geschehnisse in der DDR einbezogen waren, auch wenn ihre Spitzengremien diesbezüglich zunächst zwischen Einmischung und Abwarten schwankten. Dies wiederum ermöglichte dem FDGB die Durchsetzung eines Gewerkschaftsgesetzes, das dem Ost-Gewerkschaftsbund alle bisherigen verfassungsmäßigen Rechte (vor allem Initiativrecht und Veto bei Gesetzesvorhaben) sowie ein umfassendes Streikrecht zusicherte und Aussperrungen verbot.

Die Debatte um das Gewerkschaftsgesetz der DDR zwang den DGB und seine Gewerkschaften jedoch, ihre bisherige passive Haltung aufzugeben. Denn in den Betrieben wurde das Gewerkschaftsgesetz als Instrument im Kampf gegen Betriebsräte eingesetzt, wobei sich der FDGB

---

35 Wortprotokoll der 1. Sitzung des Runden Tisches am 7.12.1989, in: Uwe Thaysen (Hg.): Der Zentrale Runde Tisch der DDR. Wortprotokoll und Dokumente, Bd. 1: Aufbruch, Wiesbaden 2000, S. 38.

argumentativ auf diejenigen Betriebsräte stützte, deren Bildung von Betriebsleitern gefördert worden war. Dabei schürte der FDGB bewusst Ängste vor einem »Ausverkauf« der Betriebe, ohne freilich mit einer eigenen Transformationsstrategie aufwarten zu können.[36] Manche FDGB-Funktionäre instrumentalisierten das Gewerkschaftsgesetz aber auch als bessere Alternative zum westdeutschen Betriebsverfassungsgesetz, unter dem alle Betriebsräte »gekaufte Interessenvertreter« seien, da ihnen das Gesetz die Fortzahlung ihres bisherigen Gehalts zusicherte.[37] Am Runden Tisch hingegen betonte der FDGB die Kompatibilität des Gewerkschaftsgesetzes mit den wirtschaftspolitischen Vorstellungen der Bürgerbewegung »Demokratie Jetzt«, in denen die Sicherung des »Volkseigentums«, d. h. aller von den Bürgern und Bürgerinnen der DDR erbrachten Leistungen, eine zentrale Rolle spielte.[38] So begründete der Vertreter des FDGB Siegfried Saler das Gewerkschaftsgesetz am 5. Februar wie folgt: »Jede Kapital- und Strukturmaßnahme im Betrieb« und jeder »Abbau von Subventionen« verlange einen »ausgewogenen Ausgleich«. Nur so lasse sich das »Volkseigentum« sichern.[39] Das passte zur Entwicklung der Debatten am Runden Tisch, wo die Angst vor einem »Ausverkauf« der gesamten DDR (nicht nur der Betriebe) zunehmend die Oberhand gewann, nachdem sich die Modrow-Regierung Ende Januar 1990 von den Debatten der Oppositionsgruppen gelöst und sich der Bundesregierung als Problemlöserin angenähert hatte. Zudem argumentierte der FDGB mit Forderungen des DGB, die sich im Gewerkschaftsgesetz widerspiegelten, so etwa das

36 Bericht zum Praxiseinsatz der Studenten der Gewerkschaftshochschule »Fritz Heckert« vom 08.01.–12.01.1990, o. D., Bundesarchiv Berlin-Lichterfelde (BArch Berlin), DY 34/13540, unfol.
37 IG CPK, Verwaltungsstelle Hamburg, an IG CPK, Hauptvorstand, Hermann Rappe, Entwicklung in der DDR, 5.2.1990, AfsB, IG CPK, 230, unfol.
38 Zur Bedeutung des Begriffs »Volkseigentum« in den Debatten am Runden Tisch vgl. Rüdiger Schmidt: Die ökonomische Seite der Freiheit. Die Bürgerrechtsbewegung und das »Volkseigentum«, in: Thomas Großbölting/Christoph Lorke (Hg.): Deutschland seit 1990. Wege in die Vereinigungsgesellschaft, Stuttgart 2017, S. 119–138.
39 Wortprotokoll der 11. Sitzung des Zentralen Runden Tisches der DDR am 5. Februar 1990, in: Thaysen (Hg.): Der Zentrale Runde Tisch der DDR, Bd. 3: Neuer Machtkampf (wie Anm. 35), S. 656.

Streikrecht und das Aussperrungsverbot, während seine Funktionäre in den Betrieben zugleich massiv gegen andere Errungenschaften des DGB wetterten.[40]

So nahmen der DGB und seine Gewerkschaften die Verabschiedung des Entwurfs des Gewerkschaftsgesetzes auf dem außerordentlichen Kongress des FDGB am 1. Februar 1990 als »mit dem Demokratieverständnis des DGB nicht vereinbar« wahr.[41] Es sei vielmehr als Ausdruck der »Hilflosigkeit der ›gewerkschaftlichen Basis‹« zu werten, die einerseits »ausländische[s] Kapital und Know how« willkommen heiße, andererseits aber »Angst vor den sozialen Auswirkungen diese[r] Entwicklung« habe, »ohne jedoch diese konkret zu beschreiben«.[42] Damit hatte nun auch der DGB einen triftigen Grund, sich stärker in der DDR zu engagieren. Bereits am 20. Februar sicherte DGB-Chef Ernst Breit Bundeskanzler Kohl seine Unterstützung für das Vorhaben der Währungsunion zu, freilich unter der Bedingung einer stärkeren Beteiligung der Gewerkschaften an den (sozial-)politischen Weichenstellungen.[43]

Zugleich begannen die Mitgliedsgewerkschaften, ihren Einfluss auf die ostdeutschen Betriebe zu erhöhen, um dort eine Interessenvertretung nach westdeutschem Muster aufzubauen. Am 11. Juli 1990 wurde von der aus der Volkskammerwahl vom 18. März hervorgegangenen DDR-Regierung unter Lothar de Maizière (CDU) auf Druck des DGB eine gesetzliche Grundlage zur Bildung von Betriebsräten geschaffen.[44] Damit wurden die

---

40 Vgl. Wortprotokoll der 12. Sitzung des Zentralen Runden Tisches der DDR am 12. Februar 1990, in: ebd., S. 712.
41 DGB, Abt. Gesellschaftspolitik, Protokoll: Arbeitsgruppensitzung zur deutschlandpolitischen Situation mit den Beauftragten der Gewerkschaften am 16.2.1990 in Düsseldorf, 20.2.1990, Archiv der sozialen Demokratie, Bonn (AdsD), 5/IGMZ100764, unfol.
42 DGB, Abt. Vorsitzender, Bericht über den außerordentlichen Kongreß des FDGB am 31.1./1.2.1990, o. D., AdsD, 5/IGMZ100766, unfol.
43 Vgl. Gerhard A. Ritter: Der Preis der deutschen Einheit. Die Wiedervereinigung und die Krise des Sozialstaats, München 2006, S. 288.
44 Vgl. Verordnung zu Übergangsregelungen bis zur erstmaligen Wahl der Betriebsräte nach dem Betriebsverfassungsgesetz vom 11. Juli 1990, in: Gesetzblatt der DDR, Teil I, Nr. 44 vom 27. Juli 1990, S. 715; Christian Rau: Interview mit Werner Milert am 27.11.2018, Transkript (im Besitz des Autors), S. 6.

DGB-Gewerkschaften aber auch mit der für sie überraschenden Tatsache konfrontiert, dass sich das westdeutsche Modell nicht eins zu eins auf Ostdeutschland übertragen ließ. Vor diesem Hintergrund gerieten nun die Betriebsräte vielfach als Unsicherheitsfaktoren ins Visier der westdeutschen Gewerkschaften – so etwa in Dresden, wo das zwischenzeitlich eingerichtete Büro der westdeutschen Industriegewerkschaft (IG) Metall fünf Tage nach Veröffentlichung der Verordnung 15 verschiedene Varianten aufzählte, nach denen sich Betriebsräte im Bezirk konstituiert hatten. Nicht einmal die Hälfte der Betriebsräte sei nach den Grundsätzen der Übergangsregelung gewählt worden, was mit Blick auf bevorstehende Verhandlungen mit westdeutschen Unternehmen als brandgefährlich galt.[45] Anstatt sich aber der Schulung und Beratung von Betriebsräten zu widmen, verlagerten die Gewerkschaften ihren Fokus auf den Organisationsaufbau im Osten. Die ostdeutschen Betriebsräte nahmen ihre neue Rolle dagegen bald häufig als wenig einflussreich wahr, was sie jedoch nicht unbedingt den politischen und wirtschaftlichen Umständen, sondern häufig der neuen Gesetzeslage anlasteten. So gaben Mitglieder des Betriebsrats der Helikon GmbH Berlin am 22. Februar 1991 in einem Interview mit Soziologen der Freien Universität Berlin zu Protokoll:

> »Gegenwärtig vertritt der Betriebsrat die Auffassung, dass durch das BetrVG [Betriebsverfassungsgesetz] weniger Mitbestimmungsmöglichkeiten bestehen als der Text zunächst vermuten läßt. Auf die Rolle, zwischen Belegschaft und Geschäftsführung zu vermitteln, war man zunächst nicht eingestellt. Wobei die Differenzen zur Geschäftsleitung ohnehin nicht besonders groß sind und die Sanierungspläne der Geschäftsleitung anerkannt werden. Eigene Pläne oder sonstige Initiativen zur Zukunft des Betriebes waren bisher nicht Gegenstand der Arbeit des Betriebsrates.«

Die größte Niederlage sei es gewesen, dass es ihnen nicht gelungen war, den ehemaligen Betriebsleiter und damit die »Partei« aus dem Betrieb zu

---

45 Vgl. IG Metall für die Bundesrepublik Deutschland, Vorstandsverwaltung, Büro Dresden, an IG Metall Ost, Dresden, 16.7.1990, AdsD, 5/IGMZ100951, unfol.

vertreiben, was aus Sicht der Betriebsräte ein grundlegender Beitrag zur wirtschaftlichen Gesundung ihres Betriebs gewesen wäre.[46] Das Beispiel zeigt, wie sehr die Erwartungshaltungen ostdeutscher Betriebsräte auch Monate nach der Wiedervereinigung noch in den Diskursen des Umbruchs im Herbst/Winter 1989 verhaftet waren. Dabei taten sich bereits Monate vor der Wiedervereinigung grundlegende Spannungen zwischen westdeutschen Gewerkschaften und ostdeutschen Betriebsräten auf. Erstere kritisierten Letztere dafür, eine wirksame Interessenvertretung durch nicht ordnungsgemäßes Verhalten zu behindern, die Betriebsräte hingegen bewerteten ihre neuen Handlungsspielräume im Vergleich zum kurzen Revolutionsherbst und -winter als gering. Die Beschränkung ihrer praktischen Arbeit auf sozialpolitische Aushandlungen im Betrieb trug indes zur Steigerung des mentalen Wertes des »Volkseigentums« als politische Ressource bei. So sollten der Belegschaft – wenn man schon die Betriebe selbst nicht retten konnte – zumindest großzügige Sozialpläne zugutekommen, bevor es alte oder neue Eliten »verscherbelten«.[47]

3. Gespaltene Gewerkschaften: Die IG Metall und die Treuhandproteste vom Frühjahr 1991

Im Frühjahr 1991 hatte die Treuhand eine harte Bewährungsprobe zu bestehen. Überall in Ostdeutschland protestierten vermehrt Belegschaften gegen den so nicht erwarteten rasanten Verlust von Arbeitsplätzen und die Schließung zahlreicher Betriebe. Schon in den Monaten zuvor hatte es vereinzelt Proteste gegen die Treuhand gegeben. Aber erstmals zogen die Protestierenden auch in Massen vor die Berliner Behörde, die Proteste erreichten einen ersten kritischen Punkt. Am Rednerpult stand mit Franz

---

46 Martin Jander/Stefan Lutz, Protokoll des Gesprächs mit dem Betriebsrat des VEB Helikon/Helikon GmbH am 22.2.1991, Archiv der Robert-Havemann-Gesellschaft, Berlin (RHG), Privatarchiv (PA) M. Jander, MJ 57, unfol.
47 Ebd., unfol.

Steinkühler auch ein prominenter westdeutscher Gewerkschaftschef, der die Treuhand wortgewaltig als »Schlachthof« des Ostens beschimpfte und den Umbau der Behörde in eine Industrieholding forderte. Überschattet wurden die Proteste aber auch von gewalttätigen Aktionen linksterroristischer Gruppen, die sich dem Umfeld der Roten Armee Fraktion (RAF) zuordneten und sich auch zum Mord an Treuhandpräsident Detlev Karsten Rohwedder an Ostern 1991 bekannten. Das tragische Ereignis wird von der Forschung als Anfang vom Ende der ersten »überregionalen Protestbewegung« gegen die Treuhand bewertet.[48]

Doch lässt sich hierbei tatsächlich von einer »Bewegung« sprechen? In der Tat spielten die IG Metall bzw. die Gewerkschaften als Hoffnungsträger und die Erinnerung an die Revolution von 1989 noch immer eine zentrale Rolle für die Mobilisierung und kollektive Sinnstiftung der Belegschaften. Wie kaum eine andere Gewerkschaft symbolisierte die IG Metall für viele Beschäftigte das ostdeutsche Idealbild von einer »starken Gewerkschaft«. Schließlich hatte Steinkühler im Herbst 1990 als einziger der vorgesehenen Gewerkschaftschefs medienwirksam einen Sitz im Treuhand-Verwaltungsrat abgelehnt. Als sich in Thüringen im Februar 1991 erstmals eine regionale Betriebsräteinitiative formierte, wandte diese sich explizit an Steinkühler und forderte ihn auf, der Politik der Treuhand entgegenzutreten, um einen »sozialen Flächenbrand« im Land zu verhindern.[49] Für ihn ergab sich damit die Chance, eigene Reformkonzepte in die Debatte einzuspeisen. Dabei konnte die IG Metall auf einen großen Vertrauensvorschuss der ostdeutschen Basis in die Problemlösekompetenz der Gewerkschaft bauen. Zwischen 1990 und 1991 hatte die Gewerkschaft rund eine Million Neumitglieder im Osten hinzugewonnen.[50] Das

---

48 Den Forschungsstand zusammenfassend Brunner: Auf dem Weg zur »inneren Einheit«? (wie Anm. 8), S. 175.
49 Thüringer Betriebsräteinitiative an Franz Steinkühler, Offener Brief des ersten »Runden Tisches« von Thüringer Betriebsräten, 14.2.1991, AdsD, 5/IGMZ100915, unfol.
50 Vgl. Martina Dorsch: Statistisches Material zur Mitgliederentwicklung der acht größten Einzelgewerkschaften und des DGB, in: Joachim Bergmann/Rudi Schmidt (Hg.): Industrielle Beziehungen. Institutionalisierung und Praxis unter Krisenbedingungen, Opladen 1996, S. 237–253, hier S. 241.

entsprach rund der Hälfte der noch 1989 in der ostdeutschen IG Metall organisierten Arbeitnehmern und Arbeitnehmerinnen.[51]

Als die IG Metall ihr verheißungsvolles Transformationskonzept für den Osten, die Umwandlung der Treuhand in eine Industrieholding mit gesetzlich geregelter Mitbestimmung, formulierte, befand sich die zum linken Flügel des DGB zählende Gewerkschaft aber bereits in der politischen Defensive. Noch Ende der 1980er-Jahre hatte die IG Metall an der Speerspitze sozialdemokratisch-sozialistischer Gewerkschaftspolitik gestanden und für einen »dritten Weg« zwischen einem enthemmten Kapitalismus und einem Sozialismus sowjetischer Prägung plädiert. Im Kern bestand Steinkühlers Vorstellung in einer sozialen und ökologischen Strukturpolitik im Bündnis mit den neuen sozialen Bewegungen und reihte sich damit in den Kanon linker Gegenkonzepte zur »neokonservativen« Politik der Regierung Kohl ein.[52] Aber nicht nur innerhalb des DGB waren Steinkühlers Vorstellungen heftig umstritten, insbesondere bei den »rechten« Gewerkschaften, die für ein sozialpartnerschaftliches Verhandlungsmodell standen und eng mit der Kohl-Regierung zusammenarbeiteten. Auch an der Funktionärsbasis der IG Metall sorgten Steinkühlers Ideen für Kritik. Denn diese vertrat eine weitgehend homosoziale Mitgliederbasis (weiß, männlich, Facharbeiter), deren dominierende Rolle im Gewerkschaftsdiskurs Steinkühler massiv infrage stellte, und sie verfügte über einen im Vergleich zu anderen Gewerkschaften relativ großen Handlungsspielraum, der durch die zunehmende Übermacht des Vorstandes bedroht schien. An der Basis nahm man Steinkühler daher oft als »autoritär« und »selbstherrlich« wahr.[53]

---

51 Vgl. Mitglieder nach IG, Stand 1989, BArch Berlin, DY 34/13739, Bl. 148–150.
52 Wirsching: Abschied vom Provisorium 1982–1990 (wie Anm. 17), S. 261–264; Franz Steinkühler: Die andere Zukunft gestalten, in: IG Metall (Hg.): Wofür wir streiten: Solidarität und Freiheit. Internationaler Zukunftskongreß 1988, Köln 1989, S. 510–534; Bundeskanzleramt, Roland Tichy, Dokumentation: Angriffe der Gewerkschaften auf die Politik und Mitglieder der Bundesregierung, 10.7.1985, Bundesarchiv Koblenz (BArch Koblenz), B 136/24157, unfol.
53 FDGB Zentralvorstand, IG Metall, Information für das Sekretariat des Bundesvorstandes des FDGB, Bericht der Delegation des Zentralvorstandes IG Metall des FDGB über die Teilnahme am 16. ordentlichen Gewerkschaftstag der IG Metall im DGB vom 22.10. bis 28.10.1989 in Berlin-West, o. D., BArch Berlin, DY 46/4684, unfol.

Mit dem Zusammenbruch des Sozialismus und der absehbaren Wiedervereinigung erfuhr der »rechte«, auf Erhalt gesellschaftlicher Besitzstände ausgerichtete Flügel im DGB eine weitere Aufwertung gegenüber »linken« Ansätzen. Im konservativ-liberalen Mediendiskurs wurde das frühe Eintreten der IG Chemie-Papier-Keramik (IG CPK) und ihres Vorsitzenden Hermann Rappe für eine schnelle Wiedervereinigung lobend hervorgehoben, während Steinkühler vorgeworfen wurde, an der Zweistaatlichkeit festzuhalten, »damit die sozialistische Eigenständigkeit im anderen Teil Deutschlands gesichert werde«.[54] Auch im DGB vollzog sich mit dem Wechsel von Ernst Breit zu Heinz-Werner Meyer an der Spitze Ende Mai 1990 ein Richtungswechsel weg von älteren sozialdemokratisch-sozialistischen Positionen hin zu mehr Pragmatismus und Kooperation mit Staat und Wirtschaft. Vor allem die gewaltige Herausforderung der ostdeutschen Transformation schien diesen Richtungswechsel zu rechtfertigen. Stand die IG Metall in Westdeutschland damit vor der Herausforderung einer DGB-internen Machtverschiebung, die den Handlungsspielraum der Gewerkschaft einzuengen drohte, hatte man es in der DDR mit einer »Schwester«-Gewerkschaft zu tun, deren Vorsitzender Hartwig Bugiel mit Unterstützung lokaler westdeutscher IG-Metall-Funktionäre für weitreichende Mitbestimmungskonzepte, die auf Mehrheitsbeteiligungen der Belegschaften an den Betrieben basierten, warb, die aus Sicht des westdeutschen Gewerkschaftsvorstands aber »den Rahmen, den wir noch vertreten können«, sprengten.[55] Damit verfestigte sich auch im Vorstand der Eindruck, dass die »IGM in der DDR im Vergleich zu den anderen DDR-Gewerkschaften die unbeweglichste und rückständigste Haltung einnimmt« und »fast bis zuletzt dem FDGB die Stange gehalten« habe.[56] Steinkühler leitete auch deshalb schon im Sommer 1990 die Übertragung der westdeutschen Gewerkschaftsstrukturen auf Ostdeutschland ein.

---

54 Verabschieden sich jetzt auch die Gewerkschaften in der Bundesrepublik vom Sozialismus?, in: Frankfurter Allgemeine Zeitung vom 11.1.1990.
55 Karl Pitz an Franz Steinkühler, 10.5.1990, AdsD, 5/IGMZ220320, unfol.
56 Karlheinz Blessing an Franz Steinkühler, Bericht Deutsch-deutsche Arbeitsgruppe, 16.5.90, 17.5.1990, AdsD, 5/IGMZ100573, unfol.

Dass die zu lösenden praktischen Probleme der ostdeutschen Transformation das »rechte« DGB-Lager aber weiterhin stärkten, erfuhr Steinkühler, als die Gewerkschaften unerwartet um die Mitbestimmung in der Treuhand kämpfen mussten. Dabei hatte es für die IG Metall zunächst gut ausgesehen, denn die im Treuhandgesetz vom 17. Juni 1990 als Ebene zwischen der Behörde und den Betrieben vorgesehenen Treuhand-Aktiengesellschaften unterlagen den Mitbestimmungspflichten der Bundesrepublik und sicherten der IG Metall (angesichts der Vielzahl von Unternehmen der Stahl- und Metallindustrie im Osten) allein ein Viertel der gewerkschaftlichen Mandate.[57] Die plötzliche Entscheidung des neuen Treuhandpräsidenten Rohwedder jedoch, von der Bildung der AGs abzusehen und stattdessen regionale Niederlassungen ohne echte Mitbestimmungsrechte zu etablieren, machte es notwendig, die gewerkschaftliche Mitbestimmung auf höchster politischer Ebene zu erstreiten. Dabei waren es Rappe und Meyer, die auf der Grundlage ihrer guten Beziehungen zum Bundeskanzleramt die Modalitäten der gewerkschaftlichen Mitbestimmung verhandelten. So zogen im Herbst 1990 vier Gewerkschaftsvertreter in den 23-köpfigen Verwaltungsrat, das Aufsichtsgremium der Treuhand, ein: die Vorsitzenden des DGB, der IG CPK, der Deutschen Angestellten-Gewerkschaft (DAG) und ein Vorstandsmitglied der IG Metall. Wie sehr Letztere mit dem Verhandlungsergebnis haderte, zeigt sich nicht nur darin, dass Steinkühler das ihm angetragene Mandat ablehnte, sondern auch in den internen Debatten: Bundeskanzler »Kohl braucht sich vor den Gewerkschaften nicht zu fürchten, solange er mit dem DGB-Vorsitzenden und dem Vorsitzenden der IG Chemie gut kann«, so Steinkühlers persönlicher Referent Karlheinz Blessing am 20. September 1990.[58]

Einzig die sich zunehmend gegen die Treuhand richtende öffentliche Stimmung bot Steinkühler noch eine Chance, den Einflussverlust innerhalb des DGB aufzuhalten und gewerkschaftliche Alternativkonzepte

---

57 Vgl. Gliederung der von der Treuhandanstalt zu gründenden Treuhand-Aktiengesellschaften [mit handschriftlichen Anmerkungen Hermann Rappes], o. D., AfsB, IG CPK, 302, unfol.
58 Karlheinz Blessing an Franz Steinkühler, 20.9.1990, AdsD, 5/IGMZ100573, unfol.

durchzusetzen. So warb er nach dem Jahreswechsel 1990/91 verstärkt in den Medien für den Umbau der Treuhand in eine Industrieholding, die aus der Privatisierungsbehörde einen strukturpolitischen Akteur im Sinne von Steinkühlers »drittem Weg« machen sollte und die den Mitbestimmungsgesetzen unterliegen würde. Anfang März schlug er mit Blick auf das anwachsende Protestpotenzial im Osten erstmals eine zentrale Kundgebung des DGB vor der Treuhand vor. Sie sollte unter dem Motto »Gegen wirtschaftlichen Kahlschlag – für eine soziale Zukunft« stehen, gewerkschaftliche »Alternativen unüberhörbar verdeutlichen« und um »die Landesregierungen der O-Länder und die Kommunen als Bündnispartner« werben.[59] Der DGB wies das Ansinnen jedoch ab und die IG Metall rief schließlich allein zu einer Kundgebung vor der Treuhand am 15. März 1991 auf, der rund 2000 Betroffene folgten.[60] Zeitgleich wurde in Leipzig unter Beteiligung der IG-Metall-Bezirksstelle an die Tradition der Montagsdemonstrationen angeknüpft, die sogar rund 60 000 Menschen auf die Straßen brachte.[61] Siegessicher kündigte Steinkühler am 26. März für den 17. April eine weitere Kundgebung vor der Treuhand an, zu der »mehr als hunderttausend Arbeitnehmer zwischen Rostock und Riesa« kommen würden.[62]

Dass parallel auch die PDS zum Protest vor der Treuhand mobilisierte, nahm Steinkühler, der nie einen Hehl aus seiner Abneigung gegenüber der SED gemacht hatte, hin. Dabei spielten Vergleiche zwischen der Treuhand und der Stasi bzw. zwischen Helmut Kohl und Erich Honecker auch in der lokalen Protestkultur nach wie vor eine wichtige Rolle für die Mobi-

---

59 IG Metall, VB 01, Franz Steinkühler, Vorlage für die Sitzung der geschäftsführenden Vorstandsmitglieder am: 4. März 1991, Betr.: Zentraler Aktionstag in den fünf neuen Bundesländern »Gegen wirtschaftlichen Kahlschlag – für eine soziale Zukunft«, o. D., AdsD, 5/IGMZ210780, unfol.
60 Vgl. Keine Heiterkeit im Regen. IG-Metall-Kundgebung vor der Treuhandanstalt, in: Der Tagesspiegel vom 16.3.1991.
61 Vgl. Tradition der Montagsdemonstrationen lebt wieder auf, in: Morgenpost vom 19.3.1991.
62 Franz Steinkühler, Pressekonferenz, Berlin, 26.3.1991, RHG, MJ 55, unfol.; »Von Sonntagsreden die Nase voll«. Betriebsräte-Konferenz der IG Metall in Berlin – Vorwürfe gegen die Treuhand, Kritik an der Gewerkschaft, in: Die Welt vom 28.3.1991.

lisierung der Belegschaften, was ein Bündnis zwischen der IG Metall und der PDS schon per se ausschloss.[63] Die PDS setzte dem aber nicht nur die Forderung »Treuhand in die Produktion« entgegen, eine Abwandlung der Revolutionsparole »Stasi in die Produktion«. Das ihr nahestehende *Neue Deutschland* reaktivierte zudem die ältere marxistische These vom Faschismus als Produkt eines pervertierten Kapitalismus und zog populistische Vergleiche zwischen der Treuhand und den Nazis.[64] Am 25. März rief die PDS zu einer eigenen zentralen Kundgebung auf, der bereits 5000 Menschen folgten.[65] In ihren Forderungen bezog sich die PDS, anders als die IG Metall, auf die Treuhanddebatten in der Volkskammer vom Juni 1990. So erinnerte die Partei im Bundestag im März 1991 daran, dass die Volkskammer der Regierung einst den Auftrag gegeben hatte, Vermögen und Rechte der Treuhand nach der Wiedervereinigung den Ländern zu übertragen.[66] Der Auftrag wurde nicht umgesetzt, auch weil man die Länder in Bonn aus Erfahrungen der alten Bundesrepublik eher als Bremsklötze der Privatisierung wahrnahm.[67] Aber auch in der IG Metall fanden die Vorstöße der PDS und ein darauf aufbauender späterer Gesetzentwurf keine Unterstützung, vielmehr lehnte man sie hier schon allein deshalb ab, weil man die Partei weiterhin als politischen Gegner betrachtete.[68]

Aber nicht nur die Ermordung Rohwedders an Ostern 1991 versetzte den Protesten einen deutlichen Dämpfer, sodass zu der von Steinkühler

---

63 Vgl. »Autoritäre und rechtswidrige Stasi-Methoden«. Aufsichtsräte des Eisenacher Autowerkes legen Amt aus Protest gegen die Treuhand nieder, in: Der Morgen vom 13.3.1991.
64 Vgl. Neues Deutschland Spezial vom 22.3.1991.
65 Vgl. Denkanstöße vom Alex für Bonn, in: Neues Deutschland vom 25.3.1991.
66 Vgl. Deutscher Bundestag, 12. Wahlperiode, Drucksache 12/243, Entschließung der Gruppe der PDS/Linke Liste zum Entwurf eines Gesetzes über die Spaltung der von der Treuhandanstalt verwalteten Unternehmen (SpTruG), 12.3.1991, http://dipbt.bundestag.de/doc/btd/12/002/1200243.pdf (Zugriff am 29.6.2020).
67 Vgl. BMF, UAL I C an Staatssekretär Horst Köhler, Betr.: Treuhandgesetz, hier: Ihr Gespräch mit Staatssekretär Krause am 20. Juni 1990, 20.6.1990, BArch Koblenz, B 126/145464, unfol.
68 Vgl. IG Metall, Vorstand, Abt. BR/BVR/M'76, Manfred Schumann, Stellungnahme zum Entwurf eines Treuhandgesetzes der Gruppe PDS/Linke Liste, 14.6.1991, AdsD, 5/IGMZ520391, unfol.

angekündigten Kundgebung vor der Treuhand am 17. April anstatt der erwarteten 150 000 »nur« noch 35 000 Menschen kamen. Auch hatten die Bonner Ministerien bereits Anfang März auf den Unmut der Belegschaften reagiert und das Thema Sanierung ganz oben auf die Agenda der Treuhand gesetzt. Ein »rein betriebswirtschaftliche[s] Vorgehen«, so ein auch im DGB zirkulierendes internes Papier des federführenden Bundesfinanzministeriums (BMF) vom 5. März 1991, sei »in sozialer, ökonomischer und politischer Hinsicht nicht akzeptabel«.[69] So musste sich Steinkühler im April nun vom *Spiegel* die Frage gefallen lassen, wogegen die IG Metall im Osten noch demonstriere, wenn »die Regierung immer mehr auf Ihren Kurs einschwenkt«. Auch mutmaßte der Interviewer, dass es der Gewerkschaft »vielleicht nur« um Mitgliederwerbung gehe.[70] Der Parlamentarische Geschäftsführer der CDU/CSU-Bundestagsfraktion, Friedrich Bohl, hatte der IG Metall sowie der Gewerkschaft Öffentliche Dienste, Transport und Verkehr (ÖTV) bereits am 16. April sogar vorgeworfen, die Montagsdemonstrationen gezielt missbraucht, die ostdeutschen Arbeitnehmer und Arbeitnehmerinnen verhöhnt, die westdeutschen Gewerkschaftsmitglieder verprellt und der PDS den Boden bereitet zu haben.[71] Dabei handelte sich keineswegs nur um eine antikommunistisch motivierte Diffamierungskampagne. Vielmehr trafen Bohls Worte auf eine besonders unter Westdeutschen verbreitete Angst vor einem radikalen Linksrutsch, wie eine Welle entrüsteter Briefe westdeutscher Selbstständiger und Angestellter an Steinkühler deutlich machte, in denen der Gewerkschaftschef als »geistiger Mittäter« der RAF und »Rufmörder« Rohwedders beschimpft wurde.[72]

---

69 BMF, VIII B, Vermerk, Betr.: Die Rolle der THA und ihre Zusammenarbeit mit den neuen Bundesländern und dem Bund im Lichte der Sanierungsaufgabe, 5.3.1991, Landesarchiv Thüringen – Hauptstaatsarchiv Weimar (LATh – HStA Weimar), 6-82-1001, Nr. 1193, Bl. 114.
70 »Eine Pleite hoch vier«. IG-Metall-Chef Franz Steinkühler über die ostdeutsche Wirtschaft und die Rolle der Gewerkschaften, in: Der Spiegel 18/1991.
71 Vgl. Friedrich Bohl, Parlamentarischer Geschäftsführer der CDU/CSU-Fraktion im Bundestag, an die Vorsitzende der Gewerkschaft ÖTV, Monika Wulf-Mathies, 16.4.1991, AdsD, 5/DGAI002219, unfol.
72 Vgl. zahlreiche Briefe an Franz Steinkühler in AdsD, 5/IGMZ100702.

Die Debatte um linke Gewalt ließ jedoch einen Faktor aus dem Blickfeld geraten, der für Steinkühler auch einen Motivationsgrund gebildet hatte, sich an die Spitze der Proteste zu stellen: die von den Gewerkschaften schon im Frühjahr 1990 beobachteten Umtriebe rechtsextremer Gruppen im Umfeld der ostdeutschen Belegschaften.[73] Steinkühler selbst wurde mit einem tiefsitzenden und längst überwunden geglaubten biologischen Rassismus unter ostdeutschen Arbeitern und Arbeiterinnen konfrontiert, nachdem die IG Metall im März 1991 mit den Arbeitergebern einen Stufentarifvertrag für Ostdeutschland abgeschlossen hatte, der eine Angleichung der Ostlöhne auf 100 Prozent bis 1994 vorsah. Viele Gewerkschaftsmitglieder, die sich angesichts der rasanten Arbeitsplatzverluste und Verteuerung der Lebenshaltungskosten seit 1991 eine schnellere Angleichung der Löhne erhofft hatten, sahen darin aber ihre Enttäuschung vom Westen nun auch in der eigenen Gewerkschaft gespiegelt. In Verbindung mit der gleichzeitigen Asyldebatte, die ähnliche Rassismen auch unter Westdeutschen zum Vorschein brachte,[74] konnten Enttäuschungen und Abstiegsängste im Osten latente Überfremdungsgefühle befördern, die sich in einer Vielzahl von Drohbriefen an Steinkühler entluden. Ein besonders drastisches Beispiel eines anonymen IG-Metall-Mitglieds sei stellvertretend angeführt:

> »Ich bin IG-Metaller, aber was Ihr da macht, daß [sic!] ist für uns ebenso in der (ehemaligen DDR) ein weiterer Sturtz [sic!] in die Tiefe. Bei euch werden die Löhne durch Streiks erpresst, und was soll nun mit uns hier in dem Osten werden? Wir kommen dann wohl noch unter die Türken und was weiß ich, was ich da noch alles für Untermenschen wir in euren Augen alles sein mögen [sic!]. Ja wir sollen nur immer für euch die Dummen spielen.«[75]

---

73 Vgl. Dieter Schmidt an Lorenz Schwegler, 30.1.1990, AfsB, IG CPK, 300, unfol.
74 Wie sehr ähnliche Überfremdungsängste auch in der westdeutschen Gesellschaft verankert waren, zeigt Christopher A. Molnar: »Greetings from the Apocalypse«. Race, Migration, and Fear after German Reunification, in: Central European History 54 (2021), S. 491–515.
75 Anonymer Brief an Franz Steinkühler, o. D. [Frühjahr 1991], AdsD, 5/IGMZ101142, unfol.

Freilich versuchte Steinkühler nach dem Rohwedder-Mord, auf den im öffentlichen Diskurs verborgenen Rassismus unter ostdeutschen Arbeitnehmern und Arbeitnehmerinnen hinzuweisen, um auf die damit verbundene Gefahr von rechts aufmerksam zu machen und die öffentlichen Anschuldigungen gegen ihn zu entkräften. In einem persönlichen Brief an Bundeskanzler Kohl vom 12. April 1991 machte er die Unterwanderungsversuche durch rechte Gruppen zum Leitmotiv und stellte klar, dass »die IG Metall noch in der Lage« sei, die Gefahr von rechts abzuwehren.[76] Dieser Brief aber blieb unbeantwortet. Zugleich unterließ es auch Steinkühler, den Rassismus ostdeutscher Arbeiter und Arbeiterinnen öffentlich zu thematisieren, wohl um die ohnehin aufgeheizte Situation nicht noch zusätzlich zu dynamisieren, die zum Teil von der Gewerkschaft enttäuschte ostdeutsche Klientel nicht weiter zu verprellen und sich weitere Chancen zur Durchsetzung seines Holdingkonzepts zu wahren. Steinkühler erreichte zumindest, dass sich die Treuhand im Herbst 1991 hochoffiziell damit befasste. Diese lehnte die Pläne freilich ab, womit sie endgültig vom Tisch waren.[77]

Der Mord an Rohwedder stellte für das Gros der Protestierenden eine moralische Grenzüberschreitung dar, die dem Leitbild des anständigen Arbeiters schadete, und stärkte damit das »rechte« DGB-Lager weiter. Hermann Rappes Aufruf vom Mai 1991, man müsse nun »die THA [Treuhandanstalt] unterstützen«,[78] fand bereits im Juni als »neues Denken« Eingang in allgemeine DGB-Konzepte zur ostdeutschen Transformation. Nun sollten alle »entscheidenden gesellschaftlichen Kräfte an einen Tisch« gebracht werden, wobei die IG CPK als leuchtendes Vorbild genannt wurde.[79] Von Aufforderungen der PDS und anderer Oppositions-

---

76 Franz Steinkühler an Bundeskanzler Helmut Kohl, 12.4.1991, AdsD, 5/IGMZ100721, unfol.
77 Vgl. Allgemeine Einschätzung der THA zum TH-IH Modell, o. D., BArch Berlin, B 412/2607, Bl. 325.
78 Handschriftliches Papier zu einem Gespräch über die THA-Industrieholding-Idee der IG Metall am 3. Mai 1991, AdsD, 5/IGMZ220207, unfol.
79 DGB, Bundesvorstand, Sitzung am 4. Juni 1991, Forderungen des DGB zur Treuhandanstalt, AdsD, 5/DGAN001097, unfol.

parteien, die Belegschaftsproteste auch nach dem Rohwedder-Mord weiter anzufeuern und auf Bonn auszudehnen, grenzte sich der DGB dagegen noch entschlossener als zuvor ab.[80] Und selbst Ursula Engelen-Kefer, die 1990 noch als Hoffnungsträgerin des »linken« DGB-Flügels angetreten war, vertrat die neue deeskalierende Strategie des DGB nach außen und nahm die Treuhand aus der politischen Schusslinie.[81] Aufbauend auf diesem neuen Konsens präsentierten die Behörde, der DGB und die DAG bereits am 13. April eine (allerdings aus längeren Verhandlungen hervorgegangene) gemeinsame Vereinbarung über die Finanzierung von Sozialplänen durch die Treuhand,[82] der auch die IG Metall zähneknirschend zugestimmt hatte[83] und die vielen Belegschaften sowie ihren Vertretern einen zentralen Protestgrund entzog. Dem folgte am 17. Juli eine weitere Vereinbarung über die Bildung von Dachgesellschaften für Beschäftigungsgesellschaften, die aber nur kurzzeitig als Symbol des neuen gesellschaftlichen Konsenses taugte. Denn die Praxis der Beschäftigungsförderung entwickelte sich langfristig zu einem zentralen Konfliktherd der Transformation und ihrer Akteure.

Das abrupte Ende der ersten überregionalen Treuhandproteste, die keinesfalls eine »Bewegung« darstellten, entfaltete auch langfristige katalytische Wirkungen auf Transformationsprozesse innerhalb des DGB-Lagers. Obwohl regionale IG-Metall-Funktionäre, namentlich aus Halle (Saale), später an den Skandalisierungen der Treuhand im Jahr 1993 beteiligt waren und es im Zuge des Metalltarifstreiks im selben Jahr wieder zu einem »engen Schulterschluß zwischen der IG Metall, den Betriebsräten

---

80 Vgl. DGB, Verbindungsstelle Berlin, Dieter Schmidt, an den DGB, Bundesvorstand, Günther Horzetzky, Sitzung von Bündnis 90 u. a. am 9. April 1991 im Reichstag zur Beratung eines Marschs auf Bonn, 9.4.1991, AdsD, 5/DGAI002219, unfol.
81 Vgl. Ursula Engelen-Kefer, Arbeitsmarktpolitische Anforderungen an die Treuhand-Anstalt, Rede anlässlich der Beiratssitzung der Gewerkschaft Leder, Nürnberg, 4.4.1991, AdsD, 5/DGAN001092, unfol.
82 Vgl. Gemeinsame Erklärung von Deutschem Gewerkschaftsbund, Deutscher Angestellten-Gewerkschaft und Treuhandanstalt vom 13.4.1991, in: Treuhandanstalt (Hg.): Dokumentation 1990–1994, Bd. 2, Berlin 1994, S. 389–392.
83 Vgl. IG Metall, Bernhard Wurl, Einschätzung der gemeinsamen Erklärung von DGB, DAG und Treuhand, 28.3.1991, AdsD, 5/IGMZ520759, unfol.

und den Arbeitnehmern« in Ostdeutschland kam,[84] vollzog der Vorstand der Gewerkschaft doch seit dem Desaster vom Frühjahr 1991 eine langfristig-nachhaltige Wende. Während man in der Frankfurter Vorstandszentrale immer weniger an die überregionale Mobilisierungsfähigkeit der Ostdeutschen glaubte, ja diese bestenfalls noch in Berlin durch die räumliche Nähe zum »Westmarkt« vermutete,[85] schwenkte man in den Verhandlungen mit der Treuhand immer mehr auf den konsensorientierten Kurs von DGB, IG CPK und DAG ein. Dabei gelangen der IG Metall durchaus späte Erfolge wie die Aushandlung regionaler Sanierungsmodelle für »industrielle Kerne«, die allerdings keinen grundlegenden Wandel der Treuhandpolitik mehr bewirken konnten. Aber im Vorstand hinterließen diese Verhandlungen ihre diskursiven Spuren. So nahm man hier die IG CPK Mitte der 1990er-Jahre nicht mehr als DGB-internen Widerpart wahr, sondern fand zunehmend lobende Worte für Hermann Rappe: »Die Wirkung auf die Handlungsträger innerhalb der Treuhand/BvS [Bundesanstalt für vereinigungsbedingte Sonderaufgaben], daß ein Vorsitzender einer Industriegewerkschaft als Gesprächspartner auftritt, ist möglicherweise von uns unterschätzt worden«, so ein internes bilanzierendes Papier der Wirtschaftsabteilung vom Januar 1996.[86] Eine wichtige Rolle für diesen Bewusstseinswandel auf Vorstandsebene spielte auch Joachim Töppel, der als einziger ostdeutscher Gewerkschafter im Oktober 1992 in den Vorstand der IG Metall gewählt wurde und dort fortan für Angestellten- und Seniorenarbeit verantwortlich war. Frei von westdeutschen innerverbandlichen Diskursregeln orientierte sich Töppel, besonders seitdem er seit Mitte 1994 die IG Metall auch im Treuhand-

---

84 THA, PE M2, Protokoll zur Informationsveranstaltung für die Geschäftsführer und Vorstände der Metall/Elektro-Unternehmen durch die Treuhandanstalt und die Arbeitgeberverbände Metall/Elektro am 23.3.1993, 24.3.1993, BArch Berlin, B 412/10579, Bl. 131–133, hier Bl. 132.
85 IG Metall, Vorstand, VB 05, Bernhard Wurl, an Kollegen Horst Klaus, Treffen der Bevollmächtigten der neuen Verwaltungsstellen am 16.4.1992 in Dresden, 24.4.1992, AdsD, 5/IGMZ520480, unfol.
86 IG Metall, Wirtschaftsabteilung, Büro Berlin, Peter Senft, Vermerk für Koll. Klaus Lang, 10.1.1996, AdsD, 5/IGMZ101114, unfol.

Verwaltungsrat vertrat, am Verhandlungsstil Hermann Rappes, der ihm zunehmend zum Vorbild wurde.[87]

Töppel steht damit beispielhaft für frühe Ost-West-Transfers bzw. Kotransformationen (Philipp Ther) in der IG Metall. Im offiziellen Diskurs aber blieb diese Dimension stets verdeckt. Vielmehr wurde der neue Kurs der Gewerkschaft – nach außen repräsentiert durch Steinkühlers Nachfolger Klaus Zwickel[88] – mit allgemeinen Entwicklungen seit 1989 erklärt, die eine Anpassung gewerkschaftlicher Handlungshorizonte notwendig machten: die »Verschärfung der Kämpfe um Weltmarktanteile«, durch die der »Übergang zum ungebändigten Standortkapitalismus« drohe, die Lähmung der in innere Machtkämpfe verstrickten Sozialdemokratie und eine Bundesregierung, die mehr verwalte als gestalte. Damit bewegte sich Zwickel ganz in den Diskursgrenzen einer neuen gesamtdeutschen »Realität«, in der die spezifischen Probleme des Ostens mit der sich seit 1992 auch im Westen bemerkbar machenden Rezession und der symbolischen Auflösung der Treuhand Ende des Jahres 1994 zunehmend im Narrativ einer gesamtdeutschen Standortkrise aufgingen.[89] Dass Zwickel auf dem 18. Gewerkschaftskongress der IG Metall im Oktober/November 1995 nicht nur ein neues und gewerkschaftsintern hoch umstrittenes Bündnisangebot an Wirtschaft und Politik formulierte, das später von der rot-grünen Bundesregierung unter Gerhard Schröder (Sozialdemokratische Partei Deutschlands, SPD) aufgegriffen wurde, son-

---

87 Vgl. Stefan Müller/Lothar Wenzel, Interview mit Joachim Töppel am 28.2.2019, AdsD, 6/VIDZ000190X.
88 Vgl. Franz Steinkühler trat nach dem spektakulären Metalltarifstreik in Ostdeutschland (Mai 1993) im Juni 1993 wegen öffentlich skandalisierten, aber juristisch sauberen Verwicklungen in Insidergeschäfte bei Daimler-Benz vom Vorsitz des IG-Metall-Vorstands zurück. Sein bisheriger Stellvertreter Klaus Zwickel wurde im Oktober des Jahres offiziell zu Steinkühlers Nachfolger gewählt.
89 Zeitgenössisch zur Standortdebatte vgl. z. B. Rolf Simons/Klaus Westermann: Industriestandort Deutschland. Zur Wettbewerbsfähigkeit der deutschen Wirtschaft, Marburg 1994; Josef Hilbert/Josef Schmid: Wirtschaftsstandort und Zukunft des Sozialstaats. Mitbestimmung vor neuen Herausforderungen, Marburg 1994; Roland Czada: Vereinigungskrise und Standortdebatte. Der Beitrag der Wiedervereinigung zur Krise des westdeutschen Modells, in: Leviathan. Zeitschrift für Sozialwissenschaft 26 (1998) 1, S. 24–59.

dern dabei auch explizit lobende Worte für Hermann Rappe fand, lässt sich ohne die vorangegangenen Diskursverschiebungen innerhalb des DGB in den Treuhandjahren kaum hinreichend verstehen.[90] Die letztlich im Lichte des Rohwedder-Mordes abgebrochene überregionale Mobilisierung ostdeutscher Belegschaften durch die IG Metall spielte in dieser Entwicklung eine zentrale Rolle.

4. Bündnispolitik von unten: Die radikale Linke und die ostdeutsche Betriebsräteinitiative 1992/93

Die flächendeckende Durchsetzung einer protestvermeidenden Politik im DGB ebnete den Weg zur Gründung einer neuen Protestinitiative im Frühjahr 1992 in Berlin. Dabei spielte die Nähe zum »Westmarkt«, wie in der Vorstandsverwaltung der IG Metall vermutet, allerdings keine Rolle – zumal der »Markt« in Berlin ganz eigene Dynamiken entfaltete. Denn nicht nur im ehemaligen Ost-Berlin standen tiefgreifende Veränderungen in der Wirtschaftsstruktur an, sondern auch im einstigen Westteil der Stadt, dessen Wirtschaft bis 1990 kaum über lokale Bezüge hinausragte und angesichts massiver Strukturhilfen des Bundes keinem nennenswerten Veränderungsdruck ausgesetzt war. Die »wertschöpfungsschwache«[91] und »kapitalintensive« Wirtschaftsstruktur West-Berlins war mit der Wiedervereinigung aber plötzlich zu einem ebenso gravierenden finanziellen und sozialpolitischen Problem des Senats geworden wie die Integration des Ostteils.[92] Die Betriebsräte einzelner Ost-Berliner Unternehmen, darunter Michael Müller vom Glühlampenhersteller Narva, die sich im Februar 1992 zu einer lokalen Betriebsräteinitiative zusammen-

---

90 Vgl. Protokoll, 18. ordentlicher Gewerkschaftstag der IG Metall, 29.10.–4.11.1995, Frankfurt am Main 1995.
91 Kurt Geppert/Thomas Seidel/Kathleen Toepel: Strukturelle Anpassungsprozesse in der Region Berlin-Brandenburg, Berlin 1993, S. 18 f.
92 Vgl. Kopf ab, in: Der Spiegel 9/1991.

schlossen, konnten somit an eine breite Ost-West-Berliner Krisenstimmung anknüpfen.

Die Berliner Betriebsräteinitiative war damit von Beginn an in einen spezifischen lokalen Diskurszusammenhang eingebunden, der auch verschiedene mehr oder weniger untereinander vernetzte linke Basis- und Protestgruppen mobilisierte. Ihre Erfahrungsräume und Bezugspunkte unterschieden sich jedoch. Während der Revolution im Herbst 1989 hatten sich Gruppen aus dem Umfeld kritischer SED-Mitglieder mit zumeist akademischem und künstlerischem Hintergrund gebildet. Dazu zählte die Initiative für unabhängige Gewerkschaften (IUG), die mit ihren öffentlichen Aufrufen zur Brechung der Macht der alten SED-Eliten für viele reformorientierte Betriebsgewerkschaftsleitungen (BGL) bzw. Betriebsräte, so auch bei Narva, zur symbolischen Stütze wurde,[93] ohne sich jedoch mittel- oder langfristig als Akteurin in den Betrieben etablieren zu können. Hier gingen sie nicht nur in den betrieblichen Machtkämpfen zwischen FDGB, Betriebsräten und DGB-Beratern und -Beraterinnen unter. Auch zielte die IUG eher auf sozialistische Reformen, nicht aber auf praktische, mit den Erwartungen der Belegschaften kompatible Lösungen für betriebliche Transformationsprobleme.[94] Dagegen waren andere linke Unterstützungsaktionen mit den Erfahrungsräumen und Erwartungen der Betriebsräte und Belegschaften besser vereinbar. So entdeckte ein mit der West-Berliner Hausbesetzerszene und der linken *Tageszeitung (taz)* eng verbundenes Künstlerkollektiv den an der Grenze zu Kreuzberg gelegenen Betrieb Narva im Sommer 1990 als Bühne für Kunstprojekte, mit denen die Aktivistinnen und Aktivisten gegen »Kahlschlagsanierung«

---

93 Vgl. Martin Jander/Stefan Lutz: Protokoll über Gespräche mit dem Betriebsrat von VEB Narva »Rosa Luxemburg« Berliner Glühlampenwerk/Narva GmbH, 1990/91, RHG, PA M. Jander, MJ 57, unfol.
94 Aus Sicht ehemaliger Akteure der IUG, die ihr Scheitern vor allem der ablehnenden Haltung der DGB-Gewerkschaften zuschreiben vgl. Renate Hürtgen: Betriebliche und gewerkschaftliche Basisbewegungen 1989/90 in der DDR, in: Detlev Brunner/Michaela Kuhnhenne/Hartmut Simon (Hg.): Gewerkschaften im deutschen Einheitsprozess. Möglichkeiten und Grenzen in Zeiten der Transformation, Bielefeld 2018, S. 69–93. Vgl. dagegen die Protokolle über Gespräche von Berliner Soziologen mit (Ost-)Berliner Betriebsräten in den Jahren 1990/91 in RHG, PA M. Jander, MJ 57.

und Immobilienspekulation demonstrierten. Der Betrieb, der 1991 noch den Berliner Umweltpreis für die Entwicklung einer quecksilberfreien Glühlampe erhielt, im selben Jahr von der Treuhand aber an einen Immobilienkonzern verkauft werden sollte, bot sich geradezu als Symbol für den Kampf der West-Berliner Linken an. Entsprechend zielte ihre Strategie darauf ab, Narva als »Ostberliner Traditions- und Frauen-Betrieb« zu authentisieren und damit einen Beitrag zur lokalen Identität zu leisten.[95]

Unterstützung erhielten Narva und andere Betriebe auch aus der Kommunalpolitik, die den Strukturwandel vor Ort gestalten musste und sich dabei überdies (anders als die Bundesregierung) seit den 1980er-Jahren nicht mehr als harter Antipode der militanten Linken begriff, sondern mit diesen auch zusammenarbeitete.[96] Dazu kamen weitere Unterstützer aus dem Umfeld lokaler Betriebsräte, gewerkschaftlicher Basisfunktionäre (insbesondere aus der IG Metall) und von Personalräten aus Kultureinrichtungen, Verwaltungen und Wissenschaft, die allesamt von der Berliner Strukturkrise betroffen waren. Sie alle unterstützten den Gründungsaufruf der Berliner Betriebs- und Personalräteinitiative vom Februar 1992 mit dem Ziel, einen Beitrag zum Aufbau einer »vielseitigen Wirtschaftsstruktur am Standort Berlin« zu leisten. Hierzu sollte eine Staatsholding gegründet werden, an der sich auch Senat, Treuhand und Gewerkschaften beteiligen würden.[97]

Das Berliner Modell ließ sich aber nur bedingt auf andere lokale oder gar nationale Konstellationen übertragen. Am ehesten fand man noch im benachbarten Brandenburg Betriebe, die sich dem Bündnis anschlossen. Im April dockte zudem der sich im Dauerkampf befindliche und von der örtlichen ÖTV unterstützte Gesamtbetriebsratsvorsitzende der Deutschen Seereederei (DSR) Rostock, Eberhard Wagner, zugleich Mitglied des Bundessprecherrats der Grünen, an die Initiative an und schwang

---

95 Bismarc Media: Babelsberg. Eine Endlos-Recherche, Hamburg 1991, S. 264–277.
96 Vgl. Roger Karapin: Protest Politics in Germany. Movements in the Left and Right since the 1960s, University Park 2007, S. 96.
97 Informationsblatt/Pressemitteilung, Berliner Betriebsräte schließen sich zusammen – Initiativgruppe gegründet, um Industriestandort Berlin zu erhalten, o. D. [21.2.1992], RHG, PA M. Jander, MJ 40, unfol.

sich dort bald zu einer zentralen Figur auf.[98] Dazu kamen einzelne Chemiebetriebe aus Sachsen-Anhalt und eine Handvoll westdeutscher Unternehmen. Dass das Bündnis seit April 1992 als Ostdeutsche Betriebsräteinitiative firmierte, entsprach aber mehr der eigenen Zielvorstellung, bald alle Treuhand- oder von Stilllegung bedrohten Betriebe zum nationalen Protest zu mobilisieren, als der Realität. Der Name verdeckt zum einen die begrenzte überregionale Strahlkraft und zum anderen die sehr heterogene soziale Zusammensetzung des Bündnisses. Und Letztere führte bereits vor dem Zusammenschluss mit Rostock zu handfesten internen Richtungskonflikten.

Von Beginn an nahmen (ausschließlich männliche) Aktivisten aus der West-Berliner linken Szene Schlüsselpositionen im Bündnis ein, so zum Beispiel der *taz*-Kolumnist Helmut Höge, der als Pressesprecher der Bewegung fungierte. Im Gegensatz zu den ostdeutschen Betriebsräten verfügten die West-Berliner Aktivisten über Netzwerke und Infrastrukturen, die für den dauerhaften Betrieb der Initiative unabdingbar waren. So spielte die *taz* eine wichtige Rolle beim Druck und der Verbreitung der bündniseigenen Zeitung *Ostwind*, deren redaktionelle Betreuung auch überwiegend von westdeutschen Linken gestemmt wurde.[99] Der »Kampffonds« der Initiative wurde von einem West-Berliner Rechtsanwalt verwaltet, der selbst aus dem Kreis der Hausbesetzer und Umweltbewegten kam.[100] Dies ermöglichte den Aktivisten von Beginn an eine gewisse Deutungsmacht über das Bündnis. Dabei bewegten sie sich ganz in den vielschichtigen Diskurswelten der »Post-68er«-Linken, die sich im Dunstkreis der Berliner Betriebsräteinitiative mit ostdeutschen Reform-

---

98 Vgl. Bernd Gehrke: Vorwort, in: ders.: Dokumente der Initiative Ostdeutscher und Berliner Betriebsräte, Personalräte und Vertrauensleute. Materialien zur Tagung Ostwind – Soziale Kämpfe gegen Massenentlassungen und Betriebsschließungen in Ostdeutschland 1990 bis 1994, 23.–24. Juni 2017, Berlin 2017, S. 9–21, hier S. 15; DSR-Lines, Gesamtbetriebsratsvorsitzender, Eberhard Wagner, an die IG Metall, Vorsitzender, Franz Steinkühler, 1.7.1992, RHG, PA M. Jander, MJ 49, unfol.
99 Vgl. Helmut Höge an die Initiative Berliner Betriebs- und Personalräte, 5.4.1992, RHG, PA M. Jander, MJ 43, unfol.
100 Vgl. Helmut Höge: Berliner Ökonomie. Prols und Contras, Berlin 1997, S. 95.

sozialisten vernetzten, wobei hier die PDS als organisatorisches Dach fungierte, unter dem 1992 die Arbeitsgruppe Betrieb und Gewerkschaft entstand. Zwischen der Arbeitsgruppe und der Betriebsräteinitiative bestanden damit enge Austauschbeziehungen, wobei Erstere beanspruchte, als ideologisches Dach zu fungieren. Die Entwürfe der ost- und westdeutschen Linken, die im Konkreten oftmals weit auseinandergingen, konnten innerhalb der Betriebsräteinitiative lange Zeit gut neben den Gerechtigkeitsvorstellungen der Betriebsräte existieren. Die Bemerkung des Betriebsratsvorsitzenden von Narva, Michael Müller, während einer Ausschusssitzung am 22. Juli 1992 – »Wir hatten ja auch mal den Beschluß, jeden zu benutzen, mit jedem zu kooperieren, der uns nützt!« – drückte das auf Pragmatismus, nicht aber auf ideologischer Übereinstimmung basierende Selbstverständnis klar aus, weist aber auch darauf hin, dass nicht alle Protestgruppen innerhalb des Bündnisses diese Ansicht teilten.[101]

Für interne Spannungen sorgte vor allem die Haltung zu den Gewerkschaften, von denen sich viele Basisfunktionäre ebenfalls im Dunstkreis der Initiative bewegten. Manfred Foede, der Erste Bevollmächtigte der Berliner Verwaltungsstelle der IG Metall, hatte der Initiative Anfang April 1992 angeboten, sich unter ihrem Dach zu organisieren. Dafür forderte Foede aber auch ein gewichtiges Mitspracherecht,[102] was durchaus den Erwartungen vieler Betriebs- und Personalräte entsprach, die »mit unseren Gewerkschaften« agieren wollten.[103] Dazu kam es aber nicht, denn die Mitglieder der Initiative entschieden sich mehrheitlich gegen die Institutionalisierung unter dem Dach der Gewerkschaft und entsprachen damit der tiefen Skepsis vieler westdeutscher (und ostdeutscher) Linker

---

101 Arbeitsausschuss der Konferenz der Betriebsräte-Initiative, Sitzung am 22.7.1992, RHG, PA M. Jander, MJ 47, unfol.
102 Vgl. Gespräch IG Metall Berlin/IBB am 8.4.1992 um 09.00 Uhr in der Verwaltungsstelle der IG Metall Berlin, handschriftliches Protokoll, RHG, PA M. Jander, MJ 43, unfol.; IG Metall, Verwaltungsstelle Berlin, Manfred Foede, an die Betriebsräte der Firma, Einzelgewerkschaften, DGB-Kreise, Sekretäre und OV z. Kts., 13.4.1992, RHG, PA M. Jander, MJ 52, unfol.
103 Initiativgruppe Berliner Betriebs- und Personalräte, Flugblatt, »Überparteilich mit unseren Gewerkschaften«, 30.3.1992, RHG, PA M. Jander, MJ 39, unfol.

gegenüber den als zu staatsnah kritisierten Gewerkschaften.[104] Dennoch unterstützten örtliche Gewerkschaftsstellen die Initiative weiter. Bei den Vorständen keimten jedoch bald Erinnerungen an kommunistische Unterwanderungsversuche der Gewerkschaften in den 1960er-/70er-Jahren und damit verbundene harte Auseinandersetzungen in den eigenen Reihen auf.[105] Eine wichtige Rolle spielten dabei auch Extremismusforscher, die zunehmend auf die »unterschätzte Gefahr« von links verwiesen und auch den DGB vor einer neuen Radikalisierung der Gewerkschaftsbasis durch die PDS warnten.[106]

Allerdings befürchtete man in den Vorstandszentralen weniger eine tatsächliche Wiederholung der vergangenen Kämpfe gegen Kommunisten, deren Zahl man in den eigenen Reihen als marginal einschätzte, sondern vielmehr einen öffentlichen Imageschaden und negative Auswirkungen auf die Position der Gewerkschaften gegenüber Politik und Wirtschaft. Eine offizielle Unterstützung der Initiative kam damit nicht infrage. Der DGB selbst erklärte sich als formell nicht zuständig, da die Betriebsrätearbeit in die Kompetenz der Mitgliedsgewerkschaften fiel, intern bewertete der Gewerkschaftsbund die ersten Aktionen der Initiative aber als unorganisiert, ja geradezu laienhaft und peinlich, jedenfalls als schädlich für das Renommee der Gewerkschaften.[107] Jedoch fürchtete der DGB, dass die Bundesregierung die feinjustierte und auf Vertrauen basierende Politik der

---

104 Vgl. Sitzung der Initiative Berliner Betriebs- und Personalräte am 22.4.1992, ebd., unfol.
105 Vgl. hierzu Ossip K. Flechtheim/Wolfgang Rudzio/Fritz Vilmar/Manfred Wilke: Der Marsch der DKP durch die Institutionen. Sowjetmarxistische Einflussstrategien und Ideologien, Frankfurt am Main 1980; Manfred Wilke: Einheitsgewerkschaft zwischen Demokratie und antifaschistischem Bündnis. Die Diskussion über die Einheitsgewerkschaft im DGB seit 1971, Melle 1985; Till Kössler: Die Grenzen der Demokratie. Antikommunismus als politische und gesellschaftliche Praxis in der frühen Bundesrepublik, in: Creuzberger/Hoffmann (Hg.): »Geistige Gefahr« und »Immunisierung der Gesellschaft« (wie Anm. 21), S. 229–250.
106 Patrick Moreau/Jürgen Lang: Linksextremismus. Eine unterschätzte Gefahr, Bonn 1996, S. 95–97.
107 Vgl. DGB, Verbindungsstelle Bonn, Stefan Collm, an den DGB, Landesbezirk Berlin-Brandenburg, Abt. Planung und Koordinierung, Christiane Bretz, Betr.: Telefonat mit Klaus Beck, Verbindungsstelle Bonn, 17.6.1992, AdsD, 5/DGBG001011, unfol.

»konzertierten Aktion« abbrechen und direkt mit den häufig kompromissbereiteren Betriebsräten verhandeln würde. So trafen die Gewerkschaften im Vorfeld eines von der Initiative für den 9. September 1992 geplanten Protestmarsches in Bonn, wo auch Gespräche mit Vertretern der Bundesregierung und Bundestagsfraktionen stattfinden sollten, einige Vorkehrungen. Die IG Metall etwa schickte dem Verantwortlichen im Bundeskanzleramt für die neuen Bundesländer, Johannes Ludewig, vorsorglich eine Sprechklausel, die später der offiziellen Presseerklärung hinzugefügt werden sollte und die besagte, dass die Bundesregierung nur die Gewerkschaften als »die legitimen Interessenvertreter der Arbeitnehmerinnen und Arbeitnehmer« anerkenne. Dabei verwies die Gewerkschaft auch auf die »Gefahr«, die von den »objektiv spalterische[n] Tendenzen« linker Gruppen ausgehe.[108] Aus der Perspektive der Gewerkschaftsvorstände erschienen die ostdeutschen Betriebsräte damit nicht in erster Linie als ernstzunehmende Vertreter ihrer eigenen Interessen, sondern vielmehr als vor einer potenziellen Radikalisierung zu bewahrende Mündel.

Auch in der nationalen Medienöffentlichkeit trat das im Gründungsaufruf der Initiative noch deutlich dominierende gewerkschaftspolitische Element in der Außenwahrnehmung des Bündnisses schnell in den Hintergrund. Wahrgenommen wurde die Initiative in der einschlägigen Tages- und Wochenpresse bald nur noch durch ihre Protestaktionen, in denen sich der Einfluss linker Aktivisten am deutlichsten zeigte. Letztere hatten freilich langjährige Erfahrungen darin, wie man die (west-)deutschen Diskursgrenzen öffentlichkeitswirksam zu brechen vermochte. Zu nationalen Medienereignissen wurden so vor allem die großen Demonstrationen vor den Toren der Treuhand am 30. Juni und 14. Dezember 1992 sowie der bereits erwähnte Protestmarsch nach Bonn am 9. September. Schon allein die Wahl der Treuhand als Demonstrationsort war nach dem Mord an Rohwedder eine öffentliche Provokation und wurde auch so von den Medien aufgenommen. So verhielten sich konservative Medien

---

108 IG Metall, Vorstand, Abt. 1. Vorsitzender, Berthold Huber, an das Bundeskanzleramt, Johannes Ludewig, 7.9.1992, AdsD, 5/IGMZ220632, unfol.

gegenüber der ersten Großdemonstration am 30. Juni, an die sich ein inszeniert-konfrontatives Gespräch zwischen Betriebsräten und Treuhandpräsidentin Breuel am 9. Juli angeschlossen hatte, auffallend zurückhaltend, um eine ähnliche Entwicklung wie 1991 nicht noch zu befördern.[109] Damit überließen sie linken Medien wie der mit der Initiative vernetzten *taz* das diskursive Feld, die den Protest als Ausdruck einer »radikale[n] Kritik« deutete, welche die Betriebsräte »auch ohne die Gewerkschaften, und, wenn es sein muß, auch gegen die Gewerkschaften vorzutragen« bereit wären.[110] Am 14. Dezember 1992 wurde die Treuhand ein letztes Mal zur Bühne der Betriebsräteinitiative, die nun aber nur noch als eine von mehreren Protestgruppen in Erscheinung trat. Unter dem Motto »Flugtag« inszenierten Arbeiterinnen und Arbeiter ihre Entlassungen, indem sie vor einem Publikum von rund 1200 Menschen ihre Arbeitsgeräte herbeitrugen und auf einen großen Schrotthaufen warfen,[111] während die PDS an die »abgewickelten Arbeitsplätze, die DDR-Tarife, -Mieten, -Sozialregelungen usw.« erinnerte und den »Flugtag« in eine Traditionslinie zur Demonstration am Alexanderplatz vom 4. November 1989 einordnete.[112]

Freilich bewegte sich diese performative Gewalt gegen Sachen in einem kontrolliert-inszenierten und außeralltäglichen Rahmen. Anders verlief eine Demonstration von eng mit der Betriebsräteinitiative vernetzten Thüringer Kalikumpeln vor der Treuhand am 17. Mai 1993, deren mediale Deutung weniger um die Protestakteure, als vielmehr um den Protestort und dessen Symbolik kreiste, der die Dynamik des Protests wesentlich mitprägte. Diese Demonstration, die im Rahmen von Verhandlungen um die Zukunft der Kaligrube in Bischofferode stattfand, lief völlig aus dem Ruder. Am Ende eskalierte die Gewalt zwischen den Demonstrierenden und der Polizei und es kam zu Szenen, wie man sie von den Berliner Häuserkämpfen her kannte. Diese Analogie stellte auch die *taz* in ihrem

---

109 Zum Medienecho vgl. die Pressesammlung in RHG, PA M. Jander, MJ 60a.
110 CC Malzahn: Captain Breuel verließ das Raumschiff, in: taz vom 1.7.1992.
111 Vgl. Größte gemeinsame Aktion von Betriebsräten und Belegschaften. »Kündigungsstopp. Sofort!«, in: Berliner Zeitung vom 16.12.1992.
112 PDS Berlin, Aufruf, o. D., RHG, PA M. Jander, MJ 50, unfol.

Kommentar her,[113] während die Hassfigur der Kumpel, Treuhandvorstand Klaus Schucht, das BMF bat, seinen Lagebericht an das Bundeskriminalamt weiterzuleiten. Auch hier spielte die Erinnerung an Rohwedder eine wichtige Rolle, dessen Mord nicht zuletzt durch unzureichenden Personenschutz ermöglicht worden war. Das BMF aber lehnte Schuchts Ansinnen ab, auch weil man in der für die Treuhand ohnehin angespannten Situation des Jahres 1993 weitere »unerwünschte politische Nachwirkungen« vermeiden wollte.[114] Auch hier zeigt sich, wie sehr der Demonstrationsort Treuhandzentrale mit der Erinnerung an eskalierende und mörderische linke Gewalt kontaminiert war. Das machte sich die Betriebsräteinitiative erfolgreich zunutze, brachte sie aber auch in Rechtfertigungsnöte.

Weniger zurückhaltend reagierten Medien jenseits des linken Spektrums auf die erste große Konferenz der Betriebsräteinitiative am 20. Juni 1992, zu der rund 300 Teilnehmer erschienen. Viel ausgeprägter als bei den Demonstrationen traten hier die Konflikte zwischen Betriebsräten, Gewerkschaften und linken Basisgruppen offen zutage. Das machte die Konferenz auch angreifbar für konservative Medien wie die *Frankfurter Allgemeine Zeitung* (FAZ). In ihrem Kommentar machte Kerstin Schwenn die bündnisinternen Bruchlinien zum Leitmotiv. Auf der einen Seite identifizierte sie die Betriebsräte, die von der sozialen Marktwirtschaft enttäuscht seien, aber die Konferenz auch ohne die Unterstützung ihrer Gewerkschaften aktiv dazu nutzten, für die Produkte ihrer Betriebe zu werben und Investoren anzulocken. Auf der anderen befänden sich die »Heilsverkünder von den Trotzkisten bis zur DKP [Deutschen Kommunistischen Partei]« und am Rande die ratlosen Gewerkschaften, die die Konferenz mit »Sorge und Skepsis« verfolgten.[115] Bei der zweiten Kon-

---

113 Vgl. Severin Weiland: Polizei geht gegen Kali-Kumpel vor, in: taz vom 19.5.1993.
114 BMF, VIII B 1, MR [Ministerialrat] Schick, an Staatssekretär Horst Köhler, Betr.: Demonstration von Bergleuten der Kaligrube Bischofferode am 17. Mai 1993, Bezug: »Bericht zur Lage« von Herrn Schucht vom 25. Mai 1993, 7.6.1993, BArch Koblenz, B 126/145364, Bl. 9.
115 Kerstin Schwenn: Den Betriebsräten weist keiner den Weg aus der Ratlosigkeit. Ostdeutsche Arbeitnehmervertreter wollen gehört werden, in: Frankfurter Allgemeine Zeitung vom 22.6.1992.

ferenz am 21. November aber war das öffentliche Interesse an der kaum noch Außenwirkung erzielenden Veranstaltung bereits erloschen.

So ratlos wie die Gewerkschaften in der FAZ erschienen, waren sie gleichwohl nicht. Auch die Vorstände reagierten nicht einfach nur mit Ablehnung, sondern setzten den öffentlichkeitswirksamen Demonstrationen eigene Formate entgegen, die eine pragmatische Strukturpolitik in den Vordergrund rückten und den friedlichen Charakter der Transformation betonten. Der DGB Frankfurt (Oder) organisierte zusammen mit der Berliner Verwaltungsstelle der IG Metall am 2. Oktober eine Kundgebung am Berliner Alexanderplatz und durchkreuzte damit Pläne der Betriebsräteinitiative, am Tag vor den Einheitsfeierlichkeiten lautstark zu protestieren. In Rostock, dem zweiten Stützpunkt der Initiative, veranstaltete der örtliche DGB am selben Tag die Aktion »Kerzen für Gerechtigkeit«, bei der es (ebenso wie bei der Berliner Kundgebung) auch um sozialpolitische Reformen gehen sollte.[116]

Der auch in den Medien ausgetragene Kampf um den lokalen Raum und die in ihn eingeschriebenen sozialen Ordnungen trugen wesentlich dazu bei, dass sich die Initiative nach dem Jahreswechsel 1992/93 spaltete. Besonders in Berlin gelang es den Gewerkschaften, den Protest im Epizentrum der Initiative zu kanalisieren. Am 7. Januar 1993 bot das DGB-Kreisbüro Berlin-Süd der Initiative an, einen »DGB-Betriebsräte-Arbeitskreis« einzurichten, und wertete dies zugleich als Erfolg der Betriebsräteinitiative. Diese habe, so das Argument, einen Bewusstseinswandel im Gewerkschaftsbund herbeigeführt: »Die alte Meinung, daß der DGB sich nicht um die Betriebsräte zu kümmern habe, ist mittlerweile weitgehend überwunden.« Dies stieß bei vielen Betriebsräten auf positive Resonanz, rund 20 von ihnen nahmen das DGB-Angebot an. Die IG Metall beteiligte sich an dieser lokalen Solidaritätsinitiative jedoch nicht. Gleichwohl erklärte nun Martin Clemens, ein westdeutscher linker Historiker, der sich der Initiative von Beginn an angeschlossen und sich zwischenzeitlich zum Sprecher des Bündnisses »hochgearbeitet« hatte, die Initiative für ge-

---

116 Zu diesen Aktionen vgl. RHG, PA M. Jander, MJ 49, unfol.

spalten in einen lokalen Teil, der unter dem Dach des DGB weitermache, und einen überregionalen Teil, der an der Ausrichtung der 3. Konferenz arbeite und sich auf der Zielgeraden zu einer »Bürgerinitiative« befände.[117] Die IG CPK bzw. ihr prononciert antikommunistisch auftretender Vorsitzender Hermann Rappe hatte die beteiligten Betriebsräte aus der Chemieindustrie schon zuvor mit erhobenem Zeigefinger aufgefordert, die Initiative zu verlassen, dies aber wie der DGB ebenso mit partizipativen Angeboten verbunden.[118]

Dem weiterhin unter dem Label Ostdeutsche Betriebsräteinitiative firmierenden Rest des Bündnisses gehörten indes kaum noch Betriebsräte an. Mehr noch, in den Betrieben fand das Bündnis immer weniger Beachtung. Am 10. März 1993 klagte Hartmut Sonnenschein, einer der letzten in der Initiative noch verbliebenen ostdeutschen Betriebsräte, dass die »Belegschaften [...] nicht mehr mobilisierungsfähig« seien: »Wir ernten nur noch Lacher«.[119] Auch Versuche, sich überregional zu vernetzen, misslangen. Ein wesentlicher Grund hierfür lag freilich in der Betriebsbezogenheit der Proteste, die einer überregionalen Solidarität generell entgegenwirkte. Dazu kamen die gut aufgenommenen lokalen Angebote des DGB und der deutliche Ideologieschub, den die Betriebsräteinitiative durch die Spaltung erfuhr und der die Initiative in der nationalen Öffentlichkeit weiter delegitimierte. Die oftmals dogmatischen Reden, die Clemens nun selbst bei seinen auswärtigen Besuchen in von Stilllegung bedrohten Betrieben hielt, stießen sowohl bei west- als auch ostdeutschen Belegschaften oft auf Ablehnung, da sie Clemens eher als abgehobenen

---

117 Arbeitsausschuss der Konferenz der Betriebsräteinitiative, Sitzung am 7.1.1993, RHG, PA M. Jander, MJ 47, unfol.; Protokollnotiz zum Gespräch Berliner Betriebsräteinitiative – DGB-Kreis Berlin-Süd am 7. Januar 1993, RHG, PA M. Jander, MJ 40, unfol.
118 Vgl. IG CPK, Hauptvorstand, Vorsitzender Hermann Rappe, an die Verwaltungsstellen der Bezirke, den Hauptvorstand, die Schulen Bad Münster und Halle, die Verbindungsstelle Bonn und die Sekretäre im Hause, Rundschreiben 2/92, DGB-Bundesvorstandssitzung vom 7. Juli 1992, AfsB, IG CPK, 700, unfol.
119 Arbeitsausschuss der Konferenz der Betriebsräteinitiative, Sitzung am 10.3.1993, RHG, PA M. Jander, MJ 47, unfol.

Polittouristen denn als bodenständigen Arbeiter wahrnahmen.[120] Das zeigt die zentrale symbolische Rolle der ostdeutschen Betriebsräte für das Knüpfen überregionaler Solidaritätsnetzwerke, auch wenn diese in der Praxis letztlich sehr begrenzt blieben.

Im Sommer 1993 traten auch die Bruchlinien zwischen den westdeutschen Linken stärker hervor. Die 3. Konferenz am 19. Juni 1993, die nur noch rund 100 Teilnehmer anzog und kaum noch Medienecho erzeugte, verkam zu einem »zähen Sitzungskampf«,[121] dem schwere interne Auseinandersetzungen vorausgegangen waren. Der gewerkschaftsnahe Soziologe Martin Jander war von der Initiative ausgeschlossen worden, nachdem er Höge und Clemens vorgeworfen hatte, das Bündnis zu einer »Teilgruppe der ›Komitees für Gerechtigkeit‹« (dabei handelte es sich um Zusammenschlüsse alter SED-Kader und ostdeutscher Politiker des Übergangsjahrs 1990) gemacht zu haben. Zudem hatte Jander das Konferenzplakat von Helmut Höge mit dem Slogan »Wer von der Treuhand nicht reden will, der soll von Rostock schweigen!« als »glatte Rechtfertigung des Pogroms in Rostock«[122] und damit als diskursive Grenzüberschreitung kritisiert.[123] Weitere Bruchlinien taten sich beim Umgang mit dem ostdeutschen Metalltarifstreik im Mai 1993 auf. Während Jakob Moneta, trotzkistisches Urgestein der IG Metall und einer der führenden Köpfe der PDS-Arbeitsgruppe Betrieb und Gewerkschaft, zur Solidarität mit den Streikenden aufrief,[124] bezeichnete Clemens das Verhandlungsergebnis nachträglich öffentlich als »Schweinekompromiss«[125] und forderte die

---

120 Vgl. Handschriftlicher Brief, Betriebsrat der Klöckner-Hütte Bremen an Martin Clemens, o. D., RHG, PA M. Jander, MJ 50, unfol. Zur Rede von Martin Clemens vgl. ebd., unfol.; Martin Clemens: Bischofferode. Ein Bericht, 6.9.1993, in: Gehrke: Dokumente (wie Anm. 98), S. 309.
121 Martin Jander/Stefan Lutz, [ohne Titel], o. D., RHG, PA M. Jander, MJ 46, unfol.
122 Dies bezieht sich auf die rechtsradikalen Ausschreitungen vom 22. und 26. August 1992 gegen die Zentrale Aufnahmestelle für Asylbewerber und ein Wohnheim für ehemalige vietnamesische Vertragsarbeiter in Rostock-Lichtenhagen.
123 Vgl. Helmut Höge: Nachhilfeunterricht, in: Der Alltag 76 (1997), S. 37–61, hier S. 48 f.
124 Vgl. Jakob Moneta, Die Initiative der Betriebs- und Personalräte steckt in einer Krise! Wie können wir sie überwinden?, o. D., RHG, PA M. Jander, MJ 41, unfol.
125 Martin Clemens: »Schweinekompromiß«. Eine Nachlese zum Metallerstreik, in: Neues Deutschland vom 3.6.1993.

Initiative auf, eine Resolution gegen den Tarifabschluss zu verabschieden, was auf Druck Monetas und anderer Unterstützer aus den Reihen der IG Metall aber unterblieb. Im Dezember 1993 erklärte sich die Initiative schließlich für aufgelöst, nachdem mit Eberhard Wagner einer der letzten noch verbliebenen Betriebsräte ausgetreten war.

In der zeitgenössischen Wahrnehmung verfestigte sich damit das Narrativ des Scheiterns der Betriebsräte, die im Machtkampf zwischen westdeutschen dogmatischen Linken und Gewerkschaften zerrieben worden seien. Letzteren wurde dabei zuweilen vorgeworfen, das Bündnis durch »Demobilisierung« zerschlagen zu haben.[126] Bei genauerem Hinsehen zeigt sich aber, wie fragil das Bündnis von Anfang an war. Dabei gelang es dem DGB, einen wesentlichen Teil des lokalen Protestpotenzials durch Anerkennungspolitik in Form partizipativer Angebote zu kanalisieren – ohne dass dies aber langfristige Rückwirkungen auf die Politik der Gewerkschaften in Ostdeutschland insgesamt hatte. Und schließlich offenbarte besonders das letzte Jahr der Betriebsräteinitiative weniger Ost-West-Differenzen, sondern vielmehr Bruchlinien, die sich tief in die Geschichte der westdeutschen Linken nach »1968« eingeschrieben hatten. Zugleich befand sich parallel dazu bereits die PDS, die bei der Betriebsräteinitiative eher noch im Hintergrund gewirkt hatte, auf dem Weg zu einer neuen »Ostpartei«. Eine wichtige Etappe stellte dabei der Hungerstreik von Bischofferode dar.

5. Protest und Demokratieerfahrung: Der Hungerstreik von Bischofferode

Wenn es so etwas wie ein »ostdeutsches« Protestgedächtnis gibt, dann nimmt darin der Hungerstreik der Kalikumpel von Bischofferode im Jahr 1993 einen zentralen Platz ein. In den aktuellen Diskussionen um die

---

126 Alfons Frese: Aufgerieben zwischen Linken und Gewerkschaften: Ostdeutsche Initiative von Betriebsräten zerfällt, in: Der Tagesspiegel vom 18.12.1993; Gehrke: Dokumente (wie Anm. 98), S. 16.

mentalen Nachwirkungen der Treuhand ist jedenfalls vermehrt auf das ikonischste aller ostdeutschen Protestereignisse der frühen 1990er-Jahre verwiesen worden.[127] Die Ikonografie des Hungerstreiks fügt sich gut in das populäre Bild von Verlust, Desillusionierung, Desintegration und Elitenskepsis im Osten. Diese Narrativ bedient besonders die Linkspartei, in deren Erinnerungskanon der Hungerstreik als Symbol »für das große wirtschaftspolitische Unrecht in der Geschichte der Bundesrepublik, die Arroganz der Mächtigen und den Widerstandsgeist der Beschäftigten im Osten« sowie als Signum »der Transformationszeit, in der die Lebensleistung vieler Menschen in Ostdeutschland missachtet und ein ganzes Land dem Ausverkauf durch die Treuhand preisgegeben wurde«, steht.[128] Die in diesen Erinnerungsdiskurs um Bischofferode eingeschriebene Demokratie- und Systemkritik im Osten ist, wie nachfolgend gezeigt, jedoch selbst Ergebnis einer kontroversen Deutungsgeschichte des Hungerstreiks, in der nicht nur die Grenzen der Transformationspolitik der Bundesregierung deutlich wurden, sondern in der auch über Demokratievorstellungen und -erfahrungen in Ost und West gestritten wurde.

Der am 1. Juli 1993 beginnende Hungerstreik von 40 Kalikumpeln (parallel zu der seit Monaten andauernden Schachtbesetzung) richtete sich inhaltlich gegen die im Dezember 1992 unerwartet gefällte Entscheidung der Treuhand, das Kaliwerk Bischofferode als eine Bedingung für die angestrebte Fusion der ost- und westdeutschen Kalikonzerne (Mitteldeutsche Kali AG und Kali & Salz AG) zu schließen.[129] Zugleich

---

127 So der plakative Titel eines preisgekrönten Dokumentarfilms von 2018: Dirk Schneider, Bischofferode – Das Treuhand-Trauma, Hoferichter & Jacobs GmbH, Deutschland 2018, 90 Minuten.
128 Katja Kipping: Pressemitteilung: 25 Jahre Bischofferode, 6.7.2018, https://www.die-linke.de/start/presse/detail/25-jahre-bischofferode/ (Zugriff am 11.10.2021).
129 Es kann an dieser Stelle nicht darum gehen, die Protestinhalte bzw. die zentrale Frage zu diskutieren, ob das Kaliwerk zu erhalten gewesen wäre. Diese Frage lässt sich letztlich auch nicht objektiv beantworten, zu komplex waren die wirtschaftlichen und politischen Rahmenbedingungen, unter denen die politisch Verantwortlichen eine Entscheidung treffen mussten. Vgl. hierzu Christian Rau: Bischofferode – Geschichte und Erbe eines ostdeutschen Hungerstreiks, unveröffentl. Manuskript, Berlin 2021.

stellte er einen Bruch mit bisherigen Protestpraktiken und -diskursen in Thüringen dar, die sich bis in den August 1990 zurückverfolgen lassen. Eine wichtige Rolle spielte hierbei der ostdeutsche CDU-Politiker Josef Ducháč. Der wie viele ostdeutsche Amtsträger der Umbruchzeit aus dem betrieblichen Management stammende Politikneuling hatte sich bereits am 3. August 1990 in seiner neuen Rolle als Bevollmächtigter der ostdeutschen Übergangsregierung für den Bezirk Erfurt vor protestierende Kalibergleute gestellt, die für einen sozial »gerechten« Transformationsprozess in ihrer Region kämpften und – unterstützt durch die Gewerkschaft – bereits zu diesem Zeitpunkt mit Hungerstreik drohten. Vertraut mit betrieblichen Aushandlungsprozessen, sagte Ducháč eine schnelle Lösung des Konflikts zu. Schließlich drohte mit dem erwarteten Verlust der überdimensionierten und sanierungsbedürftigen Kaliindustrie die Verarmung der gesamten Nordthüringer Region.[130] Von seinen Lösungsvorschlägen, die von einem umfassenden Wirtschaftsprogramm für die Region bis hin zur Schaffung von Beschäftigungsgesellschaften reichten, stand bis kurz vor der Wiedervereinigung aber nur ein mühsam verhandelter Tarifvertrag, der Abfindungsleistungen zusagte, für die nach dem 3. Oktober 1990 jedoch der Bund aufkommen sollte.[131]

Obwohl Vertreter des Bundeswirtschaftsministeriums an den Verhandlungen teilgenommen hatten, lehnten Bundesregierung und Treuhand die Übernahme der Kosten ab und spielten stattdessen den Ball an

---

130 Vgl. An Frau Minister Dr. Hildebrandt, Auszug aus dem Bericht des Regierungsbevollmächtigten des Bezirkes Erfurt vom 3. August 1990, BArch Berlin, DQ 3/1884b, Bl. 8; Ministerium für Wirtschaft, Entwurf: Programm zur Regionalentwicklung sowie zur Industrie- und Gewerbeansiedlung für das Südharzgebiet des Landes Thüringen, 9.8.1990, BArch Berlin, DE 10/262, unfol.
131 Vgl. Ministerium für Wirtschaft/Ministerium für Arbeit und Soziales/Ministerium der Finanzen/Sprecherrat der Bergleute der Flußspatgruben Straßberg und Rottleberode, Festlegungsprotokoll der Beratung der bevollmächtigten Vertreter der Ministerien mit dem Sprecherrat der Bergleute unter Teilnahme von Vertretern des Bundeswirtschaftsministeriums, 24.9.1990, LATh – HStA Weimar, 6-82-1001, Nr. 1295, Bl. 58f.

das Land zurück,[132] dessen konservativ-liberale Regierung seit den Landtagswahlen vom 14. Oktober 1990 von Duchač angeführt wurde. Aus dem einstigen inner-ostdeutschen Konflikt wurde damit ein föderaler Konflikt zwischen der Bundesregierung und einem ostdeutschen Bundesland, bei dem der Protest der Kalibergleute eine zentrale politische Ressource blieb. Duchač unterstützte die örtlichen Proteste weiterhin und nutzte sie gleichzeitig als Druckmittel gegenüber Bonn und der Treuhand. Dabei erwog man in Erfurt zeitweise sogar eine Klage gegen den Bund.[133] Verbale Solidaritätsbekundungen mit den Protestierenden und ihren Gewerkschaften sowie das Drohen mit weiteren Protesten gehörten 1991 zum Standardrepertoire der ressourcenschwachen Thüringer Landespolitik bzw. landespolitischer Selbstbehauptung. Die Kaliproteste in Nordthüringen waren damit von Beginn an Bestandteil der demokratischen Praxis auf Landesebene.

Die Landesregierung setzte ihre Solidaritätspolitik fort, auch nachdem Duchač im Frühjahr 1992 infolge von Stasivorwürfen auf Druck des Landesparlaments zurückgetreten und durch den westdeutschen CDU-Politiker und engen Vertrauten Helmut Kohls Bernhard Vogel ersetzt worden war. Denn die Solidarität mit den Kumpeln basierte nicht nur auf einem parteiübergreifenden Konsens, sondern Vogel hielt sich von Beginn an betont im Hintergrund, um nicht als westdeutscher »Kolonialherr« zu erscheinen,[134] was die Übernahme einiger ostdeutscher Minister der Vorgängerregierung einschloss. Einer von ihnen, der Minister der Staatskanzlei Andreas Trautvetter (CDU), vertrat Vogel auch im Verwaltungsrat der Treuhand und hatte dem folgenschweren Beschluss zur

---

132 Vgl. Bundesminister für Wirtschaft, Jürgen Möllemann, an den Minister für Wirtschaft und Technik des Landes Thüringen, Hans-Jürgen Schultz, 13.5.1991, LATh – HStA Weimar, 6-82-1001, Nr. 1400, Bl. 65 f.
133 Vgl. Chef der Thüringer Staatskanzlei, Krapp, an das Ministerium für Wirtschaft und Technik, Killmer, 26.9.1991, Entwurf, LATh – HStA Weimar, 6-82-1001, Nr. 1295/1, unfol.
134 Bernhard Vogel. Gespräch am 12. März 1992, in: Günter Gaus (Hg.): Zur Person. Günter Gaus im Gespräch mit Ulf Fink, Bernhard Vogel, Gustav Just, Thomas Langhoff, Gisela Oechelhaeuser, Friedrich Wolff, Albert Hetterle, Ellen Brombacher, Berlin 1993, S. 33–54.

Kalifusion vom 9. Dezember 1992 zugestimmt (ohne jedoch über die konkreten Implikationen informiert zu sein). Umso schärfer fiel die Reaktion von Trautvetters ostdeutschem Kabinettskollegen, Wirtschaftsminister Jürgen Bohn (Freie Demokratische Partei, FDP), im Erfurter Parlament aus, nachdem die Details des Fusionsplans öffentlich bekannt geworden waren. Dabei bewegten sich Bohns Worte, die er nicht nur im Parlament, sondern auch auf Protestkundgebungen vor Ort wiederholte, zum einen ganz im Diskursraum der landespolitischen Solidarität mit den Kalibergleuten. Zum anderen lud Bohn den bisherigen föderalen Konflikt zu einem nationalen Ordnungskonflikt zwischen westdeutscher Norm und ostdeutschem Ausnahmeregime auf. Es sei, so Bohn, nicht die Treuhand allein, sondern die »Rhein-Ruhr-Lobby«, d. h. die politisch einflussreichen Stahl- und Kohlekonzerne der Bundesrepublik, die verhindern würden, dass der Westen die »bittere Pille und diesen schweren Weg durchmachen [müsse], den wir momentan vor uns haben«.[135]

Die Betonung struktureller Machtasymmetrien zwischen Ost und West folgte in erster Linie der Intention, Zeit für Nachverhandlungen mit der Treuhand zu gewinnen (wobei Bohn offenließ, welches Ergebnis man in Erfurt anstrebte), und sollte lokalen Gerüchten über die Rolle der Landespolitik, die besonders in Bischofferode, wo man auf die Schließung des Werks ganz und gar nicht vorbereitet war, selbst schon für den »Grubentod« verantwortlich gemacht wurde,[136] entgegenwirken. Jedoch entfalteten Bohns Worte schon bald eine kaum noch zu steuernde Eigendynamik. Schnell wurde die Landesregierung selbst zur Getriebenen der Opposition. Denn Letztere nahm Bohns Fundamentalkritik am Westen zum Anlass, um die Landesregierung auf die Maximalforderung festzulegen, nämlich den unbedingten Erhalt der letzten noch verbliebenen Kalischächte in Nordthüringen. In einer Parlamentsdebatte Mitte Januar 1993

---

135 Thüringer Landtag, 1. Wahlperiode, 69. Sitzung am 11. Dezember 1992, S. 4994, http://www.parldok.thueringen.de/ParlDok/dokument/6266/69_plenarsitzung.pdf (Zugriff am 28.1.2022).
136 Flugblatt des Bürgerkomitees Worbis e. V., Grubentod, o. D. [Januar 1993], LATh – HStA Weimar, 6-82-1001, Nr. 1295, Bl. 132.

forderten Abgeordnete von SPD und PDS die Landesregierung mit Verweis auf die suspekte Rolle Trautvetters im Verwaltungsrat der Treuhand dazu auf, sich »nicht auf Nebenkriegsschauplätzen« zu tummeln, sondern kompromisslos für den Erhalt von Standorten zu kämpfen.[137] Die Landesregierung unter Bernhard Vogel begab sich damit auf eine monatelange Gratwanderung zwischen Kompromissbereitschaft gegenüber der Treuhand und der von der Mehrheit im Parlament geforderten Kompromisslosigkeit. In diesem politischen Dilemma stimmte Ministerpräsident Vogel in der Sitzung des Treuhand-Verwaltungsrats am 23. April 1993 als Einziger gegen den zur Abstimmung stehenden Fusionsvertrag. Auch von seinen vier Amtskollegen im Osten war kein Zeichen der Solidarität zu vernehmen, vielmehr zeigten diese sich irritiert vom Verhalten Vogels. Im Land selbst aber konnte sich dieser als prinzipientreuer Ministerpräsident präsentieren und eine befürchtete Regierungskrise abwenden.

In den hitzigen Verhandlungen in der Treuhand und im Erfurter Parlament sammelten die Protestneulinge in Bischofferode allerlei Erfahrungen mit unterschiedlichen Protestformaten. Dabei konzentrierten sie sich zunächst auf die Solidarität in der Eichsfelder Region, die ihnen auch im Westteil des einst geteilten Eichsfelds zuteilwurde. Das historisch tief verankerte Narrativ vom »Armenhaus« Deutschlands, zu dem das Eichsfeld erneut zu werden drohte, wirkte mobilisierend und bündnisbildend. Das spiegelte sich auch in der Protestkultur wider. So initiierten die Kumpel Straßenblockaden rund um die Region und protestierten zusammen mit Bürgern, örtlichen Politikern und Unternehmern. Selbst bei einer eskalierenden Demonstration vor der Treuhandanstalt in Berlin am 17. Mai 1993 begriffen die Kumpel ihren Kampf als Dienst an der Region, die »in 40 Jahren durch uns und durch unsere Eltern Arbeit aufgebaut wurde« und nun »in nur knapp 4 Jahren zum größten Teil wieder

---

137 Thüringer Landtag, 1. Wahlperiode, 72. Sitzung am 15. Januar 1993, S. 5233–5252, http://www.parldok.thueringen.de/ParlDok/dokument/7855/72_plenarsitzung.pdf (Zugriff am 28.1.2022).

zunichte gemacht« werde.[138] Das Narrativ des Kampfes für die Region war für Kumpel umso wichtiger, da das Gesamtunternehmen, die Mitteldeutsche Kali AG (MDK), keinen dauerhaften Solidaritätsraum darstellte. Weder hatten die Bischofferöder die Kaliproteste von 1990/91 unterstützt noch erhielten sie nun nennenswerte Unterstützung für ihren Kampf aus anderen (ehemaligen) Kaliregionen.

Der am 1. Juli 1993 beginnende Hungerstreik schrieb sich aus Sicht der Kumpel in das Protestnarrativ vom Kampf um die Region ein. Als einer der Hungerstreikenden im August von einem anarchosyndikalistischen Blatt gefragt wurde, »Warum ein Hungerstreik?«, hatte sich der Interviewer sicherlich eine andere Antwort erhofft als den schnöden Pragmatismus, mit dem der Interviewte auf die Frage reagierte: »… weil alle Möglichkeiten, die zum Erhalt des Arbeitsplatzes aufgeführt werden können, alle Kampfmaßnahmen von den Bischofferodern [sic!] ergebnislos durchgeführt worden waren.«[139] Zugleich deutet das Interview auf protestkulturelle Transfers zwischen westdeutschen Linken und den konservativ eingestellten Eichsfelder Bergleuten hin, die sich das Konzept Hungerstreik jedoch eigensinnig aneigneten. Für diesen protestkulturellen Transfer spielten ideologische Anknüpfungen an die lange Tradition des Hungerstreiks als politisches Kommunikationsmittel der revolutionären, radikalen und antikolonialen Linken im 20. Jahrhundert keine Rolle.[140] Viel wichtiger waren konkrete Netzwerkbeziehungen. Dazu zählte die Ostdeutsche Betriebsräteinitiative, zu der die Kumpel bereits im Frühjahr 1993 Kontakt aufgenommen hatten, also zu einer Zeit, in der das Bündnis einen deutlichen Ideologisierungsschub erfuhr. Von hier aus sickerten nicht nur Konzepte und Begriffe der Neuen Linken wie die

---

138 Flugblätter: In Zukunft Peine-Kali aus Bischofferode, o. D., BArch Berlin, B 412/3365, unfol.; Was kostet den Steuerzahler diese »Kali-Fusion«?, o. D., ebd., unfol.
139 Interview, in: Direkte Aktion, Nr. 100/1993.
140 Zur historischen Einordnung vgl. Maximilian Buschmann: Hungerstreik – Notizen zur transnationalen Geschichte einer Protestform im 20. Jahrhundert, in: Aus Politik und Zeitgeschichte 65 (2015) 49, S. 34–40. Zur Adaption des Hungerstreiks durch die RAF vgl. Jan-Hendrik Schulz: Unbeugsam hinter Gittern. Die Hungerstreiks der RAF nach dem Deutschen Herbst, Frankfurt am Main 2019, S. 33–59.

Deutung der Wiedervereinigung als Kolonialisierung in die Sprache der Bischofferöder ein,[141] auch konnten die Kumpel über diese Netzwerkbeziehungen miterleben, wie Teile der in der Initiative engagierten Belegschaft des Berliner Batteriewerks Belfa am 28. Juni 1993 in einen Hungerstreik traten, der bereits einen Tag darauf mit dem Erhalt des Werks erfolgreich endete.[142] Einen anderen Hungerstreik konnten die Kumpel durch enge Kontakte zu den seit 1987 im Arbeitskampf befindlichen Stahlwerkern von Rheinhausen verfolgen. Einige der letzten noch verbliebenen Stahlwerker traten im März 1993 selbst in einen von der nationalen Öffentlichkeit allerdings kaum noch beachteten Hungerstreik,[143] heroisierten die Kumpel über ihre Netzwerke zur Marxistisch-Leninistischen Partei Deutschlands (MLPD) als Fackelträger »des mutigen Arbeitskampfs von Rheinhausen« gegen die »Fata Morgana der ›sozialen Marktwirtschaft‹«[144] und schickten regelmäßig Abordnungen nach Bischofferode. Für die Solidaritätsbeziehungen waren die politischen Netzwerke der Rheinhauser indes weniger wichtig als der Habitus des ehrlichen und anständigen Arbeiters, den die Stahlwerker verkörperten.

In der Protestchronologie der Bischofferöder stellte der Hungerstreik aber auch eine Reaktion auf die bereits erwähnte Gewalteskalation am 17. Mai vor der Treuhand dar. Nachdem dieses Ereignis eine weitgehende Delegitimierung der Kaliproteste in nationalen Medien jenseits des linken Spektrums nach sich gezogen hatte, setzten die Kumpel alles daran, sich vom Image des Steine schmeißenden Mobs zu befreien und ihr Selbstbild vom friedlichen und ehrenhaften Arbeiter wiederherzustellen.[145] Als gewaltlose Protestform, die zugleich eine Provokation der öffentlichen

---

141 Vgl. Aufruf der Bischofferöder Kaliwerker, An die Bevölkerung der ganzen Region Thüringen zum 1. Mai 1993, o. D., AfsB, IG BE, 17363, unfol.
142 Vgl. Höge: Berliner Ökonomie (wie Anm. 100), S. 98–101.
143 Vgl. J. S.: Hungerstreik fürs Werk. Rheinhausen-Männer protestieren, in: taz vom 15.3.1993.
144 Faltblatt MLPD, »Bischofferode – Symbol einer neuen Arbeiteropposition«, 16.8.1993, RHG, PA M. Jander, MJ 59, unfol.
145 Vgl. »Methoden wie bei der Stasi«. Kumpel fühlen sich von der Polizei provoziert und mißhandelt, in: Das Obereichsfeld vom 22.5.1993.

Ordnung darstellte, eignete sich ein Hungerstreik hervorragend. Und in der Tat, wie der *Spiegel* am 12. Juli berichtete, waren die Kumpel, seitdem sie »nicht mehr nur ein paar Schilder vor dem Grubeneingang hochhalten, sondern für den Erhalt ihres stickigen, heißen, lauten und manchmal sogar gefährlichen Arbeitsplatzes ihre Gesundheit aufs Spiel setzen, [...] wieder in den Medien« – und zwar nun als verzweifelte Männer, die mit Unterstützung ihrer Ehefrauen um das nackte Überleben ihrer Familien kämpften.[146] Aus den am Rande der Gesellschaft stehenden Steinewerfen waren verzweifelte Familienväter geworden, mit denen sich die gesellschaftliche »Mitte« wieder identifizieren konnte.

Das tat sie aber nur bedingt. Denn der Hungerstreik machte aus dem einstigen Kampf mit dem Staat für die Region bald einen Kampf gegen das »System« und dessen Träger, zu denen neben dem Staat und den Unternehmen auch die Gewerkschaften zählten. Vor diesem Hintergrund formierte sich vor Ort auch Gegenprotest. Lokalpolitiker im Eichsfeld, denen die jahrelange Sonderbehandlung der Kalikumpel durch die Landesregierung schon länger ein Dorn im Auge war, warfen den »verantwortlichen politischen Kräfte[n]« nun vor, dazu beigetragen zu haben, dass der Protest »zu einer offenen Nötigung des Staates« geworden sei, während sie die Gestaltung des Strukturwandels vernachlässigt hätten.[147] Damit stellten sie bewusst Analogien zu den Kämpfen der RAF her, die seit 1973 mehrere kollektive Hungerstreiks durchgeführt hatte[148] und seit dem Rohwedder-Mord auch im Osten Fuß zu fassen drohte. Die Gefahr, dass die RAF neuen Nährboden gewinnen könnte, schien in Bischofferode umso konkreter, da immer mehr linksradikale Sympathisanten ins Eichsfeld pilgerten, um sich mit den Bischofferödern zu solidarisieren. Dazu

---

146 »Das Hungern frißt Nerven«. Kalikumpel in Bischofferode kämpfen verzweifelt gegen die Schließung ihrer Grube, in: Der Spiegel 28/1993.
147 Landkreis Heiligenstadt (Eichsfeld), Erklärung des Kreisausschusses des Landkreises Heiligenstadt zu den fortdauernden Auseinandersetzungen um die Perspektive des Kaliwerkes Bischofferode, 9.7.1993, BArch Berlin, B 412/3367, Bl. 424f.
148 Vgl. hierzu Schulz: Unbeugsam hinter Gittern (wie Anm. 140); Heiko Stoff: Die Komamethode. Willensfreiheit, Selbstverantwortung und der Anfang vom Ende der Roten Armee Fraktion im Winter 1984/85, Berlin 2020.

kamen vereinzelt rechtsextreme Gruppen, weshalb der Hungerstreik in einigen Medien auch als von »Trittbrettfahrern von RAF bis Neonazis« unterwandert bezeichnet wurde.[149]

Die Landesregierung musste reagieren und veränderte bald ihre Strategie, die nun auf eine gesichtswahrende Beendigung des Hungerstreiks zielte.[150] Es ging, so das Argument, nun nicht mehr um die Durchsetzung von Maximalzielen, sondern um den Gesundheitszustand der Kumpel und die Verhinderung einer Radikalisierung. Als das Landeskabinett seinen Strategiewechsel am 17. Juli einleitete, hatten Vogel und die zuständigen Minister mit der Treuhand bereits eine großzügige Auffanglösung für zwei Jahre ausgehandelt, die der Ministerpräsident kurz darauf um ein Versprechen zur Schaffung von Ersatzarbeitsplätzen in der Region erweitert hatte, was den Kumpeln zumindest einen sanften Fall ermöglichte.[151] Auch im Länderreferat der Treuhand war man sich nun sicher, damit »den Hungerstreikenden die Möglichkeit [eröffnet zu haben], die Aktion als einen Erfolg zu verkaufen und damit den Streik ohne Gesichtsverlust abzubrechen«.[152] Doch der Protest ging mit Unterbrechungen bis Ende Dezember 1993 weiter. Trotz der medialen Abwertung des Arbeitskampfs im Zuge des Pilgerstroms linker Gruppen sowie einzelner Abgeordneter und ehemaliger ostdeutscher Bürgerrechtler, die sich aber nur kurzzeitig am Hungerstreik beteiligten, konnten Arbeitskampf und

---

149 Wilfried Glöde: Trittbrettfahrer von RAF bis Neonazis. Zweifelhafte Gruppen nutzen Aktionstage in Bischofferode zur Werbung für eigene Ideen aus, in: Neue Zeit vom 13.8.1993; Florian Stumfall: Augenschein in Bischofferode. Kumpel, Kali, Kommunisten, in: Bayernkurier vom 4.9.1993.
150 Vgl. Thüringer Staatskanzlei, Kabinettsreferat, Niederschrift über die 134. Kabinettssitzung am 17.7.1993, Sondersitzung zur Situation in Bischofferode, 19.7.1993, LATh – HStA Weimar, 6-82-1001, Nr. 2338, unfol.
151 Vgl. Aktivitäten zur Schaffung von Ersatzarbeitsplätzen in der Region Bischofferode, Ergebnis der Besprechung zwischen THA, MDK und der K+S am 12.7.93, BArch Berlin, B 412/10749, unfol.; Kaliwerk Bischofferode, Betriebsrat, Heiner Brodhun, Stellungnahme zur Erklärung des Ministerpräsidenten des Landes Thüringen im Ergebnis der Kabinettssitzung am 17.7.1993, BArch Berlin, B 412/3367, Bl. 284.
152 THA, Präsidialbereich Länderfragen, Länderabteilung Thüringen, PL 5, Dr. Link, an Präsidentin Birgit Breuel, Kali, Bemühungen um Beendigung des Hungerstreiks in Bischofferode, 16.7.1993, BArch Berlin, B 412/3252, Bl. 330.

»Weltrevolution« (und Nationalismus) vor Ort so lange gut nebeneinander existieren, wie man sich nicht in die Belange des anderen einmischte. Dieses »silent agreement« fand während eines Aktionstages in Bischofferode am 21. August ein jähes Ende. Denn am Rande musste sich der Betriebsrat mit einem Ultimatum des Vorstands der MDK befassen, der mit einem sofortigen Produktionsstopp drohte, sollten »betriebsfremde« Personen weiterhin das Gelände blockieren.[153] Die Meinungen hierzu waren geteilt. Ein Teil des Betriebsrats, unter anderem der Vorsitzende Heiner Brodhun, der zudem der CDU angehörte, votierte für den Abzug »betriebsfremder« Kräfte, ein anderer Teil dagegen. Am Ende entschied sich das Gremium für den Abzug als Voraussetzung für eine Fortsetzung des Arbeitskampfs bei laufender Produktion – schließlich blieb es das vorrangige Ziel, den Betrieb zu erhalten.[154] Nachdem sich Martin Clemens, der Sprecher der Ostdeutschen Betriebsräteinitiative, in diesen Konflikt eingemischt und Brodhun der »Spaltertätigkeit« bezichtigt hatte, beschimpfte Letzterer Clemens öffentlich als »Hobbyterrorist«.[155]

Das Zweckbündnis zwischen Betriebsrat und radikalen Linken fand damit ein jähes Ende und Letztere zogen Ende August 1993 allmählich aus Bischofferode ab. Lediglich in ihren Medien hallte die Aufforderung, das Signal von Bischofferode weiterzutragen, noch eine gewisse Zeit nach.[156] Der Erfahrungsraum Bischofferode aber beschleunigte eine nachhaltige Fokusverlagerung in den Erinnerungsdiskursen der radikalen Linken. Die »erprobte[n] Linke[n]«, die man in den Kumpeln sehen wollte, fand man im Eichsfeld nicht – stattdessen stieß man auf Arbeiter, welche die deutsche Einheit »hoffnungsvoll« begrüßten und den »neoliberalen Umbau in

---

153 MDK, Der Vorstand, an die Werksleitung des Kaliwerks Bischofferode/Betriebsrat des Kaliwerks Bischofferode, 4.8.1993, AfsB, IG BE, 17363, unfol.
154 Vgl. BMWi, L-D/THA 2, Vermerk, Betr.: Fusion Mitteldeutsche Kali AG/Kali u. Salz AG; hier: Standort Bischofferode, 23.8.1993, BArch Koblenz, B 102/706097, Bl. 43.
155 Martin Clemens: Bischofferode. Ein Bericht, 6.9.1993, in: Gehrke, Dokumente (wie Anm. 98), S. 308f.
156 Vgl. z.B. Werner Engelhardt: Das Signal von Bischofferode weitertragen, in: Rote Fahne (1993) 34.

Deutschland« nicht erkannt hätten. Die Hoffnungen der Neuen Linken verlagerten sich damit bald auf den zur neuen »Arbeiterklasse« stilisierten »(oft ausländische[n]) Saisonarbeiter«, der vermehrt in prekären Dienstleistungsberufen anzutreffen war.[157] Ältere Utopien wurden mit Bischofferode also nicht obsolet, sondern erfuhren vielmehr Umdeutungen und Aktualisierungen.

Auch für die PDS markierte der Hungerstreik eine Wegmarke im Prozess ihrer eigenen Transformation. Anders als die radikale westdeutsche Linke verband die PDS den Hungerstreik der Kalibergleute mit eigenen Traditionen und Demokratievorstellungen. Hatte die Partei den Protest ostdeutscher Belegschaften 1991 noch ausschließlich mit einer Reform der Treuhand (also mit Kurzfristzielen) verknüpft, wurde der Protest der Bischofferöder in Diskursräumen der Partei seit Sommer 1993 als Bestandteil einer generellen »aktive[n] sozialistische[n] Tagespolitik« »gegen Sozial- und Demokratieabbau, gegen Arbeitsplatz-, Kultur- und Naturzerstörung« konzipiert.[158] Damit korrespondierte, dass sich die PDS auf Landesebene zunehmend als Fortführerin der bisherigen Solidaritätspolitik des Landes inszenierte und dies mit alternativen strukturpolitischen Forderungen verband, etwa der Sanierung des Kaliwerks im Landeseigentum.[159] Der Strategiewechsel der Landesregierung im Juli 1993 trug schließlich auch dazu bei, dass sich die PDS aus ihrer bisherigen parlamentarischen Außenseiterrolle an die Spitze der Opposition manövrieren konnte. Solange die Solidarität mit den Kumpeln parteiübergreifender Konsens gewesen war und als Bindeglied zwischen Regierung und Opposition fungiert hatte, gab es für Letztere keine Notwendigkeit zur Zusammenarbeit. Dadurch konnten sich auch genuin ostdeutsche Konfliktlinien zwischen Bürgerrechtsgruppen, ehemaligen »Blockpar-

---

157 Ulrich Peters: Unbeugsam & widerständig. Die radikale Linke in Deutschland seit 1989/90, Münster 2014, S. 162–185.
158 Judith Dellheim: »Bischofferode ist überall« – Und die PDS?, in: Informationsdienst PDS/Linke Liste (1993) 16.
159 Vgl. Thüringer Landtag, 1. Wahlperiode, 102. Sitzung am 23. Dezember 1993, S. 7887 f., http://www.parldok.thueringen.de/ParlDok/dokument/10071/102_plenarsitzung.pdf (Zugriff am 28.1.2022).

teien« und der SED-Nachfolgepartei im Landesparlament fortsetzen. Der landespolitische Strategiewechsel aber zwang zur Zusammenarbeit der Oppositionsparteien, die seit Juli 1993 zunehmend mit einer Stimme sprachen und gemeinsame Initiativen gegen die Landespolitik entwickelten. Dabei unterschied sich das Handeln der Opposition auf Landesebene grundlegend von den Entwicklungen auf der Bundesebene, wo nur noch die PDS als Wortführerin der Kumpel auftrat.

Eine wichtige Rolle im Profilierungsprozess der PDS spielten auch (westdeutsche) gewerkschaftliche Basisfunktionäre, die sich nicht nur ebenso zahlreich mit den Kumpeln solidarisierten und Spendengelder sammelten, sondern den Hungerstreik auch nutzten, um ihren eigenen Unmut über die als profillos wahrgenommene Politik der Vorstände von unten zu artikulieren. Anlass dazu gab ihnen die Haltung des Vorstands der IG Bergbau und Energie (BE), der dem im Geheimen verhandelten Fusionskonzept nicht nur zugestimmt, sondern dieses auch mitinitiiert hatte. Aus Empörung darüber bildeten zahlreiche gewerkschaftliche Basisfunktionäre Solidaritätskomitees, formulierten Anträge an Gewerkschaftskongresse, in denen sie sich explizit auf Bischofferode bezogen, organisierten aber auch lokale Aktionen. In Frankfurt (Oder) etwa initiierte das DGB-Kreisbüro Ende Juli 1993 einen eigenen Hungerstreik, der sogar Brandenburgs Sozialministerin Regine Hildebrandt (SPD) in die Region lockte,[160] und in Berlin besetzten Seniorenvertreter der Gewerkschaft Handel, Banken und Versicherungen (HBV) das örtliche Büro der für Bischofferode zuständigen IG BE, auch um allgemein gegen die Verwässerung gewerkschaftspolitischer Forderungen in Brandenburg zu demonstrieren.[161] Die IG BE, deren Spitzenfunktionäre die Kalifusion nicht nur mitgetragen, sondern sogar öffentlich beworben hatten, geriet dadurch innerhalb des DGB immer mehr unter Druck, sodass sich ihr

---

160 Vgl. Ministerin Hildebrandt: So geht es nicht weiter, in: Märkische Oderzeitung vom 31.7.1993.
161 Vgl. DGB, Landesbezirk Berlin-Brandenburg, Christiane Bretz, an Gewerkschaft HBV, Manfred Müller, Besetzung des Berliner Büros der IG Bergbau und Energie am 17.08.1993, 18.8.1993, AfsB, IG BE, 17363, unfol.

zuweilen auch persönlich angegriffener Vorsitzender Hans Berger im September 1993 zu einer öffentlichen Stellungnahme gegen jene »DGB-Gewerkschafter« genötigt sah, »die sonst gern das Wort Solidarität im Munde« trügen, um sich in Wahrheit »an der Diffamierung der IG BE zu beteiligen«.[162]

Der Bundesvorstand des DGB hatte schon im Juli mit einer eigenen Kanalisierungsstrategie reagiert, die unmittelbar an die Erfahrungen mit der Ostdeutschen Betriebsräteinitiative anknüpfte. Alarmiert durch den Thüringer Landesvorsitzenden des Gewerkschaftsbundes Frank Spieth, dass sich die »Solidarisierungswelle« für Bischofferode »zu einem ähnlichen Problem« auszuweiten drohe, »wie es die Betriebsräte-Initiative zum Jahreswechsel darstellte«, und dies ein konzeptionelles Gegensteuern verlange,[163] erhielt Spieth die Order aus Düsseldorf, die »Forderung nach einer aktiven Industrie- und Arbeitsmarktpolitik, die eine Entindustrialisierung Thüringens verhindert«, in die Protestbewegung zu tragen, auch um den Konflikt zwischen dem Bischofferöder Betriebsrat und der IG BE auf einer »höheren Ebene« aufzulösen.[164] Spieth setzte diese Strategie um, indem er sich dem bereits gebildeten »Aktionsbündnis 5 vor 12 – Thüringen brennt!« – ein Zusammenschluss von Thüringer Betriebsräten und Gewerkschaftsfunktionären (unter anderen Bodo Ramelow von der HBV) – anschloss und versuchte, dieses zu einem Diskussionsforum für regionale Strukturpolitik zu entwickeln. Dabei scheiterte Spieth aber nicht nur am Widerstand der Treuhand, die seine Einladungen wiederholt abwies,[165] sondern auch an internen Konflikten zwischen Gewerkschaftern und Betriebsräten innerhalb des »Aktionsbündnisses«, die sich nach

---

162 Hans Berger: Die Kräfte bündeln, in: Gp-Magazin (1993) 9, S. 30.
163 DGB, Abt. Vorsitzender, Günther Horzetzky, an den Vorsitzenden Heinz-Werner Meyer, Aktionstag in Bischofferode, 13.7.1993, AdsD, 5/DGAI002269, unfol.
164 DGB, Abt. Vorsitzender, Günther Horzetzky, an die Mitglieder des Geschäftsführenden Bundesvorstands, 23.7.1993, AfsB, IG BE, 17363, unfol.
165 Vgl. THA, Persönlicher Referent von Präsidentin Breuel, von der Schulenburg, an den DGB-Landesbezirk Thüringen, Frank Spieth, 19.10.1993, BArch Berlin, B 412/3182, Bl. 46.

dem Ende des Arbeitskampfs von Bischofferode zunehmend auftaten.[166] Dies verweist auf die Grenzen der Solidarität der ostdeutschen Betriebsräte. Betriebsübergreifende Solidarität wurde beschworen und zum Teil institutionalisiert, solange sie den jeweiligen lokalen Interessen diente. Eine längerfristige Tradition erwuchs angesichts der jeweils spezifischen betrieblichen Probleme daraus aber nicht.

Wenig Interesse an solchen Protestbündnissen hatten auch die Gewerkschaftsvorstände, allen voran die IG Metall, aus deren Reihen sich besonders viele Basisfunktionäre mit den Kumpeln solidarisiert hatten, und von denen einige die Debatte über Bischofferode zum Anlass nahmen, der Gewerkschaftspolitik eine neue Richtung zu geben. Über den innerverbandlichen Weg versuchten örtliche IG-Metall-Funktionäre immer wieder, den Vorstand ebenfalls zur Solidarität mit den Kumpeln und zur Positionierung gegen die IG BE zu verpflichten. Aber obwohl der Vorstand die politischen Positionen der IG BE nicht teilte, sah er in diesen Initiativen von unten doch auch eine Verletzung der gewerkschaftlichen Autonomie, d. h. des gewerkschaftlichen Demokratieverständnisses, und darin wiederum eine Schwächung des politischen Einflusses der Gewerkschaften. Der Hungerstreik sei, so die offizielle Lesart im Frankfurter Vorstand, ein »Symbol von gewerkschaftlicher Niederlage«, denn er vermenge »Gegenwehr und Widerstandsrecht« und verwische damit »gewerkschaftliche und politische Handlungsperspektiven«.[167]

Für viele (westdeutsche) Basisfunktionäre beschleunigten der Hungerstreik und die Reaktion der Gewerkschaftsvorstände einen Bewusstseinswandel gegenüber der PDS. Während die Vorstände Letztere weiterhin vorrangig als SED-Nachfolgepartei wahrnahmen, Bündnisse mit der Partei kategorisch ausschlossen und stattdessen einen Konsens mit der konservativ-liberalen Bundesregierung anstrebten, fanden immer mehr

---

166 Vgl. Jürgen Kädtler/Gisela Kottwitz/Rainer Weinert: Betriebsräte in Ostdeutschland. Institutionenbildung und Handlungskonstellationen 1989–1994, Wiesbaden 1997, S. 217–228.
167 Der 3. Außerordentliche Gewerkschaftstag der IG Metall am 2.10.1993 – Eine erste und vorläufige Einschätzung, 4.10.1993, AdsD, 5/IGMZ150553, unfol.

Basisfunktionäre den Weg zur PDS. Das betraf keineswegs nur eine kommunistische Minderheit, die sich ideologisch zur PDS hingezogen fühlte, sondern geschah auch aus reinem Pragmatismus angesichts schwacher Gewerkschaften im Osten.[168] Hilfreich waren dabei konkrete Ereignisse wie der Hungerstreik von Bischofferode, die eine (nicht selten spontane) katalytische Wirkung entfalteten. Dabei vollzogen einige in die Ereignisse von Bischofferode involvierte Gewerkschafter den Beitritt zur PDS/Linkspartei bereits unmittelbar nach dem Hungerstreik, manche aber erst in Verbindung mit anderen katalytischen Ereignissen. Der Chef der Berliner HBV Manfred Müller, der die Besetzung des örtlichen IG-BE-Büros unterstützt hatte, kandidierte schon bei der Bundestagswahl 1994 erfolgreich für die PDS.[169] Der Thüringer HBV-Vorsitzende Bodo Ramelow, der sich auch im »Aktionsbündnis 5 vor 12 – Thüringen brennt« aktiv engagiert hatte, vollzog diesen Schritt (zusammen mit Frank Spieth) erst nach dem SPD-internen Bruch zwischen Gerhard Schröder und Oskar Lafontaine im Frühjahr 1999. Gleichwohl spielt letzteres Ereignis seit seiner Wahl zum Thüringer Ministerpräsidenten 2014 keine Rolle mehr für seine Inszenierung als »Landesvater«. Vielmehr bezieht er sich auf seinen Kampf für die Hungerstreikenden, deren erinnerungskulturelle Initiativen er bis heute fördert.[170] Müller, Ramelow, Spieth und andere standen damit am Beginn eines wachsenden Zulaufs von Gewerkschaftern und Gewerkschafterinnen zur PDS, die seit der Bildung der Linkspartei im Jahr 2007 die Sozialstruktur ihrer Bundestagsabgeordneten dominieren. Eine wichtige Rolle spielte hierfür vermutlich auch, dass sich die PDS parallel zu ihrem Engagement bei den Belegschaftsprotesten linke gewerkschaftliche Deutungsmuster aus den 1980er-Jahren aneignete wie das des »Neokon-

---

168 Vgl. Thorsten Holzhauser: Die »Nachfolgepartei«. Die Integration der PDS in das politische System der Bundesrepublik Deutschland 1990–2005, Berlin/Boston 2019, S. 231–238.
169 Vgl. S. Weiland: »Perversion« eines Gewerkschafters, in: taz vom 28.2.1994.
170 Vgl. Matthias Wyssuwa: Ein Mann setzt auf Rot, in: Frankfurter Allgemeine Zeitung vom 3.8.2014; Ministerpräsident eröffnet Erweiterung Kalimuseum, in: Eichsfelder Nachrichten vom 19.4.2017, https://www.eichsfelder-nachrichten.de/news/news_lang.php?ArtNr=210969 (Zugriff am 28.1.2022).

servatismus«,[171] das der Vorstand der IG Metall zu dieser Zeit aus seinem politischen Vokabular strich. Diese Entwicklung zählt damit zu den langfristigen Kotransformationen seit den 1990er-Jahren.

Dagegen trug Bischofferode trotz des Engagements der PDS und anderer linker Basisgruppen nicht zu einer nennenswerten politischen Mobilisierung ostdeutscher Belegschaftsvertreter, wohl aber (bis heute) zur Politisierung der Kumpel und ihrer Sprache bei. Zwar kooperierten Betriebsräte auch außerhalb von Bischofferode vielerorts schon früh mit der PDS, wobei sie an ältere persönliche Netzwerke anknüpften,[172] ein größeres politisches Engagement erwuchs daraus aber selten. Gerhard Jüttemann, der stellvertretende Betriebsratsvorsitzende des Werks Bischofferode, war einer der wenigen, die sich für die PDS längerfristig engagierten. Von 1994 bis 2002 saß er für die Partei (ohne deren Mitglied zu sein) im Bundestag. Dabei eckte er jedoch mit seiner demonstrativ zur Schau gestellten ostdeutschen Bergmannsidentität nicht nur bei Abgeordneten von CDU und FDP an, die seine Redebeiträge immer wieder mit Verweis auf seine DDR-Sozialisation abqualifizierten. Auch innerhalb der PDS-Fraktion war Jüttemann nur bedingt integrationsfähig. So stand er Forderungen seiner Partei zur Gleichberechtigung von Frauen nicht nur distanziert gegenüber, sondern hielt damit auch im Bundestag nicht hinterm Berg.[173] Am Beispiel Jüttemann zeigt sich, dass zwischen der »ostdeutschen« und »linken« Identität der PDS von Anfang an auch Spannungen bestanden, die von der offiziellen Solidaritätspolitik der Partei bestenfalls überdeckt werden.

Dennoch prägen die Erfahrungen und politischen Deutungen des Hungerstreiks die Weltsichten und Narrative der ostdeutschen Akteure

---

171 Vgl. Holzhauser: Die Nachfolgepartei (wie Anm. 168), S. 240.
172 Vgl. DGB, Büro Berlin, Dieter Schmidt, an den DGB Thüringen, Frank Spieth, 27.6.1994, AdsD, 1/DSAG000034, unfol.
173 So enthielt sich Jüttemann am 29. Juni 1995 als einziges Mitglied seiner Fraktion bei der Abstimmung über einen Antrag seiner Partei zur Sicherung der Grundrechte von Frauen sowie einen Antrag von CDU/CSU, SPD und FDP über die Änderung des Schwangeren- und Familienhilfegesetzes. Vgl. Deutscher Bundestag, 13. Wahlperiode, Stenographischer Bericht der 47. Sitzung am 29. Juni 1995, https://dserver.bundestag.de/btp/13/13047.pdf (Zugriff am 28.1.2022).

nachhaltig. Dies zeigt das Beispiel Walter Kunze, Mitglied des Bischofferöder Betriebsrats, der im *Neuen Deutschland* im Januar 1994 Bilanz zog. Im Hungerstreik habe er erfahren, »daß die rechtlichen und legitimen Mittel in diesem ›demokratischen Staat‹ nicht ausreichen«. Dennoch sei der Protest der Kumpel nicht erfolglos verlaufen: »Wir haben fast das Optimale erreicht, wenn ich darunter nicht den Fortbestand des Kaliwerkes sehe. Wohlgemerkt – im Rahmen der Möglichkeiten, die mir von der Macht in diesem Staat vorgegeben werden«.[174] Dieses abschließende Zitat zeigt sehr eindrücklich, wie sehr die hohen Erwartungen ostdeutscher Belegschaftsvertreter vom Herbst 1989 und damit verbundene Demokratievorstellungen als Richtschnur für das eigene Handeln in den Protesten fortlebten, die politische Kommunikation und damit auch die Wahrnehmung der politischen Wirklichkeit und der Demokratie prägten. Zugleich erfuhren die Erwartungshaltungen in der politischen Protest-Kommunikation während des Privatisierungsprozesses Anpassungen, ohne dass die Enttäuschung über die erfahrene Realität der Demokratie ganz verschwand. Solche Erfahrungen konnten langfristig eine latente Skepsis gegenüber dem »System« befördern, mussten dies aber nicht.

Der lange Schatten ostdeutscher Arbeitskämpfe – eine Bilanz

Die Geschichte der Treuhand und der ostdeutschen Transformation lässt sich ohne die vielen Proteste, die sie begleiteten, nicht verstehen. Dabei waren diese Proteste stets mehr als nur Ausdruck einer wahrgenommenen Nachrangigkeit der Ostdeutschen gegenüber Westdeutschen. Sie machen politische Frontstellungen in der deutschen Transformationsgesellschaft sichtbar, deren Ursprünge bis in die 1980er-Jahre zurückreichen, trugen im öffentlichen Diskurs zur negativen Integration der »Ostdeutschen« als

---

174 Walter Kunze: Betriebsratsmitglied im Kaliwerk Bischofferode: Es war nicht umsonst – Interview, in: Neues Deutschland vom 31.1.1994.

Herausforderung für die liberale Demokratie bei, hinterließen ihre Spuren im politischen System und machten dabei Möglichkeiten und Grenzen der Solidarität (auch unter Ostdeutschen) sicht- und erfahrbar.

In den Belegschaftsprotesten zeigten sich die Grenzen der von der Treuhand symbolisierten Machbarkeit und Steuerbarkeit des Strukturwandels. Wie das Thüringer Beispiel gezeigt hat, konnten die betrieblichen Proteste indes auch eine wichtige Rolle für postsozialistische Demokratisierungs- und Föderalisierungsprozesse auf Landesebene spielen – eine Handlungsebene, die von der Historiografie bislang weitgehend ausgeblendet wird. Die Protestdynamiken lassen sich damit keineswegs ausschließlich mit ostdeutschen Entwertungserfahrungen erklären, sondern konnten (zumindest eine gewisse Zeit lang und vor allem auf regionaler Ebene) auf politischer Wertschätzung und demokratischer Integration beruhen. In den Protesten zeigt sich aber auch der Traditionsüberhang der »verbetrieblichten Gesellschaft« der DDR, die sich unter den Bedingungen von Revolution und postrevolutionärem Übergang als bedrohte Ordnung in die betriebliche Protestkultur einschrieb. Mobilisierten in den Wochen und Monaten der Revolution vor allem national aufgeladene Forderungen wie die Brechung der SED-Herrschaft im Betrieb und die Wiedervereinigung Deutschlands die Belegschaften zum Protest, dominierten im postrevolutionären Übergang seit Frühjahr 1990 wieder konkrete betriebliche Probleme die weiterhin national aufgeladene Szenerie, die sich nach der Wiedervereinigung mit schweren Enttäuschungen über den einst erhofften Aufbruch mischten und Narrative vom »Bürger zweiter Klasse« aufluden. Vermittelt durch den FDGB, fand die »verbetrieblichte Gesellschaft« schließlich als Korrektiv zu den postrevolutionären Debatten zunächst Eingang in die Diskussionen des Runden Tischs und wirkte damit im Hintergrund zugleich auf die Etablierung der Treuhand. Mit der Kontinuität der Behörde korrespondierte eine Kontinuität dieser betrieblichen Protestkultur bis zur »Scheinauflösung«[175] der Treuhandanstalt

---

175 Wolfgang Seibel: Verwaltete Illusionen. Die Privatisierung der DDR-Wirtschaft durch die Treuhandanstalt und ihre Nachfolger 1990–2000, Frankfurt am Main/ New York 2005, S. 17.

Ende 1994. Greifbar wird diese Kontinuität in den Quellen immer wieder dann, wenn Forderungen nach einer »gerechten« Verteilung des »Volkseigentums« erhoben wurden oder die Treuhand mit der Stasi verglichen wurde. Dabei blieben die Proteste aber auf ihre betrieblichen Kontexte beschränkt. Und nur wenige Betriebsräte fanden über die Proteste ihren Weg in die Landes- oder Bundespolitik.

Überregionale Mobilisierungen durch politische Akteure außerhalb der Betriebe waren dagegen eher die Ausnahme und Versuche in dieser Richtung stießen immer wieder an die Grenze der Betriebs- und Lokalbezogenheit der Belegschaften. Auch unter ostdeutschen Belegschaften blieb Solidarität jenseits der eigenen Betriebe ein temporäres Phänomen. Diese wurde verbal beschworen und, wie im Thüringer »Aktionsbündnis 5 vor 12«, zum Teil auch praktisch gelebt, solange sie eigenen Interessen diente, aber sie erzeugte keine nachhaltige ostdeutsche Protestgemeinschaft, sondern mündete häufig im Konflikt. Überregionale Mobilisierungen unter Einfluss linker Akteure markierten dagegen zwar kritische Momente im Transformationsgeschehen, erzeugten aber ebenfalls nur kurzzeitig Solidarität. In diesen Momenten jedoch gerieten die Proteste in das Blickfeld einer kritischen nationalen Öffentlichkeit und wurden zu Projektionsflächen für alternative Entwürfe zur politischen Ordnung der westdeutschen Demokratie, die seit den 1980er-Jahren zunehmend von einem neuen Rechts-Links-Konflikt geprägt war. Das Verhältnis zwischen linken Protestgruppen – vor allem gewerkschaftlichen Linken, Linksradikalen und ostdeutschen Reformsozialisten – und den Betriebsräten schwankte stets zwischen Kooperation und Konfrontation. Erstere stellten (zumindest zeitweise) Erfahrungswissen und Infrastrukturen bereit, ohne die die Proteste kaum nationale Relevanz erlangt hätten. Sie trugen häufig aber auch ihre Ideologien in die sich als dezidiert unpolitisch begreifende betriebliche Protestkultur hinein, die in den Sprachgebrauch der Protestierenden einflossen, mit der Zeit aber auch zu Spannungen führten – besonders dann, wenn die Ideologie allzu dogmatisch und ohne Bodenhaftung daherkam. Vor allem radikale Linke wandten sich dann am deutlichsten von den zunächst als Überreste eines authentischen Sozialismus wahrgenommenen Arbeitern und Arbeiterinnen im Osten ab, während die Proteste in den Gewerkschaften Debatten über das gewerkschaftliche Demokratie- und Politikverständnis auslösten. Zugleich sahen die Gewerkschaftsvorstände besonders nach den Protest- und Gewalterfahrungen vom Frühjahr 1991 eine weitere offizielle Mobilisierung ostdeutscher Belegschaften als Gefahr für die öffentliche Ordnung und eigene politische Handlungsspielräume an. Dies wiederum beförderte Bündnisse zwischen den Gewerkschaften und der in den 1980er-Jahren noch mit großer Skepsis betrachteten konservativ-liberalen Bundesregierung und gleichzeitig den Aufstieg der PDS zur »Ostpartei«, aber auch deren schleichende Transformation zur »Gewerkschaftspartei«, die in den Protesten ein praktisches Laboratorium für eine zukunftsgerichtete »sozialistische Tagespolitik« gegen einen enthemmten Kapitalismus vorfand. Dabei gelang es der Partei, Protestkulturen der westdeutschen Linken, der ostdeutschen Revolutionäre von 1989 und der »verbetrieblichten« Gesellschaft der DDR mit alternativen Demokratiekonzepten und Forderungen der Gewerkschaften sowie sozialpolitischen Bezügen zur DDR zu verbinden. Die Proteste wirkten damit – trotz ihrer Kurzlebigkeit – nachhaltig fort. Sie ließen ost-westdeutsche Bündnisse entstehen, prägten den Sprachgebrauch und die Weltsichten der Protestierenden und trugen (neben weiteren Faktoren) auch zum Wandel der politischen Linken im wiedervereinten Deutschland bei. Eine untergeordnete Rolle spielten dagegen ehemalige ostdeutsche Bürgerrechtler als Protestakteure, deren Protestkultur sich andere Protestgruppen aneigneten.

Die Versuche verschiedener linker Akteure, aus den betrieblichen Protesten eine überregionale Bewegung zu formen, stellten eine Provokation für die öffentliche und politische Ordnung und den vielfach beschworenen friedlichen Charakter der Transformation dar. Erst in diesen Momenten sahen sich die verantwortlichen politischen Akteure dazu veranlasst, mit kurzfristigen Zugeständnissen zu reagieren. Dabei wirkte die von ihnen antizipierte Gefahr, dass der wachsende Unmut der Belegschaften zu einem gesellschaftlichen Linksrutsch führen könne, verstärkend. Der Fokus auf eine Verhinderung möglicher linker Bündnisse trug damit nicht nur zur Aktualisierung eines historisch tief verankerten administrativen Antikommunismus bei, auch überschätzten die Behörden die Fähigkeit linker Protestakteure, die Betriebsräte langfristig für ihre Interessen zu gewinnen. Zugleich unterschätzten die Behörden die Gefahr rechter bzw. rechtsextremer Gruppen, die nicht nur in den betrieblichen Protesten und den Verlustdiskursen der Belegschaften frühe Anknüpfungspunkte für ihre Bündnispolitik fanden, sondern sich auch weitgehend sanktionsfrei im Osten entfalten konnten. Die Belegschaftsproteste und der politische Umgang mit ihnen trugen auf diese Weise auch zur Verschärfung des westdeutschen Rechts-Links-Konflikts bei, der mit dem Erfolg der AfD im Osten in den letzten Jahren eine neue Dimension erreicht hat. Die Rolle und Bündnispolitik der extremen Rechten in der ost-westdeutschen Transformationsgesellschaft der 1990er-Jahre wird damit künftig auch von der Zeitgeschichtsforschung systematischer zu untersuchen und (ebenso wie die Geschichte der politischen Linken nach 1989) in eine allgemeine Gesellschaftsgeschichte zu integrieren sein.[176] Dabei können sich die Belegschaftsproteste (und nicht nur die rechtsradikalen Proteste in Rostock-Lichtenhagen) im Sinne einer offenen ost-westdeutschen Verflechtungsgeschichte als ertragreiche Forschungsgegenstände erweisen, die Kontinuitätslinien von den betrieblichen zu den Pegida-Protesten offenlegen, aber auch die prinzipielle Offenheit der Entwicklungen sichtbar machen. Dabei wird zu untersuchen sein, wie weit biologistische/rassistische Narrative (in Ost wie West) verbreitet waren, welche Rolle sie in den Protesten spielten und inwiefern sie durch individuelle und kollektive Erfahrungen vor und nach 1989/90 aufgeladen wurden.

Schließlich erklären das in konservativ-liberale Demokratiekonzepte der 1990er-Jahre eingeschriebene antikommunistisch motivierte Protestmanagement der Behörden (und der Gewerkschaftsvorstände) sowie das Scheitern überregionaler Mobilisierungen auch das langfristige Vergessen der Belegschaftsproteste. Denn dadurch wurden die Proteste marginalisiert und es fehlt bis heute an Erinnerungsträgern jenseits der Linkspartei,

---

176 Vgl. hierzu Yves Müller: »Normalfall« Neonazi – Oder: Gibt es eine zeithistorische Rechtsextremismus-Forschung?, in: Zeitgeschichte-online, 23.10.2019, https://zeitgeschichte-online.de/themen/normalfall-neonazi-oder-gibt-es-eine-zeithistorische-rechtsextremismus-forschung (Zugriff am 18.10.2021).

die ihre »Ostkompetenz« aber zusehends an die AfD zu verlieren droht und damit vor eigenen Existenzfragen steht. Dies könnte es rechten Akteuren heute erleichtern, die Proteste in den Kanon ihrer Erinnerungspolitik aufzunehmen. Auch könnten die Gewerkschaften, aus denen heraus angesichts der Erfolge der AfD auch unter ostdeutschen Betriebsräten zunehmend eine neue gewerkschaftliche Anerkennungspolitik gefordert wird,[177] viel kritisches Reflexionspotenzial aus den Transformationsprotesten der frühen 1990er-Jahre ziehen, insbesondere im Hinblick auf ihre eigene Rolle. Gleiches gilt für die Linkspartei. Und schließlich bieten die Belegschaftsproteste mit Blick auf die anstehenden oder zum Teil schon angelaufenen sozialökologischen und digitalen Transformationen der Gegenwart und Zukunft für alle gesellschaftlichen Gruppen und Parteien wichtige historische Anschauungsfälle, die eindrücklich vor Augen führen, dass Transformationsprozesse komplizierte gesellschaftliche Aushandlungen notwendig machen, Moderation bedürfen, Handlungsspielräume begrenzen, aber auch eröffnen und stets auch mit langfristigen Gefahren für die Demokratie einhergehen können.

---

177 Vgl. z. B. Hans-Jürgen Urban: Kampf um die Hegemonie: Gewerkschaften und die Neue Rechte, in: Blätter für deutsche und internationale Politik 63 (2018) 3, S. 104–112.

Wolf-Rüdiger Knoll
Deindustrialisierung oder Aufschwung Ost?
Der Strukturwandel in Ostdeutschland und die Rolle der Treuhandanstalt am Beispiel des Landes Brandenburg

Ein schwarz-rot-goldener, in den Himmel gerichteter Pfeil sollte den Weg weisen. Am 8. März 1991 verabschiedete das Bundeskabinett mit dem »Gemeinschaftswerk Aufschwung Ost« ein 24 Milliarden DM schweres, umfassendes Bündel von Finanz- und Aufbauhilfen für die ostdeutschen Länder, das dem rasanten wirtschaftlichen Abschwung und der massiv ansteigenden Arbeitslosigkeit entgegenwirken sollte.[1] Mit dem Programm sollten im Osten Deutschlands Straßen gebaut, Wohnungen saniert und Investitionen angestoßen werden. Der damalige Hauptgeschäftsführer der Bundesvereinigung der Deutschen Arbeitgeberverbände, Fritz-Heinz Himmelreich, nannte das Gemeinschaftswerk daraufhin das »gigantischste Ankurbelungsprogramm« in der Geschichte der Bundesrepublik.[2] Und Bundeswirtschaftsminister Jürgen Möllemann (FDP) erklärte erwartungsvoll: »Nunmehr ist ein Maximum an Anreizen für investitionsbereite Unternehmen geschaffen. Das heißt: Investoren in den neuen Ländern erhalten eine einmalig attraktive Förderung, jetzt können die Pferde saufen, um mit Karl Schiller zu sprechen, und ich hoffe und erwarte, dass sie es auch tun.«[3]

---

1 Vgl. Marco Hietschold: Die Integration des »Aufbau Ost« in die bundesdeutsche Finanzordnung. Potentiale und Perspektiven wachstumswirksamer Transfermittelverwendung, Göttingen 2010, S. 36.
2 Zit. nach In Hülle und Fülle, in: Der Spiegel vom 10.3.1991.
3 Zit. nach Teure Ankurbelung einer maroden Wirtschaft, in: Deutschlandfunk Kultur vom 8.3.2016, https://www.deutschlandfunkkultur.de/gemeinschaftswerk-aufschwung-ost-teure-ankurbelung-einer-100.html (Zugriff am 3.6.2022).

Die erhofften positiven Folgen dieser Initiative traten jedoch keinesfalls so unmittelbar ein wie erwartet. Stattdessen dominierten unter den Schlagworten des Plattmachens und der Abwicklung Tausender Betriebe bis weit in die 1990er-Jahre der Eindruck einer gewaltigen Deindustrialisierung sowie eines sozioökonomischen Niedergangs in Ostdeutschland.[4] Als maßgeblich verantwortliche Akteurin für diese Prozesse wird dabei bis in die jüngste Vergangenheit die Treuhandanstalt verstanden, der von Vertretern aus Politik und Wirtschaft vielfach Fehler und Missmanagement vorgeworfen wurden, die schließlich zum Niedergang Tausender Betriebe geführt hätten.[5]

Entsprechend bilanzierte Karl Döring, Leiter des Eisenhüttenkombinats Ost an der Oder und bis 1994 Vorstandsvorsitzender der EKO Stahl AG, im Jahr 2015, dass das Ergebnis der Arbeit der Treuhand die Deindustrialisierung Ostdeutschlands sowie ein finanzielles Desaster gewesen sei.[6] Auch der Ko-Fraktionsvorsitzende der Partei Die Linke im Deutschen Bundestag, Dietmar Bartsch, erklärte 2019, die Treuhand habe in großem Umfang deindustrialisiert und damit »bis heute den Osten zurückgeworfen. Um es mal drastisch zu sagen: Die Treuhand hat aus dem Osten einen Ein-Euro-Laden gemacht.«[7] Sogar in der Geschichtswissenschaft findet sich mittlerweile die enge Assoziation der Treuhandanstalt

---

4 Stellvertretend für diese Wahrnehmung Hannah Berend: Die Abwicklung der DDR. Wende und deutsche Vereinigung von innen gesehen, Köln/Karlsruhe 1996; Ein Land im Sonderangebot, in: Der Spiegel vom 2.2.1997; Das Trauma der deutschen Einheit, in: FAZ vom 3.8.2019.
5 Zur Perzeptionsgeschichte der Treuhandanstalt als Akteurin der Transformationszeit vgl. Constantin Goschler/Marcus Böick: Studie zur Wahrnehmung und Bewertung der Arbeit der Treuhandanstalt im Auftrag des Bundesministeriums für Wirtschaft und Energie, Bochum 2017, https://www.bmwi.de/Redaktion/DE/Publikationen/Studien/wahrnehmung-bewertung-der-arbeit-der-treuhandanstalt-lang.pdf (Zugriff am 13.6.2022); Streit um Privatisierungsbehörde: Alle gegen die Treuhand, in: Deutschlandradio Kultur vom 22.10.2019, https://www.deutschlandfunkkultur.de/streit-um-privatisierungsbehoerde-alle-gegen-die-treuhand-100.html (Zugriff am 3.6.2022).
6 Vgl. Karl Döring: EKO: Stahl für die DDR – Stahl für die Welt, Berlin 2015.
7 Zit. nach Zwischen Dichtung und Wahrheit. Umstrittene Treuhandbilanz, in: Deutschlandfunk vom 22.8.2019, https://www.deutschlandfunk.de/umstrittene-treuhandbilanz-zwischen-dichtung-und-wahrheit-100.html (Zugriff am 3.6.2022).

mit den Schrumpfungsprozessen der Industrie. So konstatierte etwa der Historiker Thomas Adam in seiner jüngst erschienenen globalgeschichtlichen Darstellung zur deutschen Geschichte seit 1815, dass das Mandat der Treuhand, die ostdeutschen Unternehmen »ohne Wenn und Aber zu privatisieren«, zu einer weitflächigen Deindustrialisierung geführt habe.[8] Darüber hinaus stellten Ökonomen mit Blick auf die Bilanz der Treuhand und die Rahmenbedingungen der Transformation fest, dass es statt zu einem Strukturwandel vielmehr zu einem Strukturbruch in Ostdeutschland gekommen sei.[9] In dessen Folge, so argumentierte der ehemalige Ifo-Chef Hans-Werner Sinn, habe sich die ostdeutsche Wirtschaft zur »größten Transferökonomie aller Zeiten« entwickelt.[10]

Den Negativdeutungen stehen aber auch positivere Auffassungen zur Rolle der Treuhand im Zuge des Übergangs von der Plan- in die Marktwirtschaft gegenüber. So kam Karl-Heinz Paqué 2009 zu dem Schluss, dass das Urteil über die Treuhand aufgrund der zahlreichen Beispiele erfolgreicher ehemaliger Treuhandbetriebe sowie des Erhalts der industriellen Kerne erheblich positiver ausfallen müsse.[11] Hermann Rappe, zwischen 1982 und 1995 Vorsitzender der IG Chemie-Papier-Keramik und Mitglied des Verwaltungsrats der Treuhand, bezeichnete deren Arbeit als Erfolgsmodell.[12] Und der Volkswirt Michael C. Burda sprach anlässlich

---

8 Thomas Adam: Deutschland in der Welt, Gesellschaft, Kultur und Politik seit 1815, Frankfurt am Main/New York 2021, S. 380f.
9 Vgl. Joachim Ragnitz: Strukturwandel nach Entindustrialisierung, in: Bundeszentrale für politische Bildung, 12.5.2020, https://www.bpb.de/geschichte/deutsche-einheit/lange-wege-der-deutschen-einheit/47137/strukturwandel-nach-entindustrialisierung#footnode1-1 (Zugriff am 13.6.2022); Michael Schönherr: Der lange Schatten der Treuhand, in: Olaf Jacobs (Hg.): Die Treuhand. Ein deutsches Drama, Halle (Saale) 2020, S. 95–115.
10 Hans-Werner Sinn: Der deutsche Transferstaat ist Unfug, in: Die Welt vom 21.10.2004.
11 Vgl. Karl-Heinz Paqué: Transformationspolitik in Ostdeutschland: ein Teilerfolg, in: Aus Politik und Zeitgeschichte (2009) B 28, S. 22–27, hier S. 23f.
12 Zit. nach Einst im wilden Osten, in: FAZ vom 14.3.2005.

des 20. Todestages von Detlev Karsten Rohwedder gar mit Blick auf die Treuhandanstalt von einem Riesenerfolg.[13]

Diese sehr unterschiedlichen Interpretationen des Vermächtnisses der Treuhand werfen Fragen nach ihrer eigentlichen Rolle im Zuge der Transformation der ostdeutschen Wirtschaft und dem dabei zu untersuchenden Zeitraum auf. War die Treuhand wirklich für einen nachhaltigen Strukturbruch verantwortlich, der bis in die Gegenwart andauert? Welche Entwicklung nahm die ostdeutsche Wirtschaft vor und nach der Phase der Treuhandtätigkeit? Und nicht zuletzt ist auch zu klären, ob und inwiefern staatlich gesteuerte Wirtschaftspolitik globalökonomische Entwicklungen überhaupt nachhaltig beeinflussen kann.

Tatsächlich ist ein historischer Ort für die Treuhandanstalt im Rahmen eines längerfristigen Strukturwandels und der industriellen Entwicklung[14] im geteilten und wiedervereinigten Deutschland quellengesättigt und regional differenziert bisher noch nicht gefunden worden.[15] Dieser

---

13 Vgl. Michael C. Burda: Die makroökonomischen Zwänge der Treuhand-Privatisierung, in: Otto Depenheuer/Karl-Heinz Paqué (Hg.): Einheit – Eigentum – Effizienz. Bilanz der Treuhandanstalt. Gedächtnisschrift zum 20. Todestag von Dr. Detlev Karsten Rohwedder, Berlin 2012, S. 81–100, hier S. 97.

14 Unter dem Begriff Industrie versteht dieser Beitrag nicht nur das verarbeitende Gewerbe, sondern auch die Bereiche Bergbau und Energieerzeugung, die für Brandenburg eine besondere Rolle spielen. Ausgehend vom wirtschaftswissenschaftlichen Drei-Sektoren-Modell nach Jean Fourastié wird gerade der Bergbau je nach statistischem Zugang auch als eigenständiger Bereich des produzierenden Gewerbes im sekundären Sektor (also der Rohstoffverarbeitung) gesehen oder gar dem Primärsektor (Rohstoffgewinnung) zugerechnet. Vgl. Jean Fourastié: Die große Hoffnung des 20. Jahrhunderts, Köln 1954; Henning Klodt: Drei-Sektoren-Hypothese, in: Gabler Wirtschaftslexikon, https://wirtschaftslexikon.gabler.de/definition/drei-sektoren-hypothese-32453 (Zugriff am 13.6.2022).

15 So erwähnte Werner Abelshauser die Treuhandanstalt in seiner Darstellung zur deutschen Wirtschaftsgeschichte nur, um auf den enormen Schuldenberg zu verweisen, den sie durch ihre Tätigkeit hinterließ. Vgl. ders.: Deutsche Wirtschaftsgeschichte. Von 1945 bis zur Gegenwart, München 2011, S. 448. Nur knapp und ebenfalls mit Verweis auf die entstandenen Kosten gehen außerdem Ralf Ahrens und André Steiner auf die Rolle der Treuhand in ihrem Aufsatz zur geteilten und gemeinsamen deutsch-deutschen Wirtschaftsgeschichte vor und nach der Wiedervereinigung ein. Vgl. Ralf Ahrens/André Steiner: Wirtschaftskrisen, Strukturwandel und internationale Verflechtung, in: Frank Bösch (Hg.): Geteilte Geschichte. Ost- und Westdeutschland 1970–2000, Bonn 2015, S. 79–115, hier S. 109f. Versuche, die

Beitrag setzt sich daher das Ziel, die Phase der Privatisierung der volkseigenen Wirtschaft in die Entwicklungen industrieller Anpassungs- und Veränderungsprozesse einzuordnen, die über den eigentlichen Zeitraum der Treuhandtätigkeit bzw. ihrer Nachfolgeorganisation Bundesanstalt für vereinigungsbedingte Sonderaufgaben (BvS) zwischen 1990 und 2003 hinausgehen. Im Kern umfasst der Untersuchungszeitraum eine Spanne von etwa 50 Jahren (1970–2020). Anhand des Bundeslandes Brandenburg soll aufgezeigt werden, welche Voraussetzungen, Rahmenbedingungen und Folgen die Arbeit der Treuhandanstalt/BvS in regionaler Perspektive hatte. Das Bundesland Brandenburg bietet sich für eine derartige Untersuchung aus mehreren Gründen an: *erstens politisch*, weil es in den 1990er-Jahren wiederholt als die »kleine DDR« bezeichnet wurde.[16] Zwar war damit vor allem der Umgang mit dem Erbe der DDR durch die Landesregierung unter Ministerpräsident Manfred Stolpe (SPD) gemeint. Mit der deutschlandweit ersten Ampelkoalition stellte Brandenburg mit Manfred Stolpe bis 1994 allerdings auch den einzigen sozialdemokratischen Ministerpräsidenten in einer ansonsten von der CDU dominierten Parteienlandschaft Ostdeutschlands. *Zweitens* war es *ökonomisch* gerade die Politik der SED, die das wirtschaftliche Gefüge Brandenburgs stärker als andere ostdeutsche Regionen durch sozialistische Großprojekte überformte und damit die Ausgangsbedingungen für die sozioökonomische Transformation maßgeblich beeinflusste. Als Folge der Strukturpolitik der DDR bildete Brandenburg schließlich so etwas wie einen Mittelwert zwischen dem agrarisch geprägten Norden und den traditionellen industriellen Schwerpunktregionen im Süden Ostdeutschlands. *Drittens geo-*

Treuhand landesspezifisch zu verorten, sind bisher entweder aus skandalisierender journalistischer oder aus autobiografischer Perspektive am Beispiel des Bundeslandes Thüringen zeitlich eingegrenzt unternommen worden. Vgl. Dietmar Grosser/Hanno Müller/Paul-Josef Raue (Hg.): Treuhand in Thüringen: Wie Thüringen nach der Wende ausverkauft wurde, Essen 2013; Frank Schuster: Thüringens Weg in die Soziale Marktwirtschaft. Privatisierung, Sanierung, Aufbau. Eine Bilanz nach 25 Jahren, Köln u. a. 2015.
16 Das kleine, rote Preußen, in: Der Spiegel vom 29.4.1994; Der eigene Weg der kleinen DDR, in: Potsdamer Neueste Nachrichten vom 22.7.2015.

grafisch und kulturell, da das Land im besonderen Maße von den Wechselbeziehungen mit dem es umschließenden Zentrum Berlin geprägt war, was zu einem starken Gegensatz zwischen der Metropolregion sowie dem mit wachsender Entfernung zunehmend ländlichen Raum führte. Seinen Höhepunkt erfuhr dieser Gegensatz im Scheitern der geplanten Länderfusion 1996, als sich eine Mehrheit der Brandenburger gegen das von der Politik geplante Zusammengehen von Berlin und Brandenburg aussprach.

1. Sozialistische Industrialisierung: Entwicklung der Brandenburger Industrie bis 1989

Bis zur Mitte des 20. Jahrhunderts war die ökonomische und soziale Entwicklung Brandenburgs eng mit Berlin verbunden. Zahlreiche Großbetriebe waren seit der Hochphase der Industrialisierung durch Randwanderungen von Berliner Betrieben oder durch Neuansiedlungen zur Versorgung der Metropole entstanden. Hierzu zählten unter anderem die Stahlwerke in Brandenburg an der Havel und in Hennigsdorf, die Zementproduktion in Rüdersdorf, der Maschinenbau in Eberswalde, Wildau und Fürstenwalde sowie die Textil- und die Braunkohleindustrie in der Lausitz.[17]

Der enge Verflechtungsraum erlitt allerdings durch die deutsche Teilung und den Bau der Berliner Mauer eine empfindliche und nachhaltige Störung. Der Kalte Krieg führte zum Wegbrechen der Lieferbeziehungen von und nach West-Berlin und damit insbesondere für den seit 1952 bestehenden Bezirk Potsdam zum Ende der traditionellen Rollenverteilung von Zentrum und Peripherie. Aus Randlagen und Mittelzentren entstanden schließlich eigenständige Industriestädte mit Produktionszweigen, die nicht primär auf die Hauptstadt der DDR ausgerichtet waren,

---

17 Vgl. Eberhard Schmieder: Wirtschaft und Bevölkerung, in: Hans Herzfeld/Gerd Heinrich (Hg.): Berlin und die Provinz Brandenburg im 19. und 20. Jahrhundert, Berlin 1968, S. 309–422.

sondern weit darüber hinaus für die gesamte DDR und zum Teil auch für den Rat für gegenseitige Wirtschaftshilfe (RGW) grundlegende Funktionen erfüllen mussten.[18] Nach einer kriegs- und demontagebedingten Phase der Rekonstruktion bestehender Industrieanlagen bis Anfang der 1950er-Jahre entstanden in den Brandenburger Bezirken jene Industrien und Branchen neu, die der DDR als Folge der Teilung fehlten. Diese Autarkiebestrebungen betrafen unter anderem die Energieindustrie, die Metallurgie, die Petrochemie und die Mikroelektronik. Ab 1950 erfolgte der Aufbau des Eisenhüttenkombinats Ost bei Fürstenberg (Oder) zusammen mit der dazugehörigen Wohnsiedlung Stalinstadt bzw., ab 1961, Eisenhüttenstadt. Die Stadt Schwedt in der Uckermark erfuhr mit der Errichtung des Petrolchemischen Kombinats und eines Papierwerks einen rasanten Bevölkerungszuwachs. Die Einwohnerzahl stieg innerhalb von 15 Jahren von 6000 (1956) auf 38000 (1971) an. Guben an der Neiße erhielt – ebenfalls im Rahmen des Chemieprogramms der SED – ein neues Chemiefaserwerk. 1959 begann der Bau eines Halbleiterwerks für Mikroelektronik in Frankfurt (Oder). In der Lausitz führten der forcierte Braunkohleabbau und deren Verarbeitung zum Aufbau des Energiekombinats Schwarze Pumpe sowie zur Erschließung neuer Tagebaue. Ende der 1960er-Jahre war die strukturelle Neuausrichtung der Industrie durch Neubauprojekte weitgehend abgeschlossen. Mit der Realisierung der Tier- und Fleischgroßproduktion in Eberswalde endete Mitte der 1970er-Jahre die Phase der industriellen Neuansiedlungen in den Brandenburger Bezirken.[19]

---

18 Vgl. Detlef Kotsch: Das Land Brandenburg zwischen Auflösung und Wiederbegründung. Politik, Wirtschaft und soziale Verhältnisse in den Bezirken Potsdam, Frankfurt (Oder) und Cottbus in der DDR (1952–1990), Berlin 2001, S. 297–329.
19 Vgl. Jörg Roesler: Strukturpolitik und Wirtschaftsplanung in der Industrie der DDR, in: Stefan Grüner/Sabine Mecking (Hg.): Wirtschaftsräume und Lebenschancen. Wahrnehmung und Steuerung von sozialökonomischem Wandel in Deutschland 1945–2000, Berlin 2017, S. 59–76, hier S. 73. Eine investive Ausnahme bildete der Bau des Kraftwerks Jänschwalde bei Cottbus im Zuge der verstärkten Nutzung der heimischen Braunkohle in den 1980er-Jahren. Vgl. auch Gerhard Kehrer: Industriestandort Ostdeutschland. Eine raumstrukturelle Analyse der Industrie in der DDR und in den neuen Bundesländern, Berlin 2000, S. 68.

Bis dahin hatte sich zwischen 1955 und 1975 der Anteil der brandenburgischen Bezirke an der gesamten Industrieproduktion der DDR von 9,9 Prozent auf 16,1 Prozent erhöht. Die Bezirke Potsdam, Cottbus und Frankfurt (Oder) hatten damit die traditionell stärker industrialisierten thüringischen Bezirke (1975: 15,2 Prozent) überholt.[20] Zwar setzte die neue räumliche SED-Strukturpolitik einen stärkeren Fokus auf die Intensivierung der Produktion und damit schwerpunktmäßig auf Rationalisierungs- sowie Modernisierungsmaßnahmen, doch konnte dieser Ansatz in der Praxis nicht umgesetzt werden. An den traditionellen und neu entstandenen Industriestandorten Brandenburgs setzte sich die Phase der Extensivierung, also der Zunahme der Beschäftigtenzahlen, fort. Dies war auch durch eine Reihe von Investitionen an den bestehenden Standorten bedingt. In den großen Stahlwerken wurden Kapazitäten erweitert und die Anlagen teilweise modernisiert. In Brandenburg an der Havel und Hennigsdorf erfolgte Mitte der 1970er-Jahre der Aufbau moderner Elektrostahlwerke; in Eisenhüttenstadt wurden ein Kaltwalzwerk und ein Konverterstahlwerk errichtet.[21] Noch im Februar 1988 wurde im Premnitzer Chemiefaserwerk eine etwa eine Milliarde Mark teure, weitgehend automatisierte Anlage eingeweiht. Die Beschäftigtenzahlen in Brandenburg an der Havel und Hennigsdorf wuchsen bis Mitte der 1980er-Jahre jeweils kontinuierlich auf mehr als 8500 an, in Eisenhüttenstadt auf 12 000.[22] Im Halbleiterwerk Frankfurt (Oder) verdoppelte sich die Belegschaftszahl zwischen 1970 und 1985 von etwa 4000 auf über 8000.[23] Auch im zum Energie- und Brennstoffzentrum erklärten Bezirk Cottbus stieg die Zahl der im Bergbau und der Braunkohleverarbeitung Beschäftigten immer weiter an.

Vor diesem Hintergrund kam es in Brandenburg nicht – wie zeitgleich in der Bundesrepublik oder auch in den übrigen Teilen der DDR – zur Tertiärisierung der Wirtschaft, also zu einem Strukturwandel bei den

---

20 Berechnet nach Statistisches Jahrbuch der DDR 1956, S. 150, und Statistisches Jahrbuch der DDR 1977, S. 71.
21 Vgl. Helmut Wienert: Die Stahlindustrie in der DDR, Berlin 1992, S. 44 u. 73.
22 Vgl. ebd., S. 43.
23 Vgl. Jörg Berkner: Halbleiter aus Frankfurt. Die Geschichte des Halbleiterwerks Frankfurt (Oder) und der DDR-Halbleiterindustrie, Dessau 2005, S. 121.

Beschäftigtenzahlen hin zum Dienstleistungssektor.[24] Vielmehr stiegen sowohl die absolute Zahl der Industriebeschäftigten in den Bezirken Cottbus, Frankfurt (Oder) und Potsdam als auch ihr relativer Anteil an der Gesamtbeschäftigtenzahl immer weiter an.[25] Nimmt man wie bisher üblich die offizielle Statistik der DDR als Grundlage, dann waren in den drei Brandenburger Bezirken Ende der 1980er-Jahre 36,3 Prozent der Arbeitnehmer in der Industrie tätig, während der Anteil der Industriebeschäftigten 1956 noch bei 23 Prozent gelegen hatte.[26] In der Lausitz erreichten Kreise wie Senftenberg oder Spremberg sogar einen Anteil von 64 bzw. 75 Prozent.

Durch das Wachstum der Industriebeschäftigtenzahlen und die Entstehung einiger neuer Großbetriebe insbesondere entlang der für den RGW-Raum strategisch und ökonomisch wichtigen Oder-Neiße-Grenze gelang es damit zwar auf nationaler Ebene, räumliche Disparitäten im Süd-Nord-Gefälle zu mindern. Errichtet wurden aber zumeist Großbetriebe in Insellage, die den monostrukturellen Charakter der jeweiligen Standorte prägten.[27] Die Monostrukturierung einzelner Regionen nahm bisweilen gravierende Ausmaße an (siehe Tabelle 1). Zugleich bildeten sich mit der Konzentration der Industriestandorte und der Förderung einzelner Wachstumsbranchen in den 1980er-Jahren stärkere Strukturgegensätze zwischen den Regionen der Wachstumsindustrien einerseits und dem ländlichem Raum Brandenburgs andererseits heraus.[28] Besonders deutlich wurde dies im Bezirk Potsdam, wo die Ballungszentren in Randlage zu Berlin deutlich stärkere Wachstumsimpulse erhielten als periphere Regionen wie die Prignitz im Norden und der Fläming im Süden des Bezirks.[29]

---

24 Vgl. Ahrens/Steiner: Wirtschaftskrisen, Strukturwandel und internationale Verflechtung (wie Anm. 15), S. 92f.
25 Vgl. Statistisches Jahrbuch der DDR 1989, S. 69, 75 u. 89.
26 Vgl. Institut für angewandte Industrieforschung: Strukturanalyse der Wirtschaft des Landes Brandenburg, Berlin 1991, S. 37; Statistisches Jahrbuch der DDR 1957, S. 190f.
27 Vgl. Kehrer: Industriestandort Ostdeutschland (wie Anm. 19), S. 59.
28 Vgl. ebd., S. 84.
29 Vgl. Kotsch: Brandenburg zwischen Auflösung und Wiederbegründung (wie Anm. 18), S. 309.

Tabelle 1: Anteil der Branchen an der Gesamtzahl der Industriebeschäftigten in monostrukturierten Kreisen[30]

Kreis	Industriezweig			
	Energie- und Brennstoffindustrie	Chemie	Maschinen- und Fahrzeugbau	Elektrotechnik, Elektronik, Gerätebau
Calau	**76,2 %**	–	8,6 %	0,2 %
Cottbus/Land	**74,0 %**	–	5,6 %	1,5 %
Guben	–	**66,3 %**	7,9 %	0,9 %
Königs Wusterhausen	1,4 %	1,2 %	**70,0 %**	1,7 %
Potsdam/Land	1,4 %	1,5 %	9,8 %	**70,1 %**
Spremberg	77,0 %	3,3 %	5,1 %	0,9 %
Zossen	0,2 %	–	77,0 %	10,7 %

76 von insgesamt 411 Industriebetrieben waren Großbetriebe mit mehr als 1000 Beschäftigten. In 17 Betrieben arbeiteten 1989 zudem über 5000 Beschäftigte.[31] Durchschnittlich waren in einer Arbeitsstätte in Brandenburg 110 Beschäftigte tätig, DDR-weit waren es 97.[32] Der sozialistische Großbetrieb prägte damit sowohl das wirtschaftliche als auch das soziale Gefüge Brandenburgs und seiner Städte in den 1980er-Jahren.

Zu beachten ist dabei jedoch, dass von den circa 430 000 Industriebeschäftigten Brandenburgs nur knapp 275 000 Beschäftigte zum unmittelbaren Produktionspersonal zählten.[33] Über ein Drittel der Beschäftigten war in Bereichen tätig, die nicht unmittelbar der Güter- und Warenproduktion dienten. Hierzu zählten Mitarbeiter der Verwaltung; von Einrichtungen der Betriebswohlfahrt (Kulturhäuser und Ferienheime); des Handwerks (Tischler, Maler, Schlosser); der Partei- und Sicherheitsapparate

---

30 Tabelle nach ebd., S. 22.
31 Vgl. Institut für angewandte Wirtschaftsforschung (Hg.): Strukturanalyse des Landes Brandenburg, Berlin 1991, S. 69.
32 Vgl. ebd., S. 70.
33 Vgl. Institut für angewandte Wirtschaftsforschung (Hg.): Landesreport Brandenburg, Berlin 1992, S. 57.

oder auch Personen, die in betrieblichen Einrichtungen tätig waren. Mit seinem breit gefächerten Angebot an betrieblichen Sozialleistungen hatte der sozialistische Großbetrieb diese Einrichtungen als Teil seiner Daseinsvorsorge inkorporiert.[34] In der offiziellen Statistik der DDR wurden diese Betriebsteile der industriellen Produktion zugerechnet, da es keine Notwendigkeit gab, sie gesondert zu betrachten. Eine sich auf betriebliche Beschäftigtenzahlen gründende Statistik zum Arbeitsplatzabbau und zur Deindustrialisierung der ostdeutschen Industrie nach 1989 muss diese Faktoren aber mitberücksichtigen.

1989 bildeten die drei Bezirke keinen zusammenhängenden, durch interne Verflechtungen verbundenen Wirtschaftsraum, sondern vielmehr ein Nebeneinander mehrerer Industriegebiete mit Versorgungsfunktionen für die gesamte DDR.[35] Negativ auf die regionale Verflechtung wirkte sich dabei die Bildung der Kombinatsstrukturen aus. Die regionenübergreifende kombinatsinterne Koordinierung der Produktion führte zu einer Zerstörung der Netzwerke regionaler Wirtschaftsbeziehungen.[36] In periphere Regionen ausgelagerte Kombinatsteile führten zur Entwicklung von monostrukturellen Gebieten kleineren Maßstabs in ländlichen Räumen. Dadurch wurden industrielle Monostrukturen, wie sie schon vor dem Zweiten Weltkrieg existierten, noch verfestigt und ausgeweitet.[37] Das führte zur Bildung von »single-factory towns«, also dem Entstehen von Städten, deren Bewohner zu einem Großteil im nahe gelegenen Großbetrieb bzw. dessen Infrastruktur tätig waren (zum Beispiel in Eisenhütten-

---

34 Vgl. Hans Günter Hockerts: Grundlinien und soziale Folgen der Sozialpolitik, in: Hartmut Kaelble/Jürgen Kocka/Hartmut Zwahr (Hg.): Sozialgeschichte der DDR, Stuttgart 1994, S. 519–544; Renate Hürtgen/Thomas Reichel (Hg.): »Der Schein der Stabilität« – DDR-Betriebsalltag in der Ära Honecker, Berlin 2001; Annette Schuhmann: Kulturarbeit im sozialistischen Betrieb. Gewerkschaftliche Erziehungspraxis in der SBZ/DDR 1946–1970, Köln/Weimar/Wien 2006.
35 Vgl. Ilja Mieck: Kleine Wirtschaftsgeschichte der neuen Bundesländer, Stuttgart 2009, S. 177.
36 Vgl. Axel Klaphake: Europäische und nationale Regionalpolitik für Ostdeutschland. Neuere regionalökonomische Theorien und praktische Erfahrungen, Wiesbaden 2000, S. 17.
37 Vgl. ebd., S. 327 f.

stadt, Premnitz und Schwedt).[38] Diese wirtschaftsstrukturelle Entwicklung war durch die ökonomischen Notwendigkeiten eines abgetrennten Wirtschaftsraums sowie politische Grundsatzentscheidungen geprägt. Im Ergebnis entsprach die DDR 1988 in ihrer Beschäftigungsstruktur der Bundesrepublik von 1965. Industrielle Produktionssektoren der Grundstoff- und Schwerindustrie hatten ein großes Gewicht, insbesondere in Brandenburg.[39]

Entgegen dem Trend in den westlichen Industriegesellschaften konnte die DDR auch deshalb so stark auf den industriellen Sektor setzen, weil sie für die Bundesrepublik aufgrund ihres internen Verrechnungskurses wie ein Niedriglohnland auftrat, aus dem Industriewaren importiert werden konnten. Bekannte Beispiele hierfür waren die Produktion von Schuhen für Salamander und Möbeln für IKEA. In Brandenburg wurden unter anderem Erzeugnisse vom Textilkombinat Cottbus für die Wattenscheider Firma Steilmann und Brillen von den Rathenower Optischen Werken für die Fielmann AG hergestellt. Zugleich konnte die einheimische Industrie vom internationalen Wettbewerb abgeschottet werden und auf gesicherte Exportquoten in den RGW-Raum vertrauen.

---

38 Vgl. ebd., S. 17.
39 Vgl. Bernd Martens: Der entindustrialisierte Osten, in: Bundeszentrale für politische Bildung, 28.5.2020, https://www.bpb.de/geschichte/deutsche-einheit/lange-wege-der-deutschen-einheit/310288/der-entindustrialisierte-osten (Zugriff am 13.6.2022).

2. Umbruch, Abbruch, Aufbruch: Treuhandanstalt und sozioökonomische Transformation in Brandenburg[40]

Die Wiedervereinigungsdebatten in der ersten Hälfte des Jahres 1990 berührten auch schnell die Problematik einer Neuausrichtung der ostdeutschen Wirtschaft. In den Bonner Ministerien machte man sich Gedanken, wie der Übergang von der Plan- in die Marktwirtschaft gelingen könnte.[41] Im April 1990 kursierte innerhalb des Bundesfinanz- und des Bundeswirtschaftsministeriums ein Papier, das sich mit der strukturellen Umstellung der DDR-Wirtschaft beschäftigte. Die Autoren kamen darin zu dem Schluss, dass Anpassungsmaßnahmen erforderlich seien, um die Überlebenschancen der Betriebe zu verbessern und die »unvermeidliche Umstellungsarbeitslosigkeit« zu begrenzen. Zugleich betonten sie aber explizit: »Erhaltungssubventionen können nicht in Frage kommen«.[42] Diese Auffassung deckte sich in wesentlichen Teilen mit den Standpunkten, die der Sachverständigenrat zur Begutachtung der gesamtwirtschaftlichen Entwicklung im Rahmen eines Sondergutachtens im Januar 1990 vorgelegt hatte. Dabei hatten die sogenannten Wirtschaftsweisen eine sich im Wettbewerb selbst regulierende Marktordnung als idealen Endzustand des postsozialistischen Transformationsprozesses skizziert.[43] Die Selbststeuerung der Märkte sollte ein schnelles Ende der bestehenden Engpässe herbeiführen und das Marktprinzip so nach kurzer Anpas-

---

40 Umfangreiche Darstellungen zur Privatisierungstätigkeit der Treuhandanstalt im Land Brandenburg finden sich bei Wolf-Rüdiger Knoll: Die Treuhandanstalt in Brandenburg. Regionale Privatisierungspraxis 1990–2000, Berlin 2022.
41 Vgl. Andreas Malycha: Im Schlepptau der Bonner Behörden? Die Treuhand und die Einflussnahme der Bundesregierung im Frühjahr/Sommer 1990, in: Deutschland Archiv vom 20.4.1990, https://www.bpb.de/geschichte/zeitgeschichte/deutschland archiv/307832/im-schlepptau-der-bonner-behoerden (Zugriff am 13.6.2022).
42 Programm zur Flankierung der strukturellen Umstellung der DDR-Wirtschaft vom 17.4.1990, Bundesarchiv (BArch) Koblenz, B 136/37861, unfol.
43 Vgl. Marcus Böick: »Das ist nunmal der freie Markt«. Konzeptionen des Marktes beim Wirtschaftsumbau in Ostdeutschland nach 1989, in: Zeithistorische Forschungen/Studies in Contemporary History 12 (2015) 3, S. 448–473.

sungszeit dieselben Erfolge in Ostdeutschland zeitigen, wie sie in der Bundesrepublik erreicht worden waren.[44] Allerdings betonte der Vorsitzende des Sachverständigenrats zur Begutachtung der gesamtwirtschaftlichen Entwicklung, Hans Schneider, gegenüber Helmut Kohl in einem Schreiben vom 9. Februar 1990, dass eine Währungsunion nicht am Beginn des wirtschaftlichen Umbauprozesses stehen dürfe, sondern bestenfalls dessen Resultat sein könne, da sonst völlig unabsehbare Folgen drohten.[45] Die Entscheidungsträger in Bonn gingen über diese Mahnung hinweg.[46] Die Währungs-, Wirtschafts- und Sozialunion am 1. Juli 1990 führte zu einem massiven Einbruch der DDR-Industrieproduktion um mehr als die Hälfte im Vergleich zum Vorjahreszeitraum. Die Betriebe, die sich nun in Treuhandbesitz befanden, gerieten in akute Zahlungsschwierigkeiten und begannen massenhaft Beschäftigte in Kurzarbeit zu schicken. So verzeichnete die DDR Ende Juli 1990 bereits 242 000 Arbeitslose und 656 000 Kurzarbeiter, für weitere 847 000 Beschäftigte war außerdem Kurzarbeit angemeldet.[47] In Brandenburg befanden sich im September 1990 312 000 Menschen und damit 22 Prozent aller Beschäftigten in Kurzarbeit – die allermeisten davon in der sogenannten Kurzarbeit Null, das heißt, sie mussten zu Hause bleiben und hatten kaum noch Hoffnung auf eine Weiterbeschäftigung.[48]

---

44 Vgl. ebd., S. 453.
45 Vgl. Schreiben des Vorsitzenden des Sachverständigenrats zur Begutachtung der gesamtwirtschaftlichen Entwicklung, Schneider, an Bundeskanzler Kohl, Wiesbaden vom 9. Februar 1990, in: Bundesministerium des Innern (Hg.): Dokumente zur Deutschlandpolitik. Deutsche Einheit. Sonderedition aus den Akten des Bundeskanzleramtes 1989/90, München 1998, S. 779–781.
46 Vgl. Karl Brenke: Die deutsch-deutsche Währungsunion. Ein kritischer Rückblick, in: DIW Wochenbericht (2015) 27, S. 629–637; Stephen F. Frowen/Jens Hölscher (Hg.): The German Monetary Union of 1990. A Critical Assessment, London 1997; Joachim Algermissen: Hans Tietmeyer. Ein Leben für ein stabiles Deutschland und ein dynamisches Europa, Tübingen 2019, S. 294–331.
47 Vgl. Matthias Judt: Das Startkapital, in: Olaf Jacobs (Hg): Die Treuhand. Ein deutsches Drama, Halle (Saale) 2020, S. 11–33, hier S. 22.
48 Vgl. Deutscher Industrie- und Handelstag (Hg.): Die neuen Länder: Produktionsstandort Brandenburg, Bonn 1990, S. 29.

Vor dem Hintergrund der sich abzeichnenden, gewaltigen ökonomischen und sozialpolitischen Probleme erschienen die Bonner Planungen zur Umstrukturierung der ostdeutschen Wirtschaft hoffnungslos unterdimensioniert. Ende Juli 1990 legte das Bundeswirtschaftsministerium ein Konzept für die Regionalpolitik in Ostdeutschland vor, das für das Jahr 1991 einen Betrag von gerade einer Milliarde DM für den Ausbau der wirtschaftsnahen Infrastruktur aus dem Fonds »Deutsche Einheit« vorsah.[49] Das Instrumentarium für den Umbau der ostdeutschen Wirtschaft sollte zunächst aus bewährten Strukturprogrammen der Bundesrepublik bestehen.[50] Dabei setzten die Beamten vor allem auf die Gemeinschaftsaufgabe »Verbesserung der regionalen Wirtschaftsstruktur« (GRW) als zentrales Instrument, das ergänzt werden sollte durch die Förderprogramme der Europäischen Gemeinschaft »Europäischer Fonds für regionale Entwicklung« (EFRE) und »Europäischer Sozialfonds« (ESF). So hofften die Ministerialbeamten, den Einbruch des verarbeitenden Gewerbes möglichst rasch durch neue Investitionen aufzufangen. Sehr bald sollten sich allerdings diese Hoffnungen als unrealistisch erweisen. Massenentlassungen und sich daran anschließende Massenproteste in Ostdeutschland veranlassten die Bundesregierung Anfang 1991 aufgrund des wachsenden öffentlichen Drucks und der internen Warnungen dazu, das »Gemeinschaftswerk Aufschwung Ost« zu beschließen. Dieses Programm sollte der ostdeutschen Wirtschaft wieder auf die Beine helfen.

Als maßgebliche Akteurin für die Entwicklung des verarbeitenden Gewerbes in Ostdeutschland erwies sich spätestens ab Herbst 1990 die Treuhandanstalt (THA). Die für nahezu alle ostdeutschen Industriebetriebe zuständige Behörde hatte ab Juli 1990 eine strukturelle und personelle Neuausrichtung erlebt. Sie verkörperte damit gewissermaßen selbst das Dilemma der Gleichzeitigkeit von Verwaltungsauf- und Wirtschafts-

---

49 Vgl. Bundeswirtschaftsministerium (BMWi), Konzept für die Regionalpolitik in einem vereinigten Deutschland unter Berücksichtigung des Abbaus teilungsbedingter Kosten vom 25.7.1990, S. 1, BArch Koblenz, B 136/37861, unfol.
50 Vgl. ebd., S. 5.

umbau.[51] Seit dem Sommer wurde sie nicht nur mit den gewaltigen Liquiditätsproblemen ihrer Betriebe konfrontiert, sondern sie begann auch ihr eigentliches Privatisierungsgeschäft. Für Brandenburg waren dabei zunächst die Geschäftsbesorgungsverträge mit westdeutschen Unternehmen für das Petrolchemische Kombinat in Schwedt, insbesondere aber für die ostdeutsche Braunkohle im August 1990 bedeutsam. Westdeutsche Unternehmen kamen auch bei den ersten großen Unternehmensverkäufen der Treuhand zum Zuge. Im Oktober 1990 übernahm die BASF das Synthesewerk in Schwarzheide, Krupp kaufte das Kaltwalzwerk in Oranienburg und Mercedes-Benz übernahm die Lkw-Produktion in Ludwigsfelde, um dort eigene Fahrzeuge zu fertigen. Diese Verkäufe erfolgten zu einem Zeitpunkt, als das Land Brandenburg gerade erst konstituiert war und eine Landesregierung noch nicht bestand.

Rasch voranschreitende Deindustrialisierung

Da die Treuhand als Eigentümerin für die Verluste der ostdeutschen Betriebe einstehen musste, drängte sie rasch auf eine Reduzierung der Ausgaben. In den Betrieben wurde das größte Potenzial für Kosteneinsparungen im Personalabbau gesehen. Diesen exekutierten nicht westdeutsche Manager, sondern die ehemaligen Kombinatsdirektoren oder Betriebsleiter, die nun die Geschäftsführer oder Vorstandsvorsitzenden der GmbHs oder AGs waren. Während auf diesen Posten bei den strukturbestimmenden Industriebetrieben in Brandenburg zunächst eine bemerkenswerte Kontinuität herrschte, mussten auch die zumeist neu gewählten Betriebsratsratsvorsitzenden die Entlassungen mittragen.[52] Es waren also

---

51 Vgl. Claus Offe: Das Dilemma der Gleichzeitigkeit. Demokratisierung und Marktwirtschaft in Osteuropa, in: Merkur 45 (1991) 4, S. 279–292.
52 Vgl. Ulrich Brinkmann: »Zwischen Baum und Borke«. Rollenkonflikte betrieblicher Akteure in der ostdeutschen Transformation, in: Extraordinary Times, IWM Junior Visiting Fellows Conferences (2001) 11, S. 1–35; Rainhart Lang/Thomas Steger: Vom »Vorreiter« der Wende über das »Co-Management« zum »Erfüllungsgehilfen«? –

vor allem Ostdeutsche, die den Großteil ihrer Landsleute entlassen mussten, um den ökonomischen Druck, der aus zu geringen Umsätzen bei zu hohen Ausgaben resultierte, zu mildern.

Die neue Landesregierung unter der Führung von Ministerpräsident Manfred Stolpe und Arbeitsministerin Regine Hildebrandt (beide SPD) legte den Fokus von Beginn an auf eine aktive Arbeitsmarktpolitik.[53] Unter Hildebrandts Regie startete die Landesregierung bereits im Februar 1991 ein »Sofortprogramm Qualifizierung und Arbeit für Brandenburg« und 1992 ein Strukturförderprogramm »Arbeit statt Arbeitslosigkeit finanzieren«. Hildebrandts Engagement und ihr volksnahes Auftreten brachten ihr in der Presse verschiedene Zuschreibungen ein. Wahlweise wurde sie als »Mutter Courage des Ostens« oder auch als das »soziale Gewissen der Republik« bezeichnet.[54] Verhindern konnte aber auch sie den massenhaften Abbau von Arbeitsplätzen nicht. Während in den drei Brandenburger Bezirken 1989 noch 1,37 Millionen Erwerbstätige gezählt wurden, verringerte sich diese Zahl bis Ende 1994 auf knapp 1,1 Millionen. Zwar schnitt Brandenburg im Hinblick auf die Arbeitslosenquote im ostdeutschen Vergleich leicht besser ab, dennoch war in den Jahren 1991 und 1992 mehr als jeder Dritte Brandenburger unterbeschäftigt, war also arbeitslos, in Kurzarbeit, Vorruhestand, Fortbildung oder Umschulung.[55] Für die krisenhafte Entwicklung des Arbeitsmarkts hatte Regine Hildebrandt bereits als Ministerin der Regierung de Maizière im August 1990 nicht nur das Wirtschaftsministerium der DDR, sondern auch die Treu-

---

Das Selbstverständnis von ostdeutschen Betriebsräten im Wandel, in: Thomas Breisig (Hg.): Mitbestimmung. Gesellschaftlicher Auftrag und ökonomische Ressource. Festschrift für Hartmut Wächter, München 1999, S. 85–117.

53 Vor der Wiedervereinigung war die studierte Biologin Regine Hildebrandt Ministerin für Arbeit und Soziales im Kabinett von Lothar de Maizière. Von 1990 bis 1999 leitete Hildebrandt das Ministerium für Arbeit, Soziales, Gesundheit und Frauen des Landes Brandenburg.

54 Engagiertes Meckern aus Optimismus, in: Neue Zeit vom 24.7.1992; Hans-Dieter Schütt: Regine Hildebrandt: »Bloß nicht aufgeben!« Fragen an eine deutsche Sozialministerin, Berlin 1992, S. 177.

55 Vgl. Bundesanstalt für Arbeit (Hg.): Amtliche Nachrichten der Bundesanstalt für Arbeit, Arbeitsmarkt 1991/1992/1993/1994.

handanstalt verantwortlich gemacht, deren Tätigkeit sie als »Hauptursache der gegenwärtigen Misere« bezeichnete.[56]

Besonders massiv unter dem Personalabbau litten die nicht produktiven Bereiche der Betriebe. Neben den medizinischen, sozialen und kulturellen Einrichtungen sowie den Gewerken waren davon vor allem die Forschungs- und Entwicklungsbereiche (FuE) betroffen. Bereits im Juni 1990 hatte der damalige Bundesminister für Forschung und Technologie, Heinz Riesenhuber, Bundeskanzler Helmut Kohl vor der schwierigen Situation der Forschungslandschaft in der DDR gewarnt. An Treuhandpräsident Rohwedder appellierte Riesenhuber daher, dass die THA bei ihren Unternehmen besonderen Wert auf zukunftsgerichtete und wettbewerbsfähige Produkte legen solle. Riesenhuber forderte, ein »Mindestmaß an erhaltenswerten FuE-Kapazitäten« zu bewahren, um ihre Wettbewerbsfähigkeit auch im internationalen Verbund zu sichern.[57] Die Mahnrufe des Forschungsministers verhallten allerdings angesichts der gewaltigen Rentabilitätsprobleme der meisten Betriebe ungehört. Der Rückgang der in Forschung und Entwicklung tätigen Beschäftigten in der ostdeutschen Industrie betrug zwischen 1989 und 1991 bereits 64 Prozent. Ende 1994 war von der Industrieforschung kaum noch etwas übrig geblieben.[58] Noch bevor zumeist westdeutsche Unternehmen die ostdeutschen Betriebe übernahmen, hatten diese sich also selbst eines Großteils ihres Innovationspotenzials entledigt. Diesem Prozess sah die Treuhand mehr oder weniger tatenlos zu.

Von dieser Entwicklung war Brandenburg umso mehr betroffen, als die wirtschaftsnahe Forschung im Land schon vor 1989 unterentwickelt war. Mit Ausnahme des Forschungszentrums für Geräte-, Mess- und Steuerungstechnik um Stahnsdorf und Teltow im Südwesten Berlins sowie der Mikroelektronik am Standort Frankfurt (Oder) verfügte das

---

56 Jede Woche verlieren 25 000 ihre Arbeit, in: Neues Deutschland vom 21.8.1990.
57 Schreiben des Bundesministers für Forschung und Technologie Heinz Riesenhuber an Bundeskanzler Helmut Kohl vom 28.6.1990; Schreiben von Heinz Riesenhuber an Detlev Rohwedder vom 23.8.1990, BArch Koblenz, B 136/26498, Bl. 174 u. Bl. 184f.
58 Vgl. Franz Pleschak/Michael Fritsch/Frank Stummer: Industrieforschung in den neuen Bundesländern, Berlin/Heidelberg 2000, S. 6.

Land aufgrund seiner Fokussierung auf die Grundstoffindustrie kaum über nennenswerte Entwicklungspotenziale, was auch an der unterentwickelten Hochschullandschaft in den Brandenburger Bezirken lag. Gerade 10,3 Prozent der Industrieforscher der DDR arbeiteten 1987 in Brandenburg (der Anteil an der Gesamtbeschäftigung lag bei etwa 16 Prozent). Bevölkerungsmäßig kleinere Länder wie Thüringen (15,8 Prozent der Forschungs- und Entwicklungsbeschäftigten der DDR) und Sachsen-Anhalt (15,7 Prozent) konnten hier aus einem größeren Potenzial schöpfen. Der rapide Abbau der Forschungskapazitäten in Stahnsdorf und Teltow sowie im Halbleiterwerk Frankfurt (Oder) versetzte der Industrieforschung in Brandenburg nach 1989 einen Schlag, von dem sie sich dauerhaft nicht mehr erholen konnte. Trotz der Gründung neuer Universitäten in Frankfurt (Oder) und Cottbus verfestigte sich das Gefälle in der Wirtschaftsforschung zu den südlichen Nachbarbundesländern. Im Jahr 2007 wies Brandenburg je 1000 Erwerbstätige nur 10,5 Forschungs- und Entwicklungsbeschäftigte auf. Dieser Wert lag nicht nur deutlich unter dem der westdeutschen Bundesländer (39,2), sondern auch unter dem der ostdeutschen Länder (21,8).[59]

Der Personalabbau machte aber nicht bei den Forschungsabteilungen halt. Zu einem sprunghaften Anstieg der Arbeitslosigkeit kam es, als am 31. Juni 1991 in der Metallbranche der tariflich garantierte Kündigungsschutz für Arbeitnehmer auslief und zum Jahreswechsel 1991/92 die bisher bestehende Kurzarbeiterregelegung endete. Die Betriebe nahmen die veränderten Rahmenbedingungen zum Anlass, sich von einem Großteil ihrer Belegschaften zu trennen. Diese Massenentlassungen wurden im Jargon der THA-Mitarbeiter als »Großflugtage« bezeichnet.[60] In Brandenburg stieg die Erwerbslosenquote bis 1993 stetig an und erreichte im Jahresdurchschnitt 1993 und 1994 jeweils 15,3 Prozent.[61] Mit einem Anteil von

---

59 Vgl. Gerhard Heimpold: Zwischen Deindustrialisierung und Reindustrialisierung. Die ostdeutsche Industrie – ein Stabilitätsfaktor regionaler Wirtschaftsentwicklung?, in: Informationen zur Raumentwicklung (2010) 10/11, S. 727–743, hier S. 731.
60 Vgl. Wer hält das Versprechen?, in: Die Zeit vom 21.6.1991.
61 Vgl. Bundesanstalt für Arbeit (Hg.): Arbeitsmarkt 1994, S. 155.

etwa zwei Dritteln waren Frauen dabei überdurchschnittlich stark von Erwerbslosigkeit betroffen. Ursächlich für die hohe Frauenarbeitslosigkeit war zum einen der Umstand, dass Branchen mit einem hohen weiblichen Beschäftigtenanteil, wie zum Beispiel die Textilindustrie, von besonders starken Schrumpfungsprozessen betroffen waren. Die Übernahme des westdeutschen Wirtschafts- und Gesellschaftsmodells führte zum anderen zu einer Rückkehr des männlich dominierten Ernährermodells und verstärkten Ungleichheitsverhältnissen zwischen den Geschlechtern.[62] Der Strukturwandel traf Frauen in Brandenburg, wie in Ostdeutschland insgesamt, noch wesentlich heftiger als Männer. Das führte sowohl zu einer geringeren Geburten- als auch zu einer überdurchschnittlich hohen Abwanderungsrate von jüngeren Frauen in Ostdeutschland.[63]

Die im Frühjahr 1991 einsetzenden Proteste und Demonstrationen gegen Entlassungen und Betriebsschließungen, die in Brandenburg insbesondere nach der Verkündung der Abwicklung der Fluggesellschaft Interflug einen Höhepunkt erreichten, ebbten zwar nach der Ermordung Detlev Karsten Rohwedders am 1. April etwas ab. Ein fortschreitender Abbau von Produktionskapazitäten und Arbeitsplätzen kennzeichnete aber das gesamte Jahr 1991. Im ersten Halbjahr 1991 sank die Industrieproduktion in Ostdeutschland auf ein Drittel im Vergleich zum Vorjahresmonat.[64] Allerdings gelang es bis zum Jahresende 1991, den Rückgang der industriellen Warenproduktion in Brandenburg zu stoppen und einen vor allem von der Bauwirtschaft getragenen Wachstumsprozess einzuleiten.

---

62 Vgl. Regina Kröplin/Wolfgang Schnecking: Ostdeutsche Frauen im Transformationsprozess. Auswirkungen veränderter gesellschaftlicher Rahmenbedingungen auf das Geschlechterverhältnis, in: Hans Bertram/Wolfgang Kreher/Irene Müller-Hartmann (Hg.): Systemwechsel zwischen Projekt und Prozess, Opladen 1998, S. 283–317.
63 Vgl. Yasemin Niephaus: Der Geburteneinbruch in Ostdeutschland nach 1990. Staatliche Regulierung generativen Handelns, Wiesbaden 2003; Susanne Stedtfeld/Stephan Kühnto: Jung, weiblich, geht: Abwanderung und Geschlechterungleichgewichte in ostdeutschen Landkreisen, in: Bevölkerungsforschung Aktuell (2012) 5, S. 12–19.
64 Vgl. Willi Leibfritz: Wirtschaftsperspektive für die Bundesrepublik Deutschland 1991/92, in: ifo Wirtschaftskonjunktur 43 (1991) 7, S. A1–A17, https://www.ifo.de/publikationen/1991/aufsatz-zeitschrift/wirtschaftsperspektive-fuer-die-bundesrepublik-deutschland (Zugriff am 13.6.2022).

Neben Thüringen (7 Prozent) war Brandenburg (6,5 Prozent) das einzige ostdeutsche Bundesland, das bereits 1992 einen Zuwachs in der Industrieproduktion (gemessen an der Bruttowertschöpfung) vorweisen konnte.[65] Von 1992 bis zur Jahrtausendwende verzeichneten Thüringen (13,5 Prozent) und Brandenburg (12,9 Prozent) die größten Zuwachsraten in der ostdeutschen Industrieproduktion (mit Berlin zusammen 5,2 Prozent). Auf einen Deindustrialisierungsschock der Jahre 1990 und 1991 folgte damit eine andauernde Wachstumsphase auf allerdings vergleichsweise geringem Niveau mit im Schnitt weniger als zwei Prozent pro Jahr.

Als Wachstumsmotor für das Umland konnte Berlin dabei kaum dienen. In Ost-Berlin war es ebenfalls zu einem rasanten Personalabbau in allen ehemaligen Kombinatsstammbetrieben wie dem Kabelwerk Oberspree, den Elektro-Apparate-Werken oder bei NARVA gekommen. Und auch in West-Berlin hatte der Wegfall der Berlinförderung zu großen Arbeitsplatzverlusten geführt.[66] Erst im Jahr 2000 wurde in der Hauptstadt überhaupt wieder ein leichter Anstieg der Industrieproduktion verzeichnet. Allerdings profitierte Brandenburg wiederum von der Abwanderung der industriellen Produktion aus Berlin an deutlich günstigere Standorte im Umland.

Während die Warenproduktion in Brandenburg bereits 1991 ihren Tiefpunkt erreicht hatte, nahm die Beschäftigtenzahl in der Industrie auch in den Folgejahren weiter ab (siehe Tabelle 2). Zwar konnte der Arbeitsplatzschwund 1995 kurzfristig aufgehalten werden, ein weiterer Beschäftigtenrückgang vollzog sich allerdings mit wenigen Ausnahmen bis zum Jahr 2005. Zwischen 1991 und 2000 gingen so im Schnitt jährlich 6,6 Prozent der Arbeitsplätze im verarbeitenden Gewerbe verloren.[67]

---

65 Vgl. Heimpold: Zwischen Deindustrialisierung und Reindustrialisierung (wie Anm. 59), S. 727–729.
66 Vgl. Martin Pätzold: Transformationsprozess der Berliner Wirtschaft. Entwicklungen in West- und Ost-Berlin nach der Wiedervereinigung, Chemnitz 2013; Die Schweineohren sind ab, in: taz vom 28.4.1995.
67 Vgl. Heimpold: Zwischen Deindustrialisierung und Reindustrialisierung (wie Anm. 59), S. 727–729.

Tabelle 2: Beschäftigtenentwicklung in der ostdeutschen Industrie[68]

Bundesland	Industriebeschäftigte insgesamt				
	Januar 1991	Januar 1992	Januar 1993	Januar 1994	Dezember 1994
Berlin (Ost)	117 619	59 564	41 627	37 315	33 934
Brandenburg	300 774	184 860	127 784	107 149	103 985
Mecklenburg-Vorpommern	119 606	71 458	54 417	50 860	50 176
Sachsen	689 847	357 248	252 628	220 389	212 001
Sachsen-Anhalt	430 445	239 862	174 482	144 650	136 748
Thüringen	417 567	176 632	125 423	114 280	119 415
Ostdeutschland insgesamt	2 075 858	1 089 624	776 361	674 643	656 259

Ein Blick auf die Zahl der Industriebeschäftigten weist für alle ostdeutschen Bundesländer zwischen Januar 1991 und Dezember 1994 dramatische Rückgänge aus. Während Thüringen (160 Industriebeschäftigte je 1000 Einwohner) Sachsen-Anhalt (150), und Sachsen (145) zunächst weit vor Brandenburg (117) und Mecklenburg-Vorpommern (62) lagen, fiel der Rückgang der Industriebeschäftigten in den stärker industrialisierten Ländern bis Ende 1994 deutlicher aus als in Brandenburg, das eine Abnahme auf 35 Prozent des Ausgangswertes verzeichnete. Insgesamt kam es zu einer Angleichung der Industriedichte, wobei kein ostdeutsches Bundesland am Ende des Untersuchungszeitraums mehr als 50 Industriebeschäftigte je 1000 Einwohner zählte und Brandenburg am Ende nur knapp unter dem ostdeutschen Durchschnitt blieb. 1989 lag die Industrie-

---

68 Tabelle nach Astrid Ziegler: Regionale Transformation. Konzepte und Zwischenergebnisse einer dezentralen Wirtschaftspolitik in Ostdeutschland, in: Dirk Nolte/Ralf Sitte/Alexandra Wagner (Hg.): Wirtschaftliche und soziale Einheit Deutschlands, Köln 1995, S. 88–114, hier S. 94f.

quote der DDR noch um 38 Prozent über der der Bundesrepublik, Anfang 1994 mehr als 60 Prozent unter dem westdeutschen Niveau.[69]

Der massive Arbeitsplatzabbau trug allerdings überhaupt erst dazu bei, den Unternehmen eine Überlebensperspektive im Wettbewerb zu ermöglichen. Lagen die durchschnittlichen Arbeitskosten für die Erzeugung eines Produkts in Brandenburg im Vergleich zu den alten Bundesländern 1991 noch bei 224,1 Prozent, sank dieser Wert bis 2007 auf 89,8 Prozent. Hierzu trug nach einer Übergangsphase allerdings auch eine geringere tarifliche Bindung im Osten bei, die zu niedrigeren Löhnen und damit in volkswirtschaftlicher Logik zu einer höheren Wettbewerbsfähigkeit führte. In der Übertragung tariflicher Löhne durch die Anfang der 1990er Jahre in den Osten expandierenden westdeutschen Gewerkschaften sah Hans-Werner Sinn einen der Hauptgründe für die rapiden Deindustrialisierungsprozesse und die dauerhafte Schwäche der ostdeutschen Wirtschaft.[70]

Die Treuhand als Akteurin des Strukturwandels

Als Eigentümerin und Verkäuferin der Brandenburger Industriebetriebe zeichnete die Treuhandanstalt maßgeblich für deren Neuausrichtung verantwortlich. Das selbst auferlegte Mantra, dass Strukturpolitik Sache der neuen Länder und nicht der Treuhandanstalt sei, wurde schon durch die wesentlichen Verkaufskriterien ad absurdum geführt. Neben dem Kaufpreis, der bei den großen Privatisierungsfällen in Brandenburg aufgrund von Altschulden, ökologischen Schäden und Modernisierungszuschüssen

---

69 Vgl. Gerhard Heske: Bruttoinlandsprodukt, Verbrauch und Erwerbstätigkeit in Ostdeutschland 1970–2000, Köln 2005, S. 237; Lothar Abicht: Wirtschaftliche Entwicklung, Innovation und Qualifikation in den neuen Bundesländern. Probleme und Perspektiven, in: Friedrich-Ebert-Stiftung (Hg.): Wirtschaftsstandort Neue Bundesländer. Bildungsstandort Neue Bundesländer: Brauchen wir eine neue Ausbildungskultur? Eine Tagung der Friedrich-Ebert-Stiftung am 27./28. April 1995 in Lutherstadt Wittenberg, Bonn 1995, S. 10–25, hier S. 13.
70 Vgl. Hans-Werner und Gerlinde Sinn: Kaltstart. Volkswirtschaftliche Aspekte der Deutschen Vereinigung, Tübingen 1993, hier S. 193–204.

für die Treuhand fast durchweg negativ ausfiel, waren vor allem die Investitions- und Arbeitsplatzzusagen der Bieter ausschlaggebend.[71] Gerade bei öffentlichkeitswirksamen Verkäufen wie dem der Stahlwerke in Brandenburg an der Havel und Hennigsdorf entschied sich die Treuhand für den Bieter, der ihrer Meinung nach das glaubhaftere und langfristig größeren Erfolg versprechende Konzept vorlegen konnte. In diesem Fall erhielt 1991 ein ausländischer Investor auch gegen den Protest der Belegschaften den Zuschlag, die einen westdeutschen Käufer bevorzugt hatten.[72]

Bis auf wenige Ausnahmen, insbesondere in der Stahlindustrie, verkaufte die Treuhandanstalt die großen Brandenburger Industriebetriebe an westdeutsche Unternehmen. So übernahm Leipa das Papierwerk in Schwedt und die Zahnradfabrik Friedrichshafen (ZF) das Getriebewerk in Brandenburg an der Havel. Ein Konsortium unter Führung von Rheinbraun übernahm 1994 die Lausitzer Braunkohle AG mit ihren Gruben und Kraftwerken. Bei den verkauften Betrieben handelte es sich im Wesentlichen nur noch um die rentablen Teile des 1989 jeweils existierenden Gesamtbetriebs. Andere Bereiche wurden zuvor geschlossen oder gingen in den Auslaufbetrieb. Das Mittel der Wahl waren dabei zumeist sogenannte Assetdeals, mit denen Anlagen und Gebäude aus dem Betrieb herausgekauft wurden und der Restbetrieb als sogenannter Mantel anschließend in die Abwicklung gegeben wurde.

Eine Reihe von Privatisierungen zog sich über einen sehr langen Zeitraum hin. In diesen Fällen endete die Tätigkeit der Treuhandanstalt keineswegs am 31. Dezember 1994, wie die Behörde medienwirksam erklärt hatte. Vielmehr übernahm ihre Nachfolgeeinrichtung, die Bundesanstalt für vereinigungsbedingte Sonderaufgaben, nicht nur die Aufgabe, Investitions- und Arbeitsplatzzusagen zu kontrollieren. Im Falle des Halbleiterwerks Frankfurt (Oder), des Chemiefaserwerks Premnitz

---

71 Hierzu auch Richard Schröder/Karl-Heinz Paqué: Gespaltene Nation? Einspruch! 30 Jahre Deutsche Einheit, Basel 2020, S. 47 f.
72 Vgl. Wolf-Rüdiger Knoll: Zwischen Abbruch und Aufbruch – Die Treuhandanstalt und der Verkauf der Stahlwerke Hennigsdorf und Brandenburg im Kontext der europäischen Stahlkrise, in: Dierk Hoffmann (Hg.): Transformation einer Volkswirtschaft. Neue Forschungen zur Geschichte der Treuhandanstalt, Berlin 2020, S. 143–160.

oder des Kranbaus Eberswalde musste die BvS neue Privatisierungslösungen finden, deren Zustandekommen sich zum Teil bis zum Ende der 1990er-Jahre hinzog. Als ähnlich langwierig erwies sich die Privatisierung des Eisenhüttenkombinats Ost in Eisenhüttenstadt. Das EKO war aufgrund seiner Größe, seiner peripheren Lage und seiner Bedeutung für die Stadt ein enorm wichtiger Industriestandort. Dies erkannte auch die Treuhandanstalt und setzte im Zuge des 1992 entwickelten Konzepts der industriellen Kerne auf den Erhalt des Standorts auch gegen den Willen der westdeutschen Stahlunternehmen.[73] Um einen Investor zu finden, setzte sie ab 1993 erstmalig auf eine Sanierung in Eigenregie, und verstieß damit gegen das noch von Detlev Karsten Rohwedder geprägte Mantra »Privatisierung ist die wirksamste Sanierung«.[74] Auch wenn seine Nachfolgerin Birgit Breuel in der Öffentlichkeit und intern immer wieder betonte, dass die Treuhandanstalt keine Strukturpolitik mache, war sie mit Blick auf Brandenburg die entscheidende strukturpolitische Akteurin, wie auch verschiedene Initiativen von Treuhandmitarbeitern, etwa in der Frage von Gewerbeflächen oder zur Neuausrichtung von Industriegeländen bei der Landesregierung in Potsdam, zeigten. Abgesehen davon hatte jede Entscheidung der Treuhand über den Verkauf oder die Schließung eines Betriebs unmittelbare Auswirkungen auf den Strukturwandel in Brandenburg.[75]

Aufgrund der überall im Land auftretenden ökonomischen Probleme, die vor allem in der prekären Situation der Industriebetriebe, ungeklärten Eigentumsfragen und der zu modernisierenden Infrastruktur bestanden, musste die Wirtschaftspolitik der Landesregierung auch

---

73 Zum Begriff industrieller Kern und der Entwicklung der entsprechenden Standorte in Ostdeutschland vgl. Gerhard Heimpold: Was wurde aus den industriellen Kernen der ehemaligen DDR?, in: Hoffmann (Hg.): Transformation einer Volkswirtschaft (wie Anm. 72), S. 161–173.
74 Schreiben von Detlev Karsten Rohwedder an alle Mitarbeiterinnen und Mitarbeiter der Treuhandanstalt, 27.3.1991, in: Treuhandanstalt (Hg.): Dokumentation 1990–1994, Bd. 1, Berlin 1994, A72–75.
75 Vgl. Frank Nägele: Strukturpolitik wider Willen? Die regionalpolitischen Dimensionen der Treuhandpolitik, in: Aus Politik und Zeitgeschichte (1994) B 43/44, S. 43–52.

wegen ihrer schwachen Finanzausstattung in engen Grenzen erfolgen. Durch ihre Kapitalausstattung verfügte die THA über weitaus größere Ressourcen. Versuche, einzelne Betriebe, an deren Sanierung die THA nicht glaubte, an das Land abzugeben, lehnte die Landesregierung wie im Falle des Halbleiterwerks Frankfurt (Oder) vehement ab, da sie angesichts der auflaufenden Verluste ein Fass ohne Boden befürchtete. Dennoch gelang es der Landespolitik insbesondere in Person von Manfred Stolpe in einzelnen Fällen wie dem Chemiefaserwerk Premnitz oder den Stahlwerken in Brandenburg an der Havel und Hennigsdorf durch persönliche Intervention und Moderation, Privatisierungslösungen zu finden. Hilfreich war dabei nicht zuletzt ein dichtes Netzwerk von Austausch- und Meinungsbildungsstrukturen zwischen der Treuhandanstalt und der Landesregierung.[76]

Die von der Treuhandanstalt für die ostdeutschen Bundesländer aufgestellte Bilanz zeichnet für Brandenburg im Hinblick auf die Arbeitsplatz-, Investitions- und Erlöszusagen ein positives Bild. Unter Berücksichtigung von Apotheken, Gaststätten, Hotels und Geschäften erreichte die THA Zusagen für 272 500 Arbeitsplätze. Bezogen auf die Einwohnerzahl lag Brandenburg damit auf dem zweiten Platz hinter Berlin. Gleiches galt für die Investitions- und Erlöszusagen (siehe Tabelle 3).

Dass Brandenburg unmittelbar den Platz hinter Ost-Berlin belegte, hing mit der geografischen Besonderheit Brandenburgs zusammen, das die im Juni 1991 zum zukünftigen Parlaments- und Regierungssitz bestimmte Metropole Berlin umschloss. Die Sogwirkung des Hauptstadtbeschlusses sowie die Hoffnung auf ein rasches Zusammenwachsen der zuvor geteilten Stadt führten zu einem wesentlich größeren Interesse von Investoren, THA-Betriebe in der Hauptstadt und dem sie umgebenden Speckgürtel zu übernehmen. Ein Großteil der von der THA verzeichneten

---

76 Vgl. Wolf-Rüdiger Knoll: Mehr als ohnmächtig? Zur Zusammenarbeit zwischen Treuhandanstalt und Brandenburg, in: Deutschland Archiv vom 16.6.2020, https://www.bpb.de/geschichte/zeitgeschichte/deutschlandarchiv/311498/mehr-als-ohnmaechtig-zur-zusammenarbeit-zwischen-treuhandanstalt-und-brandenburg (Zugriff am 13.6.2022).

Tabelle 3: THA-Privatisierungsergebnisse pro Kopf[77]

Bundesland (Bevölkerungsstand 1989)	Zugesagte Arbeitsplätze je 100 Einwohner	Investitionszusagen pro Kopf (in DM)	Erlöszusagen pro Kopf (in DM)
Berlin-Ost	19	40547	17281
Brandenburg	10	15059	3524
Mecklenburg-Vorpommern	6	7262	1894
Sachsen	8	9942	3131
Sachsen-Anhalt	6	9490	2486
Thüringen	8	6587	2175

Investitionen erfolgte in Brandenburg daher in den Berlin-nahen Regionen. Insbesondere in der Bau- und Konsumbranche war das Interesse zunächst hoch, wie der Kauf des 30 Kilometer östlich vom Berliner Stadtzentrum gelegenen Rüdersdorfer Zementwerks durch eine deutsche Tochter des britischen Baukonzerns RMC im Herbst 1990 zeigte.[78] Wenngleich die Wirtschaft Berlins in den 1990er-Jahren stagnierte, übernahm die Hauptstadt doch eine wichtige arbeitsmarktpolitische Funktion.[79] So gingen 1994 90000 Brandenburger einer Arbeit in Berlin nach, 1997 waren es 112000.[80]

Die Bewertung der Arbeit der Treuhandanstalt im Land Brandenburg und ihrer Wirkung auf den Strukturwandel muss letztlich differenziert erfolgen. Erfolgreichen Privatisierungen wie dem EKO in Eisenhüttenstadt, dem Getriebewerk in Brandenburg an der Havel oder dem Lkw-Werk in Ludwigsfelde standen auch Negativbeispiele wie das Chemiefaserwerk

---

77 Eigene Berechnungen nach Monatsbericht der THA, September 1994, S. 9, BArch Berlin, B 412/24129, unfol.
78 Vgl. Keith Allen: Investing Foreigners in Post-Wall Eastern Germany, unveröffentlichtes Manuskript, Berlin 2022, S. 185f.
79 Vgl. Monika Kühn: Wirtschaftsentwicklung und Strukturwandel in Berlin und Brandenburg 1991 bis 2006 aus der Sicht der Volkswirtschaftlichen Gesamtrechnungen, in: Zeitschrift für amtliche Statistik Berlin-Brandenburg (2007) 3, S. 24–32, hier S. 25f.
80 Vgl. Helmut Seitz: Migration, Arbeitsmarkt, Wirtschaft und öffentliche Finanzen in Brandenburg und in den anderen ostdeutschen Ländern, Frankfurt (Oder) 1998, S. 4.

Premnitz, die Geräte- und Regler-Werke in Teltow oder das Nähmaschinenwerk Wittenberge gegenüber. Bei dem Chemiefaser- und dem Nähmaschinenwerk verstießen die Treuhandmitarbeiter gegen die internen Prinzipien hinsichtlich der Käuferüberprüfung, bei den Geräte- und Regler-Werken standen sie in persönlichen Beziehungen zum Investor. Insbesondere an den Standorten der Kombinatsstammbetriebe gelang es jedoch, mehrheitlich tragfähige und langfristige Privatisierungslösungen zu finden. Diese Betriebe wie in Schwarzheide (Polyurethanherstellung) oder Schwedt (Kraftstofferzeugung) verfügten über Know-how und Produkte oder Marken, die zumindest teilweise weltmarktfähig waren. Der Niedergang der Textilindustrie und der Zellstoffherstellung erfolgte hingegen auch deshalb, weil für die dort produzierten Waren keine Nachfrage mehr vorhanden war oder der Konkurrenzdruck aus Billiglohnländern zu groß wurde.

Insgesamt überwiegt der Eindruck, dass die Treuhand bei den großen Brandenburger Industriebetrieben mehrheitlich der Situation angemessene Entscheidungen getroffen hat. Der massive Abbau von Industriearbeitsplätzen bedeutete nicht gleichzeitig eine weiträumige Entindustrialisierung Brandenburgs. Eine Bewertung der Privatisierung kleiner und mittlerer Unternehmen fällt allerdings aufgrund des Quellenzugangs schwerer. So wurden bei 570 Privatisierungen in Brandenburg insgesamt 300 Betriebe mittels Management-Buy-out (MBO) an Ostdeutsche verkauft, wobei eine genaue Aussage, ob und inwieweit westdeutsche Beteiligungen (Management-Buy-in, MBI) dabei zum Einsatz kamen, auf der Grundlage der THA-Informationen nicht getroffen werden kann. 288 Betriebe wurden liquidiert.[81] Ausländische Käufer spielten jedenfalls nur eine geringe Rolle. In der THA-Niederlassung Potsdam wurden bis Anfang 1992 nur etwa fünf Prozent der Betriebe von ausländischen Investoren übernommen.[82]

---

81 Vgl. Treuhandanstalt, Monatsbericht September 1994, S. A3, BArch Berlin, B 412/24129, unfol.
82 Vgl. Potsdamer Treuhand-Niederlassung privatisierte 200 Unternehmen, in: Potsdamer Neueste Nachrichten vom 11.1.1992.

Regional disparate Entwicklungen: Oranienburg und Wittenberge

Der Vergleich zweier Städte in Brandenburg zeigt die ganze Bandbreite von industriellen Erfolgs- und Misserfolgsgeschichten seit 1990, die durch Treuhandentscheidungen beeinflusst waren. Mitten zwischen Hamburg und Berlin an der Elbe gelegen, verzeichnete die Stadt Wittenberge einen ausgeprägten Niedergang. 1989 gab es in Wittenberge vier große Industriebetriebe. Neben der Ölmühle, der Prignitzer Zellstoff- und Zellwollefabrik und dem Reichsbahnausbesserungswerk hatte insbesondere das Nähmaschinenwerk die Stadt und ihren Ruf seit dem Beginn des 20. Jahrhunderts geprägt. Mit der Ölmühle und der Zellstofffabrik schloss die Treuhand bereits Ende 1990 zwei technologisch und ökologisch hoffnungslos veraltete Betriebe.[83] Das Nähmaschinenwerk, das angesichts globalisierter Märkte und der nun auftretenden ostasiatischen Konkurrenz Anfang 1991 in eine prekäre Lage geriet, wollte die THA im Sommer 1991 an einen indonesischen Käufer unter vollkommen unrealistischen Bedingungen verkaufen. Rechtsstreitigkeiten führten zum Scheitern des Verkaufs und die THA entschied sich schließlich zur Abwicklung des Werkes wegen fehlender Perspektiven. Innerhalb von 18 Monaten verlor die Stadt so 6000 Industriearbeitsplätze.[84] Ein Nachfolgekonzept für das Betriebsgelände scheiterte weitgehend aufgrund des Fehlens eines industriellen Kernbetriebs, an den sich Zulieferer hätten andocken können. Zwar übernahm die Deutsche Bundesbahn das Reichsbahnausbesserungswerk, aber auch hier erfolgte ein folgenschwerer Personalabbau. In der Folge kam es zu einer erheblichen Abwanderung. Zwischen 1988 und 2019 halbierte sich die Einwohnerzahl Wittenberges beinahe von 30 200 auf 16 900.

---

83 Vgl. Schreiben von Detlev Rohwedder an Manfred Stolpe: »Stilllegung von zur Treuhandanstalt gehörenden Betrieben im Land Brandenburg« vom 20.11.1990, BArch Berlin, B 412/3699, Bl. 12 f.

84 Vgl. Inga Haese/Anna Eckart/Andreas Willisch: Wittenberge: Von der Industriestadt zum Städtchen an der Elbe, in: Andreas Willisch (Hg.): Wittenberge ist überall. Überleben in schrumpfenden Regionen, Berlin 2012, S. 49–59, hier S. 53.

Anders verlief die Entwicklung in Oranienburg. Die etwa 35 Kilometer nördlich vom Berliner Zentrum im Speckgürtel gelegene Stadt erlitt 1993 mit der Schließung des Kaltwalzwerks einen Rückschlag. Der Verkauf des Stahlwerks an die Krupp AG im Oktober 1990 erschien zunächst Erfolg versprechend, allerdings wurde das Werk Opfer von konzerninternen Umstrukturierungs- und Fusionsprozessen. Dass Oranienburg dennoch eine positive Entwicklung verzeichnen konnte, war nicht zuletzt der Entwicklung zweier ehemaliger Treuhandbetriebe zu verdanken. Im September 1991 verkaufte die Treuhand die Oranienburger Pharmawerk GmbH (OPW) an die Byk-Gulden GmbH, die zur Altana Industrie-Aktien und Anlagen AG, Bad Homburg, gehörte. OPW hatte in den 1980er-Jahren 600 Beschäftigte gezählt. Mit Investitionen von mehr als 200 Millionen DM, etwa das Vierfache der ursprünglich mit der Treuhand vereinbarten Summe, entstand in Oranienburg eines der modernsten pharmazeutischen Werke Europas. Die Zahl der Arbeitsplätze wurde auf 340 aufgestockt. Darüber hinaus entstanden im Gewerbepark rund 350 Arbeitsplätze.[85] 2011 übernahm ein japanischer Pharmakonzern den Standort Oranienburg und baute ihn seitdem weiter aus. Im Jahr 2019 arbeiteten 750 Beschäftigte bei Takeda in Oranienburg.[86]

Mit der ORAFOL Europe GmbH verfügt Oranienburg über ein zweites bedeutendes ehemaliges Treuhandunternehmen. Hervorgegangen aus dem VEB Spezialfarben Oranienburg mit 120 Beschäftigten vor der Wiedervereinigung, gelang es dem damaligen Betriebsleiter, dem zunächst selbst das Kapital für den Erwerb des Betriebs fehlte, mithilfe einer mittelständischen westdeutschen Firma die ORAFOL-Klebetechnik GmbH (abgeleitet von Oranienburger Folien) in Form eines MBI/MBO mit 60 Mitarbeitern zu privatisieren und auf Erfolgskurs zu bringen. Das Unternehmen, das selbstklebende grafische Produkte, Klebebandsysteme

---

85 Vgl. Rainer Karlsch: Die Strategien der Treuhandanstalt/Bundesanstalt für vereinigungsbedingte Sonderaufgaben zur Privatisierung der chemischen Industrie und Mineralölindustrie 1990–2000, unveröffentlichtes Manuskript, Berlin 2022.
86 Vgl. Der unsichtbare Weltmarktführer aus Oranienburg, in: DerTagesspiegel vom 8.7.2019.

und reflektierende Materialien herstellt, expandierte und erzielte einen erheblichen Teil seiner Erlöse im Ausland. ORAFOL wurde 2017 das Unternehmen des Jahres in Brandenburg. Im Jahr darauf setzte die ORAFOL-Gruppe mit 1080 Mitarbeitern in Oranienburg und 2500 Beschäftigten weltweit 623 Millionen Euro um.[87] Der enorme Erfolg von ORAFOL lässt sich vor allem auf das Know-how innerhalb des Unternehmens und das unternehmerische Geschick der Geschäftsführung zurückführen. Die Privatisierung der übrigen Betriebe des Kombinats Lacke und Farben, dem der Betrieb vor 1989 angehört hatte, scheiterte weitgehend.

Für Oranienburg sind die beiden Betriebe ein Glücksfall. Auch ihretwegen sank die Einwohnerzahl nach 1990 nicht, sondern stieg sogar. Unter Berücksichtigung von Eingemeindungen lebten in Oranienburg im Jahr 2019 etwa 5000 Menschen mehr als 30 Jahre zuvor. Oranienburg und Wittenberge verdeutlichen nicht nur die Bandbreite kommunaler Entwicklungen, sondern auch die positiven und negativen Folgen von Treuhandentscheidungen. Zugleich stehen beide Städte auch exemplarisch für das durch die Transformationszeit hervorgerufene wachsende Gefälle zwischen Zentrum und Peripherie, also zwischen dem urbanen, Berlin-nahen Raum und den ländlichen Regionen. Verstärkt wurden die negativen Entwicklungen noch durch den Beschäftigtenabbau in der Landwirtschaft. Sank die Zahl der Industriearbeitsplätze in Brandenburg ohne Berücksichtigung statistischer Erhebungsprobleme zwischen 1989 und 1992 um etwa 70 Prozent, so fiel der Rückgang in der Landwirtschaft im selben Zeitraum mit 82 Prozent noch gravierender aus.[88]

---

87 Vgl. Rainer Karlsch: Industrielle Familienunternehmen in Ostdeutschland. Von der Jahrhundertwende bis zu Gegenwart, München 2019, S. 109f.
88 Vgl. Ministerium für Wirtschaft, Mittelstand und Technologie (Hg.): Die Situation des Mittelstands in Brandenburg 1993 und 1994, Mittelstandsbericht des Landes Brandenburg, Potsdam 1994, Anhang Tabelle 1: Indikatoren für die Wirtschaftsentwicklung für das Land Brandenburg; Klaus Müller: Gutachten zur Agrargeschichte des Landes Brandenburg nach 1989/90. Gutachten für die Enquete-Kommission »Aufarbeitung der Geschichte und Bewältigung von Folgen der SED-Diktatur und des Übergangs in einen demokratischen Rechtsstaat im Land Brandenburg«, Berlin 2011, S. 24.

Der ländliche Raum Brandenburgs war damit vom Strukturwandel noch stärker betroffen als die größeren Städte oder das Berliner Umland und damit der größte Verlierer des Strukturwandels nach der Wiedervereinigung. Dies zeigte sich nicht zuletzt an der Entwicklung der Arbeitslosenzahlen, die im traditionell strukturschwächeren nördlichen Brandenburg am höchsten waren.

3. Landespolitische Wirtschaftsinitiativen und wirtschaftliche Entwicklungen bis 2020

Aus den zweiten Landtagswahlen nach der Wiedervereinigung am 11. September 1994 ging die SPD nicht nur als stärkste Kraft hervor, sondern errang auch aufgrund der Popularität ihrer Spitzenkräfte Manfred Stolpe und Regine Hildebrandt sogar die absolute Mehrheit der Sitze im Potsdamer Landtag. Die neue, ausschließlich aus SPD-Ministern bestehende Landesregierung versuchte einerseits ihre Prämisse des Arbeitsplatzerhalts aufrechtzuerhalten und zugleich neue eigenständige Akzente in der Wirtschaftspolitik zu setzen. Manfred Stolpe betonte in seiner Regierungserklärung am 18. November 1994:

> »Unsere wichtigste Aufgabe bleibt: Wir müssen noch mehr zukunftssichere Arbeitsplätze schaffen, indem wir bestehende Betriebe konsolidieren, innovative Unternehmen neu ansiedeln, den Mittelstand fördern, die industriellen Kerne und landwirtschaftlichen Unternehmen modernisieren und umstrukturieren.«[89]

Zwar befanden sich einige der industriellen Kerne wie in Premnitz, Eisenhüttenstadt oder Frankfurt (Oder) zu diesem Zeitpunkt noch inmitten des Umstrukturierungsprozesses, dennoch setzten Stolpe und der neue

---

89 Regierungserklärung von Ministerpräsident Manfred Stolpe am 18. November 1994, in: Landtag Brandenburg, 2. Wahlperiode: Plenarprotokoll 2. Sitzung, S. 18.

Wirtschaftsminister Burkhard Dreher nun verstärkt auf infrastrukturelle Großprojekte und industrielle Neuansiedlungen auch und gerade im Berlin-fernen Raum, um die Industrie im Land zu stärken.[90]

Scheitern wirtschaftspolitischer Großprojekte oder: »VEB Manfred Stolpe«?

Zu den wichtigsten Projekten zählten dabei der Bau des neuen Großflughafens Berlin-Brandenburg, die Errichtung einer Transrapid-Zugverbindung zwischen Hamburg und Berlin, die Fusion der Länder Berlin und Brandenburg sowie der Umbau der ehemaligen sowjetischen Militäranlagen in Wünsdorf-Waldstadt zu einer Wohnstadt für Bundes- und Landesbedienstete.

Die hier genannten Projekte erhielten schließlich allesamt bundesweite Aufmerksamkeit, vor allem da sie die Tatsache verband, dass sie beinahe alle scheiterten oder mit gravierenden Verzögerungen und enormen Kostensteigerungen verbunden waren, für die letztlich der Steuerzahler aufkommen musste. Die 25-jährige Geschichte des neuen Hauptstadtflughafens vom Baubeschluss 1996 bis zu seiner finalen Eröffnung im Herbst 2020 erreichte spätestens seit der Bekanntgabe massiver bautechnischer Probleme im Jahr 2012 und immer neuer Verschiebungen des Eröffnungstermins eine mediale Dauerpräsenz und wurde zu einem Symbol für die fehlerhafte Umsetzung von Großprojekten in der Bun-

---

90 Vgl. Karl Brenke/Udo Ludwig/Joachim Ragnitz: Analyse der Schlüsselentscheidungen im Bereich der Wirtschaftspolitik und ihre Wirkung auf die ökonomische Entwicklung der vergangenen zwei Jahrzehnte im Land Brandenburg. Gutachten im Auftrag der Enquete-Kommission »Aufarbeitung der Geschichte und Bewältigung von Folgen der SED-Diktatur und des Übergangs in einen demokratischen Rechtsstaat im Land Brandenburg« (EK 5/1), Berlin/Dresden/Halle (Saale) 2011, S. 22, https://www.landtag.brandenburg.de/media_fast/5701/Gutach-ten%20Ragnitz,%20Brenke,%20Ludwig%20Analyse%20der%20Schl%C3%BCsselentscheidun-gen..._Jan%202012.pdf (Zugriff am 13.6.2022).

desrepublik.[91] Aber auch das Scheitern des Transrapid-Projekts, also der Magnetschwebebahn mitsamt Hochgeschwindigkeitsstrecke, sowie der geplanten Länderfusion im Jahr 1996 (gegen die sich eine Mehrheit der Brandenburger ausgesprochen hatte) erweckten schon Mitte der 1990er-Jahre den Eindruck verfehlter landespolitischer Planungen.[92]

Zwei weitere Projekte verstärkten diese Wahrnehmung noch: Mit dem Umbau des ehemaligen Hauptquartiers der sowjetischen Streitkräfte in der DDR in Wünsdorf bei Zossen hatte sich die Landesregierung für die Region südlich von Berlin erhebliche Wachstumsimpulse durch den Zuzug Tausender verbeamteter Gutverdiener erhofft, die durch den Umzug von Bundestag und Bundesregierung von Bonn nach Berlin auf der Suche nach hochwertigem und günstigem Wohnraum waren. Da private Investoren zurückschreckten, erhielt die öffentliche Landesentwicklungsgesellschaft für Städtebau, Wohnen und Verkehr (LEG) den Auftrag, das riesige Gelände durch eine ihrer zahlreichen Tochtergesellschaften zu entwickeln. Missmanagement innerhalb der LEG und die ausbleibende Nachfrage nach dem weit außerhalb Berlins gelegenen Wohnraum führten jedoch schließlich zu einem landesweiten Skandal. Am 1. November 2001 zog die damalige Finanzministerin Dagmar Ziegler (SPD) die Notbremse und schickte die LEG in die Liquidation. 32 Millionen Euro, die die Gesellschaft noch in den letzten beiden Jahren ihrer Tätigkeit als Darlehen erhalten hatte, mussten abgeschrieben werden und nach der Einleitung der Liquidierung weitere 234 Millionen Euro vom Land für

---

91 Vgl. Bericht des 1. Untersuchungsausschusses des Abgeordnetenhauses von Berlin – 17. Wahlperiode – zur Aufklärung der Ursachen, Konsequenzen und Verantwortung für die Kosten- und Terminüberschreitungen des im Bau befindlichen Flughafens Berlin Brandenburg Willy Brandt (BER) vom 17.6.2016, https://www.parlament-berlin.de/ados/17/IIIPlen/vorgang/d17-3000.pdf (Zugriff am 13.6.2022); Magdalena Konieczek-Woger/Jacob Köppel: Für wen planen wir? Analyse und Vergleich zweier Planungskontroversen – Ursachen und mögliche Handlungsstrategien, Berlin 2016; Matthias Roth: Der Hauptstadtflughafen. Politik und Missmanagement. Ein Insider berichtet, Springe 2013.

92 Vgl. Andreas Anter/Astrid Lorenz/Werner Reutter: Freiwillige Souveränitätsabgabe? Kooperation und Fusion von Berlin und Brandenburg, in: dies.: Politik und Regieren in Brandenburg, Wiesbaden 2016, S. 227–247.

Verbindlichkeiten aufgewendet werden.[93] Der Skandal zog einen Untersuchungsausschuss nach sich, der aufgrund unterschiedlicher parteipolitischer Positionen keine Bewertung vornahm, zugleich aber in der Öffentlichkeit den Eindruck kollektiver Verantwortungslosigkeit innerhalb der Landesregierung hinterließ.[94]

Die Entwicklung des Geländes verursachte allein bis 2001 Kosten von etwa 700 Millionen DM. Nachdem die erhoffte Nachfrage nach Wohnraum durch Bundes- und Landesbeamte ausgeblieben war, siedelte die Landesregierung dort unter anderem das Landesamt zur Regelung offener Vermögensfragen und das Landesamt für Denkmalpflege und Archäologisches Landesmuseum an. Mindestens so gravierend wie der finanzielle Schaden wirkte sich die LEG-Pleite auf das Image des Ministerpräsidenten aus, dessen Wirtschaftspolitik der *Spiegel* im Sommer 2001 als »VEB Manfred Stolpe« betitelte.[95]

Ein weiteres, weitgehend gescheitertes Infrastrukturprojekt bestätigte den Eindruck, dass in der von Stolpe bis 2002 geführten Landesregierung die Hoffnung auf Arbeitsplätze eine realistische und die begrenzten Haushaltsmittel effektiv nutzende Ansiedlungspolitik überlagerte. Bereits Anfang der 1990er-Jahre hatten Planungen für den Bau einer Rennstrecke begonnen, die die Lausitz touristisch erschließen und große Events in die Braunkohleregion bringen sollte. 1995 erfolgte der Zuwendungsbescheid für das Projekt, dessen Initiatoren ankündigten, 1500 Dauerarbeitsplätze in der Region schaffen zu wollen. Im Jahr 2000 wurde die Eröffnung des 100 000 Zuschauer fassenden Eurospeedway Lausitz gefeiert, dessen Betreiber danach strebten Formel-1-Rennen auszutragen.[96] Bereits nach wenigen Jahren zeigte sich allerdings, dass die Hoffnungen auf umfangreiche Einnahmen durch Rennsportevents und Zuspruch von Zuschauern sowie Touristen für die Region sich nicht erfüllten. Auch die Formel 1 kam nicht

---

93 Vgl. Millionen in den Sand gesetzt – LEG wird abgewickelt, in: Märkische Oderzeitung vom 2.8.2016.
94 Vgl. Teure Aufklärung ohne Ergebnis, in: Der Tagesspiegel vom 4.8.2004.
95 VEB Manfred Stolpe, in: Der Spiegel vom 5.8.2001.
96 Vgl. Der Traum von der Formel 1 auf dem Lausitzring, in: Süddeutsche Zeitung vom 20.8.2020.

in die Lausitz. Stattdessen musste die Betreibergesellschaft bereits 2002 Insolvenz anmelden. Eine kleine Anfrage der PDS-Landtagsfraktion ergab, dass allein für den Bau der Strecke Fördermittel in Höhe von knapp 123 Millionen DM geflossen waren, der Verlustausgleich erforderte weitere Haushaltsmittel. Dabei musste die Landesregierung auch eingestehen, dass die Rennstrecke im Jahr 2005 gerade 51 Beschäftigte zählte, in den Jahren danach waren es sogar noch weniger.[97] 2017 erwarb die Prüfgesellschaft Dekra die Rennstrecke und baut sie seitdem zu einem Test- und Entwicklungszentrum für autonomes Fahren um. Zwar finden noch Rennsportveranstaltungen auf dem DEKRA Lausitzring statt, die erhofften Effekte für den Arbeitsmarkt und den Tourismus in der Region konnte das Projekt jedoch auch nach 20 Jahren Betrieb nicht erzielen.

Das vergebliche Streben nach Hochtechnologien

Neben dem Ausbau der Infrastruktur durch Großprojekte setzte die Landesregierung auch auf die direkte Förderung von industriellen Neuansiedlungen. Hierzu erklärte Manfred Stolpe in seiner Regierungserklärung 1999, die den Beginn einer SPD-CDU-Koalition markierte: »Vor allem Hochtechnologien, über die Brandenburg bereits verfügt, wollen wir weiter ansiedeln.«[98] In diesem Sinne unterstützte die Landesregierung unter anderem die Ansiedlung eines Investors für Logistikdienstleistungen sowie den Aufbau einer Mikrochipproduktion. Doch auch diese Vorhaben sollten sich letztlich als ebenso kostspielig wie wenig tragfähig erweisen.

1996 gründeten Unternehmer und Ingenieure die Cargolifter AG, deren Ziel darin bestand, großvolumige und schwere Güter durch Luftschiffe transportieren zu lassen und damit kostspielige Straßen- oder

---

97 Vgl. Antwort der Landesregierung auf die Kleine Anfrage Nr. 664 des Abgeordneten Thomas Domres, Fraktion der PDS, vom 30.8.2005, in: Landtag Brandenburg, 4. Wahlperiode, Drucksache 4/1803.
98 Regierungserklärung von Manfred Stolpe am 24.11.1999, in: Landtag Brandenburg, 3. Wahlperiode, Plenarprotokoll 3/3, S. 22.

Wassertransporte zu umgehen. Für die Fertigung der Luftschiffe war der Neubau einer großen Werfthalle erforderlich, der bis Ende des Jahres 2000 schließlich bei Halbe auf dem Areal eines ehemaligen Flugplatzes der sowjetischen Streitkräfte, etwa 60 Kilometer südlich von Berlin, abgeschlossen werden konnte. Die Landesregierung hatte dem Unternehmen dafür Subventionen im Rahmen der Gemeinschaftsaufgabe »Verbesserung der regionalen Wirtschaftsstruktur« gewährt. Etwa ein Viertel der Investitionssumme zum Bau der Halle in Höhe von 160 Millionen DM bestand aus Brandenburger Fördermitteln. Dafür sollten 240 Dauerarbeitsplätze entstehen.[99] Allerdings geriet die Cargolifter AG aufgrund des ausbleibenden Interesses von Kunden bereits 2002 in Zahlungsschwierigkeiten. Das Unternehmen musste Insolvenz anmelden. Schließlich übernahm ein malaysischer Investor die Werfthalle und baute sie zur Freizeitanlage Tropical Islands um. Mit 8,6 Millionen Euro unterstützte das Land auch dieses Vorhaben, das sich nach Jahren der Ungewissheit als nachhaltig erweisen sollte. 2016 zählte der Standort etwa 600 Beschäftigte.[100] Damit wurde das Projekt schließlich doch noch zu einem Erfolgsfall für Brandenburg. Es trug aber nicht wie erhofft zum Ausbau von Hochtechnologien bei, sondern stärkte den Dienstleistungssektor. Auch die gravierenden Fehler, die bei der Förderung des Luftschiffprojekts von Land, Bund und Investoren gemacht wurden – etwa, dass der Bau der Werfthalle erfolgte, bevor das Luftschiff selbst sowohl technisch als auch ökonomisch ausgereift war – führten letztlich zum Scheitern des industriellen Prestigeprojekts.[101]

Allerdings fiel dieses Scheitern verglichen mit dem Projekt Chipfabrik Frankfurt (Oder) hinsichtlich der entstandenen Kosten noch moderat aus. Nachdem das Halbleiterwerk Frankfurt (Oder) 1989 mehr als 8100 Menschen für die Herstellung von integrierten Schaltkreisen der Industrie- und Konsumgüterelektronik beschäftigt hatte, war ab 1990 aufgrund des

---

99 Vgl. Mirko Titze: Schwierigkeiten der Investitionsförderung – Der Fall CargoLifter AG, in: Wirtschaft im Wandel (2006) 12, S. 359–364.
100 Vgl. Grünes Licht für Ausbau: Tropical Islands will Arbeitsplätze verdoppeln, in: Niederlausitz Aktuell vom 16.3.2016.
101 Vgl. Titze: Schwierigkeiten der Investitionsförderung (wie Anm. 99), S. 364.

technologischen Rückstands ein rasanter Niedergang in der Produktion und der Beschäftigtenzahl verzeichnet worden, sodass der Betrieb nach mehreren Privatisierungsanläufen um die Jahrtausendwende nur noch wenige Hundert Beschäftigte zählte. Anfang 2001 keimte jedoch neue Hoffnung auf. Dem seit 1983 in Frankfurt (Oder) ansässigen Institut für Halbleiterphysik war es gelungen, einen neuen Mikrochip zu entwickeln, dessen Technologie eine stark verbesserte Datenübertragung im Mobilfunkbereich ermöglichte. Für die Produktion des Chips sollte in Frankfurt eine neue Fabrik entstehen, an dessen Bau sich der amerikanische Technologiekonzern Intel sowie das Emirat Dubai beteiligen wollten. Die Partner planten Investitionen von insgesamt 3,15 Milliarden DM und die Schaffung von bis zu 1500 Arbeitsplätzen, wodurch die neue Chipfabrik zu einem der größten Investitionsprojekte in den neuen Bundesländern geworden wäre.[102] Die Hoffnung auf die enormen arbeitsmarktpolitischen Effekte veranlasste die Landesregierung, frühzeitig Fördermittel bereitzustellen. Obwohl weder Intel noch Dubai eine ausreichende Beteiligung zugesagt hatten und eine Finanzierungslücke von mehr als 660 Millionen Dollar bestand, erfolgte im August 2002 die Grundsteinlegung. Bis November 2003 flossen aus dem Potsdamer Wirtschaftsministerium 78 Millionen Euro in den Bau der Fabrik. Dann musste die Landesregierung schließlich öffentlich eingestehen, dass die weitere Finanzierung und damit das gesamte Projekt Chipfabrik gescheitert sei.[103] Diese Mitteilung zog die Einsetzung eines weiteren Untersuchungsausschusses im Landtag sowie den Rücktritt des Wirtschaftsministers Wolfgang Fürniß (CDU) nach sich. Der Brandenburger Landesrechnungshof kam im seinem Jahresbericht 2005 zu dem Ergebnis, dass mit der Bereitstellung der Fördermittel gegen sämtliche Grundsätze der Wirtschaftlichkeit und Sparsamkeit sowie andere haushaltsrechtliche Vorschriften verstoßen wurde.[104] Die

---

102 Vgl. Intel beteiligt sich an neuer Chipfabrik in Ostdeutschland, in: Handelsblatt vom 8.2.2001.
103 Vgl. Brandenburger Chipfabrik wird abgewickelt, in: FAZ vom 28.11.2003. Vgl. Bericht des Landesrechnungshofes Brandenburg: Jahresbericht 2005, in: Landtag Brandenburg, 4. Wahlperiode, Drucksache 4/2085, 28.10.2005, S. 150.
104 Vgl. ebd.

Rechnungsprüfer kritisierten damit massiv die Förderpolitik der Landesregierung und erklärten abschließend:

»Die fehlenden Erfolgsaussichten waren nicht nur für die Entscheidungsträger, sondern allgemein für jeden objektiven Betrachter vorhersehbar. Die für jedermann erkennbaren Umstände, insbesondere die fehlende Risikoübernahme des besagten Unternehmens trotz Zugangs zur gesamten Technologie, der weltweite Einbruch des Halbleitermarktes nach dem 11. September 2001 sowie der Ausstieg der beauftragten Bank aus dem Projekt und die erkennbare Zurückhaltung des gesamten Kapitalmarktes mussten mit an Sicherheit grenzender Wahrscheinlichkeit zu einem Scheitern der Gesamtfinanzierung führen.«[105]

Die Bauruine der Chipfabrik versinnbildlichte schließlich das Scheitern der Brandenburger Landesregierung, die zwischen 1995 und 2005 unter hohen fiskalischen Risiken versuchte, wirtschafts- und industriepolitische Großprojekte auch ohne entsprechende Sicherheiten oder Garantien zu fördern, um möglichst viele und hochwertige Arbeitsplätze zu schaffen. Das Festhalten an unrealistischen Projekten und mangelnde Kompetenzen bei der Bewirtschaftung von Fördermitteln brachten der Landesregierung schließlich den Vorwurf ein, eine interventionistisch-autoritäre Wirtschaftspolitik zu betreiben. In dieser Phase wurde Brandenburg daher mitunter als »kleine DDR« oder ein Berlin umgebendes »rotes Meer« bezeichnet.[106] Deutlich wurde dadurch auch, dass staatliche Industriepolitik keineswegs automatisch zu positiven Beschäftigungseffekten führt. Ihr Gelingen hängt von einer Vielzahl von Faktoren ab, ihr Scheitern wird zumeist öffentlichkeitswirksam und politikkritisch medial rezipiert.[107]

---

105 Ebd., S. 155.
106 Das kleine, rote Preußen, in: Der Spiegel vom 29.4.1994; Schwarze Pumpe, rotes Meer, in: Der Spiegel vom 8.10.1995; Der eigene Weg der kleinen DDR, in: Potsdamer Neueste Nachrichten vom 22.7.2015.
107 Vgl. Dieter Rehfeld/Ben Dankbaar: Industriepolitik: Theoretische Grundlagen, Varianten und Herausforderungen, in: WSI Mitteilungen (2015) 7, S. 491–499; Frank Gerlach/Astrid Ziegler: Industriepolitik in Deutschland und Europa – Zur Debatte um das industriepolitische Papier von Peter Altmaier, in: Wirtschaftsdienst 99 (2019) 19, S. 650–655.

Neue Investoren und Re-Industrialisierungseffekte an alten Standorten

Die Aufzählung gescheiterter wirtschaftspolitischer Projekte legt den Schluss nahe, dass die Entwicklung Brandenburgs schlechter verlaufen sei als im ostdeutschen Durchschnitt. Dies war allerdings nicht der Fall. Tatsächlich überlagerte die mediale Berichterstattung die ökonomischen Erfolgsgeschichten auch jenseits der ehemaligen Treuhandbetriebe. So gelang es seit Mitte der 1990er-Jahre, neue industrielle Großinvestoren für die Region zu gewinnen. Zu diesen zählten neben dem Flugzeugmotorenhersteller Rolls Royce in Blankenfelde/Dahlewitz auch der Zug- und Straßenbahn-Bauer Bombardier sowie Coca-Cola, beide in Hennigsdorf, wobei Rolls Royce als größter industrieller Neuinvestor Brandenburgs im Jahr 2019 knapp 3000 Menschen beschäftigte.[108] Auch an industriellen Altstandorten, die in den 1990er-Jahren krisenhafte Entwicklungen durchlaufen hatten, führte das Engagement neuer (westdeutscher) Investoren zu einer Re-Industrialisierung. So entschied sich die Fielmann AG 1999, in Rathenow ihre Fertigungskapazitäten massiv zu erweitern und zugleich ein Logistikzentrum zu eröffnen. Die Fielmann-Tochter Rathenower Optik GmbH produzierte vor der Coronapandemie 4,7 Millionen Gläser aller Veredelungsstufen und lieferte 8,3 Millionen Brillenfassungen aus. Zusammen mit den Bereichen Logistik und Ausbildung beschäftigte Fielmann am Standort Rathenow im Jahr 2020 etwa 1000 Mitarbeiter. Berücksichtigt man noch die weiteren Betriebe, zählt die optische Industrie mindestens 1120 Beschäftigte, wodurch die »Stadt der Optik« ihren Namen wieder zu Recht trägt.

Mit der Glaeser Textil GmbH übernahm ein Textilhandels- und Recyclingunternehmen aus Ulm 2002 das Chemiefaserwerk Premnitz. Dem neuen Eigentümer gelang es in der Folge, den Standort nach mehreren zuvor erfolgten Insolvenzen wirtschaftlich zu stabilisieren und schließ-

---

108 Vgl. »Made in Dahlewitz«: Rolls-Royce liefert 8000. Triebwerk aus, in: Märkische Allgemeine Zeitung vom 11.6.2020.

lich auch im Hinblick auf die Beschäftigtenzahlen auf Wachstumskurs zu bringen.[109] Trotz des andauernden Beschäftigtenabbaus in der Chemiefaserindustrie konnte der neue Eigentümer durch die zunehmende Konzentration des Betriebes auf die Herstellung spezialisierter Fasern die Zahl der Beschäftigten in Premnitz kontinuierlich auf insgesamt 525 im Jahr 2019 erhöhen.[110] Zusammen mit zahlreichen Zulieferbetrieben verzeichnete der Industriepark Premnitz im Jahr 2019 nach eigenen Angaben 40 Unternehmen mit circa 1400 Beschäftigten.

Der Fleischbetrieb in Eberswalde, der nach der Schließung der nahegelegenen gigantischen Schweinemastanlage im Jahr 1991 in eine beinahe zehnjährige Dauerkrise geraten war, profitierte von dem Engagement des damaligen Insolvenzverwalters Eckhard Krone, der zu Beginn der 2000er-Jahre einen Neustart wagte. In der Folge gelang es, den Betrieb zu stabilisieren. 2019 arbeiteten 250 Angestellte sowie bis zu 250 Saisonkräfte bei dem mittlerweile als Familienbetrieb in zweiter Generation geführten, größten Hersteller von Fleisch- und Wurstwaren in Brandenburg.[111]

Ab- und Aufschwung, Autobahnökonomie sowie der wiederentdeckte Hauptstadtfaktor

Ungeachtet derartiger Investitionen und Erfolgsgeschichten wuchs die Wirtschaft in Brandenburg seit 1997 nicht mehr schneller als in Westdeutschland. Anfang der 2000er-Jahre verschlechterte sich die Lage insgesamt zunächst spürbar. Negativ wirkte sich dabei das Ende des Baubooms in Ostdeutschland aus. Auch unter der Stagnation der Wirtschaftsleistung Berlins zwischen 1991 und 2005 litt Brandenburg sehr. Die massive Verschuldung der Hauptstadt, auf die der damalige Finanz-

---

109 Vgl. Nach der Insolvenz kommt der Erfolg, in: Handelsblatt vom 15.6.2009.
110 Vgl. Märkische Faser GmbH will weiter wachsen, in: Märkische Allgemeine Zeitung vom 26.9.2019.
111 Vgl. Karlsch: Industrielle Familienunternehmen in Ostdeutschland (wie Anm. 87), S. 124.

senator Thilo Sarrazin (SPD) ab 2002 mit einem harten Sparkurs reagierte, führte wiederum zu einem nachlassenden Investoreninteresse und einem erheblichen Personalabbau in der öffentlichen Verwaltung. Allgemein abzulesen waren diese Entwicklungen am Arbeitsmarkt in Brandenburg. Mit 18,8 Prozent erreichte die Arbeitslosenquote im Jahr 2003 ihren Höhepunkt und lag damit noch über dem Niveau der frühen 1990er-Jahre, wobei beschäftigungspolitische Maßnahmen nach der Jahrtausendwende längst nicht mehr den Umfang hatten, wie noch 1991/92.[112] Auch die Gesamtzahl der Beschäftigten ging bis Mitte der 2000er-Jahre weiter zurück, wobei die Bedeutung des Dienstleistungssektors immer weiter zu- und der Anteil der industriellen Produktion an der Gesamtbeschäftigung immer weiter abnahm. So sank die Zahl der Beschäftigten im verarbeitenden Gewerbe von 133 000 im Jahr 1995 auf 109 000 zehn Jahre später. Dies bedeutete, dass nur noch etwas mehr als zehn Prozent aller Arbeitnehmer in der Industrie und dafür 75 Prozent in Dienstleistungsbereichen beschäftigt waren.[113] Zu diesem Zeitpunkt hatte der Braunkohlebergbau bereits massiv an beschäftigungspolitischer Bedeutung verloren. Während 1991 hier immerhin noch vier Prozent aller Erwerbstätigen ihren Arbeitsplatz hatten, lag dessen Beschäftigtenanteil 2006 nur noch bei 0,5 Prozent.[114] Die Mitte der 2000er-Jahre markierte allerdings – vor dem Hintergrund der Arbeitsmarktreformen unter Bundeskanzler Gerhard Schröder (SPD) – so etwas wie einen Wendepunkt in der ökonomischen Entwicklung Brandenburgs.[115] Seitdem sank die Zahl

112 Vgl. Dieter Bogai/Doris Wiethölter: Vergleichende Analyse von Länderarbeitsmärkten. Aktualisierte Länderstudie Brandenburg, IAB Regional Berichte und Analysen aus dem Regionalen Forschungsnetz 2010 (1), S. 35.
113 Vgl. Amt für Statistik Berlin-Brandenburg: Erwerbstätige am Arbeitsort im Land Brandenburg 1991 bis 2020 nach Wirtschaftsbereichen, https://download.statistik-berlin-brandenburg.de/4b40399fe19fbfef/b18b5bb6cd14/Erwerbstaetigkeit-Lange-Reihen_1991-2020-Erwerbstaetige_Berlin-Brandenburg_BS-Aug2021.xlsx (Zugriff am 13.6.2022).
114 Vgl. Kühn: Wirtschaftsentwicklung und Strukturwandel in Berlin und Brandenburg (wie Anm. 79), S. 28.
115 Vgl. Ulrich Walwei: Agenda 2010 und Arbeitsmarkt: Eine Bilanz, in: Aus Politik und Zeitgeschichte (2017) B 26, S. 25–33.

der Industriebeschäftigten nicht mehr weiter, sondern stieg bis 2019 um 17 Prozent bzw. etwa 20 000 Beschäftigte.

Auch die Gesamtbeschäftigtenzahl stieg in Brandenburg im selben Zeitraum um etwa 100 000 Menschen bzw. knapp 10 Prozent, während die Arbeitslosenquote auf 5,8 Prozent sank. Zu dieser Entwicklung trug unter anderem die aufblühende Nahrungsmittelindustrie bei. Deren bekannteste Vertreter sind nicht nur die bereits erwähnten Eberswalder Wurstwaren, sondern auch zahlreiche Produkte aus dem Spreewald rund um die bekannten Gurken und den Spargel aus Beelitz. Unternehmen wie Spreewaldhof und Spreewald Rabe zählen mit je bis zu 200 Festangestellten und 250 Saisonkräften zu den größten Arbeitgebern in der ländlichen Region zwischen Berlin und der Lausitz.[116] Mit der Werder Feinkost GmbH existiert westlich von Potsdam der drittgrößte Ketchup-Hersteller in Deutschland, der zugleich Marktführer in Ostdeutschland ist.[117] Erwähnt werden sollte dabei, dass diese Betriebe zu Beginn der 1990er-Jahre von der Treuhand zuvor an mittelständische westdeutsche Unternehmer verkauft worden waren, die die Standorte auf Expansions- und Erfolgskurs bringen konnten.

Laut Potsdamer Wirtschaftsministerium zählt das Cluster Ernährungswirtschaft, das auch die Landwirtschaft, die Getränkeindustrie und den Handel umfasst, mit 58 000 Beschäftigten zu den bedeutendsten Wirtschaftszweigen in Brandenburg. Dazu gerechnet werden auch zahlreiche Logistikstandorte der großen Lebensmittel-Handelsunternehmen wie Edeka Minden-Hannover in Freienbrink bei Grünheide, südöstlich von Berlin. Dieser Standort steht auch exemplarisch für den von Karl-Heinz Paqué geprägten Begriff der »Autobahnökonomie« in Ost-

---

116 Vgl. »Spreewälder Gurken« sind jetzt offiziell französisch, in: rbb24.de vom 24.6.2021, https://www.rbb24.de/studiocottbus/wirtschaft/2021/06/bundeskartell amt-verkauf-spreewaelder-gurken-franzoesisches-unternehmen.html (Zugriff am 13.6.2022).
117 Vgl. Was Berlin und Brandenburg auf den Teller bringen, in: Der Tagesspiegel vom 29.1.2017.

deutschland.[118] So siedelten sich entlang der großen Verkehrsachsen, in Brandenburg insbesondere und fast ausschließlich entlang des Berliner Autobahnrings, seit der Jahrtausendwende große Logistikunternehmen, aber auch Betriebe des verarbeitenden Gewerbes an. Eines der, wenn nicht das bekannteste Beispiel hierfür war die Entscheidung der West-Berliner Höffner Möbelgesellschaft GmbH & Co. KG, ihren Unternehmenssitz nach Waltersdorf bei Schönefeld zu verlagern.[119] Darüber hinaus setzen seit einigen Jahren auch die Konzerne der amerikanischen Techbranche auf Standorte in der Hauptstadtregion, wie das 2013 eröffnete Logistikzentrum von Amazon in Brieselang nordwestlich von Berlin oder die im März 2022 eröffnete Autofabrik des Elektrowagen-Herstellers Tesla, die mehrere Tausend Arbeitsplätze bei Grünheide im Südosten Berlins schaffen soll, zeigen.[120]

Mit dem Logistikzentrum des Schuh- und Modehändlers Zalando in Ludwigsfelde, das seit 2019 um den Nachbarstandort Genshagen erweitert wurde, wirkt sich etwa seit 2010 auch die aufblühende Start-up-Szene Berlins auf die wirtschaftliche Entwicklung Brandenburgs aus. Zwar leidet die Logistikbranche unter geringen Löhnen und fehlenden Mitbestimmungsrechten, der wachsende Arbeitskräftebedarf sorgt aber auch nahezu für Vollbeschäftigung im Speckgürtel Berlins. Mit mehr als 210 Unternehmen und über 6200 Beschäftigten ist das Techno Terrain Teltow an der südlichen Stadtgrenze Berlins der größte innerstädtische Gewerbepark Brandenburgs.[121] Der Bauboom, der anhaltende Zuzug und die wachsende Kreativwirtschaft brachten Berlin seit 2011 hohe Wachstumsraten und eine Funktion als Impulsgeber für die Brandenburger Wirtschaft ein. Mit

---

118 Karl-Heinz Paqué: Die Bilanz. Eine wirtschaftliche Analyse der Deutschen Einheit, München 2009, S. 174.
119 Vgl. Nach dem Goldrausch, in: Die Zeit vom 24.10.2013.
120 Vgl. So lockte Brandenburg Tesla nach Grünheide, in: Die Welt vom 7.3.2020; Tesla hat in Grünheide mittlerweile mehr als 4.000 Beschäftigte, in: rbb24 vom 11.5.2022, https://www.rbb24.de/studiofrankfurt/wirtschaft/tesla/2022/05/tesla-mitarbeiter-schichtarbeit-ausbildung.html (Zugriff am 13.6.2022).
121 Nach Eigenauskunft der Gewerbeparkverwaltung. Vgl. https://www.ttt-gewerbepark.de/index.htm (Zugriff am 13.6.2022).

mehr als 200 000 Beschäftigten rückte die Hauptstadtregion 2019 erstmals an die Spitze aller Logistikstandorte in Deutschland vor.[122] Damit knüpfte Berlin zwischen 2005 und 2020 doch noch an die 1989/90 überzogenen und in den 1990er-Jahren zunächst enttäuschten Erwartungen an, als Wachstumsmotor für das Umland zu dienen. 30 Jahre nach der Wiedervereinigung scheinen die teilungsbedingten Folgen für die Brandenburger Wirtschaft überwunden und die Hauptstadt bildet wieder die wirtschaftsgeografische Mitte Brandenburgs.

4. Strukturwandel in der Lausitz

Im September 2021 verkündete der dänische Windkraftanlagenbauer Vestas, sein Lausitzer Werk im 50 Kilometer südwestlich von Cottbus gelegenen Lauchhammer aufgrund fehlender Nachfrage und hoher Kosten schließen zu wollen. 460 Mitarbeitern wurde an dem knapp 20 Jahre zuvor errichteten Produktionsstandort für Rotorblätter – dem größten Unternehmen der Stadt – zum Jahresende gekündigt. In der Brandenburger Politik schlug die Bekanntgabe hohe Wellen. Vestas hatte gerade für die Lausitz als Musterbeispiel für die Anfang der 2000er-Jahre ausgerufene Wende zugunsten erneuerbarer Energien gegolten, die aber bereits ins Stocken geraten war. Wirtschaftsminister Jörg Steinbach (SPD) bezeichnete die Entscheidung angesichts des zu erwartenden Ausbaus erneuerbarer Energien als »nicht nachvollziehbar«.[123] Der SPD-Fraktionschef im Potsdamer Landtag, Erik Stohn, forderte mit Blick auf den Strukturwandel vor Ort »alles für den Standort zu unternehmen, was jetzt noch möglich ist«. Und die Spitzenkandidatin der Grünen bei der Bundestagswahl 2021, Annalena Baerbock, erklärte, sie wolle nach der Wahl

---

122 Vgl. Ministerium für Wirtschaft, Arbeit und Energie des Landes Brandenburg vom 27.2.2020: »Logistikstandorte in Deutschland: Berlin-Brandenburg ist die neue Nummer 1«, https://mwae.brandenburg.de/de/logistikstandorte-in-deutschland-berlin-brandenburg-ist-die-neue-nummer-1/bb1.c.660558.de (Zugriff am 13.6.2022).
123 Zit. nach Geplantes Aus von Vestas-Werk: Fraktionen für Verhandlungen, in: Süddeutsche Zeitung vom 21.9.2021.

in der Bundesregierung den Ausbau erneuerbarer Energien konsequent vorantreiben, da nur so Arbeitsplätze in der vom Strukturwandel betroffenen Lausitz geschaffen werden könnten.[124]

Verhindert werden konnte die Schließung des Werkes schließlich nicht mehr. Am 11. Dezember 2021 verließ der letzte Windradflügel die Produktionshalle in Lauchhammer. Dabei hatten die Politiker mit dem wiederkehrenden Hinweis auf die Bedeutung des Strukturwandels in der Lausitz die Problemlage einer Region verdeutlichtet, die seit 1990 massiv von der Abkehr von der heimischen Braunkohle betroffen war.

Bedeutende Industriezweige in der Lausitz

Bis 1989 prägten der Abbau und die Verarbeitung von Braunkohle die Lebens- und Arbeitswelt des Bezirkes Cottbus. Mehr als 90 000 Menschen arbeiteten in den Braunkohletagebauen, den Kraftwerken sowie den Brikettfabriken. 54 Prozent der Industriebeschäftigten im Bezirk Cottbus waren in den Bereichen Kohle und Energie tätig.[125] Mit knapp 200 Millionen Tonnen entfielen zwei Drittel der gesamten Braunkohleförderung in der DDR auf die Region um Cottbus. Das Lausitzer Revier hatte bis zum Ende der DDR immer mehr an Bedeutung gewonnen und war maßgeblich dafür verantwortlich, dass die DDR zum größten Braunkohleproduzenten der Welt avancierte. Acht Prozent der Gesamtfläche des Bezirks wurden dabei durch den Bergbau in Anspruch genommen, während der Ausbau dieses Industriezweigs eine Urbanisierungswelle und gleichzeitige Landflucht in der Region verursachte. So stieg die Wohnbevölkerung der Stadt Cottbus zwischen 1981 und 1989 von 116 000 auf 129 000 an. Die Erschließung weiterer Tagebaue führte jedoch auch dazu, dass bis 1989 etwa 130 Ortschaften komplett devastiert, also durch den Tage-

---

124 Zit. nach Vestas-Schließung Ergebnis verfehlter Politik, in: Der Stern vom 22.9.2021.
125 Zum Bezirk gehörten bis 1990 auch die Kreise Hoyerswerda und Weißwasser, die sich 1990 in Abstimmungen für die Zugehörigkeit zum künftigen Bundesland Sachsen entschieden.

bau zerstört wurden.[126] Allein zwischen 1981 und 1989 waren dadurch 23 000 Menschen von Ortsverlagerungen betroffen. Die psychosozialen Folgen dieser Entwurzelung zeigen sich an einem jahrzehntealten Sprichwort der sorbischen Minderheit: »Gott hat die Lausitz geschaffen, aber der Teufel die Kohle darunter.«[127]

Neben der Braunkohle hatten aber auch die traditionellen Glas- und Textilindustrien das Wirtschaftsgefüge der Lausitz vor 1989 dominiert. Eine Vielzahl von Betrieben war in Weißwasser zum Kombinat Lausitzer Glaswerke mit etwa 4000 Beschäftigten zusammengeführt worden; 1984 war in Tschernitz ein Glasteilwerk für Farbbildröhren entstanden. In Hinblick auf die Stärkung der traditionell in der Lausitz vertretenen Textilbranche, deren Bedeutung Ende des Zweiten Weltkriegs zunächst abgenommen hatte, hatte der Ministerrat der DDR 1968 den Aufbau eines Textilkombinats in Cottbus beschlossen, das 1989 in 21 Betrieben 20 800 Beschäftigte zählte, davon 5200 am Standort Cottbus (die Betriebe produzierten Damenoberbekleidung wie Blusen, Hemden, Röcke, aber auch Teppichgarn und Texturseide).[128] Diese drei traditionellen Branchen, die den Lausitzer Wirtschaftsraum seit Mitte des 19. Jahrhunderts geprägt hatten, erfuhren nach 1989 einen starken Einbruch. Die Zahl der im Lausitzer Braunkohlerevier Beschäftigten sank bis 1999 auf nur noch 12 700, wobei der größere Teil davon in der Abwicklung des Auslauftagebaus sowie der Rekultivierung und Sanierung der ehemaligen Abbauflächen beschäftigt war.[129] Zum Abbau beigetragen hatten vor allem umweltpolitische Forderungen nach einer Diversifizierung der Energieträger in Ostdeutschland, da die fehlende ökologische Sanierung der Tagebaue

---

126 Vgl. Robert Büschel/Martina Kuhlmann: Braunkohlebergbau, in: Matthias Asche u. a. (Hg.): Brandenburgische Erinnerungsorte. Erinnerungsorte in Brandenburg, Berlin 2021, S. 303–314; Matthias Baxmann: Zur Geschichte der Industrialisierung der Niederlausitz, in: Der Speicher (1999) 3, S. 48–73, hier S. 68.
127 Gott schuf die Lausitz, der Teufel schob Kohle darunter, in: Lausitzer Rundschau vom 7.10.2004.
128 Vgl. Gesellschaft für Arbeitsförderung mbH Cottbus (Hg.): 50 Jahre Textilindustrie in Cottbus, Cottbus 2008, S. 7–19.
129 Vgl. Hans Apel: Zerstörte Illusionen. Meine ostdeutschen Jahre, Stuttgart 2000, S. 134.

zu Mondlandschaften und die kaum vorhandenen Rauchgasfilter in den Kraftwerken zu erheblichen Belastungen durch Schwefeldioxidemission mit Krankheitsfolgen im Bezirk Cottbus geführt hatten. Rasch kam es daher zu einem Einbruch in der Nachfrage nach Braunkohlebriketts und Stadtgas, die durch andere Energieträger wie Erdgas oder Importsteinkohle ersetzt wurden. Die umfangreichen finanziellen Aufwendungen, auf die sich der Bund und die betroffenen Länder Brandenburg und Sachsen einigen konnten, führten immerhin zu einer sozialen Abfederung des Beschäftigtenabbaus durch temporär fortgeführte Beschäftigungsverhältnisse. Im Jahr 2017 zählte das Lausitzer Braunkohlerevier noch etwa 8800 Beschäftigte im Kohle- und Energiesektor, das heißt in den noch verbliebenen Tagebauen und den Großkraftwerken. Der Beschäftigungsanteil des Kohlenbergbaus und der Energieerzeugung in der Lausitz betrug nur noch 2,1 Prozent.[130]

Die Textilindustrie erlebte einen ähnlichen Bedeutungsverlust. Dabei hatte die DDR diese Branche mit dem Aufbau des Textilkombinats entgegen dem Trend in Westeuropa noch gestärkt. So verzeichnete die westdeutsche Textil- und Bekleidungsindustrie im Zeitraum von 1960 bis 1981 einen Rückgang von 613 000 auf 282 000 Beschäftigte. Der Rückgang war auf eine veränderte Nachfrage und Konkurrenz augrund niedriger Löhne im südeuropäischen, seit den 1970er-Jahren auch im asiatischen Ausland zurückzuführen.[131] Durch den deutsch-deutschen Devisenverrechnungskurs sowie die sonstige Abschottung von den westlichen Märkten hatte das Textilkombinat Cottbus von dieser Entwicklung noch profitieren und 1989 eine Kooperation mit der Wattenscheider Firma Steilmann eingehen können, die im Lohnauftrag Kleidung in Cottbus nähen ließ. Quasi über

---

130 Vgl. Holger Seibert u. a.: Die Lausitz. Eine Region im Wandel, in: IAB Regional. Berichte und Analysen aus dem Regionalen Forschungsnetz (2018) 3, S. 24 f.
131 Vgl. Karl Ditt: »Passive Sanierung«: Der Niedergang der bundesdeutschen Textilindustrie und die Reaktionen von Staat und Unternehmern am Beispiel von Bayern, Baden-Württemberg und Nordrhein-Westfalen, in: Stefan Grüner/Sabine Mecking (Hg.): Wirtschaftsräume und Lebenschancen. Wahrnehmung und Steuerung von sozialökonomischem Wandel in Deutschland, 1945–2000, Berlin/Boston 2017, S. 133–147, hier S. 140.

Nacht erfuhr die Textilbranche in Ostdeutschland mit der Währungsunion allerdings einen Strukturwandel im Zeitraffer. Zunächst durchaus Erfolg versprechende Konzepte sahen zwar die Schließung einiger Betriebsteile, aber auch die Fortführung eines Teils der Produktion vor. Nach mehreren Schrumpfungsprozessen erfolgte jedoch 2008 die Schließung des letzten Textilwerks in Cottbus, die zugleich das weitgehende Ende dieses traditionellen Industriezweigs in der Region bedeutete. Ebenfalls eine schwierige Phase durchlief die Glasindustrie. Im sächsischen Weißwasser kam es 2002 zur Insolvenz der Lausitzer Glaswerke AG. Und nachdem es 1993 der Treuhand zunächst gelungen war, dass Fernsehglaswerk Tschernitz an den südkoreanischen Konzern Samsung zu verkaufen, führte die Verdrängung der in Tschernitz gefertigten traditionellen Farbbildröhren durch Flachbildfernseher 2007 zur Schließung des Werkes mit 350 Mitarbeitern, von der auch 250 weitere Beschäftigte von Dienstleisterfirmen betroffen waren.[132] In Tschernitz gelang allerdings kurz darauf die Ansiedlung der Glasmanufaktur Brandenburg (GMB) durch österreichische Investoren. Das Werk wuchs in der Folge zu einem der größten Hersteller von Treibhaus- und Solargläsern in Europa und beschäftigte 2020 etwa 300 Mitarbeiter.[133] In Weißwasser gelang es dem österreichischen Familienunternehmen Stölzle ab 1996, einen Teil der Glashüttenanlagen zu übernehmen und dauerhaft zu modernisieren. 2020 zählt die Stölzle Lausitz GmbH 400 Mitarbeiter.[134]

Die Beschäftigtenzahlen der Lausitzer Glasindustrie nehmen sich im Vergleich zum eigentlichen industriellen Vorzeigebetrieb der Region eher bescheiden aus. Im Oktober 1990 hatte die Treuhand den Verkauf des Synthesewerks Schwarzheide an die BASF aus Ludwigshafen verkündet. Die ersten Jahre nach der Übernahme waren zunächst durch einen erheblichen Personalabbau und Schwierigkeiten bei der Umstellung des Pro-

---

132 Vgl. Die Katastrophe von Tschernitz, in: Lausitzer Rundschau vom 7.7.2007.
133 Vgl. Lausitzer Solarglashersteller investiert 100 Millionen Euro, in: rbb24.de vom 15.11.2021, https://www.rbb24.de/studiocottbus/index.htm/doc=%21content%21 rbb%21r24%21studiocottbus%21wirtschaft%212021%2111%21tschernitz-glasmanufaktur-solarglashersteller-richtfest.html (Zugriff am 13.6.2022).
134 Vgl. Gläser aus Weißwasser erobern die Welt, in: Sächsische Zeitung vom 11.1.2020.

duktportfolios bestimmt.[135] Der Personalbestand sank zwischen 1990 und 1994 von knapp 5000 auf etwa 2000 Beschäftigte. Als richtungsweisend sollte sich jedoch die Entscheidung von der BASF erweisen, das Werk aufgrund der enttäuschenden Absatzentwicklungen bei Polyurethanen nicht zu schließen (einen solchen Schritt hätte sich der Konzernvorstand wohl auch im Hinblick auf den aus Ludwigshafen stammenden Bundeskanzler bzw. die von einem Rückzug ausgehende Signalwirkung nicht leisten können), sondern mit neuen Geschäftsfeldern weiterzuentwickeln. Bis 1995 investierte die BASF, unterstützt durch Bundes- und Landesmittel, etwa 1,3 Milliarden DM am Standort.[136] Durch Ausgründungen von Handwerks- und Gewerbebetrieben sowie die Neuansiedlung von Zulieferern in unmittelbarer Umgebung des Werkes im selben Zeitraum entstanden 1800 weitere Arbeitsplätze, von denen zahlreiche durch ehemalige Werksangestellte besetzt wurden.[137] Die Ankündigungen der Bundesregierung, die Entwicklung und den Aufbau einer eigenen Batterieindustrie insbesondere für den Einsatz von Batterien in Elektrofahrzeugen fördern zu wollen, führten in jüngster Vergangenheit zu weiteren Investitionen am Standort durch die BASF selbst, aber auch den französischen Konzern Air Liquide.[138] Mit 3400 direkt und indirekt Beschäftigten zählte das BASF-Werk zu einem der wenigen industriellen Leuchttürme im Land Brandenburg.

Ein zweiter bedeutender industrieller Standort jenseits der Braunkohle konnte in Guben erhalten werden. In der direkt an der deutsch-polnischen Grenze gelegenen Stadt war im Rahmen des Chemieprogramms der DDR ein großes Chemiefaserwerk mit rund 8000 Beschäftigten ent-

---

135 Vgl. Karlsch: Die Strategien der Treuhandanstalt/Bundesanstalt für vereinigungsbedingte Sonderaufgaben zur Privatisierung der chemischen Industrie und Mineralölindustrie 1990–2000 (wie Anm. 85).
136 Vgl. ebd.
137 Vgl. Herbert Berteit: BASF Schwarzheide GmbH: Der schnelle Weg zur Erneuerung eines Unternehmens und einer Region, in: Rüdiger Pohl (Hg.): Herausforderung Ostdeutschland. Fünf Jahre Währungs-, Wirtschafts- und Sozialunion, Berlin 1995, S. 319–328, hier S. 325.
138 Vgl. BASF investiert weitere Millionen am Standort Schwarzheide, in: Süddeutsche Zeitung vom 12.2.2021.

standen. Nach 1990 wurde der Betrieb von der Treuhand aufgespalten und einzelne Produktionsbereiche privatisiert oder aufgrund massiver Überkapazitäten und mangelnder Nachfrage stillgelegt. 1992 übernahm die Hoechst AG das Faserwerk in Guben. Die Umwandlung der Hoechst AG führte zu mehreren Eigentümerwechseln, einer Insolvenz im Jahr 2009 und der Umbenennung des Standorts. In thailändischem Besitz und unter dem Namen Trevira GmbH produzierten im Jahr 2019 etwa 600 Beschäftigte Garne unter anderem für Autositze und Autoinnenverkleidungen.[139] Ein wichtiger Chemieproduzent ist darüber hinaus die Megaflex GmbH in Guben. Das 1966 in der Bundesrepublik gegründete Familienunternehmen siedelte sich 1991 in Guben an, um neue Absatzmärkte für Weichschaumstoffe in Osteuropa zu erschließen. Das Engagement von Megaflex war für die Stadt gleichermaßen wichtig wie nachhaltig. 2019 beschäftigte das Unternehmen etwa 400 Mitarbeiter.[140] Mit der ATT Polymers GmbH und ihren 60 Beschäftigten existiert in Guben ein drittes, Kunststoff-Granulate herstellendes Chemieunternehmen. Die Übernahme einer Produktionsanlage des ehemaligen Chemiefaserwerks durch die polnische Groupa Azoty markierte dabei für Brandenburg keinen Einzelfall. Die Wirtschaftsförderungs-GmbH des Landes verwies im Jahr 2018 auf 26 Betriebe, die sich in polnischer Hand befanden.[141]

Als spektakulärster Fall der Übernahme eines Brandenburger Unternehmens durch einen Investor aus Ostmitteleuropa erwies sich der Verkauf der Vattenfall-Braunkohlesparte in der Lausitz an ein tschechisches Konsortium im Jahr 2016, deren Muttergesellschaften der Energieversor-

---

139 Vgl. Trevira will Produktion in Guben wieder hochfahren, in: rbb24.de vom 18.9.2019, https://www.rbb24.de/studiocottbus/wirtschaft/2019/09/trevira-guben-kurzarbeit.html (Zugriff am 13.6.2022).
140 Vgl. Strukturwandel: Wirtschaftsstandort Guben macht Industriegebiete fit, in: Niederlausitz aktuell vom 26.3.2019.
141 Vgl. Standort Deutschland: Polen und Tschechen als Investoren im Kommen, in: shz.de vom 4.4.2018, https://www.shz.de/deutschland-welt/wirtschaft/artikel/standort-deutschland-polen-und-tschechen-als-investoren-im-kommen-41676580 (Zugriff 3.6.2022); Polen übernehmen deutsche Firmen, in: MDR vom 28.2.2020, https://www.mdr.de/nachrichten/welt/osteuropa/politik/polen-condor-100.html (Zugriff am 3.6.2022).

ger EPH und der Finanzkonzern PPF sind. Seitdem firmieren der Braunkohletagebau (Lausitz Energie Bergbau AG) und die Kraftwerkssparte (Lausitz Energie Kraftwerke AG) unter der gemeinsamen Marke LEAG, die mit etwa 7400 Beschäftigten den größten Arbeitgeber in der Lausitz und in ganz Brandenburg stellt.

Herausforderungen des Strukturwandels

In der gegenwärtigen und zukünftigen Bedeutung der LEAG manifestieren sich allerdings zugleich die wesentlichen Probleme des Strukturwandels, den die Lausitz bereits durchlaufen hat und noch durchlaufen wird. Der rasante Rückgang der Kohleförderung und -verarbeitung in den 1990er-Jahren hat zu einem enormen Strukturbruch geführt, in dessen Folge nicht nur die Industrie bzw. das produzierende Gewerbe, sondern auch der Bergbau an Bedeutung verloren haben. Fehlende Möglichkeiten, die Vielzahl an verlorenen Arbeitsplätzen adäquat zu ersetzen, sorgten für eine massive Abwanderungswelle. Zwischen 1995 und 2015 verloren die brandenburgische Lausitz sowie die dazugehörigen sächsischen Gebiete beinahe jeden fünften Bewohner durch Abwanderung.[142] Der Landkreis Oberspreewald-Lausitz mit seinen ehemaligen Kohlezentren um Lauchhammer und Senftenberg verzeichnete mit 36 Prozent den höchsten Einwohnerrückgang der gesamten Lausitz.[143] Die Abnahme der Arbeitslosigkeit in der Region seit Mitte der 2000er-Jahre hing nicht zuletzt auch mit dem Rückgang der für den Arbeitsmarkt relevanten Bevölkerungsgruppe der 15- bis 65-Jährigen zusammen. So wurde der Arbeitsmarkt um jede vierte Erwerbsperson entlastet. Dennoch lag die Arbeitslosenquote 2017 in den meisten Lausitzer Kreisen über dem ostdeutschen Durchschnitt. Zu konstatieren ist jedoch auch, dass der Industriebeschäftigtenanteil nach 2000 nicht weiter abgenommen, sondern sogar leicht zugelegt hat. Auch

---

142 Vgl. Gunther Markwardt/Stefan Zundel: Strukturwandel in der Lausitz. Eine wissenschaftliche Zwischenbilanz, in: Ifo Dresden berichtet 3/2017, S. 17–22.
143 Vgl. Seibert u. a.: Die Lausitz (wie Anm. 130), S. 13.

die Gesamtzahl der Industriebeschäftigten stieg zwischen 2000 und 2016 leicht von 81000 auf 85000.[144] Die Deindustrialisierungsprozesse konzentrierten sich in der Lausitz zunächst also weitgehend auf das erste Jahrzehnt nach der Wiedervereinigung. 18,7 Prozent aller Beschäftigten waren im Jahr 2016 im Energiesektor und dem verarbeitenden Gewerbe tätig, was in etwa dem gesamtdeutschen Durchschnitt entsprach. Allerdings nahm die Region um Cottbus im Vergleich der Brandenburger Kreise schon längst nicht mehr die dominierende Rolle ein, die sie vor 1989 hatte. Abzulesen war diese Entwicklung auch an der beschäftigungsintensivsten Industriebranche. Dabei handelte es sich 2016 nicht etwa um den Maschinenbau oder die chemische Industrie, sondern um die Herstellung von Nahrungs- und Futtermitteln.[145] Aufgrund des beschlossenen Ausstiegs aus der Braunkohleförderung spätestens bis zum Jahr 2038 zeichnet sich allerdings ein weiterer Bedeutungsverlust des Bergbaus ab.[146] Das Ende der Braunkohle wird auch zu einer Abnahme gut bezahlter Facharbeiter- und Ingenieurstätigkeiten mit hohen Wertschöpfungsraten führen. Mit knapp 4000 Euro verzeichnete das produzierende Gewerbe um Senftenberg im Jahr 2017 die höchsten Durchschnittslöhne in Brandenburg, während diese in der Lausitz ansonsten zwischen 2000 bis 3000 Euro lagen.[147] Der Wandel in den Beschäftigtenstrukturen wird sich auch weiterhin in der Rangliste der größten Arbeitgeber der Region widerspiegeln. So gehörte zu den zehn beschäftigungsstärksten Cottbuser Unternehmen mit der LEAG im Jahr 2019 nur ein industrieller Betrieb.

---

144 Vgl. Martina Greib: Struktur- und industriepolitische Alternativen für die Lausitz, in: Rosa-Luxemburg-Stiftung (Hg.): Nach der Kohle. Alternativen für einen Strukturwandel in der Lausitz, Berlin 2019, S. 9–73, hier S. 24. Die Zahl gilt für die gesamte Lausitz, schließt also auch die sächsischen Gebiete der Oberlausitz um Bautzen mit ein.
145 Vgl. ebd., S. 22.
146 Ausführlich zu den Bedingungen und Folgen des Kohleausstiegs bzw. des sogenannten Kohlekompromisses vgl. Konrad Gürtler/Victoria Luh/Johannes Staemmler: Strukturwandel als Gelegenheit für die Lausitz. Warum dem Anfang noch der Zauber fehlt, in: Aus Politik und Zeitgeschichte (2020) B 6/7, S. 32–39.
147 Vgl. Zukunftswerkstatt Lausitz (Hg.): Die Lausitz. Zahlen und Fakten – Ein Überblick, Bad Muskau 2018, S. 11.

Das Klinikum Cottbus, die Stadtverwaltung, die Brandenburgische Technische Universität Cottbus-Senftenberg und der Callcenter-Dienstleister Majorel Cottbus GmbH folgten mit mehr als 1000 Beschäftigten auf den nächsten Plätzen.

Der zu erwartende Strukturwandel weg vom Bergbau muss allerdings nicht zu einer Abkehr von der Industrie und der zu ihr zählenden Energiegewinnung führen. Die wachsenden Kapazitäten in der Wind- und Solarstromerzeugung sowie Impulse für die Digitalisierung und Elektromobilität können Anreize zur Ansiedlung von Unternehmen des verarbeitenden Gewerbes bieten. Hier käme es durch Anreizsysteme und die Stärkung der Infrastruktur darauf an, nicht nur Produktionsanlagen und Energiesysteme in die Lausitz zu holen, sondern auch die Besitzer- und Betreiberfirmen vor Ort anzusiedeln.[148] Gegenwärtig ist der brandenburgische Teil der Lausitz im Verhältnis zu anderen peripheren Teilen Ostdeutschlands noch überdurchschnittlich industrialisiert. Vor dem Hintergrund einer politischen Intervention zugunsten der Erreichung klima- und umweltpolitischer Ziele stellt die Lausitz allerdings seit 1990 und auch wieder seit 2020 einen Sonderfall in Ostdeutschland dar, der Wachstumsimpulse durch finanzielle, technologische und administrative Unterstützung durch die öffentliche Hand als gerechtfertigt erscheinen lässt.[149] Dass die Lausitz mit dem Ausstieg aus der Braunkohleverstromung vor einer erneuten Deindustrialisierungsphase steht, ist also keineswegs ausgemacht.

---

148 In der Lausitz befinden sich bereits drei der größten Solarparks Deutschlands: Solarpark Finsterwalde (82 Megawatt [MW] Leistung), Solarpark Lieberose (52 MW) und der Solarpark Senftenberg (78 MW), der zum Zeitpunkt der Inbetriebnahme der größte zusammenhängende Solarkomplex der Welt mit 636000 Modulen auf 1000 Hektar war und auf den Kippenflächen des ehemaligen Braunkohletagebaus Meuro entstanden war. Die Betreiberfirmen der Anlagen stammen allerdings nicht aus der Lausitz, sondern aus Bayern und Berlin. Vgl. Greib: Struktur- und industriepolitische Alternativen (wie Anm. 144), S. 45.
149 Vgl. Markwardt/Zundel: Strukturwandel in der Lausitz (wie Anm. 142), S. 21.

Fazit: 50 Jahre Strukturwandel in Brandenburg

Die unter sozialistischen Produktionsbedingungen erfolgten Ansiedlungen von Industriebetrieben veränderten die Wirtschaftsstruktur in Brandenburg noch bis weit in die 1970er-Jahre nachhaltig und sorgten für einen Industrialisierungsboom verbunden mit einem stetigen Bevölkerungszuwachs. Im Hinblick auf die industrielle Basis war Brandenburg mit seinem Energiezentrum in der Lausitz und den Standorten entlang der Oder-Neiße-Grenze ein Industrialisierungsgewinner der DDR. Während in westlichen Ländern wie der Bundesrepublik, Frankreich oder Großbritannien die Belegschaftszahlen in den Industriebetrieben sanken, setzte sich der Beschäftigtenzuwachs in der Industrie unter planwirtschaftlichen Bedingungen in Brandenburg fort.[150] Dies bedeutete aber auch einen zunehmenden Produktivitätsrückstand gegenüber dem Westen. Zwar waren die Maschinen und Anlagen im DDR-weiten Vergleich etwas weniger stark verschlissen, aber auch in Brandenburg, etwa in den großen Stahlwerken oder im Maschinenbau, existierten im Vergleich zu westlichen Märkten veraltete Produktionsstätten mit hohem Wartungsbedarf.[151] Außerdem führte die Ansiedlung von Großbetrieben in einem ansonsten weitgehend agrarisch geprägten Land dazu, dass Brandenburg 1989 faktisch ein »Land ohne Mittelstand« war.[152]

Mit der Treuhandanstalt trat seit Sommer 1990 ein Transformationsakteur auf den Plan, der sich selbst auf die Fahnen geschrieben hatte, die Brandenburger Betriebe zunächst nach rein betriebswirtschaftlichen Gesichtspunkten zu privatisieren. Eine gesamtwirtschaftliche Perspektive, die auch die in der DDR etablierten, spezifischen Vernetzungsstrukturen der Kombinate berücksichtigte, wurde dadurch zu selten eingenommen. Mit den systematischen Branchenuntersuchungen in der Chemie, der

---

150 Vgl. Interview mit Lutz Raphael, in: »Das war ein Bruch, der politisch gewollt war«, in: Wirtschaftswoche vom 27.7.2019.
151 Vgl. Knoll: Zwischen Abbruch und Aufbruch (wie Anm. 72), S. 145 f.
152 Max Trecker: Neue Unternehmer braucht das Land. Die Genese des ostdeutschen Mittelstands nach der Wiedervereinigung, Berlin 2022, S. 211 f.

Braunkohle und der Stahlindustrie durch Unternehmensberatungen begann erst ab Mitte 1991 und nur in Teilen eine strategische Ausrichtung der Privatisierungsentscheidungen an volkswirtschaftlichen Gesichtspunkten, die auch die sozialen Folgekosten von Betriebsstilllegungen berücksichtigten.

Das Liquiditäts- und Rentabilitätsproblem ihrer Betriebe beantwortete die THA grundsätzlich mit der Aufforderung zu umfangreichen Personaleinsparungen, die zum schlagartigen Absterben des Forschungs- und Entwicklungspotenzials führten. Der eigentliche Deindustrialisierungsschock erfolgte aber mit der Einführung der D-Mark zum 1. Juli 1990, auf die die Betriebe nur mit Kurzarbeit und Entlassungen reagieren konnten, sofern sie wettbewerbsfähig werden wollten. Die Treuhand beschleunigte die Deindustrialisierungsprozesse noch durch das von ihr ausgerufene hohe Privatisierungstempo. Schnelle Betriebsübernahmen erfolgten zumeist nur bei stark verringertem Personalbestand. Die nicht übernommenen Beschäftigten sahen sich also rasch der Arbeitslosigkeit ausgesetzt. Eine derartige Entwicklung vollzog sich nicht nur bei den in diesem Beitrag genannten ehemaligen Kombinatsstammbetrieben. In den Treuhandniederlassungen, die für die kleinen und mittleren Betriebe zuständig waren, wurde ein noch höheres Privatisierungstempo ausgerufen. Zahlreiche Betriebe für die bis Mitte bzw. Ende 1992 kein Käufer gefunden wurde, gingen in die Abwicklung. So schickte die Treuhandniederlassung Potsdam 39 Prozent der ihr unterstellten 399 Betriebe in die Liquidation. Ein Wert, der deutlich über dem Durchschnitt aller Niederlassungen der Treuhand (32 Prozent) lag.[153]

Lässt man die ökonomischen Rahmenbedingungen beiseite, bleibt die Tatsache bestehen, dass die Treuhand in Brandenburg verantwortlich für einen Strukturwandel im Zeitraffer war. Zugleich führten Teilprivatisierungen, Ausgründungen und Kommunalisierungen aber auch zu einer marktwirtschaftlich notwendigen Diversifizierung der Wirtschaftsstruktur.

---

153 Vgl. Treuhandanstalt, Monatsbericht September 1994, S. A3, BArch Berlin, B 412/24129, unfol.

Die im Vergleich rasch anwachsende Bedeutung des Dienstleistungssektors erfolgte auch deshalb, weil viele Dienstleistungen eben keinem harten internationalen Wettbewerb ausgesetzt waren, zumal der ostdeutschen Industrie nach 1990 auch noch die Märkte in Ostmitteleuropa wegbrachen. Da Einzelhandel, Friseure oder Versicherungen von einem geringeren interregionalen Handel ihrer Produkte profitierten, waren sie stärker gegen die Konkurrenz aus Westdeutschland oder dem Ausland geschützt. Dieser Effekt verstärkte noch den Trend zur Transformation von der Industrie- zur Dienstleistungsgesellschaft.[154] Zwar erreichten die Deindustrialisierungsprozesse in der Warenproduktion ihren Tief- und Wendepunkt bereits Ende des Jahres 1991, der Beschäftigtenabbau dauerte aber über viele weitere Jahre an und verstärkte den Eindruck einer dauerhaften Verdrängung der Industrie aus den Erwerbsbiografien der Brandenburger. Zugleich sorgten die Privatisierungsentscheidungen der Treuhand in einer Reihe von Fällen für eine positive Entwicklung der Standorte wie in Schwarzheide (Chemie), Eisenhüttenstadt (Stahl), Schwedt (Petrochemie), Ludwigsfelde (Transporter-Produktion), Oranienburg (Pharma und Chemie) oder Brandenburg an der Havel (Stahl), die im Jahr 2020 die größten Industriebetriebe in Brandenburg bildeten und für die jeweiligen Regionen ein wichtiger arbeitsmarktpolitischer Anker in der Transformationszeit waren.[155]

---

154 Vgl. Henning Klodt/Rainer Maurer/Axel Schimmelpfennig: Tertiarisierung in der deutschen Wirtschaft, Tübingen 1997, S. 9.
155 Die Entwicklungen durch den russischen Angriff auf die Ukraine im Februar 2022 und das in der Folge von der Bundesregierung verfolgte Ziel eines Ölembargos gegen Russland haben das PCK Schwedt kurzfristig vor eine unsichere Zukunft gestellt. Bei Redaktionsschluss dieses Aufsatzes existieren verschiedene Pläne zur Rettung des Standortes bis hin zur völligen Umstrukturierung mit der Ausrichtung auf die Herstellung von grünem Wasserstoff als zukünftigem Energieträger. Vgl. Zukunftspläne der Raffinerie in Schwedt noch nicht konkret, in: rbb24.de vom 2.6.2022, https://www.n-tv.de/regionales/berlin-und-brandenburg/Zukunftsplaene-der-Raffinerie-in-Schwedt-noch-nicht-konkret-article23373804.html (Zugriff am 13.6.2022).

Zur Rolle der Treuhandanstalt

Die Anfang der 1990er-Jahre unter anderem vom Wirtschaftswissenschaftler Hans-Rudolf Peters geäußerte Befürchtung, durch die Subventionierung von Alt-Industriestandorten eine staatlich gesteuerte Strukturkonservierung zu betreiben, hat sich als unbegründet erwiesen.[156] Gerade in Eisenhüttenstadt gab es aufgrund der möglichen sozialen Konsequenzen einer Werksschließung auch faktisch keine andere Möglichkeit, als mit erheblichem finanziellen Aufwand das Stahlwerk zu erhalten und zu modernisieren. Kontrafaktisch lässt sich dementsprechend fragen, ob bedrohte und besonders wichtige industrielle Großbetriebe nicht häufiger hätten saniert werden sollen? Der damalige Beauftragte der Bundesregierung für die neuen Länder im Kanzleramt, Johannes Ludewig, hat diese These kürzlich bekräftigt, indem er erklärte, dass es rückblickend besser gewesen wäre, mit ein paar Milliarden DM mehr einige bedeutende Industriestandorte wie zum Beispiel SKET in Magdeburg zu erhalten.[157]

In ähnlicher Weise lässt sich auch fragen, ob nicht weniger, sondern mehr Treuhandanstalt geholfen hätte, der ostdeutschen Industrie zu mehr Wachstum zu verhelfen? Die Theorie eines veränderten und umfassenderen Ansatzes der Behörde zur Sanierung und Investitionsförderung anstatt des reinen Privatisierungsauftrages wurde bereits 1991 von Jan Priewe und Rudolf Hickel verfolgt[158] und ist in jüngerer Zeit in veränderter Form wieder aufgekommen.[159] Derlei Bestrebungen zu einer verstärkten Einmischung in die Steuerung und Neuorganisation der ostdeutschen Wirtschaft jenseits des bloßen Privatisierungsgeschäfts hat es tatsächlich

---

156 Vgl. Hans-Rudolf Peters: Regionalisierte Strukturpolitik für Ostdeutschland?, in: Wirtschaftsdienst 72 (1992) 4, S. 196–201, hier S. 198.
157 Vgl. Interview des Autors mit Johannes Ludewig am 22.1.2021.
158 Vgl. Rudolf Hickel/Jan Priewe: Nach dem Fehlstart. Ökonomische Perspektiven der deutschen Einigung, Frankfurt am Main 1994; Jan Priewe: Leitideen für eine Reform der Treuhandanstalt, in: Kritische Justiz 24 (1991) 4, S. 425–436.
159 Entsprechend argumentierte die Wirtschaftswissenschaftlerin Dalia Marin im Jahr 2020, dass eine längere Tätigkeit der Treuhandanstalt notwendig gewesen wäre: »Die Bundesregierung machte dann den Fehler, die Treuhandanstalt aufzulösen, nachdem diese fast alle ostdeutschen Firmen an westliche Investoren verkauft hatte.

im Hinblick auf Brandenburg auch schon innerhalb der Treuhandanstalt selbst gegeben. Die Mitarbeit in regionalen Planungsstäben und das Entwerfen von Standortkonzepten sind allerdings von Treuhandpräsidentin Birgit Breuel gestoppt worden.[160] Eine eigenständige Politik der Förderung struktur- und industriepolitischer Projekte scheiterte in Brandenburg um die Jahrtausendwende aber dann auch deshalb wiederholt, weil in der Landesregierung ganz im Gegensatz zur Treuhand industriepolitische Träume realistische Marktchancen überlagerten. Dennoch zeigt sich, dass die Treuhand dort, wo sie nicht nur betriebszentriert, sondern auch strukturpolitisch vorging, durchaus Privatisierungserfolge feiern konnte.

Brandenburg 30 Jahre nach der Wiedervereinigung: Ein entindustrialisiertes Land?

Ist Brandenburg 30 Jahre nach der Wiedervereinigung weitgehend entindustrialisiert, wie wiederholt behauptet wurde?[161] Zunächst einmal bedarf es bei dieser Frage einer Klärung, was denn eigentlich unter einer entindustrialisierten Gesellschaft zu verstehen ist. Mitunter entsteht der Eindruck, dass dies ein abgeschlossener Prozess sei. Eine feststehende statistische Größe für diesen Befund ist aber jedenfalls in der Wirtschaftswissenschaft nicht auszumachen. Wendet man nun den in der Vergangenheit oft unternommenen Versuch eines Vergleichs der Indus-

---

Ohne die Subventionen der Behörde versiegten die Investitionen in Ostdeutschland, und die Konvergenz der Region in Richtung des westdeutschen Pro-Kopf-Einkommensniveaus stockte«. Zit. nach dies.: Ostdeutschland: Wiedergeburt der Industrie, in: Wirtschaftsdienst 90 (2020) 10, S. 733.

160 Vgl. Breuel kommentiert Rahmenvereinbarung, in: Handelsblatt vom 19. Juli 1991. So befürchtete Breuel, dass durch die Initiativen des für die Zusammenarbeit mit den ostdeutschen Ländern zuständigen Direktorats »die offiziell vereinbarte Arbeitsteilung zwischen Ländern und TH immer fließender bzw. unschärfer wird«, Vermerk Birgit Breuel an Kristian Dorenberg, Leiter des Direktorats für Länderfragen der THA vom 19.12.1991, BArch Berlin, B 412/9726, unfol.

161 Vgl. Martens: Der entindustrialisierte Osten (wie Anm. 39); Ragnitz: Strukturwandel nach Entindustrialisierung (wie Anm. 9).

triebeschäftigtenzahlen vor 1989 mit denen nach der Wiedervereinigung an, so lässt sich aufgrund des rapiden Rückgangs der Beschäftigtenzahlen von einer weitgehenden Deindustrialisierung sprechen. Auch im Vergleich der industriellen Produktion und der Beschäftigtenzahlen zeigen sich zwischen Brandenburg und den westdeutschen Bundesländern deutliche Unterschiede. Während in Brandenburg im Jahr 2018 13 Prozent der gesamten Bruttowertschöpfung und 11,6 Prozent der Erwerbstätigen auf das verarbeitende Gewerbe entfielen, waren es in den westdeutschen Bundesländern 22,6 Prozent bzw. 17,2 Prozent der Beschäftigten. Anders sieht es aus, wenn man einen Vergleich auf europäischer Ebene wagt. Hier verzeichnet Brandenburg einen höheren Anteil der industriellen Warenproduktion als etwa Frankreich, die Niederlande oder Großbritannien.[162] Nimmt man diese Länder zum Maßstab, lässt sich nicht von einem deindustrialisierten Brandenburg sprechen. Künftige Forschungen sollten auch begrifflich stärker differenzieren, als dies bisher geschehen ist. So sollte geklärt werden, ob De- und Entindustrialisierung wirklich das Gleiche meinen, sie also jeweils eher einen prozessualen Charakter haben und/oder auch als abgeschlossene Zustandsbeschreibung dienen können? Falls Letzteres der Fall wäre, dann müssten jedenfalls volkswirtschaftliche Kennzahlen zur klaren Einordnung dienen, mit denen auch die Geschichtswissenschaft methodisch arbeiten könnte.

Unabhängig von Begrifflichkeiten lässt sich aber festhalten, dass es sich bei der Industrie in Brandenburg gegenwärtig zumeist um die oft zitieren »verlängerten Werkbänke« handelt.[163] Diese Entwicklung hängt eng mit dem Wegbrechen des Forschungs- und Entwicklungspotenzials sowie mit der Tatsache zusammen, dass es in Brandenburg nicht gelang, z. B. einen forschungsintensiven Standort der Mikroelektronik zu eta-

---

162 Vgl. IW Consult GmbH: Industrie in Europa, Gutachten im Auftrag des Bundesverbandes der deutschen Industrie, Köln 2018, S. 7.
163 Vgl. Osten bleibt »verlängerte Werkbank« des Westens, in: Der Tagesspiegel vom 16.9.2014; Werner Schulz: Entwickeln statt abwickeln. Wirtschaftspolitische und ökologische Umbau-Konzepte für die fünf neuen Länder, Berlin 1992, S. 59; Paul Windolf: Die Transformation der ostdeutschen Betriebe, in: Berliner Journal für Soziologie 6 (1996) 4, S. 467–488.

blieren, wie dies etwa in Sachsen mit dem »Silicon Saxony« um Dresden geschehen ist. Andererseits ist aus Brandenburg, dem »Land ohne Mittelstand«, kein »Land ohne Industrie« geworden. Auf eine weitgehend von westlichen Märkten entkoppelte, bis 1989 fortschreitende Industrialisierung in der DDR folgte ab 1990 eine Deindustrialisierung. Deren Gründe waren vielfältig. Neben der Einführung der D-Mark, dem Wegbrechen der zuvor enorm wichtigen RGW-Märkte und dem von den Gewerkschaften forcierten Prozess der raschen Lohnerhöhung waren es auch das hohe Privatisierungstempo sowie die mangelnde Berücksichtigung volkswirtschaftlicher Folgen durch die Treuhandanstalt, die dazu beigetragen haben.

Trotz des bereits 1992 einsetzenden Aufschwungs in der industriellen Warenproduktion hat der parallel andauernde Arbeitsplatzverlust in der Industrie den Eindruck eines fortschreitenden Niedergangs verstärkt. Für diesen ist maßgeblich die Treuhand verantwortlich gemacht worden. Dass ihre Entscheidungen an vielen Orten Brandenburgs aber auch eine nachhaltig positive Entwicklung der modernisierten Betriebe in neuen Eigentümerverhältnissen ermöglichten, bleibt bis in die Gegenwart selten erwähnt und wird, wenn überhaupt, dem unternehmerischen Geschick der Investoren zugeschrieben.

Am Ende erlebte Brandenburg beides: eine Deindustrialisierung und einen Aufschwung, die sich nach einem dramatischen Einbruch von 1992 bis zum Jahr 2005 mitunter überlagerten und parallel verliefen. Die Jahre zwischen 2005 und 2020 waren dann mit Ausnahme der Finanzkrise 2008 von einem andauernden Aufschwung und einem Bedeutungszuwachs der Industrie geprägt.

Wie sehr sich das Erbe der DDR und der voranschreitende Strukturwandel auf die Wirtschaft Brandenburgs bis in die Gegenwart auswirken, lässt sich anhand der größten Betriebe des Bundeslandes ablesen. Mit 7400 Beschäftigten stellt die Energieindustrie mit der LEAG im Jahr 2021 noch immer den größten Arbeitgeber im Land. Auf den Plätzen dahinter folgen allerdings keine Industriebetriebe. Neben der Höffner Möbelgesellschaft (7000 Mitarbeiter) finden sich dort die AOK Nordost (5400), die Gesellschaft für Leben und Gesundheit mbH mit Sitz in Eberswalde

(3100) und schließlich die Universität Potsdam (2900).[164] Es wird sich zeigen, ob mit dem Auslaufen der Braunkohleverstromung die Rolle des beschäftigungsintensivsten Arbeitgebers in Brandenburg tatsächlich von Tesla übernommen werden kann. In jedem Fall ist das Engagement des US-amerikanischen Konzerns ein weithin sichtbares Zeichen für den Industriestandort Brandenburg.

---

164 Vgl. Die 10 größten Unternehmen in Brandenburg, https://zutun.de/jobs/top-10-unternehmen-brandenburg (Zugriff am 13.6.2022).

Keith R. Allen
Ostdeutsche Sanierungen im westeuropäischen Binnenmarkt. Das multinationale Ringen um Beihilfen für Schiffbau und Stahl

Um die ostdeutsche Industrie in die Wirtschaftsordnung der Bundesrepublik einzubetten, erteilte die Bundesregierung Mitte 1990 einer Anstalt des öffentlichen Rechts einen außergewöhnlichen Auftrag: Diese sollte in weniger als einem halben Jahrzehnt 8500 Staatsbetriebe mit über vier Millionen Beschäftigten (dies entsprach fast 50 Prozent aller Beschäftigten in Ostdeutschland) verkaufen, abwickeln oder umstrukturieren. Bei dieser Anstalt des öffentlichen Rechts handelte es sich um die Treuhandanstalt (kurz Treuhand) – eine Industrieholding, die nach dem Einigungsvertrag der Fachaufsicht des Bundesministeriums der Finanzen unterstand und deren Ursprünge in die Zeit der letzten sozialistisch geführten Regierung der DDR zurückreichten. Während die rasche Veräußerung staatlicher Vermögenswerte durch die Treuhand und die weitreichenden persönlichen, familiären und gesellschaftlichen Veränderungen, die durch die Massenveräußerungen hervorgerufen wurden, die meisten Schlagzeilen machten, sorgten Staatsbedienstete dafür, dass Dutzende von Milliarden DM in die Umstrukturierung frisch privatisierter Unternehmen flossen. Die Art und Weise, wie die deutschen Behörden über die Treuhand ausgewählte Unternehmen mit sozialistischer Vergangenheit umgestalteten, ist vergleichsweise wenig beachtet worden.

Der vorliegende Beitrag konzentriert sich auf staatliche Bemühungen, die ostdeutsche Schiffbauindustrie und Stahlindustrie durch stark subventionierte Verkäufe neu zu strukturieren, und fragt nach der Rolle der europäischen Institutionen in diesem vielschichtigen Prozess. In der ersten Hälfte der 1990er-Jahre gab es nur einen geringen Anteil ausländischer Investoren in Ostdeutschland, aber bei den neuen Eigentümern ostdeutscher Unternehmen – in den Bereichen Chemie, Mikroelektronik, Schienenfahrzeuge, Schiffbau und Stahl –, die für eine umfassende staatlich geführte Umstrukturierung vorgesehen waren, handelte es sich oft um Westeuropäer und US-Amerikaner. Eine noch bedeutendere Form der externen Einflussnahme bestand in der multinationalen Bewilligung von öffentlichen Zuschüssen durch deutsche Behörden.

Die noch nicht privatisierten Betriebe in Ostdeutschland wurden von den ostdeutschen Landesregierungen und vor allem von der Bundesregierung über die Berliner Treuhand in unterschiedlicher Weise öffentlich gefördert. Für die Gewährung von Steuervergünstigungen, Kreditbürgschaften und anderen Formen öffentlicher Unterstützung an potenzielle Käufer in sogenannten sensiblen Industriezweigen mussten sich die deutschen Behörden zunächst die Zustimmung der Europäischen Gemeinschaft (ab November 1993 Europäische Union, EU) und von deren einzelnen Mitgliedstaaten sichern. Der Kampf um die Erteilung der erforderlichen Genehmigungen für Beihilfen zugunsten der ostdeutschen Automobilindustrie, Schiffbauindustrie, Stahlindustrie und Kunstfaserindustrie wurde in der Presse, in den nationalen Parlamenten und Ministerien, in der Europäischen Kommission, im Europäischen Rat, am Europäischen Gerichtshof sowie im Europaparlament ausgefochten. In die multinationalen Gespräche über die Frage, ob und in welcher Höhe deutsche Behörden ostdeutsche Unternehmen subventionieren könnten, wurden am Ende die höchsten gewählten Vertreter mehrerer europäischer Länder eingebunden. Im Ringen um den Schiffbau und insbesondere um die Stahlindustrie standen sich deutsche Vertreter von Bund und Ländern auf der einen Seite und Vertreter des Königreichs Dänemark und vor allem des Vereinigten Königreichs von Großbritannien und Nordirland (im Folgenden Vereinigtes Königreich oder Großbritannien) auf der anderen Seite gegenüber.

Wie beeinflussten einzelne EU-Mitgliedstaaten, die Kommission und insbesondere der Rat »Industrie« – ein Beschlussgremium, in dem hochrangige Vertreter über Beihilfefälle entschieden – die Beziehungen zwischen Staat und Markt in Ostdeutschland sowie in den damals zwölf Mitgliedstaaten der Europäischen Gemeinschaft? Zunächst untersuche ich die Staatsbeihilfen für ostdeutsche Schiffbauunternehmen während der frühen 1990er-Jahre. Anschließend gehe ich ausführlicher auf die Verhandlungen ein, die die deutsche Bundesregierung 1993/94 mit dem Rat »Industrie« führte, um die Genehmigung für Beihilfen in Höhe von über 900 Millionen DM zur Umstrukturierung des größten ostdeutschen Stahlwerks zu erreichen. Die Konflikte zwischen Großbritannien und Deutschland um die finanzielle Unterstützung für das 1989 mehr als 13 000 Beschäftigte zählende Werk EKO Stahl in Eisenhüttenstadt wurden bei bilateralen Gipfeltreffen auf höchster Ebene, in Gesprächen auf Ministerebene und im Rahmen der Vorbereitungen auf das Treffen des Europäischen Rates in Essen ausgetragen. Im Dezember 1994 gelang unmittelbar vor dem EU-Gipfel eine Verständigung, nachdem Premierminister John Major und Bundeskanzler Helmut Kohl sich persönlich eingeschaltet hatten. Dank der Einigung der beiden Regierungschefs konnte die Bundesregierung dem belgischen Investor Cockerill-Sambre Kredite gewähren und weitere Zugeständnisse machen. Um das belgisch-deutsche Stahlgeschäft zum Abschluss zu bringen, machten die deutschen Vertreter der britischen Regierung Zugeständnisse. Dazu gehörten neben einem Paket von Wirtschaftshilfen, mit dem die EU die Bemühungen um Frieden und Versöhnung in Nordirland unterstützte, die Zusage, in den letzten Tagen der deutschen EU-Ratspräsidentschaft im Dezember 1994 eine europäische Datenschutzverordnung geräuschlos ad acta zu legen, sowie die Aussicht auf Einbindung einer britischen Investmentbank bei der Privatisierung der Deutschen Telekom 1996.[1]

---

1 Siehe Kiran Klaus Patel: Provincializing European Union. Co-operation and Integration in a Historical Perspective, in: Contemporary European History 22 (2013) 4, S. 649–673. Vgl. zur Notwendigkeit, die Geschichte der deutschen Wiedervereinigung in den Kontext der ersten EU-Osterweiterung und der weitergehenden Integration zu stellen, Kiran Klaus Patel/Hans Christian Röhr: Transformation durch Recht. Geschichte und Jurisprudenz Europäischer Integration 1985–1992, Tübingen 2020, insb. S. 224 f. Eine kurze Einführung in die Unterstützung der Aussöhnung in Nordirland durch die Europäische Kommission und das Europäische Parlament bietet Piers Ludlow: The Peace Programme for Northern Ireland, in: Vincent Dujardin u. a. (Hg.): The European Commission 1986–2000. History and Memories of an Institution, Luxemburg 2019, S. 426–428.

In der Frage der staatlichen Subventionierung ostdeutscher Unternehmen manifestierten sich die Ziele und Interessen verschiedener europäischer Staaten, nicht nur die der Regierungen von Bund und Ländern in Deutschland. In zunehmend »gemeinsamen« Märkten verzahnten sich die sektorspezifischen staatlichen Beihilfen für Ostdeutschland mit Stützungsmaßnahmen für die Schwerindustrie, dem Verkauf öffentlicher Versorgungsunternehmen und der Stärkung neuer Finanzierungsformen in etlichen west- und südeuropäischen Ländern. Mit anderen Worten: Der notwendige grenzüberschreitende Austausch über die industrielle Zukunft Ostdeutschlands hatte zur Folge, dass die ausgehandelten Entscheidungen über Unternehmen an der Ostgrenze der Gemeinschaft den damals im Entstehen begriffenen europäischen Binnenmarkt direkt betrafen.

Welche Folgen die Eingliederung der ungeheuren Industriekapazitäten Ostdeutschlands für Westeuropa hatte, ist weitgehend unerforscht. Die Wirtschaftsminister der Mitgliedstaaten kamen im Rat »Industrie« zusammen, um über von der Kommission eingereichte Vorlagen zu beraten und verbindliche Vereinbarungen zu treffen. Bei den monatlichen Zusammenkünften versuchte der Rat »Industrie«, einstimmige Entscheidungen zu treffen. In Bezug auf die Stahlindustrie waren die Vereinbarungen in den einzelnen Mitgliedstaaten unmittelbar rechtswirksam. Eine alternative Instanz für die Billigung industriepolitischer Entscheidungen war das außenpolitische Pendant zum Rat »Industrie«, der Rat »Auswärtige Angelegenheiten«. Im Rat »Auswärtige Angelegenheiten« genügte eine einfache Mehrheit, um eine Einigung zu erzielen.

Der vorliegende Beitrag nimmt den bisher wenig beachteten Einfluss der Europäischen Gemeinschaft (EG)/Europäischen Union (EU) auf die Umgestaltung der ostdeutschen Industrie unter die Lupe und zeigt auf, dass den Räten »Industrie« und »Auswärtige Angelegenheiten« dabei eine zentrale Rolle zukam, die Europäische Kommission hingegen relativ unbedeutend blieb. Wichtige Entscheidungen, die die industrielle Neuordnung in Ostdeutschland betrafen, wurden von den Regierungen der EU-Mitgliedstaaten vor den formellen Zusammenkünften der Räte »Industrie« und »Auswärtige Angelegenheiten« im Detail besprochen; dies wird mit Blick auf die britisch-deutschen und dänisch-deutschen Beziehungen ausgeführt.

In der politikwissenschaftlichen Literatur zu den Ursprüngen des EG-Binnenmarkts werden die Kommission und die Generaldirektion »Wettbewerb« in den Vordergrund gestellt. Dadurch bleiben der Europäische Rat sowie die bilateralen Beziehungen der Mitgliedstaaten untereinander und zu Staaten außerhalb der EU unterbelichtet. Historische Untersuchungen der Massenprivatisierung in der ehemaligen DDR konzentrieren sich überwiegend auf die politischen Institutionen in Deutschland, wobei die Aufmerksamkeit zumeist auf die Treuhand gerichtet ist. Dieses kurzlebige Mischwesen aus Behörde und Industrieholding gilt weithin als das wichtigste Instrument, das die Bundesregierung nutzte, um in Ostdeutschland ein westdeutsches Marktkapitalismusmodell zu implementieren.

Vergleichende Untersuchungen zur Massenprivatisierung in Ostdeutschland haben Seltenheitswert. Während die ehemals sozialistischen Länder Osteuropas in Untersuchungen, die sich mit der Transformation in den 1990er-Jahren befassen, häufig gemeinsam berücksichtigt werden, erscheinen den meisten Politikwissenschaftlern die Unterschiede zwischen dem postsozialistischen Ostdeutschland und den anderen nach Liberalisierung strebenden Staaten in dem riesigen Gebiet zwischen Ostsee und Schwarzem Meer als zu groß, um die ehemalige DDR in größer angelegte Vergleiche einzubeziehen.[2] Einer der wenigen Wissenschaftler, der die Untersuchung der Wirtschaftsgeschichte Ostdeutschlands nach

---

2 Die neuere sozialwissenschaftliche Auseinandersetzung mit dem Begriff der ausländischen Direktinvestitionen ist hilfreich, um diesen Aspekt zu veranschaulichen. Siehe Hilary Appel/Mitchell A. Orenstein: From Triumph to Crisis. Neoliberal Economic Reform in Postcommunist Countries, Cambridge, MA 2018, insb. S. 116–141; Balázs Szent-Iványi (Hg.): Foreign Direct Investment in Central and Eastern Europe. Post-Crisis Perspectives, New York 2017; Paweł Capik: Foreign Investment Promotion. Governance and Implementation in Central-Eastern European Regions, New York 2019; Vera Šćepanović: National Interests and Foreign Direct Investment in East-Central Europe after 1989, in: Stefan Berger/Thomas Fetzer (Hg.): Nationalism and the Economy. Explorations into a Neglected Relationship, Budapest 2019, S. 209–236.

dem Mauerfall in einen vergleichenden Rahmen einbettet, ist der in Wien lehrende Historiker Philipp Ther. Seine Studie zur Marktliberalisierung nach 1989 stellt die Entwicklungen in Ostdeutschland in den Kontext der tiefgreifenden Veränderungen in weiten Teilen Ost- und Mitteleuropas. Dabei bezieht Ther auch Westeuropa und speziell Westdeutschland in die Analyse ein.[3] Mit Blick auf das wiedervereinigte Deutschland sieht Ther die im Osten ins Werk gesetzten Privatisierungsreformen weniger als einen Export des damals weitgehend intakten westdeutschen Modells (»Rheinischer Kapitalismus«) mit seiner stabilen und sich überlagernden Vernetzung zwischen deutschen Banken, großen Industrieunternehmen und Gewerkschaften. Die Forderungen nach arbeitsmarkt- und sozialpolitischen Reformen in Deutschland Anfang der 2000er-Jahre gelten ihm als ein Prozess der »Kotransformation«, der politischen Veränderungen in der Berliner Republik Nachdruck verlieh.[4]

Mir geht es im Folgenden um eine weitere Nuancierung von Thers Konzept der »Kotransformation«. Hierzu untersuche ich die Interaktionen zwischen mehreren westeuropäischen Ländern, die sich mit der Gestaltung der Zukunft staatlicher Betriebe sowohl in postsozialistischen als auch in kapitalistischen Märkten beschäftigten, die zunehmend unter den Einfluss der transnationalen Finanzwelt gerieten.

---

3 Vgl. Philipp Ther: Europe since 1989. A History, Princeton, NJ, 2018, insb. S. 88–90, 190–192, 259–287; und Wolfgang Streeck: Re-forming Capitalism: Institutional Change in the German Political Economy, New York 2010, insb. S. 207–216.
4 Vgl. zu den Arbeitsmarktreformen Ther: Europe since 1989 (wie Anm. 3), S. 259–287. Eine detaillierte Orientierungshilfe in Bezug auf den Zusammenhang zwischen der Deindustrialisierung Ostdeutschlands und der Reform des Wohlfahrtsstaats bietet Gerhard A. Ritter: Der Preis der deutschen Einheit. Die Wiedervereinigung und die Krise des Sozialstaats, München ²2007, insb. S. 351–373. Eine Einführung in die häufig als korporatistisch beschriebenen Strukturen des sogenannten Modells Deutschland liefern insbesondere Ralf Ahrens/Boris Gehlen/Alfred Reckendrees (Hg.): Die »Deutschland AG«: Historische Annäherungen an den bundesdeutschen Kapitalismus, Essen 2013. Einen Überblick über die sogenannten Hartz-Reformen bietet Edgar Wolfrum: Rot-Grün an der Macht. Deutschland 1998–2005, München 2013, insb. S. 528–583.

1. Schiffbaubeihilfen und die Dänen: Ein Vorläufer des britisch-deutschen Stahlkonflikts

Die gemeinsame Regulierung des Stahlsektors war eines der Gründungsziele der Europäischen Gemeinschaft für Kohle und Stahl (EGKS) in den Jahren 1951 und 1952, sodass dieser Wirtschaftszweig direkt in den Zuständigkeitsbereich der europäischen Institutionen fiel. Es kam zu Spannungen, als deutsche Vertreter Pläne vorlegten, die es der Treuhand ermöglichen sollten, Verluste nach Verkäufen in Branchen zu decken, in denen die sich einzelne westeuropäische Regierungen und die Europäische Kommission wiederholt zum Abbau von Kapazitäten verpflichtet hatten.

Die Schiffbauindustrie und die Stahlindustrie der meisten Industrieländer litten in den letzten zweieinhalb Jahrzehnten des 20. Jahrhunderts unter Überkapazitäten.[5] In den 1980er-Jahren unterstützte der größte Stahlproduzent in der EG, Westdeutschland, aktiv den Ansatz der Kommission, Produktionsquoten und verschärfte Kontrollen der Subventionen durchzusetzen.[6] Zwischen 1980 und 1988 bauten die Stahlunternehmen in der Europäischen Gemeinschaft eine Viertelmillion Arbeitsplätze ab.[7]

---

5   Vgl. Laurent Warlouzet: Governing Europe in a Globalizing World. Neoliberalism and Its Alternatives Following the 1973 Oil Crisis, New York 2018, S. 78, 99, 106–112, 117 f., 167; ders.: When Germany Accepted a European Industrial Policy. Managing the Decline of Steel from 1977 to 1984, in: Jahrbuch für Wirtschaftsgeschichte 58 (2017) 1, S. 137–162.

6   Vgl. Laurent Warlouzet: The Collapse of the French Shipyard of Dunkirk and EEC State-Aid Control (1977–1986), in: Business History 62 (2017) 5, S. 858–878, hier S. 859, 861–864, 866–868, 871–873. Siehe auch seine ausgezeichnete Monografie, die auf umfangreichen Recherchen in britischen, französischen, deutschen und EU-Archiven beruht. Vgl. ders.: Governing Europe in a Globalizing World (wie Anm. 5). Im jüngsten Beitrag zum Thema Kotransformation heben Ther und seine Mitstreiter die Bedeutung der europäischen Kommission hervor, ohne auf das Zusammenspiel der staatlichen Akteure im europäischen Gefüge ernsthaft einzugehen. Vgl. Ulf Brunnbauer u. a. (Hg.), In den Stürmen der Transformation. Zwei Werften zwischen Sozialismus und EU, Berlin 2022, S. 24 f., 66, 136–151.

7   Die Arbeitslosigkeit im Stahlsektor ging von 672 000 auf 409 000 Arbeitslose zurück. Die stärksten Konkurrenten Europas waren zu dieser Zeit südkoreanische Unternehmen, insbesondere Posco. Vgl. ebd., insb. S. 167, 175, 223 f.

Die erste, rasche Aufnahme einer gesamten sozialistischen Planwirtschaft in die Bundesrepublik und damit die EG verschärfte sofort die Probleme der industriellen Umstrukturierung West- und Südeuropas. Im Bereich Stahl wie auch in einigen anderen Branchen, insbesondere im Schiffbau, erhöhte die ostdeutsche Industrie die Gesamtproduktion in der EG drastisch. Die Kapazität der ostdeutschen Werften war dreimal so groß wie die Frankreichs und zweieinhalbmal so groß wie die des Vereinigten Königreichs. Die formelle Eingliederung der ehemaligen DDR in die EG führte zudem zu einer Änderung der Haltung der Bonner Regierung gegenüber staatlichen Beihilfen. Die Europäische Kommission und die Regierungen der Mitgliedstaaten wandten hingegen die für den Beitritt erforderlichen Rechtsvorschriften auf Ostdeutschland an und dehnten vereinbarte Ausnahmeregelungen auf die von der EG als sensibel bezeichneten Branchen Stahl und Schiffbau aus.

Während die Europäische Kommission den deutschen Behörden zunächst nur wenige Auflagen machte, wuchs der Druck, ausländischen Unternehmen die Teilnahme an öffentlichen Ausschreibungen in Ostdeutschland zu ermöglichen, nachdem sich die Entscheidung abzeichnete, ausgewählte Industrieunternehmen umzustrukturieren, anstatt sie schnell zu verkaufen oder abzuwickeln. Die von der EU genehmigten Beihilfen für den ostdeutschen Schiffbau führten schon früh zu Konflikten zwischen der dänischen und der deutschen Regierung. Auf überversorgten internationalen Märkten war das Hauptanliegen der Kommission und der Regierungen mehrerer Mitgliedstaaten der Kapazitätsabbau.[8] Als es deutschen Bundesbeamten gelang, eine Sonderklausel für höhere Betriebsbeihilfen in den Vorschlag für die Siebte Richtlinie des Rates über Beihilfen für den Schiffbau aufzunehmen (die vom Rat »Industrie« im November 1990 förmlich angenommen wurde), übte der Vertreter Dänemarks scharfe Kritik an den Bestimmungen für Investitionsbeihilfen und

---

8 Einen kurzen Überblick über die europäische Wettbewerbsaufsicht geben Michelle Cini/Lee McGowan: Competition Policy in the European Union, New York ²2009, insb. S. 11–61, und R. Daniel Kelemen: Eurolegalism. The Transformation of Law and Regulation in the European Union, Cambridge, MA, 2011, S. 143–177, insb. S. 157–166.

Verlustausgleich.[9] Es ging um eine Klausel, die die deutsche Regierung Ende Dezember 1990 förmlich erwirkt hatte, um sicherzustellen, dass den Werften in Ostdeutschland eine »vorübergehende Ausnahme« von den Bestimmungen der neuen Richtlinie gewährt werden konnte, die die staatlichen Beihilfen für Werften von 27 auf 9 Prozent des Verkaufswerts reduzierten.[10] Aus Frustration über die Entscheidung des Rates »Industrie« (und der Kommission), den deutschen Behörden diese Ausnahmeregelung zu gewähren, schlossen sich Mitglieder des Europäischen Parlaments der dänischen Regierung an und äußerten ihr »tiefes Bedauern« über die Erklärung zugunsten des mächtigsten Mitglieds der Gemeinschaft ohne förmliche Anmeldung.[11] Im Juni 1991 kritisierte der für die Wettbewerbs-

---

9 Diese frühen Maßnahmen werden in dem folgenden Dokument des dänischen Ministeriums für Industrie beschrieben: Fordeling af stoette til seks værfter i Mecklenbourg/Vorpommern, 26.7.1992. Rigsarkivet (Kopenhagen). 0015 Erhvervsministeriet: Journalsager (1990–1994), 2889/90-479-25. Die siebte Richtlinie über Beihilfen für die Schiffbauindustrie betraf Schiffe mit mindestens 100 Bruttoregistertonnen (BRT) für die Beförderung von Personen und/oder Gütern, Fischereifahrzeuge, Baggerschiffe oder Schiffe für andere Arten von Arbeiten auf See, mit Ausnahme von Bohrinseln und Schleppern mit einer Maschinenleistung von mehr als 365 Kilowatt. Ich möchte dem Internationalen Sekretariat des dänischen Parlaments dafür danken, dass es mir die zusammenfassenden Berichte über die Antworten der Minister auf die Anfragen des dänischen Parlaments zur Verfügung gestellt hat – im Folgenden zitiert als Archiv des dänischen Parlaments (Folketing), Kopenhagen.

10 In Ostdeutschland waren somit staatliche Beihilfen in Höhe von maximal 36 Prozent der Schiffbaukosten zulässig, während im Rest der EG die Höchstgrenze bei 9 Prozent lag. Eine Darstellung der Brüsseler Anforderungen und der Unterstützung durch die EG aus Sicht der deutschen Bundesregierung findet sich im Bundesarchiv. Vgl. Ergebnisvermerk, betr.: EG-Beihilfekontrolle, 19.7.1991, gez. Dr. Schütterle, Bundesarchiv (BArch) Koblenz, B 136/37709, unfol. In der Öffentlichkeit behauptete die dänische Ministerin für Industrie Anne Lundholt, dass es ihrer Regierung gelungen sei, Sonderhilfen für die ehemalige DDR zu blockieren und von EG-Kommissar Leon Brittan die Zusage zu erhalten, dass die Unterstützung für die Modernisierung der Werften in Ostdeutschland von der strikten Einhaltung der EG-Vorschriften abhängig gemacht werde. Vgl. EF-løfte om værftsstøtte, in: Morgenavisen Jyllands-Posten vom 4.12.1990, S. 2.

11 Die Mitglieder des Europäischen Parlaments wurden offenbar nicht förmlich über die Entscheidung der Kommission konsultiert, der deutschen Bundesregierung durch eine besondere Änderung der Siebten Richtlinie eine Ausnahmeregelung für den Schiffbau zu gewähren. Vgl. Bericht des Ausschusses für Wirtschaft, Währung und Industriepolitik. Thema: Vorschlag der Kommission für eine Richtlinie des Rates

politik zuständige europäische Kommissar Leon Brittan die Bonner Regierung wegen ihrer Unklarheit im Hinblick auf die künftige Struktur des Schiffbausektors, obwohl er sich in Bezug auf die Herausforderungen der Bundesregierung im Osten Deutschlands zunächst generell unterstützend geäußert hatte. Die finanzielle Unterstützung durch die Treuhand in Form von Kreditbürgschaften veranlasste Brittans Wettbewerbsbehörde, genauere Angaben über die Pläne der Privatisierungsholding und den genauen Stand der Auftragsbücher der Treuhandbetriebe zu verlangen.[12]

In einem Briefwechsel mit den Brüsseler Wettbewerbsbehörden betonten deutsche Politiker die düsteren wirtschaftlichen Aussichten der 400 Kilometer langen Küstenregion Mecklenburg-Vorpommerns, die sich aus den sowjetischen, später russischen Kündigungen von Aufträgen ergaben.[13] Gleichzeitig erfuhren die Wettbewerbsbehörden in Brüssel

---

zur Änderung der Siebten Richtlinie des Rates über Beihilfen für den Schiffbau vom 21. Dezember 1990, 6.7.1992, Historisches Archiv des Europäischen Parlaments (Luxemburg), A3-0250/92. Siehe auch 21st Report on Competition Policy 1991, Brüssel 1992, S. 220, 231. In Dänemark sorgten die Entscheidungen der EG, den Schiffbauern höhere Beihilfen zu gewähren, dafür, dass dänische Abgeordnete aus der Region Fünen (heute Teil der Region Süddänemark) die »übermäßige Eile« der nationalen Regierung bei der Rücknahme der staatlichen Beihilfen infrage stellten. Vgl. Fyns Amt: Værfterne i klemme, in: Fyens Stiftstidende vom 28.12.1990, S. 10.

12 Vgl. Mitteilung von Sir Leon Brittan an die Kommission über Beihilfen für den Schiffbau: Hilfspaket für ehemalige DDR-Werften, Beihilfe Nr. 359/91, 4.6.1991, Historisches Archiv der Europäischen Union (Florenz), GR-162. Brittan, die damals als Generaldirektion IV bezeichnete und von Claus-Dieter Ehlermann geleitete Wettbewerbsbehörde und das Kabinett des Kommissars boten der Bundesregierung in Bonn und der Berliner Treuhand zunächst einen großen Spielraum. So erteilte die Kommission der Bundesregierung die Erlaubnis, den neu privatisierten Betrieben die aus der sozialistischen Ära stammenden Altschulden zu erlassen, die Umweltsanierung zu finanzieren und die rasch ansteigenden Kosten im Zusammenhang mit Schließungen und Entlassungen zu übernehmen. Kohls enger Berater Johannes Ludewig räumt in seinen Memoiren das Entgegenkommen der Kommission ein, lässt aber unerwähnt, wie die Bundesministerien an die Erlaubnis für die Schiffbausubventionen kamen. Vgl. Johannes Ludewig: Unternehmen Wiedervereinigung. Von Planern, Machern, Visionären, Hamburg 2015, S. 170.

13 Vgl. Tagung des AStV am 12.6.1992, hier: Vorbereitung des Industrierates am 17.6.1992, Punkt 5: Ausnahmeentscheidung des Rates betr. Beihilfen für Schiffswerften in der ehem. DDR, 12.6.1992, Landesarchiv Mecklenburg-Vorpommern (Schwerin), 8.11-1 Staatskanzlei des Landes Mecklenburg-Vorpommern, Nr. 117, unfol. Vgl.

von dänischen Vertretern, dass die geplanten Beihilfen in Ostdeutschland in Höhe von 6,2 Milliarden DM für Werften mit dem Tätigkeitsfeld See- und Binnenschiffproduktion sehr negative Auswirkungen auf die Beschäftigung in den Schiffbauunternehmen in der EG haben würden. Die deutschen Behörden und die Kommission wurden auch von den europäischen Gesetzgebern kritisiert. Alan Donnelly, britischer Abgeordneter des Europäischen Parlaments und Verfasser des Sonderberichts der Legislative zu den vorgeschlagenen Änderungen der Schiffbaurichtlinie vom Dezember 1990, forderte von der Kommission einen »klaren Überblick« darüber, wie die Bundesregierung einen Kapazitätsabbau von 40 Prozent umsetzen und gleichzeitig kostspielige Umstrukturierungsinitiativen vorantreiben wolle.[14]

Im Juni 1992, als sich drei der sechs größten Werften in Mecklenburg-Vorpommern in privater Hand befanden, erregte die Möglichkeit, dass Investitionsbeihilfen für die ostdeutschen Werften in die Taschen westdeutscher Unternehmen gelangen könnten, die Gemüter in mehreren EG-Ländern, vor allem in Dänemark. Die Debatte über die Subventionen für ostdeutsche Werften spielte sich vor dem Hintergrund der knappen Ablehnung des Vertrags von Maastricht durch die dänische Bevölkerung am 2. Juni 1992 ab (in einem zweiten Referendum wurde der Vertrag im

---

dazu auch Jörg Raab: Steuerung von Privatisierung. Eine Analyse der Steuerungsstrukturen der Privatisierung der ostdeutschen Werft- und Stahlindustrie 1990–1994, Wiesbaden 2002, S. 112–120. Ein wohlwollender dänische Presseartikel über die wirtschaftlichen Schwierigkeiten der größten Werft der ehemaligen DDR, der Stralsunder Volkswerft, die damals der weltweit größte Hersteller von Fischereifahrzeugen war: Østtyske skibsværfter saneres, in: Morgenavisen Jyllands-Posten vom 2.1.1991, S. 7.

14 Debatten des Europäischen Parlaments, Nr. 3-420/271, 9.7.1992, Historisches Archiv des Europäischen Parlaments (Luxemburg). Zwei Drittel der deutschen Fördermittel kamen von der Bundesregierung in Bonn, das letzte Drittel steuerte die Landesregierung in Schwerin bei. Vgl. Réductions de capacité dans les chantiers navals de l'Allemagne de l'Est, 5.10.1992, Historisches Archiv der Europäischen Union (Florenz), PE3-34964. Eine Einführung in den begrenzten, aber wachsenden Einfluss der Europäischen Kommission auf die westeuropäischen (insbesondere französischen) Werften in den 1980er-Jahren gibt Warlouzet: The Collapse (wie Anm. 6), insb. S. 861–864, 866–868, 870–872.

darauf folgenden Mai angenommen). Die dänische Industrieministerin Anne Birgitte Lundholt setzte sich vor und unmittelbar nach dem gescheiterten Referendum dafür ein, dass die Bundesregierung in Bonn und die Landesbehörden in Schwerin bei ihren Plänen zur Modernisierung des Schiffbaus im Norden der ehemaligen DDR erhebliche Produktionskürzungen durchsetzten. Nach der Ablehnung des Vertrags von Maastricht durch ihr Land berief Lundholt eine Sondersitzung der zwölf Minister für Industrie ein, um sich mit den Bedenken der dänischen Werften und ihrer 8000 Beschäftigten sowie zusätzlichen Einwänden von Mitgliedern des Europäischen Parlaments zu befassen.[15] Lundholts Einsatz war nicht von Erfolg gekrönt. Weder der Kommissar für Wettbewerb Leon Brittan noch die elf anderen Mitgliedstaaten unterstützten ihre Forderung nach grundlegenden Neuregelungen. Stattdessen übertrug der Ausschuss der Ständigen Vertreter der Regierungen der Mitgliedstaaten der Europäischen Gemeinschaft (AStV), das Gremium zur Vorbereitung von Beschlüssen des Ministerrats, die Hilfsmaßnahmen für Mecklenburg-Vorpommern vom Rat »Industrie« auf sein diplomatisches Pendant. Auf der Sitzung des Außenministerrats am 20. Juli 1992 unter dem Vorsitz des britischen Außenministers Douglas Hurd stimmte allein der dänische Außenminister Uffe Ellemann-Jensen gegen die Änderungsanträge zum Entwurf der Schiffbaurichtlinie zugunsten Mecklenburg-Vorpommerns, die dann mit Unterstützung von elf Ländern, darunter Großbritannien, angenommen wurde.

Vor und nach der Niederlage von Ellemann-Jensen im Rat »Auswärtige Angelegenheiten« übten dänische Medien, Gewerkschaften und der dänische Schiffbauverband Druck auf die dänische Regierung aus, um die deutsche Entscheidung, die Staatskasse für die Unterstützung des ostdeutschen Schiffbaus zu öffnen, anzufechten. Eine der drei großen überregionalen Zeitungen Dänemarks forderte die Leser auf, über die Folgen der mehr als 6 Milliarden DM an Subventionen in Ostdeutschland für den

---

15 Vgl. Debatten des Europäischen Parlaments, Nr. 3-420/271, 9.7.1992, Historisches Archiv des Europäischen Parlaments (Luxemburg).

dänischen Schiffbau nachzudenken, und zitierte den Direktor der Svendborg-Werft, Per Glente, mit der düsteren Einschätzung, dass »die Deutschen jetzt in der Lage sein werden, ein neues Schiff zu einem Preis zu bauen, der unter dem liegt, den eine dänische Werft allein für das Material zahlen muss«.[16] Redakteure der *Berlingske Tidende* räumten ein, dass niemand mit absoluter Sicherheit sagen könne, ob Glentes Berechnungen korrekt waren. Dennoch betonten sie, dass »wir in zwei oder drei Jahren eine Reihe schuldenfreier deutscher Werften sehen werden, die aufgrund ihrer hochmodernen Produktionsanlagen mehr denn je in der Lage sein werden, dänische Werften in den Ruin zu treiben«.[17] Thorkil Christensen, Präsident des Verbandes der dänischen Schiffbauer, schloss sich dieser düsteren Einschätzung an. In einem in der Zeitung *Jyllands-Posten* veröffentlichten Beitrag stellte Christensen fest: »Die erweiterten Werftkapazitäten und die Subventionen für die Produktion werden dafür sorgen, dass entweder die anderen EG-Werften schließen müssen, um die Existenz der Werften in der ehemaligen DDR zu sichern, oder dass die Preise für den Bau neuer Schiffe sinken werden.« »Mit anderen Worten«, fügte Christensen hinzu, »Schließungen und Entlassungen.«[18] Cato F. Sverdrup, Chef des Schiffsmotorenherstellers Burmeister & Wain, schloss sich Christensens Einschätzung an und gab die Prognose, dass die Konkurrenz durch modernisierte ostdeutsche Unternehmen, die mit öffentlichen Geldern unterstützt werden, zur »endgültigen Schließung aller dänischen Werften« führen werde.[19]

---

16 Danske værfter i klemme, in: Berlingske Tidende vom 22.7.1992, S. 6. Am Standort in Svendborg wurden 700 Personen beschäftigt. Von den 8000 Arbeitsplätzen im dänischen Schiffbau entfielen 2800 auf die Region Fünen in Mitteldänemark (insgesamt waren 11 000 Arbeitsplätze indirekt vom Schiffbau auf Fünen abhängig).
17 Danske værfter i klemme, S. 6. Deutschland wurde nach der Wiedervereinigung zum größten Schiffbauer in der EG, eine Tatsache, die auch den westeuropäischen Schiffbaunationen nicht entging.
18 Tysk værftsstøtte skaber oprør, in: Jyllands-Posten vom 19.6.1992, S. 1.
19 Nils Søholt Christensen: Danske værfter frygter katastrofe, in: Jyllands-Posten vom 19.6.1992, S. 1. Burmeister & Wain war das größte dänische Schiffbauunternehmen. Vgl. zu Werftschließungen und Gewerkschaftspolitik in Dänemark bis Anfang der 1980er-Jahre Bo Stråth: The Politics of Deindustrialisation. The Contraction of the West European Shipbuilding Industry, New York 1987, S. 183–206.

Sowohl der Verband der dänischen Schiffbauer als auch die Geschäftsführer der dänischen Seeschifffahrtsunternehmen – zusammen mit der dänischen Metallarbeitergewerkschaft (Dansk Metalarbejderforbund) und dem Verband der dänischen Industrie (Dansk Industri) – wandten sich gegen die neue Runde staatlicher Beihilfen für ostdeutsche Werften und wiesen gemeinsam auf Beispiele hin, bei denen die im Dezember 1990 vereinbarten Beihilfen in den Taschen westdeutscher Konkurrenten gelandet waren, darunter der Bremer Vulkan, der größten westdeutschen Werft und des größten Investors in Ostdeutschlands nördlichstem Bundesland.[20] Annette Just, eine entschiedene Gegnerin der deutschen Beihilferegelung für Ostdeutschland und des Maastricht-Vertrags, vertrat in einer Marktausschusssitzung des Parlaments die Auffassung, dass die Schließung der gesamten ostdeutschen Schiffsproduktion das beste Ergebnis wäre.[21] Auch das Schreckgespenst neuer, hocheffizienter Werften, die auf denselben Märkten wie die dänischen Konkurrenten tätig sein würden, erregte den Zorn von Just. Der Vorsitzende des Ausschusses, der ehemalige Wirtschaftsminister Ivar Nørgaard, teilte Justs

---

20 Vgl. Ole Bang Nielsen: Danmark må håbe på EFs værfts-kontrol, in: Berlingske Tidende vom 19.6.1992, S. 3. Bis Ende 1994 hatte der Bremer Vulkan an sechs Industriestandorten in Rostock, Stralsund und Wismar investiert. Am 20. Juli 1994 leitete der Verband der dänischen Schiffbauer ein Gerichtsverfahren gegen die Europäische Kommission ein. Es ging um Subventionen für die MTW-Werft, deren Eigentümer der Bremer Vulkan war. Vgl. Schreiben des Verbandes der dänischen Schiffbauer an die Staatskanzlei Mecklenburg-Vorpommern, 26.10.1995, Landesarchiv Mecklenburg-Vorpommern (Schwerin), 8.11-1 Staatskanzlei des Landes Mecklenburg-Vorpommern, Nr. 120, unfol. Der Bremer Vulkan meldete 1996 Konkurs an; die Veruntreuung von EU-Subventionen durch das Unternehmen schadete dem Ruf seiner Eigentümer (und dem der Treuhand) zusätzlich. Vgl. Vijayakala Seevaratnam: Governing the Shipyards. Europeanization and the German Shipbuilding Industry, unveröffentlichte Dissertation, London School of Economics, 2004, insb. S. 160–219; Carsten Pingel: Europa-kommissionens kontrol med mdelemsstaternes statsstøtte, unveröffentlichte Dissertation, Aarhus Universitet, 2003; Eva Lütkemeyer: »Zum Glück bauen wir keinen Trabant«. Die ostdeutsche Werftindustrie zwischen Zukunftsoptimismus und Krise, 1989/90 bis 1994, in: Zeitschrift für Unternehmensgeschichte 65 (2019) 2, S. 253–279.
21 Just erwähnte nicht, dass fast 50 Prozent aller industriellen Arbeitsplätze in Mecklenburg-Vorpommern auf den Schiffbau entfielen. Vgl. Forhandlingsoplæg, Markedsudvalget, 6.6.1992, Archiv des dänischen Parlaments (Folketing), 51. MKU-møde, unfol.

Einschätzung. Er schlug vor, einen großen Teil der Kapazitäten der ehemaligen DDR als Abwrackwerften umzubauen. Nørgaard wies außerdem darauf hin, dass seine Regierung versuchen solle, für alle Tankschiffe, die EG-Häfen anzulaufen, Doppelhüllen vorzuschreiben, »um so die Umwelt zu schützen und die Umwälzungen auf dem Schifffahrtsmarkt einzudämmen, die durch die massive Unterstützung der ostdeutschen Werften verursacht wurden«.[22]

Lundholt nahm die Kritik zur Kenntnis, hielt es aber für unklug, sich mit der Frage der Doppelhüllenschiffe zu befassen. Sie wies auch – zweifellos zu Recht – darauf hin, dass die deutschen Behörden kaum an Abwrackung interessiert sein dürften, da diese doch enorme Umweltprobleme mit sich bringe. Die dänischen Parlamentarier und Lundholt waren besonders besorgt über die Zukunftsaussichten der Werften Svendborg sowie Odense Steel und waren darauf bedacht, den westdeutschen Schiffbauern staatliche Beihilfen vorzuenthalten. Erschwerend kam hinzu, dass die von der EG genehmigten Beihilfen der Bundesregierung – einschließlich der Entwicklungshilfe zur Förderung des Verkaufs von Schiffen an Unternehmen in China, Kamerun und Indonesien – nicht nur Werften mit Sitz in Westdeutschland zugutekamen, sondern auch denen eines nordischen Wettbewerbers. Der größte Teil der Beihilfen aus der im Juni 1992 in Brüssel genehmigten Vereinbarung ging an den norwegischen Ingenieur- und Baukonzern Kværner.

Angesichts der vollen Auftragsbücher in mehreren Ländern schien der zweitgrößte Schiffbauer der EG (nach Deutschland) nur wenige Verbündete zu haben: Während der niederländische Außenminister Hans van den Broek die Entscheidung, die bestehenden Werften in Ostdeutschland zu sanieren, beklagte und sagte: »Auch uns ist übel«, stellte sich sein Land schließlich, wie auch Großbritannien, gegen die Dänen.[23] Wie ihre dänischen Kollegen kritisierten auch die niederländischen Parlamentarier

---

22 Forhandlingsoplæg, Markedsudvalget, 10.7.1992, Archiv des dänischen Parlaments (Folketing), 55. MKU-møde, unfol.
23 Forhandlingsoplæg, Markedsudvalget, 23.7.1992, Archiv des dänischen Parlaments (Folketing), 56. MKU-møde, unfol.

den Wirtschaftsminister ihres Landes für die Entscheidung ihrer Regierung, der Europäischen Kommission zu gestatten, die deutsche öffentliche Unterstützung für die Werften der ehemaligen DDR zu sanktionieren. In seiner förmlichen schriftlichen Antwort betonte Wirtschaftsminister J. E. Andriessen, dass es das übergeordnete Ziel der niederländischen Regierung sei, die Beihilfen für den Schiffbau in der gesamten EG zu verringern, um »einen Krieg der Staatskassen« zu vermeiden.[24] Aus den Aufzeichnungen geschlossener Ausschusssitzungen in Kopenhagen geht hervor, dass die Reaktionen auf die Unterstützung durch den deutschen Staat energisch ausfielen. Der dänische Sozialdemokrat Risgaard Knudsen fragte sich, ob Japan, Südkorea oder die Vereinigten Staaten die für Mecklenburg-Vorpommern vorgeschlagene Hilfe angesichts der laufenden Verhandlungen in der Organisation für wirtschaftliche Zusammenarbeit und Entwicklung (OECD) nicht für bedenklich halten könnten.[25] In Anlehnung an Äußerungen des französischen Industrieministers Dominique Strauss-Kahn äußerte Knudsen auch den Verdacht, dass Frankreich versucht sein könnte, eine zuvor geschlossene Werft wieder zu eröffnen, ohne vorher mit der Kommission Kontakt aufzunehmen.[26] Sowohl Knudsen als auch der Abgeordnete der rechten Fortschrittspartei (Fremskridtspartiet) Kim Behnke drängten auf die Beantwortung der Frage, was die dänische Regierung nun tun werde, um den Bau neuer Docks, Hellingen und Schiffe

---

24 Amtliches Protokoll des niederländischen Parlaments (Tweede Kamer), vergaderjaar 1992–1993, 22 800 XIII, nr. 10, 23.10.1992, S. 33 f. https://repository.overheid.nl/frbr/sgd/19921993/0000015134/1/pdf/SGD_19921993_0004656.pdf (Zugriff am 9.6.2022).
25 Værft har fundet sin niche, in: Berlingske Tidende vom 9.3.1992, S. 30.
26 Auf dem Treffen des Rats »Industrie« im Juni 1992 teilte Strauss-Kahn seinen Kollegen mit, dass die EG-Länder ermächtigt werden sollten, die industrielle Entwicklung mit eigenen Mitteln zu fördern, wenn keine EG-Mittel zur Verfügung stünden. Vgl. France Urges More National Aid for E.C. Industry, in: Agence France-Presse – Englisch, 17.6.1992. In Bezug auf die Beihilfen für ostdeutsche Werften betonte Strauss-Kahn jedoch öffentlich, dass »diese Beihilfen in keiner Weise als Subventionen für den Bau neuer Schiffe verwendet werden dürfen«. Vgl. Accord pour une importante aide aux chantiers navals de l'ex-RDA, in: Agence France-Presse, 17.6.1992. https://advance-lexis-com.proxy.uba.uva.nl:2443/api/document?collection=news&id=urn:contentItem:4DD0-HHP0-TWMD-532T-00000-00&context=1516831 (Zugriff am 9.6.2022).

in Mecklenburg-Vorpommern zu stoppen. Behnke fragte rhetorisch, ob Lundholt und Ellemann-Jensen in Brüssel »zu langsam auf die Bremse getreten« hätten. Seine Schlussfolgerung war: Mit größeren Anstrengungen hätte mehr erreicht werden können, um die Investitionspläne der Treuhand zu verhindern. Innerhalb des dänischen Parlaments war die Frage der Hilfe für Ostdeutschland weiterhin umstritten. Mitte November 1992 wurden innenpolitische Spannungen deutlich, als der Marktausschuss die dänische Regierung förmlich rügte, weil sie es versäumt habe, der gesetzgebenden Körperschaft in Kopenhagen einen ausreichenden Überblick über die Anwendung der neuen Beihilferegelung für den ostdeutschen Schiffbau zu geben.[27]

Nachdem es der dänischen Regierung nicht gelungen war, das Werftenpaket zu blockieren, und die öffentliche Kritik im eigenen Land zunahm, schien es unwahrscheinlich, dass die dänische Regierung einen Kompromiss im Hinblick auf den ostdeutschen Stahl eingehen würde. Dementsprechend schlossen sich die dänischen Vertreter zunächst den niederländischen und britischen Vertretern an und argumentierten, dass die von den deutschen Behörden vorgeschlagenen Änderungen der Beihilferegelung zu einer weiteren Schwächung der europäischen Industriepolitik führen würden. Unter dem Vorsitz des neuen dänischen Industrieministers Jan Trøjborg endete eine eintägige Sitzung des Rates »Industrie«

---

[27] Markedsudvalget. »Beretning om statsstøtte til skibygningsindustrien i det tidligere DDR«, in: Beretning 2 (13.11.1992), https://www.folketingstidende.dk/ebog/19921B?s=99 (Zugriff am 9.6.2022). Die Abgeordneten des Landtags von Mecklenburg-Vorpommern stellten fest, dass es der Europäischen Kommission gelungen sei, »die Einwände des dänischen Industrieministeriums auszuräumen«, versäumten es aber zu erklären, wie. Die vom SPD-Fraktionsvorsitzenden (und späteren Ministerpräsidenten) Harald Ringstorff vorgelegten und im Folgenden zitierten Dokumente unterstreichen auch die zentrale Bedeutung des EU-Industrierats für die Sicherung der Schiffbausubventionen. Vgl. Antrag der Fraktion der SPD: Genehmigung der Standortverlagerung der Meeres-Technik-Werft Wismar durch die Europäische Union, Landtag Mecklenburg-Vorpommern, Drucksache 1/4399, 20.4.1994 und Genehmigung der Standortverlagerung der Meeres-Technik-Wismar durch die Kommission der Europäischen Union, Landtag Mecklenburg-Vorpommern, Plenarberatung 1/102, 21.4.1994.

Ende Februar 1993 mit dem einstimmigen Beschluss, die Stahlkapazitäten in der gesamten Gemeinschaft bis Ende 1994 abzubauen.[28]

Kurz darauf einigten sich die dänische und die deutsche Regierung jedoch auf einen Kompromiss in Bezug auf Schiffbau- und Stahlbeihilfen. Wie genau die Vereinbarungen zustande kamen, bleibt unklar. Möglicherweise wurde der Pakt bei einem Treffen geschmiedet, das von der Kommission vermittelt wurde, der EU-Behörde, die in der Regel als Garant für die Einhaltung der Beihilfevorschriften in den Mitgliedstaaten dargestellt wird. Auf Empfehlung von Wettbewerbskommissar Karel Van Miert, dem Nachfolger von Leon Brittan, versuchten führende bundesdeutsche Vertreter, den dänischen Widerstand durch ein Treffen mit Trøjborg in Kopenhagen zu entschärfen. Auf der deutschen Prioritätenliste stand an erster Stelle, den Weg für Subventionen zugunsten eines neuen Werftbesitzers in Wismar, des Bremer Vulkan, freizumachen. Dazu musste Bundeskanzler Kohl den dänischen Ministerpräsidenten Poul Rasmussen um Unterstützung bitten. Dies sollte jedoch geschehen, ohne dass es bereits im Vorfeld zu Konflikten über »wichtigere Fälle wie EKO Stahl« kam.[29]

---

28 An dieser Sitzung nahmen alle zwölf Wirtschaftsminister sowie die EU-Kommissare Martin Bangemann, Leon Brittan und Karel Van Miert teil. Vgl. Tagung des Rates – Industrie – am 25.2.1993 in Brüssel, Brandenburgisches Landeshauptarchiv (Potsdam), 1700 MW 3 Z, Nr. 661, unfol.

29 Über Herrn Gruppenleiter 42, betr.: Meerestechnik Werft in Wismar, 7.10.1993, gez. Kindler, BArch Koblenz, B 136/37709, unfol. Bundeswirtschaftsminister Günter Rexrodt betonte bei einem Treffen mit dem Bundeskanzler und den fünf ostdeutschen Ministerpräsidenten sowie dem Berliner Regierungschef, dass er »in Brüssel für EKO kämpft«. Ergebnisprotokoll des Gesprächs des Bundeskanzlers mit den Ministerpräsidenten der neuen Länder und dem Regierenden Bürgermeister von Berlin am 23.9.1993 in Bonn, 24.9.1993, Sächsisches Hauptstaatsarchiv Dresden, 12891 (Staatskanzlei), Nr. 81. Vgl. Verlagerung der Werft in Wismar, Staatskanzlei Abteilung 2 an den Ministerpräsidenten, 19.4.1994, Landesarchiv Mecklenburg-Vorpommern (Schwerin), 8.11-1 Staatskanzlei des Landes Mecklenburg-Vorpommern, Nr. 120, unfol.

2. Britische Einwände gegen die Umstrukturierung der Stahlindustrie

Wie beim Schiffbau wurde auch bei der Stahlindustrie die Auseinandersetzung im Rat »Industrie« ausgetragen. Der Konflikt verlagerte sich auf die Regierungen mehrerer Länder, vor allem derer Großbritanniens und Deutschlands. Nicht die maritime Industrie, sondern die Stahlsubventionen für das Land Brandenburg sorgten für einen heftigen britisch-deutschen Schlagabtausch. Im Protokoll der Sitzung des Rates »Industrie« vom November 1993 ist vermerkt, dass der einzige Tagesordnungspunkt – die Umstrukturierung der EU-Stahlindustrie mit ihren 370 000 Beschäftigten (davon etwa 70 000 in Ostdeutschland) – zu Unstimmigkeiten geführt habe. Das Treffen endete in einer Sackgasse, wobei der deutsche Wirtschaftsminister den Widerstand des Vereinigten Königreichs dafür verantwortlich machte, dass der Rat zu keinem Ergebnis auf der Grundlage der Kommissionsvorschläge kommen konnte.

Dabei ging es um deutsche Pläne, den Bau eines neuen Warmbandwalzwerks zur Kapazitätserweiterung des brandenburgischen EKO Stahl mit mehr als 900 Millionen DM staatlich zu unterstützen. Die formale Verantwortung für das Stahlwerk mit seinen 3500 Beschäftigten lag nicht beim Bundeswirtschaftsministerium in Bonn, sondern bei der Treuhand in Berlin. Anfang November 1993 hatte die Bundesregierung bei der Europäischen Kommission eine Ausnahmeregelung gemäß Artikel 95 des Vertrags über die Europäische Gemeinschaft für Kohle und Stahl für das größte ostdeutsche Stahlunternehmen beantragt. Nach Artikel 95 Absätze 1 und 2 ist die Europäische Kommission befugt, Beschlüsse oder Empfehlungen anzunehmen, die vom Europäischen Rat einstimmig gebilligt worden sind. Mit dem deutschen Antrag für den Bau eines Warmwalzwerks waren Pläne verbunden, 60 Prozent der Anteile des Stahlherstellers an ein italienisches Unternehmen, Gruppo Riva, zu übertragen.[30]

---

30 Das ursprünglich für Juli anberaumte Treffen des Rats »Industrie« im November 1993 war wegen eines Streits über staatliche Beihilfen für das italienische Stahlunternehmen ILVA, für EKO Stahl und wegen eines ähnlichen Falls in Spanien zweimal

Die Rettungspläne der Bundesregierung für eine der wichtigsten Industrieregionen der ehemaligen DDR stießen in London sofort auf Widerstand. Hochrangige Beamte des Department of Trade and Industry (DTI) versuchten, den Privatsekretär des Premierministers John Major, Roderic Lyne, davon zu überzeugen, dass dieser in einem Telefonat mit dem deutschen Bundeskanzler über die Zukunft des Werks eine strenge Haltung einnehmen müsse. »Ekostahl proposal *does* present major difficulty to UK«, hieß es in ihrer Mitteilung. DTI-Beamte betonten, dass neue Kapazitäten mit staatlicher Unterstützung dem »gesamten Ansatz« (»entire thrust«) der Gemeinschaftspolitik zuwiderliefen, der Kürzungen fördere.[31]

Innerhalb der britischen Regierung lag die formale Verantwortung für die Stahlpolitik beim Leiter des DTI. Nach den damals in der Europäischen Gemeinschaft geltenden Beschränkungen (Beihilfekodex) war die Investitionsförderung für Hersteller im ehemaligen Ostdeutschland an die Bedingung geknüpft, dass die geförderte Investition nicht zu einer Kapazitätserweiterung führen sollte. Die Kommission hatte im Juli 1991 die Gewährung von Beihilfen an die ostdeutsche Stahlindustrie bis zum 31. Dezember 1994 befristet.[32] Beamte des DTI versuchten, Major daran zu erinnern, dass die Regierung Ihrer Majestät bereits »Flexibilität beim Schiffbau gezeigt« habe, eine Anspielung auf die von der Europäischen Gemeinschaft genehmigten Subventionen, die auch der britische Ver-

---

verschoben worden. Vgl. Kun støtte til italiensk stål – ikke til tysk stål, in: Berlingske Tidende vom 11.11.1993, S. 8. Eine Zusammenfassung der Sitzung selbst bietet: Projet de Proces-Verbal de la 1705ème session du Conseil (Industrie), 18.11.1993, Zentralarchiv des Europäischen Rates und des Rates der Europäischen Union (Brüssel).

31 Major war sich bewusst, dass es auf den Weltstahlmärkten erhebliche Überkapazitäten gab; die meisten Experten berichteten damals von Überkapazitäten in der EG von über 30 Millionen Tonnen jährlich. Vgl. Steel/Germany Background, Roderic Lyne, 24.11.1993, The National Archives (London), PREM 19/4167.

32 Die Hintergründe dieser Entscheidung sind dargelegt in: Communication from the Commission to the Council. Request for the Unanimous Assent of the Council under Article 95 of the ECSC Treaty (in respect of a draft Commission decision concerning Community rules for aid to the steel industry applicable from 1.1.1992), Sec (91) 1044 final, Brussels, for the Commission Sir Leon Brittan, Vice-President, 3.7.1991, The National Archives, Foreign & Commonwealth Office (FCO) 30/9978.

treter auf der Tagung des Rates »Industrie« im Juni 1992 für 24 Werften und damit verbundene Industriegebiete entlang der Ostseeküste bewilligt hatte.[33] Dieser Fall war anders. Die Subventionierung eines neuen Stahlwerks in einem Markt, der unter Überkapazitäten litt, bestrafte schlanke Produzenten, insbesondere die kürzlich privatisierte British Steel Corporation (BSC). Andere Mitgliedstaaten teilten angeblich die Bedenken des Vereinigten Königreichs, waren aber nicht bereit, sich zu äußern. Diese Aufgabe fiel nun John Major zu.[34] Da Artikel 95 des Vertrags über die Gründung der Europäischen Gemeinschaft für Kohle und Stahl Einstimmigkeit vorschrieb, machte die britische Regierung von ihrem Recht Gebrauch, die deutschen Sanierungspläne zu stoppen.

Die Absicht des Vereinigten Königreichs, Deutschland die Zustimmung zur geplanten Umstrukturierung des größten ostdeutschen Stahlwerks zu verweigern, löste in Bonn Bestürzung aus. Johannes Ludewig, ein enger Vertrauter von Bundeskanzler Kohl, bat daraufhin den Botschafter des Vereinigten Königreichs in Bonn ins Bundeskanzleramt. Ludewig teilte Nigel Broomfield mit, dass die deutsche Regierung »überrascht und sehr enttäuscht« sei von dem, was sie als »kompromisslose britische Linie« bezeichnete. Nach Einschätzung der Bonner Regierung handelte es sich bei EKO Stahl nicht um ein »traditionelles Stahlproblem«, sondern um ein »hochpolitisches«, das »unter einzigartigen Umständen« entstanden sei. Zwischen den Zeilen gelesen, liefen Ludewigs Äußerungen auf drei Punkte hinaus: Die Umstrukturierung erfordere Subventionen; das Erbe des Staatssozialismus habe keine Ähnlichkeit mit den Produktions-

---

33 Zu den Beschränkungen für Schiffbau- und Schiffsumbauanlagen in der ehemaligen DDR durch dieses Abkommen siehe Richtlinie 92/68/EWG des Rates vom 20. Juli 1992 zur Änderung der Richtlinie 90/684/EWG über Beihilfen für den Schiffbau, in: Amtsblatt der Europäischen Gemeinschaften, Nr. L 219, 4.8.1992, S. 56f. Das Gesamtpaket umfasste staatliche Hilfen in Höhe von über 4 Milliarden DM. Eine kurze Darstellung aus der Sicht des Wettbewerbskommissars bietet Karl Van Miert: Markt, Macht, Wettbewerb. Meine Erfahrungen als Kommissar in Brüssel, München 2000, S. 258–266.
34 Vgl. Proposed Telecon PM – German Chancellor Today: Ekostahl, 13.12.1993, The National Archives, PREM 19/4167.

problemen in west- und südeuropäischen Ländern; und Bundestagswahlen stünden kurz bevor.[35]

Broomfield zeigte sich unbeeindruckt von Ludewigs Anliegen. Der Botschafter berichtete über die Pläne Londons, bei anderen Mitgliedstaaten Unterstützung für die Position des Vereinigten Königreichs zu mobilisieren, und nannte dabei die dänische Regierung. Er habe auch mit deutschen Gegnern der Subventionen für EKO gesprochen, unter anderem mit Thyssen und Krupp.[36] Der letztgenannte deutsche Stahlhersteller hatte bereits im Juni 1990 ein Angebot zum Kauf des Werks in Eisenhüttenstadt abgegeben, worüber der Vorstandsvorsitzende des neu privatisierten EKO, Karl Döring, den westdeutschen Krupp-Konkurrenten Hoesch informierte.[37] Nach der ersten Ausschreibung der Treuhand im Dezember 1991 reichte Krupp offiziell Angebote für den Erwerb wesentlicher Teile des ehemaligen Vorzeige-Stahlproduzenten der DDR ein. Nachdem die Verhandlungen mit Krupp Ende Oktober 1992 gescheitert waren, beauftragte die Treuhand ein britisches Beratungsunternehmen mit der Ausarbeitung eines Sanierungskonzepts zur Modernisierung des ostdeutschen Stahlwerks. Ungenannte Vertreter der beiden westdeutschen Unternehmen sprachen sich so massiv gegen den Vorschlag eines Kaufs der brandenburgischen EKO durch den italienischen Stahlkonzern Riva aus, dass sie mehrfach Beschwerden an die Wettbewerbsbehörden in Brüssel richteten. Die entsandten deutschen Diplomaten nahmen mit Bestürzung zur Kenntnis, dass diese westdeutschen Unternehmen ihren

---

35 Telefax from Broomfield, UKRep Brussels Telno Steel Restructuring: Ekostahl, 19.11.1993, ebd. Obwohl er in seinen Memoiren ausführlich auf den EKO-Kauf eingeht, lässt Ludewig seinen Austausch mit Broomfield (und allen anderen ausländischen Vertretern) unerwähnt. Vgl. Ludewig: Unternehmen Wiedervereinigung (wie Anm. 12), S. 162–165.

36 Sowohl Krupp als auch Thyssen (zusammen mit Hoesch, Klöckner, Mannesmann und Peine-Salzgitter) waren Ende der 1980er-Jahre in großem Umfang an Kooperationsprojekten mit EKO Stahl (und anderen DDR-Stahlherstellern) beteiligt. Einen Überblick bietet: Kooperation zwischen der bundesdeutschen Stahlindustrie und DDR-Unternehmen, o. D. [wahrscheinlich Anfang 1990], Thyssenkrupp Konzernarchiv (Duisburg), Hoesch-Archiv, Bestand Hoe/12200, unfol.

37 Vgl. Telefax von Döring an Flohr, 22.6.1990, Thyssenkrupp Konzernarchiv, Hoesch-Archiv, Bestand Hoe/1532, unfol.

Widerstand gegen die EKO-Vereinbarung in London und Paris zum Ausdruck gebracht hatten, indem sie sich an den britischen Staatssekretär für Industrie Tim Sainsbury und den französischen Industrieminister Gérard Longuet gewandt hatten.[38]

Die außenpolitischen Herausforderungen Deutschlands im Hinblick auf den größten Stahlproduzenten der DDR endeten nicht bei den Briten oder anderen EU-Mitgliedern, sondern erstreckten sich auch auf Österreich, Polen und Russland. Ludewig sah sich dem Druck der polnischen Botschaft ausgesetzt, einen überzeugenden Umstrukturierungsplan für das an der Grenze zwischen den beiden Ländern gelegene Werk – den Anker für eine geplante »Euroregion« im Odertal – vorzulegen. Der Vorstandsvorsitzende von EKO Stahl, Döring, versuchte, den Kreis ausländischer Investoren noch zu erweitern, indem er betonte, dass die Handelsbeziehungen von EKO zu Russland die umfangreichsten aller ostdeutschen Unternehmen seien. Döring wies auch darauf hin, dass ein österreichischer Bieter, der Stahl- und Industrieanlagenhersteller Voest-Alpine, weiterhin an der Entwicklung von Plänen interessiert sei, die er während seiner Zeit als stellvertretender DDR-Minister für Erzbergbau, Metallurgie und Kali mit dem österreichischen Unternehmen geschmiedet hatte.

Der Subventionsplan für den größten ostdeutschen Stahlproduzenten hatte viele Gegner – im Ausland und im Inland. Im Vereinigten Königreich gehörte British Steel zu den schärfsten Kritikern der Vereinbarung. Der Vorstandsvorsitzende Brian Moffat machte Bedenken gegen neue EU-Subventionen für den ostdeutschen Stahlhersteller gegenüber dem Premierminister geltend. Das geplante Warmbandwalzwerk bei EKO Stahl werde, so Moffat, sein kürzlich privatisiertes britisches Unternehmen gefährden. Der deutsche Wunsch, umfangreiche staatliche Beihilfen an einen privaten Partner, in diesem Fall das italienische Stahlunternehmen

---

38 Vgl. Telefax des Brüsseler Büros des Auswärtigen Amtes vom 17.12.1993, Brandenburgisches Landeshauptarchiv, MW 3 1700, Nr. 663, unfol. Der Präsident der Wirtschaftsvereinigung Stahl und CDU-Bundestagsabgeordnete Ruprecht Vondran unterstützte die Position der westdeutschen Unternehmen in Brüssel nachdrücklich. Die westdeutschen Stahlhersteller hatten in den 1970er- und 1980er-Jahren enge Beziehungen zu dem sozialistischen Vorgängerunternehmen von EKO Stahl aufgebaut.

Riva, zu leiten, sollte nicht über die Subvention von fast 450 Millionen Pfund hinwegtäuschen. Laut Moffat würde dieser deutsche Präzedenzfall die hart erkämpften Maßnahmen zur Disziplinierung ineffizienter italienischer und spanischer Produzenten unmittelbar gefährden. Schlimmer noch, die Schenkung an EKO Stahl könnte die Grundlage für neue Unterstützungsrunden für Stahlwerke in Westdeutschland bilden. Moffat verwies zu Recht auf den Eifer der westdeutschen Landesregierungen in Bremen und im Saarland. Ein Nachgeben gegenüber den ost- und westdeutschen Wünschen könnte sogar amerikanische Produzenten dazu ermutigen, diesem Beispiel zu folgen, oder zu nordamerikanischen Zöllen als Reaktion auf EU-Beschlüsse zur Stützung ineffizienter Produzenten führen. In einem Punkt war er sich sicher: »Wenn dieser Vorschlag nicht erfolgreich angefochten wird«, so Moffat, »wird Deutschland mit mehr Warmbandwalzwerk-Kapazitäten und mehr Warmbandwalzwerken dastehen als vor dem Start der Umstrukturierungsinitiative der Kommission.« Anstatt bei den Subventionen gegenüber dem reichsten Mitglied der EU nachzugeben, schlug Moffat vor, Major solle Kohl davon überzeugen, »Maßnahmen zur Linderung der Arbeitslosigkeit in den östlichen Bundesländern in Erwägung zu ziehen, die die europäischen Partner nicht verletzen oder schädigen«.[39]

Am Vorabend eines bilateralen Treffens der beiden Regierungschefs in Bonn im November 1993 kam es zu einem weiteren britisch-deutschen Konflikt über die Umstrukturierungsbeihilfe für das EKO. Die wichtigsten Gespräche fanden zwischen dem Bundeskanzler und dem Premierminister statt. Kohl erläuterte Major das Ausmaß der wirtschaftlichen Probleme in Ostdeutschland. Der deutsche Regierungschef räumte zwar die schwerwiegenden »strukturellen Probleme« der Region ein, bestand aber dennoch darauf, dass »die Privatisierung ein Erfolg war«. Für ihn ragte eine andere Zahl drohend auf: »Zehntausend Unternehmen in den neuen

---

39 Letter from Brian Moffat to John Major, 23.11.1993, The National Archives, PREM 19/4167, unfol.

Bundesländern«, so Kohl, »sind in den letzten drei Jahren privatisiert worden.« Ja, die Kosten für die »Umgestaltung« des Ostens waren hoch und die Arbeitslosigkeit war – trotz umfangreicher Arbeitsbeschaffungsprogramme – besonders hoch. Die Auswirkungen der sozialen Unruhen in Ostdeutschland auf die nationale Politik blieben jedoch begrenzt. Insbesondere äußerte sich Kohl optimistisch, dass sich die Wirtschaft »bis zu dem Zeitpunkt, an dem er sich den Wählern stellt, wieder erholen wird«.[40] Gegen Ende seiner Ausführungen sprach Kohl das Problem der Stahl- und Industriesubventionen für EKO Stahl an. Er betonte, dass das neue Werk nicht zu den Überkapazitäten in der Europäischen Gemeinschaft beitragen werde. Staatliche Beihilfen seien notwendig, um die »industrielle Umstrukturierung in den neuen Bundesländern« zu ermöglichen.

Der Premierminister begann seine Argumentation gegen die EKO-Subventionen mit der Feststellung, dass seine Regierung nicht die einzige war, die auf der Tagung des Rates »Industrie« Einwände erhoben hatte. Ein vom ständigen britischen Vertreter bei der EU in Brüssel, John Kerr, vorgelegter Bericht stützte Majors Behauptung. Der dänische Minister Trøjborg und der französische Minister Longuet hatten mit Sainsbury gemeinsame Sache gegen den deutschen Vorschlag gemacht. Nach Trøjborgs Einschätzung stellte EKO Stahl einen besonders schwierigen Fall dar, weil die vorgeschlagene Genehmigung mit »nicht geförderten Kapazitäten« konkurrieren würde, die kürzlich Dänemark zugesprochen worden waren. Auch der Vertreter Luxemburgs, Robert Goebbels, unterstützte die britische Position in gedämpfter Form und merkte an, dass der Rat »angemessene Signale« zum Kapazitätsabbau an »die Außenwelt« senden müsse. Goebbels betonte, dass Fälle wie EKO Stahl die Verhandlungsposition der Gemeinschaft bei den laufenden Bemühungen um ein multilaterales Stahlabkommen mit den Vereinigten Staaten in der Uruguay-Runde des General Agreement on Tariffs and Trade (GATT) ge-

---

40 Prime Minister's Restricted Meeting with Chancellor Kohl 25 November: The Economy, the European Union, and Other Subjects, [Autor: Roderic Lyne], 25.11.1993, ebd.

fährden könnten.⁴¹ Der ehemalige westdeutsche Wirtschaftsminister und nun für Industriefragen zuständige EU-Kommissar Martin Bangemann sprach in Anlehnung an Goebbels von Präzedenzfällen: Seiner Einschätzung nach »besteht die Gefahr eines katastrophalen Markteinbruchs, wenn der Rat [Industrie] negative Signale aussendet«. Italiens Industrieminister Paolo Savona versuchte stattdessen, die Aufmerksamkeit auf die sozialen Risiken zu lenken. Unter Hinweis auf die hohe Arbeitslosigkeit in der süditalienischen Region Tarent zog Savona Parallelen zwischen dem Nord-Süd-Gefälle in seinem Land und dem West-Ost-Gefälle in Deutschland. Savona wies darauf hin, dass die Wirtschaft in Tarent und anderen süditalienischen Regionen lange Zeit »staatlich geführt wurde wie in der ehemaligen DDR«. Die von den Kommissaren Van Miert und Bangemann vorgeschlagene Einzelfallprüfung – und nicht die »mechanische Formel«, die auf Fragen der Beihilfen, Kapazitäten und Ausnahmen angewandt werden sollte – war nach Ansicht des italienischen Industrieministers die beste Lösung für die angeschlagene westeuropäische Stahlindustrie.⁴²

Um den Stillstand in Brüssel zu überwinden, begrüßte Major bilaterale Konsultationen zwischen dem Leiter des DTI und dessen deutschem Amtskollegen Günter Rexrodt. Major machte auch deutlich, dass seine und die vorherige Regierung »einen Großteil der britischen Stahlindustrie hatte schließen lassen, einschließlich der großen Werke in Ravenscraig und Corby«. In den 1980er-Jahren war die Beschäftigung in der britischen Stahlindustrie von 200 000 auf unter 40 000 Arbeitsplätze zurückgegangen. Kohl betonte, dass »Ekostahl das einzige Werk dieser Art in den neuen Bundesländern« sei und dass es ohne die Rettungsaktion »sterben

---

41 Industrial Council: November 18, 1993, from UKRep Brussels (Kerr) to FCO, The National Archives, PREM 19/4167, unfol. Für eine breit angelegte Einführung in die Beziehung zwischen der Uruguay-Runde des GATT und der wirtschaftlichen Integration Europas siehe Warlouzet: Governing Europe in a Globalizing World (wie Anm. 5), S. 179f., 197–199, 209.
42 Einen kursorischen Überblick über die Stahlpolitik der EG in den Jahren 1993 und 1994, der allerdings nicht erklärt, warum die Kommission die Subventionen zuließ, gibt Keith Middlemas: Orchestrating Europe. The Informal Politics of the European Union, 1973–1995, New York 1995, S. 572–575, 761.

würde«. Wie Majors Privatsekretär feststellte, vermittelte der deutsche Bundeskanzler, dass »die Angelegenheit für ihn sehr wichtig war«. Da Major die Dinge zunehmend im Sinne der deutschen Entscheidungsträger sah, überließ Kohl es dann geschickt seinem diplomatischen Berater Joachim Bitterlich, die Tatsache zu erwähnen, dass die British Steel Corporation in der Vergangenheit Subventionen bezogen hatte, woraufhin Roderic Lyne antwortete, dass »in den letzten Jahren oder bei der Privatisierung von BSC im Jahr 1988 keine Subventionen gezahlt wurden«. Bitterlich und Lyne ließen die Frage offen und schoben die Schuld für den derzeitigen Stillstand »den Italienern« zu, womit sie nicht auf Riva, sondern auf den staatlichen italienischen Stahlkonzern ILVA anspielten, der unter Druck gesetzt wurde, Öfen zu schließen, um vereinbarte Produktionssenkungen zu erreichen.[43]

Sowohl die deutsche als auch die britische Regierung wollten Stahlbeihilfefälle nicht im Rahmen eines bilateralen Austauschs, sondern über den Rat »Industrie« lösen. Mit seinem persönlichen Appell an Major beugte sich Kohl diesem Grundsatz, um dem Wunsch seines Landes nach Sanierung der ostdeutschen Industrie nachzukommen. Manches deutete darauf hin, dass Major dem deutschen Wunsch wohl kaum nachkommen würde. Umso bemerkenswerter war die Entscheidung Majors, kurz nach seinem Bonner Treffen mit Kohl folgende Mitteilung zu verfassen:

> »Lieber Helmut, ich habe noch einmal darüber nachgedacht, wie wir dir bei deinen Schwierigkeiten mit EKO Stahl helfen können. Wir werden der Kommission morgen weitere Ideen vorlegen, wie die Vorschläge mit den vereinbarten Zielen der Gemeinschaft in Einklang gebracht werden

---

43 Report for Nick Welch, Department of Trade and Industry, from Roderic Lyne. Subject: Prime Minister's Restricted Meeting with Chancellor Kohl 25 November: Steel, 25.11.1993, The National Archives, PREM 19/4167, unfol. Riva hatte zuvor ein Stahlwerk in Hennigsdorf nordwestlich von Berlin übernommen. Vgl. dazu die Studie von Wolf-Rüdiger Knoll: Die Treuhandanstalt in Brandenburg. Regionale Privatisierungspraxis 1990–2000, Berlin 2022.

können. Wir teilen deinen Wunsch, eine Vereinbarung zu erreichen, die deine besonderen Schwierigkeiten anerkennt, wie wir es bei den Werften in der ehemaligen DDR getan haben.«[44]

Mit der Zustimmung Majors gab die britische Regierung ihren Widerstand im Rat »Industrie« auf – zuvor ein entscheidendes Hindernis für die Genehmigung staatlicher Beihilfen für sechs europäische Stahlunternehmen, darunter auch für den avisierten italienischen Käufer von EKO Stahl. Die britische Regierung stimmte einem Beihilfepaket für EKO Stahl zu, das Ende Dezember 1993 vom Rat »Industrie« der EU genehmigt wurde. Die neue Vereinbarung ermöglichte eine Verlängerung der Subventionen in Ostdeutschland, Spanien und Italien. Die Verabschiedung des EKO-Umstrukturierungspakets führte zu einer formellen Debatte im Ausschuss für europäische Angelegenheiten des dänischen Parlaments.[45] Der Vorstandsvorsitzende von British Steel Moffat versuchte, die Rechtmäßigkeit der Entscheidung vor dem Europäischen Gerichtshof in Luxemburg anzufechten.[46]

Die europäische Dimension der Umstrukturierung von EKO Stahl endete hier nicht. Im Mai 1994 scheiterte der von der Treuhand entworfene Privatisierungsplan in Mailand, als Emilio Riva sein Unternehmen aus der Vereinbarung zurückzog. Für die Treuhand bedeutete die überraschende Kehrtwende, dass erneut nach einem Partner für die Wieder-

---

44 Message to Chancellor Kohl, o. D. [November 1993], The National Archives, PREM 19/4167, unfol.
45 Rads røde (industri), Dokument 493, 13.1.1994, Archiv des dänischen Parlaments (Folketing). Das Thema »Umstrukturierung der europäischen Stahlindustrie – EKO-Stahl« wurde am 20. Dezember 1993 auf einer Sitzung des Ausschusses für europäische Angelegenheiten des dänischen Parlaments erörtert. Die formellen Niederschriften dieser Sitzung bleiben geheim. Aus dem oben zitierten freigegebenen Bericht des dänischen Industrieministeriums geht allerdings hervor, dass die dänische Regierung aus noch unklaren Gründen ihre Vorbehalte am folgenden Tag aufhob.
46 Vgl. Paul Craig: EU Administrative Law, New York 32018, S. 634–636. Der Europäische Gerichtshof – häufig ein Verbündeter der Kommission – rügte die Kommission gelegentlich für die unzureichende wirtschaftliche Begründung ihrer Wettbewerbsentscheidungen.

belebung der Stahlproduktion im Odertal gesucht werden musste. Die Probleme der Bundesregierung gingen noch weiter. Im Juni 1994 leitete die Europäische Kommission in Brüssel unter Hinweis auf die Bereitschaft der Treuhand, Verluste zu decken und Investitionsgarantien zu geben, ein förmliches Verfahren gegen die Bundesregierung ein. Die Brüsseler Wettbewerbsexperten zeigten sich frustriert darüber, dass 10 Millionen DM an Bundeszuschüssen auch nach dem Ausstieg von Riva im Mai monatlich an EKO Stahl flossen. Schlimmer noch, die Kommission versuchte, Druck auf die Bonner Regierung auszuüben, indem sie andere »Mitgliedstaaten und interessierte Parteien« aufforderte, Kommentare zu der Entscheidung abzugeben.[47] Die Kommission argumentierte im Wesentlichen, dass die Treuhand und die Kreditanstalt für Wiederaufbau Riva Darlehen zu äußerst günstigen Konditionen gewährt hätten.[48] Nachdem die Italiener nun aus dem Rennen waren, führten die Brüsseler Wettbewerbsbehörden die Garantien der deutschen Regierung als Grund an, die Pläne für EKO infrage zu stellen. Mitte Juli 1994 berichtete der niederländische Wirtschaftsminister J. E. Andriessen den Abgeordneten seines Landes über die Absicht von Van Miert, gegen mehrere staatlich geförderte deutsche Stahlunternehmen, darunter EKO und ein sächsisches Stahlwerk in Freital, zu ermitteln.[49]

Um aus dieser Sackgasse herauszukommen, bemühte sich ein breiteres Spektrum von Vermittlern und Politikern, darunter auch Kohl selbst, um die Aushandlung einer neuen Vereinbarung über den Verkauf einer Mehrheitsbeteiligung an EKO Stahl an einen privaten Investor. Die Bemühungen, westdeutsche Unternehmen zu überzeugen, scheiterten. Der

---

47 Presseerklärung: Commission Initiates Proceedings in Respect of Aid to EKO Stahl GmbH, Europäische Kommission, 6.7.1994, https://ec.europa.eu/commission/presscorner/detail/en/IP_94_619 (Zugriff am 24.2.2022). Die Aufregung über die »Betriebsbeihilfen« war nur von kurzer Dauer: Die Wettbewerbsbehörden innerhalb der Kommission stellten das Verfahren im März 1995 stillschweigend ein. Vgl. Sectoral Aid – Steel, in: Competition Policy Newsletter 1 no. 4 (Spring 1995), S. 50.
48 Vgl. 24th Report on Competition Policy 1994, Brüssel 1995, S. 502.
49 Vgl. Protokoll des niederländischen Parlaments (Tweede Kamer). Vergaderjaar 1993–1994, 21 501–12, 13.7.1994, https://repository.overheid.nl/frbr/sgd/19931994/000000 4997/1/pdf/SGD_19931994_0002365.pdf (Zugriff am 9.6.2022).

Vorstandsvorsitzende von Thyssen, Heinz Kriwet, bemerkte ironisch, dass »er ein Problem damit hatte, Patriotismus in seine Bilanz aufzunehmen«.[50] Gestützt auf die Arbeit ihres dienstältesten offiziellen Vertreters im Ausland, Henri Monod, wandte sich die Treuhand an Cockerill-Sambre, ein Stahlunternehmen, das mehrheitlich (zu 78 Prozent) der Regierung der belgischen Region Wallonien gehörte.[51]

Nach raschen Fortschritten bei den Verhandlungen mit Cockerill-Sambre wandte sich die deutsche Regierung im Frühherbst 1994 erneut an Brüssel zurück. Ein frühes Hindernis war der Umfang der Beihilfe; wie Landesbeamte in Brandenburg feststellten, bedeuteten die höheren Erwartungen von Cockerill-Sambre an die Beihilfe, dass die Chancen der Bundesregierung, eine Vereinbarung ohne eine Art Gegengeschäft zu erzielen, »praktisch null« waren.[52] Die Subventionen durften nicht so hoch sein, dass sie den Zorn der Wettbewerbsbehörden in Brüssel, der europäischen Regierungen, die gegen Stahlsubventionen waren, oder der Gruppe von Mitgliedstaaten, die bereit waren, die Kontrollen von Beihilferegelungen für die Stahlindustrie, Schiffbauindustrie und andere Industrien zu lockern, auf sich ziehen würde. Vertreter des Bundeswirtschaftsministeriums erkannten zwar Bedenken hinsichtlich neuer Subventionswellen an, konzentrierten sich aber vor allem auf die spezifischen Forderungen der Dänen, der Niederländer und der Kommission. Andriessens Nachfolger als niederländischer Wirtschaftsminister, Hans Wijers, beklagte Wettbewerbsverzerrungen, Benachteiligungen des angeblich subventionsfreien niederländischen Stahlherstellers Hoogovens und die »Merk-

---

50 Vom Gegner zum Retter: Nach dem Ausstieg der Italiener in Ostdeutschland sind nun westdeutsche Investoren gefragt, in: Die Zeit vom 20.5.1994, https://www.zeit.de/1994/21/vom-gegner-zum-retter (Zugriff am 9.6.2022).
51 Die Mehrheitsbeteiligung des Staates sorgte dafür, dass das Parlament und die Regierung Walloniens an den multinationalen Verhandlungen, die schließlich zum Kauf durch Cockerill-Sambre führten, maßgeblich beteiligt waren. Eine Einführung in die Sichtweise des Unternehmens hinsichtlich des Kaufs bietet Robert Halleux: Cockerill: deux siècles de technologies, Alleur-Liège 2002, S. 213–215.
52 Schwartau, betr. Gespräche des Ministerpräsidenten in Brüssel am 22.9.94 zugleich Minister Hirche in Paris, 21.9.1994, Brandenburgisches Landeshauptarchiv, 1700 MW 3 Z, Nr. 647, unfol.

würdigkeit« anstehender Maßnahmen, die es EKO ermöglichen sollten, trotz der laufenden Bemühungen um einen EU-weiten Kapazitätsabbau zu wachsen. Doch dann signalisierte Wijers öffentlich seine Kompromissbereitschaft mit der Begründung, das Ansehen des Ministerrats stehe auf dem Spiel.[53] Anfang Oktober 1994 stimmte Rexrodt der Forderung des belgischen Kommissars Van Miert zu, die geplante Subvention an Cockerill von 1,2 Milliarden DM auf 910 000 DM zu kürzen.[54] Die deutsche Regierung stimmte auch der Schließung eines Bandstahl-Walzwerks in Hennigsdorf vor den Toren Berlins und eines Stahlblechherstellers in Burg (bei Magdeburg) in Sachsen-Anhalt zu.[55]

Daraufhin genehmigte die Europäische Kommission den geplanten Verkauf. Anschließend empfahl sie dem Rat »Industrie« förmlich, dem neuen Stahlvertrag für die verbliebenen 3000 Beschäftigten von EKO Stahl einstimmig zuzustimmen. Die letzte Hürde, die Einstimmigkeit im Rat »Industrie«, schien am 8. November in greifbare Nähe gerückt zu sein, die Abstimmung wurde aber verschoben, nachdem die französische Regierung den Wunsch geäußert hatte, ihre Zustimmung zu neuen EKO-Subventionen mit einer Überprüfung der Unterstützung für französische Werften zu verknüpfen.[56] Hier erhielt die deutsche Regierung Unterstützung von der Kommission. Van Miert wies darauf hin, dass das Problem

---

53 Wijers vertrat die Ansicht, dass der anstehende Kompromiss die EKO-Situation »beunruhigend, aber nicht hoffnungslos« mache. Vgl. Wijers kan instemmen met Redding duitse Ekostahl, in: Het Financieele Dagblad vom 29.9.1994.
54 Schreiben von E. Michels, Verbindungsbüro Brandenburg in Brüssel, an Erler, 10.10.1994, Brandenburgisches Landeshauptarchiv, 1700 MW 3 Z, Nr. 661, unfol. Die Memoiren von Karel Van Miert sind eine unzuverlässige Orientierungshilfe für die Wettbewerbspolitik gegenüber Ostdeutschland. Vgl. Van Miert: Markt, Macht, Wettbewerb (wie Anm. 33), S. 243–291. Van Miert war von 1993 bis 1999 als Wettbewerbskommissar tätig.
55 Entscheidung der Kommission vom 21.12.1994 über eine Beihilfe Deutschlands zugunsten des Stahlunternehmens EKO Stahl GmbH, Eisenhüttenstadt, in: Amtsblatt der Europäischen Union, Nr. L 386/18, 31.12.1994.
56 Vgl. Projet de Proces-Verbal de la 1705ème session du Conseil (Industrie), 18.11.1993, Zentralarchiv des Europäischen Rates und des Rates der Europäischen Union. Siehe auch Wolfgang Seibel: Verwaltete Illusionen. Die Privatisierung der DDR-Wirtschaft durch die Treuhandanstalt und ihre Nachfolger 1990–2000, Frankfurt am Main/New York 2005, S. 285f.

der Beihilfen für die europäischen Schiffbauer nicht mehr innerhalb der EU gelöst werden könne, sondern letztlich nur von der OECD in Paris, wo Mitte Juli 1994 eine vorläufige Einigung erzielt worden war, die die vollständige Abschaffung aller staatlichen Beihilfen für die Schiffbauindustrie in der Europäischen Union, Japan, Südkorea und Norwegen (die damals 80 Prozent der globalen Schiffbaukapazität ausmachten) vorsah.[57] Die Kommission in Brüssel würde also nicht mehr das letzte Wort bei den EU-Schiffbaurichtlinien haben. Auf diese Weise konnte der Kommissar die komplizierte Frage der Schiffbaubeihilfen an den Rat »Auswärtige Angelegenheiten« verweisen, wo Mehrheiten anstelle von Einstimmigkeit für Entscheidungen ausreichten.[58]

Flankiert von einer intensiven deutsch-französischen Konsultationsrunde Ende November 1994 wendete die Kommission damit wahrscheinlich den Pariser Widerstand gegen das deutsch-belgische Stahlgeschäft in letzter Minute ab. Wie schon ein Jahr zuvor bei der Riva-Vereinbarung erwies sich die britische und nicht die französische Regierung als der schwierigste Partner für die deutschen Behörden. Bei hochrangigen Treffen zwischen Ministern beider Länder gelang es in letzter Minute nicht, einen tragfähigen britisch-deutschen Kompromiss zu finden. Wieder einmal diskutierten die Regierungschefs der beiden Länder über Betriebsverluste und Umstrukturierungspläne in der ostdeutschen Stahlindustrie.

Kohl ergriff erneut die Initiative. In einem persönlichen Schreiben an seinen britischen Amtskollegen äußerte sich der deutsche Regierungschef zunächst optimistisch und teilte mit, dass »eine neue Möglichkeit der Übernahme von EKO Stahl durch das belgische Stahlunternehmen

---

57 Eine kurze Einführung in das OECD-Übereinkommen »Agreement Respecting Normal Competitive Conditions in the Commercial Shipping and Repair Industry« bieten Kostas A. Lavdas/Maria M. Mendrinou: Politics, Subsidies, and Competition. The New Politics of State Intervention in the European Union, Northampton, MA 1999, S. 103–105.
58 Van Miert bestätigt in seinen Memoiren zwar den dänischen und französischen Widerstand gegen den EKO-Verkauf, lässt aber die britischen Einwände unerwähnt. Irreführenderweise behauptet Van Miert, er habe allen Beteiligten klargemacht, dass eine Vereinbarung »keinen Kuhhandel beinhalten würde«. Van Miert: Markt, Macht, Wettbewerb (wie Anm. 33), S. 257 f.

Cockerill-Sambre besteht«. In Erwartung britischer Einwände versuchte Kohl, das neue Angebot mit dem früheren, von Major gebilligten Angebot zu verknüpfen, indem er betonte, dass die mit Cockerill-Sambre ausgehandelte Vereinbarung »fast identisch« mit der mit Riva sei. Der Umfang der Unterstützung bewege sich »in der gleichen Größenordnung« und beinhalte »drastische Einschnitte bei der Belegschaft von EKO Stahl«.[59] Um auf einen Punkt zurückzukommen, den Bitterlich bereits zu einem früheren Zeitpunkt hervorgehoben hatte, wies Kohl darauf hin, dass nach Westeuropa viele Jahre lang Subventionen geflossen seien; warum sollte Ostdeutschland eine öffentliche Finanzierung vorenthalten werden, von der die Unternehmen in den Ländern der Gemeinschaft seit Langem profitiert hätten? Die Europäische Kommission, so Kohl, habe bereits ihre Zustimmung erteilt. Die Regierung des Vereinigten Königreichs stellte die letzte Hürde dar. Kohl hoffte, dass die britische Regierung auf dem Treffen des Rats »Industrie« Anfang November 1994 »die Vereinbarung zur Unterstützung der Privatisierung befürworten« würde.

Die britischen Einwände erwiesen sich als schwieriger zu überwinden. Vor allem aus innenpolitischen Gründen, wie Major in seiner Antwort an Kohl erklärte, blieb die Frage der Stahlbeihilfen für Ostdeutschland für die britische Regierung eine komplizierte Angelegenheit:

> »The British Government has been criticized sharply in Parliament and by the British steel industry for the Industry Council's decision last December to allow exceptional aid for EKO Stahl. The United Kingdom's decision not to subsidize ›uneconomic‹ plants had led to the 1992 closure of the Ravenscraig steelworks; industry was aggrieved that ›unfair advantages‹ were being granted to competitors. Despite this criticism, we have defended the decision taken last December. As you know, we appreciate the special problems which the Eastern Laender face. We cannot go beyond the position which we took in December, and we shall want to ensure that there is effective monitoring of an aid package (I understand that there are concerns that the conditions agreed for different

---

59 Message from Chancellor Kohl to Prime Minister Major (translation), 3.11.1994, The National Archives, PREM 19/4686/1, unfol.

plans last December are not being implemented strictly). We shall also continue to pursue the objective of a competitive private sector European steel industry, with an end to an inefficient subsidized capacity. I am sure that you will share this objective. However, I can assure you that, at the Industry Council on 8 November, our Minister, Tim Eggar, will continue to stand by our part of the bargain struck last December. If the terms of the proposal are equivalent to those of last year, we shall be able to accept them.«[60]

Ein Thema, das die beiden ›Regierungen‹ spaltete, waren die Bedingungen für den Verkauf an Cockerill-Sambre. Trotz gegenteiliger Behauptungen Deutschlands spiegelte der Handel ein anderes Gleichgewicht zwischen Subvention und Kapazität wider, da der neue Käufer, Cockerill-Sambre, ein geringeres finanzielles Risiko übernehmen musste und einen höheren Betrag an staatlicher Beihilfe, Preisnachlässe beim Kauf ausstehender Aktien sowie vor allem eine Kreditbürgschaft der Treuhand erhalten sollte. Dieser letzte Faktor machte eine Einigung zwischen den Regierungen noch schwieriger. Dennoch gaben die Briten erneut ihre Zustimmung zu den deutschen Stahlplänen für das Werk im Odertal.

Die Entscheidung der britischen Regierung, den deutschen Wünschen entgegenzukommen, war angesichts des starken Widerstands der britischen Stahlindustrie, des Handels- und Industrieministers Michael Heseltine und des Chefsekretärs des Finanzministeriums, Jonathan Aitken, überraschend.[61] Majors Regierung wurde von der Presse, der Opposition und seiner eigenen Partei heftig kritisiert. So berichtete der *Daily Telegraph* wohlwollend über die Aussage von Brian Moffat vor dem Handels- und Industrieausschuss des britischen Unterhauses. Der Vorstandsvorsitzende von British Steel tadelte die Regierung, sein Unternehmen nicht in gleichem Maße zu unterstützen wie British Airways in dessen

---

60 Message from the Prime Minister to Chancellor Kohl, 7.11.1994, The National Archives, PREM 19/4686/1, unfol.
61 Letter from Michael Heseltine to Jonathan Aitken, 3.12.1994, The National Archives, PREM 19/4685/1, vol. 1, 91.

Streit mit Air France um den Zugang zum Flughafen Orly bei Paris. Moffat verband sein Plädoyer mit einer Drohung: Die privatisierte British Steel würde Investitionen außerhalb der EU Priorität einräumen, wenn die Subventionen nicht gestrichen würden.[62] Moffat versprach auch, seine Bestrebungen fortzusetzen, die jüngsten Entscheidungen des Rates »Industrie« zugunsten zwei südeuropäischer Stahlhersteller, der italienischen ILVA und der spanischen Corporación Siderúrgica Integral, zu kippen und sich den Bemühungen um eine Umstrukturierung des damals größten Arbeitgebers in Brandenburg zu widersetzen. Tim Eggar, Staatssekretär für Industrie und Energie, versuchte, die Abgeordneten von der Absicht seiner Regierung, Kapazitäten abzubauen, zu überzeugen und versprach, beim nächsten Treffen des Rats »Industrie« eine »harte Linie« zu fahren. Anstatt Eggar zu unterstützen, versuchten die Abgeordneten, die Verantwortung für die europäischen Subventionen auf die eigene Regierung abzuwälzen. So stellte der Labour-Abgeordnete Derek Fatchett aus dem Wahlkreis Leeds Central in einer Unterhausdebatte provokativ fest: »Wir haben eine starke Stahlindustrie, aber eine schwache Regierung.«[63] In den Reihen der Torys fand diese Einschätzung Unterstützung.[64]

Der Widerstand im eigenen Land gegen die deutschen Forderungen stand in scharfem Kontrast zur Bereitschaft der britischen Regierung, mit der Führung in Bonn Kompromisse zu schließen. Wie kam es letztlich zu dieser Annäherung zwischen den beiden Regierungen? Bei einem Treffen zwischen dem deutschen Wirtschaftsminister Rexrodt, dem Handels- und Industrieminister Heseltine und Energiestaatssekretär Eggar am 1. Dezember 1994 schlug Letzterer vor, dass beide Seiten »die Möglich-

---

62 Vgl. Eggar Refuses to Back Steel Challenge, in: Daily Telegraph vom 3.11.1994, S. 24.
63 Italian Steel Industry. HC Deb 09 May 1994 vol 243 cc75-99, Parlament des Vereinigten Königreichs, https://api.parliament.uk/historic-hansard/commons/1994/may/09/italian-steel-industry (Zugriff am 9.6.2022).
64 Auf dem Parteitag der Konservativen in Bournemouth attackierte der Euroskeptiker Norman Lamont die Europäische Währungsunion und eine Gruppe von Teilnehmern rief als Reaktion auf seine Äußerungen »Sieg Heil!«. Zum Einfluss antieuropäischer Haltungen innerhalb der Konservativen Partei siehe Stephen George: An Awkward Partner. Britain in the European Community, New York ³1998, insb. S. 209–231.

keiten im Zusammenhang mit der Treuhand-Bürgschaft prüfen, um [ihre] Schwierigkeiten hier zu lösen«. Rexrodt zeigte sich nicht bereit, von den an der Bürgschaft beteiligten privaten Banken Zugeständnisse zu verlangen. Eine Neuverhandlung der von der Treuhand gewährten Kreditbürgschaften würde die Zustimmung aller sechs Aufsichtsräte des Bankenkonsortiums erfordern, das das Geschäft unterstütze – eine Maßnahme, die laut Rexrodt zu später Stunde »extrem schwierig« sein würde.[65] Während Rexrodt zögerte, von den deutschen Kreditgebern Änderungen zu verlangen, war er viel eher dazu bereit, Druck auf die Regierung des Vereinigten Königreichs auszuüben. Er beharrte darauf, dass die EKO Stahl-Vereinbarung mit Riva und die mit Cockerill-Sambre im Wesentlichen identisch seien, und richtete eine versteckte Drohung an Heseltine sowie Eggar. »Deutschland wollte keine Verknüpfungen herstellen«, betonte der deutsche Minister, aber er und seine Kollegen seien sich der Probleme bewusst, die die Regierung des Vereinigten Königreichs mit der Kommission »wegen des Unterstützungspakets für Nordirland« habe.[66] Rexrodt drohte damit, Beihilfen zur Förderung der industriellen Entwicklung in Nordirland zu blockieren, wo die Regierung des Vereinigten Königreichs versuchte, die jahrelange paramilitärische Gewalt und hohe Arbeitslosigkeit zu beenden.[67] Aus der Korrespondenz zwischen John Majors Privatsekretär und Majors Ressortleitern geht hervor, dass die oberste Priorität des britischen Regierungschefs für den bevorstehenden EG-Gipfel in Essen ein Hilfspaket von mehr als 60 Millionen Pfund war, um einem taiwanesischen Hersteller von synthetischem Gewebe den Bau eines neuen Werks in der Nähe von Belfast zu ermöglichen, eine Initiative, von der sich die

---

65 President's Meeting with Dr. Rexrodt, 1.12.1994, The National Archives, PREM 19/4686/1, vol. 1, unfol.
66 Ebd.
67 Die Drohung Rexrodts wurde der Presse zugespielt. Vgl. Rexrodt droht in London für EKO, in: Frankfurter Allgemeine Zeitung vom 7.11.1994. In anderen Interviews deutete Rexrodt an, dass die Probleme durch seine Gespräche mit Heseltine in London gelöst worden seien, erwähnte aber nicht, wie die Vereinbarung in letzter Minute zustande gekommen war. Vgl. Cockerill gehört nicht zu jenen, die kalte Füße kriegen, in: Märkische Zeitung vom 9.12.1994.

Regierung des Vereinigten Königreichs erhoffte, dass sie den noch jungen nordirischen Friedensprozess unterstützen würde.

Rexrodt hatte nicht nur gebluftt. Die Korrespondenz zwischen den Beamten des Außenministeriums in London und dem ständigen Vertreter des Vereinigten Königreichs bei der EU, John Kerr, bestätigte, dass die deutsche Delegation im Ausschuss der Ständigen Vertreter der Mitgliedstaaten (COREPER) die Anweisung hatte, die Hilfe des Vereinigten Königreichs für Nordirland zu blockieren, wenn es keine Anzeichen für eine britische Zustimmung zu der EKO Stahl-Privatisierung gäbe. Nach dem dramatischen deutschen Schachzug hinter den Kulissen im COREPER beauftragte die Regierung des Vereinigten Königreichs den britischen Botschafter in Bonn, sich erneut mit Johannes Ludewig zu treffen. Broomfields Botschaft war einfach: Sein Land war bereit, das zweite Beihilfepaket für ostdeutschen Stahl zu unterstützen.

Am Vorabend des Gipfels des Europäischen Rates in Essen, an dem alle zwölf Staats- und Regierungschefs und der scheidende Präsident der Europäischen Kommission, Jacques Delors, teilnahmen, hatte sich die deutsche Regierung erneut durchgesetzt.[68] Am 21. Dezember 1994 genehmigte die Kommission förmlich staatliche Beihilfen in Höhe von bis zu 900 Millionen DM sowie weitere Darlehen des hinter dem Geschäft stehenden Bankenkonsortiums. Sowohl die Kommission als auch die Regierung des Vereinigten Königreichs hatten sich den deutschen Wünschen gebeugt. Energieminister Eggar musste sich von der Forderung, etwas für den britischen Stahl zu tun, verabschieden.

Langjährige Befürworter einer strengen Wettbewerbspolitik in Deutschland und der EU setzten sich schließlich dafür ein, dass Regierungen innerhalb der EU ein im Wesentlichen neues Werk in einer kränkelnden Industrie mit sozialistischer Vergangenheit subventionierten. In

---

68 Einstimmige Zustimmung Nr. 32/94 des Rates gemäß Artikel 95 Absatz 1 des Vertrags über die Gründung der Europäischen Gemeinschaft für Kohle und Stahl zur Privatisierung und zum Umstrukturierungskonzept der EKO Stahl GmbH, Eisenhüttenstadt, in: Amtsblatt der Europäischen Union, C 360, 17.12.1994, S. 12.

Deutschland bewirkte die Innenpolitik den Sinneswandel. Um voranzukommen, war eine Genehmigung der EU erforderlich. Bundesbeamte und Politiker, die die Schwerindustrie in der ehemaligen DDR wiederbeleben wollten, stießen auf den entschlossenen Widerstand der Regierungen anderer Mitgliedstaaten. Dennoch gelang es der Bundesregierung, nicht nur von der Kommission, sondern auch vom Vereinigten Königreich die Genehmigung für eine große Tranche staatlicher Beihilfen für die ostbrandenburgische Stahlindustrie zu erhalten. Ende 1994 – wie schon ein Jahr zuvor, als sich ein Handel mit Riva abzeichnete – kam die Regierung des Vereinigten Königreichs den direkten Forderungen von Bundeskanzler Helmut Kohl nach, staatlichen Beihilfen für die Stahlindustrie in Ostdeutschland zuzustimmen.

Im Juni 2022 gehörte das EKO-Werk in Eisenhüttenstadt zum ArcelorMittal-Konzern mit Sitz in Luxemburg. Wissenschaftler, die sich mit der Umstrukturierung Ostdeutschlands befassen, führen in der Regel das Vorhandensein eines funktionierenden Stahlwerks im Odertal an, um den »Erfolg« der Bundesregierung bei der Schaffung industrieller Kerne zu unterstreichen.[69] Diese Perspektive lädt dazu ein, die Kosten des Triumphs der deutschen Regierung in der EG/EU zu bewerten.

Was veranlasste die britische Regierung zu mehrmaligen Zugeständnissen in der Subventionsfrage zwischen 1992 und 1994? Die britische Zustimmung 1994 kam nur wenige Wochen vor dem Auslaufen einer besonderen Ausnahmeregelung, die regionale staatliche Beihilfen für die

---

69 Vgl. Michel Deshaies: La ré-industrialisation d'un territoire désindustrialisé. L'exemple des nouveaux Länder (Allemagne), in: Revue géographique de l'Est 57 (2017) 1–2, http://journals.openedition.org/rge/6295 (Zugriff am 9.6.2022); Rainer Karlsch: Industrielle Kerne in Deutschland. Entstehung, Erhalt und Wandel, in: Stefan Grüner/Sabine Mecking (Hg.): Wirtschaftsräume und Lebenschancen. Wahrnehmung und Steuerung von sozialökonomischem Wandel in Deutschland 1945–1990, Berlin/Boston 2017, S. 159–166. Die Umstrukturierung der industriellen Kerne erstreckte sich auf die Deutsche Waggonbau, SKET (Schwermaschinenbau-Kombinat Ernst Thälmann), das Mansfelder Land und die sächsischen Braunkohlebetriebe. Zur teilweisen strategischen Neuausrichtung, die dieser Politikwechsel innerhalb der Treuhand erforderte, siehe Marcus Böick: Die Treuhand. Idee – Praxis – Erfahrung 1990–1994, Göttingen 2018, S. 493–504.

Stahlproduktion in den neuen Bundesländern ermöglichte. Diese Tatsache und die lautstarke Opposition im Inland hätten den Widerstand des Vereinigten Königreichs gegen ein zweites großes Umstrukturierungsprogramm für Brandenburgs EKO Stahl verstärken müssen.

Der in Brüssel erzielte britisch-deutsche Kompromiss wurde British Steel und der britischen Presse als eine Wiederholung der ein Jahr zuvor getroffenen Entscheidung des EG-Industrierats verkauft. Das war irreführend: Die Bedingungen waren andere. In den Presseberichten wurde auch nicht erwähnt, was das Vereinigte Königreich für seine Zusammenarbeit erhalten hatte. Fern der Öffentlichkeit brachte die der deutschen Regierung erteilte Erlaubnis, den Handel mit Cockerill-Sambre zur Erhaltung von 2300 Arbeitsplätzen zu stützen, dem Vereinigten Königreich erhebliche Vorteile.

Das Finanzwesen, nicht die Industrie, spielte bei britischen Forderungen eine große Rolle: Die Notlage der heimischen Stahlindustrie wurde in erster Linie angeführt, um der Londoner City Vorteile zu verschaffen. Heseltine betonte, wie sehr britische Stahlunternehmen bereits gelitten hätten, um von seinem deutschen Amtskollegen eine Zusicherung zu erhalten, die sogenannte Datenschutzrichtlinie, den Vorläufer der 2018 in Kraft getretenen Datenschutz-Grundverordnung, auf Eis zu legen. Ende 1994 befand sie sich in einem fortgeschrittenen Entwurfsstadium und sowohl DTI-Beamte als auch die Confederation of British Industry (Verband der britischen Industrie) argumentierten, dass diese Richtlinie durch die Ausweitung der gemeinschaftsweiten Datenschutzvorschriften auf Papier gespeicherte Informationen Hypotheken- und Lebensversicherungsanbietern des Vereinigten Königreichs schwere Lasten auferlegen würde. Deutschland schien in der Lage zu sein, Zugeständnisse zu machen, da die Bonner Regierung bis Ende Dezember 1994 die EG-Präsidentschaft innehatte. Auf der Sitzung des Rates »Binnenmarkt« am 8. Dezember 1994 unter dem Vorsitz von Rexrodt stellte der deutsche Wirtschaftsminister die Maßnahme stillschweigend zurück.

Was erhielt die britische Regierung noch als Gegenleistung? Um diese Frage zu beantworten, muss man in die Zeit zurückblicken, in der die Deutschen in der Defensive waren, nachdem sich Rexrodt in Eisenhüttenstadt mit einer feindseligen Belegschaft konfrontiert gesehen hatte und die Fachgespräche in Brüssel Mitte November 1994 gescheitert waren. Nach einem Treffen mit Rexrodt an einem Freitagabend in Bonn empfahl der britische Botschafter Broomfield Handels- und Industrieminister Heseltine, auf dem bevorstehenden Treffen des Europäischen Rates in Essen die deutsche Bundesregierung zu ermutigen, eine britische Bank »als globalen Koordinator oder zumindest als Regierungsberater bei der Privatisierung der Deutschen Telekom« zu benennen.[70] Mit diesem Vorschlag war Broomfield nicht allein. Der wichtigste Privatsekretär im Finanzministerium, Nicholas MacPherson, hatte eine Mitteilung an den Privatsekretär Majors verfasst, um einen ähnlichen Vorschlag zu unterbreiten. Sollte sich das Vereinigte Königreich auf ein neues EKO Stahl-Paket einlassen, müsste der Preis dafür eine Beteiligung britischer Finanzdienstleister bei der Privatisierung der Deutschen Telekom sein:

> »[Kohl] steht kurz vor einer Entscheidung über Angebote von Banken des Vereinigten Königreichs für eine führende Rolle beim Verkauf der Deutschen Telekom. Es gibt zwei bedeutende Posten: globale Koordinierung des Verkaufs und Berater der Regierung. Beide sind an sich schon wichtig, aber auch, um die im Vereinigten Königreich ansässigen Banken in eine gute Position für andere europäische Privatisierungen zu bringen.«

Unter Berufung auf die Zustimmung des Finanzministers empfahl MacPherson, Major solle den deutschen Regierungschef darauf hinweisen, dass er im Wettbewerb zwischen einer europäischen (d. h. britischen) und einer US-amerikanischen Bank zu wählen habe.[71]

---

70 Fax from Broomfield to Heseltine, 20.11.1994, The National Archives PREM 19/4686/1, vol. 1, unfol. Das Monopol der Deutschen Telekom bei Sprachtelefonie wurde am 1. Januar 1998 formell abgeschafft.
71 Letter from Nicholas MacPherson to Roderic Lyne, 7.11.1994, The National Archives, PREM 19/4686/1, vol. 1, unfol.

Der Gewinn aus dem Verkauf des größten europäischen Telekommunikationsanbieters fiel dennoch nicht den »europäischen« Briten, sondern der bekanntesten amerikanischen Investmentbank zu. Das massive Aktienangebot, das Goldman Sachs im Auftrag der deutschen Bundesregierung durchführte, fand im Jahr 1996 statt. Ludewig nutzte die Transaktion, um die deutsche Offenheit gegenüber amerikanischen Investoren zu unterstreichen; von seinem neuen Posten im Bundeswirtschaftsministerium aus fragte Kohls Problemlöser für die ostdeutsche Wirtschaft Jeffrey Garten, den Staatssekretär für internationalen Handel im US-Handelsministerium, ob eine solche Mitwirkungsmöglichkeit eines deutschen Finanzintermediärs in den Vereinigten Staaten vorstellbar wäre.[72]

Es würde den Rahmen dieser Untersuchung sprengen, nachzuzeichnen, wie Goldman Sachs zu dieser Position als »gemeinsamer globaler Koordinator« bei der Privatisierung der Deutschen Telekom kam. Dank der Website von Goldman Sachs wissen wir, dass das Geschäft »die Krönung jahrelanger intensiver Bemühungen des Unternehmens war, sein Investmentbanking-Geschäft in Deutschland aufzubauen«. Die neue Position wurde in Opposition zu den größten deutschen Banken erreicht und durch die Rolle der Investmentbank als »der führende Berater der Treuhandanstalt, des Organs, das zur Privatisierung der ostdeutschen Staatsbetriebe gegründet wurde«, erheblich befördert.[73]

---

72 Ludewig bestand auch darauf, dass Garten den Beitrag der deutschen Regierung zur Marktliberalisierung anerkenne, und führte die Unterstützung der Bundesregierung der Handelsgespräche der Uruguay-Runde und ihre Bemühungen, die Europäische Kommission zu nicht näher bezeichneten Reformen zu bewegen, an. Das Hauptinteresse von Garten bestand darin, im Auftrag mehrerer Unternehmen, darunter General Electric und Westinghouse, einen besseren Zugang zum deutschen Energiemarkt zu erhalten. Vgl. Gespräch Staatssekretär Dr. Ludewig mit Undersecretary Jeffrey Garten, US-Handelsministerium, am 27.4.1995, 28.4.1995, BArch Koblenz, B 102/787375, unfol.
73 Goldman Sachs, History: Goldman Sachs opens Frankfurt office, o. D., https://www.goldmansachs.com/our-firm/history/moments/1990-frankfurt.html (Zugriff am 9.6.2022). Eine ähnliche Einschätzung auf der Grundlage von Interviews mit Goldman-Insidern findet sich in Paul Jowett/Francoise Jowett: Private Equity: The German Experience, New York 2011, S. 249.

Schlussfolgerungen

Die Privatisierung des ostdeutschen Stahl- und Schiffbaus erweist sich bei eingehender Betrachtung als komplizierter und vielschichtiger Prozess, an dem andere Nationalstaaten, die supranationalen Gremien der EG/EU und zwischenstaatliche Organisationen wie die OECD und das GATT beteiligt waren. Dieser Beitrag hat die zentrale Rolle der Europäischen Kommission als ein die Agenda vorgebendes Organ in Ostdeutschland und Westeuropa kritisch hinterfragt. Wirtschaftswissenschaftler, Rechtswissenschaftler und vor allem Politikwissenschaftler haben die zunehmenden Befugnisse der Kommission in Bezug auf alle Formen staatlicher Unterstützung von Unternehmen in den Jahren unmittelbar vor und nach der Umsetzung der institutionellen Reformen und der Liberalisierungsmaßnahmen zur Förderung der europäischen Integration hervorgehoben, die häufig als das Binnenmarktprogramm 1992 bezeichnet werden.[74]

Der vorliegende Beitrag unterstreicht die Bedeutung konkurrierender nationalstaatlicher Regierungen in einer Zeit, in der sich die Autorität der Kommission, der europäischen Gerichte und einzelner Mitgliedstaaten nicht nur konsolidierte, sondern auch erhebliche Herausforderungen erfuhr. Wirtschaftswissenschaftler betonen seit Langem die schrittweise Ausweitung der EG/EU-Kontrolle über einzelne Mitgliedstaaten und große Unternehmen. Die meisten Wissenschaftler erkennen zwar bedeutende Interventionen des Europäischen Rates und des Europäischen Par-

---

74 Ein großer Teil der politikwissenschaftlichen Literatur befasst sich mit den »Fortschritten« und »Entwicklungsstufen« auf dem Weg zu einer einheitlichen EG/EU-Wettbewerbspolitik. Dabei liegt ein besonderes Augenmerk auf der Fusionskontrolle im Sinne der von der Kommission vorgenommenen Anpassung der in den EG/EU-Verträgen niedergelegten Grundsätze. Eine knappe Einführung in die englischsprachigen politikwissenschaftlichen Interpretationen bietet Stephen Wilks: Competition Policy. Defending the Economic Institution, in: Helen Wallace u. a. (Hg.): Policy-Making in the European Union, New York ^{7}2015, S. 141–165. Einen Überblick über die politikwissenschaftliche Literatur zu den Versuchen der Europäischen Kommission, Bestimmungen über staatliche Beihilfen durchzusetzen, geben Hussein Kassim/Bruce Lyons: The New Political Economy of EU State Aid Policy, in: Journal of Industry Competition, and Trade 13 (2013) 1, S. 1–21.

laments an, betonen aber die allmähliche Akkumulation von vertraglich zugestandenen Regulierungsbefugnissen durch die Kommission, durch die es in den späten 1980er- und vor allem in den 1990er-Jahren zu einem dramatischen Anstieg von Untersuchungen durch die Kommission bei Unternehmensfusionen und -übernahmen kam. Ich hingegen zeige auf, wie sich energische zwischenstaatliche Verhandlungen und Lobbyismus der Wirtschaft mit den systemischen Veränderungen überschnitten, die die westeuropäischen Volkswirtschaften in dem halben Jahrzehnt nach 1989 durchliefen. Um den künftigen belgischen Eigentümer des größten ostdeutschen Stahlwerks mit einer großzügigen Beihilfe unterstützen zu können, verpflichtete sich die Bundesregierung, der Subventionierung einer neuen Fabrik in Nordirland zuzustimmen, eine Initiative zur Stärkung des Datenschutzes in der gesamten Europäischen Union auf Eis zu legen und die Beteiligung einer britischen Investmentbank an der Privatisierung der Deutschen Telekom zu erwägen. Die entscheidenden institutionellen Akteure im Fall der Subventionen für die Privatisierung von EKO waren Regierungen von Nationalstaaten und nicht die Wettbewerbsbehörden in Brüssel. Künftige wissenschaftliche Arbeiten sollten versuchen zu bewerten, inwieweit sich Sanierungen in ostmitteleuropäischen Ländern auf Präzedenzfälle in westeuropäischen Nationalstaaten und Institutionen stützten, einschließlich solcher, die im multinationalen Schmelztiegel der ostdeutschen Massenprivatisierung geschmiedet wurden. Längerfristig sollte das Ziel darin bestehen, die grenzüberschreitenden Verbindungen zwischen der Entstaatlichung der verarbeitenden Industrien, des Verkehrs und der öffentlichen Versorgungsbetriebe einerseits und der Liberalisierung der Telekommunikation, des Datenschutzes und des Finanzwesens durch nationale und supranationale Organe andererseits zu entflechten. Dabei vollzog sich die Kotransformation oft in engen konzentrischen Kreisen, die mehrere Staaten durch institutionelle Verflechtungen miteinander verbanden.

Die Massenprivatisierung in Ostdeutschland wurde lange Zeit als eine Reihe von im Wesentlichen regionalen Nachbeben im Anschluss an die rasche nationale politische Einheit dargestellt. Abgesehen von der Diplomatie im Vorfeld der politischen Einigung wurde transnationalen Faktoren oft wenig Beachtung geschenkt. Soweit vorhanden, blicken vergleichende Darstellungen der wirtschaftlichen Transformation Ostdeutschlands in der Regel nach Osten und Süden, um einen relativen Erfolg der Bundesregierung bei der Stabilisierung der ostdeutschen Wirtschaft im Vergleich zu angeschlagenen Nachbarländern wie der Tschechoslowakei, Ungarn oder Polen hervorzuheben, wenn auch auf einem niedrigeren Niveau der Industrieproduktion und um den Preis hoher Arbeitslosigkeit.

Die wachsende Verflechtung Ostdeutschlands mit der EG/EU blieb Zeitgenossen häufig verborgen. Das Schicksal der ostdeutschen Industrie war jedoch mit den Interessen der EG/EU und der westeuropäischen Mitgliedstaaten eng verwoben. Bezogen auf die erste Hälfte der 1990er-Jahre verdienen die Verhandlungen zwischen den Regierungen der zwölf EG/EU-Mitgliedstaaten größere Aufmerksamkeit, um die europapolitischen Dimensionen der Massenprivatisierung in Ostdeutschland herauszuarbeiten. Nicht nur die allgemeine Durchsetzung neoliberaler Ideen als Mittel zur Schaffung territorialer Integration oder Wettbewerbsfähigkeit – innerhalb der expandierenden EU und eines erweiterten Deutschlands –, sondern auch die Interessen grenzüberschreitender Geldgeber und nationaler Regierungen prägten die Ergebnisse der Privatisierung von Unternehmen in Ostdeutschland und Westeuropa.

Eva Schäffler
Die Privatisierung der anderen. Privatisierungskonzepte und -wege in deutsch-tschechischer Perspektive

Nach dem Ende des Staatssozialismus kam es in Ostdeutschland und ganz Ostmitteleuropa zu umfassenden Transformationsprozessen – in politischer, gesellschaftlicher und wirtschaftlicher Hinsicht. Der Übergang von der Plan- zur Marktwirtschaft, einschließlich der Privatisierung der Staatsbetriebe, stand in allen Ländern der Region auf der Tagesordnung. Aus deutscher Sicht ist ein Blick in Richtung Ostmitteleuropa – zum Beispiel in die Tschechische Republik[1] – in diesem Zusammenhang sinnvoll und lohnenswert. Denn mittels vergleichender und transnationaler Betrachtungsweisen kann auch die ostdeutsche Geschichte, die bislang häufig als Sonderweg empfunden und dargestellt wird,[2] in einen größeren Kontext eingeordnet werden.

Die Privatisierungen in Ostdeutschland und in der Tschechischen Republik eignen sich in besonderer Weise für eine grenzüberschreitende

---

1 Der Beitrag bezieht sich in erster Linie auf den tschechischen Teil der Tschechischen und Slowakischen Föderativen Republik (ČSFR) und ab 1993 auf die Tschechische Republik. Um eine bessere Lesbarkeit zu gewährleisten, ist häufig nur die Rede von »Tschechien« und der »tschechischen« Privatisierung.
2 Diese Tendenz gibt es auch in der auf die DDR bezogenen Literatur. Mit ostmitteleuropäischen bzw. transnationalen Perspektiven für die DDR-Geschichte hat sich erst kürzlich Florian Peters beschäftigt. Vgl. ders.: Am Schnittpunkt von Ost und West, in: Vierteljahrshefte für Zeitgeschichte 69 (2021), S. 332–345. Grundlegend (und mit weiteren Literaturverweisen) zur Debatte um den Stellenwert der DDR-Geschichtsschreibung innerhalb der deutschen und internationalen Zeitgeschichte vgl. Henrik Bispinck u. a.: Die Zukunft der DDR-Geschichte. Potentiale und Probleme zeithistorischer Forschung, in: Vierteljahrshefte für Zeitgeschichte 53 (2005), S. 547–570.

Perspektive. Die beiden Länder hatten bis 1989/90 eine ähnliche wirtschaftliche Entwicklung durchlaufen. Bereits nach dem Zweiten Weltkrieg waren sie die am weitesten industrialisierten Länder in der Region. Bis Ende der 1980er-Jahre verzeichneten beide, die ČSSR und die DDR, eine höhere Wirtschaftsleistung als die anderen sozialistischen Staaten. Dieser Beitrag beleuchtet die wirtschaftliche und wirtschaftspolitische Entwicklung der 1990er-Jahre sowohl im Hinblick auf wechselseitige Wahrnehmungen als auch hinsichtlich unterschiedlicher Privatisierungskonzepte und -wege.

Erstens geht es allgemein um die Perzeption der jeweils »anderen« Privatisierung, vor allem aus einer zeitgenössischen Perspektive. Analysiert wird, wie der Privatisierungsprozess im jeweiligen Nachbarland eingeordnet und bewertet wurde – sei es von politischer, wissenschaftlicher oder medialer Seite. Zweitens wird die sogenannte Anteilschein- oder Kuponprivatisierung behandelt, die für Ostdeutschland lediglich diskutiert, in Tschechien aber realisiert wurde.[3]

1. Wechselseitige Wahrnehmung der ostdeutschen und der tschechischen Privatisierung

Wechselseitige Perspektiven auf die ostdeutsche und tschechische wirtschaftliche Entwicklung im Allgemeinen sowie den Privatisierungsprozess im Speziellen finden sich sowohl in der zeitgenössischen Presse[4] als

---

3 Im Tschechischen wurden die Anteilscheine als kupóny bezeichnet. Angelehnt an diese Bezeichnung ist hier die Rede von »Kupon«, »Kupons«, »Kuponmethode« und »Kuponprivatisierung« (das diakritische Zeichen über dem o wird bei den eingedeutschten Bezeichnungen weggelassen). In der Forschungsliteratur geläufig sind auch die Bezeichnungen »Coupon« und – besonders häufig – »Voucher«.

4 Ein Großteil der hier verwendeten tschechischen Presseartikel stammt aus einem Pressespiegel, der im tschechischen Nationalarchiv im Bestand des Zentrums für Kuponprivatisierung verwahrt wird. In diesem Pressespiegel wurden die Artikel meist ohne die Angabe von Seitenzahlen gesammelt, weshalb diese Angabe häufig auch in diesem Beitrag fehlt. Aufgrund der Nennung der Zeitung, des Artikeltitels sowie des Erscheinungsdatums ist die Herkunft der Informationen dennoch klar nachvollziehbar.

auch in der zeitgenössischen, vornehmlich wirtschaftswissenschaftlichen Fachliteratur. Darüber hinaus äußerten sich auch tschechische und deutsche Politikerinnen und Politiker[5] immer wieder zum Reformprozess im jeweiligen Nachbarland. Zudem stellten sich vor allem tschechische und deutsche Wissenschaftlerinnen und Wissenschaftler die grundlegende Frage, ob die Transformations- und Privatisierungsprozesse in den beiden Ländern überhaupt miteinander vergleichbar seien. Diese Frage wurde unter Verweis auf die besonderen Ausgangs- und Rahmenbedingungen in Ostdeutschland tendenziell verneint. Die Entwicklungen in den sogenannten neuen Bundesländern seien vor allem durch den Beitritt zur Bundesrepublik und durch die daraus resultierenden institutionellen und finanziellen Auswirkungen geprägt worden.[6] Dementsprechend wurden die tschechische Transformation und Privatisierung am häufigsten mit den allgemein als »ähnlicher« geltenden Prozessen in Polen und Ungarn verglichen.[7]

Jedoch gab es auch Versuche, Gemeinsamkeiten und Unterschiede zwischen dem ostdeutschen und dem tschechischen Fall in wissenschaft-

---

5 In diesem Beitrag wird die männliche Form verwendet, wenn es sich bei der bezeichneten Gruppe ausschließlich oder beinahe ausschließlich um Männer handelt. Die männliche und die weibliche Form werden verwendet, wenn sowohl Frauen als auch Männer an den beschriebenen Entwicklungen beteiligt waren.
6 Vgl. Richard Frensch: Die Transformation der Wirtschaft der CSFR: Entwicklungen 1991/92, München 1993, S. 12; Mathias Hink: Vergleich der Gesetze zur Privatisierung der staatlichen Unternehmen in der ehemaligen DDR, Polen, Ungarn und in der Tschechischen Republik, Berlin 1995, S. 124; Ursula Mense-Petermann: Privatisierung und betriebliche Restrukturierung. Drei Fallbeispiele aus Ostdeutschland der Tschechischen Republik und Polen im Vergleich, in: Ilja Srubar (Hg.): Eliten, politische Kultur und Privatisierung in Ostdeutschland, Tschechien und Mittelosteuropa, Konstanz 1998, S. 269–285, hier S. 271; ders.: Vorwort, in: ders. (Hg.): Eliten, politische Kultur und Privatisierung, S. 7–10, hier S. 7.
7 Auf diese Länder fokussierte vergleichende Perspektiven finden sich z. B. in: Dorothee Bohle/Béla Greskovits: Capitalist Diversity on Europe's Periphery, Ithaca 2012; Robert Holman: Transformace české ekonomiky v komparaci s dalšími zeměmi střední Evropy, Prag 2000; Mitchell A. Orenstein: Out of the Red. Building Capitalism and Democracy in Postcommunist Europe, Ann Arbor 2001; Besnik Pula: Globalization under and after socialism. The evolution of transnational capital in Central and Eastern Europe, Stanford 2018; Libor Žídek: From Central Planning to the Market. The Transformation of the Czech Economy, 1989–2004, Budapest/New York 2017.

lichen Diskussionen und Publikationen herauszuarbeiten. Eine Konferenz, auf der deutsch-tschechische Perspektiven eingenommen wurden, fand beispielsweise im Oktober 1996 unter dem Titel »Einheit und Differenz. Die Transformation Ostdeutschlands in vergleichender Perspektive« an der Berliner Humboldt-Universität statt.[8] Laut dem Tagungsbericht einer tschechischen Soziologin lag der Schwerpunkt der Referate und der anschließenden Diskussionen zwar auf dem ostdeutschen Fall; sie war aber überzeugt, dass vergleichende Perspektiven auf Ostdeutschland und die Tschechische Republik ebenso ertrag- und lehrreich sein könnten.[9]

Derartige (ost-)deutsch-tschechische Betrachtungen stimmten darin überein, dass in beiden Ländern ein hohes Privatisierungstempo angeschlagen worden sei. Daher habe man in beiden Ländern einen schnellen Abschluss der Privatisierung erreicht, zumindest im Vergleich mit anderen ostmitteleuropäischen Staaten. Gleichzeitig kamen deutsche und tschechische Beobachter zu dem Schluss, dass im Verlauf der 1990er-Jahre sowohl in Ostdeutschland als auch in Tschechien immer größere wirtschaftliche Probleme aufgetreten seien, was zum Teil auf Mängel und Lücken im Privatisierungsprozess zurückgeführt wurde.[10] Mit Blick auf die Privatisierungsmethoden wurden vor allem die Unterschiede zwischen Ostdeutschland und Tschechien hervorgehoben. So seien ostdeutsche Betriebe meist direkt an Investoren verkauft worden, während in

---

8 Die Ergebnisse finden sich in Jan Wielgohs/Helmut Wiesenthal (Hg.): Einheit und Differenz. Die Transformation Ostdeutschlands in vergleichender Perspektive, Berlin 1997.
9 Vgl. Zdenka Mansfeldová: Einheit und Differenz, in: Sociologický časopis 32 (1996), S. 507 f.
10 Vgl. Hink: Vergleich der Gesetze (wie Anm. 6), S. 94; Jiří Kosta: Transformace východoněmecké ekonomiky, in: Lidové noviny vom 2.2.1994, S. 6; Rudolf Kučera: Česko-německé paralely, in: Střední Evropa 13 (1997) 72/73, S. 5–9, hier S. 5; Meinhard Miegel u. a.: Wirtschaftlicher Strukturwandel und Produktivitätswachstum im Zuge des marktwirtschaftlichen Umbaus in Ostdeutschland und in der Tschechischen Republik, Leipzig 1997, S. 150.

Tschechien neben Direktverkäufen auch die Kuponmethode[11] einen wichtigen Stellenwert eingenommen habe.[12]

Von der (Nicht-)Vergleichbarkeit bzw. Unterschiedlichkeit der Entwicklungen in Ostdeutschland und Tschechien war auch die Rede in der Politik. Der damalige sächsische Ministerpräsident Kurt Biedenkopf verwies beispielsweise darauf, dass sich Ostdeutschland und seine Nachbarländer »in einem tiefgreifenden Transformationsprozeß [befinden], der allerdings sowohl in seinem Umfang als auch im Verlauf große Unterschiede« aufweise, was er vor allem auf die besonderen (ost-)deutschen Ausgangs- und Rahmenbedingungen zurückführte.[13] Nichtsdestotrotz vertraten deutsche Behörden bereits in den frühen 1990er-Jahren die Auffassung, dass ihre eigenen Privatisierungserfahrungen grundsätzlich auch in anderen Ländern der Region anwendbar seien. Versuche, diese Erfahrungen in Richtung Osten weiterzugeben, starteten unter anderem die Treuhand Osteuropa Beratungsgesellschaft sowie eine Reihe übergeordneter Behörden wie das Bundesministerium für Wirtschaft und das Auswärtige Amt. Das tschechische Interesse, deutsche Beratungshilfe in Anspruch zu nehmen, war jedoch gering, vor allem auch im Vergleich zu anderen ostmittel- und osteuropäischen Staaten.[14]

---

11 Auf die Kuponmethode wird in Abschnitt 2 (»Kupons – eine Idee und ihre Verwirklichung«) genauer eingegangen.
12 Vgl. Hink: Vergleich der Gesetze (wie Anm. 6), S. 94f.
13 Kurt Biedenkopf: Die politischen und ökonomischen Herausforderungen der grenzüberschreitenden wirtschaftlichen Zusammenarbeit Polens, der Tschechischen Republik und Deutschlands, in: Meinhard Miegel u. a. (Hg.): Grundlagen der wirtschaftlichen Zusammenarbeit der grenznahen Regionen Polens, der Tschechischen Republik und Deutschlands, Leipzig 1994, S. 12–23, hier S. 12.
14 Vgl. zur deutschen Beratungshilfe in Ost(mittel)europa im Allgemeinen und in Tschechien im Speziellen Eva Schäffler: Zwischen Staat und Privat: Die Treuhand Osteuropa Beratungsgesellschaft, in: Deutschland Archiv, 17.2.2020, www.bpb.de/305396 (Zugriff am 10.3.2022); Eva Schäffler: From »Well-Understood Self-Interest« to Conflicts of Competence: German Consulting Assistance in Central Eastern Europe, in: Ostap Kushnir/Oleksandr Pankieiev (Hg.): Meandering in Transition. Thirty Years of Reforms and Identity in Post-Communist Europe, Lanham 2021, S. 207–227; Eva Schäffler: Transformation as transnational process: German-Czech economic relations after 1989, in: Journal of Contemporary Central and Eastern Europe 30 (2022) 1, https://doi.org/10.1080/25739638.2022.2044619 (Zugriff am 10.3.2022).

Vielmehr kritisierte Václav Klaus, der den tschechischen Privatisierungsprozess erst als tschechoslowakischer Finanzminister und später als tschechischer Ministerpräsident maßgeblich prägte,[15] immer wieder die deutsche Privatisierungspolitik. Klaus hielt den westdeutschen Einfluss auf die ostdeutsche Transformation für zu groß und monierte auch die staatlichen Finanztransfers von den alten in die sogenannten neuen Bundesländer.[16] In einer Rede anlässlich der Verleihung des Ludwig-Erhard-Preises in Bonn im Mai 1993 führte er beispielsweise aus:

> »Ich kann mir schwer vorstellen, wie sich Erhard heute zur Vereinigung Deutschlands und zur Transformation der östlichen Bundesländer stellen würde. [...]. Er würde von den ungünstigen Nebenwirkungen umfangreicher Finanztransfers sowohl auf den Gebenden als auch auf den Nehmenden warnen, er würde außerdem die lähmenden Folgen der von Außenstehenden organisierten Transformation der Gesellschaft registrieren und daran erinnern, daß der höchste Wert nicht die schnelle nationale Einheit ist, sondern sich frei entscheidende und frei wirtschaftende Individuen.«[17]

Kritische Perspektiven auf Ostdeutschland finden sich auch bei tschechischen Wissenschaftlern und insbesondere in der tschechischen Presse. Bei einem Vergleich der Entwicklungen in Tschechien und in Ostdeutschland wurde der ostdeutsche Fall meist als negatives Beispiel bezeichnet. So wurde tschechischen Beobachtern zufolge bereits vor der deutschen Einheit aus politischen Gründen die Währungsunion eingeführt. In der Folge hätten sich negative wirtschaftliche Konsequenzen eingestellt, ins-

---

15 Dabei verfolgten Klaus und seine Mitstreiter einen nach außen hin dezidiert marktliberalen Reformkurs. Klaus beschwor unter anderem einen »Markt ohne Adjektive« (»trh bez adjektiv«). Vgl. Václav Klaus: Snahy o hledání třetí cesty nekončí, in: Lidové noviny vom 7.3.1994, S. 1 u. 3. Von zeitgenössischen Beobachtern und auch in der Forschungsliteratur wurde und wird aber auf eine deutliche Lücke zwischen Klaus' Reformrhetorik und Reformpolitik hingewiesen (für Literaturverweise vgl. Anm. 36).
16 Vgl. Václav Klaus: Renaissance. The Rebirth of Liberty in the Heart of Europe, Washington D.C. 1997, S. 69 u. 72.
17 Václav Klaus: Die beste Sozialpolitik ist eine gute Wirtschaftspolitik, in: ders.: Tschechische Transformation und europäische Integration. Gemeinsamkeiten von Visionen und Strategien, Passau 1995, S. 47–61, hier S. 51.

besondere der sich für die ostdeutschen Betriebe plötzlich ergebende Wettbewerbsdruck sowie der Verlust ihrer bisherigen Absatzmärkte. Anders sei die Entwicklung in Tschechien verlaufen: Durch eine drastische Abwertung der Krone habe man die Wettbewerbsfähigkeit und das Fortbestehen der Betriebe besser als in Ostdeutschland absichern können.[18]

Weitere (Negativ-)Merkmale, die dem ostdeutschen Transformations- und Privatisierungsprozess von tschechischen Beobachtern zugeschrieben wurden, waren sein hohes Tempo und sein (zu) marktliberaler Charakter. In Kombination mit den spezifischen Ausgangs- und Rahmenbedingungen habe sich in Ostdeutschland ein wirtschaftlicher Aufwärtstrend zwar schneller eingestellt als in Tschechien, jedoch habe sich das Vorgehen in sozialer Hinsicht sehr negativ ausgewirkt. Obwohl versucht worden sei, sozialen Missständen durch massive staatliche Transfers entgegenzuwirken, sei dies nur in einem sehr begrenzten Ausmaß gelungen. Zudem hätten die Ausgleichszahlungen nur durch die Aufnahme von Schulden finanziert werden können.[19] Zur Bezifferung der sozialen Kosten wurden auf tschechischer Seite insbesondere die ostdeutschen Arbeitslosenzahlen herangezogen.[20] Die Arbeitslosenquote betrug hier 1991 10,3 Prozent und 1999 18,7 Prozent.[21] Mit 1,1 Prozent im Jahr 1991 und 8,7 Prozent im Jahr 1999 war dieser Wert in Tschechien deutlich niedriger.[22]

---

18 Vgl. z. B. Kosta: Transformace východoněmecké ekonomiky (wie Anm. 10), S. 6; Rudolf Kučera: Česko-německé paralely, in: Střední Evropa 13 (1997) 72/73, S. 5–9, hier S. 8 f.; Václav Žák: Privatizace po německu, in: Hospodářské noviny vom 11.5.1993, S. 18.
19 Vgl. ebd.; Tři roky znovusjednocení země, in: Lidové noviny (příloha: Finanční noviny) vom 13.10.1993, S. 5.
20 Beispielsweise in Emílie Harantová: Dlužníci a úplatkové aféry doprovázejí privatizaci také ve východním Německu, in: Mladá Fronta Dnes vom 14.8.1993, S. 9.
21 Vgl. Bundesagentur für Arbeit (Statistik): Arbeitslosigkeit im Zeitverlauf. Entwicklung der Arbeitslosenquote (Strukturmerkmale). Deutschland, Ost, West, Nürnberg 2022.
22 Vgl. Jan Švejnar/Katherine Terrellová/Daniel Münich: Nezaměstnanost v české a slovenské republice, in: Jan Švejnar u. a. (Hg.): Česká Republika a ekonomická transformace ve střední a východní Evropě, Prag 1997, S. 237–266, hier S. 237; Český statistický úřad. Základní charakteristiky ekonomického postavení obyvatelstva ve věku 15 a více let (Zaměstnanost, nezaměstnanost), https://vdb.czso.cz/vdbvo2/faces/index.jsf?page=vystup-objekt&f=TABULKA&z=T&skupId=426&katalog=30853&pvo=ZAM01-A&pvo=ZAM01-A&str=v178&c=v3~8__RP1999 (Zugriff am 10.3.2022).

Aber auch andere wirtschaftliche Kennziffern wie das Lohnniveau und das Bruttoinlandsprodukt wurden von tschechischen Beobachtern angeführt, um auf Probleme bei der wirtschaftlichen Transformation in Ostdeutschland hinzuweisen. Im März 1994 berichteten beispielsweise die auf Wirtschaftsthemen spezialisierten *Hospodářské noviny,* dass das Durchschnittsgehalt in den ostdeutschen Bundesländern 1992 etwa 58 Prozent des Durchschnittsgehalts in den westdeutschen Bundesländern betragen habe. 1993 sei dieser Wert dann auf knapp 66 Prozent gestiegen.[23] Gut ein Jahr später verwiesen die *Hospodářské noviny* darauf, dass man 1995 mit einem Wachstum des ostdeutschen Bruttoinlandsprodukts (BIP) um 8,5 Prozent rechne. Trotz dieser positiven Tendenz liege das BIP pro Kopf in Ostdeutschland aber nur bei gut der Hälfte des westdeutschen Werts.[24]

In der tschechischen Presse wurden außerdem die sich aus diesem wirtschaftlichen Gefälle ergebenden gesellschaftlichen Spaltungen sowie Fehleinschätzungen und kriminelle Verhaltensweisen aufseiten der Treuhandanstalt häufig angesprochen.[25] Oft habe man Betriebe einfach »loswerden« wollen und deshalb sehr geringe Preise akzeptiert und auch die Käufer nicht ausreichend durchleuchtet.[26] Darüber hinaus berichteten tschechische Zeitungen, dass die Treuhand für große Industriebetriebe in zahlreichen Fällen nicht in der Lage gewesen sei, Käufer zu finden. Viele ostdeutsche Unternehmen seien weiterhin kaum konkurrenzfähig und wiesen eine zu geringe Arbeitsproduktivität auf.[27]

---

23 Vgl. Olivie Miškovská: Méně peněz – více pracovních míst, in: Hospodářské noviny vom 18.3.1994, S. 21.
24 Vgl. Petr Němec: Nové spolkové země dohánějí ztráty, in: Hospodářské noviny vom 21.6.1995, S. 21.
25 Vgl. z.B.: Tři roky (wie Anm. 19), S. 5; Harantová: Dlužníci a úplatkové aféry (wie Anm. 20), S. 9; Ve východním Německu před cílem, in: Hospodářské noviny vom 29.3.1994, S. 16; Radim Klekner: Šest tisíc bankrotů v bývalé NDR, in: Lidové noviny vom 18.7.1996, S. 6; Vladimír Pick: Na půl cestě za západním Německem, in: Hospodářské noviny vom 1.10.1997, S. 12.
26 Vgl. Harantová: Dlužníci a úplatkové aféry (wie Anm. 20), S. 9.
27 Vgl. František Šulc: Pouze privatizace řešením, in: Hospodářské noviny vom 16.2.1993, S. 30.

Je weiter die 1990er-Jahre voranschritten, desto häufiger wurden vor allem die sozialen Spannungen in der Bundesrepublik thematisiert. So berichteten die *Hospodářské noviny* im Herbst 1994 über einen »Bruderzwist« im Nachbarland: Ein in Westdeutschland weitverbreiteter Vorwurf laute, dass die westdeutschen Bundesländer für den Aufschwung in den ostdeutschen Bundesländern bezahlt und sich dadurch selbst wirtschaftliche Probleme eingehandelt hätten. Von ostdeutscher Seite werde wiederum der Vorwurf erhoben, die ostdeutschen Bundesländer seien im Zuge des Privatisierungsprozesses von den westdeutschen Bundesländern übernommen worden.[28] Auch im Herbst 1997 interessierten sich die *Hospodářské noviny* noch für den deutsch-deutschen Konflikt. Unter der Überschrift »Die ›Mauer in den Köpfen‹ steht bei vielen weiter« berichtete das Blatt, dass nicht nur massive wirtschaftliche Unterschiede existierten, sondern dass auch mentale Unterschiede zwischen »Ossis« und »Wessis« noch deutlich spürbar seien.[29]

Insgesamt war die tschechische Berichterstattung von einem sachlichen Interesse an den Entwicklungen im Nachbarland geprägt. Der Blick in Richtung Ostdeutschland diente darüber hinaus der Kontextualisierung des eigenen Privatisierungsprozesses. Dabei ging es vor allem darum, auf Gemeinsamkeiten und Unterschiede zwischen den Prozessen hinzuweisen und so zumindest indirekt auch eine Bewertung der tschechischen Privatisierungspolitik vorzunehmen. Durch Berichte über Fehlentwicklungen und missbräuchliche Verhaltensweisen in Ostdeutschland wurden die Probleme, mit denen man selbst zu kämpfen hatte, in einen größeren Zusammenhang eingeordnet und in gewisser Hinsicht auch relativiert.

Betont wurden außerdem die sozioökonomischen Probleme, insbesondere die Arbeitslosenzahlen, sowie die in Deutschland im Zuge des Privatisierungsprozesses entstandene gesellschaftliche Spaltung. Da solche Phänomene in Tschechien zumindest oberflächlich betrachtet in

---

28 Vgl. Olivie Miškovská: Komu vlastně patří východní Německo?, in: Hospodářské noviny vom 6.9.1994, S. 20.
29 Petr Němec: Zdi v hlavách mnohých stále stojí, in: Hospodářské noviny vom 3.10.1997, S. 15.

einem viel geringeren Ausmaß auftraten, war dies eine Gelegenheit, die eigene Privatisierungsstrategie in ein positives Licht zu rücken. Gerade der Vergleich zu Ostdeutschland eignete sich für eine positive Abgrenzung. Immer wieder wurde (zumindest indirekt) betont, dass Tschechien die Privatisierung gleich gut oder sogar besser bewältige, obwohl man hier nicht auf die politische oder finanzielle Unterstützung eines »großen (westdeutschen) Bruders« zählen könne.

Deutlich andere Untertöne lassen sich aus der westdeutschen[30] Berichterstattung herauslesen. Zwar gab es auch hier ein sachliches Interesse an der Privatisierungspolitik im Nachbarland und zum Teil wurden auch Vergleiche zum Vorgehen in Ostdeutschland gezogen, jedoch schien das Ziel einer positiven Abgrenzung kaum eine Rolle zu spielen. Eine Bewertung der Vorgänge im Nachbarland nahm man dennoch vor: In den frühen 1990er-Jahren wurde Tschechien noch für seine gute wirtschaftliche Lage und seine gelungene Privatisierungspolitik gelobt, ehe dann in der zweiten Hälfte des Jahrzehnts vermehrt negative Entwicklungen unter die Lupe genommen wurden – wobei Bezugnahmen zum eigenen Vorgehen und vor allem zu den eigenen Defiziten und Fehlern in Ostdeutschland meist fehlten. Über den gesamten Zeitraum hinweg lässt sich immer wieder auch ein (leicht) bevormundender oder despektierlicher Ton in den deutschen Presseartikeln ausmachen.

Konkret interessierten sich die deutschen Blätter in den frühen 1990er-Jahren vor allem für die Frage, mit welchen Voraussetzungen Tschechien in den Reformprozess ging und inwieweit die geplanten und bereits vorgenommenen Schritte denen in Ostdeutschland ähnelten. Im April 1990 berichtete beispielsweise die *Frankfurter Allgemeine Zeitung*, dass die Situation in der Tschechoslowakei »von deutschen Beobachtern«

---

30 Da in diesem Abschnitt Artikel aus überregional erscheinenden Blättern als Beispiele herangezogen werden, ist die hier vertretene Perspektive in der Regel westdeutsch dominiert.

gemeinhin als gut eingeschätzt werde. Es sei die Rede von einem »ausgesprochen günstig[en]« Investitionsklima, und die Lage in Industrie und Infrastruktur werde als besser als in der DDR eingestuft.[31] Ebenfalls im April 1990 bescheinigte der *Rheinische Merkur* der Tschechoslowakei gute Grundvoraussetzungen für einen erfolgreichen Reformprozess – vor allem auch im Vergleich zur Situation in anderen Ländern der Region. Das Land verfüge unter anderem über stabile Finanzen und einen gut ausgebauten industriellen Sektor. Hinzukomme, dass die Bevölkerung gegenüber Reformen aufgeschlossen sei und die Regierung sich darum bemühe, diese Reformen auch tatsächlich schnell und umfassend einzuleiten.[32]

Im Juni 1994 bezeichnete *Der Spiegel* Tschechien gar als »Klassenprimus« unter den Reformstaaten. Als besonders positiv wurden die geringe Arbeitslosenquote sowie das währungspolitische Vorgehen des Landes gewertet. Durch einen strikten Sparkurs sei die Krone zur »härtesten Währung Ostmitteleuropas« geworden. Außerdem habe das Land schon zum Ende des Staatssozialismus über gute Ausgangsbedingungen verfügt, insbesondere aufgrund seiner geringen Auslandsverschuldung.[33] Auch im weiteren Verlauf der 1990er-Jahre wurden die frühen Reformjahre in der Tschechoslowakei bzw. Tschechischen Republik in der Rück-

---

31 Thomas Knipp: In Prag streitet die Regierung über den Weg zur Marktwirtschaft, in: Frankfurter Allgemeine Zeitung vom 6.4.1990, S. 19.
32 Vgl. Hans Martin Kölle: Sieg nach Punkten in der letzten Runde, in: Rheinischer Merkur vom 27.4.1990, S. 16.
33 Das Netz, in: Der Spiegel vom 24.7.1994, S. 130f., hier S. 130. Bis zum Ende des Jahres 1989 hatte die Tschechoslowakei Verbindlichkeiten in Höhe von 5,8 Milliarden US-Dollar (= 400 US-Dollar pro Kopf) gegenüber anderen Ländern angehäuft, während sich dieser Wert beispielsweise in Ungarn auf 19,5 Milliarden US-Dollar (= 1800 US-Dollar pro Kopf) und in Polen auf 36,5 Milliarden US-Dollar (= 900 US-Dollar pro Kopf) belief. Auch in den 1990er-Jahren blieb die Auslandsverschuldung Tschechiens vergleichsweise gering. Vgl. David Begg: Economic Reform in Czechoslovakia. Should We Believe in Santa Klaus?, in: Economic Policy 6 (1991) 13, S. 243–286, hier S. 248; Statistische Daten auf der Website des tschechischen Finanzministeriums, https://www.mfcr.cz/cs/verejny-sektor/rizeni-statniho-dluhu/statistiky/struktura-a-vyvoj-statniho-dluhu/ (Zugriff am 11.3.2022).

schau positiv bewertet.[34] Mit Blick auf das aktuelle Transformations- und Privatisierungsgeschehen erkannte man jedoch immer mehr Probleme und Konflikte.

Bereits im November 1994 bezog sich die *Süddeutsche Zeitung* auf aktuelle Meinungsumfragen, bei denen sich mehr als die Hälfte der Tschechinnen und Tschechen kritisch zur Privatisierung geäußert hatten. Besonders weitverbreitet, so der Artikel weiter, sei die Auffassung, der Privatisierungsprozess führe vor allem dazu, dass Reiche noch reicher würden.[35] Im Juni 1996 identifizierte die *Frankfurter Allgemeine Zeitung* dann eine deutliche Lücke zwischen Reformrhetorik und -politik.[36] Das »ständig heruntergebetete Glaubensbekenntnis zur völlig freien ›Marktwirtschaft ohne Adjektive‹[37]« habe »zwar manchen Wirtschaftsprofessor im Westen in schiere Ekstase versetzt«, in Wirklichkeit seien die Maßnahmen aber weitaus weniger radikal gewesen – vor allem auch, um sich die Wählerschaft gewogen zu halten.[38]

Ein klar negatives Bild zeichnete die deutsche Presse dann spätestens im Jahr 1997.[39] So erläuterte beispielsweise *Der Spiegel*, dass die Tschechische Republik aktuell ein deutliches Leistungsbilanzdefizit verzeichne, welches man mittels verschiedener Reformen in den Griff zu bekommen

---

34 Vgl. Berthold Kohler: Ohne Risiko nach Westen. Das Geheimnis des Erfolgs von Václav Klaus, in: Frankfurter Allgemeine Zeitung (Beilage Bilder und Zeiten) vom 1.6.1996, S. 1; H. P. Martin: Wir leben im Wilden Osten, in: Der Spiegel vom 4.5.1997, S. 162–164; Berthold Kohler: Auch seine schwerste Stunde erlebt Klaus in Prag erhobenen Hauptes, in: Frankfurter Allgemeine Zeitung vom 1.12.1997, S. 3; Erich Wiedemann: Tschechien. Vom Primus zum Klassenletzten, in: Der Spiegel vom 12.4.1998, S. 125.

35 Vgl. Michael Frank: Privatisierer privatisiert privat, in: Süddeutsche Zeitung vom 4.11.1994, S. 12.

36 Diese Lücke wird auch in der Forschungsliteratur ausführlich behandelt. Vgl. Bohle/Greskovits: Capitalist Diversity (wie Anm. 7), S. 61 f.; Orenstein: Out of the Red (wie Anm. 7), S. 62 f. u. 71 f.; Žídek: From Central Planning to the Market (wie Anm. 7), S. 59.

37 Vgl. Anmerkung 15.

38 Kohler: Ohne Risiko nach Westen (wie Anm. 34), S. 1.

39 Vgl. z. B. Martin: Wir leben im Wilden Osten (wie Anm. 34); Kohler: Auch seine schwerste Stunde (wie Anm. 34), S. 3; Michael Frank: Der frühe Traum vom Tiger, in: Süddeutsche Zeitung vom 2.12.1997, S. 25.

versuche. Darüber hinaus seien einige Skandale ans Licht gekommen, in die auch hochrangige Politiker verwickelt seien. Auch die Investitionsprivatisierungsfonds (IPF)[40] ordnete die deutsche Zeitschrift als schwierige Akteure ein. Negativ, so *Der Spiegel* weiter, wirke sich auch die Ver- bzw. Überschuldung vieler Betriebe aus: Viele hätten Kredite aufgenommen, deren Rückzahlung aber in Zukunft kaum möglich sein werde. Dies belaste wiederum die Banken, hinter denen aber vielfach noch der Staat als Eigentümer stehe.[41] Im April 1998 hatte *Der Spiegel* weiterhin nichts Positives über die Entwicklungen im Nachbarland zu berichten. Der mittlerweile zurückgetretene »Thatcherist Václav Klaus« habe »sein eigenes Wirtschaftswunder auf Grund gesetzt« und das Land habe sich »vom Primus zum Klassenletzten« entwickelt.[42]

2. Ostdeutsche Anteilscheine und tschechische Kupons[43]

Die Idee, Kuponverfahren für die Umwandlung von Staats- in Privateigentum heranzuziehen, wurde weder in Tschechien noch in Deutschland »erfunden«. Bereits in den 1970er-Jahren waren in British Columbia (Kanada) mehrere Forste und Erdgasunternehmen auf diese Weise privatisiert worden. Die Staatsbetriebe wurden 1975 in einer großen Holding – der British Columbia Resources Investment Corporation (BCRIC) – zusammengefasst. 1979 begann man, diese Holding unter der Bevölkerung von British Columbia aufzuteilen. Jeder Bürger und jede Bürgerin er-

---

40 Zu den IPF vgl. ausführlicher Abschnitt 2 (»Vom Konzept in die Praxis«).
41 Vgl. Martin: Wir leben im Wilden Osten (wie Anm. 34). Vgl. zur Kreditvergabepolitik im Zusammenhang mit der Privatisierung Eva Schäffler: Transformation als Aushandlungsprozess. Die Entstehung eines Konkursgesetzes in der Tschechischen Republik der 1990er Jahre, in: Rechtskultur. Zeitschrift für europäische Rechtsgeschichte 7 (2018), S. 32–47.
42 Wiedemann: Tschechien. Vom Primus zum Klassenletzten (wie Anm. 34), S. 125.
43 Teile dieses Abschnitts, insbesondere die Passagen zur tschechischen Kuponprivatisierung, basieren auf einer ausführlicheren Studie der Autorin, die voraussichtlich 2023 im Ch. Links Verlag erscheinen wird.

hielt auf Antrag kostenfrei fünf Anteile der BCRIC. Zusätzlich bestand die Möglichkeit, bis zu 5000 Anteile zum Preis von je sechs kanadischen Dollar zu erwerben. Letztlich wurden über zwei Millionen Personen zu Anteilseignern (circa 86 Prozent der Bevölkerung) und 170 000 Personen kauften zusätzliche Anteile. Dabei wurde ein Erlös von 487,5 Millionen kanadischen Dollar erzielt.[44]

Nach dem Ende des Staatssozialismus wurde über die Möglichkeit, große Teile des Staatseigentums mit einer solchen Vouchermethode zu privatisieren, nicht nur in Ostdeutschland und in der Tschechoslowakei nachgedacht. In Polen hatten die Ökonomen Janusz Lewandowski und Jan Szomburg bereits im November 1988 vorgeschlagen, Unternehmensanteile in Form von Vouchers an die Bevölkerung zu verteilen. Der Vorschlag wurde aber nie in die Praxis umgesetzt.[45] Auch in Ungarn gab es Diskussionen über Beteiligungsverfahren mittels Anteilscheinen, die jedoch im Privatisierungsprozess keine Relevanz erhielten.[46] In anderen postsozialistischen Transformationsstaaten spielten Voucherverfahren hingegen eine zentrale Rolle. Länder, in denen sie als primäre Privatisierungsmethode eingesetzt wurden, waren laut einer Studie der Europäischen Bank für Wiederaufbau und Entwicklung (EBWE) neben Tschechien auch Bosnien und Herzegowina, Litauen, Armenien, Aserbaidschan, Georgien, Kirgistan, Moldau und Russland.[47]

---

[44] Vgl. Robert W. Poole: Privatization for Economic Development, in: Terry Lee Anderson/Peter J. Hill (Hg.): The Privatization Process. A Worldwide Perspective, Lanham 1996, S. 1–18, hier S. 10.

[45] Vgl. Václav Rameš: Trh bez přívlastků, nebo ekonomickou demokracii? Spory o podobu vlastnické transformace v porevolučním Československu, Prag 2021, S. 234; Dušan Tříska: Ekonomie jako osud, Prag 2016, S. 58 f.

[46] Vgl. Martin Myant u. a.: Successful Transformations? The Creation of Market Economies in Eastern Germany and the Czech Republic, Cheltenham/Brookfield 1996, S. 143; Rameš: Trh bez přívlastků (wie Anm. 45), S. 234.

[47] Als Länder, in denen Vouchers als sekundäre Privatisierungsmethode eine Rolle spielten, führte die Studie Albanien, Bulgarien, Kroatien, Estland, Lettland, die Slowakei, Slowenien, Belarus, Kasachstan sowie Tadschikistan an (European Bank for Reconstruction and Development: Transition report 1999. Ten years of transition, London 1999, S. 32).

Anteilscheine – eine Idee ohne Verwirklichung

In Deutschland kam die Idee einer Privatisierung mittels Anteilscheinen nach dem Mauerfall bei mehreren ost- und westdeutschen Akteuren auf. Der wichtigste Vertreter und politische Verfechter der Idee war Wolfgang Ullmann, ein ostdeutscher Theologe und Gründungmitglied der Bürgerbewegung Demokratie Jetzt. Gemeinsam mit anderen Intellektuellen und Bürgerrechtlern wie dem Ingenieur Matthias Artzt und dem Physiker Gerd Gebhardt machte er sich ab Mitte 1989 über einen möglicherweise bevorstehenden Umsturz des politischen und wirtschaftlichen Systems der DDR Gedanken. Ausgehend von diesen Überlegungen entstand Anfang Dezember 1989 die Freie Forschungsgemeinschaft Selbstorganisation (wenig später umbenannt in Freies Forschungskollegium »Selbstorganisation« für Wissenskatalyse an Knotenpunkten), zu deren Vertreter am Runden Tisch Ullmann bestellt wurde.[48]

Im Januar 1990 veröffentlichten Artzt, Gebhardt sowie vier weitere Autoren den Aufsatz »Zukunft durch Selbstorganisation. Erneuerung der DDR: Aus der Erstarrung verwalteter Objekte im Subjektmonopolismus zur Selbstorganisation in Subjektpluralität (Thesen)« in der *Deutschen Zeitschrift für Philosophie*.[49] Ihre Äußerungen waren zwar zu diesem Zeitpunkt noch eher »vorsichtig und wissenschaftlich verklausuliert«, jedoch ging aus dem Papier hervor, dass seine Verfasser für die Einführung von »Privateigentum mit sozialer Bindung und Marktwirtschaft« plädierten und außerdem das Volkseigentum direkt den Bürgerinnen und Bürgern übergeben wollten.[50]

---

48 Vgl. Wolfram Fischer/Harm Schröter: Die Entstehung der Treuhandanstalt, in: Wolfram Fischer/Herbert Hax/Hans Karl Schneider (Hg.): Treuhandanstalt – Das Unmögliche wagen. Forschungsberichte, Berlin 1993, S. 17–40, hier S. 18 f.; Wolfgang Seibel: Verwaltete Illusionen. Die Privatisierung der DDR-Wirtschaft durch die Treuhandanstalt und ihre Nachfolger 1990–2000, Frankfurt am Main/New York 2005, S. 64.
49 Matthias Artzt u.a.: Zukunft durch Selbstorganisation. Erneuerung der DDR: Aus der Erstarrung verwalteter Objekte im Subjektmonopolismus zur Selbstorganisation in Subjektpluralität (Thesen), in: Deutsche Zeitschrift für Philosophie 38 (1990), S. 422–435.
50 Fischer/Schröter: Die Entstehung der Treuhandanstalt (wie Anm. 48), S. 18.

Reformüberlegungen gab es Ende des Jahres 1989 auch in der Regierung Modrow. Während der Direktor des Instituts für Wirtschaftswissenschaften an der Akademie der Wissenschaften Wolfgang Heinrichs und der Ökonom Wolfram Krause von der Berliner SED-Bezirksleitung bereits vor dem Mauerfall für die Einführung eines Marktmechanismus plädiert hatten,[51] gingen dem neuen Regierungschef Modrow solche Reformvorschläge zu weit. Modrow war sich zwar der dringenden Notwendigkeit von Reformen bewusst, war aber noch auf der Suche nach einem dritten Weg zwischen Plan- und Marktwirtschaft. Jedoch war er nicht überzeugt, dass die Staatliche Planungskommission diesen Weg finden würde, weshalb er Christa Luft, bisher Rektorin der Hochschule für Ökonomie, mit dieser Aufgabe betraute. Luft gründete am 8./9. November 1989 die Arbeitsgruppe Wirtschaftsreform beim Ministerrat der DDR und berief als deren Leiter den bereits erwähnten Wolfram Krause.[52]

Eine Reformidee, die Modrow im Dezember 1989 selbst ins Gespräch brachte, war die Einführung von Belegschaftsaktien – quasi eine begrenzte Form der Anteilscheinprivatisierung. Er hielt diese für geeignet, um künftig das Interesse der Werktätigen an der Entwicklung ihrer Betriebe zu steigern.[53] Weiter gingen die Vorschläge einer in der Ost-Berliner SPD im Januar 1990 gegründeten Fachgruppe. Sie plädierte für die Aufteilung des Volksvermögens in mehrere regionale Holdings, die wiederum von einer zentralen »Treuhandbank« verwaltet werden sollten. Mit einer ähnlichen Idee hatten sich zwei Vertreter der bundesdeutschen SPD bereits im Dezember 1989 zu Wort gemeldet. Im Rahmen einiger »Vorschläge für die deutsch-deutsche Wirtschaftskooperation« formulierten sie für die DDR das »Ziel einer breiten Streuung des Produktionsvermögens in Arbeitnehmerhand«. Ebenso regten sie die Gründung von Holding-

---

51 Vgl. Wolfgang Heinrichs/Wolfram Krause: Wirtschaftsreform – Element der Erneuerung des Sozialismus, in: Neues Deutschland vom 3.11.1989, S. 4.
52 Vgl. Fischer/Schröter: Die Entstehung der Treuhandanstalt (wie Anm. 48), S. 20–22.
53 Vgl. Marcus Böick: Die Treuhand. Idee – Praxis – Erfahrung 1990–1994, Göttingen 2018, S. 137; Dieter Grosser: Das Wagnis der Währungs-, Wirtschafts- und Sozialunion. Politische Zwänge im Konflikt mit ökonomischen Regeln, Stuttgart 1998, S. 105.

Gesellschaften an, deren Aktien zur Hälfte direkt an die DDR-Bürgerinnen und -Bürger verteilt werden sollten.[54]

Ende Januar 1990 legte dann der bundesdeutsche Sachverständigenrat zur Begutachtung der gesamtwirtschaftlichen Entwicklung ein Sondergutachten zu möglichen Wirtschaftsreformen in der DDR vor. Er empfahl, die bestehenden Kombinate in kleinere Einheiten aufzuspalten und anschließend zu privatisieren. Als mögliche Privatisierungsverfahren wurden die Ausgabe von Belegschaftsaktien oder der allgemeine Verkauf von Aktien zu einem vergünstigten Preis angeführt. Ein klarer Verfechter der Anteilscheinidee war außerdem der westdeutsche Unternehmer Albrecht Graf Matuschka, der Ende Februar 1990 forderte, »einen verbrieften Anteil am bisher ›zwangsgesparten‹ Volkseigentum in Form einer Sammelurkunde an alle Bürger der DDR sowie möglicherweise auch an zurückkehrende Übersiedler auszugeben«. Im April 1990 präzisierte Matuschka sein Modell weiter: 40 Prozent des Kapitals der volkseigenen Betriebe sollten über Anteilscheine an die Bevölkerung übertragen werden, neun Prozent sollten die Belegschaften erhalten und 51 Prozent an Investoren verkauft werden.[55]

Matuschka stand auch im direkten Kontakt zu einzelnen Vertretern des Freien Forschungskollegiums, vor allem zu Wolfgang Ullmann und Matthias Artzt.[56] Ihr Vorschlag für die Privatisierung lautete, das Volksvermögen zuerst einer treuhänderischen Institution zu übertragen, um es so vor Zugriffen Unberechtigter zu schützen – gemeint waren damit sowohl Altkader der DDR als auch ausländische Investoren.[57] Anschließend sollte ein Viertel des Vermögens mittels kostenfreier Anteilscheine – ihren

---

54 Zit. nach Marc Kemmler: Die Entstehung der Treuhandanstalt. Von der Wahrung zur Privatisierung des DDR-Volkseigentums, Frankfurt am Main 1994, S. 85 f.
55 Zit. nach ebd., S. 90–92.
56 Weitere Berater aus dem Ausland, mit denen das Forschungskollegium in Kontakt stand, waren: Vertreter der Financial Times, die japanischen Finanzunternehmen Marubeni und Nomura sowie der Lutherische Weltbund. Vgl. Fischer/Schröter: Die Entstehung der Treuhandanstalt (wie Anm. 48), S. 19; Kemmler: Die Entstehung der Treuhandanstalt (wie Anm. 54), S. 76 f., Grosser: Das Wagnis (wie Anm. 53), S. 121.
57 Vgl. Fischer/Schröter: Die Entstehung der Treuhandanstalt (wie Anm. 48), S. 27; Kemmler: Die Entstehung der Treuhandanstalt (wie Anm. 54), S. 72.

Gegenwert veranschlagte das Forschungskollegium bei etwa 25 000 DM – den Bürgerinnen und Bürgern der DDR übereignet werden. Ein weiteres Viertel sollte im staatlichen Eigentum bleiben, ein Viertel als Entschädigung für widerrechtlich in Volkseigentum überführtes Eigentum verwendet und ein Viertel in kulturellen, sozialen und ökologischen Stiftungen zusammengefasst werden.[58]

Weiterhin aktiv war auch die von Christa Luft geleitete Arbeitsgruppe Wirtschaftsreform beim Ministerrat der DDR. Die Arbeitsgruppe plädierte ebenfalls für die Gründung einer treuhänderischen Institution zur Verwaltung des Volksvermögens möglichst noch vor den Volkskammerwahlen am 18. März 1990. Mittlerweile war der Regierung Modrow klar geworden, dass sie nach diesen Wahlen abgelöst werden würde und dass die politische Entwicklung auf eine Wiedervereinigung zulief.[59] Tatsächlich wurden in den wenigen bis zur Wahl verbleibenden Wochen noch entscheidende, die künftige Eigentumsordnung zumindest zum Teil betreffende Reformschritte in die Wege geleitet. Hierbei spielten auch Ullmann, der mit der Bildung der Regierung der Nationalen Verantwortung am 5. Februar 1990 zum Minister ohne Ressort aufgestiegen war, sowie das Freie Forschungskollegium eine wichtige Rolle.[60]

Am 12. Februar 1990 unterbreitete Ullmann am Runden Tisch einen »Vorschlag zur umgehenden Bildung einer ›Treuhandgesellschaft‹ (Holding) zur Wahrung der Anteilsrechte der Bürger mit DDR-Staatsbürgerschaft am ›Volkseigentum‹ der DDR«. Der Vorschlag wurde an die Arbeitsgruppen Wirtschaft, Recht und Verfassung sowie an den Ministerpräsidenten Modrow weitergeleitet. Schon in diesem frühen Stadium fand das Vorhaben ein breites Medienecho, vor allem mit Blick auf die

---

58 Vgl. Kemmler: Die Entstehung der Treuhandanstalt (wie Anm. 54), S. 74f.
59 Vgl. Fischer/Schröter: Die Entstehung der Treuhandanstalt (wie Anm. 48), S. 23–25; Kemmler: Die Entstehung der Treuhandanstalt (wie Anm. 54), S. 77.
60 Vgl. Fischer/Schröter: Die Entstehung der Treuhandanstalt (wie Anm. 48), S. 26; Grosser: Das Wagnis (wie Anm. 53), S. 121; Kemmler: Die Entstehung der Treuhandanstalt (wie Anm. 54), S. 69, 75f.; Seibel: Verwaltete Illusionen (wie Anm. 48), S. 64–76.

Idee der Anteilscheinprivatisierung.[61] Auch die bereits erwähnte Fachgruppe innerhalb der ostdeutschen SPD plädierte für die Einrichtung einer sogenannten Treuhandbank und die kostenlose Verteilung von drei Vierteln des Volkseigentums per Anteilscheinen an die Bevölkerung und brachte diesen Vorschlag am 26. Februar 1990 am Runden Tisch ein.[62]

Offiziell mit der Ausarbeitung eines Wirtschaftsreformkonzepts beauftragt war aber weiterhin die Arbeitsgruppe Wirtschaftsreform beim Ministerrat der DDR, die ebenfalls am 26. Februar 1990 den Entwurf einer »Verordnung zur Umwandlung von volkseigenen Kombinaten, Betrieben und Einrichtungen in Kapitalgesellschaften« einbrachte, in dem auch die Gründung einer »Anstalt zur treuhänderischen Verwaltung des Volkseigentums (Treuhandanstalt)« vorgesehen war. Ullmann und seine Mitstreiter waren mit diesem Entwurf nicht einverstanden und übergaben ein Dokument mit verschiedenen Kritikpunkten an Ministerin Luft. Sie bemängelten unter anderem, dass in der Verordnung keine Anteilscheinprivatisierung vorgesehen war und dass die Treuhandanstalt zu bürokratisch und zentralistisch angelegt sei und ohne parlamentarische Kontrolle agieren würde. Das Freie Forschungskollegium legte außerdem einen alternativen Gesetzesentwurf vor, der aber unter großem Zeitdruck erarbeitet worden war und inhaltliche und formale Mängel aufwies.[63]

Luft stand der Idee der Anteilscheinprivatisierung per se kritisch gegenüber. Aus ihrer Sicht war das Verfahren kaum praktikabel: Vor der Verteilung von Anteilscheinen hätte eine Bewertung des Volksvermögens stattfinden müssen. Für ein so langwieriges und komplexes Unterfangen fehle allerdings die Zeit.[64] Weiter war Luft der Meinung, dass die Idee, die

---

61 Vgl. ebd.
62 Vgl. Fischer/Schröter: Die Entstehung der Treuhandanstalt (wie Anm. 48), S. 26 f.; Grosser: Das Wagnis (wie Anm. 53), S. 121; Kemmler: Die Entstehung der Treuhandanstalt (wie Anm. 54), S. 86–88.
63 Vgl. Fischer/Schröter: Die Entstehung der Treuhandanstalt (wie Anm. 48), S. 27 f.; Grosser: Das Wagnis (wie Anm. 53), S. 122; Kemmler: Die Entstehung der Treuhandanstalt (wie Anm. 54), S. 78 u. 80 f.; Seibel: Verwaltete Illusionen (wie Anm. 48), S. 77.
64 Vgl. Christa Luft: Treuhand-Report. Werden, Wachsen und Vergehen einer deutschen Behörde, Berlin 1992, S. 47.

Bevölkerung direkt und kostenfrei am Volksvermögen zu beteiligen, in der Öffentlichkeit zwar gut angekommen sei. Jedoch hielt sie es für populistisch, den Bürgerinnen und Bürgern die Vergabe von Anteilscheinen zu versprechen. Die Umsetzbarkeit eines solchen Verfahrens sei nämlich höchst fraglich. Die Vorstellung, dass sich die Bürgerinnen und Bürger auf diesem Wege »kinderleicht – sozusagen learning by doing – die marktwirtschaftliche Mentalität aneignen« würden, erachtete Luft zudem als wenig realistisch.[65]

Am 1. März 1990, also nur drei Tage nachdem die Arbeitsgruppe Wirtschaftsreform beim Ministerrat der DDR ihren Verordnungsentwurf vorgelegt hatte, wurde dieser vom Ministerrat mit wenigen Abänderungen beschlossen. Die Gründung der (Ur-)Treuhandanstalt war damit besiegelt.[66] Während Ullmann gegenüber Modrow und Luft letztendlich nachgegeben hatte, wurden nach der Beschlussfassung vor allem kritische Stimmen vonseiten der SPD, der Grünen und Bündnis 90 laut. Immer wieder wurde der Verdacht geäußert, Modrow und Luft hätten die Anteilscheinprivatisierung abgelehnt, um alte Strukturen so lange wie möglich zu konservieren und um hochrangigen SED-Mitgliedern die Möglichkeit zur Bereicherung zu geben – ein Vorwurf, der von den beiden mit Nachdruck zurückgewiesen wurde. In den gut zwei Wochen bis zu den Wahlen warb die SPD weiterhin mit der Anteilscheinprivatisierung und versprach, bei einem Wahlsieg an jede DDR-Bürgerin und jeden DDR-Bürger Anteilscheine im Wert von 40 000 DDR-Mark auszugeben.[67]

Zwar verlor die SPD die Volkskammerwahlen am 18. März, doch war die Idee der Anteilscheinprivatisierung damit nicht völlig vom Tisch. Am

---

65 Ebd., S. 50f. u. 53.
66 Vgl. Fischer/Schröter: Die Entstehung der Treuhandanstalt (wie Anm. 48), S. 29; Grosser: Das Wagnis (wie Anm. 53), S. 121; Kemmler: Die Entstehung der Treuhandanstalt (wie Anm. 54), S. 77; Seibel: Verwaltete Illusionen (wie Anm. 48), S. 80.
67 Vgl. Fischer/Schröter: Die Entstehung der Treuhandanstalt (wie Anm. 48), S. 29; Grosser: Das Wagnis (wie Anm. 53), S. 123.

12. April 1990 schlossen die Parteien der neuen Regierung der DDR – bestehend aus den Parteien der Allianz für Deutschland (CDU, Deutsche Soziale Union, Demokratischer Aufbruch), der SPD und den Liberalen – eine Koalitionsvereinbarung, die auch die Möglichkeit der Ausgabe von Anteilscheinen durch die Treuhandanstalt erwähnte.[68] Auch in nachfolgenden Dokumenten wurden Anteilscheine noch als Option aufgeführt, allerdings im Zusammenhang mit dem Umtausch von Geldvermögen.

Konkret hieß es in dem im Mai 1990 geschlossenen Staatsvertrag über die Schaffung einer Währungs-, Wirtschafts- und Sozialunion zwischen der Bundesrepublik Deutschland und der Deutschen Demokratischen Republik, auf den sich auch das einen Monat später von der Volkskammer verabschiedete Treuhandgesetz bezog:

> »Nach einer Bestandsaufnahme des volkseigenen Vermögens und seiner Ertragsfähigkeit sowie nach seiner vorrangigen Nutzung für die Strukturanpassung der Wirtschaft und für die Sanierung des Staatshaushalts wird die Deutsche Demokratische Republik nach Möglichkeit vorsehen, daß den Sparern zu einem späteren Zeitpunkt für den bei der Umstellung von Mark der DDR auf DM 2 zu 1 reduzierten Betrag ein verbrieftes Anteilsrecht am volkseigenen Vermögen eingeräumt werden kann.«[69]

Diese Kannbestimmung wurde aber nie in die Realität umgesetzt. Nach der Privatisierung blieb nichts mehr übrig, was unter den ostdeutschen Bürgerinnen und Bürgern hätte verteilt werden können. Die Treuhandanstalt privatisierte das volkseigene Vermögen schlussendlich mit einer negativen Bilanz.[70]

---

68 Vgl. Grosser: Das Wagnis (wie Anm. 53), S. 247 f.
69 Zit. nach Böick: Die Treuhand (wie Anm. 53), S. 210.
70 Vgl. Bundesanstalt für vereinigungsbedingte Sonderaufgaben: »Schnell privatisieren, entschlossen sanieren, behutsam stilllegen«. Ein Rückblick auf 13 Jahre Arbeit der Treuhandanstalt und der Bundesanstalt für vereinigungsbedingte Sonderaufgaben, Berlin 2003, S. 98–100.

Kupons – eine Idee und ihre Verwirklichung

Von der Idee zum politischen Konzept

In Tschechien nahm die Idee der Anteilscheinprivatisierung – hier firmierte sie unter dem Namen Kuponmethode[71] – einen anderen Weg als in Ostdeutschland. Ihren Verfechtern gelang es, sich damit im Ringen um ein Privatisierungskonzept durchzusetzen. Bei der Umsetzung dieses Konzepts in die Praxis traten jedoch einige Probleme und Konflikte auf. Die gedanklichen Ursprünge der Kuponmethode lassen sich zum einen auf eine Konferenz des Ökonomischen Instituts der Tschechoslowakischen Akademie der Wissenschaften im tschechischen Liblice zurückverfolgen.[72] Zum anderen wurde die Kuponmethode auf einem vom Bürgerforum[73] einberufenen Treffen von Ökonomen diskutiert, das im Februar 1990 auf dem Schloss Koloděje abgehalten wurde.[74]

Im Mai 1990 fand die Kuponmethode Eingang in ein vom föderalen Finanzminister Klaus und seinen Mitstreitern vorgelegtes Reformkonzept. In der Strategie einer radikalen ökonomischen Reform (Strategie radikální ekonomické reformy) hieß es in diesem Zusammenhang:

> »Ein ausgewählter Teil des Eigentums [...] wird der Bevölkerung gratis angeboten. Die dabei angewendete Kuponmethode sieht vor, den Staatsbürgern, die ein qualifiziertes Interesse zeigen, eine bestimmte Anzahl an Anteilkupons zu überlassen. Der in Form von Aktien angebotene Teil des Staatseigentums wird für die Anteilskupons verkauft werden. Jeder Inhaber von Kupons entscheidet für sich, welchen Aktien er in welcher Menge den Vorzug gibt. Damit macht er deutlich, wie er das angebotene Eigentum aus seiner subjektiven Perspektive bewertet.«[75]

---

71 Zur Bezeichnung »Kupon« siehe Anm. 3.
72 Vgl. Rameš: Trh bez přívlastků (wie Anm. 45), S. 231 f.
73 Das Bürgerforum (Občanské fórum/OF) war eine politische Bewegung im tschechischen Teil der ČSSR. Es gründete sich im Zuge der Samtenen Revolution und war ab Dezember 1989 Teil der »Regierung der nationalen Verständigung«. Bei den ersten freien Wahlen im Juni 1990 war das OF noch stärkste Kraft, löste sich aber Anfang 1991 in mehrere Nachfolgeparteien auf.
74 Vgl. Petr Husák: Budování kapitalismu v Čechách: rozhovory s Tomášem Ježkem, Prag 1997, S. 102. Vgl. hierzu auch Tříska: Ekonomie jako osud (wie Anm. 45), S. 56.
75 Zit. nach Rameš: Trh bez přívlastků (wie Anm. 45), S. 232 f.

Eines der zentralen Argumente, das Klaus und seine Mitstreiter für die Kuponmethode ins Feld führten, war, dass sie das Problem der Kapitalknappheit löse. Dahinter stand die Annahme, dass eine Privatisierung ausschließlich mit Standardmethoden wie dem Direktverkauf in der Tschechoslowakei nicht realisierbar sei, weil Privatpersonen in der ehemaligen sozialistischen Zentralverwaltungswirtschaft über zu wenig Kapital verfügten. Die Option, diesen einheimischen Kapitalmangel durch ausländische Investitionen auszugleichen, erachteten die meisten Regierungspolitiker als wenig geeignet,[76] weshalb sie dafür plädierten, das Problem der Kapitalknappheit vor allem mithilfe der Kuponmethode zu beheben.

Ebenso sollte dadurch ein baldiger Privatisierungsbeginn und ein hohes Privatisierungstempo ermöglicht werden. Dies hielten Klaus und seine Mitstreiter für essenziell, weil aus ihrer Sicht nicht der Staat, sondern erst die neuen privaten Eigentümer Restrukturierungsmaßnahmen bei den Betrieben einleiten sollten. Ferner argumentierten sie, dass die Kuponmethode jedem Staatsbürger ganz unabhängig von seinen finanziellen Voraussetzungen die Chance eröffne, Kapitaleigner zu werden. Die Methode sei auch deshalb fair, weil durch sie ausgeglichene Eigentumsverhältnisse entstünden.[77] Diese Art der Privatisierung war daher auch ein politisches Symbol: Die im Staatssozialismus geprägte, aber aus Sicht von Klaus und seinen Anhängern nie in die Tat umgesetzte Idee

---

76 Eine Befürchtung in diesem Zusammenhang war, dass ausländische Käufer die Betriebe unter Wert erwerben könnten. Auch generell gab es Bedenken, dass internationale Investoren die durch den Transformationsprozess ohnehin instabile(re) Wirtschaft noch zusätzlich aus dem Gleichgewicht bringen würden. Vgl. Bohle/Greskovits: Capitalist Diversity (wie Anm. 7), S. 145; Orenstein: Out of the Red (wie Anm. 7), S. 78.
77 Vgl. zu diesen Hauptargumenten der Reformer: Televizní souboj Dlouhý – Komárek, in: Mladá fronta Dnes vom 8.11.1991; Interview mit Jaroslav Muroň, in: Hospodářské noviny vom 10.10.1991; Roman Češka: Velká privatizace a její strategie – nezbytnost kupónové privatizace: Co podpoříme a co ne, in: Hospodářské noviny vom 22.10.1991; Povody nemají šanci, in: Moravskoslezský den vom 1.11.1991; Václav Klaus: Ekonomická teorie a realita transformačních procesů, Prag 1995, S. 62.

des Volkseigentums sollte nun – wenn auch unter völlig anderen Vorzeichen – Wirklichkeit werden.[78] Während der Großteil der Regierungsvertreter der Kuponmethode oberste Priorität bei der großen Privatisierung einräumte, gab es auch Stimmen, die diese kritisch sahen oder komplett ablehnten. Zu diesen Kritikern zählten beispielsweise der tschechische Industrieminister Jan Vrba oder linksorientierte Politiker wie Miloš Zeman und Valtr Komárek.[79] Auch Vertreter verschiedener Interessenverbände standen der Kuponmethode kritisch oder zumindest skeptisch gegenüber, zum Beispiel der Vorsitzende der tschechischen Gewerkschaft der metallverarbeitenden Industrie Jan Uhlíř oder der Präsident der tschechoslowakischen Unternehmervereinigung Rudolf Baránek.[80] Dagegen argumentierte auch eine Reihe von Wirtschaftsexperten, unter ihnen Ota Šik, Eduard Mikelka, Zdislav Šulc und Milan Zelený.[81]

Als Hauptargument führten die Kritiker anfangs die Gefahr einer zu weiten Streuung des Aktienkapitals an. Später, als sich die dominante Rolle der Investitionsprivatisierungsfonds (IPF) bei der Kuponprivati-

---

78 Vgl. Jiří Pehe: Klaus. Potrét politika ve dvacet obrazech, Prag 2010, S. 34. Vgl. hierzu auch Rameš, der zu der Schlussfolgerung kommt, dass die Privatisierung als Ganzes auf der Vorstellung gründete, dass sich die Menschen im neuen System als »eigenständige ökonomische Subjekte« verhalten sollten. Vgl. ders.: Trh bez přívlastků (wie Anm. 45), S. 222.
79 Vgl. Televizní souboj Dlouhý – Komárek, in: Mladá fronta Dnes vom 8.11.1991; Ministr J. Vrba o hlavních úkolech svého resortu: Privatizace podbarvená recesí, in: Hospodářské noviny vom 27.9.1991; Jan Vrba: Vládní podpora vstupu zahraničního kapitálu do českých podniků, in: Hospodářské noviny vom 22.10.1991; Miloš Zeman: Rozdáváme republiku, in: Český deník vom 15.1.1992.
80 Vgl. Jan Uhlíř: Kupónová privatizace, in: Práce vom 31.10.1991; Odložit kupónovou privatizaci, in: Hospodářské noviny vom 6.11.1991; Podnikatelé žádají odklad, in: Lidová demokracie vom 6.11.1991; S kupóny k nové socialismu, in: Pochodeň Hradec Králové vom 7.11.1991.
81 Vgl. zum Standpunkt der drei Letztgenannten Rameš: Trh bez přívlastků (wie Anm. 45), S. 236. Vgl. zu Šiks Argumenten Kateřina Šlápotová/Ota Šik: Kupóny a akcie, in: Mladá fronta Dnes vom 22.10.1991; Martin Janovský: Co s kuponovou privatizací?, in: Právo Lidu vom č.11.1991; Ladislav Vencálek/Ota Šik: Interview, in: Svobodné slovo vom 29.1.1992.

sierung bereits mehr oder weniger deutlich abzeichnete,[82] wurde – im Gegenteil – auf das Risiko einer zu großen Vermögenskonzentration verwiesen. Zusätzlich wurde moniert, dass auf diese Weise keine stabilen Eigentumsverhältnisse entstünden. Die neuen Anteilseigner würden ihre Anteile schnell weiterverkaufen, um beispielsweise Geld für Konsumausgaben zur Verfügung zu haben.[83]

Tatsächlich waren Klaus und seine Mitstreiter nicht die Einzigen, die mit ihrer Strategie einer radikalen ökonomischen Reform an einem ökonomischen Reformkonzept gearbeitet hatten. In der ebenfalls im Mai 1990 vorgelegten Strategie des Übergangs zur Marktwirtschaft (Strategie přechodu k tržní ekonomice), für die der stellvertretende tschechische Ministerpräsident František Vlasák politisch verantwortlich zeichnete, war die Kuponmethode nicht vorgesehen. Die Strategie sah vielmehr ein zweistufiges Privatisierungsverfahren vor: Erst sollte die Entstaatlichung und dann die Privatisierung erfolgen. Konkret war geplant, die Betriebe aus dem Staatsbesitz herauszulösen und unter die Verwaltung eines neu zu gründenden Nationalen Vermögensfonds zu stellen. Dieser Fonds sollte eigenständig, das heißt ohne Kontrolle durch die Regierung oder das Parlament, umfassende Restrukturierungsmaßnahmen durchführen und erst dann über das genaue Vorgehen bei der Privatisierung entscheiden.[84]

Nachdem die beiden Strategien der Föderalregierung vorgelegt worden waren, erhielt schließlich Klaus den Auftrag, in Zusammenarbeit mit

---

82 Vgl. zu den IPF ausführlich Abschnitt 2 (»Vom Konzept in die Praxis«).
83 Auf diese Argumente gegen die Kuponmethode wird auch in der Forschungsliteratur verwiesen. Vgl. Jiří Kosta: Die Transformation des Wirtschaftssystems in der Tschechoslowakei und den beiden Nachfolgestaaten, in: August Pradetto (Hg.): Die Rekonstruktion Ostmitteleuropas. Politik, Wirtschaft und Gesellschaft im Umbruch, Opladen 1994, S. 157–187, hier S. 161 u. 170; Jiří Kosta: Stand und Perspektiven der ökonomischen Transformation, in: Jürgen Herda/Adolf Trägler (Hg.): Tschechien, der ferne Nachbar, Regensburg 1999, S. 130–158, hier S. 135; Sdislav Šulc: Systémové základy ekonomické transformace, in: Vlasta Šafaříková u. a. (Hg.): Transformace české společnosti 1989–1995, Brno 1996, S. 114–194, hier S. 134.
84 Ausführlich dazu vgl. Rameš: Trh bez přívlastků (wie Anm. 45), S. 111–117.

der tschechischen und der slowakischen Regierung ein konkreteres Reformkonzept auszuarbeiten. Dieses Konzept sollte Elemente aus beiden vorgelegten Entwürfen aufgreifen. Klaus kam dieser Anforderung vor allem nach, indem er Schlüsselbegriffe aus dem Konzepts Vlasáks übernahm, aber inhaltlich neu belegte. In einem im Juni 1990 vorgelegten ersten Entwurf plädierte er beispielsweise für die Gründung eines Nationalen Vermögensfonds, der dem von ihm selbst geleiteten föderalen Finanzministerium unterstehen sollte. In den Fonds sollten die Erträge aus der Privatisierung fließen und im Anschluss für die Entschuldung noch nicht privatisierter Betriebe eingesetzt werden.[85]

Diese und andere Ideen fasste Klaus im Scénář ekonomické reformy (Szenario für eine Wirtschaftsreform) zusammen und legte dieses Ende September 1990 dem föderalen Wirtschaftsrat vor. Das Gremium war mit dem Entwurf nicht einverstanden und gab ihn zur Überarbeitung an Klaus zurück. Sein Auftrag lautete nun, den Entwurf in einer Arbeitsgruppe weiterzuentwickeln, die unter anderen aus Vertretern der tschechischen und slowakischen Regierung bestand. Doch Klaus und seine Mitstreiter schlossen sich der Arbeitsgruppe nicht an und überarbeiteten ihr Papier innerhalb kürzester Zeit in Eigenregie. Diesen modifizierten Entwurf legte Klaus der tschechischen und der slowakischen Regierung sowie dem Gesetzgebungsausschuss der Föderalregierung zur Kommentierung vor. Zwar wurde auch an diesem Vorschlag Kritik geübt, doch nahm ihn die Föderalregierung am 1. November 1990 mit einigen Änderungen an. Klaus' Alleingang wurde unter anderem deshalb akzeptiert, weil die Verabschiedung eines Reformkonzepts als äußerst dringlicher politischer Schritt empfunden wurde. Alles in allem ging Klaus aus dem Ringen um das Reformkonzept als Sieger hervor, vor allem im Hinblick auf die Kuponmethode.[86]

---

85 Vgl. ebd., S. 120 f.
86 Vgl. ebd., S. 123 f. u. 125–128.

Vom Konzept in die Praxis

Generell vollzog sich die Privatisierung in Tschechien in drei Schritten: der Restitution (also der Wiedergutmachung von Eigentumsschäden durch Rückgabe oder Entschädigung), der Privatisierung kleinerer Betriebe (auch bezeichnet als kleine Privatisierung – malá privatizace) und der Privatisierung größerer Betriebe (auch bezeichnet als große Privatisierung – velká privatizace). Die Kuponmethode kam bei der Privatisierung größerer Betriebe zur Anwendung, war aber auch hier nicht die einzige Privatisierungsmethode. Beispielsweise konnte ein Teil eines Betriebs mittels Kupons veräußert, ein weiterer Teil direkt verkauft und noch ein weiterer Teil in kommunale Hände übertragen werden. Wie genau und mit welchen Methoden die Privatisierung eines Betriebs ablaufen sollte, wurde in einem sogenannten Privatisierungsprojekt festgelegt, das beim Privatisierungsministerium eingereicht wurde. Dabei konnten verschiedene Interessentengruppen konkurrierende Privatisierungsprojekte für einen Betrieb vorlegen. Als Interessenten konnten etwa die bisherigen Betriebsleitungen auftreten. Ebenso hatten es sich Kommunen zum Ziel gesetzt, Betriebe komplett oder teilweise zu erwerben. Privatisierungsprojekte wurden außerdem von Beratungsfirmen sowie von privaten Unternehmern und Personen eingereicht, die einen Anspruch auf Restitution erhoben.[87]

Hinter der Regelung, dass mehrere konkurrierende Privatisierungsprojekte vorgeschlagen werden konnten, stand die Zielsetzung, dass die Privatisierung unter Wettbewerbsbedingungen erfolgen sollte. Welcher Interessent am Ende den Zuschlag bekam, bestimmten das tschechische und das slowakische Privatisierungsministerium, die jedoch häufig zu wenig Zeit hatten, um die Projekte einer tiefer gehenden Analyse zu unter-

---

87 Vgl. Kosta: Die Transformation des Wirtschaftssystems (wie Anm. 83), S. 168; Josef Kotrba: Privatization Process in the Czech Republic: Players and Winners, in: Jan Švejnar (Hg.): The Czech Republic and Economic Transition in Eastern Europe, San Diego u. a. 1995, S. 159–198, hier S. 175.

ziehen.[88] Eine tragende Rolle bei der Kuponprivatisierung war außerdem den einzelnen Bürgerinnen und Bürgern zugedacht. Um an dem Verfahren teilzunehmen, konnten sie Kupons gegen eine Gebühr erwerben, die etwa einem Viertel des durchschnittlichen Monatsgehalts entsprach.[89]

Als nächster Schritt folgte der Tausch der Kupons gegen Unternehmensanteile. Wie viele Kupons für die gewünschten Anteile »bezahlt« werden mussten, wurde im Zuge eines Bietprozesses festgelegt. Dieser Bietprozess wurde insgesamt zweimal durchgeführt, das heißt es gab eine erste und eine zweite sogenannte Welle (vlna) der Kuponprivatisierung.[90] An der ersten Welle in den Jahren 1992/93 nahmen 8,5 von insgesamt über 15,5 Millionen Bürgerinnen und Bürgern teil. Die zweite Welle in den Jahren 1993/94 wurde nach der Auflösung der Tschechoslowakei nur noch in der Tschechischen Republik durchgeführt. Hier belief sich die Zahl der Teilnehmer auf 6,2 von insgesamt etwa 10,3 Millionen Einwohnerinnen und Einwohnern.[91]

Die zwei Wellen der Kuponprivatisierung wurden weiter in mehrere sogenannte Runden (kolo) unterteilt. Dies ergab sich aus der Logik des Bietprozesses: Am Beginn des Prozesses konnten die Kuponbesitzerinnen und -besitzer ihr Interesse für einzelne Betriebe anmelden. Sie erhielten jedoch nur dann die gewünschten Beteiligungen, wenn die Summe der nachgefragten Unternehmensanteile die der tatsächlich zur Verfügung stehenden nicht überschritt. War die Nachfrage bis zu 25 Prozent größer als das Angebot, erhielten Privatpersonen die volle Summe der von ihnen

---

88 Vgl. Kosta: Die Transformation des Wirtschaftssystems (wie Anm. 83), S. 168; Kotrba: Privatization Process (wie Anm. 87), S. 164; Josef Kotrba/Evžen Kočenda/Jan Hanousek: The Governance of Privatization Funds in the Czech Republic, in: Marco Simonetti/Saul Estrin/Andreja Böhm (Hg.): The Governance of Privatization Funds. Experiences of the Czech Republic, Poland and Slovenia, Cheltenham 1999, S. 7–43, hier S. 8; Myant u. a.: Successful Transformations? (wie Anm. 46), S. 142.
89 Vgl. Kosta: Die Transformation des Wirtschaftssystems (wie Anm. 83), S. 168f.
90 Vgl. Kotrba: Privatization Process (wie Anm. 87), S. 174; Jan Hanousek/Eugene A. Kroch: The two waves of voucher privatization in the Czech Republic: a model of learning in sequential bidding, Prag 1994, S. 5.
91 Zahlenwerte aus Pehe: Klaus: Portrét politika (wie Anm. 78), S. 34. Interview mit Petr Pithart, in: Jan Rovenský u. a.: 25 let poté. Klaus, Pithart, Rychetský a Zeman ve rozhovorech o společnosti a politice, Prag 2014, S. 132.

georderten Unternehmensanteile, während den IPF eine geringere Anzahl zugewiesen wurde. War die Nachfrage um mehr als 25 Prozent größer als das Angebot, wurden die Kaufaufträge nicht ausgeführt und die Betriebe in die zweite Runde der Kuponprivatisierung übertragen, wo ihre Anteile dann zu einem höheren Kurs angeboten wurden.[92]

Insgesamt erwies sich das auf dem Papier festgelegte Verfahren für die Kuponprivatisierung aber schon bald als schwieriger als gedacht, wie im Folgenden am Beispiel der sogenannten Investitionsprivatisierungsfonds (Investiční privatizační fondy/IPF) dargestellt wird. Diese waren Institutionen »sui generis«[93], die, obwohl sie in den der Kuponmethode zugrunde liegenden Konzepten überhaupt nicht vorkamen, einen dominanten Einfluss auf das Privatisierungsgeschehen entwickelten.[94] Um den Jahreswechsel 1991/92 schnellte ihre Zahl in die Höhe: Bis Anfang November 1991 waren in der Tschechischen Republik erst 20 IPF gegründet worden.[95] Am Ende des Monats war diese Zahl auf 44 angewachsen und 90 weitere Fonds standen kurz vor ihrer offiziellen Gründung. In der Slowakei gab es zum selben Zeitpunkt ebenfalls mehr als 40 IPF.[96] Mitte Januar 1992 existierten in der Tschechischen Republik bereits 297 und in der Slowakischen Republik 184 Fonds.[97]

Für die Regierung stellte der Einstieg der IPF in die Kuponprivatisierung zwar eine Überraschung dar, er war aber auch von Vorteil, da dadurch das bislang eher geringe Interesse der Bevölkerung an einer aktiven Teilnahme angekurbelt wurde. Gleichzeitig konkurrierten die Fonds auch

---

92 Vgl. Kosta: Die Transformation des Wirtschaftssystems (wie Anm. 83), S. 169f.
93 Marco Simonetti/Andreja Böhm: Introduction, in: Simonetti/Estrin/Böhm (Hg.): The Governance of Privatization Funds (wie Anm. 88), S. 1–6, hier S. 1.
94 Vgl. Jiří Havel u. a.: Economics and System Change in Czechoslovakia, 1945–1992, in: Hans-Jürgen Wagner (Hg.): Economic thought in communist and post-communist Europe, London/New York 1998, S. 213–263, hier S. 250; Jaroslav Krejčí/Pavel Machonin: Czechoslovakia, 1918–92. A laboratory for social change, Basingstoke 1996, S. 227; Rameš: Trh bez přívlastků (wie Anm. 45), S. 255.
95 Vgl. Miroslav Grüner: Kupónová Dohoda, in: Mladá fronta Dnes vom 2.11.1991.
96 Vgl. Výběr bude těžký, in: Lidové noviny vom 27.11.1991.
97 Vgl. Pozlátko v solidnost, in: Lidové noviny vom 17.1.1992; Daniela Kupsová: Do boje s fondy, in: České a moravskoslezské zemědělské noviny vom 16.1.1992.

in gewisser Weise mit der Regierung. Der Idee, dass die Bürgerinnen und Bürger ihre Kupons eigenverantwortlich investieren sollten, stand nun die Idee gegenüber, diese Aufgabe den Fonds zu überlassen.[98] Schon bald zeichnete sich außerdem ab, dass die IPF von Zugpferden zu Sorgenkindern der Kuponprivatisierung werden würden. Der durch sie ausgelöste Ansturm auf die Kupons war Anfang des Jahres 1992 so groß, dass es zu Engpässen sowie zu langen Schlangen vor den Ausgabestellen kam.[99]

Eine so hohe Zugkraft entwickelten die IPF vor allem wegen ihrer groß angelegten Werbekampagnen. Die Fonds warben im Fernsehen und Radio und auch in der Presse. In ihren Inseraten beriefen sich die von Banken betriebenen Fonds häufig auf die Tradition ihrer Gründerinnen. So präsentierte sich beispielsweise der IPF der Česká státní spořitelna mit dem Slogan »Tradition. Solidität. Zuverlässigkeit. Perspektive«. Laut dem gleichlautenden Inserat war die Kuponprivatisierung eine »Gelegenheit, die sich nie mehr wiederholen wird«.[100] Die IPF machten aber nicht nur in den Medien auf sich aufmerksam, sondern mieteten auch Büros in unmittelbarer Nähe der Ausgabestellen und bauten Werbestände vor oder sogar in den Ausgabestellen auf.[101]

Schon bald wurde das Agieren der IPF kritisch beleuchtet. Eine Kommentatorin in den auf Wirtschaftsthemen spezialisierten *Hospodářské noviny* hielt es beispielsweise für nicht ausgeschlossen, dass es im Zusammenhang mit den IPF zu Betrügereien kommen könnte. Sie betonte aber auch, dass es vor allem in den Händen der Bürgerinnen und Bürger liege, sich davor zu schützen, das heißt ausreichend Informationen einzuholen

---

98 Vgl. Rameš: Trh bez přívlastků (wie Anm. 45), S. 258.
99 Vgl. Pavel Kačer: Velký privatizační skandál, in: Metropolitní telegraf vom 20.1.1992; Luděk Kindl: Registrační horror, in: Svobodné slovo vom 22.1.1992.
100 Inserat, in: Kupónová privatizace/Kupónová Privatizácia (List Centra Kuponové Privatizace 2) vom 17.2.1992, S. 25.
101 Vgl. Libor Michalec: Kupóny příliš netáhnou, in: Severočeský regionální deník vom 10.12.1991; Dobromil Dvořák: Víkend s kuponovou knížkou, in: Moravský demokratický deník Rovnost vom 13.1.1992; Nekalá konkurence, nebo tržní chování?, in: Rudé právo vom 18.1.1992.

und eine verantwortungsbewusste Entscheidung zu treffen.[102] Eine Warnung sprachen auch die Mitte-rechts gerichteten *Lidové noviny* aus: Je mehr Fonds es gebe, desto geringer sei deren jeweilige Chance, möglichst viele Kupons und später dann Aktien für sich zu gewinnen. Dies sei ein Grund, warum einzelne Fonds auf falsche Versprechungen und unlautere Praktiken zurückgriffen.[103]

Doch nicht nur die Presse, sondern auch »normale« Bürgerinnen und Bürger sahen die IPF kritisch. In einem Brief an das Tschechoslowakische Fernsehen (Československá televize/ČST) prophezeite beispielsweise ein Mann, dass Kleinaktionäre nach dem Abschluss der ersten Welle weniger Einfluss haben würden als die IPF.[104] In eine ähnliche Richtung wies auch die Kritik anderer Briefeschreiber: Durch das Versprechen großer Gewinne würden die Fonds einen erheblichen Einfluss auf die Wirtschaft des Landes bekommen, während die Bevölkerung ihre Chance verspiele, die Zukunft der ehemals staatlichen Unternehmen mitzubestimmen.[105] Darüber hinaus äußerten sich die Zuschauerinnen und Zuschauer besorgt über Spekulationen und Betrügereien und artikulierten ihr mangelndes Vertrauen.[106]

Dass das Agieren der IPF von Anfang an auf viel Kritik stieß, hing auch mit ihren engen Verflechtungen mit dem Bankensystem zusammen. Nach dem Ende des Staatssozialismus blieben vier der fünf größten tschechischen Banken (Komerční banka, Investiční banka, Česká spořitelna, Živnostenská banka, Československá obchodní banka) mehrheitlich oder zur Gänze in staatlicher Hand.[107] Im Zuge der Kuponprivatisierung

---

102 Vgl. Marcela Dolečková: Poučování versus informování, in: Hospodářské noviny vom 17.1.1992.
103 Vgl. Pozlátko v solidnost, in: Lidové noviny vom 17.1.1992.
104 Brief an das Tschechoslowakische Fernsehen vom 5.4.1992, Nationalarchiv (Národní Archiv/NA), Centrum kupónové privatizace (CKP), Dotazy občanů z RM a ČST.
105 Brief an das Tschechoslowakische Fernsehen vom Januar 1992 [nicht genau datiert], ebd.; Brief an das Tschechoslowakische Fernsehen vom 6.1.1992, ebd.
106 Brief an das Tschechoslowakische Fernsehen vom 14.2.1992, ebd.
107 Vgl. Libor Žídek: Transformace české ekonomiky: 1989–2004, Prag 2006, S. 201 f.

gründeten diese Banken Investmentfirmen, welche wiederum (zum Teil mehrere) IPF gründeten.[108] Am Ende standen hinter gut einem Drittel der bei der ersten Welle der Kuponprivatisierung aktiven IPF zumindest indirekt Banken. Bei der zweiten Welle lag der Anteil der von Geldinstituten kontrollierten Fonds bei knapp einem Viertel.[109] Die Banken hatten dadurch eine widersprüchliche Funktion inne: Nach der Kuponprivatisierung waren sie (zumindest mittelbar) (Mit-)Eigentümer der Betriebe und traten gleichzeitig als deren Kreditgeber auf.[110] Die dominante Rolle staatlich kontrollierter Banken bei der Kuponprivatisierung führte außerdem dazu, dass eine »echte« Privatisierung in einem viel geringeren Ausmaß stattfand, als von den Verfechtern der Kuponmethode propagiert worden war.[111]

Zusätzlich zum Problem der Verfilzung gab es Probleme hinsichtlich der allgemeinen gesetzlichen Bestimmungen für die IPF. Als die Fonds entstanden, gab es kein spezifisches IPF-Gesetz. Vielmehr wurde das bestehende Bankengesetz (Zákon č. 158/1989 Sb.: Zákon o bankách a spořitelnách) auf die Fonds angewendet. Jedoch deckte das Gesetz deren Aktivitäten nicht passgenau ab, sodass bestimmte, den Privatisierungsplänen der Regierung zuwiderlaufende oder anderweitig schädliche Verhaltensweisen der Fonds nicht geahndet werden konnten. So sorgte es bereits zum Jahresbeginn 1992 für Aufsehen, dass die IPF den Kuponbesitzerinnen und -besitzern ihre Kuponhefte im Vorfeld des offiziellen Beginns der ersten Welle abkauften. Auf diese Weise hatten sie bis Ende

---

108 Am häufigsten war aber die Konstellation, dass hinter einem IPF ein einzelner Gründer stand, was bei der ersten Welle auf 301 Fonds zutraf. Vgl. Kotrba/Kočenda/Hanousek: The Governance of Privatization Funds (wie Anm. 87), S. 33.
109 Vgl. ebd., S. 16.
110 Vgl. zur Kreditvergabepolitik im Zusammenhang mit der Privatisierung Schäffler: Transformation als Aushandlungsprozess (wie Anm. 41).
111 Ein negativer Einfluss der Verfilzungsproblematik auf die Privatisierung wird z. B. attestiert in: Ivan T. Berend: From the Soviet Bloc to the European Union. The Economic and Social Transformation of Central and Eastern Europe since 1973, Cambridge 2009, S. 63; Bohle/Greskovits: Capitalist Diversity (wie Anm. 7), S. 145; Havel u. a.: Economics and System Change (wie Anm. 94), S. 250; Kosta: Stand und Perspektiven (wie Anm. 83), S. 137 f.

Januar 1992 insgesamt um die fünf Millionen Kuponhefte in ihren Besitz gebracht.[112] Dies widersprach dem ursprünglichen Plan der Regierung, dem zufolge Kupons erst unmittelbar im Vorfeld des Bietprozesses an die IPF weitergegeben werden sollten. Einen offiziellen Gesetzesverstoß stellte das Vorgehen der Fonds aber nicht dar.

Das Fehlen spezifischer rechtlicher Rahmenbedingungen für die Aktivitäten der IPF wurde bereits zeitgenössisch thematisiert und kritisch kommentiert.[113] Die Zeitung *Lidová demokracie* bemerkte lakonisch: »Ein Gesetz über die Fonds gibt es nicht, die Fonds gibt es!«[114] In einem Kommentar in derselben Zeitung wurde moniert, dass die Regierung die Bevölkerung zur Teilnahme an der Kuponprivatisierung aufgefordert habe, obwohl ihr bewusst gewesen sei, dass es für die Fonds keine klaren Regeln gebe. Die Frage sei nun, inwieweit die Bürgerinnen und Bürger die aus dieser Situation erwachsenden Folgen ausbaden müssten und inwieweit die Politik ihrer Verantwortung in diesem Zusammenhang gerecht werden würde.[115] Als entschiedener Gegner der IPF trat sogar der tschechische Privatisierungsminister Tomáš Ježek auf: Er riet den Bürgerinnen und Bürgern davon ab, ihre Kupons mittels der Fonds zu investieren.[116]

Anfang Januar 1992 kam die Einführung eines spezifischen IPF-Gesetzes auf die politische Tagesordnung. Der tschechische Privatisierungsminister Ježek und sein slowakischer Kollege Mikloš plädierten dafür, einige Beschränkungen für die Fonds einzuführen. Um den Einfluss einzelner IPF nicht zu groß werden zu lassen, sollte ein einzelner Fonds nicht mehr als 20 Prozent der Anteile eines Betriebs erwerben dürfen und außerdem dazu verpflichtet sein, seine Anlagen auf mindestens zehn ver-

---

112 Vgl. Petr Fejtek: Díra do hlavy, in: Lidové noviny am 28.1.1992.
113 Vgl. Vladislav Krásný: Kdo bude skutečným vlastníkem?, in: Český deník vom 22.1.1992; Václav Kraus: Sebevědomý chlapec Viktor Kožený, in: Právo lidu vom 29.1.1992.
114 Zákon o fondech není fondy jsou!, in: Lidová demokracie vom 21.1.1992.
115 Vgl. Karel Žítek: Neposlušná realita, in: Lidová demokracie vom 22.1.1992.
116 Vgl. Jiří Kučera: Rozviklaná důvěra, in: Práce vom 23.1.1992; J. Kočárková: Antiharvard z druhé strany, in: Lidová demokracie vom 24.1.1992.

schiedene Betriebe zu verteilen.[117] Nach einigem politischen Hin und Her wurden diese Vorschläge in ein Gesetz gegossen (Zákon č. 248/1992 Sb.: Zákon o investičních společnostech a investičních fondech), das Anfang April 1992 von der Föderalversammlung verabschiedet wurde und Anfang Juli 1992 in Kraft trat.

Bereits kurze Zeit später wurde aber offensichtlich, dass die IPF diese Beschränkungen zum Teil umgingen. Beispielsweise erwarben einzelne Fonds den gesetzlich erlaubten Anteil an einem Unternehmen und fusionierten dann mit anderen Fonds, die ebenfalls Anteile an diesem Unternehmen besaßen.[118] Dennoch nahm die Regierung für die zweite Welle der Kuponprivatisierung keine Änderungen an dem Gesetz vor. Václav Klaus, seit Juni 1992 tschechischer Ministerpräsident, lehnte strengere Regelungen für die IPF ab und vertrat die Auffassung, dass zu einem kapitalistischen System auch Akteure gehörten, die sich nicht an die Regeln hielten bzw. Gesetzeslücken ausnutzten.[119]

Im Laufe der Kuponprivatisierung ergab sich noch ein weiteres problematisches, sich aus der Beteiligung der IPF ergebendes Phänomen. Theoretisch hätte die Kuponprivatisierung eine große Masse an neuen Eigentümerinnen und Eigentümern schaffen sollen – sogar eine zu breite Streuung von Kapital war befürchtet worden. Praktisch befanden sich am Ende der zweiten Welle aber zwei Drittel der per Kupons privatisierten Unternehmensanteile in den Händen von IPF bzw. den dahinter stehenden Investmentgesellschaften und nur ein Drittel direkt in den Händen der Bevölkerung. Hinzu kam, dass das gesellschaftliche Interesse am Aktienmarkt schnell abnahm: Bereits Ende des Jahres 1994 hatten zwei Millionen Tschechinnen und Tschechen ihre für die Kupons eingetauschten Aktien wieder verkauft.[120]

---

117 Vgl. ebd.; Podmínky fondům, in: Svobodné slovo vom 24.1.1992; Jedná otázka, in: Svobodné slovo vom 25.1.1992.
118 Vgl. Kotrba/Kočenda/Hanousek: The Governance of Privatization Funds (wie Anm. 87), S. 17; Tomáš Marek/Petr Šimúnek: Druhé kolo: šokující i logické, in: Mladá fronta Dnes vom 22.8.1992.
119 Vgl. Pehe: Klaus. Portrét politika (wie Anm. 78), S. 35.
120 Vgl. Šulc: Systémové základy (wie Anm. 83), S. 131 f.

Außerdem kam es im Zusammenhang mit der Kuponprivatisierung und den IPF immer wieder zu Betrugs- und Korruptionsfällen, die bis in die höchsten politischen Ränge reichten und zum Teil zu Rücktritten und Verurteilungen führten.[121] Ein weiteres Phänomen war die Veruntreuung von Geldern durch die IPF. Für diese Art von Veruntreuung wurde bereits in den 1990er-Jahren eine eigene tschechische Bezeichnung geprägt, nämlich die des tunelování.[122] Eine übliche Form des tunelování war, dass Fonds bzw. Fondsmanager ins Ausland verschwanden. Dabei wurden oftmals von den Fonds gehaltene Unternehmensanteile zu einem deutlich unter dem Marktwert liegenden Preis an von den Managern gehaltene Kapitalgesellschaften im Ausland weiterverkauft. Solche Transaktionen wurden zum Teil mehrmals wiederholt und undurchsichtige Fusionen durchgeführt. Am Ende waren die Fonds »untertunnelt« und die von Privatpersonen investierten Gelder befanden sich in den Händen der Manager.[123] Insgesamt wird geschätzt, dass tunelování und andere Betrügereien im Zusammenhang mit IPF zu Schäden von 50 Milliarden Kronen (circa 1,79 Milliarden US-Dollar) führten.[124]

---

121 Als wichtige Betrugs- und Korruptionsfälle seien genannt: der Fall um den stellvertretenden tschechischen Privatisierungsminister Jaroslav Muroň und die Molkerei Jihočeská mlékárna im Januar 1992; der Fall um den tschechischen Minister für Arbeit und Soziales Miroslav Macek und den Buchgroßhändler Knižní velkoobchod im Sommer 1992; der Fall um den Vorsitzenden des tschechischen Nationalen Vermögensfonds Tomáš Ježek und den Schokoladenhersteller Čokoládovny im Frühjahr 1994 sowie der Fall um den Leiter des Zentrums für Kuponprivatisierung Jaroslav Lízner und die Molkerei Mlékárna Klatoy im Herbst 1994. Vgl. Husák: Budování kapitalismu (wie Anm. 74), S. 173 f.; Interview mit Pavel Rychetský, in: Rovenský u. a.: 25 let poté (wie Anm. 91), S. 200; Orenstein: Out of the Red (wie Anm. 7), S. 106 f.
122 Der Begriff kommt vom tschechischen Wort »tunel« (deutsch: Tunnel) und spielt darauf an, dass die Fondsmanager Tunnel gruben, durch die Gelder aus den Fonds abgezogen wurden.
123 Der wohl spektakulärste und massivste Fall von tunelování ereignete sich im Zusammenhang mit den von Viktor Kožený gegründeten Harvardské investiční fondy (HIF). Hierzu sowie allgemein zum tunelování vgl. Martin Myant: The Rise and Fall of Czech Capitalism. Economic Development in the Czech Republic since 1989, Cheltenham 2003, S. 125 u. 135; Pehe: Klaus. Portrét politika (wie Anm. 78), S. 81; Zdislav Šulc: Stručné dějiny ekonomických reforem v Československu (České republice) 1945–1995, Brno 1998, S. 86 f.; Tříska: Ekonomie jako osud (wie Anm. 45), S. 88
124 Vgl. Pehe: Klaus. Portrét politika (wie Anm. 78), S. 81.

Selbst- und Fremdwahrnehmungen

Während der Kuponprivatisierung und vor allem nach ihrem Abschluss wurde die Privatisierungsmethode immer wieder mehr oder weniger kritischen Bewertungen unterzogen, hauptsächlich von tschechischen Politikern und Wissenschaftlern, aber auch von Experten aus Deutschland. Eine wichtige Frage bezog sich auf die quantitative Bedeutung der Kuponmethode im Privatisierungsprozess. Einerseits wurde der Methode ein dominanter Stellenwert[125] oder zumindest eine »gewisse Vorrangstellung«[126] zugeschrieben. Andererseits wurde darauf verwiesen, dass man den Einfluss der Kuponmethode nicht überbewerten dürfe.[127] Václav Klaus selbst erläuterte in einem im Jahr 2014 publizierten Interview, dass die Kuponmethode lediglich in einem Viertel aller Privatisierungsfälle angewendet worden sei.[128]

Ein zentraler Kritikpunkt an der Methode, der vonseiten tschechischer Wissenschaftler in der Rückschau vorgebracht wurde, waren die bereits erwähnten vagen rechtlichen Rahmenbedingungen. Der Handlungsspielraum für die an dem Verfahren Beteiligten, insbesondere für die IPF, sei zu groß gewesen und habe missbräuchliches Verhalten begünstigt. Außerdem hätten viele der mittels Kupons privatisierten Betriebe aufgrund nicht erfolgter Restrukturierungsmaßnahmen weiterhin zu ineffizient gewirtschaftet.[129] Bereits während und unmittelbar nach den beiden Privatisierungswellen wurde Klaus außerdem immer häufiger vorgeworfen, Probleme bei der Kuponprivatisierung herunterzuspielen und als unausweichliche Entwicklungen darzustellen. Seine geringe Be-

---

125 Vgl. Myant u. a.: Successful Transformations? (wie Anm. 46), S. 141.
126 Kosta: Die Transformation des Wirtschaftssystems (wie Anm. 83), S. 171.
127 Vgl. Michal Mejstřík u. a.: Large Privatization: Theory and Practice, in: Michal Mejstřík (Hg.): The Privatization Process in East-Central Europe. Evolutionary Process of Czech Privatizations, Dordrecht 1997, S. 55–124, hier S. 58.
128 Interview mit Václav Klaus, in: Rovenský u. a.: 25 let poté (wie Anm. 91), S. 28.
129 Vgl. hierzu Kotrba/Kočenda/Hanousek: The Governance of Privatization Funds (wie Anm. 87), S. 29 f.; Kučera: Česko-německé paralely (wie Anm. 18), S. 8; Šulc: Systémové základy (wie Anm. 83), S. 129, 132; Žídek: From Central Planning to the Market (wie Anm. 7), S. 255.

reitschaft zu Kurskorrekturen gilt als wichtige Ursache für seinen erzwungenen Rücktritt als Ministerpräsident Ende 1997.[130]

Es gab in den 1990er-Jahren und darüber hinaus aber auch positive Stimmen, die zumeist die Privatisierung als Ganzes in den Blick nahmen. So galt für viele das Land als erfolgreich(st)e Transformationsökonomie, wobei die besondere Schnelligkeit bei der Privatisierung sowie der große Umfang des von staatlicher in private Hand überführten Eigentums hervorgehoben wurden.[131] Nicht selten gab es auch ambivalente Gesamturteile. Bereits kurz nach Abschluss der Privatisierung wurde beispielsweise darauf verwiesen, dass diese nicht alle Zielsetzungen erreicht habe und dies höchstwahrscheinlich auch nicht in Zukunft gelingen werde.[132] Mit noch größerem zeitlichen Abstand blieben die Bewertungen weiterhin unterschiedlich: Ein negatives Fazit aus dem Jahr 2003 lautete beispielsweise, dass sich die tschechische Wirtschaft von einer rückständigen und ineffizienten Zentralverwaltungswirtschaft zu einer schwachen, instabilen und weiterhin ineffizienten Marktwirtschaft entwickelt habe.[133] Eine positivere Einschätzung aus dem Jahr 2017 besagte hingegen, dass die wirtschaftliche Transformation und die Privatisierung zwar komplizierte und problembehaftete Prozesse gewesen seien, dass man aber alles in allem doch von einer »Erfolgsstory« sprechen könne.[134]

Ein Erfolgsnarrativ spannen auch die politischen Verfechter der Kuponprivatisierung, vor allem in den ersten Jahren nach ihrem Ende. Im Jahr 1995 versicherte Klaus, die Kuponmethode habe sich als gerechte Methode erwiesen, die mit »keinem Skandal und keiner Affäre« in Ver-

---

130 Vgl. Pehe: Klaus. Portrét politika (wie Anm. 78), S. 37, 83 u. 86.
131 Dieses Erfolgsnarrativ findet sich in: Kosta: Stand und Perspektiven (wie Anm. 83), S. 152; Orenstein: Out of the Red (wie Anm. 7), S. 100; Dieter Pesendorfer: Der Restaurationsprozeß des Kapitalismus in der ehemaligen Tschechoslowakei. Probleme des Übergangs, Frankfurt am Main/New York 1998, S. 8; Jan Švejnar: Introduction, in: ders.: The Czech Republic (wie Anm. 87), S. 1–19, hier S. 18.
132 Vgl. Kotrba: Privatization Process (wie Anm. 83), S. 197 f.; Myant u. a.: Successful Transformations? (wie Anm. 46), S. 147.
133 Vgl. Myant: The Rise and Fall (wie Anm. 123), S. 262.
134 Žídek: From Central Planning to the Market (wie Anm. 7), S. XXIX, 445.

bindung gebracht werden könne.[135] An seiner positiven Bewertung hielt der Politiker auch mit größerem zeitlichen Abstand fest. So betonte er in einem im Jahr 2014 veröffentlichten Interview, dass dank der Kuponmethode die Bevölkerung direkt am Privatisierungsprozess beteiligt und das »Familiensilber« nicht ins Ausland verkauft worden sei. Darüber hinaus unterstrich er, dass er und seine Mitstreiter nicht in der Lage gewesen seien, alle Ergebnisse des komplexen Privatisierungsprozesses vorherzusehen bzw. seinen Verlauf komplett zu steuern. Daher seien Verluste und negative Nebeneffekte wie das tunelování nicht vermeidbar gewesen.[136]

Anders als Klaus präsentierten sich im Laufe der Zeit aber immer mehr Politiker als (moderate) Kritiker der Kuponmethode, selbst wenn sie während der 1990er-Jahre hohe Regierungsämter bekleidet hatten.[137] Der ehemalige tschechische Ministerpräsident Petr Pithart gab 2014 zu Protokoll, dass die Kuponmethode zwar durchaus sinnvoll gewesen sei, jedoch eine zu dominante Stellung im Privatisierungsprozess eigenommen und bei vielen Bürgerinnen und Bürgern falsche Erwartungen geweckt habe.[138] Im selben Jahr bezeichnete Pavel Rychetský, bis 1992 stellvertretender tschechoslowakischer Ministerpräsident, die Kuponmethode als Notlösung zur Privatisierung von Unternehmen, die man mit Standardmethoden nicht hätte privatisieren können. Zwar habe sie wie ein demokrati-

---

135 Klaus: Ekonomická teorie (wie Anm. 77), S. 64f. Auch mit deutlichem zeitlichen Abstand hielt Klaus daran fest, dass es keinen Mangel an gesetzlichen Rahmenbedingungen bei der Kuponprivatisierung gegeben habe. Vgl. hierzu ein 25 Jahre später geführtes Interview mit Klaus, in: Rovenský u. a.: 25 let poté (wie Anm. 91), S. 31.
136 Interview mit Václav Klaus, in: Rovenský u. a.: 25 let poté (wie Anm. 91), S. 27, 30. Ähnlich wie Václav Klaus äußerte sich auch sein politischer Mitstreiter Dušan Tříska in einem 2016 veröffentlichten Werk. Vgl. ders.: Ekonomie jako osud (wie Anm. 45), S. 100f.
137 Rameš verweist darauf, dass die Privatisierung in Tschechien mittlerweile zu einem erinnerungspolitischen Gegenstand geworden sei. Der Art und Weise, wie die Privatisierung heutzutage in der Politik bewertet wird, schreibt er eine ideologische Profilierungsfunktion zu. Er weist weiter daraufhin hin, dass eine grundsätzlich kritische Einschätzung der Privatisierung in der tschechischen Politik mittlerweile »common sense« geworden sei und nennt als Ausnahme die Demokratische Bürgerpartei (ODS), der Klaus bis zum Jahr 2003 angehörte. Vgl. Rameš: Trh bez přívlastků (wie Anm. 45), S. 312f.
138 Vgl. Interview mit Petr Pithart, in: Rovenský u. a.: 25 let poté (wie Anm. 91), S. 131f.

sches Verfahren gewirkt, aber tatsächlich habe man durch sie weder neues Know-how noch neue Technologien oder Investitionen gewonnen.[139]

Eine ebenfalls zwiespältige Perspektive auf die Kuponprivatisierung vertrat Jan Stráský, der erst als stellvertretender tschechoslowakischer Ministerpräsident und dann als Verkehrs- und Gesundheitsminister in den Regierungen Klaus gewirkt hatte. Im Jahr 2013 führte Stráský an, dass die große Geschwindigkeit – und dadurch auch Lückenhaftigkeit –, mit der die gesetzlichen Rahmenbedingungen für die Kuponprivatisierung geschaffen worden waren, zum Teil beabsichtigt gewesen seien. Bestimmte Kreise hätten davon profitiert, dass es generell wenige bzw. leicht zu umgehende Regelungen gegeben habe.[140] Miloš Zeman, heute tschechischer Staatspräsident, blieb bis in die Gegenwart ein strikter Gegner der Kuponprivatisierung und bezeichnete sie als (missglückten) »Versuch, Kapitalismus ohne Kapital zu erschaffen«. Am Ende seien durch die Kuponprivatisierung in erster Linie die Investmentfonds und deren Manager reich geworden und nicht die Unternehmer selbst.[141]

Distanziertere Perspektiven auf die Kuponprivatisierung wurden vonseiten deutscher Experten eingenommen. Vor allem während der frühen 1990er-Jahre war hier ein gewisses Interesse an dem im Nachbarland angewendeten Privatisierungsverfahren spürbar, vermutlich auch deshalb, weil die Anteilscheinprivatisierung auch in Ostdeutschland in Erwägung gezogen worden war. Eine zentrale Frage in diesem Zusammenhang lautete, warum man in Tschechien nicht wie in Ostdeutschland in erster Linie auf Direktverkäufe gesetzt hatte. Die unterschiedlichen Entwicklungswege wurden vor allem auf die unterschiedlichen Ausgangsbedingungen zurückgeführt. Während im ostdeutschen Fall genügend potenzielle Käufer aus Westdeutschland vorhanden gewesen wären, habe man in Tschechien über zu wenig Kapital verfügt. Auch Direktverkäufe an internationale Investoren habe man nicht im großen Ausmaß durchfüh-

---

139 Vgl. Interview mit Pavel Rychetský, in: ebd., S. 202f.
140 Vgl. Jan Stráský: Co Klaus sám necítí, nikdy neposlechne, in: Jiří Weigl u. a.: (Hg.): Dnešní polemika o včerejší privatizaci, Prag 2013, S. 13–19, hier S. 14f.
141 Interview mit Miloš Zeman, in: Rovenský u. a.: 25 let poté (wie Anm. 91), S. 273–275.

ren können oder wollen, sodass man sich letztlich für die Kuponmethode entschieden habe.[142] Ausschlaggebend für diese Entscheidung seien aber nicht nur ökonomisch-rationale, sondern auch verteilungspolitische Erwägungen gewesen.[143] Außerdem seien die tschechischen Reformer davon ausgegangen, mithilfe der Methode die gesellschaftliche Akzeptanz für die Privatisierung zu steigern – ein Aspekt, der in den die ostdeutschen Bundesländer betreffenden privatisierungspolitischen Entscheidungen kaum eine Rolle gespielt habe.[144]

Letztendlich, so stellten die deutschen Beobachter fest, sei die Kuponprivatisierung in Tschechien aber mit einer Reihe von Problemen einhergegangen. In der Bevölkerung habe es viel Verunsicherung in Bezug auf das Privatisierungsverfahren gegeben, da beispielsweise Informationen über die angebotenen Betriebe zu schlecht zugänglich gewesen seien. Problematisch sei weiter gewesen, dass die Kuponmethode häufig in Kombination mit anderen Methoden angewendet worden sei. Dies habe den Prozess komplizierter und korruptionsanfälliger gemacht.[145] Auch die große Marktmacht der IPF hielten deutsche Beobachter für ein bedenkliches Resultat der Kuponprivatisierung.[146] In diesem Zusammenhang wurde auch der nach der Privatisierung fortbestehende große staatliche Einfluss in der Wirtschaft der Tschechischen Republik kritisiert. Zum

---

142 Vgl. Miegel u. a.: Wirtschaftlicher Strukturwandel (wie Anm. 10), S. 150.
143 Vgl. Frensch: Die Transformation der Wirtschaft (wie Anm. 6), S. 4. Der Nutzen solcher verteilungspolitischer Erwägungen bzw. der Nutzen der direkten Beteiligung der Bevölkerung wurde von deutscher Seite aber auch infrage gestellt. So wurde in einem FAZ-Artikel darauf verwiesen, dass etliche der Beteiligungen »wegen des schlechten Zustands der Wirtschaft nahezu wertlos sein dürften«. Klaus Bender: Dynamit-Viktor und das tschechoslowakische Privatisierungsprogramm, in: Frankfurter Allgemeine Zeitung vom 23.3.1992, S. 24.
144 Vgl. Hink: Vergleich der Gesetze (wie Anm. 6), S. 94f. Auf den Faktor gesellschaftliche Akzeptanz bzw. »die soziale Komponente« wurde auch in der Presse verwiesen: Hans Martin Kölle: Ein Volk von Aktionären?, in: Rheinischer Merkur vom 1.7.1990, S. 17.
145 Vgl. Frensch: Die Transformation der Wirtschaft (wie Anm. 6), S. 15f.
146 Vgl. ebd., S. 17f.; ders.: Gesamtwirtschaftliche Entwicklungen, Strukturprobleme, Finanz- und Kapitalmärkte in Tschechien und der Slowakei 1993/94, München 1994, S. 47.

einen befänden sich viele IPF zumindest indirekt in (halb-)staatlicher Hand, zum anderen würde der Staat über den Nationalen Vermögensfonds auch direkt Anteile an großen Betrieben halten.[147] Überhaupt sei das tschechische Finanz- und Kapitalmarktsystem mehr banken- als marktdominiert – ein Befund, der für (Ost-)Deutschland nur in einem deutlich geringeren Ausmaß gelte.[148]

Fazit

Beim Vergleich der beiden Privatisierungsprozesse in Ostdeutschland und Tschechien verwiesen zeitgenössische Experten sowohl auf Gemeinsamkeiten als auch auf Unterschiede. Als Gemeinsamkeit galt insbesondere das hohe Privatisierungstempo in den beiden Ländern. Hervorgehoben wurden aber auch die voneinander abweichenden Ausgangs- und Rahmenbedingungen sowie die unterschiedlichen Privatisierungsmethoden. Die Politik tendierte in Deutschland dazu, die eigenen Privatisierungserfahrungen zwar als Sonderfall zu begreifen, ging aber gleichzeitig von einer prinzipiellen Übertragbarkeit der deutschen »Privatisierungsexpertise« auf die östlichen Nachbarländer aus. Die tschechischen Politiker setzten jedoch eher auf eigene Privatisierungskonzepte.[149]

Der Blick auf die ostdeutsche Privatisierung in der tschechischen Presse hatte vor allem eine positive Abgrenzungsfunktion. Dazu wurde hervorgehoben, dass auch der von der reichen und mächtigen Bundesrepublik unterstützte Nachbar im Westen mit Problemen bei der Privatisierung konfrontiert war und dass Tschechien die Privatisierung in sozioökonomischer Hinsicht mitunter sogar besser bewältigte als die ostdeutschen Bundesländer. Im Vergleich dazu war die (bundes-)deut-

---

147 Vgl. ebd., S. 13; Hink: Vergleich der Gesetze (wie Anm. 6), S. 97.
148 Vgl. Frensch: Gesamtwirtschaftliche Entwicklungen (wie Anm. 146), S. 57 f.
149 Dennoch waren deutsche Einflüsse im tschechischen Privatisierungsprozess deutlich spürbar, insbesondere in Form von deutsch-tschechischen Joint Ventures. Vgl. Schäffler: Transformation as transnational process (wie Anm. 14).

sche Perspektive auf die Privatisierung »der anderen« weniger von einer positiven Abgrenzungsrhetorik geprägt. Die Entwicklungen im Nachbarland wurden seltener zur (indirekten) Einordnung des eigenen Privatisierungsgeschehens herangezogen. Zum einen galten die Entwicklungen in Ostdeutschland als Sonderfall und zum anderen wurde Tschechien von vornherein als »kleiner« bzw. unbedeutender Nachbar wahrgenommen, von dem man sich nicht positiv abgrenzen musste.[150]

Beide Länder unterschieden sich darin, dass die Anteilscheinprivatisierung in Ostdeutschland zwar diskutiert, aber niemals Realität wurde, während die Kuponmethode den tschechischen Privatisierungsweg nicht nur in theoretischer, sondern auch in praktischer Hinsicht prägte. Die Anteilscheinprivatisierung wurde zum Teil vor dem Hintergrund ähnlicher Erwägungen erdacht, obwohl die allgemeinen Ausgangs- und Rahmenbedingungen in den beiden Ländern sehr unterschiedlich waren. Auffällig ist, dass verteilungspolitische Argumente sowohl bei den tschechischen als auch bei den west- und ostdeutschen Verfechtern der Kupon- bzw. Anteilscheinmethode eine tragende Rolle spielten. Konkret bestand in beiden Ländern die Idee, dass nach vier Jahrzehnten, in denen nicht das Volk, sondern der Staat über die Wirtschaft verfügt hatte, »echtes Volkseigentum« unter der Beteiligung aller Bürgerinnen und Bürger geschaffen werden sollte. Eine wichtige Rolle spielte außerdem die Angst vor einem »Ausverkauf«. In beiden Ländern gab es die Auffassung, dass man die Betriebe vor einer Übernahme durch Altkader und ausländische Investoren schützen müsse und dass die Anteilscheinprivatisierung zur Erreichung dieser Zielsetzung beitragen würde.

In Tschechien kam noch der Gedanke hinzu, dass das Kuponverfahren einen »echten« Markt entstehen lassen würde, auf dem nicht politische Ideologien und Zielsetzungen, sondern das freie und eigenverant-

---

150 Bevormundende und despektierliche Untertöne finden sich zum Teil in der deutschen Presseberichterstattung und spielten auch allgemein eine Rolle bei der deutschen Beratungshilfe in Ost(mittel)europa sowie im Kontakt zwischen deutschen und tschechischen Betrieben. Vgl. Schäffler: Transformation as transnational process (wie Anm. 14); dies.: From »Well-Understood Self-Interest« (wie Anm. 14).

wortliche Agieren der einzelnen wirtschaftlichen Subjekte entscheidend sein würde. Die Idealvorstellung lautete, dass die Bürgerinnen und Bürger im Zuge der Kuponprivatisierung den Kapitalismus »erlernen« würden. Nicht nur die Bevölkerung, sondern auch die Wirtschaft als Ganzes würde davon profitieren. Außerdem hegten die Privatisierungspolitiker in Prag die Erwartung, dass durch die unmittelbare Beteiligung der Bevölkerung auch die gesellschaftliche Akzeptanz der Privatisierung und der Transformation im Allgemeinen steigen würde – eine Erwägung, die im ostdeutschen Privatisierungsprozess augenscheinlich einen deutlich geringeren Einfluss hatte.

Anders als erwartet, mündete die Kuponmethode nur eingeschränkt in einer Erfolgsgeschichte – darüber ist man sich heute sowohl auf Expertenseite als auch größtenteils aufseiten der tschechischen Politik einig. Probleme ergaben sich vor allem im Zusammenhang mit den dabei »spontan« entstandenen Investitionsprivatisierungsfonds. Ihre engen Verflechtungen mit dem (halb-)staatlichen tschechischen Bankenwesen führten letztendlich dazu, dass eine echte Privatisierung vielfach nur oberflächlich erreicht wurde. Statt der im Vorfeld befürchteten zu weiten Kapitalstreuung entstand eine starke Kapitalkonzentration. Hinzu kamen lückenhafte gesetzliche Rahmenbedingungen, Korruptionsfälle sowie kriminelle Verhaltensweisen aufseiten der Fonds und aufseiten von Politikern. Schon nach kurzer Zeit war das Vertrauen vieler Bürgerinnen und Bürger in die Kuponmethode, in die Privatisierungspolitik und in die Politik generell unwiederbringlich verloren.

Zweifellos ist es sinnvoll, Privatisierungen aus einer inter- bzw. transnationalen Perspektive heraus zu untersuchen, indem man etwa den Stellenwert von Investoren aus dem Ausland oder die Bedeutung internationaler Joint Ventures genauer beleuchtet.[151] Ebenso aufschlussreich ist die

---

151 Eine solche Perspektive wird z. B. eingenommen im Beitrag von Keith R. Allen im vorliegenden Band. Vgl. außerdem Eva Schäffler: Ein Privatisierungsmarathon à la Treuhand. Die Übernahme der Umformtechnik Erfurt durch Škoda Plzeň, in: Dierk Hoffmann (Hg.): Transformation einer Volkswirtschaft. Neue Forschungen zur Geschichte der Treuhandanstalt, Berlin 2020, S. 96–111; Schäffler: Transformation as transnational process (wie Anm. 14).

Untersuchung wechselseitiger Wahrnehmungen, um so mehr über die Selbst- und Fremdbilder einzelner Länder im Privatisierungs- und Transformationsprozess zu erfahren. Der Blick auf die verschiedenen Privatisierungswege, die dahinter liegenden Ideen und die damit verbundenen Diskurse, Konflikte und Probleme wird auf diese Weise geschärft. Aus deutscher Sicht sind transnationale Herangehensweisen unverzichtbar, um die (ost-)deutsche Geschichte in den 1990er-Jahren nicht (weiter) aus einer vornehmlich nationalen Perspektive zu erzählen. Eine Öffnung der deutschen Zeitgeschichte sollte in Zukunft vor allem auch in Richtung Osten vorangetrieben werden.

Andreas Malycha
»Alte Seilschaften«.
Die Personalpolitik der Treuhandanstalt im Kreuzfeuer der Kritik

Seit dem Herbst 1989 entbrannte eine heftige gesellschaftliche Debatte über den Umgang mit dem politischen Erbe der DDR. Dazu gehörte auch der Umgang mit ehemaligen Systemträgern. Im Büro des im April 1990 gewählten DDR-Ministerpräsidenten Lothar de Maizière häuften sich die Beschwerden darüber, dass »SED-Seilschaften« unter dem Dach der gerade gegründeten Treuhandanstalt (THA) versuchen würden, in der Wirtschaft wieder Fuß zu fassen. Sowohl innerhalb der ostdeutschen politischen Opposition als auch in der Bürgerbewegung herrschte die Ansicht vor, frühere politische Verantwortungsträger sollten künftig weder im Staat noch in der Gesellschaft an führender Stelle verbleiben. Vor allem dominierte in der ostdeutschen Bevölkerung die Erwartung, mit der Überwindung der dysfunktionalen zentralen staatlichen Planwirtschaft würden auch Versorgungsengpässe, Ressourcenverschwendung und Umweltzerstörung der Vergangenheit angehören. Für die Einlösung des Versprechens, mit der Übernahme offensichtlich erfolgreicher marktorientierter Wirtschaftsmodelle Anschluss an das Wohlstands- und Konsumniveau des Westens zu finden, schienen Funktionäre der staatlichen Wirtschaftsverwaltung eher ungeeignet. Westdeutsche Politiker trugen nicht wenig dazu bei, diese Erwartungshaltung zu befeuern und Hoffnungen auf »blühende Landschaften« im Osten Deutschlands zu wecken.[1]

---

1 Vgl. Ralph Jessen: Revolution und Transformation. Anerkennungskämpfe in der Vereinigungsgesellschaft, in: Marcus Böick/Constantin Goschler/Ralph Jessen (Hg.): Jahrbuch Deutsche Einheit 2020, Berlin 2020, S. 24–45, hier S. 30.

Auch westdeutschen Managern wurde in diesem Kontext in gewisser Weise ein Heldenstatus zugeschrieben.² Gerade diese Erwartungshaltung spielte eine nicht unbedeutende Rolle, wenn es beim ausbleibenden wirtschaftlichen Erfolg der ehemaligen volkseigenen Betriebe im gesamtdeutschen und internationalen Wettbewerb darum ging, Ursachen und Schuldige zu finden. Nicht selten wurde dann auf das vermeintliche Wirken »alter Seilschaften« verwiesen.

1. Der Auftrag der Vertrauensbevollmächtigten

Von Anfang an wurde die THA mit dem Vorwurf konfrontiert, dass sich nicht nur unter den einfachen Beschäftigten, sondern vor allem unter dem Leitungspersonal Personen befänden, die durch ihre vormaligen Leitungsfunktionen in der DDR-Wirtschaft als politisch belastet eingestuft werden müssten. Mit der Frage der stark umstrittenen Personalkontinuität in den Führungsetagen der THA wurde im Herbst 1990 schließlich ihr Präsident Detlev Rohwedder konfrontiert. In der Volkskammersitzung am 13. September 1990 griff der SPD-Abgeordnete Frank Bogisch das bereits zuvor häufig angesprochene Thema auf und forderte Präsident Rohwedder auf, zur Rolle der »Altleiter« in seiner Behörde Stellung zu nehmen. Denn nach seinen Informationen würden »sämtliche Seilschaften in Ihrem Haus schon wieder total komplett funktionieren. Wenn ich höre, dass der Kollege Rauchfuß jetzt dort Mitarbeiter ist, erwarte ich jeden Tag die Meldung, dass Kollege Mittag mitmacht.«³ Rohwedder,

---

2 Vgl. hierzu ausführlich Marcus Böick: Die Treuhand. Idee – Praxis – Erfahrung 1990–1994, Göttingen 2018, S. 577–586. Der folgende Beitrag basiert im Wesentlichen auf den Ergebnissen meiner umfangreichen Monografie. Vgl. Andreas Malycha: Vom Hoffnungsträger zum Prügelknaben. Die Treuhandanstalt zwischen wirtschaftlichen Erwartungen und politischen Zwängen 1989–1994, Berlin 2022.
3 Stenographische Niederschrift der 35. Tagung der Volkskammer der DDR am 13.9. 1990, in: Deutscher Bundestag (Hg.): Protokolle der Volkskammer der Deutschen Demokratischen Republik. 10. Wahlperiode (vom 5. April bis 2. Oktober 1990), Berlin 2000, Bd. 3, S. 1685.

der während der Volkskammersitzung zuvor eine vorläufige Bilanz der Arbeit der THA vorgetragen hatte, antwortete auf die Frage zunächst ausweichend: »Das Seilschaftenproblem ist mir bekannt. Für mich, der ich hier nicht gelebt habe, ist es schwer, die Teilnehmer von Seilschaften zu erkennen. Was Herrn Rauchfuß angeht, so hat er sich gerade den Arm gebrochen und liegt im Krankenhaus.«[4]

Tatsächlich gehörten mit Wolfram Krause[5] und Gunter Halm[6] zwei ehemalige Führungskader aus dem zentralen Wirtschaftsapparat der DDR dem Vorstand der THA an. Unter den Referenten gab es ehemalige Minister und stellvertretende Minister. So war der in der Volkskammertagung genannte Treuhandmitarbeiter Wolfgang Rauchfuß bis November 1989 stellvertretender Vorsitzender des Ministerrates und Minister für Materialwirtschaft sowie Mitglied des Zentralkomitees (ZK) der SED. Im November 1989 wurde Rauchfuß Mitglied des SED-Politbüros und gleichzeitig – als Nachfolger Günter Mittags – ZK-Sekretär für Ökonomie, Handel und Versorgung. Nach Auflösung dieser Gremien war Rauchfuß Staatssekretär in der Regierung Modrow und seit März 1990 Mitarbeiter in der Treuhandzentrale. Neben Krause waren zwei weitere ehemalige stellvertretende Vorsitzende der Staatlichen Plankommission (SPK) der DDR in der Treuhandzentrale beschäftigt. Darüber hinaus hatte Rohwedder Personal aus der Entstehungszeit der Treuhand übernommen, ehemalige Abteilungs- bzw. Sektorenleiter aus dem zentralen Wirtschaftsapparat der DDR.

Nach den kritischen Fragen in der DDR-Volkskammer hielt auch Bundesfinanzminister Theo Waigel (CSU) das Thema »alte Seilschaften« für akut. So schrieb er an Rohwedder am 1. Oktober 1990:

---

4 Ebd., S. 1687.
5 Wolfram Krause war von 1969 bis 1974 stellvertretender Vorsitzender der SPK, von 1974 bis 1979 1. Sekretär der SED-Kreisleitung der SPK und seit 1979 Mitarbeiter in der SED-Bezirksleitung Berlin.
6 Gunter Halm war von 1984 bis 1989 stellvertretender Minister für Glas- und Keramikindustrie und anschließend zwischen November 1989 und März 1990 unter Ministerpräsident Modrow Minister für Leichtindustrie.

»Vor kurzem hatte ich die Gelegenheit, im Deutschen Bundestag die in der THA geleistete Arbeit positiv zu würdigen. Wir müssen aber die Kritik ernst nehmen, in der Treuhandanstalt und ihren Außenstellen könnten sich Seilschaften früherer politischer Prägung erhalten oder neu aufbauen und die Arbeit der Treuhandanstalt verzögern oder im Einzelfall in eine bestimmte Richtung biegen, jedenfalls in der Öffentlichkeit in ein schiefes Licht rücken. Vor kurzem bin ich mit dieser Kritik in der Bundestagsfraktion der CDU/CSU erneut konfrontiert worden.«[7]

Strittig war indes die Frage, wie und in welchem Umfang sich der geforderte Personalwechsel vollziehen und wer an die Stelle der ehemaligen Führungsgruppen treten sollte. Besonders umstritten war, wer zum Kreis der politisch belasteten Personen zählte. Traf der Begriff der »politisch Belasteten« nur auf sogenannte Nomenklaturkader[8], also auf Funktionäre in Leitungsgremien und Spitzenpositionen, oder gar auf alle Angehörigen der Staatspartei SED zu? Die Beantwortung dieser Frage hatte Folgen sowohl für die Personalpolitik der THA als auch für das Führungspersonal in den Treuhandunternehmen. Nicht zuletzt war in den Belegschaften seit dem Herbst 1989 eine Debatte über den Verbleib von Generaldirektoren, Direktoren oder Abteilungsleitern auf den Führungsetagen der noch volkseigenen Betriebe entbrannt. Die daraus resultierenden Konflikte wirkten auch nach dem Verkauf der in Aktiengesellschaften oder GmbHs umgewandelten Betriebe weiter und konnten später nur selten, erst recht nicht durch westdeutsch sozialisierte Evaluatoren entschärft werden.

Als die Rolle früherer Führungskader der DDR in der Medienöffentlichkeit immer kritischer diskutiert wurde, setzte der Vorstand der THA infolge einer persönlichen Initiative von Bundeskanzler Helmut Kohl (CDU) am 1. November 1990 17 pensionierte Richter und Justizbeamte

---

7   Schreiben von Theo Waigel an Detlev Rohwedder vom 1.10.1990, BArch Berlin, B 412/3699, unfol.
8   Das System der Kadernomenklatur (Nomenklaturkader) war ein Herrschaftsinstrument des zentralen Parteiapparats der SED und folgte dem Grundprinzip, verantwortliche Positionen in Partei und Staat von der nächsthöheren Ebene zu besetzen und zu bestätigen. Vgl. Matthias Wagner: Ab morgen bist du Direktor. Das System der Nomenklatur in der DDR, Berlin 1998.

als sogenannte Vertrauensbevollmächtigte ein.[9] In seiner Vorlage für die Vorstandssitzung am 1. November 1990 notierte Treuhand-Personalvorstand Alexander Koch zu den Aufgaben der Vertrauensbevollmächtigten:

> »Ziel ist, die zahlreichen Beschwerden und Petitionen von Belegschaften, Betriebsräten und Einzelpersonen wegen der sehr regen Aktivitäten von ›SED-Seilschaften‹ und Funktionsträgern des alten Regimes zu bearbeiten, zu klären und zu beantworten. [...] Der Vorstand sollte diese zeitlich begrenzte Aktion genehmigen, da damit bis zum Wirksamwerden der Aufsichtsräte und der Geschäftsleitungsbestellung eine zumindest psychologisch positive Wirkung verbunden sein müsste.«[10]

Für die Treuhandzentrale waren seit dem 6. November 1990 Albrecht Krieger und Erich Bülow sowie für die Treuhandniederlassungen weitere 15 pensionierte Richter als unabhängige Berater tätig. Albrecht Krieger war bis April 1990 Ministerialdirektor im Bundesministerium der Justiz (BMJ) und dort seit 1970 als Leiter der Abteilung Handels- und Wirtschaftsrecht unter anderem mit dem gewerblichen Rechtsschutz und dem Urheberrecht befasst. Erich Bülow war zuvor ebenso Ministerialdirektor im BMJ. Beide wurden von Staatssekretär Klaus Kinkel (FDP) im BMJ Mitte Oktober 1990 gefragt, ob sie sich die Übernahme dieser neuen Aufgabe in Berlin vorstellen könnten.[11] Bülow und Krieger waren dem Vorstandsbereich Personal von Alexander Koch zugeordnet. Sie sollten Hinweisen aus Betriebsbelegschaften sowie aus der Bevölkerung auf die politische Vergangenheit von leitenden Mitarbeitern ostdeutscher Her-

---

9 Vgl. das Protokoll der Vorstandssitzung am 1.11.1990, BArch Berlin, B 412/2545, unfol.
10 Vorlage von Koch für die Vorstandssitzung am 1.11.1990, ebd.
11 Vgl. Albrecht Krieger: Begegnung mit der politischen Vergangenheit im Osten Deutschlands. Als Vertrauensbevollmächtigter beim Vorstand der Treuhandanstalt 1990–1992, in: Marcus Bierich/Peter Hommelhoff/Bruno Kropff (Hg.): Festschrift für Johannes Semler zum 70. Geburtstag. Unternehmen und Unternehmensführung, Berlin 1993, S. 17–66, hier S. 18; ders.: Als Vertrauensbevollmächtigter beim Vorstand der Treuhandanstalt 1990–1993. Der freiheitliche Rechtsstaat in der Begegnung mit der politischen Vergangenheit im Osten Deutschlands, in: Klaus Letzgus u. a. (Hg.): Für Recht und Staat. Festschrift für Herbert Helmich zum 60. Geburtstag, München 1994, S. 15–36.

kunft sowohl in den Treuhandunternehmen als auch in der THA selbst nachgehen. Im Ergebnis ihrer Untersuchungen konnten sie Empfehlungen für personelle Konsequenzen aussprechen, über die letztlich der Vorstand der THA zu entscheiden hatte. In der Praxis bearbeiteten die Vertrauensbevollmächtigten überwiegend Vorwürfe gegen Geschäftsführer, Aufsichtsratsmitglieder sowie weitere Angehörige des Führungspersonals der Treuhandunternehmen, die der Zentrale zugeordnet waren. Schreiben an die Zentrale, die sich auf Treuhandunternehmen bezogen, die den Niederlassungen zugeordnet waren, leiteten sie an die Vertrauensbevollmächtigten bei den entsprechenden Niederlassungen zur weiteren Bearbeitung weiter.

Zu Beginn ihrer Tätigkeit nahmen die Vertrauensbevollmächtigten Krieger und Bülow Kontakt mit den Landesregierungen der neuen Bundesländer auf. Krieger sprach am 19. November 1990 zuerst mit dem Ministerpräsidenten des Freistaats Sachsen, Kurt Biedenkopf (CDU). Dieser stufte während des Gesprächs einer Notiz Kriegers zufolge die Tätigkeit der Vertrauensbevollmächtigten als außerordentlich bedeutsam ein.[12] Es gehe für die Menschen in den neuen Bundesländern schlechthin um die Frage, ob die friedliche Revolution des vergangenen Jahres ein Erfolg gewesen sei oder sich nachträglich als Misserfolg herausstelle, weil sich auf den Führungsebenen der Wirtschaft in den neuen Bundesländern nichts geändert habe. Nach Ansicht Biedenkopfs war die Stimmung in der Bevölkerung gegen die weitere Tätigkeit alter Führungskräfte in den von der THA verwalteten Unternehmen inzwischen so aufgeladen, dass man sich in weiten Kreisen die Frage stelle, ob es nicht besser gewesen wäre, man hätte vor einem Jahr eine »unfriedliche Revolution« in Gang gesetzt.[13] Insofern komme auf die Vertrauensbevollmächtigten gerade auch aus der Perspektive der neuen Landesregierungen eine in ihrer Bedeutung gar nicht zu überschätzende politische Aufgabe zu. Biedenkopf plädierte dafür, sämtliche Geschäftsführer, die SED-Mitglied gewesen waren, abzu-

---

12 Vgl. den Vermerk von Albrecht Krieger über ein Gespräch mit Kurt Biedenkopf vom 19.11.1990, BArch Koblenz, B 126/153607, unfol.
13 Ebd.

lösen. Krieger sprach sich allerdings gegen einen Personalaustausch nach der »Rasenmähermethode« aus.[14]

Der Ministerpräsident des Landes Brandenburg, Manfred Stolpe (SPD), sah das Problem der »alten Seilschaften« dagegen wesentlich differenzierter. Während eines Gesprächs mit Krieger am 13. Dezember 1990 betonte er, dass die frühere SED-Mitgliedschaft für sich allein kein Kriterium für personelle Konsequenzen sein könne.[15] Man stehe in den neuen Bundesländern vor der unausweichlichen Aufgabe, auch diese Menschen in die neue Ordnung zu integrieren. Trotz ihres früheren Bekenntnisses zum SED-Regime müssten diese eine Chance erhalten, sich mit dem freiheitlichen Rechtsstaat zu identifizieren. Darüber hinaus habe Stolpe, so der Gesprächsvermerk von Krieger, inzwischen den Eindruck gewonnen, dass das Schlagwort von den »alten Seilschaften« zunehmend eine Alibifunktion annehme und man für die unterschiedlichsten Unzuträglichkeiten und Fehlentwicklungen in den Unternehmen der THA nach Sündenböcken suche. Auch aus diesem Grunde sei Hinweisen auf die bloße frühere SED-Mitgliedschaft von Personen in leitender Funktion mit Vorsicht und Zurückhaltung zu begegnen.

Generell existierten keine exakten Kriterien für die Bewertung einer politischen Belastung. Rohwedder sah in einer SED-Mitgliedschaft noch keinen hinreichenden Grund, der gegen eine Beschäftigung in der THA spreche. »Maßstab für die Mitarbeit hier sind Einsatz, Loyalität und Können. Ich halte es für ein Gebot der Anständigkeit und Solidarität gegenüber den neuen Bundesbürgern, dass wir denjenigen, die dies ernstlich wollen, eine zweite Chance zur Lebensgestaltung, zum Karriereaufbau geben.«[16] Krieger benutzte in seiner Tätigkeit als Vertrauensbevollmächtigter beim Vorstand der THA den Begriff der »objektiven Kompromittie-

---

14 Schreiben Albrecht Kriegers an das BMF/VIII B 1 vom 19.11.1990, BArch Koblenz, B 126/153607, unfol.
15 Vgl. den Vermerk von Albrecht Krieger über ein Gespräch mit Manfred Stolpe am 13.12.1990, ebd.
16 Zit. nach Marc Kemmler: Die Entstehung der Treuhandanstalt. Von der Wahrung zur Privatisierung des DDR-Volkseigentums, Frankfurt am Main/New York 1994, S. 215.

rung«.[17] Für ihn lag eine »objektive Kompromittierung« dann vor, wenn der Betreffende hohe Partei- und Staatsfunktionen bekleidet hatte. »Wer sich in Wort und Schrift nachhaltig für das SED-Unrechtssystem eingesetzt habe, dem dürfe grundsätzlich keine Macht mehr über Menschen eingeräumt werden.«[18] Dies gelte ebenso für Personen, denen ein konkret vorwerfbares Verhalten nachgewiesen werden könne. »Unter einem konkret vorwerfbaren Verhalten ist z. B. die Schikanierung Andersdenkender und eine Tätigkeit für das MfS zu verstehen.«[19] In derartigen Fällen sollte in jedem Fall eine Abberufungsempfehlung ausgesprochen werden.

In den ersten zwei Wochen ihrer Tätigkeit gingen annähernd 200 Beschwerden und Beanstandungen aus den treuhänderisch verwalteten Unternehmen bei den Vertrauensbevollmächtigten der THA in Berlin ein.[20] Die Klagen über »alte Seilschaften« bezogen sich überwiegend auf Personen in den Führungsetagen von Treuhandunternehmen. Rohwedder schrieb deshalb im Februar 1991 an die Aufsichtsratsvorsitzenden der Treuhandunternehmen: »Das Problem der ›alten Seilschaften‹ und weit mehr noch begangenes Unrecht durch offizielle oder inoffizielle Mitarbeit beim Staatssicherheitsdienst der früheren DDR belasten das Zusammenleben und die Zusammenarbeit in den fünf neuen Bundesländern im allgemeinen und in den Unternehmungen der Wirtschaft im besonderen.«[21] Der Vorstand der THA habe deshalb nach Abstimmung mit den Vertrauensbevollmächtigten beschlossen, dass alle Aufsichtsräte, Vorstände und Geschäftsführer der der THA unterstehenden Unternehmen eine Erklärung zum Thema Zusammenarbeit mit dem Ministerium für Staatssicherheit (MfS) abzugeben hätten. Rohwedder bat darum, dafür Sorge zu

---

17 Krieger: Begegnung mit der politischen Vergangenheit im Osten Deutschlands (wie Anm. 11), S. 64.
18 Ergebnisbericht über die Sitzung der Vertrauensbevollmächtigten beim Bundeskanzleramt in Bonn am 23.9.1991, BArch Berlin, B 412/10736, unfol.
19 Ebd.
20 Vgl. das Schreiben Albrecht Kriegers an das BMF/VIII B 1 vom 19.11.1990, BArch Koblenz, B 126/153607, unfol.
21 Schreiben von Detlev Rohwedder an die Aufsichtsratsvorsitzenden der Treuhand-Unternehmen vom 21.2.1991, BArch Berlin, B 412/3176, unfol.

tragen, dass alle Mitglieder des Aufsichtsrats sowie des Vorstands und alle Führungskräfte der ersten Ebene jeweils die vom Treuhandvorstand vorgegebene individuelle Erklärung abgaben. Über die betreffenden Personen wurde daraufhin in der Behörde des Bundesbeauftragten für die Unterlagen des Staatssicherheitsdienstes der ehemaligen DDR (BStU) recherchiert.[22] Beim Nachweis einer früheren Tätigkeit als inoffizieller Mitarbeiter (IM) oder Offizier im besonderen Einsatz (OibE)[23] des MfS fiel die Entscheidung eindeutig gegen eine Weiterbeschäftigung.

Seit Jahresbeginn 1991 trafen zahlreiche, zumeist handschriftlich verfasste Schreiben von Beschäftigten aus Treuhandunternehmen in der Treuhandzentrale ein, in denen Personen genannt wurden, die als »alte Seilschaften« den Wirtschaftsumbau in den neuen Ländern behindern würden und daher nicht länger tragbar seien. Die Vertrauensbevollmächtigten konnten allerdings nur auf der Grundlage konkreter Angaben tätig werden. Deshalb antwortete Krieger auf diese Schreiben in der Regel mit der Bitte, den Sachverhalt, auf den sich der Verdacht stützte, näher zu beschreiben. Insbesondere komme es darauf an, konkrete Angaben über die frühere Tätigkeit und das zu beanstandende Verhalten der betreffenden Personen auch in ihrer gegenwärtigen Funktion zu machen. Vorwürfe über angeblich politisch belastete Personen in den Geschäftsführungen und auf den Leitungsebenen der Treuhandbetriebe gingen zumeist anonym bei den Vertrauensbevollmächtigten ein, da die Verfasser der Beschwerden den Verlust ihres Arbeitsplatzes befürchteten.

---

22 Der Bundesbeauftragte für die Unterlagen des Staatssicherheitsdienstes (BStU), Joachim Gauck, trat sein Amt am 3. Oktober 1990 zunächst als »Sonderbeauftragter« an. Das Gesetz über die Unterlagen des Staatssicherheitsdienstes der ehemaligen Deutschen Demokratischen Republik trat am 29. Dezember 1991 in Kraft. Auf dieser Grundlage wurden Personen in herausgehobenen Positionen daraufhin überprüft, ob Hinweise auf eine Zusammenarbeit mit dem MfS vorlagen. Dazu gehörten etwa Regierungsmitglieder, Abgeordnete und Mitarbeiter im öffentlichen Dienst.

23 In den Ministerien der DDR und anderen wichtigen Stellen des Staatsapparats und der Wirtschaft setzte das MfS hauptamtliche Mitarbeiter als OibE ein. Vgl. Das Bundesarchiv, Stasi-Unterlagen-Archiv, MfS-Lexikon, Jens Gieseke: Offizier im besonderen Einsatz (OibE), https://www.stasi-unterlagen-archiv.de/mfs-lexikon/detail/offizier-im-besonderen-einsatz-oibe (Zugriff am 12.4.2022).

Die von den Vertrauensbevollmächtigten aufgrund von konkreten Beschuldigungen vorgenommenen Überprüfungen und Nachforschungen über »SED-Seilschaften« führten in der Regel zu keinen personellen Veränderungen in den Geschäftsführungen von Treuhandunternehmen, da sich die Vorwürfe als nicht schwerwiegend bzw. nicht stichhaltig oder wahrheitswidrig erwiesen. Eine frühere SED-Mitgliedschaft eines Geschäftsführers war kein zwingender Grund für entsprechende Empfehlungen. Die Beschwerden von Betriebsräten gegen Mitglieder der Geschäftsführung oder des Vorstands eines Unternehmens aufgrund einer früheren Mitgliedschaft in der SED waren in vielen Fällen hinfällig, nachdem entsprechende Aussprachen vor Ort die Gründe für den Unmut der Beschäftigten klären konnten. Häufig kam es vor, dass die beschuldigten Geschäftsführer bereits den Betrieb verlassen hatten bzw. der Vorstand des Unternehmens inzwischen ausgetauscht und ausschließlich mit westdeutschen Managern besetzt worden war. Auch in diesen Fällen betrachtete der zuständige Vertrauensbevollmächtigte die Petition als erledigt.

In den Belegschaften der Treuhandunternehmen kam es häufig zu Beschwerden über Geschäftsführer und Vorstandsmitglieder mit SED-Vergangenheit, die über Arbeitsplatzabbau bzw. Entlassungen und Kurzarbeit zu entscheiden hatten. Hier wurde nicht immer ganz zu Unrecht vermutet, »alte Seilschaften« wollten ehemalige Genossen vor dem Verlust ihres Arbeitsplatzes schützen. Die Vertrauensbevollmächtigten reagierten auf derartige Vorwürfe stets mit dem Hinweis, dass ein flächendeckender Austausch von Führungskräften in den Treuhandunternehmen praktisch nicht möglich sei. Die THA sei in den von ihr verwalteten Unternehmen darauf angewiesen, für eine Übergangszeit auf Personen zurückzugreifen, die auch schon vor der »Wende« leitende Positionen in der Wirtschaft eingenommen hatten. Insofern müsse akzeptiert werden, dass die bloße SED-Mitgliedschaft für sich allein kein Kriterium für die Ablösung aus verantwortlichen Funktionen in der Wirtschaft sein könne.

Der Schwerpunkt der Nachforschungen lag in enger Zusammenarbeit mit dem BStU zunächst auf einer eventuellen früheren Tätigkeit von Beschäftigten der THA für das MfS. Aufgrund des Führungskräftemangels griff der Vorstand der THA nur bei erwiesener MfS-Mitarbeit, hohen

SED/DDR-Funktionsträgern und erwiesenen Unrechtshandlungen ein. Wie Birgit Breuel in einer Notiz für den Treuhand-Verwaltungsratsvorsitzenden Jens Odewald mitteilte, hatte sich die THA bis Ende Juli 1991 von etwa 1400 Vorstandsmitgliedern bzw. Geschäftsführern von Treuhandunternehmen getrennt. Bei 400 Personen sei der politische Hintergrund ausschlaggebend gewesen.[24] Demnach resultierten rund 29 Prozent des Personalaustauschs in den Treuhandunternehmen aus einer politischen Belastung des Führungspersonals. In der Berliner Treuhandzentrale sowie den 15 Niederlassungen galt dies für 35 Personen, davon zwölf »Offiziere im besonderen Einsatz«. Breuel unterstrich in ihrem Schreiben an Odewald, »daß wir auch die bisher getroffenen gut 400 Entscheidungen Einzelfall für Einzelfall geprüft haben. In vielen Fällen war die Empfehlung der Vertrauensbevollmächtigten die Grundlage für die Entscheidung.«[25] In den Beteiligungsunternehmen der THA wurden bis Ende Februar 1992 insgesamt 505 Kündigungen aus politischen Gründen ausgesprochen.[26] Ein großer Teil hiervon betraf Fälle, bei denen eine frühere Mitarbeit für das MfS nachgewiesen werden konnte. Im Verlauf des Jahres 1991 wurden 58 als politisch belastet eingestufte Mitarbeiter aus der THA entlassen.[27] Etwa die Hälfte davon schied aufgrund ihrer früheren Tätigkeit in führenden SED-Gremien oder im zentralen Regierungsapparat der DDR aus.

Der Vorwurf, »alte Seilschaften« würden in den Treuhandbetrieben erheblichen wirtschaftlichen Schaden verursachen, begleitete die THA bis zu ihrer Auflösung. Im Laufe des Jahres 1991 wurde die THA zudem mit dem Problem der »neuen Seilschaften« konfrontiert, bei dem eine personelle Kooperation zwischen ehemaligen Betriebsdirektoren volkseigener Betriebe und neu berufenen Vorstandsmitgliedern aus Westdeutschland unterstellt wurde. Die Nachforschungen der Vertrauensbevollmächtigten

---

24 Vgl. das Schreiben von Birgit Breuel an Jens Odewald vom 31.7.1991, BArch Berlin, B 412/3172, unfol.
25 Ebd.
26 Vgl. das Schreiben des Referatsleiters Johannes Kindler an den Chef des Bundeskanzleramtes Friedrich Bohl (CDU) vom 20.2.1992, BArch Berlin, B 136/37712, unfol.
27 Vgl. ebd. sowie die Angaben bei Kemmler: Die Entstehung der Treuhandanstalt (wie Anm. 16), S. 216.

über derartige »neue Seilschaften« offenbarten zwar eine Reihe von Einzelfällen, bei denen der THA beispielsweise durch nicht gerechtfertigte Kaufpreisabsprachen oder gesteuerte Insolvenz wirtschaftlicher Schaden entstand. In nur wenigen Fällen waren an diesen wirtschaftskriminellen Vorgängen jedoch leitende Mitarbeiter mit SED-Vergangenheit beteiligt. Dies geht jedenfalls aus den Berichten der Vertrauensbevollmächtigten bei den Niederlassungen an den Treuhandvorstand in Berlin vom April 1992 hervor.[28]

Die Vertrauensbevollmächtigten bei den Niederlassungen beendeten zum Ende des Jahres 1992 ihre Tätigkeit. Bülow räumte Anfang 1993 sein Büro in der Berliner Zentrale. Sein Nachfolger wurde der Vertrauensbevollmächtigte bei der Niederlassung in Berlin, Günter Zehner, ehemaliger Vorsitzender Richter am Bundesverwaltungsgericht in Berlin. In ihrem abschließenden Bericht über ihre Tätigkeit verwiesen Krieger und Bülow auf mehr als 6000 Eingaben, die die Vertrauensbevollmächtigten in den Jahren von 1990 bis 1992 erhalten hätten. Bedrückend sei es immer wieder gewesen, dass 15 bis 20 Prozent aller Eingaben anonym eingegangen seien. »Nach einer kurzen Anfangszeit haben wir uns von der zwingenden Notwendigkeit überzeugen müssen, auch anonyme Eingaben wie alle anderen zu behandeln.«[29] Bis Mitte März 1993 empfahlen die beiden Vertrauensbevollmächtigten beim Vorstand der THA die Ablösung von 90 Führungskräften in den von der Treuhandzentrale betreuten Beteiligungsunternehmen.[30]

Die Vertrauensbevollmächtigten standen von Anfang an vor dem Problem, einen angemessenen Maßstab für die Beurteilung der politischen Vergangenheit von Personen in leitenden Funktionen von Treuhandunternehmen zu finden. Auf der einen Seite schien es in praktischer Hinsicht

---

28 Vgl. den Vermerk des Vertrauensbevollmächtigten bei der Niederlassung Halle vom 9.4.1992, BArch Berlin, B 412/22224, unfol.
29 Abschließender Bericht über die Tätigkeit der Vertrauensbevollmächtigten beim Vorstand und bei den Niederlassungen der THA in den Jahren 1990–1992 vom 6.11.1992, BArch Berlin, B 412/10740, unfol.
30 Vgl. die statistische Übersicht über den Stand der Überprüfung auf MfS-Verstrickung vom 11.5.1993, BArch Berlin, B 412/10741.

unmöglich, sämtliche Unternehmensleitungen unterschiedslos abzulösen und aufgrund der bloßen früheren SED-Mitgliedschaft personelle Konsequenzen zu empfehlen. Zudem waren eine Reihe von Betriebsleitern noch im Herbst 1989 bzw. Frühjahr 1990 von den Belegschaften in ihrem Amt bestätigt worden. Darüber hinaus fanden in vielen Treuhandbetrieben aufgrund des Drucks der Belegschaften bereits im Laufe des Jahres 1990 sowie Anfang 1991 Neubesetzungen auf der Führungsebene statt.

Auf der anderen Seite erwarteten die Beschäftigten auch vor dem Hintergrund der anwachsenden wirtschaftlichen Schwierigkeiten der Treuhandbetriebe einen personellen Neuanfang bei den Geschäftsführungen und Vorständen durch die Ablösung der alten Parteikader. Westdeutsche Manager wurden anfangs aufgrund ihres westlichen Knowhows gerade angesichts der wirtschaftlichen Talfahrt in Ostdeutschland als »allwissende Heilsbringer« betrachtet.[31] Allerdings wuchsen mit dem ausbleibenden wirtschaftlichen Erfolg zugleich auch Skepsis und Misstrauen gegenüber den neuen Managern.

Die hochgesteckten Erwartungen konnten die Vertrauensbevollmächtigten nur in den seltensten Fällen erfüllen. Schematische oder gar flächendeckende Abberufungsempfehlungen lehnten die Vertrauensbevollmächtigten ab. Diese erfolgten nur, wenn leitende Mitarbeiter nicht nur mit Zustimmung höchster Parteigremien in ihre Positionen gelangt waren, sondern ihnen in ihrer Funktion sogenannte Unrechtshandlungen gegenüber den Beschäftigten nachgewiesen werden konnten. Es erwies sich jedoch als äußerst schwierig, sowohl das Ausmaß dieser Unrechtshandlungen zu bestimmen als auch eindeutig nachzuweisen. Die damaligen Vorwürfe über »SED-Seilschaften« lassen sich auch in der Retrospektive nicht mehr vollständig klären.

---

31 Marcus Böick: Berater in »blühenden Landschaften«. Wirtschaftsprüfer und Unternehmensberater bei der Treuhandanstalt, in: Dierk Hoffmann (Hg.): Transformation einer Volkswirtschaft. Neue Forschungen zur Geschichte der Treuhandanstalt, Berlin 2020, S. 41–55, hier S. 42.

2. Kontroversen um »alte Seilschaften« in der Treuhandzentrale

Während ihrer Amtszeit musste sich Treuhandpräsidentin Birgit Breuel wiederholt für umstrittene Personalentscheidungen auf der Führungsebene der THA rechtfertigen. Dies betraf hauptsächlich Personen, die Leitungspositionen in der zentralen DDR-Wirtschaftsverwaltung oder in zentralen Führungsgremien der SED innegehabt und anschließend in der Treuhandzentrale maßgebliche Entscheidungen mitgetragen bzw. selbst getroffen hatten. Für die Überprüfung derartiger Vorwürfe und Anschuldigungen wurde noch in der Amtszeit Rohwedders im Januar 1991 das Direktorat »Personal-Planung und Sonderaufgaben« in der Berliner Treuhandzentrale gebildet. In der einschlägigen Literatur gibt es auf dieses Direktorat so gut wie keine Hinweise. Häufig wird es mit der »Stabsstelle Besondere Aufgaben« beim Direktorat Recht verwechselt, die Hinweisen auf mögliche Bestechungs- oder sonstige Korruptionshandlungen bzw. Verwertung von Insiderwissen durch Treuhandmitarbeiter nachging.[32]

Als Leiter des Direktorats setzte der Vorstand Axel Nawrocki ein.[33] Nawrocki hatte in den 1970er-Jahren das Büro von CDU-Generalsekretär Kurt Biedenkopf geleitet und war anschließend Geschäftsführer der CDU-Landtagsfraktion in Nordrhein-Westfalen. Zudem war der promovierte Rechts- und Sozialwissenschaftler als Unternehmensberater bei Kienbaum und Partner tätig gewesen. Nach seinem Ausscheiden aus der Treuhandzentrale trat er am 1. Februar 1992 sein Amt als Geschäftsführer der Olympia GmbH an, die die letztlich erfolglose Bewerbung Berlins für die Olympischen Sommerspiele 2000 organisierte.[34]

Das im Januar 1991 gebildete Direktorat gliederte sich in die Abteilungen »Planung und Sonderaufgaben« sowie »Sicherheit«. Die Abtei-

---

32 Vgl. Barbara Bischoff: Die Stabsstelle Besondere Aufgaben bei der THA. Ein funktionales Konzept zur Bekämpfung von Wirtschaftskriminalität?, Münster 2016.
33 Vgl. das Protokoll der Vorstandssitzung am 8.1.1991, BArch Berlin, B 412/2557, unfol.
34 Vgl. »Axel Nawrocki«, in: Wikipedia. Die freie Enzyklopädie, https://de.wikipedia.org/w/index.php?title=Axel_Nawrocki&oldid=203845505 (Zugriff am 17.12.2021).

lung »Planung und Sonderaufgaben« war explizit für die Überprüfung der politischen Vergangenheit von Treuhandmitarbeitern in der Zentrale und den Niederlassungen zuständig.[35] Ursprünglich war daran gedacht, auch eine mögliche politische Belastung der Geschäftsführer und leitenden Angestellten von Treuhandunternehmen zu überprüfen. Da diese Aufgabe jedoch hauptsächlich die Vertrauensbevollmächtigten wahrnahmen, konzentrierte sich das Direktorat ausschließlich auf die Überprüfung des Treuhandpersonals. Der Abteilung »Sicherheit« wurde wiederum die Aufgabe übertragen, die beschlossenen Sicherheitsmaßnahmen innerhalb der Behörde durchzusetzen bzw. zu überprüfen und Beschäftigte der THA in Fragen der persönlichen Sicherheit zu beraten. Zudem sollte die Abteilung mit der Polizei und anderen Sicherheitsbehörden des Bundes und der Länder zusammenarbeiten.[36]

Ende April 1991 teilte Nawrocki Personalvorstand Koch mit, dass Mitgliedern des Unterausschusses Treuhandanstalt des Haushaltsausschusses des Deutschen Bundestags[37] über die Bürgerbewegung Neues Forum Unterlagen zugänglich gemacht worden seien, die eine parlamentarische Behandlung des Themas »Seilschaften in der THA« ermöglichen sollten.[38] Aus diesen Unterlagen gehe hervor, dass elf ehemalige stellvertretende Minister, drei ehemalige Staatssekretäre, ein ehemaliger Botschafter sowie ein früherer Justiziar des Ministerrats der DDR in der Treuhandzentrale tätig seien. Darüber hinaus hätten Vergleiche mit Personallisten ehemaliger Ministerien ergeben, dass eine ganze Reihe von Mitarbeitern, Sektoren- bzw. Abteilungsleitern vormaliger Industrie-

---

35 Vgl. das Schreiben von Barbara Paetow an die Vorstandsmitglieder, den Generalbevollmächtigten sowie die Direktoren und Niederlassungsleiter vom 24.10.1991, BArch Berlin, B 412/10737, unfol.
36 Vgl. ebd.
37 Der am 24. Oktober 1990 in Bonn gebildete »Unterausschuss Treuhandanstalt« des Haushaltsausschusses befasste sich u. a. mit Schwerpunkten der Geschäfts- und Privatisierungspolitik der THA. So standen auf der Tagesordnung der Sitzungen die Privatisierungsrichtlinien, Grundsätze für die Regelung von ökologischen Altlasten, die Übernahme von Altkrediten sowie die Berufung und Vergütung von Führungspersonal.
38 Vgl. das Schreiben von Axel Nawrocki an Personalvorstand Alexander Koch vom 29.4.1991, BArch Berlin, B 412/10737, unfol.

ministerien derzeit in der THA beschäftigt sei. Dies betreffe unter anderen 25 Mitarbeiter des Ministeriums für Leichtindustrie, 14 Mitarbeiter des Ministeriums für Kohle und Energie, 14 Mitarbeiter des Ministeriums für Chemie sowie 19 Mitarbeiter des Ministeriums der Finanzen. Schließlich befänden sich auch zwei ehemalige stellvertretende Vorsitzende der Staatlichen Plankommission sowie weitere Mitarbeiter, Sektoren- und Abteilungsleiter der früheren zentralen Planungsbehörde in verantwortlichen Positionen in der Treuhandzentrale. Nawrocki schloss mit den Worten: »Dadurch wird bestätigt, worauf ich vor Wochen bereits hinweisen konnte, dass dieses Thema uns noch länger beschäftigen wird. Ich halte es für zweckmäßig, den Vorstand bzw. die Präsidentin darüber rechtzeitig zu informieren.«[39]

In der zeitgenössischen Wahrnehmung wurde die Mitarbeit ehemals leitender DDR-Wirtschaftskader in der THA als Beweis für dubiose Machenschaften von »SED-Altkadern« und »alten Seilschaften« gewertet. So wie der Rostocker FDP-Politiker Conrad-Michael Lehment, seit Oktober 1990 Minister für Wirtschaft, Technik, Energie, Verkehr und Tourismus in Mecklenburg-Vorpommern,[40] dachten viele über die vermeintlichen Ursachen der tagtäglichen Hemmnisse beim Übergang in die Marktwirtschaft:

> »Die Treuhandanstalt ist eine Schöpfung der Übergangsregierung Modrow. Sie hat das gleiche Problem wie viele Unternehmen: Sie ist in ihrer praktischen Arbeit immer noch geprägt von vielen Apparatschiks der gescheiterten Planwirtschaft – als Direktoren, als Berater der Treuhand-Vorstände, als Sachbearbeiter. [...] Der unselige Geist des sozialistischen Regimes steckt noch tief in den Strukturen der neuen Länder.«[41]

---

39 Ebd.
40 Vgl. den Eintrag »Lehment, Conrad-Michael« in: Munzinger Online/Personen – Internationales Biographisches Archiv, www.munzinger.de/document/00000020044 (Zugriff am 17.12.2021).
41 »Zuviel Ideengut von gestern«, in: Der Spiegel vom 1.7.1991.

Die Präsidentin hatte zunächst noch derartige Anschuldigungen ignoriert und auf die unverzichtbare fachliche Kompetenz früherer Funktionsträger der staatlichen Wirtschaftsverwaltung verwiesen. Die anschwellenden öffentlichen Debatten über tatsächliche oder vermeintliche Altkader der DDR, die an gescheiterten Wirtschaftsdogmen festhielten und damit den Übergang zur Marktwirtschaft blockierten, konnten sowohl der Verwaltungsrat als auch der Vorstand der THA jedoch nicht länger ignorieren. So diskutierte der Vorstand auf seiner Sitzung am 28. Mai 1991 über Möglichkeiten, wie mit dem Thema »alte Seilschaften« umgegangen werden sollte,[42] was Vorstandsmitglied Klaus Schucht in seinem Tagebuch auf folgende Weise kommentierte:

> »Sprachregelung soll sein, daß wir uns jederzeit von jemand trennen werden, der wirklich sich etwas hat zu Schulden kommen lassen, aber nicht hinnehmen können, daß durch falsche Anschuldigungen oder Verdächtigungen unsere Mitarbeiter hier immer mehr verunsichert werden.«[43]

Die öffentliche Kampagne gegen »alte Seilschaften« in der THA erhielt durch eine Kleine Anfrage des Abgeordneten Werner Schulz und der Gruppe Bündnis 90/Die Grünen im Deutschen Bundestag vom Mai 1991 wesentlichen Auftrieb. Darin wurde behauptet, dass nach Recherchen des Neuen Forums die leitenden Mitarbeiter der THA, soweit sie aus der ehemaligen DDR stammten, überwiegend aus dem Kreis ehemaliger Spitzenkader des Partei-, Staats- und Wirtschaftsapparats kämen. Schulz fragte auch, ob sich die Bundesregierung der Tatsache bewusst sei, »daß das Vertrauen der ostdeutschen Bevölkerung in die Treuhandanstalt nicht zuletzt unter dem Verdacht leidet, daß alte Seilschaften einen wesentlichen Einfluss auf die Politik dieser Anstalt nehmen«.[44] Das Bundesministerium der Finanzen (BMF) wies namens der Bundesregierung die Behauptung

---

42 Vgl. das Ergebnisprotokoll der Vorstandssitzung am 28.5.1991, BArch Berlin, B 412/2577, unfol.
43 Tagebuchnotiz Klaus Schuchts vom 28.5.1991, BArch Koblenz, N 1585, Bd. 11.
44 Kleine Anfrage des Abgeordneten Werner Schulz und der Gruppe Bündnis 90/Die Grünen vom 8.5.1991, Deutscher Bundestag, 12. Wahlperiode, Drucksache 12/489.

des Neuen Forums zurück. In der Antwort der Bundesregierung vom 13. Juni 1991 war von lediglich fünf Personen aus dem Kreis ehemaliger Staatssekretäre, stellvertretender Minister und Mitarbeiter der Bezirksleitungen der SED die Rede, die sich nach dem 3. Oktober 1990 in leitenden Positionen der THA befunden hätten.[45] Im Übrigen habe der Bundesminister der Finanzen im Rahmen seiner Rechts- und Fachaufsicht über die THA keinen Einfluss auf deren Personalpolitik im Einzelfall genommen. Mit der THA habe von Anfang an Einvernehmen darüber bestanden, keine politisch belasteten Personen zu beschäftigen. »Die Bundesregierung ist für eventuelle Auswirkungen der Personalpolitik der Treuhandanstalt in ihrer Gründungsphase nicht verantwortlich. Die Treuhandanstalt betreibt jetzt eine Personalpolitik, die ihrem gesetzlichen Auftrag entspricht.«[46]

Die Kriterien für die Einstufung von Treuhandmitarbeitern als politisch belastete Personen, die nicht weiter in der THA beschäftigt werden sollten, konnten durchaus unterschiedlich sein. Für den Generalbevollmächtigten Norman van Scherpenberg war die Zugehörigkeit zur SED sowie auch eine frühere leitende Tätigkeit in einem DDR-Ministerium noch kein Ausschlusskriterium. Auf eine entsprechende Frage in einem Interview vom Februar 1993 antwortete er:

> »Wissen Sie, wenn ein stellvertretender Minister, was ja an sich nur ein Abteilungsleiter mit besonderer politischer Heraushebung in unseren Ministerialkategorien ist, also ein stellvertretender Minister ist weniger als ein Staatssekretär. Wenn der hier in der Treuhandanstalt als Referent unter einem Referatsleiter arbeitet, dann finde ich eigentlich, daß das kein Einsatz ist, der die Treuhandanstalt in Verruf bringen sollte, wenn der Mann sonst loyal mitarbeitet. Aber darüber kann man sich streiten.«[47]

---

45 Vgl. die Antwort der Bundesregierung auf die Kleine Anfrage des Abgeordneten Werner Schulz und der Gruppe Bündnis 90/Die Grünen im Deutschen Bundestag vom 13.6.1991, BArch Koblenz, B 126/130276, unfol.
46 Ebd.
47 Interview mit Norman van Scherpenberg vom 10.2.1993, in: Interviewreihe Dietmar Rost (1992/93). Von Marcus Böick zur Verfügung gestellt.

Etliche leitende Führungskräfte teilten die tolerante Auffassung van Scherpenbergs nicht und lehnten ehemalige SED-Mitglieder als Mitarbeiter in ihrem Verantwortungsbereich kategorisch ab, so auch der Leiter des Direktorats Bund/Internationale Beziehungen, Wolfgang Vehse. Er begründete seine Haltung mit seinen früheren persönlichen Erfahrungen in der DDR, bevor er mit seiner Familie in den 1950er-Jahren aus der Altmark im Norden Sachsen-Anhalts in die Bundesrepublik ausgesiedelt war:

> »Aber für mich gab es in dieser Frage, das bekenne ich auch ganz offen, gar keine Kompromisse. Ich habe selber fliehen müssen mit meinen Eltern, und mir war aus dieser Zeit eben doch sehr, sehr vieles geläufig und bekannt. Und ich habe eigentlich in dieser Frage nicht verzeihen können, sage ich ganz bewußt, und ich habe da meine strengen Vorbehalte gehabt, und habe niemanden genommen, der in der SED war, das war schon sehr weitgehend, muß ich zugeben, aber ich habe keinen genommen. Weil einfach mir nicht klar war, wie ich im täglichen Zusammenarbeiten und Zusammenleben mit diesem Menschen später einmal reagieren werde.«[48]

Intern stießen die fortwährenden Beschwerden über »alte Seilschaften« auf ein geteiltes Echo. Vorstandsmitglied Klaus Schucht bezeichnete sie als Ausdruck einer ihm bisher unbekannten »Hexenjagdmentalität«, wie er am 21. Mai 1991 in seinem Tagebuch notierte. Andererseits konnte er zum Teil jedenfalls das Vorgehen verstehen, »soweit es sich um höhergestellte Personen des alten Regimes handelt. Die früher Drangsalierten möchten nun endlich ihre alten Peiniger nicht mehr in Vorgesetzten-Stellung sehen.«[49] Vizepräsident Hero Brahms hielt die Mitarbeit von Ostdeutschen in verantwortlichen Positionen in der Treuhandzentrale ohnehin für entbehrlich. Seiner Ansicht nach dürfe man nicht so viele Ostmitarbeiter beschäftigen, wenn man die Qualität der Arbeit im Auge behalte.[50] Allerdings dominierte in den öffentlichen Debatten nicht nur der Vorwurf, dass vermeintliche alte Seilschaften in der Treuhandzentrale

---

48 Interview mit Wolfgang Vehse vom 5.8.1992, in: ebd.
49 Tagebuchnotiz Klaus Schuchts vom 21.5.1991, BArch Koblenz, N 1585, Bd. 11.
50 Tagebuchnotiz Klaus Schuchts vom 14.7.1992, BArch Koblenz, N 1585, Bd. 17.

für die Missstände in der Wirtschaft verantwortlich seien. Auch der im Osten Deutschlands verbreitete Eindruck, kein Gespür für die wahren Nöte der ostdeutschen Betriebe und von deren Beschäftigten zu haben, hatte dem Ruf der THA schwer geschadet.

Im Herbst 1991 tauchten erneut Listen mit Namen von angeblichen SED-Seilschaften innerhalb der Treuhandzentrale in der Presse auf. Mit Blick auf die zunehmenden Debatten in der Öffentlichkeit, vor allem im Deutschen Bundestag, sowie mit Blick auf die immer kritischer werdenden Anfragen aus dem Bundesministerium der Finanzen und aus dem Bundeskanzleramt drängte Direktor Nawrocki auf »eine abschließende Behandlung des Themas der politischen Vergangenheit von Mitarbeitern der Treuhandanstalt«.[51] Denn es sei für die Bürger in den neuen Ländern unerträglich, wichtige Nomenklaturkader der ehemaligen DDR und ihres Staatsapparats heute in der THA wiederzufinden, »denn die Kaderarbeit war für die SED das entscheidende Mittel, ihren Führungsanspruch in allen Bereichen des Lebens, in Wirtschaft und Politik durchzusetzen«.[52] Zu diesem Personenkreis zählte Nawrocki ehemalige Minister, Staatssekretäre, stellvertretende Minister, Hauptabteilungsleiter und auch Generaldirektoren von Industriekombinaten sowie leitende Mitarbeiter der Staatlichen Plankommission. Nawrocki hatte Nachforschungen über das frühere Verhalten und die Verantwortungsbereiche der betreffenden Personen durchführen lassen.

Im Ergebnis dieser Nachforschungen entstand eine Liste mit THA-Mitarbeitern, deren Weiterbeschäftigung als unzumutbar eingeschätzt wurde. Zu diesem Personenkreis gehörten unter anderen zwei ehemalige stellvertretende Vorsitzende der Staatlichen Plankommission sowie einige ehemalige stellvertretende Minister. Aus den seit Juni 1991 durchgeführten Personalüberprüfungen zog das Direktorat Personal-Planung und Sonderaufgaben den Schluss, dass die Ursache für den hohen Anteil ehemaliger Spitzenfunktionäre der alten Partei- und Staatsführung in

---

51 Schreiben des Direktors Personal-Planung und Sonderaufgaben, Axel Nawrocki, an Birgit Breuel und Alexander Koch vom 3.9.1991, BArch Berlin, B 412/10737, unfol.
52 Ebd.

der THA keineswegs in den Wirren der Gründerzeit zu suchen sei. »Die personelle Infiltration der THA ist vielmehr das Ergebnis zielgerichteter Maßnahmen und Personalentscheidungen in verschiedenen Gliederungen des ehemaligen Ministerrates der DDR ab Ende 1989.«[53] Die Verfasser dieser Analyse mutmaßten, dass insbesondere jene Personen aus der oberen Nomenklatur für den Einsatz in der THA ausgewählt worden seien, die in ihrer alten Tätigkeit nicht im Blickpunkt der Öffentlichkeit gestanden hatten und funktionell aus der zweiten oder dritten Verantwortungsebene kamen. »Das Konzept des Einbaus von Personal der alten Partei- und Staatsführung in die neu entstehende THA wurde überaus konsequent und mit deutlichen Zügen des planvollen Einsatzes bestimmter Kader realisiert.«[54] Aus diesem Grund schlug Direktor Nawrocki vor, zum Schutz der Integrität und wegen des Sicherheitsbedürfnisses der THA eine sorgsame Nachprüfung aller in der Phase der Konsolidierung unter Zeitdruck und mit lückenhaftem Erkenntnisstand getroffenen Personalentscheidungen auf höherer und mittlerer Ebene vorzunehmen.

Der Vorstand konnte sich jedoch nicht der Schlussfolgerung des Direktorats Personal-Planung und Sonderaufgaben anschließen, wonach es im Frühjahr und Sommer 1990 einen zielgerichteten Plan zur Infiltration der THA mit ehemaligen Führungskräften aus der zentralen Wirtschaftsverwaltung gegeben habe. Obgleich das Direktorat einige Personen für eine Weiterbeschäftigung in der Treuhandzentrale als untragbar eingestuft hatte, kam es zu keinen Entlassungen größeren Umfangs. Für einige vormalige Sektoren- und Abteilungsleiter der Staatlichen Plankommission und ehemalige Abteilungsleiter von DDR-Industrieministerien hatte das Direktorat entsprechend der beschlossenen Einzelfallprüfung eine Weiterbeschäftigung in der Treuhandzentrale auch nicht ausgeschlossen. Ein ehemaliger Abteilungsleiter der Plankommission wurde zwar für die THA keineswegs »als Gewinn« betrachtet, für ihn spreche jedoch »seine

---

53 Bericht des Direktorats Personal-Planung und Sonderaufgaben über Personen mit politischer Belastung vom 2.9.1991, BArch Berlin, B 412/10736, unfol.
54 Ebd.

primär fachlich determinierte und berufliche Kompetenz«.[55] Empfohlen wurde, den betreffenden Mitarbeiter nicht durch »fördernde Maßnahmen herauszuheben«. Ähnlich wurde bei einem ehemaligen Abteilungsleiter aus dem Ministerium für Handel und Versorgung verfahren. Unter Beachtung seiner früheren hervorragenden Stellung, so hieß es über den Betreffenden, wurde die weitere berufliche Förderung in der THA nur unter der Maßgabe empfohlen, dass dieser Mitarbeiter »möglichst wenig in der Öffentlichkeit in Erscheinung tritt«.[56] Schließlich bewertete das Direktorat einen ehemaligen Sektorenleiter im Ministerium für Bauwesen für »förderungswürdig«. »Aus dem Lebenslauf ergeben sich keine Fakten, die für die THA als Unsicherheitsfaktoren zu werten sind.«[57]

Die Unterlagen aus dem Direktorat Personal-Planung und Sonderaufgaben dokumentieren, dass die Nachforschungen über Beschäftigte der THA, die als Funktionsträger in den Ministerien und der zentralen Wirtschaftsverwaltungen der DDR tätig gewesen waren, auf der Grundlage von Einzelfallprüfungen stattfanden und zu durchaus unterschiedlichen Bewertungen kommen konnten. Ende Oktober 1991 wurde Personaldirektor Walter Bellwied darüber informiert, dass aus politischen Gründen bislang 15 Mitarbeiter mit ostdeutscher Berufsbiografie aus der Zentrale ausgeschieden seien.[58] Darunter fielen auch Mitarbeiter, die vom MfS als inoffizielle Mitarbeiter (IM) erfasst worden waren. Die Entlassung von ehemaligen IM erfolgte auf der Grundlage eines Vorstandsbeschlusses vom 8. Januar 1991, der bestimmte, dass ehemalige Stasi-Mitarbeiter gleich welcher Kategorie weder in der THA noch in der Leitung der von ihr verwalteten Unternehmen weiterhin tätig sein durften.[59]

---

55 Schreiben des Direktorats Personal-Planung und Sonderaufgaben an Personaldirektor Walter Bellwied vom 31.10.1991, BArch Berlin, B 412/10737, unfol.
56 Ebd.
57 Ebd.
58 Vgl. die Information des Direktorats Personal-Planung und Sonderaufgaben für Walter Bellwied vom 29.10.1991, BArch Berlin, B 412/10737, unfol.
59 Vgl. den Beschluss der Vorstandssitzung am 8.1.1991, BArch Berlin, B 412/2557, unfol.

Nachdem im Februar 1992 erneut ein Artikel in der *Welt* über angeblich mehr als 70 »Altgenossen« in führenden Positionen der THA berichtet hatte, die gezielt von der früheren DDR-Regierung in der Behörde platziert worden seien,[60] war auch das Bundeskanzleramt beunruhigt und forderte eine Stellungnahme sowie präzise Informationen. Im Bundeskanzleramt informierte daraufhin Abteilungsleiter Johannes Ludewig den Amtschef Friedrich Bohl (CDU) über insgesamt zehn frühere DDR-Bürger auf den obersten drei Führungsebenen der THA. Es handele sich dabei um ein Vorstandsmitglied, einen Direktor und acht Abteilungsleiter. Die Behauptung, dass es sich um mehr als 70 Altgenossen in Führungspositionen handle, sei daher völlig unzutreffend.[61] Die in dem Artikel namentlich genannten Personen, die eine herausgehobene Funktion in der DDR innegehabt hatten, seien ein früherer Professor an der Akademie für Gesellschaftswissenschaften beim ZK der SED, ein früherer Sektorenleiter beim ZK der SED, ein ehemaliger Abteilungsleiter bei der SPK, ein früherer Staatssekretär in einem technischen Ministerium und der ehemalige Leiter der Rechtsabteilung beim DDR-Ministerrat. Aufgrund des Führungskräftemangels und um an das notwendige Insiderwissen zu gelangen, so argumentierte Ludewig in seinem Schreiben an Bohl, sei seinerzeit entschieden worden, die betreffenden Mitarbeiter weiter zu beschäftigen.

Die Kampagne gegen »alte Seilschaften« lief 1992 unvermindert weiter. Sie wurde nun auch durch den Unterausschuss Treuhandanstalt des Haushaltsausschusses des Bundestags aktiv befördert. Auf seiner Sitzung am 24. Juni 1992 forderte der Ausschuss Auskunft über jene Beschäftigten der THA und Führungskräfte von Treuhandunternehmen, die in der DDR eine Tätigkeit als Funktionäre in Staat und Partei ausgeübt hatten.[62] Personalvorstand Horst Föhr teilte den Ausschussmitgliedern daraufhin mit, dass sich die THA bislang von 62 ehemaligen Funktionsträgern der

---

60 Seilschaften bei der Treuhand, in: Die Welt vom 11.2.1992.
61 Vgl. den Vermerk für den Chef des Bundeskanzleramtes Friedrich Bohl vom 20.2.1992, BArch Koblenz, B 136/37712, unfol.
62 Vgl. den Bericht über die 24. Sitzung des Unterausschusses Treuhandanstalt vom 24.6.1992, BArch Berlin, B 412/10728, unfol.

DDR getrennt habe. Betroffen seien insbesondere Personen aus der Geschäftsführung von Treuhandunternehmen. Er wies mit Nachdruck darauf hin, dass der Vorstand der THA beschlossen habe, in jedem Fall eine individuelle Überprüfung vorzunehmen.[63] Die Erklärungen Föhrs wurden von einzelnen Abgeordneten während der Ausschusssitzung am 24. Juni 1992 mit Empörung quittiert. Dietrich Austermann (CDU) bezeichnete es als unerträglich, dass diese Problematik noch immer nicht abschließend geklärt sei, obwohl die Präsidentin versichert habe, in der THA seien keine »roten Socken« mehr tätig. Helmut Wieczorek (SPD) warf dem Bundesfinanzminister persönlich vor, seiner Verantwortung hier in nicht ausreichendem Maße nachgekommen zu sein. Der Ausschuss forderte schließlich den Bundesfinanzminister auf, bis zur nächsten Sitzung konkret darüber Auskunft zu geben, inwieweit derzeit noch ehemalige Nomenklaturkader der DDR auf entscheidungsrelevanten Positionen in der THA tätig seien. Zugleich übergab der Ausschuss dem BMF eine weitere Liste mit »ehemaligen Angehörigen hoher Nomenklaturen«, für die eine Weiterbeschäftigung in der Treuhand abgelehnt wurde.[64] Betroffen waren 23 ehemalige Abteilungsleiter von DDR-Ministerien, die nunmehr als Referatsleiter oder Referenten in verschiedenen Unternehmensbereichen der Treuhandzentale arbeiteten. Schwerpunkte bildeten dabei das ehemalige Ministerium für Land-, Forst- und Nahrungsgüterwirtschaft sowie das frühere Ministerium der Finanzen. Die zuständige Abteilung im Direktorat Personal-Planung und Sonderaufgaben überprüfte daraufhin 50 ehemalige Sektorenleiter aus DDR-Ministerien.[65] Gegen die Weiterbeschäftigung dieser Mitarbeiter erhob das Direktorat letztlich keine Bedenken; es machte allerdings die Auflage, dass keine weitere Beförderung stattfinden sollte.

---

63 Vgl. den entsprechenden Vorstandsbeschluss vom 21.5.1991, BArch Berlin, B 412/2576, unfol.
64 Vgl. die Information der Abteilung Planung und Sonderaufgaben über ehemalige Angehörige hoher Nomenklaturen vom 26.6.1992, BArch Berlin, B 412/10738, unfol.
65 Vgl. ebd.

Das Direktorat Personal-Planung und Sonderaufgaben bewertete die Beschäftigung ehemaliger Angehöriger der staatlichen DDR-Nomenklatur in der THA inzwischen differenzierter. Bei der Bestimmung des Grades der Bindung an die alte Partei- und Staatsführung sei zu unterscheiden zwischen einer durch fachliche Leistungen geförderten Berufsentwicklung und einer vorwiegend durch politisches Auftreten determinierten Karriere.[66] Unter dieser Maßgabe wurden nunmehr auch vormalige stellvertretende Minister zur Weiterbeschäftigung vorgeschlagen. Für deren Beurteilung seien auch ein persönliches Engagement für Veränderungen und anzuerkennende Haltungen in Konfliktsituationen heranzuziehen. Letztendlich müsse berücksichtigt werden, »ob der Betroffene unmittelbar an rechtswidrigen Maßnahmen wie Enteignungen, Verstaatlichungen u. a. beteiligt war oder für schwerwiegende Fehlentscheidungen Verantwortung in volkswirtschaftlichem Maßstab trug«.[67]

Vor dem Hintergrund der anhaltenden Konflikte um die Mitarbeit von ehemaligen Leitungskadern aus der DDR in der THA bat die Präsidentin während eines Gesprächs mit Wirtschaftsminister Jürgen Möllemann (FDP) am 22. Juli 1992 um klare Orientierungen der Bundesregierung, wie in derartigen Fällen zu verfahren sei. Denn es sei schwierig, »stellvertretende Minister freizustellen, wenn in diversen Bundesbehörden vergleichbare Ränge tätig sind«.[68] Möllemann sagte zwar zu, über den Innenminister eine prinzipielle Regelung zu erwirken, die von Breuel erbetene Klarstellung erfolgte allerdings nicht.

Die Präsidentin übersandte Anfang Juli 1992 Bundesminister Waigel ein Papier, in dem sich der Vorstand über mögliche Belastungen des Treuhandpersonals aus der Vergangenheit Gedanken gemacht hatte, da

---

66 Vgl. den Vermerk von Klaus Schulze, Direktorat Personal-Planung und Sonderaufgaben, über Kriterien zur differenzierten Bewertung ehemaliger Angehöriger hoher Nomenklaturen vom 14.5.1992, BArch Berlin, B 412/10738, unfol.
67 Ebd.
68 Vermerk über den Besuch Jürgen Möllemanns bei der THA am 22.7.1992, BArch Koblenz, B 126/145224, unfol.

»uns dieses Thema besonders am Herzen liegt«.[69] In dem Papier wies der Vorstand auf die vielen Diskussionen hin, in denen er sich mit dem Umgang mit Mitarbeitern befasst habe, die in der früheren DDR als Sektorenleiter, als Abteilungsleiter, als Hauptabteilungsleiter in Ministerien, als stellvertretende Minister, als Staatssekretäre oder als stellvertretende Vorsitzende der Plankommission tätig gewesen waren und nun bei der THA ausschließlich in nicht leitenden Funktionen beschäftigt seien. »Auch wenn die betroffenen Mitarbeiter also nicht in leitenden Positionen eingesetzt sind, ist festzustellen, daß die Öffentlichkeit in Ostdeutschland zunehmend irritiert darauf reagiert, daß etwa frühere stellvertretende Minister oder Staatssekretäre in der THA überhaupt beschäftigt sind.«[70] Dieser Personenkreis würde immer wieder zu Angriffen auf die THA benutzt. In der Regel seien die betreffenden Mitarbeiter in der Treuhandzentrale als Referenten oder Referatsleiter in verschiedenen Unternehmensbereichen beschäftigt. Lediglich einige wenige ehemalige Sektorenleiter aus DDR-Industrieministerien würden eine Stelle als Abteilungsleiter bekleiden. Sie könnten als Angehörige des Führungspersonals der THA bezeichnet werden.[71]

Der Vorstand sprach sich dafür aus, den betroffenen Mitarbeitern nach zwei Jahren der Zusammenarbeit eine faire Chance zu geben, denn: »Mitarbeiter, die zu diesem Kreis gerechnet werden können, haben sich – wie viele andere auch – durch eine hohe Motivation und Arbeitsleistung ausgezeichnet und sich das Ansehen von Kollegen und Vorgesetzten, die ja durchweg aus den alten Bundesländern stammen, erworben.«[72] Der Vorstand werde wie bisher mit den betreffenden Mitarbeitern intensive und individuelle Gespräche führen. Deren Ziel sei es, gemeinsam eine bessere Einschätzung der sich aus der persönlichen Situation der Betrof-

---

69 Schreiben von Birgit Breuel an Theo Waigel vom 3.7.1992, BArch Berlin B 412/3172, unfol.
70 Ebd.
71 Vgl. die statistische Übersicht der Abteilung Planung und Sonderaufgaben über den Stand der Nomenklaturliste vom 25.8.1992, BArch Berlin, B 412/1074, unfol.
72 Schreiben von Birgit Breuel an Theo Waigel vom 3.7.1992, BArch Berlin B 412/3172, unfol.

fenen ergebenden Aspekte und der mit ihrer Tätigkeit für die Treuhandanstalt verbundenen Außenwirkung zu gewinnen. Der Argwohn, dass die THA zu inkonsequent mit »alten Seilschaften« in ihren eigenen Reihen umgehe, blieb allerdings ein Imageproblem der Behörde.

Dass frühere Leitungskader der SED in der THA für die Betreuung von Treuhandunternehmen zuständig waren, wurde in der Presse immer wieder gerne aufgegriffen. Unabhängig von ihrer tatsächlichen Kompetenz und ihren Fähigkeiten, mussten die noch verbliebenen ostdeutschen Führungskräfte der Treuhandzentrale als Sündenbock dafür herhalten, wenn anrüchige Privatisierungsverträge abgeschlossen wurden oder potenzielle Investoren lange und vergeblich auf Entscheidungen der Treuhandzentrale warten mussten. Auch die mangelnde Transparenz bei Privatisierungsentscheidungen wurde mit der vermeintlich ungebrochenen Macht der SED in der THA erklärt.

Wiederholt stand auch der Vorwurf im Raum, Treuhandmitarbeiter könnten aus politisch motivierten Gründen Rechtsgeschäfte zum wirtschaftlichen Nachteil der THA abschließen. Im August 1992 überprüfte das Direktorat Revision auf Ersuchen des Bundesministeriums der Finanzen stichprobenweise jene Rechtsgeschäfte, die von ostdeutschen Mitarbeitern, die in der Treuhandzentrale eine Funktion oberhalb der Ebene der Sachbearbeiter ausübten, hauptsächlich im Oktober und November 1990 abgeschlossen worden waren. Dazu wurde eine personenbezogene Risikoanalyse durchgeführt, die sich auf 20 ehemalige Führungskader aus der staatlichen Wirtschaftsverwaltung der DDR bezog, die an verschiedenen Privatisierungs- bzw. Liegenschaftsverkäufen beteiligt gewesen waren. In seinem abschließenden Bericht vom August 1992 gab das Direktorat Revision an, dass es bei fünf Mitarbeitern Anhaltspunkte für wirtschaftlich nachteilige Handlungsweisen zulasten der THA gebe.[73] Diese im Revisionsbericht angeführten Fälle weisen bei näherer Betrachtung allerdings weniger auf das Wirken »alter Seilschaften« hin, sondern zeigen eher die

---

73 Vgl. den Revisionsbericht Nr. 158/92 des Direktorats Recht über die Überprüfung von Rechtsgeschäften, die durch Mitglieder der Nomenklatur der ehemaligen DDR für die THA abgeschlossen wurden, vom 24.8.1992, BArch Berlin, B 412/10738, unfol.

hausgemachten Mängel der frühen Verkäufe im Herbst 1990. Es handelte sich nämlich überwiegend um die seinerzeit üblichen Ad-hoc-Privatisierungen ohne Ausschreibung. Kaufverhandlungen und abgeschlossene Verträge wurden nicht dokumentiert, mögliche Restitutionsansprüche beim Verkauf nicht berücksichtigt. Generell konnten die Revisoren auch keine eindeutigen Hinweise auf das Wirken »alter Seilschaften« zum Nachteil der THA finden. In der abschließenden Bewertung der untersuchten Privatisierungsfälle hieß es: »In der weitaus überwiegenden Zahl der hier untersuchten Vorgänge haben die Mitarbeiter im Rahmen der bei der Privatisierung von Unternehmen bestehenden Ermessensspielräume gehandelt.«[74]

Wie auch andere interne Untersuchungen der Treuhandzentrale belegen, hatten ostdeutsche Beschäftigte angesichts der nahezu durchgängigen Besetzung der Spitzenpositionen der THA mit Personal aus Westdeutschland ohnehin nur geringen Einfluss auf Privatisierungsentscheidungen. Aus mehreren Revisionsberichten geht hervor, dass ostdeutsche Mitarbeiter zwar an den Privatisierungsverhandlungen mit westdeutschen Firmen beteiligt waren. Nennenswerte finanzielle Schäden entstanden für die Treuhand dadurch jedoch nicht. Eine »Unterwanderung« der THA durch »alte Seilschaften« fand insgesamt nicht statt.

Vor dem Hintergrund anhaltender Debatten über Nomenklaturkader in der THA richteten 20 Direktoren der Treuhandzentrale im November 1992 ein Schreiben an die Präsidentin, in dem sie darum baten, sich von den in den Medien als »Nomenklatur« gehandelten Mitarbeitern der Treuhandanstalt nicht generell, sondern nur aufgrund einer Einzelfallprüfung zu trennen. Weiter hieß es:

> »Die Entlassung von Mitarbeitern, ohne daß im Einzelfall schuldhaftes Verhalten nachgewiesen wurde, ist ungerechtfertigt. Die frühere Zugehörigkeit zu einer Partei oder eine herausgehobene Stellung im Staat können nicht alleiniges Kriterium sein. Wir dürfen nicht vergessen, daß sich diese Mitarbeiter in den letzten zwei Jahren zusammen mit uns in

74 Ebd.

überdurchschnittlichem Maße für den Wiederaufbau ihrer Heimat eingesetzt haben. Eine pauschale Verurteilung dieser Mitarbeiter lässt sich sicherlich nicht mit den rechtsstaatlichen Grundsätzen vom Einzelfallunrecht vereinbaren.«[75]

Die Direktoren vermuteten, dass sich durch von außen verordnete »Säuberungsaktionen« das Klima in der THA, die eine Vorbildfunktion beim Zusammenwachsen Deutschlands haben sollte, erheblich verschlechtern werde. Dies werde sich negativ auf die Arbeitsfähigkeit der Anstalt auswirken. Stattdessen sollte den betroffenen Mitarbeitern die Möglichkeit einer Neuorientierung nicht versagt bleiben. Abschließend baten die Direktoren die Präsidentin eindringlich, sich der politisch motivierten Kampagne gegen Treuhandmitarbeiter zu widersetzen.[76]

Birgit Breuel lehnte eine pauschale Entlassung der beschuldigten Mitarbeiter grundsätzlich ab und beharrte auf der vom Vorstand beschlossenen Einzelfallprüfung. In ihrem Schreiben an den Vorsitzenden des Unterausschusses Treuhandanstalt vom 19. Oktober 1992 verwies sie auf die rechtsstaatlich einwandfreie Form einer Einzelprüfung, um festzustellen, ob die notwendige persönliche und fachliche Eignung des betreffenden Mitarbeiters vorliege. Und sie fuhr fort: »Alle über Einzelfallprüfungen hinausgehenden Entscheidungen bedürfen aber zuvor einer politischen Willensbildung in Regierung und Parlament unter Berücksichtigung der arbeitsrechtlichen Situation und können dann nicht nur für die THA gelten, sondern müssen alle öffentlichen Institutionen und Ebenen umfassen.«[77]

Personaldirektor Kristian Dorenberg zog in einem Schreiben an Personalvorstand Horst Föhr Anfang Dezember 1992 eine vorläufige Schlussbilanz der Personalüberprüfungen ostdeutscher Beschäftigter der Treuhandzentrale.[78] In der Treuhandzentrale waren laut seiner Information

---

75 Schreiben von Direktoren der THA an Breuel und den Gesamtvorstand der THA vom 16.11.1992, ebd.
76 Vgl. ebd.
77 Schreiben von Birgit Breuel an den Vorsitzenden des Unterausschusses Treuhandanstalt Arnulf Kriedner vom 19.10.1992, BArch Berlin, B 412/10740, unfol.
78 Vgl. das Schreiben von Kristian Dorenberg an Horst Föhr vom 4.12.1992, ebd.

Anfang Dezember 1992 noch 17 Personen beschäftigt, die vor 1990 als Stellvertreter von Ministern, Staatssekretäre, Abteilungsleiter im Ministerrat, stellvertretende Vorsitzende sowie Abteilungsleiter der SPK und als Generaldirektoren zentralgeleiteter Kombinate tätig gewesen waren. Darüber hinaus seien in der Treuhandzentrale noch 88 Personen tätig, die früher eine Funktion als Abteilungsleiter in Ministerien und zentralen staatlichen Einrichtungen, Sektorenleiter von Ministerien sowie der SPK und als Betriebsdirektoren ausgeübt hatten. Eine generelle Entlassung der genannten Personen sei nicht vorgesehen. Mit zwei früheren stellvertretenden Vorsitzenden sowie zwei Abteilungsleitern der SPK und drei ehemaligen stellvertretenden Ministern würden Gespräche mit dem Ziel geführt, Aufhebungsverträge abzuschließen.[79]

Wesentlich konsequenter wurde bei einer nachgewiesenen Zusammenarbeit mit dem MfS verfahren. Im Zeitraum von 1991 bis Mai 1993 wurden die Arbeitsverhältnisse mit 84 Beschäftigten der Treuhandzentrale wegen inoffizieller Arbeit für das MfS beendet.[80] Bis August 1994 hatte der Personaldirektor insgesamt über 1716 Beschäftigte der Treuhandzentrale sowie der Tochtergesellschaften Anfragen an den BStU gestellt, bei denen in 151 Fällen eine MfS-Verstrickung bestätigt wurde, die zum Ausscheiden der betreffenden Mitarbeiter führte.[81]

Angesichts der seit 1993 sowohl in der Politik als auch in der Öffentlichkeit geführten Debatten über die Geschäftspolitik der THA, insbesondere die ausufernden Personal- und Beraterkosten, betrachtete der Treuhandvorstand das Thema »alte Seilschaften« seit Jahresbeginn 1993 als zweitrangig. Auch die parlamentarischen Kontrollgremien verlagerten ihren Fokus auf die Haushaltsführung der THA sowie auf umstrittene

---

79 Vgl. das Schreiben von Horst Föhr an Staatssekretär Joachim Grünewald vom 8.12.1992, BArch Berlin, B 412/10741, unfol.
80 Vgl. die statistische Übersicht des Direktorats Personal-Planung und Sonderaufgaben über den Stand der Überprüfung auf MfS-Verstrickung vom 11.5.1993, ebd.
81 Vgl. die statistische Übersicht der Abteilung Personalplanung und Sonderaufgaben über den Stand der Überprüfung auf MfS-Verstrickung vom 3.8.1994, ebd.

Privatisierungs-, Sanierungs- und Abwicklungsvorgänge. Durch die Tätigkeit des am 30. September 1993 eingesetzten Untersuchungsausschusses des Deutschen Bundestags zur Treuhandanstalt standen zudem »alte Seilschaften« nicht mehr im Zentrum der öffentlichen Aufmerksamkeit.

Fazit

Das Thema »alte Seilschaften« hatte den Vorstandsbereich Personal in den Jahren 1991 und 1992 in ganz erheblichem Maße beschäftigt, denn das Image der THA war in dieser Zeit stark von dem Vorwurf belastet, personell von ehemaligen SED-Kadern unterwandert zu sein. Hinzu kam der öffentlich immer wieder vorgebrachte Verdacht, »alte Seilschaften« gingen mit »neuen Seilschaften« aus dem Managerpool Westdeutschlands eine unheilige Allianz ein. Die Untersuchung derartiger Vorwürfe lag im ureigenen Interesse des Treuhandvorstands und band intern personelle Ressourcen, die dem eigentlich notwendigen Controlling der Privatisierungspraxis in den Unternehmensbereichen bzw. der Revision entzogen wurden. Zu Entlassungen von ehemaligen Leitungskadern aus DDR-Ministerien und zentralen wirtschaftsleitenden Einrichtungen in einem größeren Umfang kam es nicht. Einzelne Mitarbeiter auf der Ebene der Direktoren und Abteilungsleiter, die unter verschiedenen Gesichtspunkten als politisch belastet eingestuft wurden, schieden in der zweiten Hälfte des Jahres 1992 aus der THA aus oder wechselten in ausgegliederte Tochtergesellschaften. Wie die internen Untersuchungen zeigen, kam es durch das vermeintliche Wirken »alter Seilschaften« auch nicht zu signifikanten ökonomischen Verlusten. Der Vorwurf, dass alte SED-Kader innerhalb der Behörde Sand in das Getriebe des wirtschaftlichen Aufschwungs im Osten streuen würden, prägte jedoch noch lange Jahre die Wahrnehmung der THA in der Öffentlichkeit.

Rainer Karlsch

Grauzonen und Wirtschaftskriminalität.
Die Treuhandanstalt: ein Spielball
für »Betrügerpersönlichkeiten«?

Die Treuhand entwickelte sich von einer ursprünglich geplanten »Anstalt zur treuhänderischen Verwaltung des Volksvermögens« – die im März 1990 von der DDR-Regierung unter Hans Modrow gegründete Ur-Treuhand – durch ihre Umfunktionierung ab Juni 1990 zu einer »Privatisierungsmaschine« und damit zur meistgehassten Institution in Ostdeutschland. Eine Umfrage unter Ostdeutschen im Jahr 2021 ergab, dass die Treuhand für eine Politik steht, »die hauptsächlich mit Betrug, Enteignung und Kolonialisierung verknüpft wird«.[1]

Der Eindruck, dass bei vielen Firmenverkäufen und Liquidationen nicht alles mit rechten Dingen zugegangen sein konnte, beruhte auf verschiedenen, für die Beschäftigten der betroffenen Betriebe oft nur schwer verständlichen Vorgängen, deren Resultate ihnen inakzeptabel erschienen. Ihre Betriebe verloren mit der Einführung der D-Mark zum 1. Juli 1990, gewissermaßen über Nacht, dramatisch an Wert. Zuvor standen in den Betriebsbilanzen noch hohe Beträge, die sich mit der Erstellung der D-Mark-Eröffnungsbilanzen jedoch in Luft auflösten. Selbst einige der modernsten DDR-Betriebe, wie die Raffinerie in Schwedt/Oder und das Synthesewerk Schwarzheide, besaßen plötzlich keinen positiven Bilanzwert mehr. Daher waren die neuen Eigentümer auch nicht bereit, mehr als symbolische Kaufpreise zu zahlen, die dann auch noch mit Aufwendun-

---

1 Christian Gesellmann: Ostdeutschland verstehen: Die Treuhand, verständlich erklärt, in: Krautreporter vom 13.8.2019, https://krautreporter.de/3018-die-treuhand-verstandlich-erklart (Zugriff am 28.10.2021).

gen zur Verbesserung der Wettbewerbsfähigkeit verrechnet wurden, sodass im Endeffekt die Treuhand Investoren kaufen musste. Die ursprüngliche Idee, allein aus den Verkaufserlösen die Tätigkeit der Treuhand zu finanzieren, erwies sich schon nach wenigen Monaten als Luftschloss. Der viel zitierte Verkauf von Betrieben für eine D-Mark erweckte dennoch den Eindruck, dass Volksvermögen verramscht wurde. Die größte Verbitterung unter den Belegschaften ging von Verkäufen aus, die nicht auf eine Fortsetzung der industriellen Produktion zielten, sondern nur auf die Verwertung der betriebseigenen Immobilien bzw. Grundstücke gerichtet waren. Ein Beispiel dafür war der Verkauf des Berliner Glühlampenwerks NARVA an eine Immobilienfirma.[2]

Im Kreuzfeuer der Kritik standen ebenfalls die Tätigkeit des Unternehmensbereichs Abwicklung der Treuhand und der hochdotierten Liquidatoren. Der Hauptvorwurf lautete, es seien auch überlebensfähige Betriebe bzw. Betriebsteile in die Abwicklung geschickt worden. Die Liquidatoren verdienten umso mehr daran, je größer die Liquidationsmasse war und je länger die Verfahren dauerten. Ihre Millionenhonorare lösten unter den Beschäftigten, denen Arbeitslosigkeit drohte, Wut aus, und dies erst recht, nachdem sich herausgestellt hatte, dass manche Liquidatoren bei der Abrechnung ihrer Leistungen betrogen hatten.

Nicht nachvollziehbar war für viele Menschen, dass die Mitglieder des Vorstands und des Verwaltungsrats der Treuhand bis zum Juni 1991 selbst bei groben Fahrlässigkeiten von einer Haftung befreit wurden.[3] Angesichts der sich eröffnenden immensen Handlungsspielräume und der finanziellen Dimensionen vieler anstehenden Entscheidungen hatte Treuhandpräsident Detlev Karsten Rohwedder im Oktober 1990 keine andere Möglichkeit gesehen, um überhaupt auf die Schnelle Manager aus dem Westen für eine Tätigkeit bei der Treuhand gewinnen zu können. Diesen

---

2 Vgl. Helmut Höge: Das Berliner Glühlampenwerk Narva. Privatisierungsgeschichte und Niedergang trotz Widerstands, in: Ulla Plener (Hg.): Die Treuhand – der Widerstand in Betrieben der DDR – die Gewerkschaften, Berlin 2011, S. 49–63; Ost-Berliner Werk zu Tode privatisiert, in: taz vom 25.3.1992.

3 Vgl. Aufzeichnung zur Haftungsfreistellung der Treuhandanstalt, Entwurf, 27.6.1994, in: Treuhandanstalt (Hg.): Dokumentation, Bd. 11, Berlin 1994, S. 298–306.

von der Bundesregierung gewährten Generalpardon, der in der deutschen Wirtschaftsgeschichte einmalig ist, dehnte der Treuhandvorstand auch auf die zweite Führungsebene und die Niederlassungsleiter aus.[4] Allerdings barg die Haftungsfreistellung die Gefahr des Missbrauchs. Unterwertverkäufe, Bilanzmanipulationen, Immobilienspekulationen, überhöhte Honorare für Liquidatoren, Begünstigung von zweifelhaften Investoren, die Haftungsfreistellung sowie das Fehlverhalten einzelner Treuhandmitarbeiter gehörten zu den Begleiterscheinungen der schnellen Privatisierung. Nicht alle der genannten Praktiken waren juristisch gesehen kriminell, doch sie wurden von den Belegschaften so empfunden.

Die Erzählungen über die »Kriminalitätsdurchseuchung« der Treuhand verfestigten sich durch Bücher, die sich vorrangig mit diesem Thema auseinandersetzten. Bereits Ende 1991 erschien *Der Treuhandskandal* von Heinz Suhr.[5] Der ehemalige Pressesprecher der Bundestagsfraktion Die Grünen und frühere Bundestagsabgeordnete listete mehrere Treuhandskandale auf. Ähnliche Akzente setzten die Wirtschaftsjournalisten Peter Christ und Ralf Neubauer sowie der Publizist Otto Köhler.[6] Einen großen Leserkreis erreichte der Journalist und ehemalige *Stern*-Chefredakteur Michael Jürgs mit seinem Buch *Die Treuhändler. Wie Helden und Halunken die DDR verkauften*. Jürgs zeichnete – trotz des reißerischen Titels – ein facettenreiches und differenziertes Bild von der Treuhand. Auf einige große Fälle von Wirtschaftskriminalität ging er, gestützt auf die Berichte des Treuhand-Untersuchungsausschusses des Bundestags und ihm zugespielte Revisionsberichte, ausführlich ein. Dazu gehörten der Unterwertverkauf der Geräte- und Regler-Werke GmbH Teltow, der Streit um den Geschäftsbesorgungsvertrag für die Metallurgiehandel GmbH Berlin zwischen der Thyssen Handelsunion und der Treuhand, die hohen Honorarzahlungen

---

4   Vgl. Marcus Böick: Die Treuhand. Idee – Praxis – Erfahrung 1990–1994, Göttingen 2018, S. 325 f.
5   Vgl. Heinz Suhr: Der Treuhandskandal. Wie Ostdeutschland geschlachtet wurde, Frankfurt am Main 1991.
6   Vgl. Peter Christ/Ralf Neubauer: Kolonie im eigenen Land. Die Treuhand, Bonn und die Wirtschaftskatastrophe in den fünf neuen Ländern, Berlin 1992; Otto Köhler: Die große Enteignung. Wie die Treuhand eine Volkswirtschaft liquidierte, Berlin 1994.

an Liquidatoren, die Aushöhlung der Elbo Bau AG, Rostock, der Subventionsskandal beim Verkauf großer Teile der Ostseewerften an die Bremer Vulkan AG, die gescheiterte Privatisierung der Thüringische Faser AG und der Sächsische Kunstseide AG an die Dalmia-Brüder aus Indien sowie das kriminelle Netzwerk an der Spitze der Treuhandniederlassung Halle. Rund 15 Jahre später griff der Journalist Dirk Laabs diese Fälle erneut auf und fügte noch die erst in den späten 1990er-Jahren bekannt gewordene Affäre um den Neubau der Raffinerie in Leuna, in deren Mittelpunkt Manager des französischen Konzerns Elf Aquitaine und deutsche Lobbyisten standen, hinzu. Sein Buch *Der deutsche Goldrausch* bot zwar nicht, wie im Untertitel suggeriert, die »wahre Geschichte der Treuhand«, doch die chronologische Darstellung der Privatisierungsskandale traf einen Nerv. Das Narrativ von der Treuhandkriminalität wurde vor allem von ostdeutschen Publizisten, darunter der Journalist Knut Holm,[7] der frühere Sportredakteur des SED-Zentralorgans *Neues Deutschland* Klaus Huhn,[8] der frühere DDR-Botschafter Ralph Hartmann,[9] die Journalisten Dietmar Grosser, Hanno Müller und Paul-Josef Raue[10] und die Soziologin Yana Milev, bedient.[11] In ihren Darstellungen werden die oben genannten Fälle wiederholt und zur These vom »kriminellen Raubzug« und den »betrogenen Ostdeutschen« verdichtet.

Die Treuhandanstalt bzw. ihre Nachfolgeeinrichtung, die Bundesanstalt für vereinigungsbedingte Sonderaufgaben (BvS), versuchten ihrem Negativimage entgegenzuwirken.[12] Die Leiter der »Stabsstelle Besondere Aufgaben« verwiesen auf die geringe Zahl von Strafverfahren gegen Mit-

---

7 Vgl. Knut Holm: Wie wir verhökert wurden. Fakten, Lügen, Geständnisse, Beweise, Urteile zum Thema Treuhand, Berlin 1994.
8 Vgl. Klaus Huhn: Raubzug Ost. Wie die Treuhand die DDR plünderte, Berlin 2009.
9 Vgl. Ralph Hartmann: Die Liquidatoren. Der Reichskommissar und das wiedergewonnene Vaterland, Berlin 2008.
10 Vgl. Dietmar Grosser/Hanno Müller/Paul-Josef Raue: Treuhand in Thüringen. Wie Thüringen nach der Wende ausverkauft wurde, Essen 2013.
11 Vgl. Yana Milev: Das Treuhand-Trauma. Die Spätfolgen der Übernahme, Berlin 2020.
12 Vgl. Bekämpfung der Wirtschaftskriminalität, in: Treuhandanstalt (Hg.): Dokumentation 1990–1994 (wie Anm. 3), Bd. 10, S. 897–1018; Joachim Erbe: Die Sonderstabsstelle Recht, in: Bundesanstalt für vereinigungsbedingte Sonderaufgaben (Hg.):

arbeiter der Treuhand und die noch geringere Zahl von Urteilen, bis zum Jahr 2000 lediglich 24. Staatsanwalt Daniel Noa, von 1992 bis 1994 Leiter der Stabsstelle, sprach davon, dass die Kriminalität bei der Treuhand nicht höher gewesen sei »als in irgendeinem Kaufhaus«.[13] Auch die Rechtsanwälte Kai Renken und Werner Jenke, beide waren beratend für die BvS tätig, argumentieren, dass sich im Verhältnis zur Größe und Komplexität der Aufgabenstellung »der Umfang der Treuhandkriminalität in einem überschaubaren Rahmen gehalten« habe.[14] Doch nur wenige Journalisten, zuletzt Norbert F. Pötzl, griffen diese Einschätzung auf.[15]

In den Fokus der Kriminologie und Soziologie rückte die vereinigungsbedingte Wirtschaftskriminalität Anfang der 2000er-Jahre.[16] Im Rahmen eines Forschungsprojekts des Instituts für Kriminalwissenschaften der Universität Münster standen sieben Einzelfälle – Treuhandniederlassung Halle, Wärmeanlagenbau Berlin, Metallurgiehandel Berlin, Bagger-, Bugsier- und Bergungsreederei Rostock, Ostseewerften, Waschmittelwerk Genthin und Getriebewerk Brandenburg – sowie die Stabsstelle Besondere Aufgaben im Mittelpunkt.[17] Die Privatisierung des Waschmittelwerks Genthin und des Getriebewerks Brandenburg können getrost vernachlässigt werden, da es in beiden Fällen keinerlei An-

---

»Schnell privatisieren, entschlossen sanieren, behutsam stilllegen.« Ein Rückblick auf 13 Jahre Arbeit der Treuhandanstalt und der Bundesanstalt für vereinigungsbedingte Sonderaufgaben, Berlin 2003, S. 367–378.
13 Zit. nach Michael Jürgs: Ein Land im Sonderangebot, in: Der Spiegel vom 9.2.1997.
14 Kai Renken/Werner Jenke: Wirtschaftskriminalität im Einigungsprozess, in: Aus Politik und Zeitgeschichte (2001) B 32–33, S. 6.
15 Vgl. Norbert F. Pötzl: Der Treuhand-Komplex. Legenden, Fakten, Emotionen, Hamburg 2019, S. 169–173.
16 Vgl. Britta Bannenberg: Korruption in Deutschland und ihre strafrechtliche Kontrolle. Eine kriminologisch strafrechtliche Analyse, Neuwied 2002, S. 167–201.
17 Vgl. Kari-Maria Karliczek: Strukturelle Bedingungen von Wirtschaftskriminalität. Eine empirische Untersuchung am Beispiel der Privatisierungen ausgewählter Betriebe der ehemaligen DDR, Münster 2007; Klaus Boers/Ursula Nelles/Hans Theile (Hg.): Wirtschaftskriminalität und die Privatisierung der DDR-Betriebe, Baden-Baden 2010; Ingo Techmeier: Das Verhältnis von Kriminalität und Ökonomie, Wiesbaden 2012; Barbara Bischoff: Die Stabsstelle Besondere Aufgaben bei der Treuhandanstalt. Ein funktionales Konzept zur Bekämpfung von Wirtschaftskriminalität?, Münster 2015.

zeichen für kriminelles Handeln gab. Die anderen fünf Fälle waren zuvor schon mehrfach von Journalisten beschrieben worden. Davon abgesehen ermöglichten die Studien der Kriminalisten erstmals eine differenzierte Betrachtung der Hintergründe und Abläufe von Wirtschaftskriminalität im Zuge der Privatisierungspolitik der Treuhand. Von der Zeitgeschichtsschreibung wurde das Thema bisher nur am Rande behandelt und als nachrangig angesehen.[18] Dies dürfte sowohl auf den schwierigen Quellenzugang als auch auf Definitionsprobleme zurückzuführen sein.

1. Wirtschafts- und Vereinigungskriminalität

Eine allgemein akzeptierte Definition, was Wirtschaftskriminalität eigentlich ist, gibt es bis heute nicht. In der Kriminologie hat sich erstmals der Soziologe Edwin H. Sutherland in den 1940er-Jahren systematisch mit der Wirtschaftskriminalität auseinandergesetzt und dafür den Begriff »White Collar Crime« geprägt.[19] Damit lenkte er den Blick von der viel diskutierten Unterschichtenkriminalität auf die weniger beachtete Kriminalität der wirtschaftlich und sozial Mächtigen. Die neuere Kriminologie unterscheidet zwischen Straftaten, die im Interesse von Unternehmen begangen werden (*corporate crime*), wie zum Beispiel die Manipulationen an den Motoren bei der Volkswagen AG, und Straftaten, die aus Eigennutz unter Ausnutzung der beruflichen Position begangen werden (*occupational crime*). Da auch diese Unterscheidung Unschärfen aufweist, plädierte der Historiker Thomas Welskopp für eine Trennung zwischen Wirtschaftskriminalität, organisierter Kriminalität und Korruption.[20] Allerdings können

---

18 Vgl. Constantin Goschler/Marcus Böick: Studie zur Wahrnehmung und Bewertung der Arbeit der Treuhandanstalt im Auftrag des Bundesministeriums für Wirtschaft und Energie, Bochum 2017, https://omp.ub.rub.de/index.php/RUB/catalog/book/103 (Zugriff am 10.6.2022); Böick: Die Treuhand (wie Anm. 4).
19 Vgl. Edwin H. Sutherland: White collar crime, New York 1949.
20 Vgl. Thomas Welskopp: Wirtschaftskriminalität und Unternehmen – Eine Einführung, in: Hartmut Berghoff/Cornelia Rauh/Thomas Welskopp (Hg.): Tatort Unternehmen. Zur Geschichte der Wirtschaftskriminalität im 20. und 21. Jahrhundert, Berlin/Boston 2016, S. 1–18, hier S. 2.

auch damit die Definitionsprobleme nicht wirklich gelöst werden, zumal die Übergänge zwischen diesen Phänomenen fließend sind. Außerdem gibt es bis heute in der Bundesrepublik Deutschland kein eigenes Wirtschaftsstrafgesetzbuch, dessen Definitionen hier weiterhelfen könnten.[21] Wirtschaftskriminalität und Korruption gab es vor 1990 in beiden deutschen Staaten, allerdings in sehr unterschiedlichen Formen und Ausmaßen. So war die »Auslandskorruption«, die Bestechung von Amtsträgern in ausländischen Regierungen und Unternehmen, integraler Teil des westdeutschen Wirtschaftswunders. Noch bis Ende der 1990er-Jahre waren »nützliche Aufwendungen« für Auslandsgeschäfte steuerlich absetzbar.[22] Nicht nur bei Auslandsgeschäften, sondern auch im Inland gehörte Wirtschaftskriminalität zum westdeutschen Alltag.[23] Erst die von den USA ausgehende »Compliance Revolution« erzwang in den späten 1990er-Jahren einen Wandel im Umgang mit Unternehmenskriminalität. Die seitdem deutlich größeren finanziellen Risiken im Fall von erwiesenem kriminellen Verhalten von Unternehmen führten zu strengeren Regelwerken.

Die DDR, deren Wirtschaft auf staatlichem und genossenschaftlichem Eigentum beruhte, nahm für sich in Anspruch, die Grundlagen für das individuelle Gewinnstreben beseitigt zu haben. Damit, so die Theorie, entfiel auch der Hauptgrund für Korruption.[24] Die DDR-Bürger wussten aus eigenem Erleben, dass dem nicht so war. Schon um das Funktionieren der Betriebe zu gewährleisten, wurden zahlreiche informelle Praktiken ausgeübt. Diese waren mehr oder weniger legal oder beruhten auf der Ein-

---

21 Vgl. Bundesministerium des Innern/Bundesministerium der Justiz: Zweiter periodischer Sicherheitsbericht, Berlin 2006.
22 Vgl. Hartmut Berghoff: Von Watergate zur Compliance Revolution. Die Geschichte der Korruptionsbekämpfung in den USA und der Bundesrepublik Deutschland, 1972–2014, in: Berghoff/Rauh/Welskopp (Hg.): Tatort Unternehmen (wie Anm. 20), S. 19–46, hier S. 29.
23 Vgl. Stefanie Werner: Unternehmenskriminalität in der Bundesrepublik Deutschland. Umfang, Merkmale und warum sie sich lohnt, Ostfildern 2014.
24 Vgl. André Steiner: Bolsche Vita in der DDR? Überlegungen zur Korruption im Staatssozialismus, in: Jens Ivo Engels/Andreas Fahrmeir/Alexander Nützenadel (Hg.): Korruption im neuzeitlichen Europa, München 2009, S. 249–274.

haltung formaler Regeln. Anders sah es im Fall von Diebstählen und Vergehen gegen das sozialistische Eigentum aus, die ein weitverbreitetes Phänomen in den volkseigenen Betrieben (VEB) darstellten.[25] Individuelles Fehlverhalten unterschied sich von den staatlich sanktionierten Formen der Privilegierung. Als Synonym für Machtmissbrauch und Korruption stand Wandlitz, die streng abgeschirmte Waldsiedlung der Politbüromitglieder.[26] Die Volkskammer setzte im November 1989 einen Ausschuss zur Untersuchung von Korruption und Amtsmissbrauch ein. In zahlreichen Kombinaten, Verwaltungen und Bildungseinrichtungen kam es zu Ermittlungen gegen Direktoren und Parteifunktionäre. Ihnen wurde die Ausnutzung ihrer Positionen zur persönlichen Vorteilsname vorgeworfen.[27]

Eine Sonderstellung in der DDR-Wirtschaft nahm der Bereich Kommerzielle Koordinierung (KoKo) des Ministeriums für Außenhandel ein.[28] Die gut ausgebildeten KoKo-Mitarbeiter agierten nach den Regeln der Marktwirtschaft und nutzten alle im Westen üblichen legalen und bisweilen auch illegalen Praktiken zur Erzielung von Gewinnen. Dabei entstand ein Beziehungsgeflecht zu westlichen Firmen und Geschäftspartnern. Nach dem Ende der DDR sollte sich die Auflösung dieses speziellen Teils ihres Außenhandels als eine der größten Herausforderungen für die Treuhand erweisen. Da die Treuhand anfangs die weitverzweigten Strukturen der KoKo und ihrer rund 200 Tochterunternehmen im Ausland nicht vollumfänglich überblickte, war sie auf die Mitwirkung von KoKo-Personal bei deren Auflösung angewiesen. Dies eröffnete noch bis Mitte 1991 Spielräume für Unterwertverkäufe von Firmenanteilen an

---

25 Vgl. Arnold Freiburg: Kriminalität in der DDR. Phänomenologie des abweichenden Verhaltens im sozialistischen deutschen Staat, Opladen 1981, S. 97f.
26 Vgl. Hannes Bahrmann/Peter-Michael Fritsch: Sumpf. Privilegien, Amtsmissbrauch, Schiebergeschäfte, Berlin 1990, S. 142–151; Andreas Malycha: Die SED in der Ära Honecker. Machtstrukturen, Entscheidungsmechanismen und Konfliktfelder in der Staatspartei 1971 bis 1989, Berlin 2014, S. 20–30.
27 Vgl. Klaus Marxen/Gerhard Werle (Hg.): Strafjustiz und DDR-Unrecht, Dokumentation Bd. 3: Amtsmißbrauch und Korruption, Berlin 2002.
28 Vgl. Matthias Judt: Der Bereich Kommerzielle Koordinierung. Das DDR-Wirtschaftsimperium des Alexander Schalck-Golodkowski – Mythos und Realität, Berlin 2013.

ehemalige KoKo-Geschäftspartner und Vermögensverschleierungen. Im Januar 1991 gründete die Treuhand den Sonderbereich »Außenhandelsbetriebe/KoKo« und übernahm schrittweise die Kontrolle über die KoKo-Unternehmen. Im Sommer 1991 wurden Management-Buy-outs (MBO) von KoKo-Unternehmen durch ehemalige Mitarbeiter und Gesellschafter gestoppt.[29] Mit diesen Fällen befasste sich der am 6. Juni 1991 eingesetzte Bundestagsuntersuchungsausschuss »Kommerzielle Koordinierung«. Die Sicherung der KoKo-Vermögenswerte gehörte in den Kontext der Abwicklung des Kalten Krieges und sollte die Gerichte noch jahrelang beschäftigen.

Nach der Wiedervereinigung rückte die strafrechtliche Aufarbeitung von SED-Unrecht in den Fokus der Justiz. Hinzu kam die Verfolgung eines neuen Phänomens, der »vereinigungsbedingten Wirtschaftskriminalität«. Im September 1991 wurde beim Kammergericht Berlin eine »Arbeitsgruppe Regierungskriminalität« gebildet und zur Generalstaatsanwaltschaft II beim Landgericht Berlin ausgebaut. Diese Arbeitsgruppe war der Vorläufer der »Zentralen Ermittlungsstelle für Regierungs- und Vereinigungskriminalität« (ZERV), die 1993 auf Grundlage eines Abkommens zwischen Bund und Ländern gebildet wurde.[30] Aus einem Provisorium mit wenigen Mitarbeitern entstand eine personell gut ausgestattete Dienststelle mit rund 400 Beschäftigten.[31] Insgesamt bearbeitete die

---

29 Vgl. Beschlussempfehlung und Bericht des 1. Untersuchungsausschusses, 27.5.1994, Bundestagsdrucksache 12/7600, S. 400.
30 Laut Auskunft des Berliner Landesarchivs vom 14. August 2021 ist die Bearbeitung der Bestände der ZERV (Bestandssignatur D Rep. 120-02) und der Staatsanwaltschaft II (Bestandssignatur D Rep. 258-02) noch nicht weit genug gediehen, um zielsicher nach einzelnen Firmen recherchieren zu können. Auch befindet sich im Bestand der ZERV nur ein kleiner Teil an Wirtschaftsvergehen. Dieser Teil Ist bisher noch nicht erschlossen. Vgl. Philip Rosin: Die Rolle der Zentralen Ermittlungsstelle für Regierungs- und Vereinigungskriminalität (ZERV) in der Diskussion über die weitere Nutzung der Daten des Zentralen Einwohnerregisters (ZER) der ehemaligen DDR. Ein Beitrag zur Transformationsgeschichte der frühen 1990er-Jahre, in: Jahrbuch des Landesarchivs Berlin 2020, S, 183–197.
31 Vgl. Heinz Janowiak: Bilanz nach zehn Jahren Wiedervereinigung, in: Neue Kriminalpolitik 12 (2000) 2, S. 12–15.

Staatsanwaltschaft II beim Landgericht Berlin ab Oktober 1990 knapp 23 000 Fälle.[32] Davon entfielen rund 16 500 auf den Bereich Regierungskriminalität und etwa 5000 Verfahren auf den Bereich »vereinigungsbedingte Wirtschaftskriminalität«.[33] Im letztgenannten Bereich kam es zu 124 Verurteilungen, nur sieben davon betrafen ehemalige SED-Führungskader. Beschuldigte waren vor allem westdeutsche Käufer bzw. Geschäftsführer, die Unternehmen ausgehöhlt, Liquidatoren, die sich nicht an die gesetzlichen Vorschriften gehalten, oder Wirtschaftsprüfer, die falsche Testate abgegeben haben. Auch wurde in zahlreichen Fällen von Unterwertverkäufen, insbesondere bei nicht betriebsnotwenigen Grundstücken, sowie der Zweckentfremdung von Sanierungs- und Fördergeldern ermittelt.[34]

Zur vereinigungsbedingten Wirtschaftskriminalität gehörten laut ZERV hauptsächlich der Missbrauch der Regeln bei der Währungsumstellung, der Transferrubelbetrug und alle im Zusammenhang mit der Tätigkeit der Treuhand in Verbindung stehenden Fälle von Wirtschaftskriminalität.[35] Der größte Schaden soll durch den Transferrubelbetrug entstanden sein. Der Transferrubel-Verrechnungsverkehr wurde auf der Grundlage von Artikel 13 Absatz 2 des Staatsvertrags über die Schaffung einer Währungs-, Wirtschafts- und Sozialunion vom 18. Mai 1990 bis zum 31. Dezember 1990 im Warenhandel mit den Ländern des Rates für gegenseitige Wirtschaftshilfe (RGW) weitergeführt.[36] Die Kursrelation lag bei einem Transferrubel (XTR) zu 4,67 Mark der DDR. Um der ostdeutschen Exportwirtschaft eine Übergangsfrist zu gewähren und die vom DDR-Außenhandel eingegangenen Verträge zu bedienen, wurde das Transferrubelverfahren nicht sofort mit der Einführung der D-Mark zum 1. Juli 1990 beendet.[37] Dies barg die wohl oder übel in Kauf genommene Gefahr, dass

---

32 Vgl. Zerv wird aufgelöst: Ermittlungen für die Einheit, in: Der Tagesspiegel vom 28.12. 2000.
33 Vgl. Janowiak: Bilanz nach zehn Jahren Wiedervereinigung (wie Anm. 31), S. 12–15.
34 Vgl. ZDF-Sendung »Frontal« vom 25.2.1997.
35 Vgl. Renken/Jenke: Wirtschaftskriminalität im Einigungsprozess (wie Anm. 14).
36 Vgl. BGBl. 1990, II, S. 537.
37 Vgl. Deutscher Bundestag, 13. Wahlperiode, Drucksache 13/10900, S. 226.

Unternehmen Scheingeschäfte tätigten, um »weiche« Transferrubel in »harte« DM zu einem Kurs von 1 XTR = 2,34 DM umzutauschen.[38] Die ZERV schätzte den Schaden aus illegalen Transferrubelgeschäften auf rund acht Milliarden DM, der in erster Linie von Tätern aus dem alten Bundesgebiet unter Beiziehung von ostdeutschen Strohleuten verursacht worden sei. Die Schadenssumme wurde aus der Differenz zwischen dem Gegenwert der Exportlizenzen (30 Milliarden DM) und dem Gegenwert der tatsächlich bei der Deutschen Außenhandelsbank – dem für die Abwicklung kommerzieller Zahlungen mit dem gesamten Ausland zuständigen DDR-Bankinstitut – konvertierten oder zur Konvertierung beantragten Transferrubelguthaben (rund 38 Milliarden DM) errechnet.[39] Das Bundesministerium der Finanzen (BMF) wies allerdings auf methodische Unzulänglichkeiten der ZERV-Schätzung hin und bezifferte den Schaden nur auf 1,4 bis maximal 2,5 Milliarden DM.[40]

Auch bei der Schätzung des Schadens, der durch einen Missbrauch der Regeln bei der Währungsumstellung von DDR-Mark auf D-Mark entstanden war, lagen die Bewertungen von ZERV und BMF weit auseinander. Zu Manipulationen beim Währungsumtausch kam es insbesondere dann, wenn Guthaben zur Währungsumstellung angemeldet wurden, die durch illegal eingeführtes Bargeld oder illegalen Schwarztausch entstanden waren, wenn also ein Verstoß gegen devisenrechtliche Bestimmungen vorlag. Während die ZERV den Schaden auf 6,8 Milliarden DM bezifferte, kam das BMF im Ergebnis umfangreicher Prüfverfahren auf eine Schadenssumme von weniger als einer Milliarde DM.[41]

Im Vergleich dazu fallen die Schätzungen jener Schäden, die von ganz überwiegend westdeutschen Käufern von Treuhandunternehmen und von Mitarbeitern der Treuhand selbst angerichtet wurden, niedriger

---

38 Beispiele bei Henning Krumrey: Aufschwung Ost. Märchen oder Modell, Frankfurt am Main 1992.
39 Vgl. Deutscher Bundestag, 13. Wahlperiode, Drucksache 13/10900, S. 229 f.
40 Vgl. ebd.
41 Vgl. ebd.

aus. Diese beliefen sich nach Angaben der Treuhand lediglich auf etwa 350 Millionen DM.[42] Allerdings sollten solche Schätzungen mit Skepsis betrachtet und bestenfalls als unterste Grenze angesehen werden. Bei der Wirtschaftskriminalität nach der Wiedervereinigung stieß die Strafverfolgung an ihre Grenzen.[43] Dies war vor allem den Unsicherheiten der Umbruchssituation und dem Neuaufbau der Strafverfolgungsbehörden in den ostdeutschen Bundesländern geschuldet. In vielen Fällen drohte Verjährung, wenn es nicht gelang, die Ermittlungen auf einige wesentliche Komplexe zu reduzieren. Daher wurden in den meisten Treuhandverfahren die Urteile abgesprochen.[44] Der Umfang dieser Absprachen differierte und reichte von einer Vereinbarung, kein Rechtsmittel einzulegen, wenn die Strafe eine bestimmte Höhe nicht überschritt, bis hin zu genauen Inhaltsbestimmungen über Strafhöhe, Rechtsmittelverzicht, Schadenswiedergutmachungen usw. Bei sehr komplexen Wirtschaftsstrafsachen kam oft nur ein Teil der Tatbestände überhaupt zur Verhandlung, um die Verfahren nicht noch komplizierter und langwieriger werden zu lassen. Auch nahm die Treuhand für sich in Anspruch, dass nach Aufdeckung krimineller Handlungen über 90 Prozent der in Rede stehenden Summen gesichert und zurückgeholt werden konnten.[45]

Die materiell gravierendsten Schäden durch unterbliebene Investitionen, verlorene Arbeitsplätze, unterbliebene ernsthafte Geschäftstätigkeiten mit der Folge weiterer Verluste, Ausverkauf von Aktiva der Unternehmen, gewinnbringende Verwertung von Grundstücken der Unternehmen trotz Verbots blieben bei den Schadensermittlungen meist unberücksichtigt.

---

42 Vgl. ebd., S. 355.
43 Vgl. Hans Theile: Die Regulierung von Wirtschaftskriminalität durch Strafrecht, in: Boers/Nelles/Theile (Hg.): Wirtschaftskriminalität und die Privatisierung der DDR-Betriebe (wie Anm. 17), S. 326–456, hier S. 437f.
44 Vgl. Bannenberg: Korruption in Deutschland (wie Anm. 16), S. 200.
45 Vgl. Stabsstelle Besondere Aufgaben im Direktorat Recht: Zwischenbericht 1992, in: Treuhandanstalt (Hg.): Dokumentation 1990–1994 (wie Anm. 3), Bd. 10, S. 943.

2. Auseinandersetzungen um die Reprivatisierung

Bis zum Tag der Wiedervereinigung am 3. Oktober 1990 waren auf Grundlage des von der Modrow-Regierung am 7. März 1990 erlassenen Gesetzes »über die Gründung und Tätigkeit privater Unternehmen und über Unternehmensbeteiligungen« (Unternehmensgesetz) mehr als 11 000 Anträge auf Reprivatisierung gestellt worden.[46] Ansprüche durften nur DDR-Bürger geltend machen. Alles in allem verliefen nach rückblickender Einschätzung von Mitarbeitern der Abteilung Reprivatisierung der Treuhandanstalt die Reprivatisierungen auf Grundlage des Unternehmensgesetzes unbürokratisch und schnell.[47] Etwa 3000 Unternehmen wurden bereits bis zum 3. Oktober 1990 reprivatisiert.

Am 15. Juni 1990 unterschrieben beide deutsche Regierungen eine Erklärung zu Fragen der Eigentumsverhältnisse. Das Prinzip »Rückgabe vor Entschädigung«, vom Bundesministerium der Justiz durchgedrückt, wurde Bestandteil des Einigungsvertrags.[48] Ein daraufhin noch von der Volkskammer der DDR am 23. September 1990 verabschiedetes »Gesetz zur Regelung offener Vermögensfragen« (Vermögensgesetz) räumte nun auch in der alten Bundesrepublik ansässigen Alteigentümern die Möglichkeit ein, im Sinne der Wiedergutmachung von Teilungsunrecht Reprivatisierungsanträge zu stellen.[49] Der Versuch, das Rad der Geschichte bis 1933 zurückzudrehen, sollte sich als einer der schwersten Fehler der deutschen Vereinigungspolitik erweisen.[50] Die neue Gesetzeslage führte zu einer faktischen Blockade der Reprivatisierung, da Eigentumsverhältnisse über längere Zeit ungeklärt blieben. Der Aufbau eines neuen Mittelstands

---

46 Vgl. Michael Fetscher: Die Reorganisation von Eigentumsrechten mittelständischer Unternehmen in Ostdeutschland, Dissertation Universität Konstanz, 2000, S. 59.
47 Vgl. ebd., S. 81.
48 Vgl. Anke Kaprol-Gebhardt: Geben oder Nehmen. Zwei Jahrzehnte Rückübertragungsverfahren von Immobilien im Prozess der deutschen Wiedervereinigung am Beispiel der Region Berlin-Brandenburg, Berlin 2018, S. 167.
49 Vgl. Franz Bardenhewer: Das Gesetz zur Regelung offener Vermögensfragen – Überblick und Zwischenbilanz, in: Vermessung Brandenburg, Heft 2/1997, S. 1–18.
50 Vgl. Gerlinde Sinn/Hans-Werner Sinn: Kaltstart. Volkswirtschaftliche Aspekte der deutschen Vereinigung, München 1993, S. 117.

wurde behindert. Nur wenige westdeutsche Alteigentümer waren an einer unternehmerischen Tätigkeit in den ostdeutschen Bundesländern interessiert. Auch bot das Vermögensgesetz Schlupflöcher für Betrugsmanöver. Windige Anwälte kauften Alteigentümern deren Ansprüche an nunmehr im Protfolio der Treuhand befindlichen Betrieben bzw. Betriebsteilen für wenig Geld ab und veräußerten diese dann meistbietend. Die Treuhand hatte gegen solcherlei Geschäfte angesichts des bis zum Frühjahr 1991 nicht nachgebesserten Vermögensgesetzes keine Handhabe.[51]

In einigen Fällen prallten die Ansprüche von ehemaligen DDR-Bürgern, die auf Rückgabe ihrer 1972 enteigneten Betriebe drängten, mit den Interessen von westdeutschen Firmen aufeinander. Die Sachlage war dann komplex, wenn nach 1972 erhebliche Investitionen stattgefunden hatten und mehrere Betriebsteile existierten. In solchen Fällen hatte die Treuhand schwierige Entscheidungen zu treffen. Nicht selten fühlten sich ostdeutsche Antragsteller benachteiligt und vermuteten bei den Treuhandniederlassungen Klientelwirtschaft zugunsten westdeutscher Interessenten. Ein Mitarbeiter der Niederlassung Leipzig sprach in diesem Zusammenhang von »besatzerähnlichen Verhaltensweisen«.[52]

Im Fall des Folienproduzenten Sika GmbH Leipzig existierten zwei Standorte. Der Niederlassungsleiter vergab den modernen Standort in Markkleeberg an eine westdeutsche Firma. Das vollkommen heruntergewirtschaftete Altwerk in Leipzig war zwar an den Sika-Gründer Erhard Kaps rückübertragen worden, doch er erhielt im Gegensatz zu seinem Konkurrenten keinerlei Unterstützung.[53] Sein reprivatisiertes Unternehmen stand kurz vor dem Aus. Kaps, der in der DDR aus politischen Gründen zu fünf Jahren Haft verurteilt worden war, sah sich erneut

---

51 Ein Beispiel dafür war der Spekulationscoup bei der Reprivatisierung der ISIS GmbH, Zwickau. Vgl. Rainer Karlsch: Einheitsgewinner. Die Privatisierung der ostdeutschen Pharmaindustrie, in: Dierk Hoffmann (Hg.): Transformation einer Volkswirtschaft. Neue Forschungen zur Geschichte der Treuhandanstalt, Berlin 2020, S. 112–129.
52 Günter Heribert Münzberg: Zu treuen Händen. Ein Insider-Bericht, Leipzig 2001, S. 104 f.
53 Vgl. Erhard Kaps: Gefangen, inhaftiert, befreit. Erlebnisse eines Leipzigers, Taucha 1999, S. 109–111.

hintergangen. Er stellte Strafanzeige gegen den nach seiner Auffassung korrupten Niederlassungsleiter.[54] Ein neuer Niederlassungsleiter brachte Anfang 1993 Bewegung in die Angelegenheit. Es kam zu einer Art Vergleich. Kaps zog die Anzeige zurück und erhielt dafür von der Treuhand Rohstoffe im Wert von 250 000 DM.[55] Anfang 1994 wurde die Sanierungsfähigkeit des Betriebs bestätigt und ein Antrag auf finanzielle Entschädigung genehmigt.

Es handelte sich nicht um einen Einzelfall. Viele Ostdeutsche, die einen Reprivatisierungsantrag gestellt hatten und Firmen wieder aufbauen wollten, fühlten sich von der Treuhand benachteiligt.[56] Ein sächsischer Maschinenbauunternehmer hatte das Scheitern von reprivatisierten Unternehmen vor Augen. Er beklagte sich bitter: »Die Treuhand ist für mich die miserabelste Organisation, die man je ins Leben gerufen hat. [...] Da ist so viel Volksvermögen nach 1990 zerschlagen worden – das kann man sich gar nicht vorstellen.«[57]

Die ins Stocken geratene Reprivatisierung wurde zum Politikum. Die heftige Kritik am Prinzip »Rückgabe vor Entschädigung« veranlasste die Bundesregierung zum Einlenken und zur Verabschiedung eines »Hemmnisbeseitigungsgesetzes«, mit dem das Vermögensgesetz am 22. März 1991 novelliert wurde.[58] Damit schuf der Gesetzgeber die Möglichkeit, betriebliche Grundstücke, auf denen eine Investition durch einen neuen Eigentümer getätigt werden sollte, der Restitution zu entziehen.[59]

---

54 Vgl. Direktorat Recht, Ermittlungsverfahren gegen Dr. G., ehem. Niederlassungsleiter, wegen Untreue im Zusammenhang mit Reprivatisierung der ehem. Polyfol Markkleeberg, vormals Sika-Werke, 12.2.1993, BArch Berlin, B 412/9935, unfol.
55 Vgl. Rainer Kaps: Die Reprivatisierung der Firma Sika KG, Manuskript Leipzig 2021.
56 Vgl. z. B. Michael Herfort: 100 Jahre Lakowa – Chronik eines einzigartigen Wilthener Familienunternehmens, Manuskript, Wilthen o. J.; Klaus Güldenpfennig: Trotz Treuhand triumphieren, Berlin 2005.
57 Zit. nach Agnès Arp: VEB. Vaters ehemaliger Betrieb. Privatunternehmer in der DDR, Leipzig 2005, S. 102. Dort finden sich auch noch weitere Beispiele für enttäuschte Hoffnungen von reprivatisierten Unternehmen.
58 Vgl. Marc Kemmler: Die Entstehung der Treuhandanstalt. Von der Wahrung zur Privatisierung des DDR-Volkseigentums, Frankfurt am Main/New York 1994, S. 325.
59 Vgl. BGBl. 1990, I, Nr. 20, ausgegeben am 28.3.1991, S. 766.

Doch noch immer saßen die Alteigentümer am längeren Hebel. Erst mit dem »Investitionsvorranggesetz« vom 14. Juli 1992 wurden die Blockaden für produktive Investitionen in Ostdeutschland gelöst und das Prinzip »Rückgabe vor Entschädigung« de facto ausgehebelt.[60]

3. Ein letzter große Triumph der »Deutschland AG«

In den Führungsgremien der Treuhandanstalt – Vorstand und Verwaltungsrat – lebte die oft zitierte »Deutschland AG« nochmals auf. Unter diesem Begriff wurde bis Ende der 1990er-Jahre ein Netzwerk von Verflechtungen zwischen Banken, Versicherungen und Industrieunternehmen verstanden, das auf Kapitalbeteiligungen und einer Konzentration von Aufsichtsratsmandaten führender Manager, Gewerkschafter und Politiker (*big linkers*) beruhte. Der Soziologe Wolfgang Streeck und der Politologe Martin Höpner sehen darin eine Art von Organisation, die nach innen Konkurrenz begrenzt und nach außen Geschlossenheit anstrebt.[61]

Angesichts der personellen Netzwerke zwischen den Spitzen der Treuhand, Wirtschaft und Politik war es kein Zufall, dass die Deutsche Bank, die Dresdner Bank, die Allianz-Versicherung, die großen Energieversorger, Ruhrgas, Siemens, Volkswagen, Daimler-Benz, Henkel und die BASF zu den Ersten gehörten, die sich bereits 1990 die attraktivsten Teile und Märkte der ostdeutschen Wirtschaft sicherten. Sie besaßen gegenüber Mitbewerbern aus dem Ausland und mittelständischen Unternehmen schon aufgrund ihrer langjährigen DDR-Geschäfte einen Informationsvorsprung. Das Bundeskanzleramt sah Firmenkäufe und Investitionen der Konzerne in den neuen Bundesländern mit Wohlwollen

---

60 Vgl. Kaprol-Gebhardt: Geben oder Nehmen (wie Anm. 48).
61 Vgl. Wolfgang Streeck/Martin Höpner (Hg.): Alle Macht dem Markt? Fallstudien zur Abwicklung der Deutschland AG, Frankfurt am Main 2006; Ralf Ahrens/Boris Gehlen/Alfred Reckendrees (Hg.): Die »Deutschland AG«. Historische Annäherungen an den bundesdeutschen Kapitalismus, Essen 2013.

und ebnete, wie im Fall der Übernahme des Synthesewerks Schwarzheide durch die BASF im Oktober 1990, auch schon einmal den Weg, wenn es bei der Treuhand stockte.[62] Darüber hinaus drängten viele Betriebsräte und Geschäftsführungen der ostdeutschen Betriebe gegenüber der Treuhand auf eine rasche Übernahme durch die großen westdeutschen Unternehmen. Ihnen konnte es oftmals damit gar nicht schnell genug gehen, sahen sie darin doch die besten Chancen für den Erhalt ihrer Betriebe und die Sicherung möglichst vieler Arbeitsplätze.

Zugespitzt formuliert entwickelte sich die erste Phase der Privatisierungspolitik der Treuhand zu einem der letzten großen Triumphe der »Deutschland AG«. Hinzu kam die Ausweitung von Großinvestitionen in der Autoindustrie, die bereits Mitte der 1980er-Jahre zwischen Volkswagen und dem IFA-Kombinat in Sachsen angebahnt worden waren.[63] Für die DAX-Konzerne standen in der DDR bzw. den neuen Bundesländern die Türen weit offen. Ihre Vorstände mussten nicht zu unlauteren Mitteln greifen, um ihre Ziele zu erreichen. Das hielt sie nicht davon ab, für ihre Investitionen möglichst umfangreiche staatliche Vorleistungen, weitgehende Übernahme von Altlastenrisiken, billiges Bauland, Investitionszuschüsse usw. zu fordern, die dann in der Regel auch von der Treuhand und den Landesregierungen gewährt wurden.

Wie stark die Stellung der Konzerne gegenüber der Treuhand war, lässt sich am Beispiel der Siemens AG zeigen, die zum größten privaten Investor in den ostdeutschen Bundesländern avancierte. Siemens übernahm bis zum Frühsommer 1991 16 Betriebe. Angesichts der größtenteils veralteten Infrastruktur im Osten hoffte der Münchener Konzern auf große staatliche Investitionsprogramme. Da die Fertigungskapazitäten im Westen bereits weitgehend ausgelastet waren, musste Siemens Betriebe

---

62 Vgl. BASF Schwarzheide GmbH (Hg.): Hans-Hermann Dehmel: Aus der Geschichte des Chemiewerkes Schwarzheide, Teil 6, Schwarzheide o. J. [2015], S. 48–50; Vorstandssitzung 2.10.1990, BArch Berlin, B 412/2542, Bl. 22 f.
63 Vgl. Peter Kirchberg: Plaste, Blech und Planwirtschaft. Die Geschichte des Automobilbaus in der DDR, Berlin 2000, S. 565–580; Philipp Hessinger u. a.: Fokus und Balance. Aufbau und Wachstum industrieller Netzwerke. Am Beispiel von VW/Zwickau, Jenoptik/Jena und Schienenfahrzeugbau/Sachsen-Anhalt, Wiesbaden 2000, S. 85–165.

zukaufen. Niedrigen Werten auf der Aktivseite der Bilanzen wurden großzügige Rückstellungen auf der Passivseite, wie beim Erwerb der Leipziger Starkstromanlagenbau GmbH, gegenübergestellt.[64] Angesichts der komfortablen Möglichkeiten, bei Firmenkäufen in Ostdeutschland zum Zuge zu kommen, mussten die DAX-Konzerne kaum mehr tun, als gegenüber der Treuhand ihr Interesse an Übernahmen zu bekunden. Im Zusammenhang mit Betriebsübernahmen in Ostdeutschland blieben Fälle von Unternehmenskriminalität, zu unterscheiden von individueller Kriminalität, die Ausnahme.

In zwei spektakulären Fällen kam es zu Ermittlungsverfahren gegen deutsche Konzerne. Dies betraf die Thyssen Handelsunion AG (THU) und die Bremer Vulkan AG. Die westdeutsche Stahlbranche und die Werften befanden sich bereits seit Jahren in einer strukturellen Krise. Zu ihren Krisenbewältigungsstrategien, die sich letztendlich als untauglich erwiesen, gehörte es, auf den Ausbau der Ostgeschäfte zu setzen. THU übernahm die lukrativsten Teile der Metallurgiehandel GmbH, Berlin, hervorgegangen aus dem Außenhandelsbetrieb Metallurgiehandel, einem der damals weltweit größten Stahlhandelsunternehmen.[65] Als jedoch mit dem Zusammenbruch der Ostmärkte die ursprüngliche Idee nicht mehr aufging, sollte die Gewinnerwartung von THU über eine »kreative Bilanzierung« und einen Geschäftsbesorgungsvertrag mit der Treuhand für die Abwicklung der Metallurgiehandel GmbH realisiert werden.[66] THU bewegte sich damit in einem Graubereich der Legalität, die Bilanzierungspraxis habe »etwas gerochen«, es seien aber keine strafrechtlichen Grenzen überschritten worden, wie sich ein Strafverteidiger des Konzerns später ausdrückte.[67] Die Thyssen-Manager waren überrascht, als die Treuhand den Geschäftsbesorgungsvertrag fristlos kündigte und die ZERV im Oktober 1993 ihre Geschäftsräume und Privatwohnungen

---

64 Vgl. Tricks und teure Versprechen, in: Der Spiegel vom 16.6.1991.
65 Vgl. Post von Egon: »Aktion Beschiß Ost«, in: Der Spiegel vom 1.12.1997.
66 Vgl. Karliczek: Strukturelle Bedingungen von Wirtschaftskriminalität (wie Anm. 17), S. 107–143.
67 Ebd., S. 141.

durchsuchen ließ.[68] Der Rechtsstreit zog sich bis 1996 hin. Im Zuge eines Schiedsgerichtsverfahrens zahlte THU über 230 Millionen DM an die BvS. Das Ermittlungsverfahren gegen zehn Thyssen-Manager wurde schließlich im Dezember 1998 gegen eine Zahlung von zehn Millionen DM eingestellt.[69]

Bei der Übernahme großer Teile der Ostseewerften durch die Bremer Vulkan AG waren 1992 ähnliche Motive im Spiel wie im Fall der Thyssen Handelsunion. Vulkan litt unter einem wachsenden Wettbewerbsdruck und fürchtete die Entstehung eines mit Staatsgeldern modernisierten ostdeutschen Konkurrenten.[70] Obwohl die Übernahme betriebswirtschaftlich fragwürdig war, entschied sich der Vulkan-Konzern für diesen Weg, zumal der Staat dafür rund eine Milliarde DM an Beihilfen zur Verfügung stellte. Der Konzern setzte diese Gelder dann aber nicht für die Sanierung der Ostseewerften ein, sondern für sein Cash-Management. Damit bewegte sich das Vulkan-Management in einer rechtlichen Grauzone. Das Verfahren wegen Untreue endete für den Vorstandsvorsitzenden und weitere Manager mit Freiheitsstrafen von zwei Jahren auf Bewährung. Der Bundesgerichtshof hob die Urteile später auf.[71]

Beide Fälle werden in treuhandkritischen Publikationen als Musterbeispiele für Unternehmenskriminalität herangezogen. Zwei vormals starke ostdeutsche Branchen seien durch das Handeln westdeutscher Konzerne ruiniert worden. Ausgeblendet wird dabei, dass sich die Rahmenbedingungen für den Schiffbau und den Stahlhandel nach der Einführung der D-Mark und dem Zusammenbruch des Osthandels gravierend verändert hatten. Die Praktiken der Thyssen- und Vulkan-Manager haben den Abwärtstrend allerdings noch beschleunigt. Die Treuhand bzw.

68 Vgl. Razzia bei Thyssen-Managern, in: Frankfurter Rundschau vom 15.10.1993.
69 Vgl. Karliczek: Strukturelle Bedingungen von Wirtschaftskriminalität (wie Anm. 17), S. 112.
70 Vgl. Eva Lütkemeyer: Wendemanöver. Die Transformation der ostdeutschen Werftindustrie zwischen Zukunftsoptimismus und Krise (1989/90–1994), Diss. München 2021.
71 Vgl. Karliczek: Strukturelle Bedingungen von Wirtschaftskriminalität (wie Anm. 17), S. 146.

BvS sahen darin Fälle von Unternehmenskriminalität. Vor den Gerichten konnte ein finaler Schuldnachweis jedoch nicht erbracht werden. Für die Thyssen Handelsunion und die Bremer Vulkan AG erwiesen sich ihre Versuche, mit zumindest fragwürdigen, wenn nicht kriminellen Methoden bei den Betriebsübernahmen in Ostdeutschland ihre wirtschaftlichen Probleme zu mindern, als Bumerang. Vulkan konnte die Insolvenz nicht mehr abwenden und bei Thyssen verschärften sich die Probleme.

Beim dritten Fall von Unternehmenskriminalität war wiederum die Thyssen Handelsunion mit im Spiel, allerdings nur als Nebenakteur. Im Januar 1992 hatte ein Konsortium bestehend aus ELF, Thyssen Handelsunion und Deutsche SB-Kauf GmbH den Zuschlag für den Neubau einer Raffinerie in Leuna und die Übernahme des Tankstellennetzes Minol erhalten. Als es Ende der 1990er-Jahre in Paris zu Prozessen gegen ehemalige Spitzenmanager von ELF kam, behaupteten mehrere von ihnen, dass im Zusammenhang mit dem Leuna-Minol-Vertrag Provisionszahlungen in Millionenhöhe an deutsche Lobbyisten und Politiker geflossen seien.[72] Ziel des Lobbyings, bei dem der Geschäftsmann Dieter Holzer eine Schlüsselrolle spielte, sei es gewesen, die auf sechs Milliarden DM veranschlagten Investitionen durch die Sicherung von zwei Milliarden DM an Subventionen rentabel zu gestalten.[73] In diesem Zusammenhang stand die Frage im Raum, ob mit der Aushandlung und Realisierung des Raffinerieprojekts beauftragte deutsche Regierungsmitglieder, Treuhandmitarbeiter und Beamte ihre Positionen zur persönlichen Vorteilsnahme oder zu illegaler Parteifinanzierung genutzt hatten. Für den Journalisten und Parteienforscher Thomas Wieczorek stellte die »Leuna-Affäre« einen klassischen und weitverzweigten Fall von Korruption dar.[74] Letztendlich aber war das Leuna-Minol-Geschäft nur ein Randaspekt in dem Mammutprozess um

---

72 Vgl. Roland Kirbach: Ein raffiniertes Geschäft, in: Die Zeit vom 22.12.1999.
73 Vgl. Ergebnisse des 1. Bundestagsuntersuchungsausschusses: Die Privatisierung bzw. der Neubau der Erdölraffinerie in Leuna und die Veräußerung des Minol-Tankstellennetzes, Bundestagsdrucksache 14/9300, S. 302–326.
74 Vgl. Thomas Wieczorek: Die Normalität der politischen Korruption. Das Beispiel Leuna/Minol, Berlin 2002. Wieczorek wurde mit der gleichnamigen Studie 2003 an der Freien Universität Berlin promoviert.

die schwarzen Kassen von ELF.[75] Der Konzern hatte bereits seit Ende der 1960er-Jahre Unternehmenskriminalität in großem Stil praktiziert, um seine Auslandsgeschäfte zu fördern. Im Frühjahr 2003 verurteilte die 11. Pariser Strafkammer ehemals leitende Manager des Konzerns zu hohen Haft- und Geldstrafen. Die deutsche Justiz hatte die Akten im Fall Leuna bereits zwei Jahre zuvor geschlossen. Beweise für Schmiergeldzahlungen an deutsche Politiker oder Treuhanddirektoren hatten weder die Staatsanwaltschaft noch der Ende 1999 eingesetzte Parteispenden-Untersuchungsausschuss des Deutschen Bundestags gefunden.[76] Leuna-Akten, die angeblich kurz vor dem Regierungswechsel im Herbst 1998 verschwunden waren, tauchten in mehreren Ministerien wieder auf.[77]

4. Interne Kontrollgremien: Stabsstelle Besondere Aufgaben und Insiderpanel

Der Auftrag der Treuhandanstalt bestand in der zügigen Privatisierung von rund 12 000 Betrieben. Diesen konnte die »Privatisierungsmaschine« nur erfüllen, wenn sie wie ein Wirtschaftsunternehmen handelte. Von der Politik wurde der Treuhand daher eine große Handlungsautonomie zugebilligt. Eine umfassende Kontrolle des Privatisierungsprozesses war nicht intendiert. Priorität hatte ein hohes Privatisierungstempo. Interne Kontrollinstanzen wurden von der Treuhand ab Januar 1991 aufgebaut. Dazu gehörten die Abteilung Revision beim Direktorat Recht und die Abteilung Controlling bei den kaufmännischen Direktoraten. Erst seit Anfang 1993

---

75 Vgl. Rainer Karlsch: Die Leuna-Minol-Privatisierung. Skandalfall oder Erfolgsgeschichte?, in: Deutschland Archiv vom 26.5.2020, www.bpb.de/310467 (Zugriff 10.6.2022).
76 Vgl. Hans Leyendecker: Gerüchte statt Beweise, in: Süddeutsche Zeitung vom 11.5.2010.
77 Vgl. Guido Heinen: Bundeslöschtage sind eine Legende, in: Berliner Morgenpost vom 4.10.2003; Martin Klingst: Daten gelöscht, Verfahren eingestellt, in: Die Zeit vom 19.2.2004.

gab es ein eigenständiges Vertragsmanagement. Die Revision war personell schwach besetzt und verfügte 1992 lediglich über 49 Mitarbeiter.[78] Angesichts von Zehntausenden Kaufverträgen konnten Kontrollen nur in Einzelfällen stattfinden.[79] Für die Privatisierer gab es seit Oktober 1990 Privatisierungsrichtlinien, die jedoch von diesen kaum zur Kenntnis genommen wurden. Sie genossen große Entscheidungsspielräume. Im März 1992 lag ein Privatisierungshandbuch vor, das aber bestenfalls als Richtschnur diente.[80] Insider konstatierten ein Kontrolldefizit, das mit der Zeit abgenommen habe.[81]

Ungewöhnlich und innovativ war die Einrichtung von zwei Kontrollinstanzen: der Stabsstelle Besondere Aufgaben beim Direktorat Recht im Januar 1991 sowie eines Insiderpanels im November 1991. Es ist nicht dokumentiert, wer den Anstoß zur Gründung der Stabsstelle gab. Vermutlich ging die Initiative vom Direktorat Recht aus.[82] Mit dem Aufbau der Stabsstelle sollte zum einen die informelle Kontrolle innerhalb der Treuhand gebündelt und zum anderen das Image der Privatisierungsagentur verbessert werden. Dies war ein vorausschauender Schritt, da der Vorstand der Treuhand nach der Beschleunigung des Privatisierungstempos mit Fällen von Insidergeschäften rechnete. Auch waren bereits Fälle von fragwürdigen Verkäufen ruchbar geworden. Es handelte sich dabei zumeist um ein Zusammenspiel von ostdeutschen Geschäftsführern mit westdeutschen Käufern und Treuhandmitarbeitern. Die Stabsstelle konstatierte Mitte 1991 Zweckbündnisse zwischen »alten und neuen Seilschaften«.[83]

Die Treuhand kam mit der Errichtung der Stabsstelle der Aufgabe zur Amtshilfe gegenüber den Organen der Strafverfolgung nach. Die Stabsstelle hatte keine hoheitlichen Funktionen und nahm keine Ermittlun-

---

78 Vgl. Karliczek: Strukturelle Bedingungen von Wirtschaftskriminalität (wie Anm. 17), S. 68.
79 Vgl. Treuhandanstalt (Hg.): Dokumentation 1990–1994 (wie Anm. 3), Bd. 10, S. 226 f.
80 Vgl. Böick: Die Treuhand (wie Anm. 4), S. 316–327.
81 Vgl. Bischoff: Die Stabsstelle (wie Anm. 17), S. 104.
82 Vgl. ebd., 108 f.
83 Direktorat Recht, Entwurf einer Pressemitteilung: »Treuhand bei Prüfung erneut fündig geworden«, in: Stabsstelle Besondere Aufgaben, Monatsstatistik, S. 904, in: Treuhandanstalt (Hg.): Dokumentation 1990–1994 (wie Anm. 3), Bd. 10, S. 908 f.

gen im strafprozessualen Sinn vor. Sie prüfte und bewertete Vorgänge innerhalb der Treuhand und von Treuhandunternehmen daraufhin, ob der Verdacht strafbaren Handelns zum Nachteil der Treuhand vorlag.[84] Sofern dies der Fall war, setzte sich die Stabsstelle mit den zuständigen Strafverfolgungsbehörden in Verbindung. Zum ersten Leiter der Stabsstelle wurde der erfahrene Stuttgarter Staatsanwalt Hans Richter berufen. Sein Team bestand anfangs aus zwei, später fünf Mitarbeitern, darunter drei ehemalige Kriminalbeamte. Auf Richter folgten die Staatsanwälte Daniel Noa (1993–1995) und Joachim Erbe (1995–2000).

Die Mitarbeiter der Stabsstelle konnten Einsicht in alle Treuhandakten verlangen, vertrauliche Gespräche mit Hinweisgebern und Beschuldigten führen und nach Informationsauswertung eine interne Klärung herbeiführen oder den Vorgang an die Staatsanwaltschaft abgeben.[85] Im Fall von Ermittlungen gegen Mitarbeiter der Treuhand versuchte die Stabsstelle möglichst schnell Klarheit zu erlangen und erwirkte im Falle von Geständnissen die sofortige Aufhebung der Arbeitsverträge. Damit sollte auch eine »negative Publizität« verhindert werden.[86] Die Stabsstelle arbeitete grundsätzlich weisungsfrei, war aber als interne Einrichtung nicht völlig unabhängig. Barbara Bischoff spricht daher von einer »intonierten Unabhängigkeit«.[87] Bei den Strafverfolgungsorganen war die Stabsstelle nicht beliebt. Man sah sie eher als Teil des Problems (»Feigenblattfunktion«), denn als Teil der Lösung.[88]

1991 häuften sich die Vorwürfe gegen Mitarbeiter der Treuhand. Die Stabsstelle stellte dabei fest, dass es sich vielfach um unberechtigte Vorwürfe handelte, die in Einzelfällen auch vorsätzlich zur Durchsetzung eigener Interessen oder zur Schädigung der Treuhand erhoben worden

---

84 Vgl. Richter an Balz und Mueller-Stöfen, 3.12.1991, in: ebd., S. 900–902.
85 Vgl. Joachim Erbe: Die Sonderstabsstelle Recht, in: Bundesanstalt für vereinigungsbedingte Sonderaufgaben (Hg.): »Schnell privatisieren, entschlossen sanieren, behutsam stilllegen.« (wie Anm. 12), S. 371.
86 Stabsstelle Besondere Aufgaben, Monatsstatistik Mai 1991, in: Treuhandanstalt (Hg.): Dokumentation 1990–1994 (wie Anm. 3), Bd. 10, S. 907.
87 Bischoff: Die Stabsstelle (wie Anm. 17), S. 178.
88 Vgl. ebd., S. 203.

seien.[89] Mehr als 80 Prozent aller von der Stabsstelle untersuchten Vorwürfe richteten sich gegen zumeist westdeutsche Kaufinteressenten, Wirtschaftsprüfer oder Geschäftsführer von Treuhandunternehmen. In der Mehrzahl dieser Fälle erwiesen sich die Vorwürfe als zutreffend. Demgegenüber hielt nur ein Fünftel der Vorwürfe gegen Mitarbeiter der Treuhand einer Überprüfung stand.[90]

Am 29. November 1991 fand bei der Treuhand eine Gesprächsrunde mit Bundestagsabgeordneten zur Problematik der Wirtschaftskriminalität statt. Abgeordnete forderten unter anderem die Gründung einer »Kontrollabteilung für Wirtschaftskriminalität« und regten an, diese außerhalb der Treuhand, möglicherweise beim BMF, anzusiedeln. Eine Vergrößerung seines Rechercheteams lehnte Richter aufgrund der hohen Sensibilität der Aufgaben jedoch ebenso ab wie eine Ausgliederung aus der Treuhand.[91]

Die Stabsstelle berichtete dem Vorstand der Treuhand monatlich über ihre Tätigkeit. Die untersuchten Vorgänge wurden zehn verschiedenen Sachgebieten zugeordnet. 1991 dominierten Fälle der Kategorien 1 (90 Fälle), 2 (69 Fälle), 7 (84 Fälle) und 10 (87 Fälle).[92] Im Folgejahr standen Vorwürfe in Bezug auf Untreue durch Aushöhlungshandlungen und Betrug beim Verkauf von Gesellschaften sowie Assets an der Spitze der Fallzahlen.[93] Von Februar 1991 bis Juli 2000 führte die Arbeit der Stabsstelle zu 3661 Vorgängen. Rund 80 Prozent davon wurden intern eingestellt. Von mehr als 1400 Ermittlungsverfahren, die im Zusammenhang mit der Tätigkeit der Treuhand geführt wurden, hatte die Stabsstelle nur rund ein Drittel veranlasst. Insgesamt wurden 211 Ermittlungsverfahren gegen Treuhandmitarbeiter geführt. Die meisten davon wurden eingestellt.[94]

---

89 Vgl. Stabsstelle Besondere Aufgaben, Monatsstatistik Dezember 1991, in: Treuhandanstalt (Hg.): Dokumentation 1990–1994 (wie Anm. 3), Bd. 10, S. 914.
90 1 Jahr Stabsstelle »Besondere Aufgaben« im Direktionsbereich Recht, in: ebd., S. 922.
91 Vgl. Richter an Balz und Mueller-Stöfen, 3.12.1991, in: ebd., S. 900–902.
92 Vgl. Stabsstelle Besondere Aufgaben, Monatsstatistik Dezember 1991, in: ebd., S. 910.
93 Vgl. 1 Jahr Stabsstelle »Besondere Aufgaben« im Direktionsbereich Recht, in: ebd., S. 922.
94 Vgl. Bischoff: Die Stabsstelle (wie Anm. 17), S. 160f.

Einteilung der Sachgebiete[95]

Nummer	Sachgebiet
1	Vorwürfe gegen Mitarbeiter der Treuhand
2	MfS, Außenhandelsbetriebe, KoKo, SED-Parteivermögen, Transferrubel
3	Subventionsmissbrauch
4	Manipulationen bei Grundstücksgeschäften
5	Manipulationen bei Verträgen über Miete, Pacht, Leasing
6	Manipulationen bei Dienstleistungs- und Lizenzverträgen
7	Untreue durch Aushöhlungshandlungen, Gründungsschwindel,
8	Sabotage, geschäftliche Verleumdung, Umweltschutz
9	Betrug und Erpressung bei Unternehmenskäufen
10	Sonstiges (schwarze Kassen, Untreue, Unterschlagung, Buchführungs- und Bilanzdelikte)

Anlässlich des Ausscheidens von Hans Richter würdigte Birgit Breuel im Dezember 1992 seine Arbeit:

»Die Stabsstelle hat durch Aufklärung über die gesetzlichen Grundlagen und die tatsächlichen Rahmenbedingungen unserer Arbeit bei den Staatsanwaltschaften eine Vielzahl von Missverständnissen ausräumen können. In vielen anderen Fällen ist es ihrem Einsatz zu verdanken, dass begonnene Ermittlungen rasch zu einer Klärung führten und wieder eingestellt wurden. In sehr wenigen Fällen begründeter strafrechtlicher Vorwürfe hat die Stabsstelle die Leistungsfähigkeit unserer internen Kontrollen und unsere Fähigkeiten zur Selbstreinigung unter Beweis gestellt.«[96]

Um Insidergeschäften vorzubeugen, führte die Treuhand Ende 1991 ein Insiderpanel ein. Dies geschah in Reaktion auf die skandalösen Vorgänge bei der Privatisierung der Geräte- und Regler-Werke GmbH, Teltow, in

---

95 Zusammengestellt nach Stabsstelle Besondere Aufgaben, Monatsstatistik, in: Treuhandanstalt (Hg.): Dokumentation 1990–1994 (wie Anm. 3), Bd. 10, S. 904.
96 Breuel an Direktoren und Niederlassungsleiter, 10.12.1992, BArch Berlin, B 412/9932, unfol.

die Treuhanddirektoren verwickelt gewesen waren. Darauf wird im Folgenden noch einzugehen sein.

Angesichts der öffentlichen Kritik warnte der Vorstand in einem Rundschreiben an alle Mitarbeiter, dass bei Kaufinteresse hinsichtlich von Betrieben und Grundstücken durch Treuhandmitarbeiter »eine zweifelsfreie und korrekte Handhabung« notwendig sei.[97] Die Treuhand verschärfte ihr internes Regelwerk. So wurde vom Direktorat Recht ein Mustervertrag für die Beratertätigkeit verbindlich festgelegt.[98] Darüber hinaus ließ der Vorstand Handlungsanweisungen für die Privatisierung und Abwicklung von Treuhandunternehmen ausarbeiten, die für die Behördenmitarbeiter verbindlich waren.[99]

ZERV contra Stabsstelle

Seit dem Frühjahr 1991 häuften sich die Berichte über Betrügereien bei der Privatisierung. Der Leiter der Abteilung für organisierte Wirtschaftskriminalität bei der Berliner Polizei, Uwe Schmidt, erklärte in einem Interview, dass zahlreiche ostdeutsche Betriebe ausgeschlachtet worden seien, obwohl sie noch zu retten gewesen wären. Den Tätern, die Schmidt als »Seilschaften in der Treuhand« charakterisierte, sei es nur um die Grundstücke der liquidierten Unternehmen, aber nicht um den Erhalt von Arbeitsplätzen gegangen. Den Schaden bezifferte er auf rund 500 Millionen DM.[100] Treuhandsprecher Wolf Schöde musste einräumen, dass fünf Treuhandmitarbeiter vom Dienst suspendiert worden waren.[101]

---

97 Zit. nach Michael Jürgs: Die Treuhändler. Wie Helden und Halunken die DDR verkauften, Berlin 1997, S. 324.
98 Vgl. THA-Vorstandsbereich Personal, Richtlinie zum Abschluss von Beraterverträgen (gültig ab 1.6.1991), BArch Berlin, B 412/9426, Bl. 257f.
99 Vgl. Abwicklungshandbuch (Stand: Januar 1992), BArch Berlin, B 412/23908, sowie Handbuch Privatisierung vom 28.4.1992, BArch Berlin, B 412/23939.
100 Vgl. Treuhänder unter Betrugsverdacht, in: taz vom 12.4.1991; Millionenbeträge veruntreut, in: Neue Zürcher Nachrichten vom 12.4.1991.
101 Vgl. Fünf Mitarbeiter vom Dienst suspendiert. Justiz ermittelt wegen möglicher Schiebereien, in: Handelsblatt vom 12.4.1991.

Der Leiter der gerade gegründeten Stabsstelle, Hans Richter, stand vor seiner ersten Bewährungsprobe. Er prüfte die Vorwürfe, suchte das Gespräch mit dem Polizeipräsidenten von Berlin und wies gegenüber dem Treuhandvorstand und dem BMF die Behauptungen Schmidts zurück.[102] Im *Spiegel* legte er später nach und sprach davon, dass die »zusammengewürfelte Meute« von Schmidt, der inzwischen Fahnder bei der ZERV war, mit mehr Aktionismus als juristischem Blick ans Werk gehe.[103] Die ZERV wiederum bezichtigte die Stabsstelle, oft nur »heiße Luft« zu liefern. Auch die Berliner Justizsenatorin Jutta Limbach (SPD) widersprach der Darstellung Schmidts. In drei laufenden Verfahren gegen Treuhandmitarbeiter gehe es nur um eine Schadenssumme von maximal 60 Millionen DM. Im Vergleich zu den sonstigen Fällen von Vereinigungskriminalität seien dies »kleine Fische«.[104]

Auch in der Folgezeit blieb das Verhältnis zwischen ZERV und Treuhand gespannt. Ein großes Echo fand ein Aufsatz Schmidts, inzwischen Leiter der ZERV, über die »Treuhand als lukratives Angriffsobjekt« im Herbst 1993.[105] Vor allem erboste die Treuhand, dass Schmidt sich auch auf Berichte der Stabsstelle stützte, ohne deren Leistungen zu erwähnen, und ohne Vorlage von Beweisen die Bestechlichkeit von Treuhandmitarbeitern behauptete. Treuhandsprecher Schöde konterte hart:

> »Sie sind schnell mit Informationen, aber langsam mit klaren Beweisen bei Ermittlungen. So entsteht dieser Sumpf von Vermutungen, Verdächtigungen und Vor-Verurteilungen. Sie stehen dann mannhaft in diesem Sumpf als Held, von den Medien als unbeugsamer Ermittler bewundert, die betroffene Institution und ihre Mitarbeiter sinken langsam im Ansehen der Öffentlichkeit immer tiefer und werden vorverurteilt.«[106]

---

102 Vgl. Richter an Sarrazin, 11.4.1991, sowie Balz an Breuel, 12.4.1991, BArch Berlin, B 412/9932, unfol.
103 »Geld auf Knopfdruck«, in: Der Spiegel vom 15.5.1994.
104 Vgl. Ermittlungen gegen Mitarbeiter der Treuhand ziehen sich in die Länge, in: taz vom 13.4.1991.
105 Vgl. Uwe Schmidt: Die Treuhandanstalt – ein »lukratives Angriffsobjekt«, in: Kriminalistik (1993) 8–9.
106 Schöde an Schmidt, 26.11.1993, in: Treuhandanstalt (Hg.): Dokumentation 1990–1994 (wie Anm. 3), Bd. 10, S. 973–975, hier S. 975.

Sein Gegenangriff konnte jedoch nicht davon ablenken, dass die Treuhand nur wenige Monate zuvor mit der Aufdeckung der kriminellen Machenschaften in der Niederlassung Halle ein neuerliches mediales Desaster erlitten hatte.

Im Frühjahr 1994 kam es erneut zu Spannungen zwischen Treuhand und ZERV. Wiederum hatte sich Schmidt an die Öffentlichkeit gewandt und die Treuhand im Zusammenhang mit der Auflösung von Außenhandelsbetrieben und KoKo-Unternehmen bezichtigt, Risiken billigend in Kauf genommen zu haben. Der zuständige Treuhanddirektor wies diese Anschuldigungen zurück.[107]

5. Interessenkollisionen im Vorstand

Der Vorstand und der Verwaltungsrat der Treuhand waren mit hochkarätigen Managern besetzt. Interessenkonflikte waren angesichts des relativ dünnen Personaltableaus vorprogrammiert. Als erstes Vorstandsmitglied geriet Wolf Klinz im Herbst 1991 in Bedrängnis. Zu seinem Direktionsbereich gehörte unter anderem die Elektrotechnik/Elektronik. Dieser Bereich wurde von einem seiner Freunde geleitet, mit dem er zuvor gemeinsam bei der Schweizer Landis & Gyr AG tätig gewesen war. Dieser Treuhanddirektor hatte den Verkauf der Geräte- und Regler-Werke Teltow GmbH (GRW) auf den Weg gebracht. Das Unternehmen war aus dem gleichnamigen VEB hervorgegangen. GRW hatte mit seinen rund 7500 Beschäftigten zu den wichtigsten Anlagenbauern in der DDR gehört.[108] Der Kernbereich des Unternehmens mit rund 1200 Mitarbeitern wurde im Frühjahr 1991 von der Siemens AG übernommen.[109] Die verbliebenen Geschäftsbereiche sollten entsprechend einer Empfehlung des

---

107 Dorenberg an Schmidt, 9.3.1994, in: ebd., S. 999–1001.
108 Vgl. Institut für angewandte Wirtschaftsforschung: Strukturanalyse der Wirtschaft des Landes Brandenburg, Berlin 1991, S. 52.
109 Vgl. Lothar Starke: Vom hydraulischen Regler zum Prozessleitsystem – Die Erfolgsgeschichte der Askania-Werke Berlin und der Geräte- und Reglerwerke Teltow. 140 Jahre Industriegeschichte, Tradition und Zukunft, Berlin 2009, S. 245.

Leitungsausschusses einzeln privatisiert werden. Die Strategie der Ausgründungen wurde überraschenderweise nicht weiter verfolgt, sondern die GRW am 5. Juli 1991 an die Clawis GmbH für den symbolischen Preis von einer DM verkauft. Clawis gehörte einem Freund des mit dem Verkauf beauftragten Treuhanddirektors.[110] Das Unternehmen arbeitete eng mit der Roland-Ernst-Gruppe, einer Heidelberger Bauträger- und Immobilienfirma, zusammen, die in Teltow bereits einen großen Teil aller Gewerbegrundstücke gekauft hatte. Die Clawis GmbH verfolgte ein Industrieparkkonzept und war an der werthaltigen Immobilie interessiert.

Von einem Insider wurde der *Spiegel*-Journalist Dieter Kampe auf Merkwürdigkeiten bei der Vertragsgestaltung hingewiesen. Ein von Kampe zurate gezogener Wirtschaftsprüfer bezifferte den tatsächlichen Wert des Unternehmens auf 130 Millionen DM. Auch bei der GRW-Nachbarfirma Elektronik eb-GmbH erhielt kein Produzent den Zuschlag, sondern ein Immobilienhändler. Der *Spiegel* brachte darüber am 30. September 1991 einen großen Bericht.[111] Das Nachrichtenmagazin warf der Treuhand Betrug beim Verkauf von GRW vor. Noch am Tag des Erscheinens des *Spiegel*-Artikels befasste sich der Treuhandvorstand mit den Vorwürfen und stimmte das weitere Vorgehen ab, wählte dafür aber die denkbar schlechteste Strategie.[112] Auf einer Pressekonferenz am 1. Oktober 1991, an der auch Bundesfinanzminister Theo Waigel (CSU) und Treuhandpräsidentin Birgit Breuel teilnahmen, erwarteten die versammelten Medienvertreter keine Jubelbilanz zum ersten Jahrestag der deutschen Einheit, sondern Antworten auf die Vorwürfe in Sachen GRW.[113] Doch der Minister und die Präsidentin verließen nach ihren Vorträgen den Raum, ohne die Fragen der Journalisten abzuwarten. Nach ihrem Abgang blieb es Pressesprecher Schöde vorbehalten, den *Spiegel*-Artikel

---

110 Vgl. Dieter Kampe: Wer uns kennenlernt, gewinnt uns lieb. Nachruf auf die Treuhand, Berlin 1993, S. 59.
111 »Die wollen uns weghaben«, in: Der Spiegel vom 30.9.1991.
112 Vgl. Ergebnisprotokoll der Vorstandssitzung vom 30.9.1991, BArch Berlin, B 412/2603, Bl. 25.
113 Vgl. Martin Flug: Treuhand-Poker. Die Mechanismen des Ausverkaufs, Berlin 1992, S. 108.

zu kommentieren. Er verstrickte sich in Widersprüche.[114] Spätestens seit dieser desaströsten Pressekonferenz war der Ruf der Treuhand in Teilen der Medien beschädigt. Dennoch hielt die Treuhand an ihrer Darstellung fest, dass es keinen Interessenkonflikt gegeben habe.[115] Das Bundeskanzleramt forderte Klinz zu einer sofortigen Stellungnahme auf. Die Treuhand hatte sich längst zum »ungeliebten Kind« in Bonn entwickelt. Die vom *Spiegel* genannte Schadenssumme stellte Klinz in Abrede, räumte aber ein, dass es teilweise zu einer Verletzung der Privatisierungsregeln gekommen sei.[116] So waren der GRW-Immobilienbesitz gar nicht bewertet und einzelne Bilanzpositionen nicht dokumentiert worden. Die Treuhand, so Klinz, habe aus diesem Fall Konsequenzen gezogen. Unter anderem arbeite die Revision an der Einführung eines neuen internen Kontrollsystems. Der für die GRW-Privatisierung verantwortliche Mitarbeiter sei ab 1. Oktober beurlaubt worden. Der mit der Vertragsausarbeitung befasste Rechtsanwalt, ein Leihmanager, hatte die Treuhand bereits verlassen.

Auch der Leitungsausschuss kritisierte den GRW-Verkauf scharf und sprach von einem »Versagen des Kontrollsystems«.[117] Derart unter Druck gesetzt, musste die Treuhand reagieren. Der Vorstand veranlasste die Vorlage eines Bewertungsgutachtens für die GRW-Immobilien.[118] Die Revision hatte bereits am 21. August mit einer Sonderprüfung des Bereichs Elektrotechnik/Elektronik begonnen und vertiefte nun die Prüfung der strittigen Fälle. Außerdem veranlasste der Vorstand die Nachschärfung der Regeln für den Verkauf von Unternehmen mit umfassendem Grundbesitz in attraktiven Lagen, für deren industriellen Bereich sich jedoch

---

114 Vgl. Kampe: Wer uns kennenlernt (wie Anm. 110), S. 63–73.
115 »Wir wollen Kerne erhalten«, in: Der Spiegel vom 11.11.1991.
116 Vgl. Antwortschreiben von Klinz an Ludewig, 3.10.1991, BArch Koblenz, B 136/37710, Bl. 81–86.
117 Protokoll über die Sitzung des Privatisierungsausschusses am 17.10.1991, BArch Berlin, B 412/3836, Bl. 659.
118 Vgl. Ergebnisprotokoll der Vorstandssitzung am 6.10.1991, BArch Berlin, B 412/2604, Bl. 23.

keine Interessenten finden ließen.[119] Eine weitere Konsequenz aus dem Fall bestand darin, dass der Personalbestand der Revisionsabteilung aufgestockt wurde.[120]

Die Vorwürfe gegen den Direktor des Bereichs Elektrotechnik vermochte die Treuhand nicht zu entkräften, woraufhin die Berliner Staatsanwaltschaft am 15. Oktober 1991 ein Ermittlungsverfahren gegen diesen und dessen Vorgesetzten, Wolf Klinz, eröffnete. Der Vorstand der Treuhand stellte sich hinter Klinz und ging davon aus, dass die fragwürdigen Verkäufe ohne sein direktes Zutun eingefädelt worden waren. Klinz rechtfertigte sich mit der Behauptung: »Ich habe den Vertrag nicht einmal gelesen.«[121] Auch Vorstandsmitglied Klaus Schucht, der auf besagter Sitzung nicht anwesend gewesen war, hielt Klinz für persönlich integer. »Allerdings«, so vertraute er seinem Tagebuch an, »muss es auf seinem Gebiet der Elektrotechnik drunter und drüber gegangen sein, denn was sich zeigt, was zu Tage gefördert wird, ist nun auch nicht mehr mit den Gründungsproblemen der Treuhand zu entschuldigen.«[122]

Bereits am 17. Oktober 1991 lag ein vorläufiger Revisionsbericht zum GRW-Verkauf vor. Demnach war die Schadenssumme eher noch höher anzusetzen als ursprünglich geschätzt.[123] Scharf kritisiert wurden die nicht nachvollziehbare Wertfindung des Kaufpreises und die unterlassene überregionale Ausschreibung. All dies wurde auf Insiderpraktiken zurückgeführt. Daraufhin wurden in eilends anberaumten Nachverhandlungen von der Treuhand die Kaufverträge zum Verkauf von GRW und Elektronik eb angefochten. Die Nachverhandlungen verbesserten das Ergebnis für die Treuhand bei einzelnen Positionen sowie durch eine Beteili-

---

119 Vgl. Vermerk Vizepräsident Brahms vom 7.10.1991, BArch Berlin, B 412/2604, Bl. 367f.
120 Vgl. Wolf-Rüdiger Knoll: Die Treuhandanstalt in Brandenburg. Regionale Privatisierungspraxis 1990–2000, Berlin 2022, S. 388.
121 Zit. nach Affären in der Treuhandanstalt: Genies und Bankrotteure, in: Die Zeit vom 25.10.1991.
122 Klaus Schucht, Tagebuch, BArch Koblenz, Nachlass Klaus Schucht, N 1585/11, S. 325.
123 Vgl. Vorläufiger Revisionsbericht GRW Teltow, Zusammenfassung, 17.10.1991, BArch Berlin, B 412/3895, unfol.

gung an Veräußerungsgewinnen. Damit konnte der wirtschaftliche Schaden begrenzt werden.[124] In der dazu vorgelegten Verwaltungsratsvorlage wurde konstatiert, dass sich »kein kollusives Verhalten einzelner an den ersten Verhandlungen beteiligter Personen belegen« lasse.[125] Offensichtlich versuchte der Vorstand der Treuhand trotz des eindeutigen Revisionsberichts den Fall gegenüber dem Aufsichtsgremium herunterzuspielen. Die ursprünglich abgeschlossenen Verträge waren durch die Nachverhandlungen nicht rechtswirksam geworden. Daher stellte die Staatsanwaltschaft die Verfahren gegen die Beschuldigten alsbald ein. Nur der Direktor Elektrotechnik musste Ende 1991 die Treuhand verlassen. Er wechselte die Seiten und wurde für den East German Investment Trust (EGIT) tätig. EGIT kaufte für mehr als 150 Millionen DM in Ostdeutschland 19 Betriebe, vornehmlich aus der Branche Elektrotechnik. Obwohl es auf der Hand lag, dass diese Käufe mit Insiderwissen zustande gekommen waren, hielt die Treuhand die Verträge für unbedenklich, da EGIT »die günstigsten Angebote bei ausreichendem Wettbewerb« abgegeben habe.[126] Zu den Käufen von EGIT gehörte auch die Foron Hausgeräte GmbH, Schwarzenberg, hervorgegangen aus dem VEB DKK Scharfenstein, dem wichtigsten Produzenten von Kühlschränken in der DDR. Das Unternehmen, an dessen Spitze der ehemalige Treuhanddirektor Elektrotechnik trat, stellte ab 1993 mit Unterstützung von Greenpeace und des Dortmunder Hygieneinstituts den weltweit ersten FCKW-freien Kühlschrank her. Trotz dieser Innovation überlebte die Firma nicht und musste 1996 Insolvenz anmelden.[127] Die Geschäfte von EGIT entwickelten sich im Übrigen nicht wie erhofft. Daher wollte der Trust die gekauften Firmen wieder an die Treuhand zurückgeben. Das EGIT-Management sah sich als ein »Opfer der Treuhand«.[128]

---

124 Vgl. Vorlage für den Verwaltungsrat der Treuhandanstalt am 22.11.1991, BArch Berlin, B 412/8852, Bl. 262–268.
125 Ebd., Bl. 265.
126 Zit. nach Jürgs: Die Treuhändler (wie Anm. 97), S. 326.
127 Vgl. Christoph Gunkel: Öko-Cup aus Ostdeutschland, in: Der Spiegel vom 13.3.2013.
128 Selbstbedienungsladen Treuhand, in: Focus Magazin 46/1993.

Die Privatisierungen von GRW und Foron illustrieren zum einen die besondere Anfälligkeit der Treuhand für Insidergeschäfte und zum anderen die generellen wirtschaftlichen Probleme ostdeutscher Unternehmen. Der GRW-Skandal und weitere fragwürdige Verkäufe sensibilisierten die Öffentlichkeit. Der Verdacht lag nahe, dass es sich nicht um einzelne missglückte Privatisierungen handelte, sondern um Symptome eines tiefer liegenden Problems. Ein Hype um die Aufdeckung von Treuhandskandalen begann. Je größer die dabei zur Diskussion stehenden Beträge, die angeblich in die Taschen von Betrügern geflossen waren, desto besser ließen sich diese Storys vermarkten.[129]

Angesichts von Tausenden Unternehmensverkäufen und Liquidationen innerhalb weniger Jahre wurden längst nicht alle Interessenkollisionen bekannt – so etwa beim Konflikt um den Verkauf der Sächsische Serumwerk GmbH, Dresden (SSW). Das Unternehmen verfügte über einen interessanten Markt und war begehrt.[130] Mit der Behringwerke AG, Marburg, einer Tochtergesellschaft der Hoechst AG, hatte SSW bereits 1988 einen Vertrag zur Produktion von Seren nach dem Marburger Verfahren geschlossen.[131] Das Marburger Unternehmen rechnete sich daher gute Chancen für eine Übernahme aus.[132] Die Treuhand schaltete die Investmentbank Fleming & Co. Ltd., London, in den Verkauf ein.[133] Im Mai 1992 wurde SSW an SmithKline Beecham, den fünftgrößten Pharmakonzern der Welt, für 30,8 Millionen DM verkauft.[134] Als Begründung für den Verkauf an den britischen Konzern führte die Treuhand an, dass

---

129 Vgl. Hans Mathias Kepplinger: Die Treuhandanstalt im Bild der Öffentlichkeit, in: Wolfram Fischer/Herbert Hax/Hans Karl Schneider (Hg.): Treuhandanstalt. Das Unmögliche wagen, Berlin 1993, S. 357–373. Der Autor zeichnet ein viel zu positives Bild der Treuhand in der Presse.
130 Vgl. Treuhand, Präsidialbereich Länderabteilung: Sächsisches Serumwerk GmbH, Dresden, 10.7.1991, BArch Berlin, B 412/9368, Bl. 263 f.
131 Vgl. Behringwerke AG an Schucht, 26.3.1992, BArch Berlin, B 412/3608, Bl. 182 f.
132 Vgl. Karl-Gerhard Seifert: Goodbye Hoechst. Von Könnern, Spielern und Scharlatanen. Chronik des Niedergangs der Hoechst AG, Frankfurt am Main 2018, S. 293 f.
133 Vgl. Serumwerk Dresden bis Herbst privatisiert, in: Handelsblatt vom 24.7.1991.
134 Vgl. TOP 8: Sächsische Serumwerk GmbH: Reprivatisierung, 5. Sitzung des Verwaltungsrates der BvS Berlin, 19.6.1995, Brandenburgisches Landeshauptarchiv, Rep. 1100, Nr. 593.

das Bundeskartellamt gegen einen Verkauf an die Behringwerke AG wettbewerbsrechtliche Bedenken geltend gemacht habe.[135] Das Marburger Unternehmen war in den alten Bundesländern der bedeutendste Hersteller bzw. Anbieter von Impfstoffen nahezu sämtlicher Indikationen. SSW wiederum verfügte als ehemaliger DDR-Monopolist in den ostdeutschen Bundesländern über eine starke Markstellung. Eine Verbindung beider Firmen wurde daher kritisch gesehen.

In Marburg war man über den Verkauf von SSW an SmithKline sehr enttäuscht und vermutete eine politische Einflussnahme: »Die Wut wurde noch größer, als wir feststellten, dass die Präsidentin der Treuhandanstalt, Birgit Breuel, gleichzeitig dem Verwaltungsrat von SmithKline Beecham angehörte, was einen klaren Interessenkonflikt ihrerseits bedeutete.«[136] Um diesem Eindruck entgegenzuwirken, trat Birgit Breuel im August 1992 aus dem Verwaltungsrat der britischen Firma aus.[137] Die Behringwerke bzw. Hoechst überlegten dennoch, den Fall an die Öffentlichkeit zu bringen, nahmen davon jedoch Abstand, da sie eine Absprache zwischen Treuhand und Bundesregierung zugunsten ausländischer Investoren annahmen.[138] Diese Vermutung lässt sich nicht direkt belegen. Die Treuhand bemühte sich jedoch nach der Phase der frühen Privatisierungen, während der nahezu ausschließlich Unternehmen der »Deutschland AG« zum Zuge gekommen waren, verstärkt um Käufer aus dem Ausland. Eine Bevorzugung von SmithKline durch die Präsidentin der Treuhand gab es nicht, zumal sie persönlich in die Verkaufsverhandlungen gar nicht involviert gewesen war. Der Fall zeigt aber, dass die Vorstände der Treuhand schon aufgrund ihrer zahlreichen Aufsichtsratsmandate und persönlicher Netzwerke rasch in den Verdacht von Interessenkollisionen kommen konnten.

---

135 Vgl. Deutscher Bundestag, Drucksache 12/5200, Bericht des Bundeskartellamts über seine Tätigkeit in den Jahren 1991/92 sowie über die Lage und Entwicklung auf seinem Aufgabengebiet, S. 97 f.
136 Zit. nach Seifert: Goodbye Hoechst (wie Anm. 132), S. 294.
137 Vgl. beta.companieshouse.gov.uk/officers/E_XEJpxB8Jmd5heMvziV (Zugriff am 29.10.2020).
138 Vgl. Seifert: Goodbye Hoechst (wie Anm. 132), S. 294.

Für das traditionsreiche Sächsische Serumwerk erwies sich der Verkauf an SmithKline als eine gute Lösung. Der britische Konzern investierte in den Ausbau des Standorts.[139] Nach der Fusion mit dem Pharmakonzern Glaxo Welcome im Jahr 2000 wurde aus dem Sächsischen Serumwerk Dresden GlaxoSmithKline Biologicals Dresden – oder kurz: GSK Bio Dresden.[140] Das Werk mit seinen rund 750 Beschäftigten gehört inzwischen zu den drei größten Grippeimpfstoffherstellern der Welt.

Während sich in diesem Fall der unterlegene Konkurrent mit Vorwürfen gegen die Treuhandspitze zurückhielt, zog in einem anderen Fall Treuhandvorstand Klaus Schucht ein Ermittlungsverfahren auf sich, da er von der Unschuld seiner Mitarbeiter überzeugt war.[141] Das Verfahren stand im Zusammenhang mit dem Verkauf der Chemiewerk Bad Köstritz GmbH (CWK) in Thüringen. Das Werk war seit Mitte des 19. Jahrhunderts auf die Herstellung von Kieselsäure, Schwefel- und Magnesiumverbindungen spezialisiert.[142] Zwei Unternehmen zeigten sich am Kauf interessiert: die Schweizer Firma Uetikon und die Valimet Inc., Stockton (Kalifornien).[143] Letztgenannte Firma gehörte dem Ehepaar Leopold; Kurt Leopold lebte seit 1976 in New York. Nach dem Mauerfall nahm er Kontakt zu ehemaligen Mitarbeitern von DDR-Ministerien auf, die inzwischen als Unternehmensberater tätig waren, um Investitionsmöglichkeiten zu eruieren.[144] Auf der Liste der empfohlenen Unternehmen stand auch der Betrieb in Bad Köstritz. Um den Verkauf vorzubereiten und den Firmenwert zu ermitteln, zogen die zuständigen Treuhandmitarbeiter ein

---

139 Vgl. Serumwerk. Erstklassiger Standort, in: Handelsblatt vom 28.4.1992.
140 Vgl. Jubiläum: Sächsisches Serumwerk Dresden wird 100 Jahre alt, in: Dresdner Neueste Nachrichten vom 9.9.2015.
141 In ihrer grundlegenden Studie über die Stabsstelle hebt Barbara Bischoff hervor, dass es keinen Vorgang mit Vorstands- oder Verwaltungsratsbezug gab, der in ein Ermittlungsverfahren mündete. Vgl. Bischoff: Die Stabsstelle (wie Anm. 17), S. 178. Diese These ist nicht aufrechtzuhalten.
142 Vgl. Kooperationsbörse DDR: VEB Chemiewerk Bad Köstritz, in: Handelsblatt vom 11.1.1990.
143 Vgl. Interview mit Hartmut Tschritter (1990–2009 Geschäftsführer CWK), in: Streiflichter. Chemiewerk Bad Köstritz, Bad Köstritz 2011, S. 115.
144 Vgl. Kurt Leopold, Gesellschafter des CWK im Interview, in: ebd., S. 121.

von den genannten Unternehmensberatern erstelltes Gutachten zurate, das die Valimet Inc. in Auftrag gegeben hatte.[145] Es konnte kaum erstaunen, dass die Gutachter nur einen geringen Kaufpreis für angemessen hielten. Um zu entscheiden, welcher Bewerber den Zuschlag erhalten sollte, wurden lediglich ihre Angebote im Hinblick auf eine anteilige Beteiligung an der Altlastensanierung verglichen. Auf dieser sehr dürftigen Entscheidungsgrundlage wurde CWK im Juli 1991 an das Ehepaar Leopold und einen Geschäftspartner verkauft.[146]

Die neuen Eigentümer des CWK sahen sich im Frühjahr 1992 allerdings mit einer dramatisch schlechten Wirtschaftslage konfrontiert. CWK hatte Kunden verloren und rutschte immer tiefer in die roten Zahlen. Um die Insolvenz abzuwenden, drängte Leopold auf Nachverhandlungen. Erst dabei fielen der Revision der Treuhand Fehler im Kaufvertrag auf.[147] Dieser war hinfällig und wurde im August 1992 vom Kreisgericht Gera für nichtig erklärt. Nun kam die Stabsstelle ins Spiel. Sie wollte ein Exempel statuieren und stellte am 16. Juni 1992 eine Strafanzeige wegen Untreue gegen drei Treuhandmitarbeiter.[148] Ihnen wurde zum Vorwurf gemacht, dass es gravierende Abweichungen im tatsächlich vereinbarten Kaufvertrag zu der von ihnen erarbeiteten Vorstandsvorlage gab. Der Vorstand der Treuhand sei über die Werthaltigkeit des Unternehmens getäuscht worden und habe daher einem Verkauf unter Wert zugestimmt. Die Revision ging von einem Mindestschaden in Höhe von 20 Millionen DM aus.[149] Der Fall wurde dem Vorstand vorgetragen. Klaus Schucht, als Vorstandsmitglied zuständig für die chemische Industrie, wies alle

---

145 Vgl. Stellungnahme zum Revisionsbericht vom 11.5.1992, 21.5.1992, BArch Koblenz, Nachlass Klaus Schucht, Bl. 748.
146 Vgl. Chemiewerk Bad Köstritz feiert Jubiläum, in: Ostthüringer Zeitung vom 9.9.2016.
147 Vgl. Treuhand, Abt. Bereichs- und Vertragscontrolling an Schucht, 25.5.1992, BArch Berlin, B 412/3397, Bl. 339–342.
148 Vgl. Direktorat Recht an Staatsanwaltschaft Berlin, OStA Erbe, 16.6.1992, BArch Koblenz, Nachlass Klaus Schucht, Bl. 675–677.
149 Vgl. Direktorat Revision, Revisionsbericht Chemiewerk Bad Köstritz, Entwurffassung 11.5.1992, ebd.; Entwurf Revisionsbericht Chemiewerk Bad Köstritz, 5.7.1993, BArch Berlin, B 412/3397, Bl. 308–318.

Anschuldigungen gegen seine Mitarbeiter – die als Leihmanager bei der Treuhand gewirkt hatten und inzwischen zu ihren Firmen zurückgekehrt waren oder andere Tätigkeiten begonnen hatten – als »absurd« zurück.[150] Er sah darin einen Versuch des Leiters der Stabsstelle, am Beispiel des CWK-Verkaufs »durchzudeklinieren, wie groß der Spielraum bei Unterpreisverkäufen oder bei negativen Kaufpreisgeschäften für die Mitarbeiter der Treuhandanstalt ist«.[151]

Nachdem die Staatsanwaltschaft Berlin ein Verfahren gegen die Betreffenden eröffnet hatte, musste sich der Vorstand der Treuhand am 4. August 1992 damit erneut befassen.[152] Schucht gab eine Vertrauenserklärung für seine Mitarbeiter ab und übernahm die volle Verantwortung.[153] Vorstandsmitglied Günter Rexrodt versuchte die Gemüter zu beruhigen: »Der Käufer ist ein ausgewanderter deutscher Jude, da hält sich die Presse zurück.«[154] Ein schuldhaftes Verhalten konnte den Mitarbeitern Schuchts nicht nachgewiesen werden. Auch das Ermittlungsverfahren gegen Schucht wurde im Frühjahr 1993 eingestellt.[155] Inzwischen war es zu einer einvernehmlichen Lösung zwischen den Leopolds und der Treuhand gekommen. Da sich das Marktumfeld für CWK weiter verschlechtert hatte, war die Treuhand zu Konzessionen bereit, um eine Firmenpleite zu verhindern. Ein neuer Kaufvertrag wurde ausgehandelt. Schucht selbst führte die Gespräche und stimmte einer Absenkung der pönalisierten Privatisierungsauflagen – Zahl der Arbeitnehmer und Höhe der Investitionen – zu.[156] Wenn er, wie von Revision und Stabsstelle gefordert, auf einem

---

150 Vgl. Schucht an Breuel, Brahms, Schöde, 18.6.1992, BArch Koblenz, Nachlass Klaus Schucht, Bl. 748.
151 Ebd., Bl. 681.
152 Der Vorgang ist im Protokoll der Vorstandssitzung vom 4.8.1992 (BArch Berlin, B 412/2685 und 2686) nicht enthalten. Das Ergebnisprotokoll dieser Sitzung wurde zunächst unter Nr. 15461 und dann unter 15459 a und b abgelegt. Die Tatsache, dass im Vorstand am 4. August über die Privatisierung des Chemiewerks Bad Köstritz debattiert wurde, ergibt sich zwingend aus dem Tagebuch von Klaus Schucht.
153 Vgl. BArch Koblenz, Nachlass Klaus Schucht, Bl. 745.
154 Ebd., Bl. 749.
155 Vgl. Schön Nolte Finkelnburg & Clemm an Schucht, 14.5.1993, ebd., Bl. 921 f.
156 Vgl. Ergebnisprotokoll, 20.8.1992, BArch Berlin, B 412/3397, Bl. 329.

höheren Kaufpreis und der vollen Einhaltung der ursprünglichen Arbeitsplatz- und Investitionszusagen bestanden hätte, wäre CWK vermutlich in die Insolvenz gerutscht. Nur mit einem weiteren Personalabbau und der Neuprofilierung des Sortiments gelang es, das Unternehmen zu retten.[157] Ab Mitte der 1990er-Jahre konnten neue Mitarbeiter eingestellt werden.[158] Seitdem hat sich CWK zu einer festen Größe in der Wirtschaft Thüringens entwickelt.[159] Anlässlich des 185. Gründungstages der Chemiewerk Bad Köstritz GmbH würdigte Thüringens Ministerpräsident Bodo Ramelow (Die Linke) im Jahr 2016 die »kluge, wenn auch vielleicht verrückte Entscheidung« der Leopolds für Bad Köstritz.[160]

6. Kriminalitätsdurchseuchte Niederlassungen?

Das vom Ministerrat der DDR am 15. März 1990 verabschiedete »Statut der Anstalt zur treuhänderischen Verwaltung des Volkseigentums (Treuhandanstalt)« sah vor, dass die Treuhand neben einer Zentrale in Berlin auch »territoriale Außenstellen« unterhalten sollte. Diese wurden bei den Wirtschaftsräten der 15 Bezirke der DDR angesiedelt.[161] Einige der Mitarbeiter der Außenstellen hatten 1972 die letzte große Verstaatlichungswelle des SED-Regimes exekutiert. Ausgerechnet sie sollten nun für die Reprivatisierung dieser Betriebe auf Grundlage des von der Modrow-Regierung

---

157 Vgl. Interview mit Hartmut Tschritter (1990–2009 Geschäftsführer CWK), in: Streiflichter. Chemiewerk Bad Köstritz, Bad Köstritz 2011, S. 115–117.
158 Vgl. Uschi Lenk: Doppeltes Jubiläum in Köstritz, in: Neues Deutschland vom 8.8.2001.
159 Vgl. Andreas Kuhn: Anschluss an die Zukunft, in: Neue Thüringer Illustrierte 12 (2002) 8, S. 24f.
160 Vgl. Katja Grieser: Bad Köstritzer Chemiewerk-Jubiläum glamourös gefeiert, in: Ostttüringer Zeitung, 13.9.2016.
161 Vgl. Wolfgang Seibel: Verwaltete Illusionen. Die Privatisierung der DDR-Wirtschaft durch die Treuhandanstalt und ihre Nachfolger 1990–2000, Frankfurt am Main/New York 2005, S. 81.

am 7. März 1990 erlassenen Unternehmensgesetzes sorgen.[162] Dies stieß bei den Antragstellern auf massive Kritik. Davon einmal abgesehen verliefen die Unternehmensrückgaben durch die Treuhandaußenstellen bis zum Oktober 1990 zügig.[163]

Dem neu entstehenden ostdeutschen Mittelstand drohte allerdings Gefahr durch das rasche Vordringen der übermächtigen westdeutschen Konkurrenz. Diese Tendenz wurde durch Entscheidungen der Treuhandaußenstellen begünstigt. So verkaufte die Außenstelle Schwerin die größten HO-Verkaufsstellen im Sommer 1990 an die Tengelmann-Gruppe.[164] De facto wurde damit ein staatliches Monopol durch ein privates ersetzt. Als der Präsident der Treuhand, Detlev Karsten Rohwedder, davon erfuhr, wollte er zunächst die Außenstellen ganz auflösen, entschied dann aber, dass sie ausgebaut und personell neu besetzt werden müssten.[165]

Der Vorstand der Treuhand schrieb die Positionen der Leiter der Außenstellen – ab Oktober 1990 Niederlassungen genannt – neu aus. Das eiligst angesetzte Auswahlverfahren war von vornherein so angelegt, dass nur westdeutsche Bewerber eine Chance hatten.[166] Die neuen Direktoren stammten fast alle aus mittelständischen Betrieben. Sie wurden unter großem Medienecho am 4. Oktober 1990 in Berlin vorgestellt.[167] Die Treuhand konnte bei der Personalauswahl nicht wählerisch sein. Das Interesse an einem befristeten Job im Osten war begrenzt. Der erste Direktor der Niederlassung Leipzig, ein Bankrotteur, musste schon nach zwei Wochen

---

162 Davon berichtet u.a. Rainer Thiele, Inhaber und Geschäftsführer der Kathi Rainer Thiele GmbH, Halle. Vgl. Vanessa Liertz: Der Möchtegern-Backmischungskönig, in: Handelsblatt vom 21.2.2002.
163 Vgl. Michael Fetscher: Die Reorganisation von Eigentumsrechten mittelständischer Unternehmen in Ostdeutschland, Dissertation Universität Konstanz, 2000, S. 80f.
164 Vgl. Olaf Jacobs (Hg.): Die Treuhand. Ein deutsches Drama, Halle (Saale) 2020, S. 61–65.
165 Vgl. Protokolle der Volkskammer der Deutschen Demokratischen Republik: 10. Wahlperiode (vom 5. April bis 2. Oktober 1990), Bd. 3, 35. Sitzung, 13. September 1990. Stenographische Niederschrift, Berlin 2000, S. 1680.
166 Vgl. Münzberg: Zu treuen Händen (wie Anm. 52), S. 94.
167 Vgl. »Die wollen gar keine Hilfe«, in: Der Spiegel vom 14.10.1990.

wieder gehen.[168] Die durchgängige Besetzung der Direktorenposten in den Niederlassungen mit Westdeutschen erhöhte einerseits den Erwartungsdruck, dass nun ein Wirtschaftsaufschwung organisiert werden sollte, und verstärkte andererseits bei vielen Ostdeutschen das Unbehagen gegenüber der Privatisierungsbehörde. Während die Zentrale der Treuhand alle Betriebe mit mehr als 1500 Mitarbeitern betreute, waren die 15 Niederlassungen für alle kleineren Betriebe zuständig.[169] Es gab jedoch eine Reihe von Ausnahmeregelungen, unter anderem für Außenhandelsbetriebe, Geld- und Kreditinstitute, Centrum-Warenhäuser, Hotelketten, Verlage sowie Unternehmen der Mineralölwirtschaft.[170] Diese wurden von der Zentrale betreut. Im Endeffekt waren die Niederlassungen für 7441 von fast 12000 Unternehmen, also rund 62 Prozent des Gesamtbestands, verantwortlich.[171] In diesen Betrieben waren insgesamt mehr als eine Million Mitarbeiter tätig. Für das Jahr 1991 erhielten die Niederlassungen einen Fonds von zwei Milliarden DM für Liquiditäts- und Sanierungshilfen.[172] Mit diesen im Vergleich zu den Aufwendungen der Zentrale nur geringen Mitteln war das Sanieren von Unternehmen kaum möglich.

Im Mittelpunkt der Tätigkeit der Niederlassungen stand die schnellstmögliche Reduktion des Unternehmensbestands durch Verkauf oder Liquidation. Weitere Ziele waren die Verminderung des finanziellen Obligos

---

168 Vgl. »Dinger, die glaubt man nicht«, in: Der Spiegel vom 28.10.1990.
169 Vgl. Beschlussempfehlung und Bericht des 2. Bundestagsuntersuchungsausschusses »Treuhandanstalt« nach Artikel 44 des Grundgesetzes, 31.8.1994, Drucksache 12/8404, S. 173 f.
170 Vgl. Treuhandanstalt, Vorstandsbereich Niederlassungen: Kriterien der Zuordnung der THA-Unternehmen zu den Niederlassungen, vom Verwaltungsrat am 11.12.1990 beschlossen, in: Treuhandanstalt (Hg.): Dokumentation 1990–1994 (wie Anm. 3), Bd. 7, S. 1061.
171 Vgl. Niederlassungen und Geschäftsstellen, in: ebd., S. 1041. Die Quote von 80 Prozent (vgl. Treuhandanstalt (Hg.): Dokumentation 1990–1994 (wie Anm. 3), Bd. 2, S. 557) spiegelt nur die ursprüngliche Zielsetzung wider, aber nicht die tatsächliche Verteilung zwischen Zentrale und Niederlassungen. (Zur Organisation der Niederlassungen siehe Deutscher Bundestag, Drucksache 12/8404, S. 174–177).
172 Vgl. Vorlage für den Vorstand der Treuhandanstalt, 5.3.1991, in: Treuhandanstalt (Hg.): Dokumentation 1990–1994 (wie Anm. 3), Bd. 7, S. 1069 f.

der Treuhand, die Erzielung von Grundstückserlösen sowie die Vereinbarung von Investitionszusagen. Arbeitsplatzzusagen der Käufer gehörten nicht zu den Zielvorgaben.[173] Sieben der 15 Niederlassungen sollten ihr Verkaufsgeschäft bereits 1992 beenden. Die Niederlassungen agierten weitgehend autonom. Ein Niederlassungsleiter erklärte dazu rückblickend:

»Man greift mit unlimitierter Machtfülle in das ganz individuelle Leben von Leuten ein. [...] Und die Aufgabe als Niederlassungsleiter [...] sie hat mich manchmal erinnert, [...] was man so in Büchern gelesen hat über so orientalische Potentaten. [...] Der Ermessensspielraum ist natürlich enorm hoch. Sie machen das ohne Rücksprache, in relativ hoher Machtfülle, und zwar sehr zügig, zig von solchen Sachen täglich.«[174]

Nur in weniger als einem Prozent aller Fälle mussten die Niederlassungen ihre Entscheidungen der Zentrale zur Prüfung vorlegen.[175]

Anfang 1991 waren zwar bei den unterdessen entstandenen Landesregierungen in Ostdeutschland sogenannte Treuhandkabinette eingerichtet worden, um die Kommunikation zwischen der Treuhand und den Ländern zu verbessern. Außerdem hatten die Niederlassungen Beiräte erhalten, die ihre Arbeit kontrollieren sollten, doch diese Gremien blieben wirkungslos. Die Beiratssitzungen trugen hauptsächlich informativen Charakter.[176] Im Mittelpunkt der Diskussionen in den Treuhandkabinetten stand die Zukunft der großen Standorte. Während darüber monatlich berichtet wurde, blieb die Tätigkeit der Niederlassungen ein randständiges Thema, zumal diese schon für Ende 1992 den Abschluss der Privatisierungen anstrebten.[177]

Die Niederlassungen wurden sofort nach der Neubesetzung ihrer Führungspositionen im Oktober 1990 auf die schnellstmögliche Privatisierung ihres Unternehmensbestands getrimmt. Dazu rückblickend Klaus Klamroth, Mitarbeiter der Niederlassung Halle: »Der Vorstand der Treu-

---

173 Vgl. Deutscher Bundestag, Drucksache 12/8404, S. 204.
174 Zit. nach Marcus Böick: Die Treuhandanstalt, Erfurt 2015, S. 53 f.
175 Vgl. Treuhandanstalt (Hg.): Dokumentation 1990–1994 (wie Anm. 3), Bd. 7, S. 1087.
176 Vgl. Knoll: Die Treuhandanstalt in Brandenburg (wie Anm. 120), S. 190 f.
177 Vgl. 6. Sitzung des Wirtschaftskabinetts am 22.3.1991, Landesarchiv Magdeburg, Staatskanzlei, L1, Nr. 655, unfol.

handanstalt brachte fortan eine monatliche Information heraus, in der mit schönen Statistiken die Performance, wie man heute sagen würde, der Niederlassungen graphisch dargestellt wurde. Das Windhundrennen war in vollem Gang.«[178] Ein Bonussystem für die Mitarbeiter war allein auf das Ziel der schnellen Privatisierung gerichtet. Direktoren erhielten zusätzlich zu ihrem Jahresgehalt 88 000 Mark, Abteilungsleiter 40 000 Mark und Referenten drei Monatsgehälter als Bonus.[179] In öffentlichen Statements betonten die Niederlassungsleiter den Vorrang der Privatisierung vor der Sanierung.[180] Dazu Günter Heribert Münzberg, Mitarbeiter der Niederlassung Leipzig: »Alle Kräfte wurden darangesetzt, was in der ständigen Zunahme der Zahl der Verkaufsteams unübersehbaren Ausdruck fand. Von entschlossener Sanierung habe ich im Resultat jedoch nicht allzu viel bemerkt.«[181]

Die Niederlassungen waren schon aus personellen und finanziellen Gründen gar nicht in der Lage, Sanierungskonzepte für die von ihnen betreuten Unternehmen auszuarbeiten. So hatte etwa die größte Treuhandniederlassung in Chemnitz rund 1260 Betriebe aus ganz unterschiedlichen Branchen zu betreuen.[182] Bestenfalls war eine Begleitung von Unternehmen möglich, die über tragfähige Sanierungskonzepte verfügten.

Die Niederlassungsleiter fühlten sich von der Stabsstelle beim Privatisierungsgeschäft zunehmend gestört. Auf einer Tagung aller Niederlassungsleiter forderten sie vom Vorstand der Treuhand, eine Vorabinformation, wenn die Stabsstelle gegen ihre Mitarbeiter unter Einschaltung der Staatsanwaltschaft und Polizei vorgehen sollte. Der Vorstand gab dem

---

178 Klaus Klamroth: Eine Chronik aus dem 20.ten Jahrhundert. Tagesnotizen, Briefe, Erinnerungen ab 1933, Norderstedt 2010, S. 325.
179 Vgl. Chaos und ein böses Erbe, in: Der Spiegel vom 11.7.1993.
180 Vgl. Dirk Wefelscheid: Sanieren und privatisieren, in: Friedrich-Ebert-Stiftung (Hg.): Der ostdeutsche Maschinenbau. Wege zur internationalen Wettbewerbsfähigkeit, Bonn 1992, S. 41–46.
181 Münzberg: Zu treuen Händen (wie Anm. 52), S. 135.
182 Vgl. Neuer Chef bei der Treuhand Chemnitz, in: FAZ vom 13.7.1993, S. 14.

nach und fasste im Januar 1993 einen entsprechenden Beschluss.[183] Bereits einige Tage zuvor war die Arbeit der Stabsstelle reorganisiert worden. Sie konzentrierte sich nunmehr auf Vorwürfe gegen eigene Treuhandmitarbeiter. Vermutete kriminelle Vorgänge in Treuhandunternehmen sollten hingegen von den neu aufgebauten Staatsanwaltschaften der ostdeutschen Länder untersucht werden.[184]

Im Folgenden werden exemplarische Fälle vermeintlicher oder tatsächlicher krimineller Handlungen in einigen Niederlassungen sowie in den von ihnen betreuten Unternehmen vorgestellt. Anzumerken ist dazu, dass es in jeder der 15 Niederlassungen Dutzende strittige Vorgänge und eine kaum überschaubare Zahl von Anwürfen und Anzeigen gab. Auch haben längst nicht alle fragwürdigen Verkäufe und Liquidationen einen Niederschlag in den Akten gefunden, sodass von einem großen Dunkelfeld auszugehen ist. Festzuhalten bleibt außerdem, dass Tausende Unternehmensverkäufe von den Niederlassungen formal korrekt abgewickelt wurden.

Niederlassung Magdeburg

Anfang September 1991 verabschiedete der Vorstand der Treuhand ein sogenanntes Crash-Programm zur Beschleunigung der Privatisierung und Reprivatisierung in den Niederlassungen Magdeburg und Halle.[185] Für beide Niederlassungen wurde die Begrenzung des Personalbestands aufgehoben, um Unternehmensverkäufe noch schneller zu vollziehen. Außerdem wurde eine monatliche Berichterstattung über die Erfolge des Crash-Programms eingeführt.

---

183 Vgl. Wild über Breuel an Noa, Stabsstelle Recht, 21.1.1993, BArch Berlin, B 412/9932, unfol.
184 Vgl. Breuel an Odewald, 1.10.1992, ebd.
185 Vgl. Klinz und van Scherpenberg an die Leiter der Niederlassungen, 4.9.1991, BArch Berlin, B 412/2603, Bl. 405 f.

Im März 1992 veranlasste der Leiter der Treuhandniederlassung Magdeburg, Helmut Freudenmann, die Überprüfung mehrerer Geschäfte, die sein Privatisierungsdirektor zu verantworten hatte. Der Verdacht der Bestechlichkeit stand im Raum. Sachsen-Anhalts Ministerpräsident Werner Münch (CDU) berichtete darüber in knappen Worten vor dem Wirtschaftskabinett.[186] Der Magdeburger Privatisierungsdirektor galt bis dahin als der effizienteste Manager aller Niederlassungen, da er die höchsten Kaufpreise erzielt hatte.[187] Ins Rollen kam der Fall nur, weil eine Mitarbeiterin im Grundbuchamt Magdeburg der Bestechlichkeit verdächtigt wurde. Aus den Unterlagen der Festgenommenen gingen Verbindungen zu einem in Stuttgart ansässigen Geschäftsmann hervor. Der Privatisierungsdirektor hatte vom besagten Unternehmer ein monatliches Honorar in Höhe von 9000 DM sowie einen Sportwagen für seine Leistungen als Rechtsberater erhalten. Seinem Geldgeber verkaufte der Privatisierungsdirektor zwei Magdeburger Betriebe und ein Grundstück in Oschersleben unter Wert.[188] Auch beim Paketverkauf von Kinos und Firmengrundstücken war nicht alles mit rechten Dingen zugegangen. Die Revision stellte bei ihrer Sonderprüfung erhebliche Verstöße gegen die Privatisierungsrichtlinien fest und empfahl die Einleitung strafrechtlicher Maßnahmen.[189]

Obwohl die Vorwürfe noch nicht restlos geklärt waren, zog es die Zentrale vor, sich vom Privatisierungsdirektor Ende März 1992 zu trennen und informierte die Staatsanwaltschaft Magdeburg. Der Beschuldigte setzte sich daraufhin in die Schweiz ab. Am 3. April 1992 erging gegen ihn ein internationaler Haftbefehl wegen Bestechlichkeit und Veruntreuung. In der Presse wurde über einen »Riesenschaden« spekuliert, den der

---

186 Vgl. 15. Sitzung Wirtschaftskabinett, 10.3.1992, TOP 10 (Verschiedenes), Landesarchiv Magdeburg, Staatskanzlei, L1, Nr. 653, unfol.
187 Vgl. »Jeden Morgen zittern im Bauch«, in: Der Spiegel vom 26.5.1991.
188 Vgl. Treuhand: Sehr schnell, in: Der Spiegel vom 22.3.1992; Direktor gefeuert, in: taz vom 14.3.1992.
189 Vgl. Revisionsbericht Nr. 123/92, 15.7.1992, BArch Berlin, B 412/24591, unfol.

»Blitz-Privatisierer« verursacht hätte.[190] Anderthalb Jahre später stellte sich der ehemalige Privatisierungsdirektor dem Landgericht Magdeburg, da er befürchtete, seine Zulassung als Anwalt zu verlieren. Vor der Wirtschaftsstrafkammer des Landgerichts legte er im Herbst 1994 ein Teilgeständnis ab. Er habe gewusst, dass seine Tätigkeit für die Treuhand und die Rechtsberatertätigkeit für einen Investor unvereinbar gewesen sei.[191] Das Gericht verurteilte ihn zu acht und seinen Auftraggeber zu elf Monaten Haft auf Bewährung. Nachdem die Treuhand noch 1992 erklärt hatte, dass kein Schaden entstanden sei, musste sie nunmehr eine Schadenssumme von rund sieben Millionen DM eingestehen.[192] Der Bundesgerichtshof hob das Urteil auf und sprach die Angeklagten frei.[193]

Auch nach dem Abgang dieses Privatisierungsdirektors kam die Niederlassung nicht zur Ruhe. Im April 1992 spekulierte die *Wirtschaftswoche* über einen »Postenschacher in der Niederlassung Magdeburg«.[194] Der ehemalige Leiter der Rechtsabteilung, der bereits ein Jahr zuvor entlassen worden war, hatte entsprechende Behauptungen aufgestellt. Nach Prüfung der Vorwürfe wies die Stabsstelle die Anschuldigungen zurück, riet aber von einer zivil- und strafrechtlichen Verfolgung gegen den Urheber der Vorwürfe ab.[195] Die Stabsstelle sah sich im August 1992 jedoch dazu gezwungen, eine Strafanzeige zu stellen, nachdem Unbekannte ein angeblich von der Niederlassung stammendes Schreiben in Umlauf gesetzt hatten, in dem vor »alten Seilschaften« in mehreren Zerbster Unternehmen gewarnt wurde. Es handelte sich um ein gefälschtes Schreiben.[196]

---

190 Vgl. Annette Schneider: »Alles halb so schlimm«, in: Neues Deutschland vom 8.9.1994.
191 Vgl. Eberhard Löblich: Der Diener zweier Herren, in: taz vom 9.9.1994.
192 Vgl. Eberhard Löblich: Eine Geschäftshand wäscht die andere, in: taz vom 7.9.1994.
193 Vgl. Prozeß gegen früheren Treuhanddirektor, in: FAZ vom 18.5.1996.
194 Vgl. Postenschacher in der Niederlassung Magdeburg, in: Wirtschaftswoche vom 17.4.1992.
195 Vgl. Freudenmann an Klinz, 27.4.1992, und Direktorat Recht, betr.: L., 27.7.1992, BArch Berlin, B 412/9936, unfol.
196 Vgl. Stabsstelle stellt Strafanzeige gegen Unbekannt, 4.8.1992, ebd.

Niederlassung Halle

Im September 1992 berichteten Mitarbeiter der Niederlassungen Halle und Magdeburg auf einer Sitzung des Wirtschaftskabinetts von Sachsen-Anhalt von der kurz bevorstehenden Beendigung ihrer Tätigkeit.[197] In Magdeburg gäbe es noch einen Restbestand von 20 bis 30 Unternehmen, die im Prinzip sanierungsfähig seien, in Halle noch sieben Unternehmen. Alles schien gut zu laufen, zumal die Niederlassung Halle von vielen erfolgreichen Privatisierungen, der Sicherung von rund 70 000 Arbeitsplätzen und geplanten Investitionen in Höhe von 2,4 Milliarden DM berichtete.[198] Die Landesregierung war vor allem auf den Erhalt der großen Standorte der chemischen Industrie, des Maschinenbaus und der Braunkohleindustrie fixiert. Die Verkaufsbilanzen der Niederlassungen wurden kaum hinterfragt.

Über die »Mafia von Halle« wurde vor dem Treuhand-Untersuchungsausschuss des Bundestags,[199] in der Presse und mehreren Büchern[200] ausführlich berichtet, sodass an dieser Stelle nur die wichtigsten Fakten resümiert werden. Demnach hatte sich der Leiter der Niederlassung kaum um seine Aufgaben gekümmert und das operative Geschäft seinen Privatisierungsdirektoren und einem Liquidator überlassen. Diese hatten ihre Positionen missbraucht, um ein kriminelles Netzwerk aufzubauen. Die Beteiligten kannten sich alle aus früheren Zeiten in Baden-Württemberg. Es ging diesen »Betrügerpersönlichkeiten«[201] nur darum, in kürzester Zeit an Unternehmensverkäufen durch Bestechungsgelder in Millionenhöhe oder durch betrügerische Handlungen zu verdienen. Sie verkauften zwi-

---

197 Vgl. 18. Sitzung des Wirtschaftskabinetts am 21.9.1992, Landesarchiv Magdeburg, Staatskanzlei, L1, Nr. 655, unfol.
198 Vgl. Jürgs: Die Treuhändler (wie Anm. 97), S. 358.
199 Vgl. Beschlussempfehlung und Bericht des 2. Bundestagsuntersuchungsausschusses »Treuhandanstalt« nach Artikel 44 des Grundgesetzes, 31.8.1994, Drucksache 12/8404, S. 63 f. u. 299–330.
200 Vgl. Jürgs: Die Treuhändler (wie Anm. 97), S. 357–363; Klaus Behling: Die Treuhand. Wie eine Behörde ein ganzes Land abschaffte, Berlin 2015, S. 325–338.
201 Bannenberg: Korruption in Deutschland (wie Anm. 16), S. 167–201, insb. S. 170.

schen Juni 1991 und November 1992 insgesamt 21 Firmen, Firmenteile und Grundstücke an einen schwäbischen Unternehmer. Dessen Firma befand sich in finanziellen Schwierigkeiten. Der Unternehmer zog, vereinfacht gesagt, ein Schneeballsystem auf. Er investierte nicht in die ostdeutschen Betriebe, sondern entzog diesen Liquidität, um sein Stammwerk am Leben zu halten. Auch tätigte er Firmenkäufe, bei denen er den Kaufpreis aus den Kaufobjekten finanzierte.

Am 15. Oktober 1992 besuchten zwei Mitarbeiter der Revision die Niederlassung Halle, nachdem der Verdacht von Insidergeschäften aufgekommen war. Gut einen Monat später erstattete die Stabsstelle Anzeige wegen mutmaßlicher Insidergeschäfte. Doch dies war nur die Spitze des Eisbergs. Wirklich ins Rollen kam die Affäre erst im Februar 1993, als sich der Bezirksleiter der IG Metall, Günter Lorenz, der Sache annahm. Er kritisierte den vertragswidrigen Abbau von Arbeitsplätzen bei der Dampfkesselbau Hohenthurm GmbH, nannte den Käufer öffentlich einen »Betrüger« und stellte Strafanzeige bei der Staatsanwaltschaft in Halle. Lorenz vermutete schon länger aufgrund von Hinweisen aus mehreren Betrieben einen Sumpf an Korruption. Am 8. März 1993 legte das BMF einen Bericht zur Überprüfung von Unternehmensverkäufen der Niederlassung Halle vor. Insgesamt wurden 320 Privatisierungsfälle durchforstet und die Ergebnisse auf alle Verträge in der Niederlassung hochgerechnet. Laut Abschlussbericht des BMF vom Juni 1994 wurden rund zwei Drittel aller Verträge als unwirksam bezeichnet, in jedem fünften gab es Hinweise auf strafbare Handlungen. Das entsprach rund 330 Fällen. Die »Privatisierungsorgie« hatte demnach Tausende von Arbeitsplätzen vernichtet und Schäden in Millionenhöhe verursacht.[202]

Als der Skandal um die kriminellen Machenschaften in der Niederlassung Halle im Juni 1993 öffentlich wurde, versuchte Treuhandsprecher Schöde die Treuhand als schonungslosen Aufklärer darzustellen.[203] Diese

---

202 Vgl. »Aufbau Ost: Stets unter Wert«, in: Der Spiegel vom 9.2.1998.
203 Vgl. Dirk Laabs: Der deutsche Goldrausch. Die wahre Geschichte der Treuhand, München 2012, S. 292 f.

Taktik verfing nicht. Der ohnehin nicht gute Ruf der Treuhand erlitt durch das Desaster von Halle einen irreparablen Schaden. Auch die Einsetzung eines parlamentarischen Untersuchungsausschusses im Bundestag, den der Vorstand der Treuhand lange versucht hatte zu verhindern, war nun nicht mehr aufzuhalten. Die »Paten von Halle«[204] wurden jeweils einzeln vom Landgericht Stuttgart angeklagt. Alle vier erhielten ähnlich hohe Haftstrafen – zwischen fünf Jahren und drei Monaten und fünfeinhalb Jahren.

Niederlassung Cottbus

In die Schlagzeilen der regionalen Presse geriet die Niederlassung Cottbus im Sommer 1991, nachdem der Verkauf der Cottbuser Planungs- und Ingenieurbüro GmbH an einen Hochstapler bekannt geworden war. Als der neue Eigentümer begann, Geld aus der Firma zu ziehen, wurde der Kaufvertrag von der Treuhand annulliert. Nach Auskunft des Niederlassungsleiters war kein Schaden entstanden.[205] Dennoch blieb der Fall in den Medien präsent, da sich der Niederlassungsleiter und sein Privatisierungsdirektor gegenseitig beschuldigten, die Verantwortung für den zweifelhaften Verkauf zu tragen.[206] Die Revision untersuchte stichprobenhaft die Verkaufspraktiken der Niederlassung Cottbus. Die Revisoren kritisierten, dass in mehreren Fällen der Betriebsübergang vor dem Fälligkeitszeitpunkt der Kaufpreiszahlung lag.[207] Später gab es noch Vorwürfe gegen den Niederlassungsleiter, er habe seiner Lebensgefährtin Werbeverträge zugeschanzt. Er räumte eine Interessenkollision ein und veranlasste die Beendigung des strittigen Vertrags. Vor der Treuhand-Enquetekommission des Brandenburger Landtags erklärte ein Mitarbeiter der Niederlassung:

---

204 Norbert Kandel: Die Paten von Halle, in: taz vom 18.10.1993.
205 Vgl. Treuhand von Hochstapler um 250.000 Mark geprellt, in: Berliner Zeitung vom 26.7.1991.
206 Vgl. Revisionsbericht Nr. 54/91, S. 3f., BArch Berlin, B 412/24582, unfol.
207 Vgl. ebd., S. 5.

»Es gab viele Fälle, die man nicht gleich unter Wirtschaftskriminalität einordnen konnte; wir haben sie als Schnäppchenjäger, Glücksritter oder dubiose Investoren bezeichnet. Es gab sehr viele Interessenten, die ein Betriebsinteresse behaupteten und oftmals auch sehr gut gerüstet waren, aber letztlich die Liegenschaft oder Ähnliches im Auge hatten. [...] Da gab es alle Spielarten, meist waren sie juristisch vorbereitet. Betroffene Betriebe wurden beeinflusst, oder ihnen wurde etwas in Aussicht gestellt, sodass wir dann auch noch von den Betriebsräten unter Druck gesetzt und zu einer bestimmten Lösung gedrängt wurden. Teilweise wurde uns sogar gedroht. Es war ein riesiges Feld, unseriöse, dubiose Investoren auszusondern – bevor es überhaupt zur Wirtschaftskriminalität kam.«[208]

Niederlassung Frankfurt (Oder)

Im April 1993 wurde die Präsidentin der Treuhand über die Verquickung des Bereichs Abwicklung der Niederlassung Frankfurt (Oder) mit der Beratungsgesellschaft Impuls informiert. Demnach waren Mitarbeiter der Niederlassung zugleich für die Beratungsgesellschaft tätig. Die Revision prüfte den Fall und kam zu folgender Bewertung: »Der Abwicklungsbereich wurde faktisch auf die Impuls-Gruppe verlagert. Aufgrund der engen Geschäftsbeziehungen sind die Verkäufe von fünf THA-Unternehmen durch NL/GS [Niederlassung/Geschäftsstelle] Frankfurt an die Impuls-Gruppe Insider-Geschäfte. Eine Meldung an das Insider-Panel ist nicht erfolgt.«[209] Der Leiter der Niederlassung bzw. Geschäftsstelle erklärte, dass er nach Abschluss seiner Tätigkeit in Frankfurt (Oder) eine Geschäftsführerposition andernorts übernehmen werde. An dieses Versprechen hielt er sich jedoch nicht, sondern übernahm ab April 1994 die Leitung der besagten Beratungsgesellschaft in Frankfurt (Oder).[210]

---

208 Landtag Brandenburg: Enquete-Kommission 5/1, Protokoll 17. Sitzung, S. 56 f.
209 Vgl. Revisionsbericht Nr. 0446/94: Insider-Problematik bei den Verkäufen der Niederlassung Frankfurt/Oder an die Impuls-Gruppe, 11.5.1994, BArch Berlin, B 412/25067, Bl. 19–30, hier Bl. 21.
210 Ebd.

Ein Mitarbeiter der Beratungsfirma wurde von der Niederlassung mit der Erstellung von 18 Liquidationsgutachten beauftragt. In zehn der 18 Fälle wurde anschließend ein Münchner Rechtsanwalt, der zugleich Gesellschafter der Beratungsfirma war, zum Liquidator der Gesellschaften bestellt.[211] Die Revision konnte den Fall nicht mehr weiter verfolgen, da sich die Niederlassung bereits in Auflösung befand und deren Dokumentationen nicht mehr zugänglich waren.[212] Dem Vorstand der Treuhand kam dies gelegen, da sich seit dem Frühjahr 1994 der Treuhand-Untersuchungsausschuss des Deutschen Bundestags auch mit Insidergeschäften befasste.

Niederlassung Leipzig

Im Zuständigkeitsbereich der Leipziger Niederlassung befanden sich rund 800 Unternehmen, mehr als ein Drittel davon wurde bis Ende 1997 liquidiert.[213] Größere Fälle von Korruption, vergleichbar denen in der Niederlassung Halle (Saale), gab es in der Leipziger Niederlassung nicht. Einen Fall von Bestechung soll es 1991 beim Verkauf der »Aktuell« Kleiderwaren GmbH, Leipzig, gegeben haben. Als dies herauskam, verübte der ostdeutsche Geschäftsführer Selbstmord und der westdeutsche Käufer tauchte unter.[214] Die Firma fiel an die Treuhand zurück. Spätere Privatisierungsversuche scheiterten.

In der Endphase der Arbeit der Niederlassungen versuchten einige Mitarbeiter ihre Insiderkenntnisse bei der Privatisierung ostdeutscher Betriebe für neue Jobs zu nutzen. Dabei kam es zu Interessenkonflikten. Ein Beispiel dafür war das Agieren der Sächsische Industriegruppe Leipzig

---

211 Vgl. Revisionsbericht Nr. 0447/94, Erbringung von Dienstleistungen für den Abwicklungsbereich der NL/GS Frankfurt/Oder durch Gesellschafter und Mitarbeiter der Impuls-Gruppe, 11.5.1994 ebd., Bl. 34–41, hier Bl. 39.
212 Vgl. Vermerk des Direktorates Revision für das Insider-Panel: Verkäufe der GS Frankfurt/O. an die Impuls-Gruppe, 16.12.1994, BArch Berlin, B 412/25068, unfol.
213 Vgl. Münzberg: Zu treuen Händen (wie Anm. 52), S. 139.
214 Vgl. ebd., S. 67 f.

GmbH (SIGL).[215] Das Unternehmen wurde 1993 mit dem Ziel gegründet, in Sachsen mittelständische Firmen zu erwerben und zu sanieren. Geschäftsführer der SIGL wurde der vorherige Privatisierungsdirektor der Leipziger Treuhandniederlassung. SIGL kaufte Ende 1993 von den Niederlassungen Leipzig und Chemnitz 19 Betriebe für insgesamt rund 20 Millionen DM. Darunter befand sich auch die Mitteldeutsche Feuerungs- und Umwelttechnik GmbH (MFU), Holzhausen. Einen MBO-Antrag für den Kauf dieser Firma für rund 12 Millionen DM hatte der Privatisierungsdirektor Ende 1992 noch unterstützt, dann aber nach einem Streit über den Beitritt der MFU zu einem Zusatztarifvertrag der sächsischen Metallindustrie die Geschäftsführung ausgewechselt.[216] Der MBO-Antrag war damit vom Tisch. Neuer Geschäftsführer bei MFU wurde der Privatisierungsdirektor. Doch auch ihm gelang es nicht, das Unternehmen zu stabilisieren. MFU musste Ende der 1990er-Jahre Insolvenz anmelden. Das gleiche Schicksal erlitt die Sächsische Industriegruppe Leipzig GmbH (SIGL).

Niederlassung Chemnitz

Die Revision der Treuhand prüfte stichpunktartig sieben von der Niederlassung Chemnitz im Frühjahr 1992 abgeschlossene Privatisierungen. Lediglich in einem Fall wurden lückenhafte Unterlagen, die keine seriöse Bewertung ermöglichten, beanstandet.[217] Dennoch geriet die Niederlassung gut ein Jahr später in die Kritik. In der Regionalpresse wurden schwere Vorwürfe gegen ihren Leiter erhoben.[218] Daraufhin nahm die Staatsanwaltschaft Chemnitz ein Ermittlungsverfahren wegen vermuteter Untreue auf. Es ging um die im Oktober 1991 in Aachen gegründete Immobilien-Betreuungsgesellschaft mbH (IBG), die dem Niederlassungsleiter

---

215 Vgl. Behling: Die Treuhand (wie Anm. 200), S. 317–322.
216 Vgl. Aussperrung des Geschäftsführers beendet, in: FAZ vom 17.6.1993.
217 Vgl. Deutscher Bundestag, Drucksache 12/8404, S. 291.
218 Vgl. Schmiergelder in Briefumschlägen? in: Bild (Chemnitz) vom 2.7.1993.

und seinem Schwiegersohn gehörte. Das Unternehmen war mit dem Ziel gegründet worden, Investitionen in den neuen Bundesländern zu tätigen. Der Niederlassungsleiter hatte den Generalbevollmächtigten der Treuhand, Norman van Scherpenberg, über die Firmengründung informiert und sich dafür »grünes Licht« geben lassen.

Die IBG verlegte ihren Firmensitz Anfang 1992 nach Chemnitz. Geschäftsführer wurde der Vorgänger des Niederlassungsleiters, bis 1990 Vorsitzender der Plankommission des Kreises Schwarzenberg. Er war im Frühjahr 1992 aus der Niederlassung ausgeschieden. Die von ihm geleitete IBG erledigte hauptsächlich Aufträge der Niederlassung zur Erstellung von Verkaufsprospekten. Die von der IBG erbrachten Leistungen wurden von der Revision als sehr gut eingeschätzt. Vorzugskonditionen habe es nicht gegeben.[219] Obwohl die Revision keine justiziablen Sachverhalte feststellte, legte der Niederlassungsleiter noch im Juli 1993 sein Amt nieder.[220]

Angesichts der Zielstellung, alle Betriebe in den Portfolios der Niederlassungen so schnell wie möglich, günstigstenfalls bis Ende 1992 zu privatisieren oder stillzulegen, musste es zu Ramschverkäufen kommen. Dabei wurden die von der Zentrale vorgegebenen Privatisierungsrichtlinien negiert. So stand das Vier-Augen-Prinzip bei Verkaufsverhandlungen oft nur auf dem Papier. Zudem begünstigte das Bonussystem Entscheidungen zugunsten schneller Verkäufe unter Missachtung betriebs- und regionalwirtschaftlicher Aspekte.

In allen Niederlassungen bzw. den von ihnen betreuten Unternehmen kam es zu einer Vielzahl umstrittener Entscheidungen, Auseinandersetzungen mit Kaufinteressenten, Querelen mit Geschäftsführern und Fällen von Wirtschaftskriminalität. Bei Letzterem ging es um Unterwertverkäufe, insbesondere von Grundstücken, Bilanz- und Urkundenfälschung, freihändigen Verkauf von Unternehmensteilen und Vergabe von

---

219 Vgl. Direktorat Revision, Vorabinformation, Geschäftsbeziehungen zwischen der Niederlassung Chemnitz bzw. Herrn Dr. W. und der Immobilien-Betreuungsgesellschaft mbH Chemnitz (»IBG«), 5.7.1993, BArch Berlin, B 412/24397, unfol.
220 Vgl. Neuer Chef bei der Treuhand Chemnitz, in: FAZ vom 13.7.1993, S. 14.

Aufträgen ohne Ausschreibung, Lohnsteuerbetrug, Vergabe überhöhter Beraterverträge sowie Geschäfte mit der Scientology-Sekte nahstehenden Personen.

Die Niederlassungsleiter und ihre Privatisierungsdirektoren nahmen eine Schlüsselposition ein. Denn sie besaßen große Entscheidungsspielräume. Direktoren der Niederlassungen Halle und Magdeburg wurden wegen Bestechlichkeit und Betrug angeklagt und verurteilt. Vergleichbare Fälle von kriminellen Treuhanddirektoren gab es in den anderen Niederlassungen aber nicht. Etliche Direktoren und Mitarbeiter der Niederlassungen bewegten sich in Grauzonen. Sie gründeten während ihrer Treuhandtätigkeit Firmen oder Beratungsgesellschaften und nutzten dafür ihr Insiderwissen.

Resümee

Im Treuhandgesetz war eine der Privatisierung vorausgehende Sanierung angedeutet worden. Dazu hieß es in Paragraf 2 Abs. 6 des Gesetzes: »Die Treuhandanstalt hat die Strukturanpassung der Wirtschaft an die Erfordernisse des Marktes zu fördern, indem sie insbesondere auf die Entwicklung sanierungsfähiger Betriebe zu wettbewerbsfähigen Unternehmen und deren Privatisierung Einfluss nimmt.«[221] Ein ähnlicher Weg war in den 1980er-Jahren erfolgreich in Chile und Großbritannien beschritten worden. Der Wirtschaftsberater von Margaret Thatcher, Sir Alan Walters, empfahl diese Reihenfolge 1990 eindringlich auch für die osteuropäischen Staaten.[222] Im Fall einer spontanen Privatisierung drohe die Gefahr, dass das alte Management seine Kenntnisse der Unternehmen nutze, um diese auszuplündern. Doch während in Großbritannien nur einige Dutzend und in Chile etwa 500 Unternehmen erst saniert und dann privatisiert wurden, mussten in Ostdeutschland Tausende Unternehmen privatisiert

---

221 Gesetz zur Privatisierung und Reorganisation des volkseigenen Vermögens (Treuhandgesetz, TreuhG), Ausfertigungsdatum: 17.6.1990.
222 Vgl. Sinn/Sinn: Kaltstart (wie Anm. 50), S. 125 f.

werden. Die Treuhandanstalt sah daher keinen anderen Weg, als so viel und so schnell wie möglich zu privatisieren. Das Risiko, dass es dabei, wie von Walters vorhergesehen, zu Betrügereien kommen konnte, wurde in Kauf genommen. Erst als erste Verdachtsfälle öffentlich wurden, begann die Treuhand gegenzusteuern.

Das Bild von einer kriminalitätsdurchseuchten Institution wirkt bis heute nach. Die verfügbaren Zahlen rechtfertigen eine solch negative Bewertung allerdings nicht. Nur wenige Mitarbeiter der Treuhand wurden wegen Vorteilsnahme oder Bestechlichkeit verurteilt und die nachweisbaren Schäden durch Wirtschaftskriminalität waren geringer als vielfach vermutet. Bezogen auf die Gesamtzahl der Treuhandmitarbeiter konstatierte die Stabsstelle Besondere Aufgaben Ende 1992 eine Delinquenz-Quote von unter 0,5 Prozent.[223]

Fälle von Unternehmenskriminalität blieben Ausnahmen. Die westdeutschen Konzerne konnten ihre Ziele in Ostdeutschland zumeist ohne Grenzüberschreitungen durchsetzen. Allerdings gab es eine riesige Grauzone und eine große Zahl von Fällen individueller Kriminalität. Diese waren den besonderen Umständen nach Herstellung der deutschen Einheit geschuldet, die erhebliche kriminogene Anreize für überwiegend westdeutsche »Betrügerpersönlichkeiten« boten. Der grobe Ablauf der Betrugsfälle war oft ähnlich: Ein scheinbar wohlmeinender Investor kaufte einen Betrieb, und anstatt das Unternehmen zu sanieren, ließ er es ausbluten und bereicherte sich durch Immobilienveräußerungen oder den direkten Zugriff auf die Firmenkonten.

Die kleineren Fälle wurden weder ausreichend strafrechtlich verfolgt noch dokumentiert.[224] Die permanent von vielen Seiten in der Kritik stehende Treuhand entwickelte eine Wagenburgmentalität, um das eigene Ansehen und die eigenen Mitarbeiter zu schützen. Mit fortschreitender Festigung ihrer Organisationsstrukturen wurden die Handlungsspielräume der Privatisierer eingeschränkt und die internen Kontrollmecha-

---

223 Vgl. Stabstelle Besondere Aufgaben im Direktorat Recht: Zwischenbericht 1992, in: Treuhandanstalt (Hg.): Dokumentation 1990–1994 (wie Anm. 3), Bd. 10, S. 942.
224 Vgl. Wende in den Ruin, in: Die Welt vom 2.10.2010.

nismen verbessert. Innovativ war die Bildung der Stabsstelle Besondere Aufgaben. Sie trug zur Aufklärung von Wirtschaftskriminalität bei, wirkte präventiv und verbesserte das Image der Treuhand.

Auf mehrere der größten Skandale reagierte der Vorstand der Treuhand mit der Nachschärfung des Regelwerks für Privatisierungen. So wurde nach dem Desaster der Grundstückdeals in Teltow im November 1991 ein Insiderpanel gebildet und im Frühjahr 1993 eine Tiefenprüfung in der Niederlassung Halle (Saale) durchgeführt. Während sich Konzerne wie die Siemens AG – das Unternehmen verstrickte sich Anfang der 1990er-Jahre in einen Korruptionsskandal um die Klärwerke München[225] – solidarisch mit ihren Managern zeigten, sie finanziell abfederten und die Prozesskosten übernahmen, verfolgte die Treuhand in den Fällen, die für besondere öffentliche Aufregung sorgten, eine härtere Linie gegenüber Mitarbeitern, denen strafbare Handlungen vorgeworfen wurden. Ihnen wurde gekündigt und gegen sie wurde Anzeige erstattet. Dies änderte jedoch nur wenig daran, dass das Ansehen der Treuhand in Teilen der Öffentlichkeit bereits einen irreparablen Schaden erlitten hatte. Die Turboprivatisierung führte zum Entstehen einer im europäischen Wirtschaftsraum in dieser Dimension einmaligen Transferökonomie und verursachte langwierige volkswirtschaftliche Belastungen. Die in Ostdeutschland bis heute stark verbreitete Skepsis gegenüber den Institutionen des Rechtsstaats ist nicht zuletzt auf die Erfahrungen der Transformationsjahre zurückzuführen.

---

225 Vgl. Cornelia Rauh: »Verhältnisse wie in Kolumbien«? Der Münchener »Klärwerks-Skandal« 1991 bis 2001 und die Siemens AG, in: Berghoff/Rauh/Welskopp (Hg.): Tatort Unternehmen (wie Anm. 20), S. 151–172.

Autorinnen und Autoren

Dr. Keith R. Allen ist wissenschaftlicher Mitarbeiter am Historischen Institut der Universität Leipzig. Er forscht zur Wirtschaftsgeschichte.

Dr. Dierk Hoffmann ist stellvertretender Leiter der Abteilung Berlin des Instituts für Zeitgeschichte München – Berlin (IfZ) und apl. Professor für Neuere und Neueste Geschichte an der Universität Potsdam. Seit 2017 leitet er das Projekt zur Geschichte der Treuhandanstalt am IfZ. Seine Forschungsschwerpunkte sind die Geschichte der Sozialpolitik im 19. und 20. Jahrhundert, die Geschichte der SBZ/DDR, die deutsch-deutsche Nachkriegsgeschichte, die Transformationsgeschichte sowie die Biografieforschung.

Dr. Rainer Karlsch hat an der Humboldt-Universität zu Berlin Wirtschaftsgeschichte studiert, an verschiedenen Universitäten sowie freiberuflich gearbeitet und war von 2017 bis 2021 am Institut für Zeitgeschichte München – Berlin tätig. Er forscht und publiziert zur Wirtschafts- und Unternehmensgeschichte.

Dr. Wolf-Rüdiger Knoll studierte Geschichte und Volkswirtschaftslehre in Berlin und Budapest. Von 2017 bis 2022 war er wissenschaftlicher Mitarbeiter am Institut für Zeitgeschichte München – Berlin. Seine Forschungsschwerpunkte sind die deutsche Wirtschaftsgeschichte nach 1945 sowie die postsozialistische Transformation Ostmitteleuropas.

Dr. Andreas Malycha hat in Leipzig Geschichte studiert und an verschiedenen Universitäten und Forschungsinstituten zur Geschichte des politischen Systems der DDR sowie zur deutsch-deutschen Wissenschafts- und Wirtschaftsgeschichte gearbeitet. Von 2010 bis 2022 war er wissenschaftlicher Mitarbeiter am Institut für Zeitgeschichte München – Berlin.

Dr. Christian Rau ist wissenschaftlicher Mitarbeiter am Institut für Zeitgeschichte München – Berlin. Seine Forschungsschwerpunkte sind die Sozial- und Kulturgeschichte der DDR, die Geschichte der deutschen Teilung und des Kalten Krieges, Transformationsgeschichte, Gewerkschaftsgeschichte sowie europäische Stadtgeschichte.

Dr. Eva Schäffler war wissenschaftliche Mitarbeiterin am Institut für Zeitgeschichte München – Berlin. Ihre Forschungsschwerpunkte sind die Geschlechter-, Sozial- und Wirtschaftsgeschichte der DDR/Ostdeutschlands und der Tschechoslowakei/Tschechischen Republik. Ihr zeitlicher Fokus liegt auf der Phase des Spät- und des Postsozialismus.

Andreas Malycha
Vom Hoffnungsträger zum Prügelknaben
Die Treuhandanstalt zwischen wirtschaftlichen Erwartungen und politischen Zwängen 1989–1994

752 Seiten, Festeinband
ISBN 978-3-96289-153-4
48,00 € (D) · 49,40 € (A)

Max Trecker
Neue Unternehmer braucht das Land
Die Genese des ostdeutschen Mittelstands nach der Wiedervereinigung

320 Seiten, Festeinband
ISBN 978-3-96289-154-1
30,00 € (D) · 30,90 € (A)

www.christoph-links-verlag.de

Ch.Links

Christian Rau
Die verhandelte »Wende«
Die Gewerkschaften,
die Treuhand und der Beginn
der Berliner Republik

592 Seiten, Festeinband
ISBN 978-3-96289-168-8
38,00 € (D) · 39,10 € (A)

Wolf-Rüdiger Knoll
**Die Treuhandanstalt
in Brandenburg**
Regionale Privatisierungspraxis
1990–2000

704 Seiten, 19 Abb., Festeinband
ISBN 978-3-96289-173-2
38,00 € (D) · 39,10 € (A)

www.christoph-links-verlag.de